ATÉ A ÚLTIMA PÁGINA

Cezar Motta

Até a última página
Uma história do *Jornal do Brasil*

Copyright © 2017 by Cezar Motta

Grafia atualizada segundo o Acordo Ortográfico da Língua Portuguesa de 1990, que entrou em vigor no Brasil em 2009.

Capa e caderno de fotos
Gustavo Soares

Preparação
Diogo Henriques

Índice onomástico
Probo Poletti

Revisão
Marise Leal
Nana Rodrigues

Todos os esforços foram feitos para reconhecer os direitos autorais das imagens. A editora agradece qualquer informação relativa à autoria, titularidade e/ou outros dados, se comprometendo a incluí-los em edições futuras.

Dados Internacionais de Catalogação na Publicação (CIP)
(Câmara Brasileira do Livro, SP, Brasil)

Motta, Cezar Moura da
Até a última página: Uma história do *Jornal do Brasil* / Cezar Motta. — 1ª ed. — Rio de Janeiro : Objetiva, 2018.

Bibliografia
ISBN 978-85-470-0045-5

1. Jornal do Brasil (Rio de Janeiro, RJ) 2. Jornal do Brasil – História I. Título.

17-06598	CDD-079.8153

Índice para catálogo sistemático:
1. Jornal do Brasil: Jornalismo: História   079.8153

[2018]
Todos os direitos desta edição reservados à
EDITORA SCHWARCZ S.A.
Praça Floriano, 19, sala 3001 — Cinelândia
20031-050 — Rio de Janeiro — RJ
Telefone: (21) 3993-7510
www.companhiadasletras.com.br
www.blogdacompanhia.com.br
facebook.com/editoraobjetiva
instagram.com/editora_objetiva
twitter.com/edobjetiva

Para Rodrigo, Marina e Henrique.

Para Nélia Sílvia.

Para Sandra e Álvaro.

Sumário

Prefácio | Ana Maria Machado..9

O jornal dos sonhos..11

Nasce o Jornal do Brasil..16
Os anos 1950: reforma gráfica e reinvenção.................................... 37
Os anos 1960: Dines e o jornal empresa....................................96
Os anos 1970: casa nova, abertura e o começo da crise............................194
Os anos 1980: a redemocratização.. 375
À beira do abismo..483

Agradecimentos 511
Notas..513
Fontes e referências bibliográficas..533
Índice onomástico 537

Prefácio

Este é um livro de jornalista. Talvez por isso se leia com tanto gosto. Como uma grande reportagem. Para escrevê-lo, o autor pesquisou um bocado, é verdade. Mas, sobretudo, Cezar Motta entrevistou, ouviu, conferiu a revelação de uma fonte com a versão de outra, foi checar em documentos. Por vezes deixou nestas páginas as contradições entre os diferentes testemunhos. Teve o cuidado de contextualizar o que foi apurando. Levou anos nesse trabalho, de cuidado e amor à notícia, empolgado com sua pauta.

Com isso traz ao leitor a história viva de um grande jornal. E oferece algumas respostas à indagação que se coloca em toda orfandade: por que essa perda? Como um jornal desses pode ter acabado tão melancolicamente?

Essa pergunta insistente se mantém de pé porque o público leitor brasileiro — sobretudo carioca — até hoje não se recuperou por ter perdido o *Jornal do Brasil*, para muita gente o melhor, mais charmoso e completo matutino que o país já teve.

Acontece, porém, que, como mostra este livro de Cezar Motta, qualidade jornalística é muito diferente de qualidade administrativa. Os efeitos dos problemas nesta área podem se abater sobre aquela, prejudicando-a irremediavelmente. Não há talento profissional da redação que possa resistir indefinidamente às circunstâncias da realidade econômica e de decisões equivocadas na gestão, sobretudo quando teimosas, sem admitir correção de rumo.

Esta é a triste história que somos levados a acompanhar nesta leitura, ora emocionados, ora irritados. Mas sempre bem informados.

Esta grande reportagem tem tudo para se constituir em uma preciosa fonte para futuros historiadores, ao examinar bastidores da relação entre imprensa e poder, sobretudo ao longo do século XX no Brasil. Aos poucos, vamos percebendo que estamos também tendo um retrato ou uma radiografia do país durante a história da República. Mais que isso, um filme em que os personagens vão mudando ao longo do tempo e trazem mudanças à própria organização da empresa. Não apenas porque acompanhamos o desenrolar cronológico do crescimento, apogeu e queda do periódico, desde sua fundação por Rodolfo Dantas até sua decadência e seu melancólico fim. Mas também porque podemos observar várias práticas que vão muito além das redações e oficinas de um órgão da imprensa e caracterizam nosso tecido social e político como um todo: os jogos de influência, os conflitos de interesses, os mecanismos de pressão, a arrogância do deslumbramento com a fama, os rasgos de coragem na resistência e a revelação da pequenez na acomodação, os favoritismos e implicâncias, o estabelecimento de políticas administrativas baseadas em redes de relações pessoais, as prioridades equivocadas conduzindo a decisões questionáveis.

A partir de certo ponto, o leitor se vê um pouco como um torcedor assistindo ao vídeo de uma partida de futebol já disputada e encerrada, cujo placar conhece, mas que mesmo assim emociona e faz com que se espere o gol salvador que não veio, não vem e não virá. Por mais que se tente, é jogo jogado. Sabemos disso. E o resultado é uma derrota e a eliminação. Mas como a equipe jogou bem, quase até o final! Com que garra! Como honrou a camisa!

É bom festejar essa qualidade, e, ao lembrar que esse time existiu, celebrar seus craques. Mais que isso, reconhecer sua excelência e guardar seu legendário exemplo para o futuro. Como neste livro faz Cezar Motta, esse ótimo jornalista que trabalhou sete anos a meu lado no radiojornalismo da JB, numa das redações do prédio da avenida Brasil, num trajeto que o levou de jovem *foca* recém-formado a chefe de redação, sempre confiável, discreto, a postos para a notícia e o interesse público. Sem qualquer estrelismo mas com brilho próprio. Como devem ser os profissionais exemplares. Julgue você mesmo, leitor, ao acompanhá-lo nesta viagem pela ascensão e queda de um grande jornal. Uma queda anunciada, a partir de certo ponto. Mesmo assim, com certeza doeu mais nos leitores do que naqueles que a causaram.

Ana Maria Machado

O jornal dos sonhos

Em abril de 2001, o *Jornal do Brasil* completou 122 anos de existência. Dessa data em diante, o jornal ainda continuou a circular com o título e a aparência gráfica que, desde a segunda metade dos anos 1950 o tornaram referência no jornalismo brasileiro e internacional, mas, na verdade, era como um zumbi — sem o espírito, a qualidade e o charme que o caracterizavam.

Foi em abril de 2001 que, finalmente, a família Nascimento Brito, representada por seu principal executivo, José Antônio, o Jôsa, assinou um contrato de arrendamento de sessenta anos, em que o título "Jornal do Brasil" ficaria sob a responsabilidade da Editora Rio do empresário Nelson Tanure, um conhecido comprador de empresas S/A que atuava nas áreas de energia, telecomunicações, infraestrutura.

O JB estava há anos afogado em dívidas fiscais, bancárias e trabalhistas que chegavam a quase 1 bilhão de reais, e não tinha mais como imprimir sequer uma edição. Não havia como comprar papel ou pagar funcionários, fornecedores e tributos. Desde 1981, um empréstimo de 8 milhões do dólares feito ao Banco do Brasil para capital de giro, e que só fez aumentar devido ao acúmulo de juros, assombrava o jornal. O suntuoso prédio da avenida Brasil, 500, logo seria expropriado. Inaugurado em março de 1973, com enorme pompa, era um dos mais modernos prédios empresariais do país, com material e infraestrutura de primeiríssima qualidade, e exagerado em sua concepção até mesmo para os padrões de países ricos. Um jornalista italiano que visitou o jornal em meados dos anos 1970 espantou-se com as dimensões e o luxo e perguntou ao amigo Luiz Mario Gazzaneo, subeditor de Internacional: "Quantos jornais funcionam aqui?". E quase não acreditou quando ouviu a resposta: "Apenas um". Trinta anos mais tarde, aquele monumento foi invadido e saqueado. Levaram tudo o que puderam: instalações sanitárias e elétricas, móveis, as caríssimas janelas duplas de alumínio com vidro temperado.

A queda do JB já se vinha anunciando há muitos anos. Em 1992, o colunista Carlos Castello Branco disse à repórter Teresa Cardoso, em uma conversa informal: "É como o naufrágio de um grande navio: triste e lento".

O editorialista Fritz Utzeri e o seu subeditor e chefe de reportagem, Maurício Dias, com os salários atrasados e enfrentando problemas com a redação pelo mesmo motivo, receberam em 2000 uma proposta indecente dos donos do jornal: tornarem-se diretores estatutários da empresa, com 1% das ações. Experimentados e escaldados, recusaram. Sabiam que, junto com as ações da empresa, viriam também responsabilidade civil e fiscal sobre a dívida. Pelo menos dois outros jornalistas aceitaram a proposta e se arrependeram profundamente. Wilson Figueiredo e Rosental Calmon Alves tiveram contas bancárias bloqueadas e sofreram várias sanções fiscais que lhes atormentaram a vida por alguns anos. Wilson, um dos mais antigos funcionários, então com 41 anos de casa, deixou o jornal já com 77 anos, em 2001, sem o seu FGTS, com dívidas pela condição de diretor estatutário e profundamente magoado — até mesmo o último salário do mês não lhe foi pago.

A chefe da sucursal de Brasília na última metade dos anos 1990, Cláudia Safatle, uma das principais jornalistas de Economia do país, recebeu em sua casa, por um bom tempo, cobranças de velhas contas do jornal em atraso e oficiais de Justiça que pretendiam confiscar até seus eletrodomésticos. E não adiantava explicar que ela era apenas jornalista, não cuidava da administração do jornal ou da sucursal.

Quando o governo Fernando Henrique Cardoso, por meio do Proer,[1] liquidou extrajudicialmente, entre outros, os bancos Econômico e Nacional, descobriram-se na contabilidade dívidas de vários milhões de dólares do *Jornal do Brasil*, antigas e acumuladas. Durante os anos 1970, os banqueiros Frank Sá, do Econômico, e José Luiz de Magalhães Lins, do Nacional, amigos próximos de Manoel Francisco do Nascimento Brito, emprestaram dinheiro ao jornal, já assolado por vários tipos de dívidas. Como amigos, os banqueiros não cobraram a sede do jornal hipotecada como garantia dos empréstimos.

O mesmo não aconteceu com o Banco do Brasil, que passou a cobrar a imensa dívida em dólares a partir da redemocratização do país, em 1985. Nascimento Brito rompeu com o então presidente José Sarney, que não aceitou violar normas bancárias para atender ao JB. Nascimento Brito nunca acreditou que os jornais passariam a ter cobradas e executadas suas dívidas com o governo. Afinal, o calote e o perdão governamental a empresas jornalísticas eram parte da tradição brasileira.

Mas o fato é que, como se verá, o JB havia quebrado uma norma dos jornais brasileiros em suas relações com os governos. A partir da segunda metade dos anos 1950, instituiu um jornalismo independente e sem vinculação governamental ou partidária. Nos anos 1960, passou a não permitir que seus jornalistas tivessem empregos públicos, a não ser em casos muito especiais. Infelizmente, a qualidade do jornalismo não foi acompanhada pela excelência administrativa.

Um executivo contratado no fim dos anos 1980 encontrou 4 mil funcionários em todo o grupo JB executando tarefas que, a seu ver, poderiam ser entregues a apenas 2 mil. Assustou-se com o tamanho da dívida e com a bagunça administrativa: despesas inúteis, desorganização, desperdícios de todo tipo. Mas tinha a sensação de que a família proprietária do jornal tratava o problema como se nada pudesse acontecer ao poderoso JB. Ao sair, em 1993, a marcha para a derrota continuava célere.

Em seu escritório no edifício Pereira Carneiro, na avenida Rio Branco, José Antônio Nascimento Brito atribui o declínio do *Jornal do Brasil* à ditadura, que teria cortado verbas publicitárias oficiais, perseguido o jornal por razões políticas e impedido a criação da sonhada emissora de televisão. Queixa-se também da atuação de Roberto Marinho, das Organizações Globo, que teria atuado na área política, empresarial e no mercado publicitário para prejudicar o JB.

Mas a verdade é que o JB foi muito ajudado pelo ex-ministro da Fazenda Antônio Delfim Netto — não só pelo apoio que recebia em suas aspirações políticas, como pela amizade fraterna com Bernard Costa Campos, diretor do jornal. Até o fim do governo Médici, em março de 1974, Delfim atuou como um fiel aliado.

Já Delfim atribui a Nascimento Brito a responsabilidade pela crise do JB: "O Brito proporcionou ao país o triste e longo espetáculo da agonia e morte de um grande jornal", ataca o ex-ministro. "Era um genrocrata, um *poseur*, um gastador, que importava papel e deixava parte do dinheiro lá fora, em dólares, na conta de uma empresa que criou especialmente para isso".*

A partir do AVC sofrido por Brito, em 1978, os filhos passaram a ter papel mais relevante, o que, segundo o então diretor financeiro da empresa, Antônio Augusto Rodrigues, teria sido ruim para a saúde do jornal. "Nascimento Brito perdeu ali parte de sua capacidade de planejamento, de enxergar melhor o futuro, sua vitalidade esvaiu-se." Com os filhos, vieram os amigos dos filhos. Um experiente jornalista que acompanhou de perto a crise financeira comparou os efeitos da ausência de Brito a um circo que perde o mastro de sustentação da lona.

Nascimento Brito não foi um bom administrador para o *Jornal do Brasil*, mas um mérito não lhe pode ser negado. O jornal chegou a ser o que foi, o melhor que o país já teve, graças inicialmente à condessa Pereira Carneiro, e também a ele, que nunca cerceou o trabalho da redação. Pelo JB passaram os mais brilhantes jornalistas brasileiros, que produziram alguns dos mais notáveis momentos de nosso jornalismo ao longo de quatro décadas. Brito nunca impôs qualquer limitação à redação, mesmo quando isso poderia lhe causar problemas.

Mas não foi apenas a má gestão de Nascimento Brito e seus herdeiros que puniu o JB. O Rio de Janeiro detinha, até meados dos anos 1970, mais de 50% do mercado publicitário de todo o país. Exceto pelas montadoras de automóveis, as maiores empresas estavam no Rio, assim como as grandes agências de publicidade. Quando, entre 1968 e 1973, a economia do país crescia em ritmo chinês, à média de 10% ao ano, o Rio de Janeiro foi ocupado de forma fulminante e predatória pelos lançamentos imobiliários de Ipanema, Leblon, São Conrado e Barra da Tijuca. Nesse período, o JB chegava a ter aos domingos quatro fornidos cadernos de anúncios de classificados e lan-

---

* Em depoimento ao autor. A partir de agora, sempre que não houver indicação da fonte da citação, entenda-se que a mesma foi dada em depoimento ao autor. (N. E.)

çamentos imobiliários. Os classificados rendiam ao jornal um faturamento extraordinário, líquido e diário. A isso, somavam-se os anúncios da indústria automobilística, de cigarros, dos novos conglomerados bancários e bancos de investimentos e de crédito, cadernetas de poupança.

O JB era veículo obrigatório para todos esses anúncios. Mas tudo isso mudou, gradativamente, a partir da década de 1970, quando o mercado publicitário do Rio reduziu-se de forma dramática: o então estado da Guanabara possuía mais de 50% do total da publicidade no país, e caiu para cerca de 15%, segundo avaliação de João Luis Farias Neto, jornalista e publicitário com longa experiência no próprio JB e em grandes agências. As páginas do *Jornal do Brasil*, ao longo de duas décadas, ficaram muito amplas e caras para a publicidade que restou. E, após a fusão com o velho estado do Rio, em 1975, o declínio econômico da cidade só se acentuou.

Ao longo dos anos, a competição com o concorrente *O Globo* também ficou desigual. O grupo de Roberto Marinho tinha a poderosa TV Globo, e usou isso de forma metódica e competente — e perfeitamente legal. Hoje, do antigo conglomerado de empresas que formavam o Grupo JB, resta em poder da família apenas a Rádio Jornal do Brasil FM.

Mas este livro não é sobre queda. É sobre a incrível trajetória daquele que "criou um modelo de jornalismo que vige até hoje".[2] O jornal que, por quarenta anos, foi o emprego dos sonhos de qualquer jornalista. O jornal que contou — e também fez — a história do Brasil ao longo do século XX.

Nasce o *Jornal do Brasil*

DE MONARQUISTA A REPUBLICANO

O século XIX terminaria com grandes mudanças no Brasil, que deixara de ser uma colônia portuguesa havia pouco mais de sete décadas. Graças à pressão internacional e ao movimento abolicionista interno, a escravidão fora abolida em 1888. Mas ser monarquista no final do século XIX não significava necessariamente ser reacionário ou conservador, pelo menos nas questões sociais. Tanto que um dos principais líderes do abolicionismo, Joaquim Nabuco, era monarquista. E Nabuco foi o primeiro articulista e correspondente internacional do *Jornal do Brasil*, que nasceu já em plena República, em 9 de abril de 1891, identificando-se logo como um diário monarquista.

A proclamação da República, em 15 de novembro de 1889, foi o primeiro golpe de Estado dentre os vários que se sucederiam no país, com as Forças Armadas assumindo o governo em nome dos setores insatisfeitos da sociedade. Os militares eram majoritariamente contra o imperador, principalmente o Exército, devido a ressentimentos acumulados após a Guerra do Paraguai. Ainda que alguns militares fossem a favor do Império, a queda de d. Pedro II foi relativamente simples, praticamente não houve reação armada. A única tentativa de resistência ocorreu no Maranhão, por parte de ex-escravos, que foram às ruas aos gritos de "viva a Princesa Isabel". A força pública da província mobilizou-se, sufocou com violência a rebelião, e três dos rebeldes foram mortos.

Instalou-se uma Assembleia Nacional Constituinte que se inspirou principalmente na Constituição norte-americana e seu sistema federalista. Da Constituição argentina copiou-se a divisão do país em províncias, em um modelo de federação fictícia por conta da excessiva centralização do poder no presidente da República. A Constituição foi promulgada no dia 24 de fevereiro de 1891, mas a crise política, robustecida pela econômica, não acabou. O Brasil estava endividado, fazendeiros de café e de cana-de-açúcar se degladiavam e ainda havia a oposição monarquista.

Em 1890, o conselheiro e advogado Rodolfo Dantas conseguiu apoio de um grupo endinheirado para fundar o *Jornal do Brasil*, que nasceu como um diário de oposição. Dantas informou por carta, em 18 de dezembro, ao amigo Joaquim Nabuco, que contava com ele como um dos principais articulistas do nascente periódico. Nabuco estava em Londres, em "exílio voluntário". Dantas, que era um influente abolicionista, filho do senador Manoel Dantas, disse na carta que estava associado "a um grupo muito limitado de amigos, que há dias constituiu-se com o capital de quinhentos contos, podendo elevar-se a mil, para fundar um grande jornal que deverá aparecer aqui nos primeiros dias de abril (de 1891)".[1]

O pernambucano Joaquim Nabuco estava com quarenta anos, era um brilhante advogado e diplomata, abolicionista radical e uma das principais vozes nas ruas, nos jornais e no Parlamento contrárias ao escravismo e à pena de morte. Nos tempos de estudante, teve a coragem de defender pública e judicialmente um escravo acusado de assassinato, para escândalo da ultraconservadora sociedade pernambucana.

Nabuco era a favor de uma monarquia federativa, democrática, e foi o criador da expressão "reforma agrária", em textos que argumentavam pela abolição e por uma distribuição democrática da terra. Fora recebido pelo papa Leão XIII, que lhe prometera a edição de uma encíclica antiescravista. Nabuco pode ser considerado um abolicionista tão importante quanto, por exemplo, José do Patrocínio, o chamado Tigre da Abolição, proprietário da *Gazeta da Tarde*. Orador brilhante, Nabuco tinha sobre Patrocínio a vantagem de unir o Parlamento às ruas, e sua eleição para deputado federal por Pernambuco, em 1884, tornou-se quase um plebiscito sobre a abolição.

Em Londres, Nabuco encontrou-se com o imperador brasileiro deposto e publicou o manifesto "Por que continuo monarquista". Foi diplomata até o fim da vida, primeiro embaixador brasileiro em Washington, onde morreu em 1910, deixando uma vasta obra literária. Ele seria o correspondente do JB em Londres pelo salário de 35 libras mensais.

A data da inauguração do jornal, 9 de abril de 1891, foi escolhida a dedo: era a comemoração do 60º aniversário do te-déum pela coroação de d. Pedro II como imperador do Brasil. O JB iria funcionar no centro do Rio de Janeiro, na rua Gonçalves Dias, 56, em prédio próprio, como jornal de oposição em plena República da Espada.

Rodolfo Dantas era o diretor; Henrique de Villeneuve, que largara o *Jornal do Commercio* (então, o maior do país), o gerente administrativo; e Joaquim Nabuco, Souza Ferreira, Aristides Espínola, Gusmão Lobo, o linguista M. Said Ali, José Veríssimo, o barão do Rio Branco, Pedro Leão Veloso Filho, entre outros, os principais colaboradores. Uma preciosa aquisição foi o escritor Eça de Queiroz, que, de Lisboa, enviava artigos regularmente. Em seu editorial de lançamento, o JB declarou-se um jornal crítico do governo, independente, mas com os limites do respeito institucional à República e ao governo constituído: "Encontrando fundadas no país instituições para as quais não contribuímos, mas em cuja consolidação supomos dever nosso de patriotismo cooperar".[2] Ou seja, de oposição, mas contra golpes de Estado.

Era, inicialmente, um jornal baseado em artigos, com poucas reportagens e notícias, e muitos anúncios. O equipamento gráfico foi encomendado à Casa Marinoni, de Roma, o que garantiria uma tipologia moderna — ou seja, letras mais bonitas e nítidas. Mas a encomenda não chegou a tempo, e o jornal foi para as ruas com a máquina plana Alauzet-Express, mais antiquada, e com tiragem inicial de 5 mil exemplares, distribuídos pelo Rio de Janeiro por carroças puxadas por cavalos.

A economia precisava de estímulos, e a dose foi exagerada. O ministro da Fazenda, Rui Barbosa, promoveu o chamado "encilhamento", com crédito livre e dinheiro farto, a juros baixos, para quem quisesse abrir empresas, além de concessões oficiais para exploração de setores carentes da economia. Uma inundação de dinheiro no mercado, que levaria mais tarde à inflação e a uma crise econômica e política. Para um jornal que surgia, porém, o encilhamento foi ótimo. Apareceu um vasto e bem pago número de anúncios de novos bancos, estradas de ferro, fábricas, minas, estaleiros, empresas de importação e exportação.

O jornal tinha oito páginas, formato 120 por 51 centímetros. A capa era toda impressa em corpo 10, com oito colunas de seis centímetros em cada página. O exemplar custava 45 réis, equivalentes a menos de um real em valores de hoje. As assinaturas semestrais saíam a 6 mil réis e as anuais a 12 mil réis para a capital, e de 8 a 16 mil réis para o interior. O Rio de Janeiro já tinha um grande número de jornais, e os principais eram o *Jornal do Commercio*, a *Gazeta de Notícias*, *O País* e o *Diário de Notícias*. Porém, o público leitor era numericamente insignificante. Segundo dados do IBGE, o Brasil, entre 1890 e 1900, tinha cerca de 13 milhões de habitantes, dos quais 80% completamente analfabetos. E, dos 20% capazes de ler, a maioria não tinha acesso a jornais. O *Jornal do Brasil* não nasceu com uma tiragem significativa, perdia para os quatro principais periódicos, mas era influente pelo peso do nome de seus articulistas.

Em junho de 1891, Joaquim Nabuco assumiu a chefia da redação em lugar de Sancho de Barros Pimentel, e impôs sua condição de oposicionista e monarquista. Dividia seu tempo de jornalista com a tarefa de escrever a biografia do pai, o senador Nabuco de Araújo, do Partido Liberal, intitulada *Um estadista do Império*. Nabuco de Araújo fora o grande inspirador das ideias humanistas do filho. No *Jornal do Brasil*, Joaquim Nabuco escreveu uma série de artigos de fundo (ou editoriais) com o título "Ilusões republicanas", seguida de "Outras ilusões republicanas", em que, ironicamente, dizia que com o surgimento da República desaparecera o Partido Republicano. Com Nabuco, o estilo do jornal mudou: passou a ter menos artigos assinados e mais reportagens.

Naquele momento, o JB era apenas uma das tantas vozes da imprensa que defendia a modernização do Rio de Janeiro, com a abertura de novas e grandes avenidas, o plantio de árvores à moda europeia, a construção de edifícios mais arrojados, o que permitiria o saneamento da cidade. Nabuco e o jornal fizeram campanha pela construção de linhas de metrô, como ele vira em Londres, porque a população estava crescendo e as necessidades de transporte eram cada vez maiores. Foi também Nabuco quem inaugurou as edições especiais e de homenagem a mortos — a primeira edição especial foi sobre a morte de d. Pedro II, em 5 de dezembro de 1891, em Paris. Chamou-se "O grande morto".

Os acontecimentos do dia 3 de novembro de 1891 deflagrariam a série de crises que marcariam o conturbado início do jornal. O presidente-marechal

Deodoro da Fonseca dissolveu o Congresso, não conseguiu debelar a crise e renunciou vinte dias depois. Assumiu então o vice-presidente e presidente do Senado, Floriano Peixoto. Dentre os atos de força que baixou, estava a estatização dos bens das ordens religiosas. O JB publicou artigo criticando duramente a decisão. A resposta inicial veio no *Diário Oficial da União*, que acusou o periódico de estar "contra a República".

Como represália aos seguidos artigos oposicionistas, o *Jornal do Brasil* foi invadido pela primeira vez em 16 de dezembro por uma horda governista, aos gritos de "Morte a Nabuco!". A redação e a gráfica foram depredadas. O jornal pediu garantias formais de segurança ao governo, e a resposta oficial foi sucinta: "O governo não tem meios de garantir a vida dos jornalistas que trabalham em jornais que defendem a monarquia".[3] Salve-se quem puder.

Dois dias depois, o fundador Rodolfo Dantas rendeu-se e publicou nota comunicando que ele, Joaquim Nabuco e Sancho de Barros Pimentel afastavam-se do comando do jornal. Iniciou-se então um processo de abertura do capital da empresa, liderado por Henrique de Villeneuve, que passou a acumular tanto a redação, com Ulisses Viana, quanto a parte administrativa. Rodolfo Dantas teve que viajar para o sul da Espanha com a mulher doente, mas o jornal não se rendeu. Ao contrário. José Veríssimo, articulista do jornal, escreveu que "hoje, qualquer vagabundo da rua do Ouvidor se intitula republicano e turva as águas para nelas pescar",[4] um ataque direto ao estímulo que o governo prestava aos desordeiros que agiam em nome do oficialismo.

Finalmente, em abril de 1892, completou-se o processo de transformação do *Jornal do Brasil* em sociedade anônima, com Manuel Buarque de Macedo e o conselheiro Manuel Pinto de Souza Dantas como principais acionistas. Eram também monarquistas e haviam ocupado postos de relevo durante o Império. O republicano Ulisses Viana se afastou. A mudança era apenas uma forma de disfarçar a influência de Souza Dantas e Joaquim Nabuco. Nabuco continuou como articulista, sob o pseudônimo de Axel. Mas as dificuldades econômicas eram grandes e os prejuízos causados pela invasão não foram absorvidos. A abertura do capital não trouxe um grande número de investidores, pelo risco que representava pôr dinheiro em um jornal monarquista e sempre sob a ameaça da mão pesada do governo Floriano Peixoto.

A oposição e a Marinha insistiam na convocação de novas eleições e, em abril de 1893, em meio a uma tormenta política que resultou em inúmeras prisões, um grupo ligado ao baiano Rui Barbosa, o J. Lucio e Cia, assumiu o controle do *Jornal do Brasil* pela quantia de setenta contos de réis. Voltava o jornal à condição de companhia limitada, depois de um rigoroso trabalho de busca aos acionistas minoritários para comprar-lhes as ações. O jornal passou ao comando de Joaquim Lúcio de Albuquerque Melo. Rui assumiu a chefia da redação e publicou, em maio, um editorial sob o título "Traços de um roteiro". Foi aí que o JB deixou de ser monarquista e entrou finalmente na fase republicana.

Era uma mudança radical de orientação. O *Jornal do Brasil* tornava-se, a partir dali, apartidário, mas de oposição legalista ao marechal Floriano Peixoto, "pugnando com a lei contra os que a degradam", em defesa radical da Constituição, conforme seu editorial. O JB estava agora reduzido a quatro páginas, pouco mais do que um panfleto, preenchido com artigos de Rui Barbosa, Joaquim Nabuco (sob o pseudônimo Axel), Martins Júnior, Gomes Leal, Teixeira Bastos, do barão do Rio Branco (com as colunas "Efemérides" e "Cartas de França") e dos correspondentes internacionais Alphonse Daudet e Eça de Queiroz, que assinava a coluna "Notas contemporâneas".

A crise política no país se agravou quando Floriano reprimiu com violência um novo levante da Marinha, com os rebeldes se deslocando para Santa Catarina e Rio Grande do Sul em busca de apoio. Um grupo de almirantes liderados por Custódio de Melo, Saldanha da Gama e Eduardo Wandenkolk enviou então uma carta-manifesto ao presidente, publicada pelo *Jornal do Brasil* em sua edição de 6 de setembro: "O vice-presidente armou brasileiros contra brasileiros; levantou legiões de supostos patriotas, levando o luto, a desolação e a miséria a todos os ângulos da República".

Eduardo Wandenkolk, ministro da Marinha de Deodoro e um dos líderes da revolta e da campanha contra Floriano, estava preso em Tabatinga, na fronteira do Amazonas com a Colômbia. O *Jornal do Brasil* assumiu sua defesa. Publicou na primeira página o pedido de habeas corpus do almirante rebelde, impetrado por Rui Barbosa. O resultado foi uma nova invasão do jornal, desta vez por florianistas. No dia 6 de setembro, Rui Barbosa publicou seu último artigo, porque Floriano decretara sua prisão "vivo ou morto". E a ameaça era séria.

Rui foi avisado pouco antes e conseguiu escafeder-se. Tomou um navio e rumou para o exílio na Inglaterra. A mesma sorte não tiveram os senadores

João de Almeida Barreto, Amaro Cavalcanti e João Soares Leiva, além de deputados, militares e jornalistas, que foram encarcerados. Joaquim Lúcio de Albuquerque ficou à frente do *Jornal do Brasil*. No mesmo dia em que Rui escapou, eclodiu a Revolta da Armada, liderada pelo almirante Custódio de Melo. Navios da Marinha ameaçavam canhonear a capital se Floriano não renunciasse. O JB foi o único a publicar notícias sobre o evento, inaugurando inclusive a coluna "O dia de ontem", em que fazia um diário da crise. A rebeldia lhe valeu uma nova invasão por tropas do governo. Desta vez, o *Jornal do Brasil* foi fechado e assim permaneceu.

Após um ano e 45 dias, em 30 de outubro de 1894, o jornal foi finalmente comprado pela empresa Mendes & Cia., voltando a circular quinze dias depois. O redator-chefe passou a ser Fernando Mendes de Almeida, jornalista e advogado maranhense, filho de um senador pelo Maranhão e, ele próprio, também futuro senador. Fernando Mendes de Almeida havia fundado a Faculdade Livre de Ciências Sociais e Jurídicas do Rio de Janeiro e um curso de comércio exterior que se transformariam, anos depois, na Faculdade Cândido Mendes.

Com ele, assumiram seu irmão, o diplomata Cândido Mendes de Almeida Filho, como secretário, e Gregório Garcia Seabra, como gerente. O *Jornal do Brasil* passou então por mais uma mudança editorial. Acabaram-se os artigos de fundo. Tornou-se noticioso, com matérias de serviço e informações sobre a cidade, até mesmo com os resultados do jogo do bicho, reportagens policiais, além de se autoproclamar "defensor dos pequenos e dos oprimidos". Deixou a condição de jornal elitista, de artigos candentes e empolados, para ser um diário de utilidade pública e notícias urbanas. Passou a falar dos problemas de transporte da cidade, do recolhimento de lixo, da saúde pública. Inaugurou oficinas de fotografia e galvanoplastia, publicava desenhos e charges de Julião Machado, Artur Lucas, o Bambino, e Raul Pederneiras, com sátiras ao cotidiano político. E tudo isso era uma novidade no jornalismo da capital.

O jornal era pelo voto dos analfabetos e o reatamento das relações com Portugal (rompidas por ocasião da Revolta da Armada). Foi o primeiro a usar clichês em xilogravura, e alardeava a defesa dos poderes públicos, o respeito às autoridades constituídas. Nesta linha, denunciou em 1904 uma conspiração do Clube Militar para depor o presidente Rodrigues Alves. Recebeu então ordem da cúpula militar para deixar de circular, mas não obedeceu. O *Jornal do Brasil* apoiava Rodrigues Alves por causa da reforma urbana do Rio de Janeiro, com a abertura da avenida Central e de novas e amplas vias, a campanha da vacinação em massa e da erradicação da febre amarela e da peste bubônica. Rodrigues Alves valeu-se de um comércio exterior favorável ao Brasil, com o café, e do fato de sermos o maior produtor mundial de borracha do começo do século.

O *Jornal do Brasil* tinha entrado no século XX com uma nova e moderna gráfica sob a orientação dos novos donos. Passou a publicar caricaturas e ilustrações, a ter um caderno feminino, e chegou aos 62 mil exemplares de tiragem, o que era um número impressionante.[5] Lançou, como encarte, a Revista da Semana, fundada por Álvaro de Teffé e especializada em debates literários. Na Revista, em 1901, o poeta e crítico gaúcho Múcio Teixeira abriu polêmica ao classificar como "medíocre" a obra de Machado de Assis. Depois de "*Dom Casmurro*, Machado arriscou-se pela última vez como poeta ao lançar *Poesias completas*". E Múcio ataca:

> Machado, já chegando ao fim da casa dos sessenta anos, depois de quarenta empregados em teimosas lububrações [sic] literárias, de uma prosa excelente e por vezes magnífica, apenas conseguiu encher 376 páginas de trabalhados versos, sem poesia, alguns de uma monotonia soporífera, todos os outros verdadeiramente intragáveis.

Múcio atacou não o escritor, mas a pessoa de Machado de Assis. Era uma forma de buscar prestígio, porque a polêmica era o melhor caminho para trazer notoriedade a um jornalista. Quanto mais ilustre o adversário (ou a vítima), melhor. E logo contra Machado, que sempre elogiara o trabalho de Múcio em artigos em jornais, desde que o gaúcho lançou o seu primeiro livro de poemas, *Vozes trêmulas*, ainda em Porto Alegre. Múcio viera do Rio Grande do Sul em 1877, aos vinte anos, e tivera o apoio de Machado no Rio de Janeiro. Uma enorme deferência do Bruxo do Cosme Velho, que era econômico em matéria de elogios. Múcio foi além. Disse que Machado de Assis era elogiado apenas pelo seu pequeno grupo de amigos, que formavam uma "confraria do elogio mútuo". Chamou o escritor carioca de "epilético larvado" e "poeta medíocre".

Na mesma Revista da Semana, dois anos depois, Múcio desfechou outro ataque feroz e gratuito a Machado:

Nasceu para a pacatez burocrática este estéril versejador de meia-tigela. Subiu devagarinho, desde que trocou a tipografia pela repartição pública, até chegar a oficial de secretaria; foi mais tarde oficial da Rosa, que é a flor simbólica do amor e fidelidade à Monarquia; passou, na República, a servir como oficial de gabinete dos ministros da Agricultura. E até já se diz por aí, a meia-voz, que está em vésperas de ser secretário particular de um alto personagem que tem secretários pessoais... Conserve-se, pois, na sua secretaria, mas não volte mais ao Parnaso.

Mas Múcio Teixeira não conseguiu o seu objetivo. Nem Machado de Assis nem qualquer outro admirador de sua obra respondeu aos ataques. Machado colaborava eventualmente em outra revista literária, a *Revista Brazileira*, e não deu importância ao gaúcho.

O advogado maranhense Dunshee de Abranches, pai da futura condessa Maurina Pereira Carneiro, criou uma coluna no *Jornal do Brasil* sob o pseudônimo Lobo Cordeiro, com as queixas e reivindicações da gente do povo. Julião Machado, em 1903, publicou no JB o primeiro romance policial em quadrinhos, o que ajudou muito no aumento da tiragem e mais ainda na popularização do jornal. Uma parte da população alfabetizada do Rio de Janeiro gostou e passou a consumir os folhetins. O JB adotou a luz elétrica na redação e começou a publicar duas edições diárias, uma matutina e uma vespertina, sempre distribuídas em carroças puxadas a burro.

No entanto, o *Jornal do Brasil* não cobriu nem deu destaque à Guerra de Canudos (1896-7), pelas dificuldades logísticas decorrentes da distância física — tinha sua atenção voltada para a capital, para os problemas da cidade e para a política da corte. As primeiras notícias que chegavam da Bahia eram alarmantes: a maior parte dos jornais publicou que era um foco de insurreição monarquista nos sertões baianos, por intermédio dos fanáticos de Antônio Conselheiro, um risco para a jovem república brasileira. *O Estado de S. Paulo*, o mais alarmista, anunciou que havia um clima de "restauração". Nas cidades, formaram-se bandos dispostos a defender a República. Os jornais monarquistas foram empastelados no rastro da indignação cívica. O mesmo

Estado de S. Paulo enviou, então, ao interior da Bahia um correspondente de guerra chamado Euclides da Cunha. E seus relatos mostraram que não se tratava de um movimento de restauração da monarquia, e resultaram na monumental obra *Os sertões*.

ENTRANDO NO SÉCULO XX

A firma Mendes & Cia. (dos irmãos Cândido e Fernando Mendes de Almeida) aproveitou a onda de popularidade do *Jornal do Brasil* e iniciou, em 1905, a construção de uma nova sede para o jornal na avenida Central, hoje avenida Rio Branco, aberta durante a grande reforma urbana do governo Rodrigues Alves. A reforma, executada pelo prefeito Pereira Passos, permitiu a desratização da cidade pelo sanitarista Oswaldo Cruz, com a derrubada dos cortiços do centro e a vacinação obrigatória, que provocou uma revolta popular, a Revolta da Vacina. Havia focos de cólera, peste bubônica, febre amarela e varíola, que mataram em 1904 mais de 3500 pessoas. O número era de calamidade pública. Mesmo assim, os moradores não queriam abandonar suas velhas casas e resistiram à mudança e à vacinação. A remoção se deu à força. Os dois principais jornais da capital da República, o *Correio da Manhã* e o *Jornal do Commercio*, criticaram duramente a reforma e o decreto da vacinação. Só o JB ficou a favor.

O gabarito da avenida Central era de sete andares, e o novo prédio do JB tinha seis, além de um torreão central. Um estilo definido como eclético, embora alguns o definissem como art nouveau. Era o primeiro prédio de estrutura inteiramente metálica do país, com projeto do arquiteto italiano Benevenuto Berna. Mas a construção era cara.

A Mendes & Cia. endividou-se para concluir a obra. Vendeu debêntures e tomou empréstimos bancários. O principal investidor no novo edifício foi um pernambucano chamado Ernesto Pereira Carneiro, que estava criando exatamente naquele ano a Companhia Comércio e Navegação, uma empresa gigante para os padrões da época, na área de navegação, reparos e construção naval. O jovem empresário comprou ao *Jornal do Brasil*, em 1908, uma grande quantidade de debêntures resgatáveis em dez anos, o que permitiu a conclusão do novo e moderno prédio nos doze meses seguintes.

Pereira Carneiro, natural de Jaboatão, estava com 28 anos e em plena ascensão como empresário. Era um homem robusto, de baixa estatura e ar determinado. Estudara em Paris e em Madri e concluíra sua formação no Saint George College, em Londres. Trabalhara inicialmente na firma do pai, Pereira Carneiro & Companhia, em Recife, onde fundou o Clube Náutico Capibaribe, hoje um dos maiores clubes de futebol da capital pernambucana. Fora vice-presidente da Associação Comercial do seu estado e iniciava suas operações agora na capital da República. Com a Companhia Comércio e Navegação, Pereira Carneiro incorporou também em 1905 o Estaleiro Mauá, fundado pelo barão de Mauá ainda nos tempos do Império, e que construíra boa parte dos navios utilizados na Guerra do Paraguai. Era grande proprietário de imóveis e tinha também uma fábrica de juta, tecido usado na fabricação de sacos.

O Estaleiro Mauá existe até hoje no bairro de Ponta d'Areia, no extremo norte de Niterói, quase sob a ponte Rio-Niterói. Perto dali, Pereira Carneiro construiu uma vila para residência dos trabalhadores no estaleiro, a Vila Pereira Carneiro, que tornou-se mais tarde um bairro de classe média de Niterói, e que ainda subsiste, embora decadente.

A Companhia Comércio e Navegação cresceu e chegou a ter cerca de trinta navios, com o Estaleiro Mauá recebendo um dique seco para reparos navais. Ernesto Pereira Carneiro alinhou-se aos grandes empresários do setor, como os Matarazzo, de São Paulo, que controlavam o Porto de Santos, e Giuseppe Martinelli, cujo grupo construiu depois o edifício Martinelli, o famoso Minhocão de São Paulo, e fundou o antigo Lloyd do Brasil. Com a compra dos debêntures para a construção do novo prédio, Pereira Carneiro tornou-se o maior credor de Cândido e Fernando Mendes de Almeida, proprietários do *Jornal do Brasil*. Passou também a escrever no jornal uma coluna intitulada "Notícias de Pernambuco".

Com o novo edifício, que ficou pronto em 1909, foram compradas também novas máquinas para a gráfica, a mais moderna do Brasil, a primeira a ter linotipos, máquinas de impressão a cores, e o que de melhor havia na tecnologia de jornais e revistas. Assim, o *Jornal do Brasil* crescia com a cidade — e endividava-se. Apesar das exportações de borracha e café, o país estava ainda se recuperando da recessão provocada pelo ministro da Fazenda do governo de Campos Salles, que se encerrara em 1902. O ministro, um médico homeopata chamado Joaquim Murtinho, impusera pesado ajuste fiscal à nação, para pagar dívidas contraídas com a Inglaterra desde a proclamação da República.

O *Jornal do Brasil* mantinha-se fiel à linha que adotara, dedicando-se à reportagem, aos casos policiais, aos problemas da cidade e do povo. Pelas dificuldades financeiras, passou a vender anúncios classificados, pagos em dinheiro e à vista, e a publicá-los também na primeira página, como faziam o argentino *La Nacion*, o *New York Herald* e o londrino *The Times*. As exceções às notícias populares eram as crônicas de Carlos de Laet, Severiano Rezende e os artigos de Afonso Celso. Os críticos apelidaram o *Jornal do Brasil* de "O Popularíssimo", e Carlos de Laet, em artigo, respondeu: "Não podiam ser mais gentis em sua malignidade". E acrescentou que, realmente, o *Jornal do Brasil* era "a folha do povo", a "folha popular" por excelência.[6]

O cronista e ex-deputado monarquista Carlos de Laet era engenheiro e professor de literatura. Severiano Rezende, ex-padre, era poeta e cronista, e Afonso Celso, que receberia anos depois o título de conde da Santa Sé, era filho do visconde de Ouro Preto, último primeiro-ministro do Império, deputado, um dos fundadores da Academia Brasileira de Letras e bisavô do roqueiro Dinho Ouro Preto, do grupo Capital Inicial.

No mesmo ano em que o edifício do *Jornal do Brasil* finalmente ficou pronto, em 1909, o então presidente Afonso Pena morreu e o vice, Nilo Peçanha, tomou posse. O marechal Hermes da Fonseca deixou o Ministério da Guerra e lançou sua própria candidatura a presidente. Rui Barbosa, já de volta ao Brasil e eleito senador, desafiou a campanha de Hermes e lançou o movimento civilista. Ao lado de Rui ficaram *O Estado de S. Paulo*, o *Correio da Manhã*, o *Diário de Notícias*, *A Notícia*, e as revistas semanais *O Século* e *Careta*. A favor de Hermes e dos militares, o *Jornal do Commercio*, *O País*, *A Tribuna*, *O Malho* e... o *Jornal do Brasil*, que nesta eleição renegou seu viés "modernizador" e tomou posição contrária a seu ex-diretor.

A campanha política foi violenta, com mortes, passeatas estudantis em favor da candidatura de Rui e da campanha civilista, e muita agitação urbana. A eleição aconteceu no dia 1º de março de 1910 e houve denúncias de imensas fraudes em favor de Hermes da Fonseca. A posse do marechal, no dia 15 de novembro, dividiu o noticiário com a proclamação da República em Portugal, ocorrida um mês antes.

Hermes enfrentou sete dias depois da posse a chamada Revolta da Chibata, ou Revolta dos Marinheiros. Pela lei da época, os comandantes de navios de guerra podiam punir com chibatadas os casos de indisciplina a bordo. Quando o comandante do encouraçado *Minas Gerais* puniu com 250 chibatadas o marujo Marcelino Rodrigues, a tripulação se rebelou, conseguiu o apoio de outro encouraçado, o *São Paulo*, e praticamente toda a então poderosa armada brasileira novamente apontou seus canhões para o Rio de Janeiro.

O líder do movimento, o marinheiro negro João Cândido, do *Minas Gerais*, prendeu os oficiais e deu um ultimato ao governo: ou a legislação que permitia o castigo físico era cancelada e os rebeldes anistiados imediatamente, ou bombardeariam a cidade. O presidente Hermes da Fonseca aceitou os termos, derrubou a lei dos castigos físicos, mas não cumpriu a segunda parte. Quando os marujos se renderam, foram todos presos e a maioria expulsa da Marinha. O não cumprimento do acordo provocou outra revolta, na base naval da ilha das Cobras, no dia 9 de dezembro. A repressão veio com enorme violência. A ilha foi bombardeada, os rebeldes mortos, e os que sobreviveram foram encarcerados em masmorras ou simplesmente fuzilados.

Praticamente todos os jornais ficaram a favor do governo, publicaram grandes reportagens sobre a primeira rebelião, mas omitiram-se em relação ao massacre da ilha das Cobras. O *Jornal do Brasil* aproveitou-se da qualidade de seu parque gráfico e publicou, no auge da revolta, cinco e às vezes seis edições diárias sobre os acontecimentos, durante dois meses. Como não havia rádio ou qualquer outro meio de comunicação instantâneo, o JB era a única fonte de informação imediata. Mesmo tendo apoiado Hermes da Fonseca na eleição, o jornal comportou-se de forma independente. Era contrário ao movimento, por "atentar contra a legalidade", mas deu ampla cobertura a todos os momentos da rebelião e às reivindicações dos marinheiros.

Logo depois, em 1912, o *Jornal do Brasil* comprou a primeira leva de máquinas de escrever Remington, e foi o primeiro jornal brasileiro a dedicar uma página inteira por dia a notícias do esporte, basicamente as regatas na lagoa Rodrigo de Freitas, partidas de hóquei e corridas de cavalos. Com o início da Primeira Guerra Mundial, em 1914, as dificuldades do JB aumentaram, por causa das dívidas em moeda estrangeira pela compra do parque gráfico. Para melhorar as vendas, o jornal aumentou as informações de serviço e a cobertura sobre o jogo do bicho, que passou a merecer uma página inteira. Os anúncios classificados receberam também muito mais atenção.

E vieram novos investimentos, como a compra de novas linotipos (eram agora doze) e três monotipos, o mais moderno equipamento de impressão do mundo.[7] Em 1917, o *Jornal do Brasil* caprichou ainda mais na cobertura da guerra. Chegou a publicar cinco edições sobre a escalada e o final do conflito.

Apesar da aparente solidez empresarial, do equipamento gráfico moderno, do vistoso faturamento com anúncios classificados e do belo edifício na área comercial mais nobre do Rio de Janeiro, o *Jornal do Brasil* estava praticamente quebrado ao fim da Primeira Guerra Mundial. As dívidas se haviam acumulado. Venceram os prazos de empréstimos bancários e de resgate das debêntures.

O maior dos credores, lembramos, era Ernesto Pereira Carneiro. Em 1918, sua Companhia Comércio e Navegação já era um dos maiores empreendimentos do país, com cerca de trinta navios, várias encomendas e bastante trabalho na área de reparos navais. Pereira Carneiro tinha também salinas no Nordeste, um moinho em Niterói e outros negócios bastante rentáveis.

O papel, importado, e os custos de impressão também haviam subido de forma insuportável com a Primeira Guerra e a desvalorização da nossa moeda. A Mendes & Cia. estava falida e chegara a hora de acertar as contas com os credores. Ernesto Pereira Carneiro precisava de um edifício no centro do Rio para instalar a nova sede administrativa da CCN e de suas outras empresas. Tentou negociar com os irmãos Mendes o recebimento de pelo menos parte da dívida. Ouviu deles que não havia como pagar. Era o fim da linha. Pereira Carneiro propôs, então, ficar apenas com o edifício. Não tinha interesse em ser dono de jornal. Feitos os cálculos, porém, todos concluíram que o prédio sozinho não pagaria o montante da dívida. Restou a Pereira Carneiro tornar-se dono do *Jornal do Brasil*, com todos os seus equipamentos, e considerar quitada a dívida.

O próspero empresário analisou o que faria com sua nova empresa. Tinha "o mais alto edifício da América do Sul", a mais moderna gráfica do país, mas queria melhorar ainda mais a tiragem do jornal, de pouco mais de 60 mil exemplares — muito superior à dos concorrentes.[8] Pereira Carneiro recorreu então a um outro jovem nordestino ambicioso e ascendente. Francisco de Assis Chateaubriand Bandeira de Mello havia chegado ao Rio de Janeiro e começado a trabalhar como advogado, com a obsessão de ficar rico e fundar seu próprio jornal para ter poder e influência política. Tinha 25 anos e, além de já ter prestígio como advogado, começou a escrever artigos políticos no *Jornal do Commercio* e no *Correio da Manhã*.

Fez logo um grande círculo de amigos, que incluíam os políticos mineiros Antônio Carlos e José Bonifácio de Andrada, descendentes do Patriarca da Independência, o compositor Catulo da Paixão Cearense e o jovem engenheiro Eugênio Gudin, diretor da Brazil Railway, a quem Chatô pediu aval para um empréstimo bancário. O dinheiro serviria para importar um automóvel de luxo, o que raríssimos brasileiros tinham na época. Gudin espantou-se e considerou uma imprudência, um passo maior do que as pernas. O paraibano respondeu: "Seu Gudin, eu só advogo para ganhar dinheiro e comprar um jornal. Acha que andando de bonde e fazendo vida de classe média inspiro confiança aos acionistas da futura gazeta? O carro próprio é hoje o melhor índice de prosperidade. O importante não é ter dinheiro, mas transmitir a ilusão de que o dinheiro anda perto de mim".[9]

O convite de Ernesto Pereira Carneiro para que assumisse a editoria--geral do *Jornal do Brasil* veio quando Chatô era funcionário do Ministério das Relações Exteriores, onde era assessor do chanceler Nilo Peçanha. Estava mesmo louco para voltar a trabalhar em jornal, mas recusou. Explicou que era completamente favorável ao capital estrangeiro, que via como única alternativa de desenvolvimento do país. E exatamente o *Jornal do Brasil* movia feroz campanha contra a ferrovia Madeira-Mamoré, descrita como "um enclave ianque que ameaça a soberania brasileira", o primeiro passo para a tomada da Amazônia pelos Estados Unidos. Chateaubriand disse a Pereira Carneiro: "Não sei como o senhor, um industrial moderno e esclarecido, permite que essa corja de socialistas transforme o seu diário numa trincheira contra o desenvolvimento. Com essa gente eu não posso trabalhar".

Pereira Carneiro, então, deu a Chateaubriand carta branca para mudar tudo o que quisesse, inclusive a equipe de jornalistas e a linha editorial. A condição era transformar o jornal em um "veículo importante e respeitado". Chatô não fez cerimônia: demitiu todo mundo e prometeu contratar um "corpo de colaboradores de elite, para dar brilho a esta folha".[10] Convidou logo o engenheiro Pires do Rio, que trabalhara justamente na Madeira-Mamoré. João Teixeira Soares, da Brazilian Traction, veio para ser conselheiro do jornal. Chamou dois conhecidos do *Jornal do Commercio*, o diretor José Carlos Rodrigues e Tobias Moscoso, para que o ajudassem a reformular tudo. Vieram ainda Carlos de Laet, o conde papalino Afonso Celso e Múcio Leão, de Pernambuco.

Chatô ditava a linha editorial e colaborava com artigos diários, escritos a lápis — nunca aprendeu a datilografar nas máquinas que Pereira Carneiro importara. Em 1918, o Vaticano concedeu a Pereira Carneiro, pelos serviços prestados à Igreja católica e pelo trabalho humanitário na ajuda às vítimas da gripe espanhola, o título de conde. Houve quem afirmasse que o título, na verdade, havia sido comprado — e por um preço bem elevado.

A gripe espanhola, ou gripe pneumônica, a mais grave pandemia ocorrida no planeta, que dizimou entre 20 e 50 milhões de pessoas no mundo, chegou ao Brasil com o fim da Primeira Guerra. Aqui morreram 300 mil infectados. No Rio de Janeiro, há registros de cadáveres sendo recolhidos nas ruas pelo pessoal da limpeza urbana — e, em determinado momento, os garis se recusaram a fazer o serviço, com medo do contágio.

No prédio do *Jornal do Brasil*, apenas três pessoas não contraíram a gripe e tiveram que fazer sozinhas o jornal durante mais de duas semanas: Chateaubriand e dois gráficos. Até mesmo o recém-eleito presidente da República, Rodrigues Alves, morreu da gripe antes de tomar posse. Com a morte do presidente, assumiu o vice, Delfim Moreira, até que uma nova eleição se realizasse. Rui Barbosa e Epitácio Pessoa apresentaram-se como candidatos. Chateaubriand abriu guerra contra a candidatura de Rui, a quem apontava como "um dos mais notáveis escritores estrangeiros do nosso idioma". Dizia que só conseguia ler os textos de Rui com um dicionário em punho. Em artigos diários no *Jornal do Brasil*, Chatô criticava principalmente a postura de Rui Barbosa ao longo da guerra que terminara — favorável aos aliados, mas não ao envio de tropas. Assis Chateaubriand defendia a entrada do Brasil no conflito.

Pereira Carneiro, no entanto, interrompeu a campanha de Chateaubriand contra Rui e decidiu que o JB seria neutro na disputa. Chatô, porém, usou até o limite o acordo firmado com Pereira Carneiro de fazer o que quisesse no jornal. Epitácio Pessoa venceu a disputa eleitoral e nomeou um civil, o engenheiro Pandiá Calógeras, para o Ministério da Guerra. Os militares, sempre na condição de tutores da nação, consideraram uma afronta a nomeação de um civil para chefiá-los. Pandiá assinou um acordo militar com a França, que resultaria no envio ao Brasil de uma missão para "aperfeiçoar técnica e profissionalmente o Exército brasileiro". O *Jornal do Brasil* assumiu a defesa irrestrita do ministro da Guerra, amigo de Chatô, que assinava diariamente artigos em favor da chegada da missão francesa. Contratou até mesmo um coronel, Genserico de Vasconcelos, como assessor para assuntos militares do JB.

Chateaubriand defendia a tese de que a influência francesa seria importante para educar profissionalmente os militares brasileiros, habitualmente metidos em política. Militar era para cuidar de guerra, do inimigo externo, não de política, dizia. Chatô era amigo também do presidente Epitácio Pessoa, paraibano como ele, e conseguiu até mesmo indicar seu assessor no *Jornal do Brasil*, José Pires do Rio, para o Ministério de Viação e Obras Públicas. Em 1920, finalmente, Chatô desligou-se do JB e foi ser correspondente do *Correio da Manhã* na Alemanha.

Com a saída de Chateaubriand, o *Jornal do Brasil* assumiu de vez a neutralidade na política brasileira. Não publicou mais artigos de fundo contra ou a favor de governos e tratou de modernizar sua estrutura e inovar na parte editorial — tudo isso por determinação do agora conde Ernesto Pereira Carneiro. Em 1922, passou a publicar o noticiário da UPI, a United Press International. Deixou também de circular às segundas-feiras. Contratou por um salário muito acima do mercado o escritor da moda no Rio de Janeiro, Benjamin Costallat — 500 mil réis mensais.[11] Costallat, de apenas 25 anos, havia escrito um romance, *Mademoiselle Cinema*, que vendeu 60 mil exemplares e foi apreendido e censurado, sob a acusação de escandaloso e pornográfico. No JB, Costallat passou a publicar em capítulos a série "Mistérios do Rio".

Em 1924, o JB criou a primeira seção sobre rádio em jornais, por Dulcídio Pena. O rádio ainda não estava tão universalizado, iria crescer apenas nas décadas seguintes. Junto com o JB vinha a revista *Palcos e Telas*, de Mário Nunes, com notícias, críticas e comentários sobre teatro e a grande novidade que era o cinema. Um exemplar do JB custava 200 réis, o equivalente a dois litros de leite. Em 1929, começou o ciclo do cinema falado, e o jornal passou a destinar uma página inteira à nova mania dos cariocas, inaugurando a crítica cinematográfica.

Como novo diretor, assumiu o também pernambucano e deputado federal Aníbal Freire da Fonseca, amigo de Pereira Carneiro, que caprichou na orientação de neutralidade política. Além de Benjamin Costallat, o JB teve como colaboradores, nesse período, o conde Afonso Celso, Carlos de Laet, e um outro jovem pernambucano, Barbosa Lima Sobrinho. Mesmo com a orientação de neutralidade, apoiou discretamente em alguns artigos a candidatura a presidente do fluminense Nilo Peçanha contra o paulista Arthur Bernardes. Nilo era amigo de Pereira Carneiro. Eleito Bernardes, porém, o diretor do JB, Aníbal Freire da Fonseca, foi nomeado ministro da Fazenda, o que aproximou o jornal do governo. O apoio, discretíssimo, se manteve quando outro paulista, Washington Luís, se elegeu presidente.

Com a Revolução de 1930, que destituiu a República Velha, o JB acabou novamente empastelado por causa do apoio a Washington Luís, e ficou sem circular da sexta-feira, 24 de outubro, edição número 255, até a quinta-feira seguinte, 30 de outubro, edição número 256. Na reabertura, Pereira Carneiro contratou o jornalista Janio Pombo Brício Filho para o lugar de Aníbal Freire, com o propósito evidente de buscar uma aproximação com Getúlio Vargas, pois Pombo Brício era ligado ao getulismo. Em 1933, Getúlio, sob pressão da revolução paulista pela constitucionalização do país, convocou uma Assembleia Nacional Constituinte.

O conde Pereira Carneiro disputou e conseguiu um mandato de deputado pelo Partido Autonomista do Distrito Federal. O partido fora fundado em 1933 por um amigo de Pereira Carneiro, o médico pernambucano e interventor Pedro Ernesto, que vinha espalhando pela capital escolas e hospitais públicos desde que fora diretor do Departamento de Assistência Pública e, finalmente, interventor (entre 1932 e 1935). Estabelecido no Rio de Janeiro desde o começo da década de 1920, Pedro Ernesto apoiara a Revolução de 1930 e chegara a ceder as ambulâncias de seus hospitais para o transporte de armas. Pedro Ernesto foi eleito indiretamente prefeito do Rio de Janeiro em 1935, graças à condição de majoritário obtida pelo seu partido. Como deputado constituinte, Pereira Carneiro aproveitou o seu prestígio junto a Pedro Ernesto e ao governo Vargas para obter uma concessão de rádio, fundando então a Rádio Jornal do Brasil.

Com o retorno de José Pires do Rio, no cargo de diretor-tesoureiro, com a missão de reorganizar as combalidas finanças da empresa, o *Jornal do Brasil* enfim se tornou um diário quase totalmente especializado em anúncios classificados, inclusive na primeira página. Com a industrialização do país acelerada pela Segunda Guerra e pela política de substituição de importações de Getúlio Vargas, Pires do Rio conseguiu equilibrar a situação da empresa. Aníbal Freire, em 1938, também retornou ao comando da redação. Pereira Carneiro, por sua vez, encerrou vários de seus negócios, como a fábrica de juta, as salinas, e passou a dedicar-se inteiramente ao jornal e à rádio.

O CONDE

O conde Ernesto Pereira Carneiro ficou viúvo em 1940, aos 63 anos, ainda como deputado federal, e continuou morando sozinho na mesma casa em que vivia com a mulher, na rua General Dionísio, 53, no Humaitá. Pertinho dele, no número 49, morava o escritor e jornalista João Dunshee de Abranches, que fora deputado federal pelo Maranhão e chegara a escrever artigos para o JB no começo do século. As famílias eram amigas, até mesmo se frequentavam em jantares e almoços dominicais. Conheciam-se de longa data. Dona Maurina Dunshee de Abranches Marchesini, filha de João, ficou viúva do advogado e funcionário público Amílcar Marchesini, com quem tinha uma filha, Leda, praticamente na mesma época do conde. Foi quando decidiu, aos 39 anos, morar com o pai na General Dionísio.

Por uma questão de respeito, só quando o velho Dunshee morreu, em 1943, o conde e dona Maurina resolveram assumir um namoro que já durava um ano. O casamento aconteceu em 1944, ele com 67 anos, ela com 43. Foram morar na casa dele, que afeiçoou-se à enteada Ledinha e tratou-a sempre como filha.

O conde já se tinha desfeito da salina e da fábrica de cimento, em Pernambuco, e da Companhia Comércio e Navegação (Estaleiro Mauá) e da fábrica de juta. Manteve o *Jornal do Brasil* e a Rádio Jornal do Brasil, fundada em 1935. Tinha também um grande patrimônio imobiliário. Sem filhos ou parentes próximos, o conde fez da segunda mulher Maurina e da enteada Leda suas únicas herdeiras.

Leda começou a namorar e logo se casou com o advogado que o conde havia contratado para cuidar dos assuntos legais da Rádio Jornal do Brasil, um tal de Manoel Francisco do Nascimento Brito, que gostava de grafar o último sobrenome com dois "t" — Britto. Ele era de uma família de classe média alta. O pai, engenheiro, chegou a secretário de Obras do Rio de Janeiro, na época Distrito Federal. A mãe de Nascimento Brito tinha uma genealogia que permitiu a Brito assumir ares aristocráticos durante toda a vida. Com 1,90 metro, muito branco e de pele rosada, sempre caprichosamente vestido, realmente parecia um inglês ou norte-americano.

O avô materno de Nascimento Brito, de sobrenome italiano Azegno, nasceu em New Orleans, nos Estados Unidos, de pais de origem francesa. Já adulto e engenheiro, migrou para o Chile, para trabalhar na instalação de uma estrada de ferro inglesa. Lá, conheceu e casou-se com Amy, escocesa, cujo pai também construía estradas de ferro para companhias britânicas. Migraram então para o Brasil e tiveram uma filha, Amy. Esta, por sua vez, casou-se com um engenheiro brasileiro, Nascimento Brito — o pai de Manoel Francisco do Nascimento Brito.

MUTT E JEFF

Manoel Francisco do Nascimento Brito era um homem de muitas histórias e polêmicas. Foi piloto durante a Segunda Guerra, encarregado do patrulhamento da costa brasileira. Há quem garanta que ele nunca tirou um avião do solo, mas documentos em poder dos filhos comprovam que ele realmente exerceu a atividade. Formou-se em Direito, mas há quem jure que, na verdade, nem chegou a concluir o curso: Getúlio Vargas lhe teria concedido um diploma pelos serviços prestados durante a guerra e que o teriam impedido de frequentar regularmente as aulas.[12] Foi advogado do Banco do Brasil, seu primeiro emprego civil. Nascimento Brito e Leda tiveram cinco filhos: Maria Teresa, Maria Regina, José Antônio, Manoel Francisco e Maria Isabel.

Brito permaneceu na Rádio JB até a morte do conde Ernesto Pereira Carneiro, em 21 de janeiro de 1954. Ele implantou na rádio uma programação à base de música clássica durante todo o dia, além de informações sobre o tempo. Viúva, a condessa Pereira Carneiro assumiu então o comando de todo o grupo JB e trouxe o genro para ajudá-la na administração. Brito cresceu de importância na empresa. Dos tempos do conde, Maurina Pereira Carneiro herdou a consultoria de Aníbal Freire da Fonseca, jornalista, ministro da Fazenda do governo Arthur Bernardes, ex-deputado federal e ministro aposentado do Supremo Tribunal Federal. Por duas vezes Aníbal foi diretor do JB (de 1922 a 1929 e de 1937 a 1940). Além de consultor de dona Maurina, passou a ser responsável pela página de Opinião durante a reforma. Ela nada fazia no jornal sem antes ouvi-lo.

Brito e dona Maurina também levaram para o JB, em 1954, o marido de uma sobrinha da condessa, o advogado Bernard Costa Campos, que formaria com Nascimento Brito uma dupla apelidada pelos funcionários de Mutt e Jeff — personagens das tirinhas criadas por Bud Fisher em 1907 para o *San Francisco Chronicle*, e que faziam enorme sucesso no mundo inteiro (inclusive no Brasil, no próprio JB). Mutt era muito alto e magro, e Jeff, baixinho. O apelido foi dado a eles por suas características físicas — Bernard tinha pouco mais de 1,60 metro —, não pela personalidade.

Ao longo dos anos, cada um foi assumindo tarefas de acordo com suas aptidões. A condessa, que começou realmente comandando o processo de reforma do jornal até o fim dos anos 1950, aos poucos passou a ser uma espécie de relações-públicas de luxo, com um papel cerimonial, como uma rainha em um sistema parlamentarista. Chegou a ser apontada pelo jornal inglês *The Guardian* como uma das mais influentes mulheres da América do Sul. Nascimento Brito, cada vez mais, assumiu tarefas executivas, além de encarregar-se das articulações políticas, financeiras e da busca obsessiva por uma emissora de televisão. Bernard era o "faz-tudo", e ganhou mais relevo na empresa pela amizade com o ministro da Fazenda mais poderoso do período militar, Delfim Netto. Os desafetos da dupla diziam que "Bernard é o encarregado de fazer o trabalho sujo, demitir, anunciar as decisões administrativas mais duras".[13] Mas essas histórias serão contadas a seguir.

Os anos 1950: reforma gráfica e reinvenção

O BRASIL NÃO É MANCHETE

Durante toda a primeira metade do século XX até o fim dos anos 1950, a manchete da primeira página do *Jornal do Brasil* tratava, invariavelmente, do noticiário internacional fornecido pelos telegramas da United Press International, a UPI, que desde a Segunda Guerra Mundial passou a manter um escritório junto à redação, no terceiro andar da avenida Rio Branco, 110. Não importava o que acontecesse no Brasil ou no Rio de Janeiro, a manchete envolvia sempre, preferencialmente, a política externa dos Estados Unidos.

Um exemplo gritante do tipo de jornalismo que se fazia é o do dia 17 de julho de 1950, em que o Brasil iria disputar contra o Uruguai a final da Copa do Mundo no novíssimo e recém-inaugurado Maracanã. Pois a manchete de primeira página no dia do jogo foi "As forças norte-americanas retrocedem suas linhas sobre o rio Kum", sobre a Guerra da Coreia, em que os Estados Unidos intervieram em favor da Coreia do Sul contra a "ameaça comunista" da Coreia do Norte.

O Maracanã tinha sido inaugurado um mês antes, no dia 16 de junho, com um jogo entre as seleções carioca e paulista — vitória carioca por 1 a 0, gol de Didi, então jogador do Fluminense. A construção do estádio havia sido uma batalha política que envolveu todo o Distrito Federal, em que pontificavam em lados opostos os vereadores Ary Barroso — ele mesmo, o autor de "Aquarela do Brasil" — e Carlos Lacerda, ambos da UDN e eleitos em 1946.

Ary, ligado ao futebol, torcedor fanático do Flamengo e também locutor esportivo, uniu-se ao jornalista Mário Filho, irmão de Nelson Rodrigues e fundador do *Jornal dos Sports*, na inflamada defesa da construção do Maracanã. Lacerda era contra, considerando o estádio um desperdício de dinheiro público, já que pouca utilidade teria depois da Copa. Ary Barroso e Mário Filho contrataram uma pesquisa de opinião pública que mostrou os cariocas amplamente a favor do estádio, sendo que 56,8% o queriam no local que prevaleceu, a Estação do Derby Club, perto da Tijuca, contra 9,7% a favor de Jacarepaguá, além de números insignificantes em favor de outros pontos.

Nada disso mereceu a atenção do JB, que se dedicou, nos dias em que se debateu a construção do estádio, ao noticiário internacional e a notas oficiais do governo brasileiro. Todas as páginas, inclusive as mais nobres, eram dedicadas aos anúncios classificados de empregos, de serviços, de lançamentos de produtos, do comércio do Rio de Janeiro. As mais de quarenta lojas de coleta de classificados se espalharam pela cidade e até por Niterói, e isso representava dinheiro vivo, muito dinheiro, pago pelos pequenos, médios e grandes anunciantes, recolhido diariamente nas lojas e depositado no banco no dia seguinte, com boa parte permanecendo em caixa-forte da própria empresa. Era dinheiro como o do jogo do bicho, líquido, farto e sem controle fiscal. Àquela altura, a saúde financeira do jornal era invejável.

Portanto, a grande final da Copa foi ignorada pelo JB. Das 48 páginas da edição dominical daquele dia, quase todas estavam cobertas por anúncios classificados (inclusive a primeira página). Só nas páginas 5 e 9 do primeiro caderno há menção à final da Copa. Meros registros. Na página 5, em duas colunas, foi publicado um artigo de A. Porto da Silveira intitulado "A Copa do Mundo e o mundo da Copa". Houve ainda um artigo de Benjamin Costallat sobre o *scratch* brasileiro. Na página 9, a matéria "Em batalha que promete ser sensacional, os quadros de Brasil e Uruguai disputarão hoje, no Maracanã, a Taça Jules Rimet, o IV Campeonato Mundial de Futebol" trouxe textos superficiais sobre o jogo e... nada mais. No dia seguinte à trágica derrota, também nada foi publicado.

Como o jornal não circulava às segundas-feiras, somente na terça, 18 de julho, duas colunas na página 10 diziam que "Mais uma vez, os uruguaios triunfaram na Jules Rimet". Nem uma linha sobre a comoção, o choro e o trauma de jogadores e torcedores, a revolta popular e a presença de turistas estrangeiros, que vieram em bom número. A Segunda Guerra Mundial tinha acabado apenas cinco anos antes, e a Europa estava ainda em reconstrução. Mas vieram muitos norte-americanos. O Mundial mexeu com o imaginário popular brasileiro, deixou um trauma no mundo esportivo que resistiu ao longo do tempo, criou mitos, lendas, heróis, como o uruguaio Obdúlio Varella, e vilões, como o goleiro Barbosa e o lateral Bigode. Mas nada disso foi lido nas páginas do *Jornal do Brasil*.

Naquela triste terça-feira, a manchete da primeira página foi "As forças norte-americanas recuaram para novas posições ao norte e a oeste de Taejan". A guerra na distante Coreia, país dividido pela crescente Guerra Fria, era mais importante do que o que acontecia a poucos quilômetros da avenida Rio Branco. Havia, em geral, duas chamadas na primeira página. Quem quisesse ler era remetido para o interior do jornal, com o número da página indicado. As páginas seguintes, 2, 3 e 4, eram só de anúncios classificados. Só na página 5 começava o noticiário — e ainda nada sobre a derrota diante do Uruguai.

Em 3 de outubro de 1950, dia da eleição que reconduziria ao Palácio do Catete o ex-ditador Getúlio Vargas, não há sequer uma linha na primeira página sobre o assunto. Getúlio vinha de um autoexílio em sua fazenda em Bagé, depois de expulso do Palácio do Catete pela redemocratização de 1945. A manchete recorrente é sobre a presença dos Estados Unidos na Coreia do Sul, no esforço para impedir a comunização do país. Só na página 5 é examinada a eleição geral, em matéria intitulada "A nação escolherá seus dirigentes". Nenhuma análise do quadro político brasileiro, sobre o futuro do país com a volta do ex-ditador, ou sobre o governo que terminava, do marechal Eurico Gaspar Dutra.

No dia seguinte à votação, 4 de outubro, mais uma vez uma manchete de primeira página trata da guerra dos Estados Unidos com a Coreia. Na página 4, finalmente, uma referência à eleição presidencial brasileira, sem reportagens e sem fotos. Apenas um texto produzido na redação, frio e burocrático: "Uma demonstração de ordem e civismo no pleito ontem realizado". Na página 5, uma pequena informação sobre a "Campanha do brigadeiro", referência ao brigadeiro Eduardo Gomes, candidato pela União Democrática Nacional, a UDN, e discretamente apoiado pelo *Jornal do Brasil*. Nos dias que se seguiram, apenas a página 6 passou a registrar a "Marcha da apuração", sem grande destaque, apenas com números parciais da contagem dos votos.

Nos anos seguintes, o JB também noticiou com discrição os fatos mais importantes do governo Getúlio Vargas: a criação da Petrobras e do BNDES, as CPIs do *Última Hora* e do Banco do Brasil, o atentado da rua Tonelero contra Carlos Lacerda, a República do Galeão e a crise final do governo Vargas. Na madrugada em que Getúlio deu um tiro no coração, o jornal cometeu uma grande barriga em sua edição matinal de 23 de agosto. Apenas na página 5 se fez menção à crise: "Getúlio renunciou". E nenhum repórter foi enviado ao Palácio do Catete para confirmar a renúncia, relatar o ambiente político...

Na manhã do dia seguinte à morte de Getúlio, diante da comoção nacional pelo suicídio, com a capital da República em pé de guerra, a manchete de primeira página do *Jornal do Brasil* informava: "Foi declarado ilegal o PC nos EUA". E um segundo título, menor: "Perturbação no Marrocos francês". As redações dos outros jornais do Rio, como a *Tribuna da Imprensa* e *O Globo*, de oposição feroz a Getúlio, tinham sido atacadas pela população. Mesmo assim, nada aparece nas páginas do *Jornal do Brasil*. Apenas na página 5 um pequeno texto intitulado "Trágico desfecho". Logo abaixo, "Epílogo trágico", em que se narra de forma fria a crise, a reunião ministerial e o suicídio. O resto do jornal é coberto por noticiário internacional da UPI, textos oficiais enviados por ministérios e colunas fixas sobre vários temas. O *Jornal do Brasil* era um boletim de anúncios classificados, sem qualquer importância na formação da opinião pública ou no noticiário político.

O JORNAL DAS COZINHEIRAS

O Rio de Janeiro nos anos 1950 contava com treze matutinos e sete vespertinos. Os principais matutinos eram o *Correio da Manhã*, de Paulo e Niomar Bittencourt, dirigido por Antonio Callado; o *Diário Carioca*, de Horácio de Carvalho, comandado por Prudente de Moraes Neto, Danton Jobim e Pompeu de Sousa; o *Diário de Notícias*, de Ondina Portella Ribeiro Dantas, viúva de Orlando Dantas; o *Jornal do Commercio*, editado até 1957 por Elmano Cardim e, a partir daí, por San Tiago Dantas; *O Dia*, dirigido por Othon

Paulino e Thassilo Mitke; o diário especializado *Jornal dos Sports*, de Mário Filho.

Os principais vespertinos eram *A Noite*, de Irineu Marinho, dirigido por Mário Pires e Carvalho Neto; *A Notícia*, de Antônio de Pádua Chagas Freitas; o *Diário da Noite*, dirigido por Austregésilo de Athayde e Fernando Bandeira de Mello; *O Globo*, dirigido pelo diretor-redator-chefe Roberto Marinho, o secretário Ricardo Marinho e o diretor-substituto Rogério Marinho; a *Tribuna da Imprensa*, de Carlos Lacerda, que tinha Nilson Vianna como editor-geral; e o novíssimo *Última Hora*, de Samuel Wainer, criado para ser um órgão de apoio ao governo de Getúlio Vargas e que tinha a redação sob o comando de Paulo Silveira e Bocaiúva Cunha. Havia ainda semanários, quinzenários e até mensários, a maioria órgãos oficiais ou extraoficiais de partidos políticos, como a *Novos Rumos*, do Partido Comunista, religiosos, policiais, ou especializados em tráfego, transportes e categorias profissionais. Todos eram, mais do que jornais, veículos para ajudar seus proprietários a fazer bons negócios ou apoiar políticos e correntes partidárias.

Os grandes jornais situavam-se no centro do Rio de Janeiro, quase todos na avenida Rio Branco e em suas transversais, Lapa ou praça Mauá, como *A Noite*. A ocupação urbana era menor e a localização central facilitava a circulação e a distribuição pelas bancas inclusive de outros pontos da cidade, porque o trânsito estava ainda a muitas décadas de distância do inferno que é hoje. Boa parte da distribuição dos jornais era feita pelos bondes elétricos. Os jornalistas acumulavam empregos públicos, porque os salários não eram suficientes para sustentar suas famílias, e tinham benefícios no imposto de renda e na compra de telefones. Nenhum jornal era administrado de forma empresarial. Viviam de tomar dinheiro dos governos. Alguns chantageavam políticos; outros punham-se descaradamente a serviço de alguém, alguma causa ou alguma empresa.

Cedinho, os matutinos traziam as últimas informações da noite anterior, e não havia a concorrência de jornais paulistas. Os vespertinos eram lidos na volta para casa, no fim de tarde, nos bondes, nos trens, nos ônibus e lotações e nas lanchas Rio-Niterói.

O suicídio de Getúlio Vargas mergulhara o país em uma enorme instabilidade política, que não se resolveu com a eleição de Juscelino Kubitschek. JK enfrentou duas tentativas de golpe militar logo depois da posse. Sufocadas as rebeliões e anistiados os golpistas, o país começou a fervilhar, com a promessa de industrialização-relâmpago e de construção de uma nova capital. Com o plano de metas de Juscelino, o futuro parecia bater às portas. Seriam cinquenta anos em cinco. O aumento anual médio do Produto Interno Bruto foi de 7,5%, com um crescimento médio de 10,7% da indústria. Cerca de 20 mil quilômetros de estradas foram construídos. Tudo isso resultou em endividamento público e numa inflação média de cerca de 25% ao ano.[1] Juscelino tinha pressa, e não hesitou em avançar sobre as verbas da Previdência Social para alavancar o investimento público.

Para acompanhar as grandes transformações do país, Maurina Pereira Carneiro pensou em mudar o *Jornal do Brasil*, modernizá-lo, torná-lo um veículo importante. Para isso, viajou para observar os jornais de prestígio dos Estados Unidos e da Inglaterra. A efervescência econômica, cultural, política e esportiva que explodiria nos anos JK já havia começado na primeira metade dos anos 1950, reflexo da redemocratização do país em 1945 e do próprio governo reformista de Getúlio Vargas, com a criação do então BNDES, da Petrobras, da Eletrobras. Alberto Dines conta que, no Rio de Janeiro, já havia o Clube do Cinema, dirigido por um jovem diplomata e poeta chamado Vinicius de Moraes e pelo crítico e cineasta Alex Vianny.

No centro do Rio de Janeiro estavam os bares Amarelinho e Vermelhinho, o bar e restaurante Villarino (onde Tom e Vinicius foram apresentados por Lúcio Rangel), o prédio da Associação Brasileira de Imprensa (ABI), o moderno edifício do Ministério da Educação,[2] os demais ministérios, a Escola Nacional de Belas Artes, os velhos prédios da Biblioteca Nacional, do Palácio Monroe (sede do Senado da República, já demolido) e o Theatro Municipal. O centro nervoso, cultural e político do país estava naquele entorno que podia ser inteiramente percorrido a pé em menos de meia hora.

Uma lendária versão, hoje impossível de ser confirmada, vicejou nas redações a partir de 1956, e pode-se dizer que é, pelo menos, verossímil. Em um final de tarde, reuniram-se as mulheres que estavam à frente de jornais no Rio de Janeiro. A condessa Maurina Pereira Carneiro, do *Jornal do Brasil*; dona Niomar Muniz Sodré, do *Correio da Manhã*; a viúva de Orlando Dantas, dona Ondina Portella Ribeiro Dantas, do *Diário de Notícias*, e que assinava uma coluna sobre música clássica sob o pseudônimo D'Or; e Dora Pacheco, a viúva de Félix Pacheco, do *Jornal do Commercio*, um político, jornalista e escritor piauiense que chegou a ministro das Relações Exteriores no governo Arthur Bernardes, em 1923-4.

Em torno de chá e bolinhos, as diretoras discutiram a ameaça de golpe militar contra JK, insuflada diariamente pelo deputado Carlos Lacerda, da UDN, dono da *Tribuna da Imprensa*. Lacerda, que em 1950 dissera que "Getúlio, senador, não pode ser candidato a presidente. Candidato, não pode ser eleito. Eleito, não pode tomar posse. Empossado, lutaremos com todas as forças para derrubá-lo",[3] agora repetia a frase contra Juscelino. Cada uma delas deu seu palpite, e a condessa Pereira Carneiro começou dizendo "o *Jornal do Brasil* é de opinião que...". Foi interrompida por uma curta e sarcástica gargalhada de Niomar Muniz Sodré: "Ah, quer dizer que o jornal das cozinheiras tem opinião sobre política e sobre o país?". Dona Maurina não passou recibo, driblou com elegância o comentário ofensivo e concluiu seu raciocínio. Com a frase de Niomar entalada, a condessa deixou a reunião resolvida a transformar seu jornal no mais importante da cidade e do país.

Entre outras versões sobre o apelido de "jornal das cozinheiras", há uma que atribui sua autoria a Juscelino Kubitschek. Logo depois da posse, em janeiro de 1956, ao ser criticado pelo *Jornal do Brasil* em sua decisão de construir Brasília a toque de caixa, teria respondido a um grupo de amigos: "Isso não tem nenhuma importância, aquilo ali não passa de um jornal para cozinheiras".

Mas o fato é que a condessa ficou indignada. Tinha um jornal com muito dinheiro, na melhor localização possível, em um moderno prédio próprio, possuía uma emissora de rádio importante; e descobriu que isso não tinha qualquer relevância. Com a ajuda de Nascimento Brito, resolveu mudar a situação.

VIRANDO O JOGO

A primeira providência da condessa foi contratar o poeta e jornalista maranhense Odylo Costa, filho, no final de 1956. Odylo já era um jornalista conhecido da *Tribuna da Imprensa* e amigo do lado maranhense da família de dona Maurina.[4] A ordem era iniciar uma grande mudança nas feições gráfica e editorial do *Jornal do Brasil* — reforma, aliás, que o jornalista Roberto Pompeu de Toledo prefere hoje chamar de "refundação". Segundo ele, reforma gráfica sugere apenas mudança de diagramação, que é comum em todo jornal que pretende mascarar falta de conteúdo com efeitos visuais. Para Pompeu, esse não foi o caso do *Jornal do Brasil*.

Odylo era ligado à UDN, o principal partido de oposição a Getúlio Vargas e Juscelino Kubitschek. Poderia parecer temerário entregar a direção de redação de um jornal apartidário a um jornalista fortemente identificado com uma corrente política. A própria *Tribuna da Imprensa* fora criada graças à ação de um grupo de mulheres conservadoras, defensoras da moralidade e da família, admiradoras do deputado Carlos Lacerda, e que lhe quiseram dar um jornal para defender suas bandeiras — montaram uma banca de coleta de contribuições e em pouco tempo o jornal estava criado. Eram as "mal-amadas do Lacerda", apelido pejorativo criado pelo jornalista e compositor Antônio Maria. O JB definia-se como um jornal católico, liberal, independente, mas a militância partidária de Odylo não incomodou a condessa. Afinal, o conde Ernesto Pereira Carneiro também nutrira simpatias pela UDN.

A reforma, ou refundação, do *Jornal do Brasil* foi um marco no jornalismo moderno do Brasil. Mas, na verdade, boa parte das inovações já vinha do *Diário Carioca*, de Horácio de Carvalho, comandado por Prudente de Moraes Filho, Pompeu de Sousa, Danton Jobim e Luís Paulistano na virada dos anos 1940 para os 1950. Pompeu trouxera dos Estados Unidos várias novidades, como a nova forma de apresentar as notícias, com o chamado lead e a pirâmide invertida. O principal da matéria viria logo na abertura, com o texto respondendo imediatamente às seguintes perguntas: "quem, o quê, quando, como, onde e por quê". O texto deveria ser enxuto, direto, evitando-se ao máximo os adjetivos.[5]

Em junho de 1956, o poeta Reynaldo Jardim, que assumira há pouco a Rádio Jornal do Brasil e instituíra novidades como o modelo "música e informação", propôs à condessa a criação de uma página feminina, onde seriam apresentados também temas culturais. Reynaldo Jardim, nascido em São Paulo em 1926, filho de pai militar, era um incansável criador de novos projetos. Estudou jornalismo em uma das primeiras turmas na PUC e trabalhara antes nas revistas *O Cruzeiro* e *Manchete*. Um amigo, Leo Vitor Nascimento, chegou a escrever um livro infantil em homenagem a ele — *Macaco inventor* —, uma homenagem um tanto incômoda, porque geralmente as invenções do personagem não davam certo. Seu *Suplemento Dominical*, um programa que apresentava na Rádio Jornal do Brasil, tinha uma ouvinte encantada: a própria Maurina Pereira Carneiro, que lhe propôs transformar aquilo em uma coluna no *Jornal do Brasil* e, depois, em um caderno.[6]

No Suplemento Feminino, que criou em 1956, passaram a colaborar Ferreira Gullar, que vinha impregnado pelas novidades introduzidas no *Diário Carioca*, Mário Faustino e Oliveira Bastos. Mário Faustino passou a ser o motor criativo do suplemento. Ferreira Gullar encontrou-se depois também ali com seu antigo companheiro da revista *Manchete*, Amilcar de Castro, escultor e artista gráfico. Em entrevista a Yanet Aguilera, Reynaldo falou sobre a reforma gráfica do JB:

> Há duas coisas que precisam ficar bem claras nessa história de reforma gráfica e editorial do JB: 1) o Amilcar de Castro foi o responsável, coadjuvado pelo Janio de Freitas, pela formatação do jornal em sua parte jornalística propriamente dita: o essencial. 2) Minha atuação foi na área do supérfluo. Como dizia o JK, é preciso cuidar do supérfluo. O essencial sempre acaba sendo feito por alguém. O Suplemento Dominical do Jornal do Brasil, o Caderno B e outros produtos foram mentados, editados, diagramados e dirigidos pessoalmente por mim.[7]

Aos poucos, o Suplemento Feminino foi se transformando em um provocante caderno cultural, o Suplemento Dominical do Jornal do Brasil. O Suplemento Dominical era editado no espaço disponível nos estúdios da própria Rádio Jornal do Brasil, um andar acima da redação. O Suplemento passou a ser porta-voz da poesia concreta, uma vanguarda artística que incorporava aspectos geométricos ao poema, transcendendo o conteúdo da escrita e utilizando os espaços em branco no papel; os poemas eram estruturas visuais que faziam parte da mensagem. Amilcar de Castro era o criador visual dos experimentos, um artista plástico que trabalhava em jornal para ganhar a vida, porque (ainda) não conseguia sobreviver das vendas de suas peças de arte conceitual.

Foi no Suplemento Dominical que Ferreira Gullar e seus colegas lançaram o manifesto do movimento neoconcreto. Amilcar de Castro desenhou a primeira página e a condessa adorou. Foi em março de 1959, e colaboraram, além de Gullar, o autor do texto do manifesto, Cláudio Mello e Souza, Franz

Weissmann, Lygia Clark, Lygia Pape, Reynaldo Jardim e Theon Spanudis. Ferreira Gullar, nascido em 1930 em São Luís, Maranhão, chegou ao Rio de Janeiro em 1951 para ganhar a vida. Seu nome verdadeiro é José Ribamar Ferreira, mas resolveu acoplar o Ferreira do pai, Newton Ferreira, ao Goulart da mãe, Alzira Ribeiro Goulart, apenas alterando a grafia do sobrenome materno. Conhecia Amilcar de Castro desde 1953, quando se reuniam na casa de Mário Pedrosa para discutir arte concreta.[8]

De volta a 1956. Odylo começou a montagem de sua equipe. Trouxe o amigo mineiro Wilson Figueiredo para chefe de reportagem e contratou quase toda a equipe do *Diário Carioca*, todos já intoxicados pela ideia de um jornalismo objetivo, com linguagem simples e clara. Além do trabalho no Suplemento Dominical, Ferreira Gullar, por sua vez, foi puxado também para formar um corpo de redatores encarregados de melhorar o péssimo texto dos repórteres e de dar forma jornalística aos telegramas de notícias internacionais. O setor foi chamado de "copydesk", expressão do jornalismo norte-americano introduzida no Brasil por Carlos Lacerda, na *Tribuna da Imprensa*, nos anos 1950. Logo, houve o abrasileiramento para copidesque.

Gullar chamou Armando Nogueira e Janio de Freitas, que por sua vez trouxe José Ramos Tinhorão e outros colegas do *Diário Carioca*. Vieram o jovem maranhense Lago Burnett, Quintino de Carvalho, Nilson Lage, Raimundo de Brito, José Bandeira da Costa e Cipião Martins Pereira. Janio de Freitas lembra-se de que chamavam a si mesmos de "reescrevedores do jornal".[9]

Nelson Pereira dos Santos, que já era um dos principais cineastas do Brasil, e o poeta e compositor Tite de Lemos também juntaram-se à equipe. Ferreira Gullar, Janio de Freitas e Amilcar de Castro passaram a conspirar diariamente em favor de uma modernização visual e editorial do *Jornal do Brasil*. Sempre tentavam alguma novidade, alguma ousadia, driblando a vigilância do editor-chefe. Odylo foi o iniciador da reforma, e sem a sua presença e a montagem da equipe não haveria a consolidação do jornal como o mais moderno do país — o que foi feito posteriormente por Janio, Amilcar e, nos anos 1960, por Alberto Dines. Mas Odylo não era um homem organizado nem um jornalista típico. Era um advogado e poeta envolvido com a política. Escrevia artigos políticos, mas não gostava da rotina de jornal, que desde aquela época incluía planejamento, apuração, redação e edição. Muitas vezes, saía para almoçar e não voltava. Em um começo de noite, ainda em 1956, Odylo chamou Wilson Figueiredo e lhe pediu: "Wilson, eu tenho que jantar com o embaixador Gilberto Amado no Copacabana Palace, no restaurante Bife de Ouro. Qualquer coisa, estarei lá, é só ligar. Você fica até o fim, acompanha o fechamento. E confere se desceu à gráfica o editorial que eu escrevi e que é muito importante".

E Wilson, o chefe de reportagem, ficou para acompanhar o fechamento. Era muito comum que boa parte do trabalho resultasse inútil: as matérias eram copidescadas (reescritas) e baixadas à gráfica, e por várias vezes não eram publicadas. Quem tinha a última palavra na edição era o chefe da oficina. Ele tinha autonomia para cortar, caso não houvesse cobertura suficiente de anúncios, que pagavam o jornal. O gráfico tinha autoridade para diminuir o número de páginas para economizar papel. No *Jornal do Brasil*, o chefe da gráfica era um homem sério e arrogante, que se vestia de terno branco e gravata geralmente vermelha.

Às onze horas da noite em que Odylo foi jantar com Gilberto Amado, subiu à redação o chefe dos linotipistas, com um ar preguiçoso e entediado e um cigarro no canto da boca:

— O doutor Odylo, como sempre, não mandou o editorial.

Pânico. Wilson agitou-se mais do que o seu habitual, andou de um lado para outro:

— Como assim? Ele veio aqui, me passou o serviço, saiu e disse que o editorial já estava na gráfica com o linotipista. Tem certeza? Volta lá e confere isso direito!

O homem foi, abanando a cabeça de forma crítica, com ar ainda mais aborrecido, e voltou logo depois:

— Não tem editorial nenhum do Odylo.

Wilson enlouqueceu e telefonou para o Bife de Ouro, onde ainda encontrou Odylo tomando uísque com o amigo. "O seu editorial não desceu à gráfica", disse em pânico, quase gritando. Odylo ficou furioso:

— Como assim? Eles perderam o papel! Eu tenho certeza de que mandei baixar!

— Não baixou, Odylo. É a única coisa que falta.

— Manda procurar de novo.

Wilson foi pessoalmente à gráfica. Todos os linotipistas buscaram, e nada. Ligou de novo para Odylo, meia-noite e meia:

— Pelo amor de deus, Odylo, procura nos bolsos. Você é distraído, saiu com pressa, deve ter esquecido no bolso.

A busca nos bolsos foi feita, e... lá estava o editorial. O jornal atrasou uma hora e meia por conta disso.[10]

Como chefe de reportagem, Wilson Figueiredo, de vez em quando, recebia no final do dia um ou outro sujeito, que dizia: "Eu trabalho no ministério tal, e trago o meu material pra fazer aqui, sou repórter". Era uma divisão clara: havia o pessoal da oficina, que realmente mandava na edição do jornal; os velhos que tinham duplo ou triplo emprego e só iam no final do dia levar suas notícias oficiais; e a nova redação, que incluía o alagoano Luís Gutemberg, de dezenove anos, e o paraibano Edilberto Coutinho, de dezoito, repórteres generalistas.

A própria Secretaria de Redação, um departamento-chave, ponte entre a produção de notícias e a gráfica, tinha dois titulares que se revezavam, dia sim, dia não. Ambos com bons empregos públicos, aos quais dedicavam a maior parte do dia. A chegada da turma nova provocou um choque e dividiu o jornal. E Odylo começou também a contratar sem qualquer critério salarial, aumentar demais as despesas, encarecer a produção. Contratou, por exemplo, o amigo José Sarney, um jovem jornalista e suplente de deputado federal pelo Maranhão, como correspondente em São Luís.

Odylo gostava de profissionais jovens. Dizia que repórter novo "tem perna e disposição para correr atrás da notícia. O velho não".[11] O jornal não tinha ainda uma organização hierárquica, uma cadeia de comando, muito menos reuniões de pauta ou de planejamento. Um dos jovens repórteres foi escalado certa vez por Odylo para uma cobertura. Na época, o repórter tinha que usar bonde, ônibus, lotação ou simplesmente ir a pé. Táxi era um luxo raríssimo, e não havia ainda os carros de reportagem.

Naquela tarde, porém, Odylo estava especialmente interessado na matéria e ordenou ao repórter: "Pega um táxi. Mas passa em casa antes e põe um terno, porque é coisa séria". O repórter pegou o táxi na avenida Rio Branco e ordenou ao motorista que, primeiro, passasse em sua casa para um banho e para a troca de roupa. Acabou dormindo depois do banho e o táxi esperou por três horas com o taxímetro ligado, uma despesa absurda naquela época.

Odylo Costa, filho, era um homem inteligente, afetuoso e cheio de amigos, além de bom poeta. Mas não se empenhava em dar uma feição profissional ao trabalho no *Jornal do Brasil*. Era tudo baseado na improvisação. Um jornal feito no mais puro amadorismo pré-industrial.

Ferreira Gullar conta que, em um dia qualquer de fevereiro de 1957, Odylo faltou ao trabalho, e ele próprio, Janio de Freitas e o diagramador Amilcar de Castro decidiram ousar: puseram uma bela foto na primeira página, centralizada, sob a sequência de pequenos títulos. A capa do jornal era sempre conservadora, com pouquíssimas variações. A mudança era uma grande novidade. No dia seguinte, Odylo chamou Gullar e perguntou: "Como você permitiu uma loucura dessas?". Nesse exato momento, o telefone tocou e, do outro lado da linha, satisfeitíssima, dona Maurina elogiou a iniciativa e disse que tinha recebido telefonemas de todo o país, e até do exterior, elogiando a primeira página. A foto utilizada fazia uma referência ao *Jornal do Brasil* do começo do século, que trazia sempre uma charge de Raul Pederneiras na capa. Pouquíssimos jornalistas perceberam isso.[12]

"FIO NÃO SE LÊ"

O *Jornal do Brasil*, conforme lembra Wilson Figueiredo, era antes escrito quase todo à base de canetas-tinteiro. As máquinas de escrever eram poucas. E quase ninguém sabia trabalhar nas que estavam em condições de uso. A redação estava cheia de funcionários públicos que começaram a boicotar a turma nova. Quem fechava o jornal não eram os jornalistas, mas o chefe da oficina. As páginas vinham já com os anúncios espalhados (os chamados "espelhos") e o material jornalístico tinha que ser organizado no espaço que sobrava.

O pessoal que chegou com Odylo em 1956 era inquieto, barulhento, criativo, com outra concepção de jornalismo, já dentro do espírito do Brasil que se iniciava com JK e a industrialização. A tradição das peladas de futebol dentro da redação, pós-fechamento das edições, com o afastamento das mesas e bolas de papel amassado consolidadas com fita durex, foi importada da redação do *Diário Carioca*. E não era mais permitida a "gillete-press" (o uso de textos cortados a gilete de outras publicações) ou textos ruins. Tudo o que pudesse ser reescrito, assim seria.

O *Jornal do Brasil* nadava em dinheiro, recolhido todo dia nas catorze agências de classificados que se espalhavam pela cidade — eram lojas em que moças, em um balcão, atendiam aos clientes que iam publicar seus anúncios. Como nos telegramas das agências de Correios, o preço do anúncio variava de acordo com o número de palavras e o espaço. O cliente levava o texto que queria publicado e pagava na hora, em dinheiro, o valor do espaço. Havia filas nas agências. Tudo o que era arrecadado chegava ao caixa do jornal no fim do dia. Antes, portanto, da publicação dos anúncios. Ou seja, havia muito dinheiro de pequenos anunciantes, a maioria individuais ou de pequenas empresas, que não exerciam qualquer pressão editorial.[13]

Em fevereiro de 1957, levado por Odylo, que o conhecia dos tempos da revista *Manchete*, chegou o cérebro das inovações visuais implantadas pelo JB nos anos seguintes, o escultor Amilcar de Castro. Era um artista plástico em ascensão, mineiro de Paraisópolis, nascido em 1920, ex-aluno de Guignard em Belo Horizonte e vinculado ao movimento concretista de São Paulo. A partir de 1959, ligou-se ao neoconcretismo.

Amilcar nunca havia trabalhado como diagramador (na época, chamava--se "paginador"). Conseguiu ser contratado em maio de 1956 pela *Manchete* porque era artista. E ele não foi parar em redações para buscar experiências gráficas, mas para pagar o aluguel e as contas no fim do mês. Era o emprego possível, já que era casado e com três filhos. A vida era dura e o custo da escola particular das crianças e do apartamento em Ipanema era pesado. Como parava pouco em casa por causa do trabalho e da boêmia, queria dar o melhor aos filhos. Na *Manchete*, estava sob a direção do escritor e jornalista mineiro Otto Lara Resende, e de seus futuros companheiros de JB Janio de Freitas e Ferreira Gullar, todos empenhados em fazer uma revista com visual moderno, com espaços em branco que valorizassem as fotos e os textos — na verdade, era uma revista muito mais visual, colorida, de fotos, do que de texto ou de informação. Em 1957, o dono da *Manchete*, Adolfo Bloch, irritou-se com tanta novidade, que ele não entendia muito bem, e demitiu todo mundo. Achava que o excesso de espaços em branco consumia muito papel, era antieconômico.

Quando Amilcar assumiu o cargo de assistente de chefia da redação do *Jornal do Brasil*, aos 37 anos, com a responsabilidade de modernizar visualmente o jornal das cozinheiras, o que exigia tempo, esforço e dedicação, cuidava também de sua carreira artística. Começou a expor em 1959. Em 1960, ganharia o primeiro prêmio do Salão do Museu de Belas Artes de Belo Horizonte.[14]

No *Jornal do Brasil*, Amilcar recomendou a compra da impressora tipográfica Bodoni, que melhorava bastante o visual das letras impressas, e introduziu a lauda marcada numericamente, o que permitia a contagem de batidas datilografadas e de linhas para facilitar o trabalho de diagramação. Esse trabalho de organizar e encaixar o material na página era feito graças a uma grande folha de papel do tamanho da página do jornal e que foi chamada de "espelho". Era o começo da mudança de hierarquia das decisões sobre o fechamento do jornal: da oficina, o comando transferiu-se, finalmente, à redação.

Como a impressão do jornal ainda era ruim, Amilcar resolveu "limpar" a página, retirar toda a poluição visual que atrapalhava a leitura. Era preciso abrir espaços, porque a ausência deles confundia o leitor. Começou, então, a conceituar a reforma, privilegiando o texto escrito e eliminando tudo o que não fosse objeto de leitura. "Fio não se lê", disse, e defendeu a sua retirada total — os fios eram as linhas que separavam as matérias escritas nas páginas. Amilcar aplicou ao *Jornal do Brasil* a ideia que norteava sua escultura: cada parte da chapa de ferro (ou da página) deveria ter o mesmo peso em cima, embaixo, à direita e à esquerda. O desenho da página e o seu esmero estético estavam a serviço da boa leitura.

Saíram os títulos e textos em negativo, vazados em letras brancas sobre um fundo negro ou grisê. Desapareceram, aos poucos, as vinhetas, e as páginas começaram a ser mais organizadas. Tudo isso levou a uma crise com a oficina, porque todos esses artifícios e exageros eram encarados pelos gráficos como prova de sua competência artesanal, bem como de sua importância no resultado final da edição. A produção gráfica ficou, além de mais clara e visualmente mais atraente, mais simples de realizar.

Amilcar estabeleceu os axiomas "jornal é preto no branco", o que retirava da agenda os tons, sobretons e grisês; e "jornal se lê da esquerda para a direita e de cima para baixo". Essa última regra era já uma tendência dos jornais modernos: a paginação vertical, com as notícias expostas nas páginas em colunas verticais. Amilcar criou também os títulos de matérias com três linhas.[15]

As matérias desciam à gráfica diagramadas em duas colunas cada uma. Certa noite, o jornalista que fechava o material internacional, Newton Carlos, estabeleceu em três colunas uma matéria — uma horizontalização da verticalidade. E Amilcar de Castro adorou o efeito. Ele usava muito uma coluna, depois duas, ou mais duas e uma. Newton Carlos pôs duas de seis colunas. A partir da primeira página, o experimentalismo era constante. E o *Jornal do Brasil* foi tomando nova forma. Nenhuma matéria poderia continuar em outra página. Todas tinham que caber inteiramente em apenas uma delas, e por isso tinham que ter uma medida certa. Foi adotado também um tipo único de letra para os títulos, para evitar a bagunça que havia até ali.

A retirada dos fios já havia começado no Suplemento Dominical, editado por Reynaldo Jardim. Reynaldo, um dos militantes do movimento concretista, e depois neoconcretista, não era visto com simpatia por Odylo, um poeta modernista que também não gostava do Suplemento, como explica Washington Dias Lessa, um especialista em artes gráficas. Ele lembra que tanto Reynaldo quanto Amilcar participaram da Primeira Exposição de Arte Concreta, no Museu de Arte Moderna de São Paulo, em dezembro de 1956, e da exposição de fevereiro de 1957 no Ministério da Educação, no Rio de Janeiro. Em março de 1957, eliminaram as molduras das páginas e os fios e fios-fantasia que separavam as matérias ou sublinhavam os títulos.

No primeiro caderno, a retirada dos fios foi inaugurada na página 5, a dos editoriais. Foi preciso convencer o editor do espaço, Aníbal Freire da Fonseca, que era também diretor do jornal e uma espécie de guru da condessa Pereira Carneiro desde a morte do conde. Nascimento Brito foi voto vencido. Temia que o abuso dos espaços em branco ocupasse também o primeiro caderno e, horror dos horrores, as páginas de classificados.

Assim como Odylo, Nascimento Brito não gostava daquele experimentalismo, embora por razões, digamos, não vinculadas a escolas e concepções artísticas. Brito, como Adolfo Bloch, considerava tudo aquilo uma brincadeira que custava muito caro: "Isso deixa muito espaço em branco, um desperdício de papel. Precisamos acabar com isso". Reclamou tanto que, um dia, Reynaldo Jardim pediu demissão. O editor-geral aceitou imediatamente e já preparou um substituto: "Gullar, o Reynaldo Jardim está saindo do jornal. Você assume o Suplemento". Gullar não aceitou: "Odylo, você me conhece e sabe que eu jamais aceitaria o lugar do Reynaldo, que é um amigo querido. Se ele está saindo, eu saio junto".[16] Quando tudo ia ser sacramentado, entrou em cena a condessa Maurina Pereira Carneiro.

Ferreira Gullar já tinha até convite de um outro jornal para ganhar mais, o que, aliás, foi o argumento de Odylo para justificar a demissão. Mas a patroa bateu o martelo: "O Gullar e o Reynaldo não saem. Nem que seja preciso dobrar o salário deles. Nem que eu fique anos sem comprar uma joia nova! No Suplemento também não se mexe!".[17]

Assim, a seção do copidesque foi cada vez mais se organizando. Ali, reescrevia-se o material trazido da rua pelos repórteres e os telegramas que chegavam das agências internacionais. Os repórteres davam duro, gastavam a sola do sapato, mas a grande maioria não sabia escrever. O material saía tosco, cheio de erros. Além de aprimorar o texto final, e de usar o lead e o sublead, os copidesques do JB começaram a ousar nos títulos, nas manchetes.

Uma vez, perto do fechamento, Gullar foi chamado por um dos diagramadores: "Ô, Gullar, arranja aí alguma coisa para a página tal. Tem um buraco ali, está faltando matéria". Como todo o material da reportagem já estava pronto e diagramado, Gullar foi ao telex em busca de uma notícia internacional. Escolheu uma que tratava da descoberta, nos Estados Unidos, do vírus da icterícia, doença que ataca o fígado. O texto descrevia o bicho e suas características físicas. Gullar reescreveu a notícia e a publicou no espaço vago com o seguinte título: "Descoberto o vírus da icterícia: é redondo".

No dia seguinte, Odylo chamou-o e aplicou-lhe uma bronca: "O que é isso, Gullar, você não pode brincar com essas coisas, jornal é uma coisa séria!". Já preparado para a reação do chefe, Gullar se defendeu: "Mas Odylo, eu não estou brincando, é só uma forma criativa de dar uma notícia científica chata. Eu lhe garanto que o leitor comum deve ter adorado". Odylo não se convenceu: "Está bem, mas chega de invenções. Vamos fazer um jornal sério". Naquele início de reforma, a condessa Pereira Carneiro acompanhava as mudanças dando palpites, aprovando ou rejeitando as novidades que surgiam. Era sempre consultada. E sempre se punha a favor da vanguarda, da novidade.

Amilcar e Janio ficaram amigos, saíam juntos com as famílias nos fins de semana, tornaram-se compadres. Janio, que tinha automóvel, levava os filhos de Amilcar para passear em volta da lagoa Rodrigo de Freitas, e dizia ao filho mais velho do amigo: "Essa lagoa é nossa. É Rodrigo, como você, e Freitas, como eu". Janio de Freitas passou a chefe do copidesque quando Ferreira Gullar, protagonista de crises diárias com Odylo Costa, filho, acabou demitido do cargo e voltou ao Suplemento Dominical. As divergências eram inclusive políticas. Odylo era ligado à UDN e Gullar ao PCB.[18]

53

O MINEIRO DO LITORAL

Chamado pelos amigos de Figueiró, quase tão elétrico e falante quanto Pompeu de Sousa, Wilson Figueiredo é "mineiro do litoral", na definição do amigo Rubem Braga. Filho de pai pernambucano e mãe mineira, quando nasceu, em 1924, sua cidade natal, Castelo, no Espírito Santo, era ainda parte de Cachoeiro do Itapemirim, da qual só iria emancipar-se quatro anos depois. Para Rubem Braga, o Espírito Santo era o litoral de Minas. Wilson, quando criança, morou em várias cidades mineiras, como Montes Claros, Divinópolis, Uberaba, Orlândia. O pai era médico, combateu na Revolução Constitucionalista de 32, em São Paulo, e mudava muito de cidade.

Figueiró foi estudar em Belo Horizonte na juventude e tornou-se amigo de Otto Lara Resende, Sábato Magaldi, Autran Dourado, Fernando Sabino, Paulo Mendes Campos, Hélio Pellegrino, a turma de poetas e intelectuais mineiros que invadiria o Rio de Janeiro capital no começo dos anos 1950. Ele próprio era um poeta. Ficou amigo também de Mário de Andrade, João Cabral de Melo Neto, Carlos Drummond de Andrade, Murilo Rubião e Carlos Castello Branco, que viera do Piauí para estudar e depois trabalhar em Minas Gerais.

Chegou ao Rio de Janeiro em 1956, já casado e com três filhos, e aportou no *Jornal do Brasil* como chefe de reportagem. Passou a chefe de redação, saiu, trabalhou na *Tribuna da Imprensa* e em *O Jornal*, e retornou com Alberto Dines em 1962 ao JB, onde ficou até abril de 2001. Wilson era amigo próximo também de Nelson Rodrigues, a quem conhecera na revista *Manchete*, e que escreveria sobre ele em uma coluna no *Jornal dos Sports*, em 1963:

Amigos, vivemos uma época lívida, em que ninguém se ruboriza mais, ou por outra: o único sujeito que ainda se ruboriza, no país e no mundo, é o Wilson Figueiredo, o colunista do *Jornal do Brasil*. Não há outro caso de rubor, nos cinco continentes. Mas eu disse "época lívida" e já poderia completar: cínica, também.

Quando Wilson Figueiredo assumiu a chefia de reportagem, Nelson Rodrigues passou a frequentar a sede do *Jornal do Brasil* em vários dias da semana: usava o pretexto de visitar Figueiró para dar telefonemas interurbanos para amigos às custas do jornal, principalmente para o crítico e professor Sábato Magaldi, que morava e lecionava em São Paulo, na Escola de Arte Dramática. Magaldi era o principal defensor da obra de Nelson.[19]

Em meados de 1958, Amilcar de Castro saiu do JB por desentendimentos cada vez maiores com Odylo Costa, filho. As desavenças conceituais entre os dois chegaram ao ponto de tornar insuportável a convivência diária. Amilcar só retornaria em março de 1959, quando Odylo não estava mais no jornal, a convite do amigo Janio de Freitas, com quem compartilhava as ideias de modernização do JB. A reforma avançou, no entanto, principalmente no Suplemento Dominical, onde Reynaldo Jardim continuou experimentando e inovando na disposição dos títulos.

CHEGAM OS BAMBAS

Antes dos vinte anos, o niteroiense Janio Sérgio de Freitas Cunha já tinha desistido da carreira de piloto de avião, quando machucou seriamente um joelho. Um amigo pegou alguns de seus escritos e levou para Manuel Muller, o Maneco Muller, cronista social do *Diário Carioca* sob o pseudônimo de Jacintho de Thormes. Janio foi convidado para uma conversa com Maneco e acabou ficando por lá, fazendo vários tipos de trabalho, inclusive diagramação. Foi parar na reportagem policial, onde se encantou com o preciosismo e o detalhismo do trabalho do chefe, Luís Paulistano. Janio trabalhava tão bem que acabou fazendo a primeira página, com Pompeu de Sousa, Armando Nogueira e Fernando Lara Resende. Recusava-se a usar o trabalho no jornal como pistolão para um cargo público, uma praxe entre os colegas. Por isso, precisou desdobrar-se em dois e às vezes três empregos. Entrava às nove da manhã na *Manchete*, como repórter, e trabalhava até a meia-noite no *Diário Carioca*, como copidesque. Em 1956-7, aos 25 anos, chegou finalmente ao *Jornal do Brasil*, já com o nome profissional de Janio de Freitas.

Janio fizera para a *Manchete*, em 1956, uma entrevista com o líder comunista Agildo Barata, que vivia na clandestinidade. Agildo, capitão do Exército, havia liderado o levante dos militares comunistas em 1935, na Praia Vermelha. Na entrevista, ele denunciou os erros de Luís Carlos Prestes na condução do PC e aproveitou para romper com o partido. A reportagem teve enorme repercussão e valeu a Janio o convite para o JB. Chegou para ser repórter, mas logo foi deslocado para o copidesque. Pela sua organização e rigor no trabalho, assumiu o lugar de Ferreira Gullar, quando o poeta foi demitido. Acabaria como editor-geral, para aprofundar a reforma gráfica e editorial.[20]

Carlos Lemos Leite da Luz nasceu em Botafogo, no Rio de Janeiro, em 28 de agosto de 1929. Até os vinte anos, não sabia exatamente o que fazer da vida. Era auxiliar de escritório em uma pequena firma e tinha abandonado os estudos ao concluir o segundo grau. Foi demitido e passou a trabalhar de manhã na Fundação Getulio Vargas e, à tarde, virou camelô, como dizia, vendendo palitos de plástico aos bares. Achou que não era aquilo o que queria da vida e fez vestibular para o curso de Direito na Universidade do Brasil, hoje Universidade Federal do Rio de Janeiro. Não gostou e o trocou pelo de jornalismo, que passou a cursar à noite, já nos anos 1950.

Foi aluno, entre outros, de Nilson Vianna e de Hermano de Alves. Da turma de dez alunos, três eram mulheres. Nilson, que era secretário da recém--criada *Tribuna da Imprensa*, gostou do texto do aluno e o convidou para um estágio. Lemos foi ser chefiado por Hermano Alves, que tinha implicância com ele e o mandava sempre refazer ou reescrever suas reportagens. Ainda assim, acabou conseguindo emplacar várias matérias de primeira página. Quando foi finalmente contratado, o chefe de redação, Wilcar Leite, perguntou-lhe pelo seu "nome de guerra": "Carlos", respondeu. "Não. Carlos aqui no jornal é o Lacerda, que é o dono e patrão", disse Wilcar. Lemos titubeou: "Então pode ser Leite". "Não, Leite sou eu". Lemos optou então por Carlos Luz, outro de seus sobrenomes. "Não, porra", disse gentilmente Wilcar Leite. "Carlos Luz é o político mineiro". Naquele momento, então, ele virou Carlos Lemos.

Em uma sexta-feira, 13 de setembro de 1957, a Assembleia Legislativa de Alagoas iria votar o impeachment do governador Muniz Falcão. Apesar do sol forte e do calor de 38 graus, parlamentares da situação e da oposição chegaram à Assembleia com capas de chuva, para esconder as armas pesadas que levavam. Antes de qualquer discurso ou votação, começou um feroz tiroteio em recinto fechado. Morreu o deputado Humberto Mendes e, entre os feridos, estava o jovem repórter Marcio Moreira Alves, do *Correio da Manhã*. Pelo seu breve relato, Marcio ganhou o prêmio Esso de jornalismo daquele ano.

A *Tribuna*, dias depois, pôs Carlos Lemos para cobrir o caso a partir do Rio de Janeiro. Lemos, nada modesto, considerava-se um dos melhores repórteres do país. Estranhava que o JB não o convidasse para trabalhar lá e participar da tão comentada reforma que se iniciava. Descobriria, por meio de um amigo, que estava sendo sabotado por Hermano Alves, que aconselhara Odylo a não contratá-lo porque era "um encrenqueiro, metido a vedete e criador de casos". Quando a arma que matara o deputado chegou ao Rio, Lemos foi escalado às sete da manhã para a entrevista com o delegado — a *Tribuna* era um vespertino e daria tempo ainda para a edição do dia, que só circulava no fim da tarde.

Perfeccionista, Lemos estava reescrevendo a abertura da matéria pela quinta vez quando o editor de Política, Nertan Macedo, o interrompeu: "Porra, Lemos, chega! Me passa os dados aqui que eu mesmo escrevo isso. Jornal é diário, não é literatura!". Lemos recusou-se e levantou também a voz: "A matéria é minha, quem escreve sou eu!". Mas nem conseguiu terminar o texto, porque a pressão continuou. Levantou-se e gritou para Nertan: "Olha aqui, não trabalho mais nesta merda! Não estou aqui pra ficar ouvindo encheção de saco. Está com pressa? Faz então você mesmo essa porra!".

Pegou o paletó, saiu porta afora, na rua do Lavradio, e foi até a avenida Rio Branco, 110, pedir emprego a Odylo Costa, filho. Uma caminhada de cerca de quinze minutos. Hermano Alves, o seu sabotador, estava lá naquela hora, antes do almoço, mas Lemos achou que era o momento de decisão. Tudo ou nada. Entrou no prédio do JB e disse ao porteiro que ia ao terceiro andar falar com o editor. Não havia a obsessão de hoje com segurança, e o porteiro não se incomodou com aquele sujeito magro, com óculos enormes e pesados, terno barato, mãos nos bolsos, ligeiramente fanhoso, pinta de bancário. Lemos foi direto à redação e ao aquário de Odylo: "Não sei se você se lembra de mim, eu sou o Carlos Lemos. Pedi demissão da *Tribuna da Imprensa* e gostaria de trabalhar aqui". Arrogante, Lemos confiava em que já tinha um nome estabelecido no jornalismo, apesar da intriga de Hermano Alves.

A primeira reação de Odylo foi negativa: "Eu te conheço, sim. Infelizmente, não temos vagas". Lemos explicou que não era encrenqueiro, era trabalhador e pé de boi. Sabia que moravam no mesmo prédio, em Botafogo. Além disso, Odylo acumulava com o JB um emprego no Instituto de Aposentadorias e Pensões dos Comerciários (IAPC) e conhecia o pai de Lemos, também funcionário do IAPC. Lemos insistiu e acabou dobrando o maranhense: "Está bem, está bem. Quer começar quando e fazendo o quê?". Lemos engoliu a euforia: "Quero ser repórter e posso começar agora mesmo". Naquele momento, em setembro de 1957, Carlos Lemos iniciou, como repórter de Cidade ou de Geral, uma carreira de 25 anos no JB. Iria cultivar, como jornalista, uma imagem de anti-intelectual, de homem pragmático. Tentou e conseguiu criar um personagem carioca típico, curtidor de futebol e carnaval — chegou a diretor da Portela, sua escola de samba de coração.

O JB já estava interessado em ter uma emissora de televisão, e Lemos fez uma entrevista com um engenheiro que sabia tudo sobre a parte técnica do veículo, que ainda engatinhava no Brasil. Nascimento Brito gostou e procurou na redação o autor da reportagem para pedir mais esclarecimentos. E não perdeu mais Lemos de vista. Como gostava de futebol — era torcedor fanático do Fluminense —, acabou sendo escalado para a Copa do Mundo de 1958, na Suécia. Não havia ainda editores para cada área, mas quem cuidava informalmente da parte de Esportes era o veterano Célio de Barros, que deu nome ao estádio de atletismo do Maracanã. Na verdade, a seção de Esportes era negligenciada em todo jornal. Célio de Barros, ligado à antiga Confederação Brasileira de Desportos (CBD), hoje CBF, escrevia o seu artigo, mandava baixar à gráfica o material disponível organizado pelo diagramador e ia embora. Janio e Lemos implicavam com o texto de Célio, muito antiquado. Escrevia que os times tinham "plantel". A queixa era geral: "Plantel é de gado, é de cavalo. Time de futebol tem elenco", diziam. Alguns preciosistas argumentavam até que quem tinha elenco era filme e peça de teatro.

Lemos fez um bom trabalho na Copa do Mundo da Suécia. O material vinha por telegrama cifrado, "Mazola dois, Nilton Santos um", a fim de economizar na transmissão. A ideia era que o fechador interpretasse tudo e publicasse um texto corrido e fluente. Um dia, um fechador do esporte, um velhinho cujo nome perdeu-se no tempo, pegou um dos telegramas e o publicou como veio, cifrado, sem traduzi-lo em texto jornalístico, para desespero do editor-chefe. Lemos voltou da Suécia, em plena euforia do título mundial, e Odylo o convidou para encarregar-se do Esporte, ao lado de Janio de Freitas. Os dois exerceriam tarefas semelhantes às de um editor atual.

Com Carlos Lemos e Janio de Freitas na seção de Esportes do jornal, depois da Copa de 1958, os fios divisores de matérias foram totalmente retirados. E aí permanece uma polêmica, daquelas que mostram a dificuldade de reconstituir a história com base apenas em depoimentos, porque a memória às vezes é traiçoeira.

Carlos Lemos garante que foi assim: certo dia, Janio de Freitas machucou um dos braços ao mexer em um dos grandes ventiladores da redação e teve que faltar ao trabalho. Ele, então, resolveu tirar os fios da página esportiva e acelerar as mudanças. O chefe da gráfica protestou, disse que não era para tirar tudo, que não tinha recebido nenhuma orientação sobre aquilo. Lemos foi lá e ordenou: "Eu estou editando e sou eu quem decide. É pra tirar tudo mesmo". Ainda segundo sua versão, no dia seguinte, foi chamado por Odylo:

— Quem mandou tirar os fios?

— Ué, está no projeto gráfico. Ninguém mandou, eu tirei porque está no projeto do Amilcar.

— Fez e não me comunicou?

— Já era tarde da noite, você já tinha saído, resolvi tomar a iniciativa.

— Olha aqui. Não faça nada mais neste jornal sem o meu conhecimento prévio, sem eu autorizar. Mas que ficou muito bonito, ficou...

Lemos convidou para o Esporte do JB os repórteres Fernando Horácio e Luís Barbosa — o primeiro faria carreira como jornalista esportivo; o segundo tornou-se especializado na cobertura do Itamaraty anos depois. Contratou também o jovem Marcos de Castro, que estava em um tabloide chamado *Brasil em Jornal*, que publicava fatos históricos na forma de matéria jornalística. Por exemplo, o descobrimento do Brasil como uma notícia da véspera, em formato de reportagem. O título seria "Navegador português descobre novo continente". E seguia-se o texto completo, redigido como uma matéria jornalística. "Depois de enfrentar ausência de ventos em sua viagem rumo às Índias, o comandante Pedro Álvares Cabral etc..."

Marcos Alexandre de Souza Aranha Melo Matos de Castro, um tranquilo e simpático mineiro de Uberaba, robusto e rosado, estava com 24 anos e era formado em Letras Clássicas. Seu chefe no *Brasil em Jornal* era Cláudio Soares, amigo de Carlos Lemos dos tempos de *Tribuna da Imprensa*. Lemos procurou Cláudio com o convite para ser copy do Esporte do JB. Cláudio respondeu: "Não posso. Dou aula em um colégio pela manhã e passo a tarde aqui. Mas indico esse garoto, o Marcos, que é o melhor texto que temos". E lá se foi Marcos de Castro para a primeira de suas seis passagens pelo JB, sempre como redator.

Carlos Lemos pegava no emprego às seis da manhã, quando fazia a primeira pauta do dia. Às onze chegava o chefe de reportagem, Araújo Neto, que distribuía as tarefas para os repórteres de acordo com as características de cada um. Lemos saía para almoçar, sempre no mesmo lugar, um restaurante perto do jornal e que exigia paletó. A quem não tivesse, o próprio maître emprestava um. A partir do meio da tarde, ia para a seção de Esportes, e voltava para casa às onze da noite. Expansivo, falando alto, Lemos ganhou de Nelson Rodrigues o apelido de "Extrovertido Ululante".

A página da seção de Esportes sem os fios deu certo e criou um modelo que foi sendo adotado progressivamente em todo o jornal até 2 de junho de 1959, quando estreou finalmente na primeira página. A versão de Lemos sobre a retirada dos fios da página de esporte foi contestada por Janio de Freitas, que, no entanto, desistiu de reivindicar a decisão de retirar os fios: "O Lemos faz tanta questão da autoria, deixa pra ele. Isso não vai me fazer melhor ou pior como jornalista ou como pessoa".

Janio de Freitas é hoje extremamente mal-humorado quando se refere a qualquer lembrança da reforma gráfica e editorial do *Jornal do Brasil*. Segundo ele, surgiram agora vários autores extemporâneos e várias versões para todo o processo. Sua mágoa acentuou-se quando não o convidaram para as comemorações do centenário do JB, em 1991.[21] Janio e Lemos se davam bem, tinham um bom relacionamento, mas divergiam fundamentalmente sobre esse momento crucial de 1958, quando a reforma resultou em um dos mais bem-sucedidos projetos gráficos do mundo.

Janio tem outras queixas. Certa vez, ao ser entrevistado por uma jovem jornalista que fazia uma pesquisa sobre o JB, ouviu que ele estava sendo "o último a ser entrevistado". Janio estranhou, porque havia trabalhado bastante tempo no jornal e justamente no período das reformas. A moça lhe disse que, durante a pesquisa, havia lido os dois mais brilhantes textos jornalísticos que vira na vida: a primeira e a última página da edição do *Jornal do Brasil* sobre a transferência da capital do Rio de Janeiro para Brasília. E acrescentou: "Como escrevia bem o Ferreira Gullar!".

Janio deu um sorriso irônico e respondeu: "Você me desculpe, mas sou obrigado a lhe dizer que a mudança da capital aconteceu em 1960, e o Ferreira Gullar saiu do JB em 1959".[22] Janio de Freitas havia não só escrito os textos, como também diagramara as páginas. Era o editor-chefe no período da mudança da capital.[23]

A seção de Esportes era apenas uma página em fins de 1958. Quase um exílio na redação. Janio foi parar lá e começou a aplicar no Esporte os conceitos de Amilcar de Castro (e os seus próprios). Tirou os fios, abriu fotos de um lado a outro da página, o que trouxe a ela uma beleza incomum. Além de redator excepcional, era também um ótimo diagramador. Quando houve uma regata importante no Rio, Janio abriu uma foto de lado a lado da página. No dia seguinte, Brito, que gostava do esporte, e Odylo ficaram entusiasmados com o resultado. Janio prosseguiu com suas experimentações, em parceria com Lemos, e todo o restante do jornal passou a prestar atenção à página de Esportes.

Sobre a polêmica da retirada dos fios, quem trabalhou no JB na época e conheceu bem os dois, como Ana Arruda Callado, tem opinião formada com base nas características profissionais e no estilo de cada um. Ana aposta que a decisão foi de Janio, a quem ela via como um perfeccionista, um jornalista rigoroso, que pensava o jornal como um todo e que tabelava de olhos fechados com Amilcar de Castro; um obcecado pela inovação, pela qualidade final, pela beleza da forma moderna e inovadora.

Como editor, Janio de Freitas costumava pôr no chão a página do espelho (uma folha quadriculada com medidas e centimetragem, usada para diagramação) e ficava sentado na mesa com a mão no queixo, fumando, elaborando mentalmente a disposição das matérias no papel. Cuidava com esmero do aperfeiçoamento diário do jornal, era exigente com o texto e com o rigor da informação. Lemos, para Ana Arruda, sempre foi apenas um chefe de equipe, mais voltado para a dinâmica do dia a dia da redação, mais preocupado com a reportagem e com os horários. Um jornalista mais vibrante do que reflexivo. Wilson Figueiredo também aposta em Janio. Sempre foi um admirador de sua capacidade de organização e preciosismo: "O Janio era um obstinado pelo trabalho bem-feito, e o JB só começou mesmo a funcionar como um embrião do jornal moderno quando ele assumiu a chefia da redação", explica.

ME DÁ UM DINHEIRO AÍ

Juscelino Kubitschek tomou posse em 15 de março de 1956. Odylo chegou ao JB no segundo semestre desse mesmo ano, e era sabido que sempre fora ligado à UDN, o partido que ajudara a levar Getúlio Vargas ao suicídio, que tentara impedir a posse de Juscelino e lhe prometia oposição feroz, dia e noite. Mas JK não se importava muito, porque, até aquele momento, o JB não tinha a menor importância. O presidente mantinha inclusive colaboradores ligados ao jornal, como o secretário de Imprensa Autran Dourado, o embaixador Sette Câmara, o poeta Augusto Frederico Schmidt e o embaixador Celso Souza e Silva. E a convivência do JB com o governo não sofreu qualquer abalo até 1958, quando a condessa Pereira Carneiro e Nascimento Brito já se haviam até arriscado a pedir formalmente uma concessão de um canal de televisão ao presidente.

Os motivos do abalo remontam a 1957, quando o ministro da Fazenda, o mineiro José Maria Alkmin, propôs o reatamento diplomático entre Brasil e União Soviética, depois que o Brasil teve rejeitados pedidos de empréstimo ao FMI. Era uma medida pragmática, dizia, porque precisávamos abrir novos mercados. Mas o mundo não funcionava assim no auge da Guerra Fria. O Plano de Metas de JK caminhava, mas a construção de Brasília custava muito caro, o país tinha dificuldades de refinanciamento da dívida e a agricultura, base da economia, ia muito mal. Os Estados Unidos, por exemplo, começavam a comprar café também da África — logo o café, o principal produto da pauta brasileira de exportações.

A proposta de Alkmin pôs fogo no Brasil. A esquerda, os nacionalistas e alguns setores do empresariado logo apoiaram. Os conservadores, a Igreja, as Forças Armadas, os grandes jornais ficaram contra e alertaram: não é apenas uma questão de comércio, a questão é política. Na passagem de 1957 para 1958, o líder soviético Nikita Khruschóv enviou telegrama de feliz Ano-Novo a JK e recebeu resposta imediata. O vice-presidente Richard Nixon viajou pela América Latina em maio de 1958 e foi recebido com vaias e faixas de protesto do tipo "Abaixo o imperialismo" e "Yankee Go Home". Juscelino e Augusto Frederico Schmidt, porta-voz e ghost-writer dos discursos do presidente, não gostaram. JK escreveu uma carta de desculpas ao colega norte-americano Dwight Eisenhower.

A carta, entre outras coisas, pedia um diálogo franco e um exame de consciência em favor de um verdadeiro pan-americanismo. O documento foi levado pessoalmente a Eisenhower pelo ministro Victor Nunes Leal, que seria depois indicado para o Supremo Tribunal Federal. Tudo à revelia do então chanceler brasileiro Macedo Soares, contrário ao pedido de desculpas, e logo substituído por Negrão de Lima. Foi acertada então uma visita do secretário de Estado norte-americano John Foster Dulles ao Brasil. Foi no início de agosto de 1958, e uma crise no Oriente Médio quase cancelou tudo. Dulles trouxe uma carta amistosa de Ike (apelido de Eisenhower) para JK.

A famosa foto de Antônio Andrade publicada na capa do *Jornal do Brasil* no dia 6 de agosto de 1958, edição do dia seguinte àquele em que o presidente Juscelino Kubitschek recebeu John Foster Dulles no Palácio Laranjeiras, ficou marcada por uma lenda. A foto mostrava Dulles sentado diante de uma grande mesa, cercado de assessores e diplomatas, como se escarafunchasse uma suposta carteira de dinheiro. Diante dele, do outro lado da mesa, ladeado pelo chanceler Negrão de Lima e outros assessores, Juscelino estava de pé, com a mão direita estendida com a palma para cima e a cabeça ligeiramente tombada, como se realmente suplicasse por algo. No momento da foto, John Foster Dulles consultava uma agenda particular de anotações, enquanto Juscelino Kubitschek saudava com uma brincadeira o repórter cinematográfico Jean Manzon, invisível na foto, e que estava atrás do secretário de Estado norte-americano: "Você sumiu!", dizia JK a Manzon. Mas os inimigos de JK e do JB espalharam versão diferente.[24]

O secretário de Estado norte-americano não vinha apenas em busca do apoio brasileiro na Guerra Fria e do fortalecimento da posição norte-americana no continente. Faziam também parte do cardápio dois grandes empréstimos ao Brasil: um deles, pelo Eximbank, o banco norte-americano de estímulo ao comércio exterior; o outro, por um *pool* de doze bancos privados dos Estados Unidos. O objetivo era compensar uma brutal queda de receita em nossa balança comercial, devido a perdas na safra do café, principal item de exportação. Os Estados Unidos buscavam solidificar uma aliança regional com o Brasil contra o comunismo. Mais ainda: pressionavam pela privatização da Petrobras. Não admitiam que o Brasil mantivesse uma empresa estatal de petróleo.

Juscelino saiu com uma péssima impressão do encontro com Dulles: "Que homem horrível, antipático, só fala em ameaça comunista", disse a assessores. Dulles quisera impor a JK uma declaração conjunta, e apresentou a ele dez rascunhos de um documento que comprovaria o alinhamento dos dois países contra o comunismo. Arrogante, tentara ainda obrigar JK a assinar com ele uma nota oficial, mas o presidente brasileiro só poderia fazê-lo com o próprio colega norte-americano Dwight Eisenhower, e não com um inferior hierárquico. O repórter que cobriu o encontro Dulles/JK, Calazans Fernandes, disse que, desde o primeiro momento, o norte-americano insistiu na privatização da Petrobras, afirmando que produção estatal de petróleo era "coisa de países comunistas", sem demonstrar qualquer interesse pelo Brasil ou pela agenda de JK.[25]

A foto gerou uma crise do governo com o *Jornal do Brasil*. Como consequência, a reivindicação, pelo JB, de um canal de televisão foi abortada no fim do ano. A situação do editor Odylo Costa tornou-se insustentável. O poeta Augusto Frederico Schmidt enviou uma carta ao jornal protestando contra a foto, o título e a legenda que a acompanhavam.

Na verdade, a foto tinha um título acima dela, "Tenha paciência, mister...". E o grande texto-legenda abaixo dizia:

> O governo brasileiro ouviu, ontem, do sr. Foster Dulles que o governo dos Estados Unidos não interfere nos negócios das companhias de petróleo com países estrangeiros — e essa declaração quer dizer que é inviável a pretensão brasileira de financiamento a petroleiras ou a pretensão de grupos privados norte-americanos de endosso do Eximbank a qualquer negócio com o nosso monopólio estatal. "Colaboração, está bem, mas não misturamos negócios com amizade", disse Dulles. Os argumentos do Brasil não convenceram Mr. Dulles, que trouxe o ponto de vista firmado, e daí pode resultar um rumo completamente diferente do que se espera da nova política continental e internacional do sr. Kubitschek. Na foto, o sr. JK argumenta com o sr. Dulles, que está lendo alguns documentos de seu caderno de capa preta.

Quando Antônio Andrade e o repórter Calazans Fernandes chegaram à redação, Odylo vibrou com o material — estava excitadíssimo com a foto e com as possibilidades de interpretação que ela trazia. Antônio Andrade ainda argumentou com Odylo que JK não estava se dirigindo a Dulles, mas a Manzon, e que aquilo iria dar problemas. Odylo nem deu atenção ao fotógrafo. Optou pela versão mais sensacional. Segundo Wilson Figueiredo, Odylo chamou seu redator de confiança, Quintino de Carvalho, e pediu-lhe que carregasse na mão. A foto rendeu mais assunto e suítes no jornal do que a própria agenda de conversas e negócios entre JK e o secretário de Estado.

O embaixador José Sette Câmara, por exemplo, que era chefe do Gabinete Civil de JK, sonhava em ser chanceler e tinha boas relações com o JB, onde chegou a ser diretor. A foto acabou com suas pouquíssimas chances de assumir o ministério. A falsa frase "Me dá um dinheiro aí!", que segundo a lenda urbana seria o texto-legenda da foto, tem uma origem clara: quando viu a capa do JB com a foto, Carlos Lacerda, o inimigo mortal de Juscelino Kubitschek, espalhou rapidamente a versão com sua imensa e devastadora capacidade oratória e de convencimento. Seu próprio jornal, *Tribuna da Imprensa*, bastante popular entre os conservadores, chegou a publicar a brincadeira. No mesmo dia, a United Press International (UPI) distribuiu a foto para os jornais dos Estados Unidos e para o resto mundo, o que teria irritado ainda mais o presidente brasileiro e sua equipe.[26]

A consequência da visita de Foster Dulles e da ousadia de Odylo Costa foi mesmo a demissão do editor do JB em dezembro de 1958, quatro meses depois. Odylo tinha contratado muitos profissionais para a redação, aumentando as despesas de forma caótica, e isso serviu como uma explicação honrosa da direção do jornal. A versão de Odylo e de seus amigos é a de que teria saído em protesto ao fato de Nascimento Brito querer demitir 50% da redação. E essa é a explicação que, até hoje, o filho de Odylo, Pedro, usa para justificar a saída do pai.

Wilson Figueiredo assumiu interinamente o cargo entre dezembro de 1958 e maio de 1959. Como era amigo de Autran Dourado, porta-voz de JK, conseguiu uma reaproximação do jornal com o presidente. Um resultado positivo da foto, porém, foi o aumento do prestígio do JB, que ganhou finalmente status de jornal importante.

UM CANAL DE TV PARA O JB

Junto com a reforma gráfica e editorial, nasceu na direção do *Jornal do Brasil* o entendimento de que era necessário também um canal de televisão.

A novidade ganhava cada vez mais espaço, era o veículo do futuro, e o Brasil crescia no ritmo da construção de Brasília — havia uma sensação de modernização, de que o país poderia dar realmente certo, de que novos tempos estavam chegando. O timing da reforma do jornal foi perfeito — lado a lado com as vitórias nos esportes, a renovação da música com a bossa nova, o cinema novo, a arquitetura de Niemeyer. E, nesse momento, um aparelho de televisão na sala passou a ser objeto de desejo dos brasileiros.

Ao longo dos anos 1950, os receptores de televisão Invictus, Semp, Emerson, Teleking, Empire e Admiral, de 13, 17, 21 e 23 polegadas, começaram a ser largamente vendidos à vista para as famílias de classe média alta, e à base de crediário (carnês) para as demais de classe média. Tevês analógicas, com válvulas a vácuo (quando a imagem tremia, dava-se um tapa na lateral ou em cima do aparelho), antenas internas, aqueles chifres duplos sobre a tevê, ou externas, nos telhados (e que sempre precisavam ser ajeitadas para melhorar a imagem), com seus barulhentos seletores de canais acoplados na caixa de botões. Os símbolos da classe média ascendente nos anos JK eram a televisão na sala e a geladeira na cozinha ou na copa — os mais prósperos tinham também um Fusca ou um Gordini/Dauphine. Na virada dos anos 1950 para os 60, o país já tinha 1 milhão de aparelhos de tevê.

A primeira emissora de televisão do Brasil e de toda a América Latina havia entrado no ar no dia 18 de setembro de 1950. Já havia quatro pioneiras funcionando em todo o mundo quando, no Brasil, surgiu a PRF-3 - TV Tupi Difusora de São Paulo —, um investimento de 5 milhões de dólares, valor absurdamente alto para a época. O pioneirismo de Assis Chateubriand, dono dos Diários Associados, era uma exibição de riqueza e de muito, mas muito poder político. O Código Brasileiro de Telecomunicações seria promulgado apenas em 1962, mas já havia regras para a implantação de emissoras de rádio e canais de televisão. Nenhuma lei, porém, deteve ou limitou a ação de Chatô. No auge do seu poder, ele chegou a ter por todo o país 34 jornais, 26 emissoras de rádio, dezoito canais de televisão, 28 revistas, duas gravadoras e empresas de relações públicas, duas agências de notícias, uma editora e uma agência de publicidade.

A primeira regulamentação legal das transmissões à distância no Brasil envolvia apenas o rádio e o telégrafo, porque não havia ainda televisão no mundo. Ela é de 1924. A Rádio Sociedade do Rio de Janeiro, ou Rádio Roquette-Pinto, fora inaugurada naquele mesmo ano, e o presidente Arthur Bernardes, que vivia uma revolta militar, percebeu que eram necessárias normas para disciplinar aquela novidade — mesmo que a programação fosse apenas cultural. Baixou então o decreto nº 16.657 estabelecendo o monopólio estatal para concessão de "difusão radiotelefônica (broadcasting) de comunicações de interesse geral".

O artigo 51 do decreto estabelecia que só o governo federal poderia conceder licenças para radiodifusão e que as concessões seriam só para empresas exclusivamente nacionais e se destinariam apenas a fins educativos, culturais, artísticos e de benefícios públicos. A divulgação de assuntos que envolvessem política ou anúncios comerciais dependeriam de autorização prévia do governo federal. Começaram então a surgir novas emissoras de rádio, como a Mayrink Veiga, em 1927, a estatal Rádio Nacional, em 1933, a Rádio Jornal do Brasil e a Rádio Tupi em 1935, a Tupi de São Paulo em 1937.[27]

O Brasil ainda estava às voltas com a consolidação da Revolução de 1930 quando entraram no ar, em 1931, as duas primeiras emissoras de televisão do mundo: a National Broadcasting Corporation (NBC) e a Columbia Broadcasting System (CBS), nos Estados Unidos. Getúlio já estava de olho na modernização e na industrialização do país, e antevia que o Brasil, cedo ou tarde, teria emissoras de televisão. Por isso, editou dois decretos: o 20 047, de 1931, e o 21 111, de 1932, que confirmaram o monopólio da União sobre as concessões de radiodifusão.

Em 18 de setembro de 1950, estava tudo pronto para que a pioneira TV Tupi entrasse no ar, ainda que debaixo de dúvidas e incertezas técnicas. A preparação tomara quatro anos e tivera apoio dos quatro principais patrocinadores dos Diários e Rádios Associados. Todo o equipamento técnico havia sido comprado junto à Radio Corporation of America, a RCA, e desembarcara no porto de Santos no dia 25 de março de 1950. Para receber a moderna e revolucionária traquitana, Chatô foi pessoalmente ao cais do porto com um grande grupo de funcionários dos Associados. O estúdio fora instalado no centro de São Paulo, na rua 7 de Abril, e a antena transmissora na cobertura do edifício do Banco do Estado de São Paulo, na avenida São João. Em agosto surgiu um inesperado e gravíssimo problema. Quem o detectou foi o engenheiro norte-americano Walther Obermüller, diretor da rede NBC, enviado ao Brasil para supervisionar tudo: não havia telespectadores. O Brasil não tinha receptores domésticos de tevê. Um investimento brutal para atender a um público inexistente!

Nem isso assustou Assis Chateaubriand. O magnata recorreu a um amigo, dono de uma empresa de importação e exportação, e pediu-lhe que trouxesse de avião, dos Estados Unidos, duzentos televisores. O amigo argumentou que não adiantaria, que era muito pouco, e que a burocracia do Ministério da Fazenda só permitiria a chegada das geringonças dois meses depois. Nem mesmo a intervenção do presidente Eurico Gaspar Dutra daria jeito. Irritado, Chateaubriand disse que era para trazer tudo como contrabando, sem qualquer satisfação às autoridades. Ele se responsabilizaria. Como medida preventiva, daria um dos aparelhos a Dutra.

O dinheiro para o gigantesco investimento tinha várias fontes, inclusive um método adotado no futuro por vários jornais: a antecipação de receitas publicitárias pelos quatro principais parceiros, que haviam embarcado no projeto em 1946. Cobrava-se antes, à vista, pelo anúncio que seria publicado depois. Colaboraram o Moinho Santista, a Sul-América de Seguros, a Cervejaria Antárctica Paulista e a Laminação Nacional de Metais, fabricante da Prataria Wolff, empresa do Grupo Pignatari. Foi antecipado ao Grupo Associados, em dinheiro, um ano de publicidade.

No discurso de inauguração, todos em trajes de gala, Chatô agradeceu aos anunciantes e destacou o fato de que eram todos brasileiros. "Está no ar a PRF-3, Tupi de São Paulo, a primeira estação de televisão da América Latina", anunciou o ator e locutor Walter Forster, nervoso, no dia 18 de setembro. Seria uma transmissão com três câmeras, mas uma delas pifara na véspera de forma irremediável. Houve quem quisesse adiar tudo, como o engenheiro Obermüller. Porém, o jovem diretor Cássio Gabus Mendes, de 23 anos, criativo e enérgico, prontamente ordenou ao substituto de Obermüller, o inexperiente engenheiro Jorge Edo, também de 23 anos: "Vamos transmitir assim mesmo, e seja o que Deus quiser".[28]

Mas os problemas não acabaram aí. A então morena Hebe Camargo, de 21 anos, que cantaria "Canção da TV", de Marcelo Tupinambá e Guilherme de Almeida, sofreu uma pane emocional e não conseguiu enfrentar as duas câmeras. Foi substituída às pressas por Lolita Rodrigues e Wilma Bentivegna, ambas também de 21 anos. Lolita foi depois atriz de telenovelas e apresentadora da versão paulista do *Almoço com as estrelas*; Bentivegna fez relativo sucesso no rádio, no fim dos anos 1950, com uma versão de "Hino ao amor", de Edith Piaf.

A festa foi bonita, mas praticamente sem telespectadores. A transmissão inaugural, que começaria às seis da tarde, atrasou duas horas e terminou às onze da noite. As dificuldades operacionais eram tantas que as transmissões de verdade, diárias, só começaram mesmo um ano depois. E, durante a primeira metade dos anos 1950, a TV Tupi reinou absoluta, embora as emissoras de rádio ainda dominassem as audiências nas grandes cidades e no interior.

Em janeiro de 1951, inaugurou-se a TV Tupi, canal 6, do Rio de Janeiro, a segunda do Brasil a entrar no ar. A programação era completamente diferente e independente da Tupi de São Paulo, porque não havia satélites, era impossível formar a rede, a transmissão simultânea. A Tupi do Rio tinha seus estúdios junto às rádios Tupi e Tamoyo, na avenida Venezuela, 43, perto da praça Tiradentes, e antena transmissora no morro Pão de Açúcar. Foi lá que o presidente que deixaria o cargo dois meses depois, o marechal Eurico Gaspar Dutra, acionou o transmissor.

A TV Record também teve sua autorização de funcionamento assinada por Dutra em 22 de novembro de 1950, junto com a TV Paulista e a TV Jornal do Commercio, do Recife, mas só entrou no ar em 27 de setembro de 1953. O jornalismo, em geral, era precário. O suicídio do presidente Getúlio Vargas, por exemplo, que ocorreu em agosto de 1954 por volta das oito horas da manhã, não foi noticiado porque as emissoras de tevê só entravam no ar às quatro horas da tarde. O rádio reinou absoluto na tragédia, até que as edições extras de alguns jornais chegassem às ruas.

Ainda assim, a televisão foi ganhando cada vez mais terreno, e em 15 de julho de 1957 foi a vez de entrar no ar a TV Rio, canal 13, do Rio de Janeiro, de propriedade de João Batista de Amaral, o "Pipa", e Paulo Machado. Os estúdios funcionavam no Posto 5, em Copacabana, na avenida Atlântica, 4264, com a torre na Serra da Carioca.

A TV Rio pôs no ar uma programação de boa qualidade que passou a ser amplamente comentada na cidade, como *Noite de gala*, um musical apresentado por Flávio Cavalcanti, e os humorísticos *Noites cariocas* (que lançou Chico Anysio) e *O riso é o limite*. Em 1956, Assis Chateaubriand inaugurou emissoras de tevê em Belém, São Luís, Goiânia, Campina Grande, Fortaleza, Recife, Curitiba e Porto Alegre.

A TV Continental, canal 9, do Rio de Janeiro, foi inaugurada em 1959 pelo deputado federal Rubens Berardo, do PTB, e seus irmãos Carlos e Murilo. Pernambucanos radicados no Rio de Janeiro, eles possuíam as Organizações Rubens Berardo, que administrava as rádios Continental e Metropolitana. O lema da emissora era "Um amigo em cada rua", o mesmo que o deputado usava em suas campanhas e que deu também nome ao show de inauguração, no dia 30 de junho. Os estúdios funcionavam na esquina da rua Soares Cabral com a rua das Laranjeiras, na esquina oposta ao Fluminense FC, e a emissora dava bastante ênfase à cobertura esportiva, embora investisse também em grandes nomes da dramaturgia.

A TV Excelsior de São Paulo foi também inaugurada em 1959, e a TV Excelsior do Rio de Janeiro no comecinho de 1964, ambas de propriedade de Celso da Rocha Miranda e Mario Wallace Simonsen, os mesmos donos da Panair do Brasil. A Excelsior foi inaugurada sob grande curiosidade, com promessa de programação de altíssima qualidade. Na abertura das transmissões, teve as bênçãos e a apresentação do cardeal dom Helder Câmara.

O novo canal levou boa parte das atrações da TV Rio, como Chico Anysio e seus comediantes, e lançou a novela *25499 ocupado*, com os jovens atores Tarcísio Meira e Glória Menezes. Ela no papel de uma presidiária que, graças ao bom comportamento, trabalha como telefonista no presídio, e ele como um advogado que é obrigado a telefonar para lá — os dois, claro, se apaixonam pelo telefone, mas ele não sabe que a amada é uma condenada pela Justiça. Os nomes eram americanizados, Tarcísio era Larry, e Glória, Emily. O original era do argentino Alberto Migré, com versão brasileira de Dulce Santucci. O sucesso foi imediato, apesar do horário, no final da tarde. O público, claro, era basicamente de donas de casa.

No jornalismo, Fernando Barbosa Lima criou o *Jornal da Excelsior*, mais tarde *Jornal de Vanguarda*, experiência revolucionária e elogiada em todo o mundo, com um time de jornalistas de primeiríssima linha: Villas-Bôas Corrêa, Darwin Brandão, Newton Carlos, José Ramos Tinhorão, Hélio Polito, e os locutores Luís Jatobá, os irmãos Cid e Célio Moreira, Fernando Garcia, e a arte de Millôr Fernandes e Borjalo, além da crônica social de Manuel Muller, o Jacintho de Thormes, e as notícias de moda com Gilda Muller. Cada um deles criou uma marca própria para a televisão. Célio Moreira era o locutor "Sombrinha", porque narrava as notícias sem mostrar o rosto, com a sombra do perfil projetada na tela. Fernando Garcia memorizava os textos e os recitava, como um robô.

A TV proliferou na zona sul do Rio de Janeiro e nos bairros nobres de São Paulo. Nos subúrbios do Rio, Baixada Fluminense e nas cidades vizinhas de população mais pobre, como Niterói, alguns dos moradores que conseguiam comprar televisores a crédito desde 1958 deixavam a janela da rua aberta à noitinha para que os vizinhos menos favorecidos pudessem assistir. Eram os "televizinhos". Na zona sul e em bairros de classe média da zona norte, era comum reunir a vizinhança para assistir a determinados programas, como os concursos de misses ou, mais tarde, a novela *O direito de nascer*.

Nas escolas, os programas começaram a ser comentados por crianças e adolescentes, os bordões humorísticos dos comediantes eram repetidos. Um cálculo conservador indicava que já havia no país cerca de 4 milhões de telespectadores. O faturamento publicitário do conjunto das emissoras de televisão de São Paulo e do Rio de Janeiro já era superior ao das emissoras de rádio. Era um público com maior poder aquisitivo, mais atraente para a publicidade.

Estava bem claro que a televisão conquistava cada vez mais espaço, embora até o comecinho dos anos 1960 as novelas da Rádio Nacional tivessem enorme audiência. Ao anoitecer, boa parte do país acompanhava *O cavaleiro da noite*, um seriado medieval de capa e espada escrito por Aloísio de Oliveira; *As aventuras do anjo*, de Álvaro Aguiar, histórias de um detetive carioca e seu grupo de policiais; e *Jerônimo, o herói do sertão*, de Moisés Weltman, um faroeste caboclo ambientado no sertão mineiro, com Milton Rangel como Jerônimo. A Rádio Nacional era a TV Globo dos anos 1950. Suas principais estrelas não conseguiram se tornar galãs ou atores de novelas porque eram considerados feios. Álvaro Aguiar, por exemplo, tornou-se ator humorístico nos programas do Jô Soares, e o astro Roberto Faissal, quando quis tentar a TV, foi aconselhado a vender livros porque tinha a voz muito bonita.

Em 1957, a condessa Maurina Pereira Carneiro, o diretor Aníbal Freire da Fonseca e o genro da condessa, Manoel Francisco do Nascimento Brito, decidiram que era chegada a hora de obter um canal de televisão, o veículo do futuro. Era preciso o suporte de um canal de tevê para crescer e modernizar-se diante do avanço da nova mídia no gosto da população urbana. Contavam com o precioso apoio do secretário de imprensa do presidente Juscelino

Kubitschek, o escritor mineiro Autran Dourado, e do embaixador José Sette Câmara, então subchefe do Gabinete Civil da Presidência (em 1959, passaria a ministro-chefe do Gabinete Civil), ex e futuro diretor do JB.

A Rádio Globo saíra na frente. Roberto Marinho encaminhara em 9 de janeiro de 1951 o primeiro pedido de concessão de uma emissora de televisão ao governo, que foi assinado dois meses depois. Antes que a Globo instalasse a nova emissora, no entanto, Getúlio voltou atrás e revogou a concessão para março de 1953, o que lhe valeria a inimizade irrestrita de Roberto Marinho. Somente em 1957 o dono de O Globo conseguiria a concessão definitiva, que seria renovada em 1962. De todo modo, a TV Globo entraria no ar apenas em 1965.

Em julho de 1957, o *Jornal do Brasil* começou a protestar contra as evidências de que o canal 4 do Rio de Janeiro seria concedido à Rádio Globo. O argumento era de que o 4 estava destinado, por decreto de Getúlio Vargas, à Rádio Nacional para ser uma televisão estatal, pertencente à Superintendência das Empresas Incorporadas ao Patrimônio da União. A notícia vazou antes da publicação no Diário Oficial da União, o que aumentou ainda mais o volume das críticas de todos os jornais e do Sindicato dos Proprietários de Jornais e Revistas, e deixou em pé de guerra os profissionais da Rádio Nacional. Não iria mesmo ficar barato. No dia 11 de julho de 1957, o *Jornal do Brasil* partiu para o ataque e editorializou:

> Desabou como uma verdadeira bomba nos meios radiofônicos a notícia de que o presidente Juscelino Kubitschek, despachando exposição de motivos do Ministério da Viação, autorizou a concessão do canal de televisão número 4 à Rádio Globo S/A.
>
> Não pelo gesto em si. É perfeitamente normal, no atual sistema, que o governo conceda a quem lhe agrade os canais de televisão de que disponha.
>
> Mas é que o canal 4 era o canal da Rádio Nacional, e a sua gente sonha com a utilização desse novo meio de contato com o público. E não sonha errado: nas raras vezes em que os artistas da Rádio Nacional apareceram "no vídeo", tiveram vertiginoso sucesso. Por outro lado, a cada momento, a ronda das tevês vive a tentá-los com salários ainda mais altos. E eles sentem que a batalha do rádio vai ser, a cada momento, perdida, que a televisão não mata o rádio somente quando nasce das próprias emissoras — que, então, as salva...

O JB seguiu em longa defesa da Rádio Nacional, contrariando frontalmente a orientação privatista que sempre foi a sua marca. Apontou a rádio como "um símbolo do rádio brasileiro", com seus defeitos e suas virtudes. E citou o primeiro e principal locutor da emissora, Saint-Clair Lopes, para quem a perda do canal de televisão significava "a morte da Rádio Nacional, e talvez do próprio rádio brasileiro".

O JB prosseguia, afirmando que nada tinha contra a Rádio Globo, e que até lhe reconhecia os méritos:

Mas se o governo queria abrir mão de uma larga expectativa já incorporada ao patrimônio nacional, a melhor maneira de se colocar a cavaleiro de críticas seria recorrer à concorrência pública, ainda recentemente utilizada pelo Ministério das Comunicações da Argentina, onde o número de concorrentes era maior do que o de canais a conceder.

O JB apontava a decisão de JK como arbitrária e concluía: "Falamos com absoluta isenção. Sentimo-nos com direito a concorrer aos canais de televisão. Desejávamos, no entanto, ver a Rádio Nacional realizar seu velho sonho de televisão". No dia 14 de julho, voltou à carga:

O canal 4 estava incorporado ao Patrimônio da União, através do decreto que o concedera à Rádio Nacional. Houve, na época, dúvida sobre a validade do ato: o Estado fazia concessão a si próprio. Mas, depois de exaustivo estudo, verificou-se que o decreto era válido.

Prosseguia a nota informando que, antes de ser deposto, o então vice-presidente Café Filho já deixara encaminhada a instalação da TV Nacional. O JB reafirmava seu interesse em ter um canal de televisão e rebatia as acusações de que criticava a cessão do canal à Rádio Globo por haver sido preterido. Segundo a nota do Informe, o jornal queria, sim, um canal de televisão, a ser disputado em concorrência pública, mas não o canal 4, que deveria pertencer por direito à Rádio Nacional. Não era, portanto, um canal disponível.

Em suas críticas, o *Jornal do Brasil* teve o apoio do *Diário Carioca*, do *Jornal do Commercio*, do *Última Hora*, do *Correio da Manhã*, do *Diário de Notícias* e de *O Dia*. Os donos dos veículos reuniram-se na sede do Sindicato dos

Proprietários dos Jornais e Revistas do Rio de Janeiro, na rua da Assembleia, 104, e pediram, em nota oficial, que o presidente da República revogasse a concessão, ainda não anunciada, à Rádio Globo. Aí estão as bases do eterno ódio entre Nascimento Brito e Roberto Marinho.

O presidente do sindicato era o jornalista e deputado federal Chagas Freitas, do PSP, dono do jornal *A Notícia*. Mas ele não assinou a nota. Renunciou à presidência do sindicato sob o argumento de que precisaria ficar livre do cargo para expor claramente sua posição contrária à concessão sem tomar partido contra um dos sócios do sindicato. Assim, debateria o assunto apenas como dono de jornal, não como dirigente de classe. Chagas não queria confusão nem com *O Globo* nem com o *Jornal do Brasil*.

Os profissionais da Rádio Nacional também estavam inconformados, e foram ao Palácio do Catete pedir a JK que voltasse atrás. Saíram sem nenhuma resposta conclusiva. *O Última Hora* era o mais contundente nas críticas ao presidente. Em editorial denominado "Concessão clandestina", acusou-o de agir "escondido", como sempre fazia quando seus atos mereciam repulsa, e acrescentou que sempre havia sido sua intenção entregar o canal 4 a Roberto Marinho.[29]

JK manteve o silêncio. Em novembro, porém, antes de se confirmar a concessão, o *Jornal do Brasil* publicou nota sob o título "Globo ganha 4 e Nacional fica com 2", números referentes aos canais, notícia provavelmente vazada por um dos seus aliados no governo, Sette Câmara ou Autran Dourado. E seguia-se o texto informativo:

Rádio Globo ganha o canal 4 e Rádio Nacional fica com o canal 2. Essa é a decisão do governo sobre os canais de tevê, segundo fonte semioficiosa. O canal 2, que pertence ao Ministério da Educação, passará à emissora da praça Mauá, já que o Ministério não pode levá-lo para Brasília. E a Nacional, que é dona do canal 4, vai perdê-lo para a Globo. O canal 7 passa para a Mayrink Veiga, o 9 vai para a Continental e o 11 ficará com a Roquete Pinto. Segundo a fonte, o que o governo resolveu não foi entregar o 4 à Rádio Globo, mas "fazer uma redistribuição dos canais".

O *Diário de Notícias* bateu firme, não só na concessão como na demora em confirmá-la. Publicou o editorial "Concessão de canal", em que denunciava uma "manobra típica de governantes que apenas fingem acatar a opinião pública", e acusava o governo de executar uma política de "cochichos ao pé do ouvido dos amigos e dos interessados". Acrescentava ainda que várias empresas jornalísticas tinham interesse em possuir canais de televisão, e criticava a censura que o governo impunha às emissoras de rádio e tevê e a falta de uma legislação moderna que disciplinasse o assunto independentemente de interesses políticos e preferências pessoais.

O *Diário de Notícias* afirmava que O *Globo* deveria rejeitar a concessão, em nome da ética, para que não pairasse qualquer dúvida sobre o processo. Claro que o jornal de Roberto Marinho respondeu aos ataques. E o fez por meio do editorial "Mera agitação de interessados":

> É claro que o ato governamental, em si mesmo, não enseja maiores comentários, pois se processou dentro das normas legais e regulamentares que disciplinam a matéria, não se distinguindo, portanto, das centenas de concessões já outorgadas a outras empresas radiofônicas. Destarte, aquilo que está exigindo justificativa não é a decisão do chefe do governo, mas sim a celeuma que está sendo artificialmente provocada.

O *Globo* garantia que as reclamações vinham de um "núcleo de interessados", que revelavam "uma surpreendente união", nunca demonstrada antes, porque "sempre foram adversários, às vezes inimigos". Perguntava ainda por que nenhuma das concessões anteriores despertara tanta ira. O editorial citava a legislação em vigor para comprovar que não havia ilegalidade na concessão. Dizia que "trata-se de mera agitação de empresas que não aceitam a competência alheia e tentam destruir os que são depositários de confiança da sociedade e do governo".

O *Globo* argumentava que não houvera dano ao patrimônio nacional, que tudo fora realizado dentro das normas legais que garantiam que era competência privativa da União as concessões para rádio e teletransmissão, e que tinha havido uma análise técnica criteriosa pelo Ministério da Viação, a quem caberia a responsabilidade pelo exame — com decisão ao arbítrio do presidente da República. De fato, havia uma legislação, como já vimos, que tivera seus primórdios nos governos de Arthur Bernardes e no primeiro de Getúlio Vargas, e que se consolidara com a Constituição de 1946. Mas o que sempre valeu, e até hoje vale, é o poder político ou o favorecimento puro e simples — o projeto técnico ou a capacidade empresarial nunca valeram muito.

A confirmação do furo de novembro do *Jornal do Brasil* veio apenas no dia 2 de janeiro, pela udenista *Tribuna da Imprensa*. O governo realmente tinha redistribuído os canais, dando o 4 à Globo e o 2 à Rádio Nacional.

Ao contrário da *Tribuna*, o *Correio da Manhã* cochilou e publicou um editorial intitulado "Postscriptum", em que atacava o presidente Juscelino Kubitschek e classificava o poder presidencial de distribuir canais de televisão e de rádio como "direito divino e antidemocrático", embora não cite a concessão à Globo como definitiva: "É esse um dos poucos terrenos em que, sentindo-se acima da lei, o presidente da República pode evocar os tempos em que os governantes dos povos agiam exclusivamente diante de sua consciência, quando a possuíam". O *Correio da Manhã* acrescentava que um canal de televisão não era "uma dádiva abstrata. Ele é dinheiro, é poder, é patrimônio sólido", e que para evitar esse tipo de favorecimento era fundamental que se cumprisse a lei.

O JB atacou de novo no Informe JB no dia 3 de janeiro de 1958. Disse que a concessão a O *Globo* era um "escândalo travestido de juridicidade e inocência". Perguntou sobre as dívidas da empresa de Roberto Marinho com o Banco do Brasil e que serviços O *Globo* havia prestado ao país para merecer tamanho favorecimento. Acusava o governo de "corrupção disfarçada", classificava a ação de Juscelino como "uma ameaça à democracia" e especulava que o presidente da República guardava o canal 11 para "barganhas políticas com seu partido, o PSD". E dava a estocada final: "Nós, porém, não entramos nessa disputa, por esse preço".

É claro que o ataque duríssimo contra o presidente da República não ajudou em nada o JB a obter seu próprio canal de televisão. E, em 6 de agosto de 1958, veio o episódio da foto de JK com John Foster Dulles na primeira página do jornal, o que matou de vez as aspirações da condessa e de Nascimento Brito. O pedido de concessão encaminhado ao governo ficou esquecido em alguma gaveta do Palácio do Catete. Nem mesmo uma resposta negativa foi emitida.

De todo modo, o *Jornal do Brasil* continuava a ser um empreendimento altamente lucrativo (com a liquidez da arrecadação dos classificados em suas agências) e cada vez mais um sucesso editorial. Junto com a rádio, tornava-se um nome de prestígio. Mas a condessa Pereira Carneiro e Nascimento Brito sabiam que precisavam de uma rede de televisão.

O JB DE JANIO DE FREITAS

O *Jornal do Brasil*, no final da década de 1950, vivia em plena efervescência das reformas. Em 20 de março de 1959, a página de Opinião já veio com mudanças. "Da esquerda para a direita uma coluna com o expediente, na cabeça da qual, pela primeira vez, se usa a sigla JB."[30] Para isso, foi preciso convencer o diretor Aníbal Freire da Fonseca. Mas a novidade durou apenas dois dias, porque a condessa não gostou da sigla.

Nessa mesma época, Brito procurou Janio e lhe disse que ele e a condessa haviam gostado muito da modernização da página esportiva, conheciam suas ideias e valorizavam o fato de que ele não tinha ligações político-partidárias. Aníbal Freire da Fonseca também gostava muito de Janio e admirava sua dedicação ao trabalho. Como considerasse que Wilson Figueiredo, o editor-geral interino, não tinha o perfil para o cargo, Brito convidou Janio para assumir. "Está bem", respondeu o jornalista, "mas como ficamos em termos salariais?"

Janio morava em Ipanema e acumulava três empregos: durante o dia, despachava na revista *O Cruzeiro*, na rua do Livramento — eram dois ônibus de casa até lá, porque não tinha carro nem existia ainda o Aterro do Flamengo. Saía correndo da revista no fim do dia para a Rádio Jornal do Brasil. Da rádio, ia para o copidesque do JB, cuja chefia assumira após a demissão de Ferreira Gullar. Uma jornada de quinze horas diárias. Brito sentiu-se ofendido com a pergunta: "Você devia ficar orgulhoso com o convite. Mas, nesses termos, não podemos mais conversar".

Janio respondeu que o salário era importante, porque vivia de jornalismo, tinha família e não podia mais acumular tarefas. "Não se fala mais nisso", disse Brito. Mas, de vez em quando, ainda passava pela redação e perguntava: "E então, como é que ficamos?". Janio, turrão, respondia: "Não ficamos". Até que, no final de maio de 1959, Nascimento Brito resolveu bater o martelo:

— Janio, vamos retomar aquela conversa. Eu te dou um mês para você me apresentar um projeto com suas ideias para o jornal.

— Não, não vale a pena, não faz sentido. Então eu vou pegar tipos, fotos e textos de revistas estrangeiras muito bonitas, excelentes fotos, e fazer uma coisa que nada tem a ver com esses tipos de anúncio classificado que nós temos aqui nas linotipos, com o material fotográfico que a gente tem? Vai ser uma vigarice, vai ficar tudo muito bonitinho, vai ser aprovado, mas não tem nada a ver com a realidade. Por que planejar durante um mês uma coisa que não vai fazer o menor sentido, não vai ser aplicada?

Brito pensou um pouco, engoliu a indignação com a resposta desaforada e devolveu:

— Então, o que você sugere, como é que a gente faz?

— Olhe, hoje é sexta-feira. Se queremos transformar o JB em um jornal de verdade, bonito e moderno, temos que fazer isso de uma vez, já na semana que vem, na edição da terça-feira.

— Mas isso é uma temeridade. E se der errado, se o leitor rejeitar? Faz pelo menos uma boneca.[31]

— Ah, não, eu não tenho tempo nem paciência para isso. Se é pra fazer, vamos fazer logo.

— Mas que garantias nós temos de que não vai ser um desastre, de que o público não vai rejeitar?

— Eu garanto. Não vai ser um desastre. Se for um desastre, assumo a responsabilidade, pode me pôr na rua — disse Janio, confiante e abusado, em seus 27 anos de idade.

Terminou o trabalho da sexta-feira, o fechamento das edições de sábado e boa parte da de domingo. Foi para casa e, na manhã do sábado, começou a pensar seriamente nas mudanças que iria fazer. Trabalhou o dia inteiro, completando a edição de domingo. Voltou no domingo de manhã e esticou até o fim da noite. O jornal não circulava ainda às segundas-feiras, o que lhe permitiu um novo dia de planejamento. No fim da noite de segunda, a edição da terça estava pronta, novinha em folha, um jornal inteiramente sem fios, limpo, fácil de ler. Era o dia 2 de junho de 1959. Ainda com os classificados na primeira página, em forma de "L", mas com a base, no rodapé da página, ainda muito larga. O repórter e amigo Carlos Alberto Tenório esperou com ele a rodagem da primeira edição, no começo da madrugada. Estava bonito. E os dois foram para casa em estado de euforia.[32] Em um ano, a tiragem do JB iria de fato dobrar, porque a reforma se acelerou e deu certo, os velhos leitores gostaram, e outros novos surgiram. Janio explicou a mudança no público leitor a partir daquela edição de maio de 1959:

> O público do *Jornal do Brasil* era um público de quem precisava comprar automóvel, contratar empregadas domésticas, procurar empregos. [...] E não era só isso, porque qualquer coisa que você precisasse e pudesse encontrar em anúncios classificados, estava no *Jornal do Brasil*, uns "anunciozinhos". E passa então a ser um público qualificado, um público político, um público interessado em ler jornal com prazer, porque o texto do jornal se torna muito interessante, muito atraente, muito bom, muito bem-humorado. [...] Era um jornal muito original do ponto de vista gráfico, foi uma coisa realmente nova.[33]

Enquanto Janio foi editor, nunca foi repetido o desenho da primeira página. O parceiro e compadre Amilcar de Castro estava de volta e engajou-se no processo. Se não houvesse uma foto realmente importante e interessante para a primeira página, ia sem foto mesmo. Uma primeira página chegou a ser feita apenas com títulos, sem texto. As experiências prosseguiam, e o JB ganhou a importância com que sonhava a condessa Pereira Carneiro.

E tudo foi conseguido sem uma campanha publicitária que divulgasse a novidade. Não houve um lançamento formal do "novo JB". A nova versão foi se impondo porque os próprios jornaleiros passaram a gostar do que viam e a expor e pendurar o jornal nos pontos nobres das bancas. O boca a boca se intensificou a partir da zona sul do Rio de Janeiro. E a vida de Janio melhorou — um aumento salarial lhe permitiu comprar um automóvel.

Outra medida de Janio de Freitas foi transformar a primeira página em algo realmente jornalístico, com chamadas para o material interno, mas sem a frase "continua na página tal". Não. Seriam apenas o título e um resumo da matéria, como nos jornais modernos, e a indicação da página em que ela poderia ser lida na íntegra. Leitura vertical, da esquerda para a direita, com os textos alinhados.

A ideia inicial era também retirar completamente da primeira página os classificados, que insistiam em ali permanecer. Mas Nascimento Brito não aceitou. O faturamento do jornal ainda era baseado nos classificados, uma tradição de mais de trinta anos. Janio sugeriu então que os classificados fossem mantidos em duas colunas verticais apenas, uma de cada lado da primeira página. Sugestão recusada. Amilcar propôs então que se mantivessem os anúncios na forma de um "L", com a haste vertical de nove cíceros (medida gráfica de tamanho de letras, um pouco maior do que o atual tamanho 12, que equivale a aproximadamente 0,42 cm) colada ao lado esquerdo e a base de dezessete cíceros na parte inferior da página.

O "L" deveria desaparecer aos poucos. A primeira edição do JB com o "L" de classificados foi às ruas no dia 2 de junho de 1959, menos de quinze dias depois da posse de Janio na editoria-geral. O título do jornal no alto da página, separado do resto por um fio, e com a manchete "Revolução na Nicarágua contra ditadura Somoza". Abaixo, a grande foto horizontal de um navio. Mais abaixo, a foto vertical do norte-americano Earl Flaeger, um trambiqueiro que estava sendo expulso do país, com um texto-legenda lateral.

Iniciou-se ali um período de grande criatividade, mudanças e tentativas de dar funcionalidade à leitura, eliminando-se cada vez mais o que fosse inútil, o que não fosse realmente informativo. Mas o "L" era muito assimétrico, com a base bem mais larga do que a haste. A solução definitiva, que deu equilíbrio ao desenho da capa, foi sugerida pelo chefe da gráfica, cujo nome ficou esquecido na história. Ele sugeriu a simetria entre a espessura das duas hastes do "L", a vertical e a horizontal.

O Suplemento Dominical continuava uma fonte de referência para as inovações gráficas, principalmente porque tinha a vantagem de ser semanal. O que funcionava ali era adotado também no primeiro caderno. Na fase final da reforma, já nos anos 1960, o título "Jornal do Brasil" foi finalmente fixado de maneira definitiva no alto da primeira página, sem o fio que o separava do resto, em vez de ficar mudando de lugar a cada edição.

Chegaram à redação os novos aparelhos de telex. Introduziu-se de forma definitiva o lead e o sublead, a fórmula norte-americana da pirâmide invertida. Ou seja, a notícia deveria ser apresentada de forma que o mais importante viesse logo na abertura, que seguiria a fórmula de responder às perguntas "quem, o quê, quando, como, onde e por quê". O sublead, um segundo parágrafo, servia como complemento. O sublead foi uma criação do *Jornal do Brasil* por uma exigência técnica da diagramação. O redator Lago Burnet garante que a função do sublead era meramente estética. Lead e sublead, ou "a pirâmide invertida", substituíram a velha técnica do "nariz de cera", em que a matéria jornalística tinha uma longa introdução antes da apresentação da notícia em si.

As matérias não eram mais cortadas pelo pé, como antes. Se houvesse necessidade de reduzi-las, seria com base em uma edição. Janio e Reynaldo Jardim criaram o Caderno B em setembro de 1960, além de novos suplementos. O jovem editor-geral pôs o seu relógio despertador sobre a mesa e impôs racionalidade e prazos para o fechamento, a fim de facilitar a vida da gráfica e o processo industrial. Janio era extremamente exigente e rigoroso com tudo. Achava que todo jornalista deveria fumar, porque o ato de tragar e expelir a fumaça ajudava a organizar as ideias e elaborar os textos.[34]

No começo de 1960, praticamente não havia mais fios separando as matérias em parte alguma do jornal. O JB, no entanto, perdeu Wilson Figueiredo, que foi para O Jornal, atendendo a um salário irresistível oferecido por Assis Chateaubriand.

Janio e Amilcar não paravam de experimentar e melhorar o aspecto visual, formal e de conteúdo do JB. Janio mantinha sob o tampo de vidro de sua mesa as fotos de um carro de corrida, a reprodução de um quadro de Modigliani e fotos de Che Guevara e Fidel Castro, que ele próprio havia tirado. O JB passou a não mais contratar jornalistas que tivessem emprego público. Permitiu, porém, que uns poucos, já mais idosos, mantivessem os que tinham.[35]

"QUEM AÍ SABE FALAR INGLÊS?"

Não, Luiz Orlando Carneiro não tem nenhum parentesco com a condessa ou com o conde Pereira Carneiro, apesar de ter sido sempre apontado como "sobrinho da condessa", provavelmente pelo sobrenome e por ser um pensador católico. Carioca, fez todo o primeiro e o segundo graus no colégio São Bento. Filho de um desembargador e catedrático de latim e linguística, Luiz Orlando terminou o curso clássico em 1958 e foi ao colégio buscar seus documentos para fazer o vestibular de Direito. Ao chegar, seu professor e futuro grande amigo e padrinho de casamento, dom Basílio Penido, estava sentado em um banco ao lado de um homem jovem, enorme e elegante, que ele não conhecia. Dom Basílio fez as apresentações: "Doutor Brito, este aqui é o Luiz Orlando, nosso melhor aluno, que acaba de se formar. Um rapaz brilhante e muito culto. O senhor poderia aproveitá-lo nessa reforma que está fazendo no *Jornal do Brasil*. Ele foi editor do nosso jornalzinho aqui do colégio, o *Avante*, escreve muito bem, fala idiomas".

Nascimento Brito apertou-lhe a mão e disse: "Você deveria tentar o jornalismo". Luiz Orlando, sério, respondeu que seu projeto pessoal era o Direito, queria seguir o caminho do pai, que era desembargador. "Ah, eu também sou advogado, do Banco do Brasil. Mas estou contratando gente nova no jornal. Vá lá amanhã, procure o chefe de redação, o Wilson Figueiredo, e diga que fui eu que te encaminhei", disse Brito.

Luiz Orlando achou que seria interessante ter um emprego aos vinte anos, queria casar-se logo com a namorada, Branca. Pegou um bonde no dia seguinte e foi lá na avenida Rio Branco falar com o Figueiró. Carlos Chagas, que tinha se formado em Direito com a mulher, Lila, estava começando ali, no mesmo dia, também como estagiário. Os caminhos dos dois no jornalismo foram diferentes, mas ficaram amigos pelo resto da vida. Luiz Orlando trabalharia no JB até 2002, seu único emprego formal.

No comecinho de 1959, o chefe de reportagem, Francisco Calazans Fernandes, um chefe à antiga, perguntou alto: "Quem aí sabe falar inglês?". Luiz Orlando ficou quietinho, porque conhecia um velho trote do serviço militar — o sargento fazia a mesma pergunta e, quando um espertinho levantava o dedo, era enviado para a limpeza das latrinas.

Mas Calazans Fernandes já estava de olho em Luiz Orlando, que era apontado como protegido do doutor Brito. E dirigiu-se a ele: "Você aí, fala inglês?". Tímido, Luiz Orlando respondeu: "Entendo um pouco". Temia o trote. Mas Calazans falava sério. "E francês?" "Também entendo alguma coisa." Foi então enviado para o aeroporto internacional do Galeão, como setorista. Era para cobrir embarques e desembarques de celebridades. Ali estavam os experientes János Lengyel, húngaro, pelo *Correio da Manhã*, o cearense Luís Edgar de Andrade, pela *Tribuna da Imprensa*, e mais tarde a também novíssima Maria Inês Duque Estrada, pelo *Diário Carioca*. Era um trabalho interessante. Não havia salas de espera, todos ficavam no saguão. Aos repórteres, era permitido entrar na fila dos passaportes no desembarque de voos internacionais, na Alfândega e até na pista, para abordar os que chegavam. O trabalho exigia versatilidade, porque os entrevistados podiam ser políticos, atores, cantores, esportistas, cientistas.

Ainda em 1959, Luiz Orlando passou no vestibular de Direito para duas faculdades: a do Catete, que hoje é da Universidade do Estado do Rio de Janeiro (Uerj), e para a atual Universidade Federal do Rio de Janeiro. Preferiu a do Catete, porque as aulas eram divididas em matinais e noturnas, o que lhe permitiria continuar trabalhando no jornal à tarde.

Também em 1959, enquanto Janio de Freitas assumia a editoria-geral e Araújo Netto a chefia de reportagem, Luiz Orlando foi contratado definitivamente como repórter, e logo deslocado da cobertura do Galeão para a do Itamaraty, graças à fluência em inglês e francês e ao interesse por temas internacionais, o que era raro entre repórteres.[36]

O CADERNO DE CULTURA PIONEIRO

O título e o formato do Caderno B são copiados até hoje em todo o país. Visto à distância, o título parece óbvio diante das iniciais JB. Mas há versões que atribuem o nome do pioneiro caderno de cultura do *Jornal do Brasil* ao chefe da gráfica, por mero acidente de trabalho. O "B" não foi inovador apenas pelo nome, mas pelo estilo, com reportagens, coluna social, crítica de cinema, teatro e música, comportamento, moda.

Foi idealizado por Reynaldo Jardim, estimulado por Janio de Freitas e desenhado por Amilcar de Castro. A primeira edição do Caderno B é de 15 de setembro de 1960, e trazia na primeira página uma grande foto da belíssima atriz austríaca Romy Schneider. Reynaldo teve que usar no Caderno B algumas coisas que ninguém no jornal sabia onde pôr, como algumas colunas antigas, as palavras cruzadas, o horóscopo e o crítico de música Renzo Massarani.

O Caderno B introduziu a crítica cinematográfica, literária e de teatro — que, aliás, já existiam, mas passaram a ter um tom coloquial e de alta qualidade. Aos sábados, o jornal publicava uma página inteira chamada "As guerras de hoje", criada por Janio e editada por Newton Carlos — e nunca faltou material, porque, como hoje, havia guerra em várias partes do mundo.

Não houve reuniões intermináveis ou brainstorms para se chegar ao nome, segundo a versão mais verossímil. O título teria surgido da forma mais prosaica, na própria gráfica. Os gráficos recorriam ao nome "caderno A" para identificar, ou retrancar, no jargão jornalístico, os títulos, textos, legendas e fotos do primeiro caderno. Por exemplo, "caderno A8/10" seria entendido como material do primeiro caderno, página 8, que vai ser acomodado no espaço de número 10 no diagrama enviado pela redação. Se houvesse um segundo caderno, a retranca seria "caderno B8/10".

Nas conversas com os gráficos para explicar como seria o novo segundo caderno e que diferenças haveria em relação ao Suplemento Dominical, Janio de Freitas e Reynaldo Jardim ouviram deles referências ao caderno A e ao caderno B. E não houve dúvidas: o nome era perfeito, com uma alusão até mesmo à sigla JB. Bateram o martelo. O novo nome do caderno de variedades e de cultura — evidentemente, com a aprovação da condessa, de Nascimento Brito e de Aníbal Freire da Fonseca — era, realmente, um achado.

Hoje anônimos, porque ninguém é capaz de lembrar-se dos nomes dos gráficos, sempre com seus cigarros pendentes dos lábios e inalando chumbo durante todo o tempo de trabalho, com sua pele alvacenta, doentia e maltratada e olhar mortiço pelas condições de trabalho e noites perdidas de sono, os profissionais da impressão ajudaram, quase por acaso, a criar o mais importante título de um caderno cultural do jornalismo brasileiro. A criação foi tão brilhante que acabou copiada por praticamente todos os jornais. A maioria sem qualquer criatividade, como lembra o veterano diagramador Ivanir Yazbeck:

— As cópias eram óbvias demais. O *Estadão* criou o Caderno 2; *O Globo*, o Segundo Caderno; a *Folha* veio com a Ilustrada, como se os outros cadernos também não fossem ilustrados. *O Dia*, pelo menos, fez uma citação explícita, com o seu Caderno D, que depois virou Dia D, uma solução mais criativa. E a *Tribuna da Imprensa*, graças a José Carlos Oliveira, figura emblemática do Caderno B, fez a Tribuna Bis. [37]

NASCE O TINHORÃO

O berro do secretário do *Diário Carioca*, o paraense Everardo Guilhon, rasgou a redação — Guilhon era considerado um homem muito feio, magérrimo, engraçadíssimo, expansivo, querido pelos colegas e dado a falar palavrões em praticamente todas as frases que dizia: "Cadê aquele cara novo que tem nome de planta, o Zé Samambaia, Zé Horta, Tinhorão, sei lá que merda é essa?".

Todo mundo riu na pequena, enfumaçada e barulhenta sala da sobreloja da avenida Rio Branco, 25, onde o jornal estava instalado havia pouco mais de três anos. Acharam que o jovem José Ramos, de apenas 25 anos, iria irritar-se, ou ficar amuado. Ao contrário. Ele gostou da sonoridade de "tinhorão", uma planta venenosa, e resolveu incorporá-lo ao próprio nome. Mas o "Tinhorão" foi oficialmente incorporado quando foi à rua fazer uma reportagem sobre a figura do Papai Noel, em dezembro de 1953, que mostrava como os meninos imaginavam o Papai Noel de acordo com sua própria realidade de vida, adaptando suas expectativas de presentes à própria condição social.

Intrigado, José Ramos perguntou ao editor Pompeu de Sousa por que ele incluíra na sua assinatura um pseudônimo que, por enquanto, era apenas um apelido de redação. O pequeno, elétrico e inquieto Pompeu riu e explicou: "José Ramos é nome de ladrão de galinha, de Zé Ninguém, de vigarista. Tem um monte na lista telefônica. José Ramos Tinhorão vai ser só você, rapaz, deixa de ser bobo".

Tinhorão, nascido em Santos e morando no Rio a partir dos dez anos, chegou ao primeiro emprego em jornal pelas mãos de um colega na Faculdade Nacional de Filosofia do Rio de Janeiro, o acreano Armando Nogueira, de Xapuri, que também iniciava ali sua carreira. Começou no *Diário Carioca* como estagiário e foi contratado como repórter em setembro de 1953, escalado para trabalhar no copidesque. Seu texto criativo e moderno encaixara-se perfeitamente na reforma implantada por Pompeu de Sousa, Danton Jobim e Luís Paulistano. Mas o cargo de repórter, anotado na carteira profissional, tinha uma explicação: o salário era menor do que o de redator, assim como as obrigações trabalhistas. Era uma conveniência da empresa.

Tinhorão não iria se acomodar ao emprego de copidesque. Gostava de ler e pesquisar, e em menos de um ano começou a fazer uma coluna de assuntos gerais em parceria com o colega Janio de Freitas, "O Mundo Gira", assinada por "Janius & Tinhorão". Das lembranças que tem do período, Tinhorão recorda-se dos atrasos de pagamento de até quatro meses. O dono do *Diário Carioca*, Horácio de Carvalho, costumava esvaziar o caixa quando precisava de dinheiro, ou quando sua mulher, a francesa Lily de Carvalho (décadas depois, madame Roberto Marinho), resolvia viajar para a Europa.

O jornal liberava um vale aos sábados, mas a tesouraria fechava ao meio-dia. Quem tivesse trabalhado até a madrugada tinha que acordar cedo e correr, ou ficava sem dinheiro — e sem almoço. O tesoureiro parecia gostar quando alguém chegava esbaforido, em cima da hora, atrás do vale. Sadicamente, balançava o dedo indicador empinado, dizendo não, com um sorriso no rosto. Por causa do gesto, que lhe dava tanto prazer, ganhou o apelido de Limpador de Para-brisa.

No *Diário Carioca*, Tinhorão aprimorou sua técnica de exímio redator, com enorme capacidade de síntese, principalmente nos títulos e nos textos-legendas, aqueles que vêm sob as fotos. Por essa habilidade, recebeu o epíteto de Legendário. Tinha incrível capacidade de encaixar grande número de informações com um mínimo de palavras e cumprir as exigências de milimetragem do diagramador, usando ironias e duplos sentidos. Em uma matéria sobre o cemitério dos ingleses dos tempos de d. João VI, o texto dizia que os coveiros, para passar o tempo, costumavam jogar baralho sobre as sepulturas. Tinhorão bolou o título "O cemitério onde não descansam os ingleses".

Mas os atrasos de salário e a crise financeira levaram a um êxodo no *Diário Carioca*. E o *Jornal do Brasil*, que iniciava a sua grande reforma gráfica e editorial, passou a ser o destino natural de alguns dos talentos do DC. Em 1958, quando Janio de Freitas bandeou-se para o JB, levou logo em seguida Tinhorão, seu amigo e em quem reconhecia um redator precioso. Tinhorão não era apenas um profissional competente. Era também um personagem interessante, que chegou a ser incorporado por Nelson Rodrigues na peça *Bonitinha, mas ordinária* como um dos namorados de "Bonitinha". Em 1959, o amigo Paulo Francis tentou tirá-lo do JB e levá-lo para a revista *Senhor*, recém-criada. Tinhorão não aceitou. Havia incorporado o hábito de trabalhar apenas na parte da tarde e até altas horas. Na revista, teria que começar sua jornada a partir das nove da manhã, o que lhe era impossível.

Como pegava no trabalho apenas no fim da tarde, Tinhorão dedicava-se a estudar durante o dia, principalmente literatura francesa do século XVIII. Gaba-se, por exemplo, de ter revelado para o Brasil o escritor Restif de La Bretonne, um crítico de costumes, reformista social e moralista, cujas obras eróticas eram uma crítica à visão puramente mundana do sexo. Tinhorão sempre foi também um marxista, e adotou o materialismo histórico como método para digerir o enorme volume de informações que acumulava como leitor compulsivo. "Não poderia ficar como o erudito que lê muito, mas acaba com indigestão e incapaz de produzir ou criar a partir do que acumulou", diz.

A paixão pela chamada música brasileira de raiz começou antes mesmo da adolescência. Morava por volta de 1940 na esquina da rua São Clemente com a praia de Botafogo, e na praça Índio do Brasil, bem ali em frente, havia um ponto de caminhões de frete e um ponto de táxi. Quando faltava trabalho, tanto os taxistas quanto os carregadores e motoristas dos caminhões improvisavam uma roda de samba, com palmas e pernadas. O menino assistia àquilo, encantou-se e reteve na memória os refrões e os ritmos.

No JB, além das tarefas diárias de copidesque, passou a colaborar com o Suplemento Dominical de Reynaldo Jardim e com o Caderno de Estudos Brasileiros, em que historiadores escreviam sobre temas nacionais. Pegava às seis da tarde como copidesque, mas chegava no jornal quatro horas antes para cuidar de seus ensaios. Logo que chegou ao jornal, Tinhorão iniciou no Caderno de Estudos Brasileiros uma série de artigos denominada "Naturalismo e realismo: reflexo de condições materiais no Nordeste". Retomou o nome dos tempos do início da carreira, e assinava os ensaios como J. Ramos.

O historiador comunista e militar reformado Nelson Werneck Sodré, naquele momento, estava exatamente pesquisando e escrevendo sobre o naturalismo no Brasil, e se encantou com os ensaios de Tinhorão, que não conhecia nem de ouvir falar. "Quem é esse Ramos?", perguntou a conhecidos do Partido Comunista que trabalhavam no jornal. E colecionou os artigos do jornalista para incorporar ao seu material de trabalho. Mais tarde, Tinhorão estava preparando um ensaio sobre o surgimento das favelas no Rio. Segundo ele, os primeiros moradores eram soldados negros do Exército que haviam lutado contra Antônio Conselheiro em Canudos, no sertão baiano.

Quando finalmente Tinhorão e Nelson Werneck Sodré se conheceram, ficaram amigos e Sodré levou-o para a editora Civilização Brasileira e o apresentou a Ênio Silveira, que publicou seu primeiro livro em 1966: *A província e o naturalismo*. O crítico musical, que seria o embrião do pesquisador e historiador da cultura brasileira, já havia surgido em 1961.[38]

JOVENS PIONEIRAS

Até 1958, ano em que a reforma do jornal se acelera com a chegada dos novos contratados do *Diário Carioca* e da *Tribuna da Imprensa*, a presença de mulheres na redação do JB era muito rara. Eram encontradas apenas na administração e nas agências de captação de anúncios classificados, inclusive na loja que ficava no térreo do prédio da avenida Rio Branco. E mais algumas secretárias e telefonistas. Como "jornalistas", havia duas ou três senhoras que eram funcionárias públicas e que, no final do dia, traziam notas oficiais e material de suas repartições para publicação. Entravam caladas, copiavam os textos que traziam e iam embora.

A primeira mulher realmente jornalista a trabalhar no *Jornal do Brasil* começou em abril de 1958. Era a pernambucana Ana Araújo de Arruda Albuquerque, que tinha só vinte anos e iria assinar suas reportagens futuramente com o nome de Ana Arruda. Na sexta-feira, 28 de março, ela saiu do elevador no terceiro andar, entrou hesitante na redação, olhou assustada para todos e perguntou a alguém pelo chefe de reportagem, Wilson Figueiredo.

Estava vermelha de vergonha — como só havia homens, todos os olhares se voltaram para ela, pouco mais que uma adolescente. Caminhou de cabeça baixa e foi até a mesa do chefe. Era um ambiente intimidador para uma candidata a emprego: quase exclusivamente masculino, com mesas muito próximas, falatório em alto volume e fumaça de cigarro. Não havia ainda as divisórias de madeira que separariam as editorias, era tudo misturado.

Wilson Figueiredo espantou-se. Sua primeira impressão era de que se tratava de uma "filha de Maria", com a saia até os tornozelos, cabelos também compridos e olhar tímido.

— Sou amiga do Cícero Sandroni e ele me disse que o procurasse. Terminei o curso de jornalismo e ele explicou que vocês estão fazendo uma reforma e precisam de gente nova.

Wilson olhava curioso e espantado para a moça:

— Ah, você é amiga do Cícero e terminou jornalismo? E o que é que você quer?

— Queria uma chance, um estágio, trabalhar como repórter. Eu escrevo bem.

Wilson era um homem elétrico e agitado, mas extremamente gentil. Levantou-se:

— Só um instantinho.

O editor-geral, Odylo Costa, filho, era o único que trabalhava dentro de um aquário, como são chamados os locais cercados que marcam o espaço das chefias, mas que são visíveis para toda a redação. Lá estava ele, com dois editorialistas. Wilson Figueiredo confabulou rapidamente com ele, todos olharam para Ana, sentada à espera, riram, e Wilson voltou à própria mesa:

— Pode começar na segunda-feira como estagiária.

O salário era pequeno, um salário mínimo. Mas era a chance que ela queria. Quando chegou em casa, na sexta à noitinha, uma de suas irmãs, cética, lhe disse, séria:

— Não percebeu que devem estar todos rindo de você? Segunda-feira é dia 1º de abril. É um trote.

Ana ficou desesperada, não dormiu duas noites e só se tranquilizou quando chegou ao JB na segunda-feira pela manhã e recebeu sua primeira tarefa. Como a Semana Santa estava próxima, foi escalada para cobrir os ritos católicos da Cúria Metropolitana, a cerimônia de lava-pés etc. A condessa Pereira Carneiro ficou encantada com o resultado do trabalho, porque finalmente havia alguém na redação que sabia a diferença de um bispo para um cardeal, que conhecia a ritualística do catolicismo e sabia tratar tudo aquilo com um texto saboroso. Aproximou-se dela, adorou saber que havia uma moça na reportagem e que era católica (apesar de Ana já ser trotskista na época), e Ana tornou-se uma espécie de setorista da Igreja.

Ana Arruda nasceu em Recife, filha de um engenheiro que chegou a ser jogador de futebol profissional e de uma professora — que não pôde se dedicar à profissão porque teve quinze filhos, mas que conseguiu, graças ao pai, vir ao Rio de Janeiro estudar piano com Magdalena Tagliaferro e artes plásticas com Antônio Parreiras. A família de Ana mudou-se para o Rio quando ela tinha oito anos, e foram todos morar dentro do Jardim Botânico.

O pai dela era diretor do Serviço de Economia Rural do Ministério da Agricultura, e foi destacado pelo então ministro Apolônio Salles para cuidar do Jardim Botânico. A família ocupou a Casa Pacheco Leão. "Em minha infância, eu via o Jardim Botânico como o meu quintal, um luxo!", diz Ana Arruda Callado, nome que assumiu depois do casamento com o escritor Antonio Callado. Com o fim da ditadura Vargas, o pai de Ana perdeu o emprego e ela mudou-se para uma pequena fazenda comprada em Araruama, enquanto os irmãos mais velhos ficaram no Rio por causa da escola.

Ana Arruda teve que estudar sozinha, em casa, com uma professora particular, para fazer o exame de admissão.[39] Devorou toda a grande coleção de literatura que o pai mantinha em casa, principalmente brasileira. Conseguiu então passar para o Colégio de Aplicação da então Universidade do Brasil. Ao fim dos três anos, estava decidida a fazer jornalismo, embora não houvesse na família nenhum profissional da área. Já participava do jornal da Juventude Estudantil Católica, o *Roteiro da Juventude*, dirigido por Cícero Sandroni, que a recrutou na escola. O então bispo de Natal, d. Eugênio Salles, criou o *Correio Rural*, uma publicação especializada, e Ana Arruda foi convidada para organizar o projeto. Quando voltou de lá, levou uma bronca da professora de matemática, dona Eleonora, que soube que ela iria fazer jornalismo. "Não seja louca! Você tem uma mente matemática, essa é a sua vocação." Entrou para a Faculdade de Filosofia com dezessete anos e aos vinte estava formada e pronta para iniciar a carreira.

Na faculdade, foi aluna de Danton Jobim, que ajudava a transformar o *Diário Carioca*, Delgado de Carvalho, Celso Kelly, Simão Leal e o mais brilhante de todos, Victor Nunes Leal, que chegou a ministro do Supremo Tribunal Federal e é autor de um clássico da literatura política e social, *Coronelismo, enxada e voto*. Terminada a faculdade, Ana Arruda chegou a fazer um curso na *Tribuna da Imprensa* com Carlos Lacerda, o proprietário. Lacerda a aconselhou: "Se você quer ser jornalista, tem que ler João do Rio. Foi o primeiro repórter brasileiro".

Entrar e sair da redação do JB, para Ana Arruda, foi constrangedor durante um bom tempo. Os colegas continuavam olhando e fazendo piadas. Alguns assobiavam. Em pouco tempo, no entanto, ela se impôs, mesmo incomodada com a proteção que passaram a lhe dar, um paternalismo que ela considerava injusto e inconveniente. Era poupada de pautas que pudessem ser arriscadas, o que a irritava. Nas reportagens de rua, os fotógrafos tentavam protegê-la fisicamente, como se fossem pais ou tios. Quando cobriu um assalto com tiroteio em um supermercado, assim que voltou à redação com a matéria, encontrou Wilson Figueiredo indignado, porque a missão era perigosa demais para uma moça. Mas era exatamente o que Ana queria, a agitação, as matérias arriscadas e de maior exigência, para ganhar rodagem e experiência como repórter, e também por causa do próprio temperamento inquieto e vigoroso. Era de fato raro precisar de ajuda, como aconteceu quando o primeiro astronauta, o soviético Iúri Gagárin, esteve no Brasil (21 de julho de 1961), e Ana foi pautada para recebê-lo no Galeão. Como era época de Guerra Fria, a Aeronáutica ordenou que os soldados afastassem a multidão que esperava pelo russo, o que foi feito na base da violência. Ana escapou de ser derrubada e pisoteada graças ao motorista, seu Luiz, que a agarrou pela cintura e levou-a para fora do tumulto.

Em uma tarde de 1958, Ana estava terminando um texto quando foi chamada ao aquário de Odylo Costa. Como sempre, o editor-chefe estava cercado de seus homens de confiança.

— Quero saber o que você leu de Machado de Assis — disparou à queima-roupa, diante do sorriso debochado dos outros.

Ainda que constrangida, resolveu não se deixar intimidar:

— Li tudo o que foi publicado pela editora Jackson.

Ou seja, a obra completa. Gargalhada geral do grupo. Furiosa, ela esperou pela explicação de Odylo.

— É que nós fizemos uma aposta e eu garanti que você devia ter lido Machado, porque põe todas as vírgulas no lugar.

Além de mulher e muito jovem, ela era uma raridade entre os repórteres: sabia escrever perfeitamente. No copidesque havia gente como o chefe Ferreira Gullar, o já cineasta Nelson Pereira dos Santos, Hélio Pólvora, José Ramos Tinhorão, Tite de Lemos, Nilson Lage, Edson Carneiro, Décio Vieira Ottoni, Cláudio Mello e Souza. O JB chegou a ter catorze redatores no copy, profissionais de texto apuradíssimo e vasta cultura, atuantes em várias áreas, e que faziam perfeitamente o papel do Google — com grande vantagem, aliás. Qualquer dúvida, era só perguntar, que alguém certamente conhecia profundamente o assunto. No reportariado, porém, poucos tinham texto final. Eram grandes repórteres e apuradores, mas nada familiarizados com a gramática, a sintaxe e o estilo. Isso garantiu a Ana Arruda certo prestígio e algumas boas viagens a trabalho.

Na rua, junto às fontes, porém, nem tudo era tranquilo. Uma vez, pautada para uma entrevista com o senador udenista Afonso Arinos, levou um susto quando foi maltratada. "Eu pedi ao jornal que me mandasse um repórter, não uma menina", disse o educadíssimo Afonso Arinos, atacado de uma súbita e grosseira indignação. O preconceito era forte. Anos mais tarde, já casada com Antonio Callado, amigo de Arinos, numa visita ao senador, fingiram que não se conheciam...

Os constrangimentos eram comuns, principalmente com autoridades. Em julho de 1961, o cientista polonês naturalizado norte-americano Albert Sabin chegou ao Brasil para uma visita oficial, pouco tempo depois de ter reconhecida mundialmente sua vacina contra a poliomielite. Sabin vinha assinar um acordo para que o produto fosse importado pelo Brasil, e o encontro com o ministro da Saúde, Catete Pinheiro, aconteceu no hotel Glória. Escalada para a cobertura, Ana Arruda chegou atrasada e, esbaforida, viu Pinheiro deixando o local cercado de assessores e de curiosos. Correu até ele:

— Ministro, por favor. Eu sou do *Jornal do Brasil* e queria saber como foi a conversa com o doutor Sabin.

— Depois você vem almoçar comigo, benzinho, e eu lhe conto tudo — e mandou uma piscadela de olho, diante das gargalhadas dos assessores.

Furiosa, Ana teve que se conter para não bater-lhe na cabeça com o bloco de anotações.

Uma das exceções foi o economista paraibano Celso Furtado, que estava criando a Superintendência de Desenvolvimento do Nordeste, a Sudene, e já era reconhecido internacionalmente. Em uma reunião com bispos, ele atendeu Ana com toda educação e respeito, e concedeu-lhe uma detalhada entrevista.

No final de 1959, quando a jovem repórter Ana Arruda foi a Goiânia cobrir a reunião da Conferência Nacional dos Bispos do Brasil (CNBB), o JB já estava chamando a atenção de todo o país pelo desenho, pelo esmero do texto e pela concepção moderna de jornal. Logo que chegou, Ana levou um susto, porque houve uma romaria de jornalistas ao hotel em que se hospedou. Teve que dar várias entrevistas a colegas. Queriam saber tudo sobre a "revolução" que estava acontecendo no jornal, quem eram e como eram Janio de Freitas, Reynaldo Jardim e Ferreira Gullar, a quem conheciam apenas como poeta concretista. Ela ficou impressionada. Sabia do impacto que o jornal vinha causando no Rio de Janeiro, mas não imaginava que o fenômeno chegasse a ter dimensões nacionais.

Como havia entrado no JB em 1º de abril de 1958, e no fim de 1959 o jornal já tinha ultrapassado todos os concorrentes do Rio de Janeiro, inclusive o *Correio da Manhã* e o *Diário Carioca*, Ana brincava, dizendo que era ela quem havia feito a diferença. E o trabalho era caótico, mas estimulante. O próprio Janio de Freitas fazia a pauta com um pequeno grupo de colaboradores, inclusive Carlos Lemos. Araújo Neto era um chefe de reportagem moderno já em 1959, sem os berros tradicionais e humilhantes dos chefes da época — ao contrário, era um chefe estimulante e criativo.

Ana Arruda foi demitida na greve de janeiro de 1962, junto com doze outros colegas. Lamentou demais a perda de um emprego que lhe era precioso e motivo de orgulho. Mas o compromisso com os colegas foi mais forte. Chegou a ser chamada de volta por Wilson Figueiredo quando, acabada a greve, voltou à redação para ver as consequências do movimento. "Ana, falei com o doutor Brito, e ele disse que não queria demitir você, mas que precisa afastar quem participou da greve. Escreve aqui um bilhete explicando que você chegou a vir trabalhar, e eu salvo o seu emprego." Ana ficou indignada: "Como você pode me pedir isso? Eu tive orgulho de fazer essa greve". Virou as costas e foi embora.[40]

Clecy Ribeiro e Maria Inês Duque Estrada chegaram ao JB um ano depois de Ana Arruda. Em 1956, Clecy tinha terminado o curso de jornalismo na PUC-RJ e conseguiu um estágio na *Tribuna da Imprensa*, onde fazia reportagens sobre bairros do Rio de Janeiro e notas para colunas sobre os clubes da zona norte. Por força do trabalho, tinha que percorrer clubes às sextas e sábados à noite, e chegou a receber faixas e prêmios em alguns palcos suburbanos. Acabou contratada pela *Tribuna* como repórter, mas mudou de rumo em abril de 1959, quando recebeu um convite de Calazans Fernandes, um dos chefes de reportagem do *Jornal do Brasil*. Calazans chegou a Clecy por indicação de Carlos Lemos, que conhecia o trabalho dela na *Tribuna*, de onde também tinha vindo.

Clecy seria repórter de uma página de Cidade editada por Cesário Marques — mais ou menos o que fazia na *Tribuna*, exceto pela ronda noturna dos clubes da zona norte, que não seria mais necessária. Em meados do ano, Cesário entrou de férias e Clecy foi escalada para cobrir sua ausência, editando a tal página. Quando voltou, o editor titular não gostou do que viu. O trabalho tinha sido bem-feito, e, temendo a perda da posição, ele resolveu pedir a cabeça da jovem repórter, com um pretexto banal.

Como falava bem inglês e estava saturada da página de Cidade, Clecy candidatou-se à função de redatora da seção de Internacional, onde o editor, o crítico literário, escritor e tradutor Waltensir Dutra, precisava de gente para redigir e traduzir os telegramas da UPI, da Associated Press e da France Presse, que chegavam sem parar. Fez um teste de redação e um de tradução, e foi aprovada, junto com Maria Inês Duque Estrada. Assim, em agosto de 1959, subiu um andar, do terceiro para o quarto, onde então funcionavam a Internacional e a seção de Esportes, que ficavam separadas do resto da redação.

Maria Inês da Costa Duque Estrada Bastos, filha de um oftalmologista e de uma técnica da Rádio Roquette-Pinto, começou no jornalismo por acaso. Fazia a Escola de Belas Artes no Rio de Janeiro e tinha um colega que era ilustrador da *Tribuna da Imprensa*. Como o jornal precisasse de um colunista de artes plásticas, ela foi convidada em 1957 e passou a assinar a coluna como Maria Inês. Tinha bom texto, conhecia o assunto e possuía excelente cultura geral para uma moça de vinte anos. Da *Tribuna*, foi convidada para o *Diário Carioca* pelo cronista Carlinhos Oliveira, seu namorado.

Maria Inês tinha uma peculiaridade, como as jovens pioneiras das redações: estava muito à frente do seu tempo. Para não se isolar, saía no meio do trabalho para uma cachacinha rápida com os colegas no bar da esquina, não se incomodava com palavrões à sua volta e passou, ela própria, a usar um vocabulário adequado ao ambiente. Certa vez, a turma do *Diário Carioca* amarrou um barbante no pescoço de um rato vivo e irrompeu na redação puxando o animal, para assustá-la. Esperavam, certamente, um escândalo. Ficaram desapontados quando ela pegou o rato, pôs em cima da mesa e pediu calmamente: "Devolvam o bichinho lá para a gráfica".

Depois do *Diário Carioca*, de onde saiu por causa dos atrasos salariais, teve uma rápida passagem pela Petrobras e voltou ao jornalismo em 1958, quando o *Jornal do Brasil*, o *Última Hora* e o *Jornal do Commercio* precisavam de setoristas para o aeroporto internacional do Galeão. O trabalho consistia em fazer entrevistas em primeira mão com celebridades que desembarcassem na cidade, o que já fizera antes, no *Diário*. Parecia simples, mas era uma tarefa que exigia domínio do inglês. Desempenhou as funções de correspondente no Galeão até agosto de 1959, quando o JB a convidou para um teste para redatora Internacional — no mesmo dia em que era testada Clecy Ribeiro. Ambas passaram.

Aprendeu muito trabalhando com gente como o editor Waltensir Dutra, Newton Carlos e no contato com os colegas do copidesque, uma espécie de elite intelectual do Rio de Janeiro. Pegava no trabalho às dezessete horas, ia até a meia-noite, e gostava das pausas no Café Simpatia, um bar com cadeiras na calçada, bem embaixo do prédio do JB, para uma dose de cachaça ou um chope rápido com os colegas.

Maria Inês ficou no JB em sua primeira passagem pelo jornal até 1962, quando participou também da greve nacional de jornalistas e foi demitida.[41]

Os anos 1960: Dines e o jornal empresa

O sucesso do *Jornal do Brasil* a partir da reforma gráfica e editorial é parte de um tsunami de industrialização e modernização que invadiu o Rio de Janeiro e o Brasil nos anos JK. Veio com o crescimento acelerado da economia, que era também impulsionado pelo crescimento dos Estados Unidos. Para Wilson Figueiredo, o JB e JK foram parceiros involuntários do mesmo movimento. Até aquele momento, o fim dos anos 1950, o jornal "capaz de derrubar um governo com uma penada ou um artigo", para Figueiró, era o *Correio da Manhã*, que tinha como articulistas grandes nomes da imprensa.

O jornal *Última Hora*, ligado ao PTB, tinha sido uma novidade, mas perdera importância com o escândalo e a CPI aberta no Congresso Nacional para investigar as circunstâncias de sua criação: os empréstimos favorecidos do Banco do Brasil a Samuel Wainer. E era um jornal muito ideológico, identificado com o trabalhismo. O *Jornal do Commercio* havia sido dirigido em 1957 por San Tiago Dantas, que se filiara ao PTB e se preparava para grandes voos políticos. Mas não se firmou como jornal de prestígio. O *Diário Carioca*, moderno, vibrante, inovador, também não conseguiu se consolidar como jornal de peso nacional pela indigência financeira — seria sempre pequeno, não empresarial. Assim, no ambiente jornalístico, o JB foi o grande evento. Combinava com o Brasil moderno, campeão mundial de futebol, democrático e otimista de Juscelino Kubitschek.

O país do futuro se consolidava. Antes, circulavam pelo Brasil apenas imensos carros importados dos Estados Unidos. Juscelino Kubitschek atraiu montadoras de automóveis como Volkswagen, Ford, Chevrolet e SAAB Scania, reafirmando São Paulo como grande polo industrial. Aproveitou-se das bases lançadas por Getúlio Vargas, com a Companhia Siderúrgica Nacional, o Banco Nacional do Desenvolvimento, a Petrobras e a Eletrobras. No front internacional, propôs a criação da Operação Pan-Americana, em defesa do desenvolvimento econômico da região sem interferências externas. JK atribuiu-se um papel de conciliador entre Cuba e Estados Unidos e inspirou a Aliança para o Progresso, lançada depois por John Kennedy.

Nelson Rodrigues, em suas crônicas, exorcizava o complexo de vira-latas, que impedia o sucesso brasileiro. O Brasil, para Nelson, se encolhia todo e dava "arrancos de cachorro atropelado diante das sardas dos ingleses", ganindo de inferioridade, como escreveu em dezenas de suas crônicas. Nossas vitórias esportivas, a Palma de Ouro conquistada em Cannes pelo filme *O pagador de promessas*, de Anselmo Duarte, baseado na peça de Dias Gomes, as vitórias no exterior de nossas misses Brasil nos enchiam de orgulho e otimismo com o futuro.

E floresceu o JB, renovado, arejado, moderno, conquistando cada vez mais espaço e captando a essência da zona sul do Rio de Janeiro. Ipanema inaugurava um estilo de vida, onde era possível passar um fim de semana de sonho como na canção "Domingo azul", de Billy Blanco. As casas noturnas da zona sul fervilhavam com o talento dos novos músicos e grupos de instrumentistas: Zimbo Trio, Tamba Trio, Milton Banana Trio, Jongo Trio, Durval Ferreira.

E tudo isso passou a ser registrado pelo Caderno B, quase um diário oficial da *dolce vita* carioca. A visita ao país de grandes estrelas do show business internacional tornou-se comum — todos também a caminho de Buenos Aires e de Montevidéu, mas isso não interessava. O Brasil estava no roteiro de Nat King Cole, Bing Crosby, Brigitte Bardot, Billy Eckstine, Ava Gardner, Alain Delon, Jean-Paul Belmondo, Ray Coniff e sua orquestra. Bardot, aliás, chegou a comprar uma casa em Búzios.

A capital do país estava de mudança para Brasília, mas até isso era estimulante. A arquitetura de Oscar Niemeyer e Lúcio Costa era mais um dos signos do brilhante futuro que se projetava para o Brasil. O colunista social Ibrahim Sued criou os epítetos Novacap, para Brasília, e Belacap, para o Rio de Janeiro. Um filme francês de relativo sucesso, *O homem do Rio*, de Philippe de Broca, com Jean-Paul Belmondo e Françoise Dorléac, foi produzido no Rio de Janeiro e em Brasília, ainda pouco mais do que um canteiro de obras. A cidade atraía a atenção do mundo. Dentro da redação do JB estavam alguns desses grandes talentos: os cineastas Nelson Pereira dos Santos e Eduardo Coutinho, trabalhando no copidesque. Coutinho, em pouco tempo, daria partida nas filmagens de seu premiado *Cabra marcado para morrer*, concluído apenas nos anos 1980. Nelson já era o autor de obras-primas como *Rio, zona norte, Rio, 40 graus* e *Vidas secas*, marcos do Cinema Novo. Um dos diagramadores do jornal, José Carlos Avellar, em pouco tempo tornou-se um dos melhores críticos de cinema do Rio de Janeiro. Avellar criou uma forma didática de analisar um filme, partindo de uma cena específica e explicando sua sintaxe, como havia sido concebida e executada, e, a partir dali, decifrava todo o filme, seu contexto, sua mensagem, sua linguagem, sem estabelecer se era bom ou ruim.

O autor da denominação Cinema Novo para o movimento dos grandes filmes de Nelson, Glauber e Ruy Guerra, aliás, foi também logo trabalhar como crítico de cinema no Caderno B: era Ely Azeredo, um dos primeiros críticos modernos de cinema. Azeredo iria participar da criação de uma revista sobre cinema que nunca saiu por falta de dinheiro. Seria baseada na *Cinema Nuovo*, uma espécie de versão italiana da francesa *Cahiers du Cinéma*. Como não conseguiu criar a revista, aplicou o título à leva de filmes brasileiros de autor, que tinham forte influência da Nouvelle Vague francesa e do neorrealismo italiano.

O Cinema Novo floresceu com a ajuda de Janio de Freitas, Armando Nogueira e Otto Lara Resende, que assessoravam informalmente José Luís de Magalhães Lins, o principal executivo do Banco Nacional de Minas Gerais, sobrinho de Magalhães Pinto. Os três trabalhavam com Nelson Pereira dos Santos e conheciam Luís Carlos Barreto. Magalhães Lins financiava filmes, articulava na política, emprestava dinheiro a jornais e a jornalistas. Tinha enorme prestígio junto aos donos de jornais, que eram todos seus amigos, e desfrutava de um imenso poder como eminência parda. Nos bastidores, foi um dos coordenadores da campanha pelo "Não", um plebiscito que levou os brasileiros a votarem em favor da volta do sistema presidencialista em 1962.

Certa vez, a repórter Ana Arruda foi escalada para uma entrevista com o governador do então estado da Guanabara, Carlos Lacerda. Em determinado momento, Lacerda fez duras críticas a Magalhães Lins. Ana escreveu e o jornal publicou. Na manhã seguinte, foi acordada por um telefonema de dona Sinésia, secretária de Nascimento Brito: "Ele quer falar com você sobre a entrevista do Lacerda. Venha às dez horas". Ana percebeu que havia problemas e se precaveu: antes de seguir para o JB, passou no Palácio Guanabara e pediu ao assessor de imprensa do governador, Walter Cunto, uma cópia gravada da íntegra da entrevista, em que as críticas eram até mais pesadas do que as que ela escrevera. O preocupado Brito se conformou.

E A FOTOGRAFIA GANHA ESPAÇO E STATUS

Desde a famosa foto de Juscelino Kubitschek com o secretário de Estado norte-americano John Foster Dulles, em 1958, o JB começara a dar destaque e a valorizar a fotografia como parte da informação jornalística. Com Janio de Freitas como editor-geral e a abertura de fotos na primeira página, o fotógrafo começou a ganhar novo status na redação — não era mais um "tirador de retratos", mas parte fundamental da equipe que ia à rua.

O chefe da fotografia, Hélio Pontes, ainda não poderia ser chamado de editor de fotografia, já que era o próprio fotógrafo quem selecionava para publicação o melhor de seu trabalho. Mas já era um início. Em 1960, o JB organizou uma exposição com suas melhores fotos que percorreu os principais aeroportos do país. Até o fim dos anos 1950, o fotógrafo era um membro quase insignificante da equipe jornalística que esperava as ordens do repórter: "Fulano, bate uma chapa aqui". Claro que havia os mais ousados, mas não eram muitos.

O JB e as revistas ilustradas mudaram isso. O fotógrafo ganhou autonomia, passou a ser mais valorizado, e seu trabalho paulatinamente foi ganhando um sentido autoral. O próprio motorista da equipe passou a funcionar como um auxiliar importantíssimo do repórter, ao ouvir discretamente conversas, observar movimentos e transmitir tudo depois aos jornalistas.

Erno Schneider tinha 26 anos em 1961. Gaúcho da cidade de Feliz, filho de pai agricultor, começou a trabalhar com fotografia em Caxias do Sul, em um laboratório que revelava fotos de casamentos e batizados. Migrou para Porto Alegre em busca de melhor sorte profissional, e acabou trabalhando no jornal *O Clarim*, de Leonel Brizola. Fez as campanhas de Brizola para prefeito e para governador. Enfrentou as furiosas torcidas de Grêmio e Internacional, que o consideravam pé-frio. O time que jogava no lado do campo em que ele se posicionava durante o jogo sempre sofria gols. Azar do time, sorte dele, que conseguia boas fotos. Chegou ao Rio de Janeiro em 1960, arranjou emprego em *O Jornal* e logo foi convidado para o JB.

A melhor fotografia já tirada do ex-presidente Jânio Quadros é de autoria dele, e foi clicada no dia 21 de abril de 1961, uma sexta-feira. Jânio Quadros, que tinha apenas 36 dias no cargo, e o presidente da Argentina, Arturo Frondizi, ambos eleitos diretamente pelo voto popular, marcaram para aquele dia um encontro na fronteira dos dois países, na ponte que divide as cidades de Uruguaiana e Paso de los Libres. O pretexto oficial da reunião era a assinatura de um acordo que reafirmasse a autonomia e a isenção dos países latino-americanos diante da Guerra Fria que envolvia Estados Unidos e União Soviética. Além disso, os presidentes queriam aumentar o intercâmbio comercial e cultural e "defender a estabilidade política e social do sistema interamericano".

Jânio e Frondizi, na verdade, namoravam com o Movimento dos Países Não Alinhados, liderado pelo presidente egípcio Gamal Abdel Nasser e pelo iugoslavo Josip Broz Tito, e que já contava com outros países, como Índia, Indonésia, Paquistão, Ceilão (hoje Sri Lanka) e Birmânia (hoje Mianmar). Como o nome sugere, esses países defendiam uma posição de neutralidade diante da Guerra Fria.

O primeiro encontro dos Não Alinhados ocorrera em 1955, mas naquele mesmo ano, 1961, haveria um outro em setembro, em Belgrado, na Iugoslávia. Jânio e Frondizi negociavam a participação de Brasil e Argentina e buscavam uma posição comum, unitária.

Era um mundo conturbado. A Alemanha estava terminando de construir o Muro de Berlim, que se tornaria um dos símbolos da Guerra Fria. Foi o ano da tentativa de invasão da Baía dos Porcos, em Cuba, pelos Estados Unidos. A União Soviética saía na frente na corrida espacial ao lançar ao espaço Iúri Gagárin, o primeiro astronauta. E o JB começava a dedicar um tratamento mais apurado aos temas internacionais, com o editor Waltensir Dutra, o redator Newton Carlos e o jovem repórter Luiz Orlando Carneiro.

O Jornal do Brasil enviou justamente Luiz Orlando para cobrir o encontro de Jânio e Frondizi. Era o repórter encarregado do Itamaraty. Com ele, foi

Erno Schneider, que já trabalhava no Rio de Janeiro há um ano. Chegaram a Uruguaiana na véspera, à noitinha. De manhã cedo, com temperatura amena e céu claro, os repórteres foram impedidos por uma corda de se aproximar de Jânio Quadros, que chegara antes de Arturo Frondizi. Os fotógrafos, porém, ganharam mais liberdade para se movimentar.

Impaciente, Jânio caminhava de um lado para o outro, à espera do colega argentino. Finalmente, pouco depois das nove horas, Frondizi apareceu do lado argentino, e Jânio caminhou em direção à ponte para encontrá-lo. De repente, houve um estrondo, talvez de um motor a explosão, e o presidente brasileiro, assustado, estancou sua caminhada e olhou à esquerda, por sobre o ombro. Neste exato momento, atrás dele, Erno Schneider disparou sua Rolleiflex (ele sempre levava uma Rolleiflex e uma Leica em missões de maior responsabilidade). O resultado foi a famosa foto, a primeira do JB a ganhar um prêmio Esso, em 1962.

Enquanto Jânio e Frondizi se cumprimentavam, Luiz Orlando notou que o normalmente calmo e caladão Schneider, neto de imigrantes alemães, estava excitadíssimo. "O que foi, Erno?", perguntou. "Acho que consegui uma foto muito boa do Jânio." Terminada a solenidade, Luiz Orlando correu para um hotel no lado argentino, enquanto Erno Schneider foi procurar os encarregados do serviço de imprensa do governo brasileiro para enviar o filme ao JB, por avião oficial da presidência da República. Só as agências de notícias internacionais dispunham de telefoto.

Dois dias depois, quando voltou ao Rio, Erno Schneider descobriu que a foto não fora publicada. O material de Luiz Orlando deu primeira página na edição de domingo, 23 de abril, sob o título "Jânio-Frondizi: ação comum". A matéria citava as três declarações conjuntas que os presidentes assinaram, e continuava na página 3, em cinco colunas. Erno Schneider ficou frustrado. Inconformado, revelou todo o filme até achar o que procurava: Jânio Quadros, de costas, olhando sobre o ombro para o lado esquerdo, e com os pés apontando para lados diferentes: o pé direito embicando para a esquerda e vice-versa.

A foto foi publicada apenas algumas semanas depois. O JB montou mais uma de suas exposições de melhores fotos no aeroporto Santos Dumont, e entre elas estava a de Jânio trocando os pés. A foto foi roubada dos painéis pelo menos duas vezes, durante a noite. Só por isso foi finalmente publicada na primeira página do Caderno B, com o título "Qual o rumo?".

A foto é espetacular por várias razões: a primeira, porque Jânio tinha a fama de gostar de uísque, tanto que os inimigos o acusavam de bêbado. A foto dava realmente a impressão de embriaguez. Ao mesmo tempo, o governo de Jânio parecia sem rumo. Os militares estavam preocupados com sua intenção de reatar com Cuba e de se aproximar dos Não Alinhados. O presidente enviava sinais políticos contraditórios: internamente um conservador, mas com tendências à esquerda na política externa.

Erno Schneider saiu do JB em 1962 depois de ganhar o prêmio Esso. Foi para a Editora Abril, que montava sucursal no Rio de Janeiro e o convidou por um salário bem maior. Anos depois, processaria o JB pela venda da foto a inúmeras publicações do país via Agência JB. O jornal ganhava dinheiro com ela, mas não pagava o fotógrafo pelos direitos autorais. Além disso, os outros jornais que a publicavam davam o crédito apenas à Agência JB. Chargistas como Chico Caruso também se inspiraram na foto de Jânio Quadros para desenhar outros políticos, como Fernando Collor, Antonio Carlos Magalhães e até Marina Silva nas eleições de 2014. Erno finalmente ganhou na Justiça em 1998, mas o JB nunca cumpriu a decisão judicial de pagá-lo.

Sobre a reunião dos Países Não Alinhados, de que Jânio Quadros e Frondizi tramavam participar, era um profundo incômodo para os Estados Unidos, que tinham as Américas Central e do Sul como seus quintais. No começo do governo Jânio, o embaixador norte-americano no Brasil convocou uma coletiva sobre o tema. A redatora de Internacional, Maria Inês Duque Estrada, foi escalada e saiu de lá sem qualquer dúvida sobre qual seria o lead: o embaixador alertava que o Brasil era, sim, alinhado e tinha compromissos estratégicos que precisava honrar com os Estados Unidos e com o Ocidente.

Escreveu a matéria e o editor-geral Janio de Freitas balançou: "Tem certeza de que ele deu um ultimato, um aviso?". Maria Inês não tinha dúvidas, mas ainda assim Janio mandou que fosse checado junto à embaixada e, claro, publicou como manchete do jornal. A repórter, mesmo satisfeita com o próprio trabalho, não gostou da dúvida do editor a respeito de sua informação.[1]

"CUIDADO, O JB É UM SERPENTÁRIO"

Janio de Freitas pediu demissão do *Jornal do Brasil* em abril de 1961, depois de vários desentendimentos com Nascimento Brito, justamente quando mais sucesso fazia o jornal. De personalidade forte, o editor não aceitava as constantes intromissões do patrão. Envaidecido pelo sucesso do JB, Nascimento Brito costumava ligar à noite, quando jantava no Country Club, e perguntava pelas manchetes do dia seguinte. Irritado, achando que ele fazia isso para se gabar com seus amigos grã-finos, Janio passou a responder asperamente: "Não sei ainda, estamos trabalhando, amanhã você vê quando o jornal chegar a sua casa", disse pelo menos uma vez. Janio sempre manteve uma postura de independência e não submissão ao diretor — e Brito não gostava disso. A relação ficou cada vez mais complicada, até Janio pedir o boné. O editor também andava insatisfeito com o salário. O JB lhe tomava todo o tempo, e a remuneração começou a ficar insuficiente para as responsabilidades que tinha.

Aceitou um convite do *Correio da Manhã* para implantar lá uma reforma e levou consigo o parceiro e compadre Amilcar de Castro, além de outros jovens companheiros. A reforma do *Correio* não deu certo, enquanto o JB cada vez mais caía no gosto do público urbano, politizado, com maior grau de escolaridade. O perfil moderno começou a atrair também anunciantes mais qualificados, fabricantes de eletrodomésticos, montadoras de automóveis, imobiliárias, cigarros, bebidas finas, e não mais apenas os classificados.

Mas o substituto de Janio não conseguiu manter a dinâmica de trabalho do antecessor. O economista Omer Mont'Alegre, que fechava a página de assuntos relativos a economia, era um homem muito culto, correto, porém já idoso, sem a energia e o vigor criativo que o cargo exigia. Burocrático, lento na tomada de decisões, Mont'Alegre já tinha seus dias de editor-geral contados dois meses depois da posse. Funcionário do Instituto do Açúcar e do Álcool, limitava-se a publicar tabelas com cotações do açúcar no mercado internacional e a escrever comentários sobre o mercado do produto. Também não conseguia dedicar-se exclusivamente ao jornal. Resistiu até o fim de 1961, até que, em 6 de janeiro de 1962, aportou no JB o jovem Alberto Dines, com trinta anos ainda incompletos.

Alberto Dines nasceu em 19 de fevereiro de 1932 no Rio de Janeiro, filho de pai ucraniano de Rivne, perto de Kiev — um militante sionista da linha de

Ben-Gurion, um trabalhista, o que no espectro político de Israel equivaleria a um socialismo democrático. O pai migrou para o Brasil em 1928, tentou a sorte no comércio em Curitiba, mas passou mesmo o resto da vida como secretário da Sociedade de Amparo aos Imigrantes, no Rio de Janeiro. Alberto Dines, na juventude, ajudou a fundar no Brasil o Dror, um movimento da juventude sionista socialista. Parou de estudar no antigo curso científico, feito no colégio Andrews, e chegou a pensar em migrar para Israel e viver em um kibutz quando o país foi criado, depois da Segunda Guerra.

Mas logo percebeu que não queria trabalhar como agricultor em uma fazenda coletiva. Estava interessado mesmo em cinema, em documentários, e conseguiu emprego como crítico cinematográfico da revista *Cena Muda*, que tinha redação na Lapa. A revista era especializada em cinema e logo Dines ganhou quatro páginas. Assistia todo dia a um filme novo (principalmente os europeus) de graça, com sua carteirinha de crítico. Em 1952, um grupo norte-americano abriu no Rio de Janeiro a revista quinzenal *Visão*. O chefe de reportagem, Nahum Sirotsky, convidou Dines para ser o repórter de cultura com a promessa de um bom salário e carteira assinada, coisa rara para jornalistas naquele tempo.[2]

Jovem e solteiro, mudou-se com a revista para São Paulo, onde exerceu também outras atividades, como roteirista de cinema, que sempre foi sua grande paixão. Ficou em São Paulo durante cinco anos e voltou ao Rio, ainda pela *Visão*, para cobrir o Itamaraty. Em 1956, Nahum Sirotsky foi para a *Manchete* trabalhar como editor e levou Dines como repórter. Mas logo Nahum adoeceu e pôs Dines para comandar a redação como secretário, aos 25 anos. Dines acumulou o trabalho na *Manchete* com a edição de um segundo caderno em formato de tabloide no *Última Hora*, do amigo Samuel Wainer. Quando ficou noivo da sobrinha de Adolfo Bloch, o dono da *Manchete*, Dines pediu demissão — achou que seria incompatível.

Como o segundo caderno da UH estava muito bom, acabou convidado, em 1957, para dirigir todo o jornal, em lugar de Wilson Figueiredo, que estava indo para o *Jornal do Brasil*. O *Última Hora* circulava diariamente em duas versões, matutina e vespertina. Como era editor das duas, Dines passou também a dormir em duas etapas: acordava de madrugada para fazer o matutino, corria para casa, dormia mais quatro horas, e voltava correndo para fechar a edição vespertina. Isso já casado e com um filho pequeno.

Mas acabou desentendendo-se com Paulo Silveira, um dos diretores. Não estava aguentando o ritmo de trabalho, que lhe atrapalhava o casamento, e aceitou o convite de Wilson Figueiredo, que havia saído do JB e estava dirigindo *O Jornal*, dos Diários Associados. Dines foi para o *Diário da Noite*, encarregado de promover ali uma reforma. E fez realmente um tabloide inovador. A página feminina, por exemplo, passou a ser editada por Ilka Soares — atriz e apresentadora famosa da TV Tupi, ex-mulher do cineasta Anselmo Duarte e de Walter Clark —, que não escrevia bem. Então, Dines escolheu como *ghost-writer* de Ilka ninguém menos que Clarice Lispector.

E foi ali, no *Diário da Noite*, que Alberto Dines viu nascer a expressão "imprensa marrom" para qualificar o jornalismo que vive de escândalos. Um dia, recebeu na redação a notícia do suicídio de um jovem cineasta iniciante, que vinha sendo chantageado por uma revista editada por policiais. Dines resolveu noticiar o suicídio como resultado de chantagem da "imprensa amarela". Estava importando a expressão dos Estados Unidos, que a usavam (*yellow press*) desde o século XIX. O chefe de reportagem, Calazans Fernandes, protestou: "Amarelo é muito bonito. Vamos chamar de marrom, que é cor de merda".

Dines foi demitido do *Diário da Noite* em janeiro de 1961 por Assis Chateaubriand por noticiar o sequestro de um navio português por um grupo de opositores à ditadura salazarista.[3] A notícia do sequestro não foi proibida, porque não havia censura à imprensa no Brasil, pelo menos oficialmente. Mas Assis Chateaubriand, que tinha conexões com a ditadura portuguesa, proibiu o assunto. Alberto Dines achou que a notícia era boa e importante demais para ser escondida e publicou tudo com destaque, o que lhe custou o emprego.

Dines voltou à Bloch para trabalhar na *Fatos e Fotos*. Até que, em janeiro de 1962, recebeu um telefonema de Nascimento Brito. Já se conheciam de uma viagem profissional aos Estados Unidos, durante a eleição que levou John Kennedy à presidência, em 1960. E seu nome foi indicado a Brito pelo banqueiro José Luís Magalhães Lins, do Banco Nacional de Minas Gerais. "Dines, eu estou sem gente em condições de comandar a redação. Preciso de você aqui. O Omer Mont'Alegre está tapando buraco, é um homem sério e confiável, mas não tem o perfil para o cargo."[4]

Dines aportou no *Jornal do Brasil* com um pé atrás, cauteloso e com todos os sentidos alertas, no dia 6 de janeiro de 1962, uma segunda-feira. "Cuida-

105

do, o JB é um serpentário", avisavam. Um dos cuidados foi manter o emprego na revista *Fatos e Fotos*, onde trabalhava das oito às treze horas. Às duas da tarde pegava no JB. Era a Bloch que lhe assinava a carteira, o JB nem era o emprego principal. Despachava ali como um profissional autônomo. Recebia seu pagamento em dinheiro vivo, em notas de cruzeiro oriundas da venda de anúncios classificados.

Levou consigo para o JB Wilson Figueiredo, que havia deixado o jornal um ano antes para trabalhar em *O Jornal*. Figueiró, aliás, foi um dos que o alertaram para a dificuldade de conviver com os novos patrões. "Eu aceito, mas preciso trazer comigo o Wilson Figueiredo", disse Dines a Nascimento Brito. Dines escolheu o título que teria no jornal, editor-geral ou editor--chefe, o que lhe parecia mais próximo do *managing editor* norte-americano, o editor gerenciador de todo o trabalho jornalístico. Até Janio de Freitas, o cargo se chamava diretor-redator-chefe.

A reforma gráfica já estava feita, o JB era admirado pela beleza gráfica, pelo texto de excelente qualidade, e o noticiário também era muito bom. Mas era possível melhorar, desde que fosse possível driblar Nascimento Brito. Por sua vez, Brito queria mexer na reforma. "Dines, eu quero que você reponha alguns fios de volta no jornal", foi uma das primeiras frases que disse ao novo funcionário. Na conversa, Dines percebeu que Brito não estava satisfeito com o sucesso da reforma de Odylo, Janio de Freitas e Amilcar de Castro. "Há muito espaço em branco", reclamava. Parecia enciumado com o sucesso deles. Mas Dines não concordava com a crítica, e não lhe restou alternativa a não ser bancar uma posição firme, porque a qualidade visual do jornal era indiscutível: "Ah, não, Brito, não vou mudar o que está dando certo. Pode ser que daqui a alguns anos o jornal mude mais uma vez, de uma forma gradual. Mas, do jeito que está hoje, está muito bom, é o melhor jornal do país, não há por que mudar. Só aceito pôr um fio embaixo do logotipo, sob o nome do jornal, na capa". Desde o início, Dines sempre tratou Brito sem o "doutor" protocolar. Brito acabou aceitando e Dines manteve o JB com o mesmo formato, apenas com um friso separando o título do jornal do restante da página.

Uma das mudanças impostas por Dines, logo ao chegar, foi introduzir um planejamento mais rígido ao jornal. Naquela época, os matutinos começavam a ser feitos no final do dia anterior, enquanto os vespertinos eram preparados de madrugada e pela manhã do mesmo dia em que iam às ruas. "Vamos fazer um matutino ainda mais planejado, a partir do começo da tarde", avisou Dines a seus editores. Deu uma olhada na equipe de que dispunha e entendeu que precisava de um antípoda, alguém com um perfil diferente do dele para chefiar a reportagem. E escolheu Carlos Lemos, mais voltado para o dia a dia do jornal, um chefe de equipe e tocador de trabalho diário, identificado com a cidade.

Quando, em 1962, o *Jornal do Brasil* comprou a *Tribuna da Imprensa*, Alberto Dines passou a ter jornada tripla. De manhã, *Fatos e Fotos*; à tarde, *Jornal do Brasil*; à noite, *Tribuna da Imprensa*. Foi um problema, porque a orientação do JB era de neutralidade política. Na *Tribuna*, no entanto, o ex-dono Carlos Lacerda, então governador da Guanabara, ainda se achava no direito de mandar — além disso, seu filho, Sérgio Lacerda, trabalhava no jornal. Na *Tribuna* estavam também Carlos Castello Branco, que iniciou ali sua "Coluna do Castello", e Armando Nogueira, que publicou no jornal, pela primeira vez, sua "Na Grande Área".

Certa vez, o governador enviou para publicação um violento editorial contra o presidente João Goulart. Dines vetou, alegando que não era aquela a posição de Nascimento Brito e da condessa em relação a Jango — e Lacerda não era mais o dono. Sérgio Lacerda ponderou que o pai não iria aceitar. De fato, logo que soube do veto, Lacerda telefonou para o filho e Dines quase ouviu os gritos do governador do outro lado da linha. Sérgio Lacerda explicou como pôde ao pai que a linha editorial era a do JB, e não mais a da sua *Tribuna da Imprensa*. "Não posso fazer nada, minha orientação é publicar um jornal na mesma linha do *Jornal do Brasil*", explicou Dines a Sérgio. O editor sentiu ali que não poderia continuar acumulando tantos empregos. E, de fato, logo saiu para concentrar-se no JB.

Dines era um grande planejador, um organizador de sistemas e métodos, pensava o jornal estruturalmente, como empresa, e sempre em busca de inovações e de maneiras de aperfeiçoar o trabalho e o funcionamento geral. Percebeu que precisava implantar um organograma e uma divisão mais clara de tarefas. Carlos Lemos, que editava o Esporte, não aceitou de cara a chefia de reportagem que lhe foi oferecida. Torceu o nariz, disse que ia pensar e viajou de férias. Quando voltou, aceitou. Depois de algum tempo, passou a secretário de redação e finalmente a chefe de redação.[5]

Com menos de um mês no JB, ainda em janeiro de 1962, Dines enfrentou uma greve de gráficos e jornalistas contra a direção do jornal, que se estendeu por todo o Rio de Janeiro. A coisa começou com os gráficos, que exigiram aumento e fizeram uma assembleia geral em seu sindicato. Eles alegavam que tinham uma promessa de aumento do superintendente, Bernard Costa Campos, que não fora cumprida. Alguns jornalistas, como Sérgio Cabral, Maurício Azêdo, José Ramos Tinhorão e Ana Arruda compareceram e apoiaram a proposta de greve dos gráficos. A nota de convocação da greve citava os jornalistas presentes, que não tiveram remédio: aderiram.

O pessoal da redação fez uma assembleia no Sindicato dos Jornalistas, na Galeria dos Empregados no Comércio, ao lado do prédio do JB. Sérgio Cabral levou os sambistas Zé Keti e Nelson Cavaquinho, que compuseram um samba pela greve, algo como "Quero meus 60%". A greve durou apenas um dia e resultou na demissão de Maurício Azêdo, Ana Arruda, Beatriz Bomfim, Sérgio Cabral, José Ramos Tinhorão e Maria Inês Duque Estrada.

José Ramos Tinhorão acabou recontratado, a pedido dos próprios colegas, assim como Beatriz Bomfim. "Fui readmitido pela minha condição de burro de carga. Trabalhava demais", disse Tinhorão, tempos depois. Jaime Negreiros ficou ainda um bom tempo como chefe de reportagem, até a greve seguinte, em 1964. Foi um ano de definições também na redação do JB, porque Alberto Dines passou a dedicar-se exclusivamente ao jornal e tornou-se de fato funcionário da empresa, com carteira assinada.[6]

NEUTRALIDADE CLASSE A

Desde a Revolução Cubana e a renúncia de Jânio Quadros, em agosto de 1961, o Brasil passara a viver uma espécie de guerra fria interna, intensa e sufocante. A crise econômica se agravara depois da construção de Brasília e havia um choque permanente entre uma direita que desejava tirar o presidente João Goulart do governo e uma esquerda mobilizada em torno de uma aliança do Partido Comunista Brasileiro (PCB) com a ala esquerda do PTB, o partido majoritário.

Quando Jânio renunciou, uma ampla negociação se deu em torno da emenda constitucional que implantou o parlamentarismo, retirando de João

Goulart plenos poderes. Era a condição da UDN e dos militares para que o vice-presidente tomasse posse. No mesmo ano, uma coligação do PTB e do clandestino PCB conseguiu vencer as eleições para a direção da forte e influente Confederação Nacional dos Trabalhadores na Indústria (CNTI) e da Confederação Nacional dos Trabalhadores nas Empresas de Crédito (Conatec). Em 1962, a economia brasileira cresceu apenas 6,6% (FGV), contra os 8% a 11% dos anos JK. E a inflação subia.

O primeiro-ministro Tancredo Neves, empossado em setembro de 1961, renunciou em junho do ano seguinte para disputar as eleições parlamentares de outubro de 62. Mas sua sucessão desencadeou uma crise. O principal candidato do PTB para o cargo era o então ministro das Relações Exteriores, San Tiago Dantas, uma estrela ascendente, um intelectual respeitado, que criara o conceito de "política externa independente". San Tiago era também o principal teórico do "trabalhismo democrático", herdeiro de Alberto Pasqualini, que rejeitava um estatismo puro e inspirou as reformas de base que João Goulart apresentaria em 1964. Como chanceler do governo parlamentarista de Tancredo Neves, San Tiago reatou relações diplomáticas com a União Soviética e impediu, em uma reunião da OEA em Punta del Este, uma intervenção militar em Cuba. Passou então a ser apontado pela Ação Democrata Parlamentar, por Carlos Lacerda e por setores militares como "aliado do comunismo internacional".

Por tudo isso, a crise tornou-se aguda quando João Goulart, em suas atribuições constitucionais, indicou San Tiago Dantas para substituir Tancredo Neves como primeiro-ministro. A direita não aceitou, ameaçou, denunciou que era um avanço do comunismo contra o Estado. A esquerda e os setores nacionalistas responderam. O general Peri Bevilacqua acusou a ameaça de uma "marcha do comunismo". Os generais fiéis ao governo acusavam a direita militar de tentar tomar o poder à base de um golpe. Finalmente, em uma votação na Câmara dos Deputados no dia 26 de junho, o nome de San Tiago Dantas foi rejeitado. Não teve apoio total nem mesmo em seu próprio partido.

O *Jornal do Brasil* acompanhou de forma independente toda a crise, ao contrário dos outros jornais, que eram ligados a diferentes interesses políticos. Do lado petebista, apenas o *Última Hora* apoiava João Goulart e os movimentos sindicais. Contra Jango estavam todos os jornais que tinham algum prestígio. A neutralidade ajudou ainda mais a sedimentar o JB no que se chamaria de "classe A".

João Goulart, com apoio de Leonel Brizola e de JK, espertamente, indicou Auro de Moura Andrade, do PSD, para primeiro-ministro. E, como Jango previa, o próprio Auro esticou a corda e pôs gasolina na fogueira. Disse que não iria governar em sintonia com Jango, que promoveria um duro ajuste fiscal para equilibrar as contas públicas e combater a inflação, que iria escolher seus ministros sem dar satisfações ao presidente. Auro anunciou ainda que não iria antecipar o plebiscito proposto por Jango, para que a população decidisse sobre a volta do presidencialismo. Se tivesse que curvar-se, renunciaria. Seu nome foi aprovado pela Câmara por 223 votos contra 47 no dia 2 de julho, mas não teve condições de tomar posse. Jango divulgou a carta em que ele anunciava sua decisão de renunciar se não conseguisse autonomia, e os sindicatos levantaram-se em pé de guerra, forçando a desistência do eleito.

No dia 4 de julho, em assembleia na CNTI, os sindicatos de trabalhadores de todo o país decretaram para o dia seguinte greve geral como protesto pela derrubada do nome de San Tiago Dantas. Na pauta de reivindicações constavam reforma agrária radical, reforma urbana, reforma bancária com nacionalização dos depósitos estrangeiros, reforma eleitoral com voto para analfabetos, cabos e soldados das Forças Armadas e cédula única, uma nova Lei de Greve e uma lei para o 13º salário.

Os trens, barcas, aviões, ônibus, enfim, o transporte parou. Fábricas e bancos permaneceram fechados. Mas não houve greve nas redações, nem nas gráficas, pois todos os jornais circularam. No dia 6 de julho, dia seguinte ao da greve, o JB noticiou quarenta mortos e setecentos feridos, desabastecimento, revoltas e saques de armazéns, supermercados, empórios, e o justiçamento de comerciantes acusados de sonegação de alimentos.

No dia 22 de novembro de 1963, a redação do JB foi invadida de forma pacífica pelo público leitor que trabalhava no centro da cidade. Na calçada em frente ao prédio, uma pequena multidão se formou. As rádios haviam anunciado em edição extra o assassinato do presidente norte-americano John Kennedy em Dallas, no Texas. Quem estava ali perto e ouviu a notícia, correu ao jornal em busca de explicações, recorda-se Newton Carlos (editor da Internacional). Newton ficou encarregado de receber os grupos e explicar-lhes o que havia acontecido — embora ele próprio tivesse pouquíssimos detalhes durante todo o dia.

O TEMÍVEL TINHORÃO

O mais polêmico dos críticos, historiadores e cronistas da música brasileira, o temível José Ramos Tinhorão, surgiu nas páginas do novíssimo Caderno B em 1961. O então repórter Luiz Orlando Carneiro fez para o Caderno B uma série intitulada Primeiras Lições de Jazz, por encomenda do editor, Reynaldo Jardim. Apesar de bem jovem, Luiz Orlando era um estudioso do assunto, tinha discos importados e vasta literatura sobre jazz. A série foi publicada na página de música, editada por Sérgio Cabral. Depois de concluída, Reynaldo chamou Tinhorão e lhe propôs que iniciasse uma idêntica, mas sobre samba, na mesma página.

Tinhorão recorda-se de que Jardim falava em *stacatto*, dando arranques a cada início de palavra ou de frase, o que lhe conferia um ritmo peculiar e sincopado na fala. E argumentou com ele:

— Mas, Jardim, o Luiz Orlando, além de estudioso, tem uma coleção enorme de livros, artigos e discos de jazz, tem arquivos em casa sobre o assunto. Sobre samba, não existe nada publicado, nem discos gravados em quantidade suficiente.

— Faz o seguinte. Fala aí com o Sérgio Cabral, ele conhece esses crioulos todos de escola de samba. Vai entrevistando, conversando, ouvindo sambas. Procura o que já foi publicado em jornal. Se vira, rapaz!

Tinhorão correu atrás. Achou textos do crítico Lúcio Rangel e alguns livros: um deles, de 1938, da historiadora Marisa Lira, *Brasil sonoro*, e outro do compositor de "Chão de estrelas", Orestes Barbosa, intitulado *O samba*. Conseguiu um bom material com o radialista, pesquisador, compositor e colecionador Henrique Foréis Domingues, o Almirante, que tinha programas sobre música na Rádio Nacional e ganhou o apelido porque fora marinheiro na juventude. Para as entrevistas, escolheu começar pelo seu favorito, Ismael Silva, o velho sambista autor de preciosidades como "Se você jurar" e "Meu único desejo". Seguiram-se Bide, o parceiro de Marçal em sambas como "Agora é cinza", Donga, Pixinguinha, e quem mais tivesse a memória do samba. Todos tinham algum material. A filha do sambista Sinhô, autor de "Jura", tinha recortes e fotos do pai.

A série Primeiras Lições do Samba surgiu no Caderno B no finalzinho de 1961 e era publicada duas vezes por semana. Os primeiros artigos saíram assinados por Cabral & Tinhorão, mas logo Sérgio Cabral envolveu-se com outros afazeres e Tinhorão ficou absoluto. Mas sempre consultava o colega. Tinhorão tomou gosto pelo trabalho. Buscou velhos jornais, partituras, discos e tornou-se um frequentador assíduo de sebos. Foi no *Diário Carioca* que ele ganhou a fama de excêntrico, o sujeito que saía do jornal sempre com vários jornais e revistas debaixo do braço, que se enfurnava para estudar no Real Gabinete Português de Leitura e na Biblioteca Nacional. Com a série sobre samba, tornou-se um obstinado pesquisador da música brasileira.

Claro que não escapava aos gozadores da redação. Algum tempo depois, o chefe do copidesque, Lago Burnett, apareceu com um embrulho de presente e chamou toda a redação para uma "entrega solene". Diante da expectativa geral, Tinhorão abriu o presente e, para gargalhada de todos, era um penico. "Para o nosso pesquisador e colecionador de raridades, este penico histórico que pertenceu a Noel Rosa. Algumas das peças mais preciosas do nosso cancioneiro podem ter sido compostas com o compositor sentado aqui."

Tinhorão acompanhou as risadas, pois, apesar de sério, nunca foi sisudo. Pelo contrário, tinha excelente senso de humor. Inquieto, não se limitava a trabalhar para o JB. Como pegava no batente apenas às seis da tarde, aproveitava o dia para colaborar com outros jornais, como a *Tribuna da Imprensa*, o *Jornal dos Sports* e *O Espírito Santo Agora*. Publicou artigos na revista *Senhor*, dirigida também por Reynaldo Jardim, outro polivalente, e até para *Seleções do Reader's Digest*. Tinha uma enorme admiração por alguns colegas do copidesque, como o pesquisador e folclorista Edson Carneiro, o então jovem cineasta Nelson Pereira dos Santos e o seu primeiro chefe, o amigo Janio de Freitas.

Naquele momento, estava começando a explodir no Brasil a bossa nova, o ritmo que mesclava o jazz norte-americano com o samba brasileiro. A bossa nova tornou-se tema de jornais e revistas. A voz do baiano João Gilberto começara a ocupar espaço nas rádios em 1960, e era sucesso na noite do Rio de Janeiro. Então, no dia 23 de março de 1962, o artigo número 12 da série Primeiras Lições de Samba chamou o pessoal da bossa nova para a briga e inaugurou o estilo nacionalista de José Ramos Tinhorão. O artigo chamou-se "Samba bossa nova nasceu como automóvel JK: Apenas montado no Brasil".

O aparecimento da chamada Bossa Nova na música urbana do Rio de Janeiro marca o afastamento definitivo do samba de suas origens populares. Intimamente ligado, tal como o jazz nos Estados Unidos, ao ritmo criado por núcleos urbanos de população negra, o samba havia conseguido evoluir durante quase 40 anos sofrendo alterações praticamente apenas na sua parte melódica.

O ritmo, que representava a paganização das batidas de pés e mãos da marcação de pontos de candomblé da Bahia, conservava ainda embora abastardado pelos bateristas de orquestra um não sei quê fundamental representado pela correspondência entre a percussão e uma competente reação neuromuscular [...].[7]

Aos poucos, Tinhorão foi subindo o tom, e tornou-se um crítico feroz da bossa nova, até tornar-se de vez um inimigo, com a publicação do artigo "Os pais da bossa nova" na revista *Senhor*. Logo na abertura, ele escreve:

Filha de aventuras secretas de apartamento com a música norte-americana — que é, inegavelmente, sua mãe — a bossa nova, no que se refere à paternidade, vive até hoje [1966] o mesmo drama de tantas crianças de Copacabana, o bairro em que nasceu: não sabe quem é o pai.

Até pouco tempo, tal como acontece em certo samba de João Gilberto, os personagens dessa história de amor pelo jazz eram tão obscuros e ignorados que se pode dizer que o pai da novidade seria um João de Nada, e ela — a bossa nova — uma Maria Ninguém.

José Ramos Tinhorão seria demitido por justa causa na greve geral dos jornalistas em 1962, junto com treze outros colegas de redação. Inclusive o editor da página de música do Caderno B, Sérgio Cabral. Voltou, porém, pouco tempo depois, por pressão dos próprios colegas de copidesque e do Caderno B. "Foi um erro demitir o Tinhorão", diziam. Mas ficou por pouco tempo, até meados de 1963. Logo transferiu-se para a nascente TV Excelsior.

PODER FEMININO

Durante a década de 1960, as mulheres continuaram a chegar ao *Jornal do Brasil*. Beatriz Bomfim foi contratada como estagiária em 1961. Mineira de Belo Horizonte, seu avô, Orlando, era dono de um jornal na cidade de Santa Teresa, na serra do Espírito Santo, e chegou a prefeito da cidade. Seu pai, também chamado Orlando, foi estudar Direito em Belo Horizonte e preparar-se para a carreira política. Acabou ficando lá e casou-se com a mineira Sinésia, com quem teve três filhos. Entrou para o Partido Comunista Brasileiro, onde subiu rapidamente na hierarquia. Dedicado à causa marxista, Orlando Bomfim foi transferido para o Rio de Janeiro a fim de montar a imprensa do Partidão, que editava o jornal *Voz Operária*.

Assim, Beatriz Bomfim chegou adolescente ao Rio de Janeiro. Graças às boas relações da família com um dos donos do banco Nacional, José Luiz de Magalhães Lins, dona Sinésia foi trabalhar como secretária executiva de Manoel Francisco do Nascimento Brito. Beatriz foi junto, para um estágio na reportagem do JB.

Chegou meio assustada, porque era muito novinha, tímida e ainda havia pouquíssimas mulheres na redação.[8] Beatriz pensou que iria passar um tempo apenas observando e aprendendo naquele mundo novo, aparentemente confuso, enfumaçado de cigarro, masculino e barulhento. Ledo engano. Já no primeiro dia recebeu três pautas de cidade para cobrir. Teve a sorte de encontrar dois chefes de reportagem pacientes, didáticos, que evitavam gritos e a orientaram: eram Jaime Negreiros e o seu sub, Olavo Luz.

Foi à rua, trouxe as três matérias, entregou-as a Negreiros e fez questão de acompanhar o processo até o fim: foi ao pessoal do copidesque e pediu: "Vocês vão mudar tudo o que escrevi, mas, por favor, anotem minhas bobagens e me digam onde errei". Foi então tratada, a partir dali, com o máximo carinho e até um certo paternalismo por todos do copy, uma equipe que ela admirava profundamente. Todo dia recebia dicas, orientações, todos preocupavam-se em mostrar-lhe o que precisava ser melhorado ou não. Disciplinada e determinada, Bia aprendia tudo o que lhe ensinavam.

Luiz Orlando, que substituiu Jaime Negreiros em 1964, foi outro chefe paciente e didático. Dentro da redação, mesmo com a pressão industrial do fechamento, Luiz Orlando era contido, meticuloso e nunca alterava a voz.

Mas todos fugiam quando oferecia carona em seu carro, porque se transfigurava, dirigia como um louco, talvez para desafogar a tensão represada durante o trabalho.

Depois de poucos meses, Beatriz foi contratada como repórter. Porém, foi demitida um ano depois, na greve de 1962. Fez a vigília no Sindicato dos Jornalistas, solidária com os colegas, embora a mãe fosse a secretária do patrão. Pouco tempo depois, no entanto, foi recontratada. Mergulhou fundo no trabalho de repórter, passando a gostar cada vez mais daquele ambiente caótico, mas solidário. O clima de competição era saudável, não havia a ambição de "derrubar" o colega, mas sim o desafio de fazer tudo cada vez melhor. Beatriz se identificava com a vibração coletiva a cada resultado impresso do trabalho de todos. Era comum boa parte da redação ir às oficinas, já de madrugada, esperar a impressão do primeiro número. "Acho que a qualidade e a ascensão do JB nos anos 1960 é o resultado daquele ambiente de trabalho em que ninguém tinha pressa de ir embora", analisa hoje Beatriz. Ela se lembra de que havia a "turma do Dines" e a "turma do Lemos". Mas não havia qualquer desavença ou disputa entre os dois grupos, que na verdade se completavam.

Dines era o inegável comandante da redação, a cabeça pensante e inovadora, sempre em busca de novidades não só para o que era publicado diariamente, mas para a eficiência da empresa. E Lemos era o homem do dia a dia, das broncas, o executivo. Podia não ter o mesmo apuro intelectual de Dines, mas era uma liderança inegável. O reportariado, os que gastavam sola de sapato na rua, essa era a turma do Lemos. Os copidesques, os escritores, os intelectuais, esses eram a "turma do Dines". Beatriz Bomfim era da turma do Lemos.

Certa vez, Bia chegou para trabalhar depois do almoço e pediram-lhe que apurasse um fato que ocorrera pela manhã. Ela tentou, buscou ajuda até com colegas de outros jornais, mas não conseguiu apurar os fatos como deveria. Entregou um material de que não gostou, sem detalhes ou informações precisas. De repente, ouviu o Lemos começar a gritar de sua mesa, que ficava do outro lado da sala: "Dona Beatriz, isso aqui é uma matéria de merda, de quinta categoria, a senhora deveria ter vergonha de entregar isso aqui", e foi caminhando até ela, brandindo as laudas. Olhos arregalados, Beatriz respondeu: "Eu sei, não é nem de quinta, é de sexta categoria mesmo. Só que o negócio aconteceu de manhã e eu tive que recuperar tudo à tarde, e é claro que perdi quase tudo. Os colegas de outros jornais não iam me passar o filé mignon". No dia seguinte, recebeu flores de Lemos.

Carlos Lemos era um gozador, torcedor fanático do Fluminense e diretor da escola de samba Portela. Gostava de ostentar a condição de "carioca típico", com uma falsa hostilidade verbal até para demonstrar carinho ou amizade. Para comunicar a Beatriz Bomfim que ela estava promovida a repórter especial, chamou a atenção de toda a redação e proclamou: "A partir de hoje, a dona Beatriz, que é uma dondoca metida a grã-fina, já pode comprar suas roupas, seus sapatos e suas bolsas lá em Paris, na Dior, porque vai ganhar dinheiro pra isso. Vai ser promovida, embora não mereça".

Logo depois da greve de 1962, duas outras mulheres chegaram à redação: Marina Colasanti, que foi trabalhar no Caderno B, e a repórter de Geral, a gaúcha de 1,80 metro Magdalena Almeida, a Magda.[9]

Marina Colasanti era artista plástica, fazia gravura em metal e estudara na Escola Nacional de Belas Artes. Mas era impossível viver como mulher independente na zona sul do Rio de Janeiro apenas com os ganhos de artista iniciante. Marina namorava Millôr Fernandes. Ele e Yllen Kerr, amigo de Marina, fotógrafo e repórter do JB, decidiram que ela era um talento para o jornalismo. Escrevia bem, era culta, articulada, enturmada na cidade, e poderia ainda ser ilustradora. Perfeita para um jornal como o JB.

Marina então aprendeu datilografia em quinze dias num curso TED e apresentou-se ao editor do Caderno B, Nilson Vianna, que logo depois saiu e foi substituído pela dobradinha Yllen Kerr/Cláudio Mello e Souza, com diagramação do futuro jornalista esportivo Fernando Horácio.

Quando a jovem Marina de 25 anos entrou para o *Jornal do Brasil*, no fim de 1962, um jornalista comemorou mais que os outros. José Ramos Tinhorão iria livrar-se definitivamente da editoria de assuntos femininos. Por ser versátil, assuntos como moda, desfiles, cuidados de beleza eram direcionados para ele. Mas Marina seria, a partir daquele momento, encarregada disso, por determinação de Alberto Dines e sugestão de Yllen Kerr. E, além dos textos e reportagens sobre moda e assuntos femininos, Marina tornou-se ilustradora, como todos planejaram.

Os pais de Marina Colasanti eram italianos, mas ela nasceu em Asmará, capital da Eritreia, no chamado chifre da África, um país espremido entre o Sudão, a Etiópia e o mar Vermelho, e que na época era parte da Etiópia. O pai, Manfredo Colasanti, era oficial do Exército da Itália e participou das guerras de conquista de Mussolini. Tempos depois, aceitou ser rebaixado a soldado para ocupar a Etiópia — estava trabalhando na Confederação Italiana da Indústria, pediu reingresso e transferência para a África. O salário era melhor.

Chegou lá com a mulher grávida de Marina e o filho primogênito Arduíno Colasanti, com menos de um ano. Da Etiópia, a família Colasanti foi para Trípoli, na Líbia, e aportou no Brasil em 1948, quando Marina já tinha dez anos. Manfredo tinha parentes no Brasil, inclusive uma tia, cantora lírica, casada com o grande industrial Henrique Lage, dono de estaleiros e da área onde hoje existe o Parque Lage.

Arduíno Colasanti foi um dos iniciadores do surfe e da caça submarina no Rio de Janeiro, um dos símbolos da Praia do Arpoador nos anos 1950 e 60, com Roberto Menescal. Louro, bonito e atlético, tornou-se ator, convidado por Nelson Pereira dos Santos (na época, ainda redator do JB) para o filme *Fome de amor*. Seu tipo físico, aliás, garantiu-lhe papéis em todos os filmes de Nelson, além de novelas e comerciais de televisão.

Voltando a Marina e ao JB, depois de trabalhar com Nilson Vianna e a dupla Kerr/Mello e Souza, ela teve como editor no Caderno B o maranhense Nonato Masson, conhecido pela disciplina como pesquisador. Além da memória prodigiosa, colecionava livros, jornais, gravuras, e tinha em casa um verdadeiro banco de dados sobre vários assuntos. Um autêntico precursor do que seriam as editorias de pesquisa e o próprio Google.

Mas Marina não cuidava só dos textos sobre assuntos femininos. Começou a editar semanalmente a Página de Verão,[10] com Yllen Kerr e Carlos Leonam, e que durou três anos. Nela, Leonam fazia uma espécie de "quem é quem" no verão do Rio, Yllen era o responsável pelas reportagens e fotos, e Marina escrevia as crônicas. Alberto Dines, depois de algum tempo, proibiu a página, por achar que era tudo muito leve e mundano. Os três passaram a fazer então "Onde o Rio é mais carioca", na mesma linha, sobre comportamento e personagens da zona sul.

Em 1964, perto de completar 28 anos, Marina resolveu que precisava ter um filho. A mãe dela morrera cedo de câncer, aos quarenta anos, e ela temia que estivesse ficando tarde para ser mãe. Isso não significava casamento, inclusive porque Millôr Fernandes já era casado. Mulher liberada, independente, Marina o colocou a par de seus planos e engravidou de forma planejada.

As relações trabalhistas na época eram brutas, os patrões não gostavam de mulheres grávidas nem com filhos pequenos, creches e babás não eram coisa comum nem fáceis de conseguir, e uma redação de jornal um lugar em que as mulheres não haviam sido totalmente assimiladas. Por isso, no quarto mês, quando a gravidez já podia ser notada, ela chamou Carlos Lemos para uma conversa:

— Lemos, eu estou grávida, planejei a gravidez e quero muito esta criança, preciso dela. Se o jornal vai me demitir por causa disso, por favor, me avise agora.

Lemos ajeitou os óculos, fingiu gravidade e respondeu:

— O seu prédio tem elevador?

— Não precisa, são só quatro andares.

— Então, minha cara, tenha cuidado e que nossa senhora do bom parto lhe dê uma boa hora. Ninguém vai demitir você por causa disso.

Fabiana, a filha mais velha de Marina Colasanti, nasceu em 1965 e hoje é escritora e tradutora.

Por volta de 1968, já com Gilda Chataignier cuidando dos assuntos femininos, Marina começou a dividir a edição do Caderno B com Carlos Leonam e Paulo Affonso Grisolli, dublê de homem de teatro e jornalista, que chegara ao JB a convite de Alberto Dines, amigo e admirador do seu trabalho no teatro.[11]

ORGANIZANDO A CASA

Alberto Dines percebeu que muito material fotográfico de excelente qualidade era desperdiçado porque o jornal não fazia um arquivo dos negativos e negligenciava o material que sobrava. Os próprios fotógrafos se encarregavam disso, guardando o produto de seu trabalho, embora alguns, mais relapsos, não o fizessem. A saída foi criar um arquivo do próprio jornal.

Em 1963, foi criada a editoria de Fotografia, em que o editor escolhia as melhores fotos para serem utilizadas no jornal. O chefe Hélio Pontes cedeu o lugar a Alberto Ferreira, que se tornou o primeiro editor de Fotografia. O maranhense Nonato Masson, que editava o Caderno B, fazia, por conta própria, uma sessão de datas e fatos históricos. Dines encarregou-o de organizar para o jornal uma biblioteca de referência sobre o máximo possível de assuntos. Aos poucos, também as rotinas foram sendo aperfeiçoadas, como as reuniões de planejamento, às quinze horas, e as de fechamento, no começo da noite, geralmente às dezoito horas. Em 1965, foi criada a Secretaria de Redação, entregue ao gaúcho José Silveira e a Manoel Aristarcho Bezerra, o Maneco. Dois jornalistas qualificados e que passaram a ser esteios da qualidade do jornal. Revisavam tudo, corrigiam erros no caminho entre a redação e a gráfica, determinavam o tamanho das editorias de forma definitiva, tinham autonomia para trocar títulos e mexer na primeira página antes da impressão. Eram fundamentais para garantir o acabamento final do produto jornalístico. A partir de 1974, quando Walter Fontoura assumiu a editoria-geral do JB, ele costumava dizer: "Eu só mando aqui até as luzes se apagarem. A partir daí, quem manda são o Silveira e o Maneco".

Nesse mesmo movimento, em 1964, o copidesque Lago Burnett elaborou e publicou internamente o primeiro manual contendo normas de redação na imprensa brasileira. A redação do *Jornal do Brasil*, até então, baseava-se no *Pequeno vocabulário ortográfico da língua portuguesa*, da Academia Brasileira de Letras, publicado em 1943. As "normas" de Burnett começavam pelo lead: "No lead devem figurar, tanto quanto possível, em período corrido de cinco linhas no máximo e três no mínimo, as respostas às perguntas O QUÊ, QUEM? ONDE? QUANDO? COMO? E POR QUÊ? A ordem direta é sempre a mais aconselhável. A notícia deve vir primeiro, e depois o informante".

UM HOMEM DO POVO

O JB cultivava ligações com Niterói e o antigo estado do Rio, mas não só por questões de mercado. A família Pereira Carneiro tinha raízes em Niterói, onde um velho e bucólico bairro chama-se até hoje Vila Pereira Carneiro, uma velha propriedade da família em que moravam antigamente os funcionários da Companhia Comércio e Navegação. No fim dos anos 1950 e começo dos 60, a Rádio Jornal do Brasil tinha ainda um programa matinal (das sete às oito horas) chamado *Jornal Fluminense*, editado em Niterói, e que trazia notícias agrícolas do interior do estado. O nome do programa mudou depois para *JB no Estado do Rio*. Quando assumiu o cargo de editor-geral do JB, em 1962, Alberto Dines criou um encarte dominical chamado Caderno RJ.

O próprio Nascimento Brito já tinha ensaiado uma candidatura a deputado federal pelo velho estado do Rio em 1960, convencido pelo amigo Bocaiúva Cunha, líder do PTB na Câmara dos Deputados, e pelo então governador Roberto Silveira, que logo morreria em um acidente de helicóptero. Brito seria lançado pelo PTB de Getúlio e Jango, seduzido pela possibilidade de tornar-se parlamentar, mesmo que suas ideias fossem mais próximas do udenismo. Passou a frequentar reuniões do partido, levado por Bocaiúva.

A desistência da candidatura aconteceu logo no primeiro comício em um subúrbio, quando Nascimento Brito estava de camisa de mangas curtas e roupas simples para seus padrões. Um suado militante petebista filiado ao sindicato dos gráficos, com um ostensivo bafo de álcool, aproximou-se dele no palanque, deu uns tapinhas em suas costas e comentou, sarcástico: "Parabéns, companheiro, agora estamos do mesmo lado. Aqui você é um homem do povo, não é aquele grã-fino e burguesão". Morria ali a carreira política de Brito — era demais para ele...

O jornalista João Luís Farias Neto já tinha acompanhado a condessa Pereira Carneiro em uma audiência com o recém-escolhido governador do estado do Rio, Geremias de Mattos Fontes, em 1966. O palácio do governo era no bairro do Ingá, onde hoje funciona um museu. Geremias foi um precursor do uso do púlpito evangélico para fins políticos. Populista, era pastor, foi prefeito de São Gonçalo nos anos 1950 pelo extinto PDC, migrou para o PTB por volta de 1958 para eleger-se deputado federal em 1960, mas logo voltou às origens. Com o golpe de 64, filiou-se à Arena e foi eleito governador em 1966. João Luís tinha sido convidado por ele para assessor de imprensa, e a condessa deu o seu apoio: "Aceite, meu filho, o jornal precisa ter boas relações com o Estado". João Luís aceitou, mas não aguentou muito tempo e acabou voltando ao JB.

OLDEMÁRIO TOUGUINHÓ

Para Carlos Lemos, Oldemário Touguinhó foi o maior repórter que já passou pelo *Jornal do Brasil*, capaz de qualquer cobertura, mesmo não sendo exatamente um estudioso de temas complexos. Também escrevia mal, porque sequer terminou o atual ensino médio. Mas era, basicamente, o melhor repórter esportivo do país; tão obsessivo, tão visceral, tão apaixonado pelo seu trabalho, que apostava-se que se sairia bem até na cobertura de uma reunião do Fundo Monetário Internacional (FMI), mesmo não sabendo sequer o que era balanço de pagamentos.

Oldemário era carioca do Catumbi, nascido em 1934, e começou no JB em 1959 como "foca", o repórter-aprendiz. Já no ano seguinte, foi escalado para a cobertura da inauguração de Brasília. Ao longo dos anos, investiu-se cada vez mais da condição de repórter e de jornalista, a tal ponto que foi abrindo mão do sono noturno. Quando concluía suas tarefas diárias, não ia para casa. Saía, fazia um lanche e voltava para a redação e para a gráfica. Talvez só conseguisse fazer isso porque não bebia e não fumava. Quando boa parte dos outros jornalistas ia jantar ou beber, Oldemário continuava obcecado pelo produto final. Só ia para casa depois de folhear a edição do dia seguinte, conferir a primeira página e seus próprios textos.

Foi várias vezes editor de Esportes, ganhou um prêmio Esso e teve Nascimento Brito como padrinho de casamento. Não se limitava às suas próprias tarefas, gostava de interferir em tudo o que estivesse ao seu alcance. Foi talvez um dos mais solidários companheiros de trabalho a pisar em uma redação a partir dos anos 1960. Em 1972, cobrindo as Olimpíadas de Munique, antes que qualquer agência de notícias tivesse enviado sequer um flash, correu para um telefone para anunciar o atentado de um grupo terrorista contra a delegação de halterofilistas de Israel.

Na redação da Rádio JB, o redator Lorem Falcão atendeu à ligação interurbana e levou um susto com os gritos de Oldemário. "Aqui é o Touguinhó. Anote aí, rápido, que eu tenho que correr lá pra pegar mais informações: Um grupo de terroristas 'egipcianos' invadiu o alojamento dos israelenses e matou vários atletas. Atentado terrorista. Daqui a pouco eu ligo, dá uma edição extra aí", disse, encharcado de adrenalina. Só minutos depois chegou o primeiro flash das agências de notícias.

Consciente de que escrevia mal, Oldemário sempre pedia aos colegas para darem uma lida em seu material e fazer correções necessárias de gramática ou estilo. Mesmo assim, manteve por vários anos uma coluna na seção de Esportes, revezando-se com Armando Nogueira e, depois, com José Inácio Werneck e João Saldanha. Depois de algum tempo, ficou tão experiente que conseguia antever o noticiário esportivo simplesmente por conhecer profundamente os personagens com que lidava e a cultura do ambiente em que viviam e circulavam.

O maior furo da carreira de Oldemário Touguinhó, no entanto, não foi no *Jornal do Brasil*. Inquieto, hiperativo, ele foi convidado a trabalhar também no *Jornal da Tarde*, da família Mesquita, de *O Estado de S. Paulo*. O primeiro número iria circular no dia 4 de janeiro de 1966. Os Mesquita tentaram fazer um jornal criativo e graficamente bonito, que contrastasse com o conservador e sisudo *Estadão*. Oldemário topou o convite e quis estrear com uma notícia espetacular, que chamasse a atenção do público — e dos novos patrões. E deu a manchete do primeiro número: "Pelé casa no Carnaval".

Pelé era uma espécie de Deus na época, um orgulho nacional, vencedor de duas copas do mundo, duas vezes campeão mundial com o time do Santos, melhor jogador do mundo e da história, uma unanimidade em todo o país e alvo da curiosidade de todos sobre sua vida particular. Tinha completado 25 anos em outubro — três meses antes da notícia de seu casamento. Como Oldemário Touguinhó fosse seu grande amigo desde a Copa do Mundo de 1962, o Rei do Futebol lhe fez a confidência uma ou duas semanas antes, mas exigiu segredo — o amigo só deveria publicar a notícia quando o próprio Pelé autorizasse.

Com o lançamento do novo jornal, o espírito de repórter falou mais alto do que a amizade. O JT, no entanto, errou na foto e publicou a imagem da irmã de Rosemary Cholby, a verdadeira noiva. Oldemário acumulou os empregos no JB e no *Estadão* por mais de vinte anos.

Mesmo sendo considerado, depois da reforma, um jornal sofisticado e pouco afeito a temas populares, o JB sempre teve, além de Oldemário Touguinhó, uma excelente equipe de jornalistas esportivos. E a especialidade valeu alguns prêmios importantes, como o Esso de 1963. A ideia foi de Dácio de Almeida, conhecido como Malandro: uma série de seis reportagens publicadas no Caderno B mostrando o lado sombrio do futebol, que, pelo noticiário dos jornais, rádios, revistas e a nascente televisão, parecia um mundo encantado, de sonho. Dácio queria mostrar que a vida dos atletas profissionais era dura, curta, sem direito a finais de semana, com viagens obrigatórias em excursões intermináveis para que os clubes arranjassem dinheiro. Os jogadores eram semianalfabetos, e praticamente não tiravam qualquer proveito das viagens. Paravam de jogar por volta dos trinta anos, quando as pessoas ainda são consideradas jovens e em plena atividade profissional.

Dácio fez as entrevistas, mostrou que muitos jogadores terminavam pobres e sem trabalho, despreparados para a vida, às vezes com lesões graves. O Brasil era bicampeão do mundo há pouco tempo, Pelé já era o melhor jogador do mundo, Garrincha estava em seu apogeu, mas os dramas familiares com o fim da carreira eram comuns, e a realidade bem diferente do glamour imaginado pelos torcedores. Com forte conteúdo dramático, a série foi intitulada "Futebol, do sonho à realidade". Marcos de Castro, um dos que melhor escrevia na editoria de Esportes, ficou encarregado de dar forma ao texto.

No dia da entrega do prêmio Esso, Marcos recebeu um telefonema no restaurante onde acontecia a homenagem. Era da maternidade. Sua mulher, Helga, acabara de dar à luz seu primogênito, Emanuel. Era muita notícia boa para um só dia. Em 1965, Marcos lançou com o amigo e colega de JB João Máximo o livro *Gigantes do futebol brasileiro*, com os perfis dos treze maiores jogadores do país até aquela data. Marcos saiu do JB para trabalhar na revista *Realidade* em 1966, mas voltaria ao JB em outras cinco oportunidades, até a demissão final, em 2000.[12]

O CASTELINHO

O piauiense Carlos Castello Branco era o mais mineiro dos nordestinos. Reservado, irônico, com um humor refinado e discreto, mas muitas vezes irascível e impaciente. Era capaz de reproduzir em sua coluna, com absoluta fidelidade, uma longa conversa com políticos que tivesse ouvido na noite anterior, mesmo tendo consumido doses imensas de uísque e sem tomar notas. O estilo mineiro era natural na personalidade de homem tímido, mas certamente se fortaleceu porque ele passou boa parte da juventude em Belo Horizonte, onde foi estudar Direito. O pai de Castello Branco ouviu os conselhos de um amigo desembargador, que considerava o Rio de Janeiro, destino natural dos jovens nordestinos, um lugar perigoso, cheio de tentações, que punha em risco a qualidade dos estudos. Belo Horizonte seria mais adequada, uma cidade tranquila, com um centro universitário novo e de bom nível.

A viagem do adolescente de dezessete anos rumo à capital mineira, em 1937, começou de trem, em Teresina, e foi tortuosa. O transporte ferroviário de passageiros sempre foi muito ruim no Brasil. Castelinho teve que atravessar de canoa o rio Parnaíba a fim de pegar outro trem até São Luís, no Maranhão. Lá, tomou um Ita no Norte: embarcou em um dos navios da linha regular que fazia a cabotagem de passageiros norte-sul, com destino ao Rio de Janeiro. Da então capital da República, enfrentou uma outra viagem de trem até Belo Horizonte. Conseguiu aprovação no curso de Direito, mas o pai começou a ter dificuldades financeiras e foi preciso que Castello arranjasse trabalho.

Como havia ficado amigo do jornalista Arquimedes Mota, do jornal *Estado de Minas*, pediu a ele um emprego. Passou por vinte dias de teste, com um estilo, segundo o amigo Arquimedes, de quem escreve "um pedido para a lavadeira". Texto correto, detalhado, mas simples. O chefe da redação, Orlando Bomfim, pai da jornalista Beatriz Bomfim e então um futuro dirigente do Partido Comunista Brasileiro, resolveu contratá-lo em março de 1939 como repórter de polícia, com salário de 150 mil réis por mês. Ali morria a carreira de advogado e nascia a de jornalista, embora tenha terminado o curso de Direito em 1943.

Castello começou a trabalhar como jornalista em plena ditadura do Estado Novo e com a Segunda Guerra Mundial em fase de escalada. Virou secretário de redação, e era obrigado a conviver com um censor oficial de nome Ataliba, que chegava sempre com um terno branco de cinco botões e chapéu.

Uma audaciosa entrevista do político paraibano e ex-interventor em seu estado José Américo de Almeida a Carlos Lacerda, publicada em março de 1945 pelo *Correio da Manhã*, denunciando o regime, enfraquecera a ditadura. José Américo tinha sido aliado do regime getulista, era um político de prestígio, e a entrevista abriu as portas para contestações mais vigorosas contra Getúlio Vargas. Assim, por ordem de Assis Chateubriand, Castello teve o prazer de pôr Ataliba para fora da redação quase a pontapés.

— A partir de agora, se o senhor quiser ler o jornal, seu Ataliba, compre na banca. Aqui o senhor não lê mais nada — disse Castelinho, aos 25 anos, com sua voz baixa e dicção quase incompreensível.

Ataliba pegou seu boné, levantou-se e deixou no ar uma ameaça:

— Vou embora, mas volto.

Ainda em 1945, Carlos Lacerda começou a dirigir no Rio de Janeiro o *Diário Carioca*, e gostou das reportagens que Carlos Castello Branco lhe mandava de Minas Gerais. Convidou-o para trabalhar no Rio. Em quinze dias, Castelinho desembarcou na Central do Brasil e foi direto, com mala e tudo, apresentar-se ao novo chefe na redação do jornal, que funcionava na praça Onze, bem perto da estação ferroviária. Lá, ouviu de uma secretária a má notícia: "O doutor Carlos não trabalha mais aqui".

Desempregado logo ao chegar, caminhou sem rumo, desceu a avenida Presidente Vargas até a Rio Branco com a mala na mão, mais de um quilômetro de caminhada, sem saber direito o que fazer. Ali, no centro, funcionavam quase todos os jornais do Rio. Por acaso, esbarrou com o amigo de infância Neiva Moreira, então repórter político de *O Jornal*. "Vamos lá na redação, eu te arranjo uma vaga", disse Neiva, animado.

Estava de novo empregado e começou a trabalhar naquele mesmo dia como subsecretário de redação, ainda com a mala, antes mesmo de arranjar um lugar provisório para dormir. Ficou lá de 1945 a 1949, fazendo de tudo: era pauteiro, copidesque, diagramador, fechador. Trabalhava das três da tarde às três da manhã. Os jornais eram bem precários, escrevia-se com caneta, poucos possuíam máquinas de escrever. Depois do trabalho, ia jantar com colegas de redação na confeitaria Colombo, na rua Gonçalves Dias, 32. Ali conheceu e ficou amigo de Prudente de Moraes Filho e Pompeu de Sousa, que iniciavam uma revolução no *Diário Carioca*.

Acabou sendo convidado a trocar de emprego pelos novos amigos. Um dia, já com algumas responsabilidades de chefia, Castelinho recebeu no *Diário Carioca* uma moça baiana recém-saída da adolescência, estudante de Direito, que chegou pedindo para trabalhar.

— Como é seu nome, minha filha? — perguntou Castello, imediatamente enfeitiçado pela moça.

— Élvia Lordello. Preciso do emprego para continuar estudando. Posso fazer revisão, qualquer coisa assim.

A conversa prosseguiu por poucos minutos e foi encerrada por Castelinho:

— Você está empregada. Começa amanhã. E daqui a um ano, vai estar casada comigo e em lua de mel em Paris.

E a promessa se cumpriu. O salário era bom, mas Castelinho e Élvia tiveram logo o primeiro filho, Rodrigo, e precisaram de mais dinheiro. Os empregos se acumularam. Ele passou a sair de casa às cinco da manhã, fechava a *Tribuna da Imprensa*, onde foi contratado como editor, e ia para a *Folha de S.Paulo*, onde era correspondente no Rio de Janeiro e assinava um artigo diário sobre política na primeira página. Depois, ia para o *Diário Carioca*, para trabalhar até por volta da meia-noite. Desses três empregos, acompanhou o segundo governo Getúlio Vargas e a conspiração que o levou ao suicídio.

Do *Diário Carioca*, presenciou, ao vivo, todas as articulações que se seguiram à morte de Vargas: a posse do vice-presidente Café Filho, a tentativa da UDN de impedir a candidatura de Juscelino Kubitschek em que foi usada até a ameaça militar. O acesso de Castelinho era total a todos os personagens envolvidos na crise, inclusive com Juscelino, já eleito e vítima de uma tentativa de golpe por parte do presidente interino Carlos Luz (o vice no cargo, Café Filho, havia sofrido um enfarte).

Em 1954, Castelinho passou a acumular com o *Diário Carioca* um emprego na revista *O Cruzeiro*, para onde foi a convite de Neiva Moreira, com quem criou ali uma editoria de Política. Quando Juscelino Kubitscheck finalmente foi empossado, passou a receber jornalistas no Palácio Laranjeiras para almoços e conversas informais no fim da tarde regadas a uísque. Uma vez, em um almoço com Castelinho, JK estava particularmente falante e excitado. No fim da conversa, o presidente foi chamado em particular pela mulher, dona Sarah, que o advertiu: "Você está falando coisas que não deveria para um jornalista". Constrangido, o presidente voltou à mesa e explicou a situação a Castello, que o tranquilizou: não publicaria nada que pudesse prejudicar o presidente.

A próxima parada seria como secretário de Imprensa do presidente eleito em 1960, Jânio Quadros. O primeiro a ocupar o cargo na história do Brasil. Castelinho foi escalado por Assis Chateubriand, dono de *O Cruzeiro*, para acompanhar Jânio Quadros na viagem ao exterior que os presidentes rotineiramente fazem antes da posse. Como repórter, Castello chegou a passar uma noite inteira tomando uísque com Jânio no quarto de hotel, em Istambul.

Mas o convite para o cargo veio do amigo José Aparecido de Oliveira, já nomeado secretário particular do presidente.

O secretário de imprensa acompanhava o presidente e o seu secretário particular em um expediente que ia das sete da manhã às oito e meia da noite no Palácio do Planalto. Castelinho começou a ser criticado pelos colegas repórteres, que o consideravam um obstáculo para chegar ao presidente. E José Aparecido, mais habilidoso para a intermediação, mais extrovertido, começou a usurpar-lhe algumas funções junto aos jornalistas, como analisar fatos, interpretar versões, mandar recados, passar informações de bastidores que eram convenientes ao governo.

Da renúncia, Castelinho só tomou conhecimento quando Jânio já viajara para São Paulo, com o ato consumado. Ficara até as três da madrugada na casa do ministro da Justiça, Pedroso Horta, redigindo uma resposta ao ataque do governador da Guanabara. Na véspera, pela televisão, Carlos Lacerda acusara o ministro de convidá-lo a participar de um golpe de Estado que fecharia o Congresso e transformaria Jânio em ditador. Dormiu até as dez horas e, quando chegou ao Palácio, foi informado por José Aparecido de que o presidente havia renunciado.

Sua interpretação para o gesto é a mesma que entrou para a história: Jânio pretendia voltar com poderes reforçados, como ditador, "nos braços do povo". Ouviu dele, na base aérea de Cumbica, no dia seguinte à renúncia, que sua equipe deveria estar preparada, porque voltariam em três meses. "Não há ninguém com autoridade ou capacidade de decisão para assumir o comando do país. Mas nós não desencadearemos nenhum processo", disse Jânio.

Não houve retorno. O vice-presidente João Goulart assumiu a presidência da República depois de uma crise militar contra sua posse. Por meio de uma emenda à Constituição, instalou-se o parlamentarismo no Brasil e Jango assumiu com poderes reduzidos.

Com a renúncia de Jânio, Castelinho não retornou ao Rio de Janeiro. Preferiu ficar de vez com a família na nova capital da República. Reassumiu o velho emprego em O Cruzeiro, mas não estava feliz. David Nasser, a estrela da revista, dono de um estilo agressivo, continuara a atacar Jânio mesmo após a renúncia, culpando-o pela crise institucional que abalara o país durante meses. Como membro do governo extinto, Castello sentiu-se incomodado. Por isso, caiu do céu o convite do colega Hermano Alves, em dezembro de

1961: "Castelinho, em meu nome, do Alberto Dines e do Mário Faustino, queremos que você faça uma seção política na *Tribuna da Imprensa*, porque estamos assumindo o jornal".

Dines, já contratado como editor-chefe do JB, assumiria no dia 6 de janeiro de 1962, mas, a pedido de Nascimento Brito, cuidaria também da *Tribuna*.[13] Assim, a Coluna do Castello foi publicada pela primeira vez em 1º de janeiro de 1962, não no *Jornal do Brasil*, mas no antigo jornal de Carlos Lacerda.

Durou pouco o controle do JB sobre a *Tribuna*. Em 12 de março de 1962, o diário foi vendido ao jornalista Hélio Fernandes, por um preço várias vezes especulado, um negócio com várias versões — e boa parte delas garante que o pagamento nunca foi realizado. Outros dizem que não houve dinheiro nem na compra da *Tribuna* por Nascimento Brito, nem na venda deste para Hélio Fernandes. O jornal apenas teria sido repassado junto com as dívidas, acumuladas desde os tempos de Lacerda — e essa é a versão mais provável.

Nascimento Brito chamou então Castelinho e lhe propôs: "Quero que você venha para o JB e monte uma grande sucursal em Brasília, precisamos cobrir de perto o governo e o Congresso". O convite foi aceito, e a única exigência de Castello envolvia a própria qualidade de vida: "Doutor Brito, eu aceito, mas tenho uma única condição: nunca vou trabalhar depois do pôr do sol. Faço a coluna, deixo tudo encaminhado e vou para casa no fim da tarde".

Nem sempre Castello ia para casa, claro. Ia a algum restaurante beber e jantar com amigos e políticos, que lhe forneciam material para a coluna. Geralmente, o local escolhido era o restaurante do Hotel Nacional, um dos primeiros de Brasília, e mais tarde o já extinto Florentino, filial do restaurante carioca do Leblon.

Ao montar a sucursal, Castelinho convidou Evandro Carlos de Andrade, amigo dos tempos de *Diário Carioca*, para chefe de redação. Evandro tinha topado, em 1961, sair do Rio de Janeiro, onde acumulava o *Diário Carioca* com um penoso emprego de conferente da Casa da Moeda, por nomeação de JK. Foi então trabalhar no governo Jânio Quadros com a função de cuidar da correspondência particular do presidente. Com a renúncia, tornou-se repórter político da sucursal de Brasília de *O Estado de S. Paulo*. Chamado por Castelinho para o JB, Evandro passou a acumular os dois empregos. D'Alembert Jaccoud foi contratado para ser o chefe operacional. Era quem dividia as tarefas entre os repórteres, organizava o fechamento etc. Chegou também o repórter André Marques Rezende, que tinha o apelido de Mosca da Cabeça Branca, porque, apesar de jovem, era completamente grisalho. A alcunha veio de um filme homônimo de terror, de 1958, dirigido por Kurt Newmann e estrelado por Vincent Price.

Vieram depois o repórter Luís Barbosa, do Rio de Janeiro, para cobrir o Itamaraty; o mineiro Flamarion Mossri, de Passa Quatro, que logo se casaria com uma irmã do conterrâneo e então estudante José Dirceu de Oliveira e Silva; e o também piauiense João Emílio Falcão. Um pouco depois, chegou um velho amigo e também conterrâneo de Castelinho, Abdias Silva. Abdias havia saído do Piauí no mesmo ano de Castello, 1939.

Só que Abdias, em vez de Minas Gerais, foi desembarcar no Rio Grande do Sul, onde trabalhou na Livraria e Editora Globo. Mais tarde, acumulou o primeiro emprego, na editora, com o extinto *Correio do Povo*, durante 25 anos. Trabalhou também na sucursal gaúcha do JB, aberta no mesmo ano da de Brasília, 1961. Abdias, lá do Piauí, havia escrito a Erico Verissimo, falando-lhe de sua enorme admiração por ele.

A carta foi respondida e a correspondência mantida até que Abdias tomou coragem e pediu ao gaúcho um emprego. Erico concordou, disse que poderia empregá-lo na Livraria e Editora Globo. Eufórico, Abdias Silva tomou o Ita no Norte e fez o mesmo percurso de Castelinho. Mas, quando chegou a Porto Alegre, decepcionado, soube que Erico mudara-se para os Estados Unidos, para trabalhar na embaixada brasileira. Mostrou as cartas do escritor e conseguiu o emprego. Casou-se com a filha do patrão e só resolveu mudar--se dali quando o casamento se desfez.

Aceitou então o convite de Castelinho e mudou-se de mala e cuia para a nova capital, para trabalhar na recém-criada sucursal do JB. E chegou a Brasília como um piauiense com sotaque típico, mas expressões gaúchas, como "tchê", "guri" e "barbaridade". A Coluna do Castello começou a ser publicada no JB na página de Opinião, ao lado dos editoriais, e só anos depois mudou--se para a página 2, onde se manteve até a morte do jornalista, em 1993. Como diretor da sucursal, Castelinho tinha uma sala privativa e secretária. Era um diretor rabugento, implicante, mal-humorado.

A primeira Coluna do Castello no *Jornal do Brasil* foi publicada no dia 3 de janeiro de 1963. Tratou da montagem do primeiro gabinete do presidente João Goulart depois do plebiscito em que a população brasileira decidiu pelo sistema presidencialista. A votação derrubou o parlamentarismo introduzido depois da crise gerada pela renúncia de Jânio Quadros. Jango recuperava plenos poderes de presidente. Em sua análise, Castello deixa claro que as fontes de informação naquele momento eram rarefeitas, devido ao feriado de Ano-Novo.

> Nas escassas fontes de informação e nos limitados setores de repercussão política de Brasília, neste momento, recebe-se com reserva a notícia de que o presidente da República decidiu indicar para o Ministério da Guerra o general Osvino Alves. Tal escolha significaria uma opção considerada audaciosa num momento em que não se pode dar como totalmente vencida a crise política, pois, apesar do plebiscito e ao menos pelo prazo de noventa dias, a nomeação de ministros estará condicionada à aprovação da Câmara. A menos que, com a escolha do general Osvino, o sr. João Goulart se decida a ousar tudo, inclusive no que se refere à tese da revogação automática do Ato Adicional.
>
> Quanto à questão militar, em si, o que se sabia de conversas de assessores do presidente da República é que o governo a considerava tranquila, pois, tendo o apoio da ala do general Osvino, teria por outro lado, com a definição antiesquerdista do general Kruel, a segurança de que os grupos de oposição estariam pacificados na medida em que permanecesse na Pasta da Guerra o antigo chefe de Polícia do Rio. Num raciocínio até certo ponto simplista, alegava-se que com Osvino e Kruel o governo asseguraria se não o apoio pelo menos uma atitude passiva da totalidade do Exército.

Aos poucos, semana após semana, a Coluna do Castello foi se tornando uma referência obrigatória para a análise da conjuntura política. Castelinho era contrário ao governo João Goulart, sempre tendera mais para a UDN e seus cardeais, como Otávio Mangabeira, Milton Campos, Pedro Aleixo, Affonso Arinos de Mello Franco, Prado Kelly, Magalhães Pinto — além de ser amigo íntimo de José Aparecido de Oliveira.[14] A mulher de Castello, Élvia Lordello, preocupada com as longas jornadas do marido, escreveu uma mensagem à filha Luciana, em 1964, confiando-lhe a tarefa de guardiã dos textos do pai:

> Luciana, quando você estiver longe da nossa casa, na sua casa e na sua vida, espero que a impaciência e a neurastenia de seu pai não se sobreponham, na sua

memória, à imagem do homem feio, triste, mas sensível, que a ama paciente e ternamente do fundo do coração.

Brasília, 10 de janeiro de 1964.

E Luciana escreveu, após a morte do pai, um texto explicativo sobre a decisão de publicar todo o acervo de suas colunas, que está hoje disponível na internet.

Escrever, para Castello, era um ato praticamente orgânico, uma necessidade vital: acordava, tomava banho, tomava café, lia os jornais e escrevia. Assim nesta sequência, dia após dia. Quando um amigo pedia para perguntar ao meu pai o que achava de uma situação política qualquer, ele respondia: "Sou pago para achar e só acho por escrito".

A Coluna do Castello acompanhou a guerra ideológica que permeou o Brasil desde quando começou a ser publicada até 1º de abril de 1964, quando os militares tomaram definitivamente o poder. E já em seu primeiro mês de publicação no JB, no dia 31 de janeiro de 1963, registrou a posse do governador de Pernambuco, Miguel Arraes, como um dado importante e crítico no quadro político da época, envenenado pela Guerra Fria. Castelinho usava o "senhor" ao citar nomes, e manteve essa característica até o fim, mesmo com a abolição do tratamento pelo jornal:

Arrais define amanhã no Recife a revolução brasileira

O sr. Miguel Arrais embarcou para o Recife levando pronto e ensaiado seu discurso de posse, uma peça cuja leitura deverá consumir cerca de 45 minutos.

O discurso está destinado a grande repercussão, pois, para início de conversa, o sr. Arrais faz a definição por assim dizer filosófica das suas atitudes e posições políticas, examinando problemas como o da liberdade individual e o da liberdade social e situando-se como integrante de um movimento a que dá o nome de "revolução brasileira", que não se fundaria ideologicamente em doutrinas que não representem formulações estritamente nacionais.

O GOLPE DE 1964 E O JB

Às vésperas do golpe, a conspiração era generalizada: militares, empresários nacionais e empresas multinacionais, entidades patronais, a embaixada norte-americana, a Igreja católica, os governadores de estado (à exceção de Miguel Arraes, em Pernambuco, Mauro Borges, em Goiás, e Chagas Rodrigues, no Piauí), todos eram pela derrubada do governo. A classe média urbana detestava a administração João Goulart, a quem apontava como culpado pelas greves, pelo que considerava "desordem", e pela força do movimento sindical.

O Congresso Nacional rejeitara as reformas de base propostas por Goulart, que decidiu então implantá-las por decretos, anunciados no chamado Comício da Central do Brasil, que aconteceu no dia 13 de março de 1964 em frente à estação ferroviária, à praça da República e à sede do Ministério do Exército. As reformas de base determinavam que as terras às margens das rodovias e ferrovias seriam desapropriadas para reforma agrária. O decreto estabelecia quais áreas estavam sujeitas à medida e suas respectivas dimensões. Jango decretou também a estatização de todas as refinarias de petróleo.

O presidente anunciou ainda que estavam a caminho outros decretos, como os da reforma urbana, o da reforma tributária e o direito de voto para analfabetos e soldados rasos. Todas antigas reivindicações dos manifestos de trabalhadores e idealizadas por San Tiago Dantas, o principal formulador do chamado Trabalhismo Democrático, na linha de seu antecessor Alberto Pasqualini.

O comício e as decisões de Jango soaram como uma declaração de guerra aos setores conservadores, uma rendição ao comunismo. A reforma urbana, por exemplo, era apresentada pelos jornais, emissoras de rádio e de televisão como a desapropriação dos imóveis urbanos e sua transferência para os inquilinos. Os udenistas e os jornais diziam que quem tivesse mais de um imóvel perderia todos e manteria apenas aquele em que morava. A partir dali, os acontecimentos se precipitaram.

Com o país conflagrado, a hierarquia militar foi quebrada no Exército e na Marinha. Os sargentos do Exército fizeram uma greve em Brasília. No Rio, doze dirigentes da Associação Nacional dos Cabos, Marinheiros e Fuzileiros Navais foram presos por ordem do ministro da Marinha, Sílvio Mota. Haviam manifestado apoio às reformas de base. No dia do aniversário da associação, sob o comando do cabo José Anselmo, os marinheiros decidiram amotinar-se na sede do Sindicato dos Metalúrgicos do Rio de Janeiro, em protesto contra a prisão dos colegas.

O ministro ordenou a prisão de todos os amotinados, mas o comandante do Corpo de Fuzileiros Navais, almirante Cândido Aragão, fiel a Jango, recusou-se e foi exonerado. João Goulart desautorizou o ministro e o demitiu, mantendo Aragão. O almirante Paulo Mário da Cunha Rodrigues foi então nomeado para o Ministério da Marinha por imposição dos marinheiros. Castelinho contou em sua coluna dois dias depois do apogeu da crise:

Em colapso o sistema militar anti-Goulart

BRASÍLIA — "Meu Deus, como é dura a luta contra o imperialismo agonizante." Com essas palavras, sussurradas ao ouvido de um dos oficiais que o acompanhavam, e segundo a versão triunfante dentro do governo, o almirante Paulo Mário penetrou no edifício do Ministério da Marinha para assumir o posto de ministro e comandante das Forças Navais. Pouco importa que o nome do Almirante Paulo Mário tenha figurado numa lista tríplice organizada pelo CGT. O general Assis Brasil o desmente. Outras fontes o confirmam. Na verdade, ele assumiu o poder na Marinha como chefe de uma comissão revolucionária, como delegado da confiança dos marinheiros e não como expressão da autoridade e da hierarquia. O comando que ele impôs à oficialidade é todo ele um comando que vem de baixo para cima, representativo dos anseios e do predomínio da marujada e dos fuzileiros e não um órgão de cúpula com a força oriunda da ordem instituída e hierarquizada.

João Goulart concedeu uma anistia imediata aos marinheiros rebelados, o que foi criticado até mesmo pelo único jornal de expressão nacional que apoiava o governo: o *Última Hora*, de Samuel Wainer. Das emissoras de rádio, apenas a Mayrink Veiga apoiou Jango. Desde outubro de 1963, a conspiração contra o governo conseguira algo que parecia impossível: a improbabilíssima aliança entre Nascimento Brito, do JB, Roberto Marinho, de *O Globo*, e João Calmon, dos Diários Associados de Assis Chateubriand.

Os três fundaram a Rede da Democracia, que a partir de 26 de outubro de 1963 unia em transmissão conjunta as rádios Jornal do Brasil, Globo e

Tupi. Em cadeia nacional, as emissoras denunciavam uma iminente tomada de poder pelos comunistas (a "ameaça vermelha"), por meio de vozes possantes como a de Alberto Curi, e conclamavam os ouvintes a resistir, "em defesa da liberdade, da justiça e do direito".[15] A Rádio Jornal do Brasil fazia abertamente campanha contra o governo, de forma bem mais agressiva do que o jornal impresso, sob o comando de seu chefe de jornalismo, Clóvis Paiva.

Voltando ao comício da Central do Brasil, foi a partir dele que os acontecimentos se precipitaram. Na noite de 31 de março de 1964, às 20h30, a sede do *Jornal do Brasil* foi invadida por fuzileiros navais armados de metralhadoras. Ainda na calçada, o comandante da operação, tenente Arinos, disparou dois tiros para o alto. Deixou dois fuzileiros de guarda na porta e subiu com outros quatro direto ao quinto andar, para os estúdios da Rádio JB.

O diretor da rádio, Bernard Costa Campos, foi chamado para negociar quando a invasão já estava consumada. "A emissora vai ser retirada do ar por ordem do ministro da Marinha", anunciou o tenente aos técnicos e aos dois jornalistas que estavam no estúdio.[16]

Apesar da falta de espaço para tanto movimento, os dois jornalistas que estavam no estúdio foram empurrados e ameaçados com as metralhadoras. O JB do dia 1º de abril descreveu parte da operação:

Quem olhasse pelas paredes de vidro da rádio, teria a impressão de assistir a um filme de gangster: quatro fuzileiros comandados pelo tenente Arinos movendo-se como gorilas pelos estúdios, seus movimentos tolhidos pelas metralhadoras que ameaçavam microfones, painéis de instrumentos e os funcionários, estupefatos com aquela irrupção de selvageria tecnológica em plena avenida Rio Branco [...] Era o Brasil regredindo ao estado de republiqueta latino-americana.

Bernard chegou aos estúdios e, quase na ponta dos pés, para compensar a baixa estatura, perguntou ao tenente:

— Com ordens de quem o senhor tira a rádio do ar?

— Do ministro da Marinha — repetiu o militar, um jovem com pouco mais de vinte anos.

Dito isso, o tenente Arinos pegou o telefone e tentou ligar para o seu quartel, pedindo reforços. Não conseguiu linha e enviou dois dos fuzileiros para cuidar pessoalmente da tarefa. O prédio era muito grande para apenas um oficial e cinco fuzileiros. Em meia hora, os soldados retornaram: a ordem agora era inversa, para retirada das tropas e liberação total do prédio do *Jornal do Brasil*.

A primeira página do JB em 1º de abril encerrou assim sua reportagem sobre a invasão:

> Quem humilha assim os bravos fuzileiros navais da Marinha do Brasil? Quem os transforma primeiro em gangsters violentos e os faz evacuar logo em seguida? Quem estimula a indisciplina de marujos e fuzileiros e depois os transforma em bandidos e, em seguida, em pobres diabos, pilhados em flagrante?

No dia 1º de abril de 1964, perpetrado o golpe, o *Jornal do Brasil*, como todos os outros, celebrou a vitória da democracia "contra a ameaça de uma república sindicalista" ou, pior, "a implantação de um regime comunista". A capa do jornal já considerava vitorioso o movimento militar contra o governo e narrava a partida de tropas de Minas Gerais, sob o comando dos generais Carlos Luís Guedes e Mourão Filho. O *Jornal do Brasil* tomava definitivamente posição em favor do golpe.

Outra matéria de primeira página mencionava a movimentação da embaixada dos Estados Unidos no Brasil e as reuniões em Washington entre o presidente Lyndon Johnson e seus principais assessores, para avaliar a situação brasileira. De manhã cedo naquele mesmo dia 1º de abril, a jovem repórter Marina Colasanti, do Caderno B, chegou à redação armada de revólver, uma Beretta calibre 22 que pertencia ao seu pai, porque soubera da invasão e resolvera ir lá "defender a instituição e a liberdade de imprensa". Ela havia dormido na casa de uma amiga, que era casada com um coronel da Aeronáutica, por questão de segurança, mas, de manhã, não se conteve. Logo depois, a condessa Pereira Carneiro chegou à redação para tranquilizar os jornalistas.

No dia do golpe, o subchefe de reportagem Luiz Orlando Carneiro foi à rua trabalhar como repórter. Cobriu o cerco ao Palácio Guanabara pelo almirante Cândido Aragão e a resistência de Carlos Lacerda. O *Jornal do Brasil* ganhou o prêmio Esso de 1964 pela cobertura do golpe militar em todo o país.

Como todos os grandes jornais brasileiros, à exceção do *Última Hora*, o JB apoiou o golpe desde que começou a ser preparado. Mas o apoio não era restrito à direção da empresa, a Nascimento Brito e à condessa Pereira

Carneiro. Toda a cúpula da redação, os jornalistas com responsabilidade pelo produto final, eram favoráveis: o editor-chefe, Alberto Dines, o chefe de redação Carlos Lemos, o editorialista Wilson Figueiredo e o recém-promovido chefe de reportagem, Luiz Orlando Carneiro.[17]

A redação, claro, era composta majoritariamente por esquerdistas, militantes ou simpatizantes do governo João Goulart e do Partido Comunista. Lemos não era nem de esquerda, nem de direita. Em toda sua vida, foi unicamente jornalista, uma cabeça voltada exclusivamente para a produção de notícias e reportagens, para a edição do dia seguinte, para a qualidade do material que o jornal iria publicar. Sempre foi um pragmático, que só brigava contra a censura e contra a incompetência profissional. Nunca contra os fatos ou a realidade.

O *Jornal do Brasil* não deixava dúvidas em relação ao lado em que se colocava, pelas manchetes, chamadas da primeira página e editoriais: considerava o golpe bem-vindo. Além da denúncia da invasão da Rádio JB pelos fuzileiros, no dia 1º de abril o JB publicou na primeira página matérias que mostravam a tomada do controle do país pelas tropas do golpe. O JB não levou em consideração que o presidente da República ainda se encontrava em território nacional nem a possibilidade de uma guerra civil.

Desde ontem, instalou-se no país a verdadeira legalidade. Legalidade que o caudilho não quis preservar, violando-a no que de mais fundamental ela tem: a disciplina e a hierarquia militares. A legalidade está conosco e não com o caudilho aliado dos comunistas.

Mais adiante, prosseguia acusando João Goulart de golpista:

Golpe? É crime só punido pela deposição pura e simples do presidente. Atentar contra a Federação é crime de lesa-pátria. Aqui acusamos o sr. João Goulart de crime de lesa-pátria. Jogou-nos na luta fratricida, na desordem social e na corrupção generalizada.

Nos dias seguintes, o JB acompanhou a movimentação dos militares, anunciou a fuga para o Uruguai do presidente da República, a vacância do cargo, a ascensão do marechal Humberto de Alencar Castello Branco, que desejou ser "legitimado" pelo Congresso Nacional. Para isso, o marechal contou com os votos favoráveis do PSD, um dos partidos da base de sustentação de Jango. Articularam para que o PSD votasse a favor de Castello Branco o próprio ex-presidente Juscelino Kubitschek, então senador por Minas Gerais e Goiás, e o deputado Ulysses Guimarães. Contra Castello votou Tancredo Neves, que era líder de Jango na Câmara dos Deputados.

JK foi convencido de que seria melhor o apoio a Castello, em troca da garantia de que haveria eleições presidenciais no ano seguinte — e ele era favoritíssimo para retomar a presidência. Na verdade, poucos dias depois, JK recebeu do então deputado Antonio Carlos Magalhães, da UDN da Bahia (e que se aproximara dele quando JK era presidente), a notícia de que estava na próxima lista de cassações. O regime militar endureceu, sob a pressão do novo ministro do Exército, marechal Arthur da Costa e Silva, representante da linha dura. As eleições presidenciais foram canceladas e veio o Ato Institucional nº 2, que extinguiu todos os partidos políticos e criou dois novos, Arena, de situação, e MDB, de oposição.

No dia 16 de abril de 1964, o JB anunciou em sua primeira página, em tom de euforia: "Rio festeja a posse de Castello Branco". Em 18 de abril, outra manchete: "Castello garante o funcionamento da Justiça".

DEUS, O DIABO E CLÁUDIO MELLO E SOUZA

Enquanto o país ainda estava perplexo pelo golpe, Glauber Rocha, um jovem baiano, lançava, no dia 27 de abril de 1964, seu filme: *Deus e o Diabo na terra do Sol*. Jovem redator e crítico de cinema, futuro diretor comercial do JB, Cláudio Mello e Souza publicou uma crítica típica daquela época, em que o cinema era visto como uma arte, uma forma de mudar o mundo — tempos de guerra fria e debate ideológico acirrado. Foi a primeira crítica ao filme publicada em jornais, antes mesmo da estreia:

A propósito de Deus e o Diabo

Uma obra de arte incomoda muita gente. Feito os elefantes. Muita gente está incomodada com *Deus e o Diabo na Terra do Sol*, de Glauber Rocha, e que é a maior explosão de talento já ocorrida no cinema brasileiro. Quero aqui apenas dar esta opinião, reservando a justificativa dela para quando o filme entrar em exibição normal, o que se dará a partir do dia 27 de abril próximo.

É duro reconhecer-se o nascimento e a existência de uma obra de arte quando ela é feita por um brasileiro, e por um brasileiro contemporâneo nosso. A obra de arte estrangeira é imediatamente proclamada, venerada, incensada e consagrada. Mas uma obra de arte brasileira é uma ofensa pessoal a cada um de nós. [...]

Faço este introito — e o faço com a alma leve, porque confesso, ao mesmo tempo, a minha inveja do filme de Gláuber Rocha — porque tenho ouvido dizer que o filme é comunista. Por absoluta falta de argumentos válidos para combater e negar o filme, recorre-se a esta simplificação grosseira: é comunista. Ora, isto não é nem condenação nem argumento, quando se tem de discutir problemas estéticos, quando se tem de julgar um filme que está muito mais perto da genialidade do que da ideologia. Não, meus amigos, *Deus e o Diabo na Terra do Sol*, infelizmente para seus detratores, não é um filme comunista, como também não é um filme fascista, como também não é um filme místico, porque ele não cabe nos estreitos limites de uma simplificação. [...]

Volto a dizer que *Deus e o Diabo na Terra do Sol* é o maior acontecimento da história do cinema brasileiro. Um filme feito com liberdade, com toda a coragem, sem medo, com aquela bravura de quem não teme a contradição ou a indefinição, porque se afirma nelas, porque transcende a elas, porque é jovem e olha o mundo sem temor.

Cláudio Mello e Souza, que chegou a ser, por um curto espaço de tempo, editor do Caderno B, continuou escrevendo sobre cinema e entrou pela década de 1970 como diretor comercial do JB, responsável por toda a área de publicidade. Quando a atriz francesa Catherine Deneuve visitou o Brasil, estava no auge do prestígio que lhe dera a obra-prima de Luís Buñuel, *A bela da tarde*, de 1967. Deneuve era a musa também de Cláudio Mello e Souza, que não resistiu: "Eu faço a reportagem com ela". E correu para o Copacabana Palace, ao encontro da deusa. Voltou decepcionado, e descreveu Deneuve como uma mulher de beleza comum "e pés muito feios".[18]

Os pais de Cláudio eram donos de um colégio na zona sul do Rio, e ele era personagem constante nas crônicas de Nelson Rodrigues. Era chamado por ele de Remador de Ben-Hur e Havaiano de Filme, porque era um homem bonito, de queixo quadrado, atlético e com grandes olhos claros, sempre bronzeado. Em uma de suas crônicas, Nelson conta que Cláudio, em uma determinada recepção na zona sul, impressionava as mulheres presentes com seus conhecimentos sobre literatura, cinema e poesia. Incomodado com a cena, logo que teve uma chance, o dramaturgo pegou Cláudio pelo braço, levou-o a um canto e lhe disse: "Cláudio, não seja tão inteligente. Você não pode ser tão bonito e tão intelectual ao mesmo tempo".

A PESQUISA

No final de 1964, Nascimento Brito resolveu enviar Alberto Dines para um curso na Universidade de Colúmbia, nos Estados Unidos, destinado a editores de jornais latino-americanos. Até aquele momento, a atuação de Dines no jornal era apenas intuitiva, baseada no bom senso e na sua própria capacidade de organização e de observação. O curso, no entanto, foi decisivo para a implantação de novos métodos e processos no JB, porque Dines participou de aulas com diretores de arte, editores de grandes jornais, chefes de reportagem. Ele teve contato com tudo o que de melhor se fazia no jornalismo norte-americano, e anotou cuidadosamente para pôr em prática no JB.

Terminado o curso, Dines foi fazer um estágio no *New York Times*. Lá, visitou o departamento de pesquisa e resolveu que aquele seria o modelo para o arquivo que vinha desenvolvendo no JB. Foi depois conhecer o *Herald Tribune*, que tinha um sistema de trabalho de reuniões permanentes, em que todos participavam e iam elaborando o jornal ao longo do dia. No curso e nas redações que visitou, Dines mostrou também algumas edições do *Jornal do Brasil* que selecionou especialmente para a viagem, e conseguiu impressionar todo mundo.

Na volta, separou as editorias em áreas distintas do terceiro andar do JB. Criaram-se "núcleos operacionais", como ele definiu, e logo instalaram-se divisórias de madeira compensada demarcando os territórios. Cada editoria tinha sua própria rotina de reuniões de pauta e de fechamento, e cada editor participava, depois, da reunião com o editor-geral e o chefe de redação, pelo menos três vezes por dia — no final da manhã, no começo da tarde e no planejamento da primeira página, no fim da tarde.[19]

Criou de fato o Departamento de Pesquisa e Documentação (com esse nome), e resolveu aperfeiçoar a biblioteca de referência. Até aquele momento, criada em 13 de março, a Pesquisa servia para os repórteres abastecerem-se de informações antes de sair para alguma reportagem sobre temas complicados, para saber o que perguntar. Dines resolveu transformar a Pesquisa em um órgão praticamente autônomo, que já entregava ao editor de área um texto completo sobre os assuntos do dia. A Pesquisa também armazenava exemplares de jornais do Brasil e do mundo, e informações sobre os mais diferentes assuntos de forma sistematizada, além de negativos de fotos e uma biblioteca de referência.

Quando ocorria um golpe de Estado ou uma revolução, por exemplo, a Pesquisa não transmitia apenas informações: preparava um texto final sobre o assunto, com todo o histórico, para publicação em um box, desta vez, aí sim, cercado por fios e com a assinatura do Departamento de Pesquisa. Era, enfim, uma editoria, não apenas um banco de dados.

O primeiro editor de Pesquisa foi o paulista Murilo Felisberto, ainda na fase em que era um arquivo de fotos e de dados, em abril de 1964, em uma sala bem pequena, no lado oposto ao da reportagem geral e das editorias de esporte. Desde São Paulo, Murilo já era alucinado pelo JB, pela forma gráfica moderna, pela busca da excelência visual e de conteúdo. Logo, a Pesquisa ganhou dois redatores, os jovens João Máximo e Luiz Paulo Horta. Luís Tápias ficou encarregado da documentação, que era basicamente a seleção de assuntos que deveriam ser arquivados para consultas.

Com a volta de Dines dos Estados Unidos, a Pesquisa foi ganhando importância. Murilo Felisberto montou uma equipe de redatores e passou a participar das reuniões de pauta com os outros editores. Levava sugestões sobre datas importantes, biografias e obituários. O espaço do Departamento de Pesquisa era pequeno; e ali se amontoavam livros, jornais diários embandeirados em paus, estantes com pastas com recortes de jornais classificados por assunto.

O Departamento de Pesquisa e Documentação tornou-se tão importante, e com tanto prestígio, que passou a ser procurado por pesquisadores e estudantes, apesar do pouco espaço físico. Murilo Felisberto ficou apenas um ano. Saiu em maio de 1965, convidado pela Abril para editar em São Paulo a revista *Realidade*, e foi substituído por Samuel Dirceu, subeditor que estava no jornal há pouco mais de dois meses.

Logo depois de Samuel Dirceu, assumiu Antônio Beluco Marra, um jovem jornalista que havia morado em Paris, quando toda a editoria já tinha liberdade para sugerir pautas, assuntos interessantes, desenvolver textos de apoio que eram encaminhados às editorias. Nonato Masson e João Máximo foram encarregados de organizar uma biblioteca básica, com ajuda de Luiz Paulo Horta, e para isso criaram um método próprio de catalogação. Em 1966, assumiu o Departamento de Pesquisa o redator Fernando Gabeira, que ficou no cargo até 1968, quando saiu do jornal para dedicar-se inteiramente ao ativismo político clandestino. [20]

Obcecado por jornalismo, Fernando Gabeira tinha um texto brilhante, era um intelectual inquieto, e logo sua atuação tornou-se marcante no *Jornal do Brasil*. Segundo Alberto Dines, Gabeira era capaz de passar horas conversando sobre o jornal, bolando e sugerindo novidades. Sua proposta na editoria de Pesquisa foi criar "um núcleo de reflexão", com estudos e debates, e formar novos jornalistas com espírito crítico e cultura geral. A Pesquisa foi se desenvolvendo dentro do espírito que Alberto Dines queria, um centro de excelência. O editor-geral encarregava-se de "pensar" o jornal, de ter uma visão que hoje se chamaria "macro", uma estratégia.

Desde a juventude em Juiz de Fora, porém, Fernando Gabeira não era um obstinado apenas por jornalismo de boa qualidade. Considerava a militância política uma obrigação existencial. Completamente desnorteado pelo golpe de 1964, sentindo-se asfixiado politicamente e mais preocupado com a situação do país do que com o trabalho de repórter no *Jornal do Brasil*, Gabeira tirou férias no fim de 1966. Decidiu viajar para a Europa, com destino a Londres e Glasgow, na Escócia.

Eram tempos românticos do jornalismo, e viagens de férias ao exterior não eram comuns, porque os salários pagos pelos jornais eram baixos e a moeda brasileira, o cruzeiro, internacionalmente, não valia nada. Quem viajava costumava envolver-se em coberturas no país que visitava, caso visse alguma coisa fora do comum. Era um vício profissional e uma forma de ter alguma ajuda financeira do jornal na viagem.

Gabeira fez escala em Lisboa, e lá estava em visita oficial o então chanceler brasileiro da época, Juracy Magalhães. Mesmo de férias, Gabeira descobriu que Juracy chegara para acertar com o governo salazarista a criação de um porto livre em Luanda, capital de Angola, então uma colônia portuguesa.

Conseguiu telefonar para o *Jornal do Brasil* e ofereceu-se a Alberto Dines para cobrir a visita. Quando Juracy concedeu sua primeira entrevista coletiva, Gabeira, lá do fundo da sala, perguntou com sua fala mansa:

— Ministro, a sua visita não é uma demonstração de que o Brasil se esconde sob a retórica da secular amizade luso-brasileira para obter vantagens econômicas nas colônias, apoiar a política colonialista, e em troca se abstém de votar contra Portugal na ONU e em fóruns internacionais?

Juracy era um político habilidoso, mas um general reformado, totalmente integrado ao regime militar, um homem autoritário, que não estava habituado a ser questionado. Fizera carreira política, desde o tenentismo, nos anos 1920, sempre escorado em sua condição de militar. Cearense, fora designado por Getúlio Vargas interventor na Bahia, para implodir o coronelismo no estado. Acabou por se integrar e tornou-se um dos caciques locais. Fora presidente da Companhia Vale do Rio Doce e o primeiro presidente da Petrobras. Quando Castello Branco o nomeou embaixador nos Estados Unidos, logo depois do golpe de 64, pronunciou a célebre frase "o que é bom para os Estados Unidos, é bom para o Brasil".

Juracy Magalhães ficou escandalizado com a pergunta de Gabeira, olhou para os lados, disse que a pergunta era uma insolência, uma impertinência, e o proibiu de participar de qualquer outra entrevista coletiva ou dirigir-se a ele durante o restante da visita. E fez mais: chamou Gabeira para uma conversa reservada e passou-lhe uma descompostura, uma quase ameaça:

— O senhor está proibido de participar de minhas entrevistas. O senhor está torcendo contra os interesses do Brasil aqui no exterior.

— Senhor ministro, nós temos opiniões diferentes sobre os interessas nacionais — respondeu Gabeira, impassível, com sua voz baixa, calma, mas desafiadora.[21]

No fim de 1966, ainda no governo Castello Branco, não havia censura prévia à imprensa. Cada jornal assumia a responsabilidade pelo que publicasse. Assim, o JB publicou todo o material enviado por Gabeira, que, na volta ao Brasil, assumiu a direção do Departamento de Pesquisa e radicalizou sua militância política, à medida que o regime endurecia.

Fernando Gabeira havia passado a infância e a adolescência em Juiz de Fora, morando com a família em uma rua de indústrias, onde fez amizade com os operários. Dois de seus melhores amigos de juventude eram Geraldo

Mayrink, que seria depois jornalista do JB e da *Folha de S.Paulo*, e Ivanir Yazbeck, futuro diagramador do JB. Passavam noites em conversas sobre política e filosofia, literatura, cinema, e sonhando em cair no mundo, expandir os horizontes, sair da asfixia que lhes impunha o interior, a cidade pequena.[22]

No fim dos anos 1950, Gabeira, que já escrevia bem, arranjou um emprego na sucursal de Juiz de Fora do semanário *Binômio*, que tinha sede em Belo Horizonte. O proprietário era um militante do PTB de Getúlio Vargas, José Maria Rabelo, e o chefe da sucursal de Juiz de Fora era Fernando Zerlottini, que seria mais tarde colunista de *O Globo*. O *Binômio* fazia oposição feroz a Juscelino Kubitschek. Além de repórter, Gabeira era também fotógrafo, e conseguiu um estágio para o amigo Yazbeck na mesma sucursal.

O trabalho de Fernando Gabeira era muito bom, Juiz de Fora ficou pequena demais para ele, e, já no começo dos anos 1960, ele se transferiu para Belo Horizonte, para trabalhar no *Correio de Minas*. Sempre no encalço de Gabeira, logo chegou também à procura de emprego Ivanir Yazbeck. Encontrou uma redação recheada de futuros grandes jornalistas, como o próprio amigo, que lhe arranjou de novo um emprego, e mais Fernando Mitre, Moacyr Japiassu e outros.

No comecinho de 1964, Fernando Gabeira mudou-se finalmente para o Rio de Janeiro, seu grande objetivo, para trabalhar no *Jornal do Brasil* como repórter e copidesque. Já era, desde Belo Horizonte, um militante do PTB, e por isso assumiu também a secretaria de oficinas do jornal *Panfleto*, da ala esquerda do partido. Quando veio o golpe, em abril, a facção transmutou-se em Movimento Nacionalista Revolucionário, ligado a Leonel Brizola.[23]

Não era ainda o que procurava. Gabeira sentia-se impotente, decepcionado com o ex-presidente João Goulart pela queda sem resistência. Não se conformava com a falta de notícias das atividades do MNR, cuja ação principal era organizar-se militarmente no Uruguai sob as ordens de Brizola. Gabeira recebeu um dia, no JB, Elizabeth Chalupp Soares e a filha adotiva, uma criança de pouco mais de cinco anos. Apavorada, a mulher lhe contou que o marido, o ex-sargento do Exército Manuel Raimundo Soares, havia sido preso em março de 1966 no centro de Porto Alegre e aparecera boiando no Rio Jacuí em 24 de agosto, barbaramente torturado e com as mãos amarradas às costas. O ex-sargento era de um grupo chamado Movimento Legalista, de ex-militares que haviam se organizado para tentar reconduzir Jango ao poder.

Foi a primeira notícia de alguém preso e assassinado sob tortura em poder do regime. O episódio chamou-se "O caso das mãos amarradas". Elizabeth pedia ajuda para conseguir asilo em alguma embaixada, porque temia também ser assassinada. Gabeira levou-as às embaixadas do México e do Chile, mas foram mal recebidos e expulsos quase aos gritos. Passou a responsabilidade sobre Elizabeth e a filha para outras pessoas, militantes do PTB, e ficou ainda mais ansioso por notícias das operações do MNR. Recebia apenas informações superficiais, mas sabia que o grupo organizara uma tentativa de guerrilha semelhante à de Fidel Castro e Che Guevara em Sierra Maestra.

Era a chamada Guerrilha do Caparaó — que iria operar na serra, na divisa entre Minas Gerais e Espírito Santo, em 1966 —, formada por ex-militares que entraram no país desde o Uruguai para tentar derrubar o governo. Contavam com dinheiro de Cuba, negociado por Leonel Brizola. Durou menos de um ano, porém. Logo, o apoio financeiro cubano sumiu, os guerrilheiros ficaram isolados, com fome, doentes e encurralados.

Desesperados, passaram a abater animais de fazendas próximas para comer, e acabaram denunciados à Polícia Militar mineira como salteadores. O Exército também entrou em ação e a guerrilha foi desbaratada sem um enfrentamento sequer. Os únicos tiros disparados foram em reses de pequenos produtores. Na redação do JB, Gabeira recebeu um dia a visita de um homem, enviado pelo MNR, que lhe disse que precisava ajudar os guerrilheiros. Ele deveria usar a Rádio JB para enviar uma mensagem cifrada aos combatentes, que estavam sob risco e acompanhavam as notícias por um rádio transistorizado. Um emissário da guerrilha, enviado à cidade, fora preso pela repressão, certamente seria torturado e daria informações que levariam a repressão até o campo de guerrilheiros.

A rádio tinha um serviço de utilidade pública, e deveria noticiar ali que determinada pessoa ficara doente. Era o código combinado. O redator encarregado do serviço informou que a notícia fugia aos padrões da seção de utilidade pública. A nota era uma coisa de interesse pessoal, não pública. Sem poder explicar exatamente qual era o verdadeiro problema, Gabeira disse que era um caso de vida ou morte. Foi uma negociação complicada, e acabaram por elaborar uma nota cheia de detalhes, que falava em toda uma família em risco, que necessitavam de determinado remédio etc. A nota foi ao ar, mas em vão: os guerrilheiros ficaram sem pilhas para o rádio e não ouviram a mensagem.

A ECONOMIA DO JB

Foi bem no começo do governo Costa e Silva, em março de 1967, que começou a amizade de Bernard Costa Campos com Antônio Delfim Netto. Pelos sete anos seguintes, Delfim iria ser o mais poderoso dos ministros civis da ditadura militar, o czar da economia. Cairia em desgraça no governo Geisel, iniciado em março de 1974, mas retornaria com força no governo Figueiredo, o último do período militar, de 1979 a 1985. No auge do poder, Delfim sempre recebia Bernard nos jantares das quartas-feiras no restaurante Le Bistrô, em Copacabana, junto com raríssimos assessores e empresários. Bernard foi presença permanente no círculo próximo de Delfim até os anos 1980.

Até o começo de 1967, Delfim Netto era um jovem professor de Economia da Universidade de São Paulo, a USP, além de membro do Conselho Nacional de Economia. Delfim, que também prestava assessoria à Associação Comercial de São Paulo, viajava periodicamente ao Rio de Janeiro para reuniões do Conselho, e era amigo do jovem economista carioca Carlos Alberto de Andrade Pinto, presidente do Instituto Brasileiro do Café (IBC). Delfim acabou amigo também de Walter Fontoura, que trabalhara no IBC, apresentado pelo amigo comum Andrade Pinto. Walter Fontoura já fazia o Informe JB, criado pouco tempo antes por Wilson Figueiredo. O Informe tinha ainda um estilo pesado e um texto antiquado, chamando de "senhor" as fontes e pessoas citadas em suas notas.

Manoel Francisco do Nascimento Brito e Bernard Costa Campos, por sua vez, eram amigos de Epaminondas Moreira do Valle, que dirigia a Alfândega do Rio de Janeiro. Epaminondas dava tratamento VIP na Alfândega a Brito, Bernard e à condessa quando voltavam de viagens ao exterior, ou quando o JB importava algum equipamento. Quando Delfim assumiu o Ministério da Fazenda de Costa e Silva, em 1967, reestruturou a Receita Federal e afastou Epaminondas, o que irritou profundamente Bernard e Brito.

O marechal Costa e Silva tomou posse em 15 de março de 1967. Delfim, aos 39 anos, foi conduzido ao Ministério da Fazenda, onde iniciou um longo período de mandarinato nas decisões econômicas da ditadura. Com enorme habilidade política, foi ocupando cada vez mais espaço no poder. Montou uma fidelíssima equipe de assessores, quase todos jovens ex-alunos de economia — os "Delfim boys". Começava a trabalhar cedo no próprio gabinete, muito antes do expediente oficial, e buscava estar informado sobre tudo. Sabia que para exercer de fato o poder tinha que ter controle inclusive sobre o noticiário que envolvia sua pasta e seu nome.

Desde o início, aproximou-se dos grandes jornais e seus donos, e selecionou jornalistas de confiança em cada um deles. No Rio de Janeiro, claro, começou a atuar junto a *O Globo*, mas principalmente junto ao *Jornal do Brasil*. Sabia claramente a diferença entre eles: *O Globo* era mais fiel ao regime militar, mais dócil. O JB, mesmo havendo apoiado o golpe, era mais independente, mais cioso de sua liberdade, não abria mão da qualidade do noticiário. Com pouco tempo no cargo, o ministro da Fazenda percorreu as redações para conversas com seus proprietários. No JB, foi levado por Walter Fontoura para almoçar com Nascimento Brito e Bernard Costa Campos.

Evidentemente, a conversa não tratou da demissão e readmissão de Epaminondas Moreira do Valle. Trataram dos projetos do novo ministro, dos rumos do país e da economia, do próprio jornal. Mas começou ali a amizade com Bernard, que se tornou o homem do JB encarregado dos contatos periódicos com Delfim. Uma via de mão dupla e uma relação de confiança: o jornal tinha uma relativa boa vontade com o ministro, que por sua vez atendia a pleitos eventuais da empresa. Delfim tinha, assim, montado sua rede de alianças na grande imprensa brasileira. A editoria de Economia, que seria criada no JB, teria que ter uma atuação mais ou menos dentro do acordo que se firmara entre o JB e o ministro da Fazenda.[24]

Em 1966, Roberto Marinho já estava preocupado com a qualidade do seu jornal, ainda mais quando comparado ao *Jornal do Brasil*, que ganhava cada vez mais prestígio. Chamou então para uma conversa aquele que considerava responsável pela boa avaliação pública do JB, o editor-chefe Alberto Dines. Elogiou o jornalista, disse que ele e o jornal estavam no caminho certo, e convidou-o a mudar de emprego e endereço. Dines agradeceu, mas recusou — estava em meio a um trabalho que considerava muito estimulante.[25]

Até 1967, o *Jornal do Brasil* não tinha exatamente uma editoria de Economia. Quando Alberto Dines assumiu, as notícias sobre medidas econômicas, carestia (como se chamava a inflação), empresas e assuntos que mais tarde seriam classificados como "econômicos" eram todas diluídas ao longo do material nacional e de Cidade. O JB, desde a década anterior e da reforma gráfica, não era mais baseado no noticiário da UPI — era de fato um jornal diversificado, com cobertura dos fatos nacionais, internacionais e da cidade. Mas o noticiário econômico era ralo. Havia a coluna de João Muniz de Souza, levado para o JB pelo amigo Omer Mont'Alegre, editor-geral por curtíssimo espaço de tempo entre os períodos Janio de Freitas e Alberto Dines.

João Muniz de Souza era funcionário público e começou a publicar em 1961 índices de preços de *commodities*, como café, açúcar, produtos agrícolas para exportação em geral. Ao mesmo tempo, fechava uma página e meia por dia com os assuntos correlatos. O espaço não era, portanto, o que ficaria conhecido depois como uma editoria de Economia. Não havia qualquer análise dos fatos e da conjuntura econômica, o material era simplesmente jogado nas páginas, sem qualquer conexão entre cada um dos textos.

Outra coluna, publicada aos domingos, trazia análises sobre investimentos, mercado de capitais e dicas para investidores sem experiência. Era assinada por um certo Jorge Paulo Lemann, um jovem bonito e atlético, amigo e parceiro de tênis de Nascimento Brito no Country Club, surfista do Arpoador da turma de Roberto Menescal e Arduíno Colasanti. Impressionado com o conhecimento de mercado e com os conselhos que recebia do jovem atleta em conversas no Country, Nascimento Brito o convidou para fazer a coluna, que foi bem aceita pelo editor-chefe Alberto Dines.

A coluna foi publicada durante um bom tempo, até que alguém alertou Dines: "O Lemann tem uma corretora de valores e trabalha para um banco, o Crédit Suisse, e não fica bem para o jornal que ele assine uma coluna sobre o tema". Naquela segunda metade dos anos 1960, não havia preocupações com ética jornalística, com o discurso da incompatibilidade, e Dines agia mais por intuição, por noções pessoais do que era próprio ou impróprio. O editor-chefe avisou a Nascimento Brito, que não se opôs ao afastamento. Dines chamou Lemann para um café, pediu-lhe desculpas e explicou: "Admiro muito a sua coluna, não é nada pessoal, mas há uma incompatibilidade por você atuar no mercado como corretor de valores, por trabalhar em um banco. Vamos ter que parar com a coluna".

Lemann aceitou bem a explicação e a coluna sumiu do jornal. Não se tem notícias de que algum leitor tenha ficado rico com seus conselhos financeiros. Mas ele próprio não parou de prosperar. E, em 1971, fundou o Banco Garantia junto com três colegas do Crédit Suisse. Era o início de sua trajetória para tornar-se um dos homens mais ricos do mundo. Filho de pais suíços (o pai fundou, no Brasil, a fábrica de laticínios Leco — de Lemann & Company), estudou na Escola Americana e depois graduou-se em economia na Universidade Harvard. Além de surfista, era um dos melhores tenistas do Brasil. Tanto que, em 1962, jogou a Copa Davis (uma espécie de Copa do Mundo do tênis) pela Suíça e, no ano seguinte, pelo Brasil. Foi depois pentacampeão brasileiro de tênis na categoria veteranos. Vendeu o Banco Garantia para o Crédit Suisse, comprou as Lojas Americanas e iniciou sua escalada. É hoje sócio do bilionário norte-americano Warren Buffett em alguns empreendimentos e tem uma fortuna avaliada em mais de 20 bilhões de dólares. É acionista majoritário da Ambev, do Burger King, da Blockbuster, das lojas virtuais Submarino e Shoptime.

Em 2012 — 45 anos depois, portanto —, Alberto Dines, como editor do Observatório da Imprensa, precisou fazer uma entrevista com Warren Buffett. Alguém lhe lembrou: "O Lemann é sócio dele e pode ajudar no contato. Por que não tenta?". Dines conseguiu o e-mail e escreveu: "Prezado Lemann, não nos falamos há mais de quarenta anos, e eu estou aqui para lhe pedir um favor". Explicou o que queria e a resposta do empresário foi positiva. Lemann pediu uns dois dias para resolver a questão. A conversa por e-mail que se seguiu, dias depois, já foi toda em inglês, compartilhada por Dines e Warren Buffett, que deu boas gargalhadas ao saber dos detalhes.

Lemann passou a Dines o telefone e o nome da secretária do bilionário norte-americano. A entrevista afinal foi agendada e foi um sucesso. Na troca de e-mails preparatória, Lemann encerrava com uma brincadeira: "Da última vez que nos falamos pessoalmente, você me tratou mal, foi a minha única demissão na vida. Espero que seja mais gentil agora". E Dines respondeu: "Eu lhe fiz um grande favor. Você corria o risco de se tornar jornalista".

Em 1967, com o "milagre econômico" em seu início, Alberto Dines achou que a área de Economia do jb merecia um tratamento especial, um espaço próprio. A economia brasileira se modernizava velozmente e começava a crescer, impulsionada pelo crescimento dos Estados Unidos e pela gigantesca reforma do Estado promovida por Roberto Campos e Otávio Gouveia de Bulhões, ministros do Planejamento e da Fazenda do primeiro governo militar. O golpe de 1964 traumatizou a parte do país que não foi às ruas bater panelas e que apoiava João Goulart, mas havia ainda a esperança de uma eleição presidencial em 1965, que acabou não se concretizando.

O marechal Humberto de Alencar Castello Branco, que assumiu a presidência, escolheu para resolver a grave crise econômica do país o embaixador brasileiro em Washington, Roberto de Oliveira Campos, nascido em Cuiabá, diplomata de carreira, acusado pela esquerda de conspirar com os Estados Unidos em favor do golpe; e o economista Otávio Gouveia de Bulhões, um liberal clássico, sem participação política. Ambos representaram o Brasil na reunião de Bretton Woods que criou o FMI após a Segunda Guerra Mundial. Roberto Campos seria o ministro do Planejamento. Herdou uma pasta criada no governo João Goulart para o economista paraibano Celso Furtado.

Campos receberia depois o apelido de Bob Fields por ser apontado como defensor dos interesses norte-americanos, um liberal doutrinário. Quando anos depois se tornou senador, o humorista Jaguar escreveria no *Pasquim* que o Brasil, por isonomia, tinha direito a um senador no Capitólio, já que os Estados Unidos tinham um no Brasil. Campos pregava a racionalidade administrativa, o planejamento, a organização, o corte de gastos públicos, ainda que com dolorosos custos sociais — medidas que seriam depois seguidas pela retirada progressiva do Estado e o fortalecimento da iniciativa privada, com crescimento econômico sólido. Campos explicou a Castello Branco, no dia em que foi convidado para o ministério, que havia os governos "empreiteiros", "tocadores de obras", inflacionários; e os governos "contadores", que ajustavam a economia e cortavam despesas.

Otávio Gouveia de Bulhões era um severo administrador de contas públicas, um contador austero e quase inflexível, um defensor da moeda. O convite a Roberto Campos foi feito por Castello à noite, na biblioteca do Palácio Alvorada, em um domingo, 19 de abril de 1964. Campos, inicialmente, rejeitou o cargo. Queria dedicar-se a trabalhar na iniciativa privada, dizia-se cansado do serviço público. Explicou que o país estava com a economia desorganizada pela inflação e pela falta de crédito externo, desde que o então presidente Juscelino Kubitschek rompera com o Fundo Monetário Internacional, em 17 de junho de 1959.[26]

Outros problemas eram os atrasos no pagamento da dívida externa e das importações. A situação da dívida externa era grave — atingia 3,8 bilhões de dólares em 1964, mas o pior era a exigência de pagamento de 48% no biênio 1964-5 — algo impossível para o Brasil, que exportava pouco e mal e estava com investimentos externos reduzidos, além de um nível baixo de reservas de dólar. Uma terrível crise cambial, enfim, e um imenso temor de uma moratória, um calote na dívida externa.

Na conversa com Castello Branco, Roberto Campos explicou que seria necessário renegociar a dívida externa, desbloquear investimentos estrangeiros de risco e de empréstimo. O Brasil precisava imediatamente de dinheiro. Ele próprio havia sido negociador da dívida brasileira durante os governos de JK, Jânio e João Goulart, e sabia que a tarefa seria hercúlea. Era urgente também realizar um duro ajuste fiscal. Disse que, em situações assim, os resultados eram lentos, custavam a aparecer.

Depois, já como ministro do Planejamento, em 2 de outubro de 1964, Campos repetiria a análise em discurso aos parlamentares no Senado Federal e apontava outras dificuldades. Na conversa com Castello, Campos permitiu-se ainda uma consideração de ordem política: nenhum político que conhecia aceitaria submeter-se à impopularidade de um ajuste severo como o que ele planejava. Castello se aborreceu e respondeu com o óbvio: não era um político. Não tinha "pretensões eleitoreiras", queria apenas "salvar o país do caos". E completou: "A única coisa que o senhor precisa fazer é convencer-me intelectualmente de que seu programa está correto".[27]

O militar, empossado na presidência por um golpe de Estado, não precisava prestar contas ao Congresso nem à sociedade. Podia ser fiel apenas à lógica contábil e à sua própria vontade, o que era muito difícil em uma democracia. Roberto Campos disse então que, "mais importante do que o cronograma, é o humanograma", que o presidente teria que dirimir as divergências que iriam surgir e que ele próprio teria que estar afinado com o ministro da Fazenda. Que, aliás, já estava escolhido. Otávio Gouveia de Bulhões era contrário à criação de um Ministério do Planejamento, principalmente "Extraordinário", porque achava que seria fonte permanente de atritos, com uma dualidade de comando. Quando soube que o escolhido era o embaixador Roberto Campos, aceitou.

Como Castello Branco não devia satisfações a eleitores e muito menos ao Congresso ou ao Judiciário, foi fácil. Logo de início, Campos e Bulhões promoveram uma desvalorização do cruzeiro, a fim de incentivar as exportações. Retiraram os subsídios à importação de trigo, petróleo e papel de imprensa, uma economia e tanto para o governo. Criaram o Programa de Ação Econômica do Governo (Paeg), baseado no tripé "desinflação, desenvolvimento e reformas".

Tiveram a colaboração do jovem economista Mario Henrique Simonsen e do jurista José Luís Bulhões Pedreira, que lhes viabilizou juridicamente as medidas econômicas. Conseguiram do FMI um empréstimo stand-by de 125 milhões de dólares e o governo dos Estados Unidos entrou com mais 50 milhões — afinal, eles apoiaram o golpe e tinham interesse na estabilização do novo governo, usado para conter uma eventual "frente comunista pró-União Soviética" na América do Sul.

Em 1º de julho, o governo brasileiro conseguiu renegociar em prazos mais civilizados 70% do total da dívida externa. Sob o comando do empresário Trajano Pupo Neto, ex-diretor do Citibank e presidente da multinacional Anderson Clayton, a dívida de médio e longo prazo foi negociada e ficou praticamente estacionada em torno de 3,7 bilhões de dólares. E a de curto prazo, de empréstimos bancários e atrasados comerciais, de 1,3 bilhão de dólares, foi praticamente liquidada. Vieram saldos no balanço de pagamentos em 1965 e 66. Restava atacar a inflação, de 25% ao ano em 1963 e com previsão de atingir 144% em 1964.

O Paeg previa um tratamento radical, mas em doses graduais. Provisoriamente, Campos e Bulhões criaram a correção monetária, um indexador da economia, como forma de atenuar os efeitos da inflação em contratos e no caixa das empresas. Em resumo, o crescimento econômico do período Castello Branco foi muito baixo e o salário mínimo sofreu perdas reais.

O governo criou o Banco Nacional da Habitação (BNH) para financiar a casa própria popular e de classe média. O banco era uma autarquia ligada ao Ministério da Fazenda. Até ali, cada categoria profissional tinha o seu próprio instituto de previdência social, e todos eram praticamente controlados pelos sindicatos, embora vinculados ao Ministério do Trabalho. Os marítimos, uma das categorias mais fortes, tinham o Instituto de Aposentadoria e Pensões dos Marítimos (IAPM). Os bancários, o IAPB; os comerciários, o IAPC; os industriários, o IAPI; e assim por diante. Cada um desses institutos financiava a perder de vista a casa própria para seus filiados, com juros baixíssimos, criando conjuntos habitacionais que lhes levavam o nome, como o IAPC do Irajá, e era também responsável pelas aposentadorias de seus filiados, garantia-lhes assistência médica, alimentação subsidiada e outros benefícios. Tudo nas costas do Estado.

Campos e Bulhões fundiram todos esses institutos em apenas um, o Instituto Nacional de Previdência Social (INPS), em 1966. O INPS ficou responsável pelas aposentadorias, pensões e assistência médica. Por sua vez, o BNH não operava diretamente com o comprador do imóvel — garantia aos bancos privados o dinheiro e cada um desses bancos financiava a casa própria. Para garantir os recursos do BNH, o governo criou em agosto de 1966 o Fundo de Garantia do Tempo de Serviço (FGTS). Antes, o trabalhador demitido recebia uma indenização proporcional ao tempo trabalhado, férias e o 13º proporcionais ao mês da demissão. Quando completava dez anos no emprego, ganhava a estabilidade, não poderia mais ser demitido. O FGTS passou a ser uma conta individual de cada trabalhador, administrada pela Caixa Econômica Federal, com depósitos mensais do empregador proporcionais ao salário do empregado, e que apenas poderia ser sacado em sua totalidade na aposentadoria — ou em ocasiões especiais, como casamento, doenças graves, ou em caso de demissão. E o total acumulado na Caixa Econômica Federal era usado no financiamento da casa própria.

Em dezembro de 1964, Campos e Bulhões criaram o Banco Central, uma autarquia do Sistema Financeiro Nacional que passou a ter exclusividade para emissão de moeda e controle do câmbio, em lugar da Superintendência da Moeda e do Crédito (Sumoc), criada por Getúlio Vargas. O BC deveria ser o guardião da moeda, garantir-lhe o valor, controlar a inflação, e ser o "banco dos bancos", com responsabilidades de fiscalizador de todo o sistema. O Banco Central seria um precioso avanço modernizador — tudo isso, claro, no papel, e em tese.

Ainda em dezembro de 1964, veio uma reforma tributária que simplificou e tornou mais eficaz e rigoroso o sistema de arrecadação. Uma parte interessante da reforma é que ela acabou com um privilégio de escritores, jornalistas e professores, que não pagavam Imposto de Renda. E mais: uma reforma monetária acabou com os centavos. No ano seguinte, os centavos foram restaurados com o corte de três zeros no cruzeiro. Foi criado então o cruzeiro novo, cuja unidade valia o equivalente a mil cruzeiros velhos.

Todas essas reformas, sob um governo de força, que abolira partidos, cassara mandatos, efetuara prisões sem mandado judicial e cancelara as eleições para cargos executivos, de fato deram mais eficiência e fôlego financeiro à máquina do Estado. Mesmo às custas de arrocho salarial e desemprego. Com o acelerado crescimento da economia mundial dos anos 1960 — puxada pelo crescimento dos Estados Unidos —, foi possível ao governo seguinte, do marechal Costa e Silva, dar início ao período de crescimento econômico a altas taxas, chamado de "milagre econômico". O bom desempenho da economia valeu imenso poder ao ministro da Fazenda, Antônio Delfim Netto, depois de um período como secretário da Fazenda de São Paulo.

A economia do Brasil, portanto, passou a ser mais complexa com o regime militar, indo além do debate puramente ideológico capital versus trabalho. Claro que o *Jornal do Brasil* procurava acompanhar as mudanças. O repórter Luís Paulo Coutinho, por exemplo, fez ótimas reportagens mostrando as perdas salariais, os problemas que o Sistema Financeiro da Habitação teria a longo prazo, os danos da correção monetária etc. Mas era preciso mais, era preciso capacitar o jornal para acompanhar, entender e criticar o que acontecia. E Alberto Dines começou a pensar em uma editoria de Economia, com mais espaço editorial, mais informações, mais análise, mais debate.

O primeiro editor de Economia foi o baiano Noenio Spinola, porque concluiu-se que João Muniz de Souza não tinha o perfil adequado para a tarefa, além de acumular um emprego público. Na adolescência, Noenio tinha planos de uma carreira no Judiciário. Na Faculdade de Direito da Universidade Federal da Bahia, divertia-se ouvindo o colega de turma Glauber Rocha defender uma doutrina que chamava de anarcossindicalismo. Eram tempos de intenso debate ideológico, os brasileiros viviam uma encruzilhada. Noenio colaborava com o Suplemento Literário do jornal *Diário de Notícias*, da mesma família do *Diário de Notícias* do Rio, e chegou a publicar um livro de contos em parceria com João Ubaldo Ribeiro, que era seu colega de faculdade. Cada um publicou três contos pela editora Reunião, da própria universidade.

Terminado o curso de Direito, Noenio foi aprovado em um concurso para promotor público. Foi designado para a pequena cidade de Morro do Chapéu, na Chapada da Diamantina, e logo depois transferido para Carinhanha, às margens do rio São Francisco. Logo, percebeu que o que queria da vida não era processar acusados de pequenos delitos, como embriaguez e arruaça, ou se meter em disputas de terra em uma cidade pequena. Pediu demissão. Voltou a Salvador e passou a trabalhar como coordenador de educação e alfabetização de adultos em um dos círculos de cultura da Campanha Nacional de Alfabetização, criada pelo educador Paulo Freire no governo de João Goulart.

Veio o golpe militar de 1964, e a Campanha Nacional de Alfabetização foi extinta. Ao notar que também estava na alça de mira para ser preso, Noenio pegou um ônibus para o Rio de Janeiro e arranjou um emprego com amigos baianos no jornal popular *Luta Democrática*, de propriedade do deputado federal Tenório Cavalcanti. Em pouco tempo, era chefe de reportagem, e tinha como missão principal conseguir uma história diária de assassinato para a manchete. Sem isso, o jornal não fechava.

Logo depois, Noenio foi chamado pelo então concunhado e futuro cineasta Miguel Borges para a *Tribuna da Imprensa*. Com o bom trabalho feito na *Tribuna*, Noenio acabou recebendo dois convites: um deles, de Mino Carta, para mudar-se para São Paulo e integrar a equipe de uma revista que estava sendo criada, a *Veja*. O outro, de Alberto Dines, para o *Jornal do Brasil*. Nem foi preciso pensar muito. O baiano não queria sair do Rio de Janeiro e, além do mais, o JB era o JB. A economia começou a ter mais espaço, e Noenio passou a se destacar e a frequentar as reuniões diárias de Dines com os editores, para planejamento da edição seguinte.

Obstinado, detalhista, estudioso, Noenio estava bem posicionado quando Dines resolveu enfim criar a editoria de Economia. Recebeu naturalmente o cargo de editor. Era preciso formar uma equipe, e foram chegando profissionais com alguma experiência, como Ênio Bacellar, Carlos Alberto de Oliveira (Caó) e Carlos Alberto Wanderley. Noenio foi também buscar os estagiários que participavam do curso ministrado por Roberto Quintaes, para formação de jornalistas. Dali vieram o hoje diplomata Pedro Luís Rodrigues, Aloísio Maranhão, Gilberto Menezes Côrtes, Altamir Tojal. Mais tarde, Maria Clara Rios de Mello.

Além de cobrir a parte técnica do mercado, a explosão da Bolsa de Valores (que durou até a quebra de 1971), o JB passou também a noticiar com detalhes a macroeconomia e o dia a dia do custo de vida etc. Como era feito no Caderno B, a Economia usou bem o espaço para criticar o governo militar, mesmo na era do "milagre". Seminários eram organizados com brasilianistas, com economistas de oposição, e mesmo depois que a censura foi implantada oficialmente dentro do jornal, após o AI-5 (dezembro de 1968), havia espaço ali para análises e debates.

A editoria de Economia deu-se ao luxo de escalar um dos seus repórteres, Pedro Luís Rodrigues, para passar, ao vivo, três boletins diários direto da

Bolsa de Valores para a Rádio Jornal do Brasil AM, que tinha o mote "música e informação". Um boletim entrava no ar na abertura do pregão, por volta das dez horas, o outro ao meio-dia e o último deles no fechamento, às catorze horas. Nas folgas e férias de Pedro Luís, os boletins ficavam a cargo do único repórter de Economia da Rádio JB, Roberto Dufrayer. Noenio criou em 1972 o pioneiro Serviço Econômico Especial, que fornecia notas exclusivas para empresas e tinha como repórteres o próprio Pedro Luís Rodrigues, Altamir Tojal e Gilberto Menezes Côrtes. O trabalho acumulado lhes rendia o salário de 400 mil cruzeiros por mês, excelente para quem estava começando, com pouco mais de vinte anos de idade.

O Serviço foi extinto antes da mudança para a nova sede, e o salário do trio de jovens repórteres de economia caiu pela metade. Na velha sede da avenida Rio Branco, a maior parte dos repórteres trabalhava sem paletó e gravata, embora houvesse uma recomendação expressa de Alberto Dines pelo uso do terno — norma jamais respeitada. Os repórteres de Economia, no entanto, vestiam ternos e gravatas caros, como se fossem executivos de sucesso. Alguns eram acusados de arrogantes por alguns dos repórteres de Cidade e pelo folclore da redação. Um dos contínuos chegou a dizer: "Na Economia, todo mundo tem pinta de rico, até o contínuo de lá é mais gordo".

A piada fez sucesso. Na verdade, paletó e gravata eram necessidades reais para a turma da Economia, que mantinha contatos com empresários, ministros e com fontes mais qualificadas.[28]

O SONHO DA TV E A NOVA LEGISLAÇÃO

Desde que foi criada a Associação Brasileira de Rádio, em 1944, os empresários buscavam consolidar todos os decretos em um código único de regulamentação para as telecomunicações no país. Em 1962, finalmente, foi apresentado um projeto de lei ao gosto dos empresários, de autoria do deputado federal Nicolau Tuma, da UDN de São Paulo. Jânio Quadros havia renunciado em agosto de 1961 e João Goulart tomara posse sob um negociado sistema parlamentarista de governo, chefiado pelo então primeiro-ministro Tancredo Neves, do PSD. Em 27 de agosto de 1962, foi promulgada a lei nº

4117, o que permitiu uma melhor organização do setor, principalmente na parte referente à telefonia.

No caso da telerradiodifusão, foram estabelecidas regras quanto à propriedade de emissoras, bem como à publicidade, à programação, ao controle administrativo. As concessões de rádio eram limitadas a dez e as de televisão a quinze anos, mas com direito a renovação, caso os parâmetros legais estivessem sendo cumpridos. Claro que nada disso foi cumprido sob o ponto de vista técnico — apenas político.

Depois de quatro anos sem conseguir implantar a televisão por absoluta falta de dinheiro, a Globo conseguiu que o governo federal renovasse a concessão por outros quatro anos. E finalmente, em 1965, a emissora de Roberto Marinho entrou no ar. O grupo Time-Life, que editava poderosas revistas nos Estados Unidos, tinha interesse na associação com O Globo. Seus executivos procuraram a embaixada do Brasil nos Estados Unidos e foram informados pelo embaixador, Walther Moreira Salles, de que havia impedimentos constitucionais para capital estrangeiro em telecomunicações no Brasil.

Um amigo de Marinho, César de Mello e Cunha, visitou o Líbano e gostou do que viu: uma joint-venture do grupo Time-Life com uma televisão local. A operação começara em 1959, e logo depois o grupo norte-americano se instalava também na Alemanha valendo-se do mesmo sistema, de associação de capitais.[29]

Já no posto de ministro da Fazenda do governo Tancredo/Goulart, em junho de 1962, finalmente, Walther Moreira Salles recebeu correspondência do grupo Time-Life com uma fórmula para entrar no Brasil sem violentar a Constituição, pelo menos não ostensivamente: como fornecedor de assistência técnica e financiamento para a instalação de equipamentos, com participação nos lucros, mas sem ingerência na programação ou na administração.

Para desespero do *Jornal do Brasil*, entre 16 julho de 1962 e 12 de maio de 1966, o grupo Time-Life injetou cerca de 6,1 milhões de dólares no projeto da TV Globo, usando de vários artifícios. Um deles foi a compra do prédio da rua Von Martius, de propriedade de Roberto Marinho, que em seguida foi alugado à TV, uma forma simples de burlar a lei e transferir dinheiro líquido para a conta da Globo. Dois contratos foram assinados: um deles sobre importação e instalação de equipamentos, serviços de consultoria financeira, contatos publicitários, treinamento de mão de obra e produção de programação. O outro foi chamado de contrato de arrendamento, pelo qual a Globo pagava pelo aluguel do prédio que vendera ao Time-Life, remetendo assim percentagem do seu lucro ao sócio norte-americano.

O fato é que, no dia 28 de abril de 1965, o canal 4 entrou no ar com "tecnologia altamente sofisticada e os profissionais mais qualificados do setor", exibindo treze horas diárias de programação. No *Jornal do Brasil*, a reação foi imediata. Nascimento Brito e a condessa ficaram assustados com a possibilidade de um "atropelamento" porque, cada vez mais, acentuava-se a tendência de os jornais tornarem-se empresas de maior porte. Essa nova realidade iria matar aos poucos os jornais diários, absorvendo a publicidade e a atenção do público, afastando do jogo os que fossem incapazes de se adaptar aos novos tempos.

Na redação do JB, o diretor Alberto Dines também percebeu que os tempos iriam mudar com a TV Globo. A TV Tupi e a TV Rio tinham bons momentos, boa audiência, mas eram desorganizadas como empresas, além de não possuírem jornais impressos. A TV Globo certamente levaria a televisão a um patamar mais elevado de profissionalismo. Dines reuniu seus editores na véspera da entrada no ar da nova emissora e lhes distribuiu um memorando de dez páginas, que dizia, basicamente, o seguinte:

Hoje, começa uma fase diferente do jornalismo. A TV Tupi, já sabemos exatamente o que é, mas a TV Globo, ainda não. O doutor Roberto Marinho é um grande jornalista, vem com apoio do grupo Time/Life e vem para conquistar o mercado. Começa hoje, de fato, a era da televisão no Brasil, e nós temos que pensar o *Jornal do Brasil* para esta nova era.

Dines explicou ao patrão e aos jornalistas que o *Jornal do Brasil* teria que ser, cada vez mais, um jornal diferenciado, de referência, mais organizado. As matérias produzidas pela editoria de Pesquisa passariam a ser assinadas pela própria Pesquisa, para lhes dar um ar de maior relevância e mais credibilidade. Para Dines, quem assistisse a um telejornal à noite e ficasse interessado em algum assunto, teria que saber que o JB, no dia seguinte, iria destrinchar o tema com muito mais profundidade. Ele e Brito tinham a convicção de que a Globo viria para ficar — não só pela eficiência empresarial de Roberto Marinho, como pelo know-how da Time-Life.[30]

Claro que as denúncias e as investigações contra o acordo Globo-Time--Life aconteceram. Era a guerra. Inicialmente, a grita partiu do governador do estado da Guanabara, Carlos Lacerda. Depois, chegou ao Congresso Nacional e ao Banco Central. Uma Comissão Especial de Investigação foi criada, mas nada aconteceu. Formou-se em 1966 no Congresso Nacional uma Comissão Parlamentar de Inquérito (CPI), requerida pelo então deputado federal João Calmon, da Arena, e um dos principais dirigentes dos Diários Associados, proprietários da TV Tupi. A CPI não deu em nada, apenas em um decreto-lei, criação jurídica do regime militar, que impedia qualquer outra associação do tipo que a Globo firmara com o grupo Time-Life. E, em 1966, Roberto Marinho buscou enquadrar-se na nova legislação. Pagou os 6 milhões de dólares mais os juros que devia ao grupo norte-americano e desfez todos os vínculos. Com isso as Organizações Globo descapitalizaram-se e passaram por um momento de séria crise financeira.[31]

Mas estava cada vez mais claro que o controle de uma rede de televisão ampliava de forma explosiva o poder dos empresários de comunicação. Desde o ano anterior, o *Jornal do Brasil* já tinha o projeto arquitetônico de uma nova sede, com o oitavo andar reservado para as instalações da futura televisão. Faltava, no entanto, praticamente tudo: a concessão do canal, o terreno, a antena... e o dinheiro para tudo isso.

Antes de deixar o governo, em fevereiro de 1967, o marechal Castello Branco criou o Ministério das Comunicações, que centralizaria as decisões no setor. O novo presidente, o marechal Arthur da Costa e Silva, tomara posse no dia 15 de março de 1967 e tinha como secretário de Imprensa um funcionário do JB, o redator de Coisas da Política e editorialista Heráclio Salles. A condessa e Nascimento Brito concordaram em cedê-lo ao governo. Ainda assim, ele continuou publicando a coluna semanalmente no JB. Heráclio era famoso pela perfeição do texto e o método infalível de escrita: punha o papel na máquina, datilografava com enorme velocidade e retirava a lauda sem reler — e sem uma rasura sequer. Além disso, era erudito, seus textos eram densos.

Um almoço foi agendado para reunir a condessa e Costa e Silva no Palácio Laranjeiras, no Rio de Janeiro. A condessa buscava a boa vontade do presidente para a concessão do canal de televisão. Costa e Silva, por sua vez, tinha queixas contra a independência editorial do JB, em especial em relação às grandes matérias da editoria de Pesquisa e as reportagens econômicas que, eventualmente, contestavam números e decisões do governo.

Além de sua própria alergia a jornalistas, Costa e Silva era insuflado pelos militares que lhe eram próximos, como o chefe do Gabinete Militar. Logo no início da conversa, o presidente, que não era exatamente um *gentleman*, reclamou de forma áspera das críticas que julgava sofrer do JB. "O seu jornal tem tratado muito mal a mim e ao meu governo", disse. A condessa explicou que as críticas, quando aconteciam, eram para ajudar a corrigir, que o JB não era um jornal de oposição. "São críticas construtivas, presidente. Construtivas", disse dona Maurina.

Mesmo assim, a conversa azedou e ficou difícil tratar da concessão de tevê. Ao final do encontro, Costa e Silva, em tom aparentemente de brincadeira, voltou ao assunto inicial: "Minha cara condessa, para falar a verdade, eu não gosto de crítica nenhuma, nem construtiva. Eu gosto mesmo é de elogio". Carlos Chagas, porta-voz dos momentos finais de Costa e Silva e que estava no almoço, afirma que as queixas do marechal foram feitas em tom de brincadeira, e que todos, exceto a condessa, riram após a frase. De todo modo, o recado foi passado.[32]

O pedido formal de concessão foi encaminhado ao governo, mas a análise não foi técnica, nem ficou a cargo do novo Ministério das Comunicações, comandado pelo baiano Carlos Furtado de Simas. Quem sepultou de forma sumária as pretensões do JB foi o poderoso chefe do Gabinete Militar, o general de linha dura Jaime Portella, que mais tarde seria um dos idealizadores do Ato Institucional nº 5. O general e a linha dura militar não queriam o *Jornal do Brasil* com um canal de televisão.

O JB tinha momentos de grande jornalismo que desagradavam profundamente o regime, que ainda não se tinha totalmente endurecido. Em outubro de 1967, Alberto Dines e Fernando Gabeira produziram, com diagramação de Ivanir Yazbeck, uma série espetacular no Caderno Especial sobre os cinquenta anos da Revolução Soviética, o que soou como pura provocação aos militares. Em 20 de agosto de 1968, um outro Caderno Especial foi publicado quando a então Tchecoslováquia foi invadida por 650 militares e tanques do Pacto de Varsóvia porque seu líder, Alexander Dubček, ousara tentar liberalizar o regime. O caderno, de impressionante qualidade, trazia todos os fatos: o que tinha sido a Primavera de Praga e os perfis (com fotos) de todos os envolvidos na crise do bloco comunista.

NELSON RODRIGUES E O JB

À distância, pareceria natural que o maior autor de teatro e um dos maiores cronistas do Brasil, Nelson Rodrigues, trabalhasse no melhor jornal do país. Afinal, Nelson, mesmo com suas peças sempre encenadas e com grandes filmes realizados com base em seus textos, tinha como principal ganha-pão o trabalho como jornalista.

No entanto, nada mais diferente que o *Jornal do Brasil* e Nelson Rodrigues. Certa vez, a jovem repórter Beatriz Bomfim, admiradora das peças de Nelson, encontrou-se por acaso com ele durante a cobertura que fazia de um evento cultural. Conversaram e ela ofereceu ao dramaturgo uma carona na Rural Willys do JB. Ao chegar à redação, preparou sua matéria e, depois, foi até o chefe, Carlos Lemos, propor uma pauta. Estava fascinada pelo encontro, impressionada com a inteligência e o humor provocativo de Nelson:

— Lemos, que tal uma bela entrevista com Nelson Rodrigues? Falando sobre tudo, a vida dele, seu trabalho como autor de teatro, como cronista, a visão polêmica que ele tem da vida, do país, da política, das mulheres etc.?

— Não — a resposta seca era uma marca registrada de Lemos.

— Por quê? É o maior autor teatral que temos no país! Um homem polêmico, todo mundo gostaria de ler!

— Não.

— Mas por quê?

— Bia, não encha o saco! Você não lê o que o Nelson escreve sobre o JB e o doutor Brito? Vá na Pesquisa e dê uma olhada.

Beatriz Bomfim foi ler algumas crônicas recentes de Nelson em *O Globo*, que publicava as colunas Confissões de Nelson Rodrigues e À Sombra das Chuteiras Imortais, sobre futebol; e buscou também as Memórias, que ele publicou no *Correio da Manhã* até maio de 1968. Leu ainda o que Nelson escrevera no *Última Hora*. Lá estava: Nelson implicava com o estilo moderno e enxuto do JB, econômico nos adjetivos e praticamente sem noticiário policial — sem o drama cotidiano, como dizia.

Nelson odiava a instituição do redator, ou copidesque, que adulterava textos, quebrava-lhes a autenticidade e o drama. Para ele, o copy era um usurpador. Considerava o JB um exemplo do que havia de mais detestável no então jornalismo moderno, com um insuportável tom elitista, sem vida real. Via o JB também como um reduto da esquerda festiva, de marxistas de botequim, cheio de moças estudantes de jornalismo, a quem chamava "estagiárias do calcanhar sujo". Era ácido com colunistas como Alceu Amoroso Lima, o pensador católico que assinava colunas como Tristão de Athayde e que defendia a ala renovadora da Igreja.

Contrapunha-se a Alceu o outro grande pensador católico, Gustavo Corção, conservador, defensor da ala tradicional da Igreja, e que escrevia em *O Globo*. "*O Jornal do Brasil* não concede uma linha sequer ao papa, mas sempre põe Dom Helder na primeira página", atacava Nelson, que criou o personagem "padre de passeata" para ridicularizar dom Helder e os padres de esquerda, que iriam adotar a Teologia da Libertação. O "padre de passeata" era um hipócrita, um esquerdista tolo e populista, e que se afastara da doutrina. "Se a Igreja católica se preocupar com o temporal, quem vai cuidar do transcendental, do sobrenatural?", exagerava o cronista.

Criticava com sarcasmo demolidor o tratamento solene que os funcionários dedicavam a Nascimento Brito, chamado de "doutor Britto". "O único jornal do país em que há um doutor é o *Jornal do Brasil*", ou "o único doutor ainda vivo na vida real é o doutor Britto". Escreveu certa vez:

> Hoje, não há mais doutores na direção dos jornais. Minto: há o Britto. Certa vez, estava eu no terceiro andar do *Jornal do Brasil*, quando ouvi o Mário Faustino falar em doutor Britto. E como o simples som me pareceu antigo, obsoleto, espectral. Tive a curiosa sensação de que o doutor Britto era um contemporâneo de Evaristo da Veiga, Zé do Pato e Quintino Bocaiúva.

Nelson fazia questão de escrever, de forma sarcástica, o sobrenome Britto com dois tês, como o próprio Nascimento Brito fazia sempre, para emprestar-se um ar aristocrático. Esquecia-se Nelson, convenientemente, de que seu amigo e patrão Roberto Marinho, de *O Globo*, também sempre fora chamado pelos seus funcionários e em reportagens de doutor Roberto.

Nelson detestava a assepsia gráfica e editorial do JB, sua economia de adjetivos, sua técnica de lead e sublead, de iniciar o texto de reportagens com o que de mais importante havia no fato — o "quem, o quê, como, quando, onde e por quê". Em 8 de janeiro de 1968, em uma crônica denominada "Morrer com o ser amado", criticava o tratamento que os jornais davam aos crimes. Defendia o tom dramático, ainda que sem grande fidelidade aos fatos.

Via de regra, o nosso jornal moderno tem pudor de valorizar e dramatizar o crime passional [...]. Marido que mata mulher, ou mulher que mata marido, é tratado sem nenhum patético, em forma de pura, sucinta e objetiva informação. (O *Jornal do Brasil* vai mais longe: ignora qualquer modalidade de crime e de criminoso. Os atropelados, os esfaqueados, os enforcados, que comprem outros jornais. O do Brasil não lhes dará a mínima cobertura. Um dia, por força do seu desenvolvimento, este país terá o seu vampiro. Mas não se preocupem. No dia em que alguém chupar a carótida de alguém, o sangue há de tingir todas as primeiras páginas. Só a do *Jornal do Brasil* continuará firme no seu preto e branco).

Em outra crônica, "A vítima salubérrima", de abril de 1968, escreveu:

Assim como a expedição do *Jornal do Brasil* tem uma frota de caminhões, sua redação tem outra frota de estilistas. Há sempre um Flaubert que redige ou faz o copydesk de sua primeira página. Imaginemos um atropelamento de cachorro. Pois um Proust o descreveria. Ou por outra: a hipótese mencionada é a única que não cabe no *Jornal do Brasil*. Por ordem do doutor Britto, acabou a seção de polícia. Nas suas páginas, nem homem nem cachorro são atropelados.

O *Jornal do Brasil* não escreve, não publica um "oba" sem uma assembleia prévia e douta, escreveu. Sob a presidência do doutor Britto, as maiores cabeças da casa discutem o "oba", em toda a sua complexidade. Se aquelas inteligências preferem o "oba", o *Jornal do Brasil*, no dia seguinte, diz o "oba" em vibrante editorial.

Nelson conta em uma crônica que, certa vez, Nascimento Brito recebeu um anunciante de peso, que pretendia publicar uma denúncia que lera sobre a ditadura soviética, que poetas e escritores russos eram caçados pelos comunistas nas ruas como cães pela carrocinha de cachorro.

Diante da importância do anunciante, Brito concordou em publicar. E, segundo Nelson, o texto "perdeu-se no labirinto de sua própria organização". Disse que a antologia de editores, de copidesques, de departamentos de Pesquisa, de Opinião, de Esportes sabotou o artigo. E que o próprio Alberto Dines procurou o material para publicação, mas não o encontrou mais.

Todos os dias, o doutor Britto, ainda em casa, abria o *Jornal do Brasil* e lia, de fio a pavio. Nada. E mal sabia ele que a matéria caminhava de mão em mão. Foi lida pela equipe de copidesques, essa mesma equipe que é capaz de reescrever o Proust, se por lá aparecer o Proust. Também foi repassada pelo Departamento de Pesquisas, o mesmo que descobriu alface na Hungria, o mesmo que afirmou, fremente de certeza: Lisboa é a capital portuguesa.

Nelson debochava dos críticos de teatro e de cinema do Caderno B, que apontava como pernósticos e falsos intelectuais, especialmente Yan Michalsky — que teria nome de esgrimista olímpico ou dançarino clássico. E, além de tudo, era amigo de Roberto Marinho, tirando uma mágoa: o ministro da Justiça do governo Castello Branco, Carlos Medeiros Silva, havia proibido seu romance *O casamento*, apontando-o como pornográfico. Pois *O Globo*, em editorial de primeira página, apoiou a proibição. Nelson tinha grandes amigos no *Jornal do Brasil*, que lhe forneciam munição para seus ataques à base de sarcasmo e de deboche: Antonio Callado, Cláudio Mello e Souza, Walter Fontoura, Wilson Figueiredo e, principalmente, Otto Lara Resende.

Terminada a leitura dos artigos e crônicas, Beatriz Bomfim havia descoberto por que Nelson Rodrigues era persona non grata no *Jornal do Brasil*.[33]

OS PROFESSORES DO JB

Quando Fernando Gabeira caiu na clandestinidade, seu substituto como editor de Pesquisa foi o carioca Roberto Quintaes, do copidesque. Quintaes, como quase todos na época, formou-se em Jornalismo e Letras pela antiga Faculdade Nacional de Filosofia, da Universidade do Brasil, entre 1959 e 1963. Era ainda estudante quando chegou ao *Jornal do Brasil* em 1961. Teve uma passagem pela redação de *O Jornal*, mas retornou à avenida Rio Branco, 110, como repórter da Rádio JB. O chefe do Departamento de Jornalismo da rádio era Clóvis Paiva, de quem Quintaes tornou-se amigo e a quem convidou para padrinho de casamento.

Foram três anos na rádio, de 1961 a 1964. A Rádio JB ficava justamente no final do corredor do terceiro andar, junto ao copidesque, formado por Aloísio Flores, José Bandeira da Costa, Joaquim Campelo, Lago Burnett, Nelson

Pereira dos Santos, Hélio Pólvora, Emílio Zola, Alfredo Lobo, Alberico Toribio, Tite de Lemos, Luís Carlos Lisboa, Macedo Miranda, Cipião Martins Pereira. Todos pegavam no trabalho às dezoito horas e passavam ali para ouvir o *Jornal do Brasil Informa* das 18h30 antes de pegar no batente.

Quintaes aproximou-se deles para trocar ideias sobre o noticiário, as reformas por que passava o jornal, o texto moderno e fluente que todos perseguiam, o tratamento que aquele material iria receber na edição seguinte. A Rádio JB também era inovadora. Clóvis Paiva dera formato ao jornalismo da rádio seguindo o modelo "música e informação" introduzido por Reynaldo Jardim. Às vésperas do golpe de 64, no entanto, Quintaes teve um desentendimento com o chefe Clóvis Paiva, que trabalhava também na *Tribuna da Imprensa*. Clóvis, evidentemente, apoiou o golpe, e impôs um jornalismo estridente, de estilo udenista, contra o governo João Goulart. Foi justamente o tom do noticiário que levou à invasão da rádio no dia 31 de março pelos fuzileiros navais. Com a vitória do golpe, a Rádio JB abriu mão de seu noticiário mais agressivo e adotou um tom mais moderado, embora ainda longe do coloquialismo implantado nos anos 1970, até porque seus locutores eram de estilo tradicional, de vozeirões, como Alberto Curi e Jorge da Silva, o Majestade, um negro robusto com voz de barítono.

Enquanto os generais Olímpio Mourão Filho e Carlos Luís Guedes marchavam com suas tropas de Minas Gerais em direção ao Rio de Janeiro, Roberto Quintaes atravessou o estreito corredor que separava a redação da rádio do copidesque. Procurou o chefe, Lago Burnett, a quem pediu uma vaga. E conseguiu. Passou a formar na mesma linha de frente de Marcos de Castro, Burnett, Campelo, Pólvora, Nelson, Flores, os irmãos Alfredo e Luís Lobo. Quintaes ficou no copidesque até 1969, quando, chamado por Alberto Dines, assumiu a editoria de Pesquisa no lugar de Gabeira.

Além de comandar a Pesquisa, Quintaes passaria a dirigir um curso de treinamento de novos profissionais, a Escolinha do JB. Uma espécie de complemento para alunos na reta final ou recém-saídos de faculdades de jornalismo, que começavam a proliferar nas universidades públicas e privadas. Pela Escolinha do JB passaram grandes jornalistas, como Silio Boccanera, que fez longa carreira como correspondente internacional, e Fritz Utzeri.

O curso durava um ano e tinha conteúdo programático elaborado por ele próprio, Quintaes, por Dines e com alguns pitacos de Carlos Lemos e dos editores. Os editores do próprio JB eram utilizados como professores. Além do trabalho diário, iam lá ministrar palestras, tirar dúvidas, responder perguntas, explicar como era a rotina do trabalho, o conceito de notícia, o texto, as normas de redação, e como o JB tratava o material produzido por seus profissionais ou recebido das agências de notícias.

Até mesmo correspondentes em outros estados ou em outros países, em visita ao Brasil, iam dar aulas e palestras. Repórteres como Oldemário Touguinhó iam contar suas experiências de campo, os recursos que tinham usado em situações difíceis, os truques para enviar matérias para a redação, mesmo sem telex ou telefone à disposição. Os fins de semana eram uma espécie de "residência". Os estagiários passavam sábados e domingos alternando trabalho nas várias editorias, rodando todas as áreas do jornal.

Ao fim do curso, os melhores eram contratados e distribuídos pelas editorias de acordo com suas características, seu estilo, sua formação e suas preferências. Os melhores eram disputados por todos os editores, como Silio Boccanera, Fritz Utzeri, Romildo Guerrante, porque estavam prontos para a guerra diária do jornalismo. O curso existiu até dezembro de 1973, quando Dines foi demitido por Nascimento Brito, e com ele saiu também Roberto Quintaes.[34]

AFFONSO: POLÍTICA E PAIXÃO

No começo de 1968, o poeta Affonso Romano de Sant'Anna, professor da Universidade Federal de Minas Gerais, estava terminando uma tese sobre Carlos Drummond de Andrade e passou no *Jornal do Brasil* para buscar material no Departamento de Pesquisa. Tinha também esperanças de encontrar o poeta em pessoa, que àquela altura já trabalhava no jornal. Affonso tinha se formado em línguas neolatinas pela UFMG, mas não queria voltar para Belo Horizonte. Ao chegar à Pesquisa, como esperava, encontrou o velho amigo Fernando Gabeira, que lhe propôs: não volte para Minas, fique trabalhando aqui.

Affonso topou na hora e foi fazer companhia a Argemiro Ferreira, Adauto Novaes, Luiz Paulo Horta, Tite do Rego Barros (mulher do embaixador Sebastião do Rego Barros), Fernando Zerlottini e o colega mineiro Roberto

Drummond. Passou oito meses como redator da Pesquisa do JB, quando então começou a se interessar por Marina Colasanti.

Era uma época de passeatas pela avenida Rio Branco, e entrar no prédio do *Jornal do Brasil*, normalmente, demandava algum sacrifício. O tumulto era grande na rua. Lá dentro, o Caderno B ficava em uma sala que tinha sacada para a Rio Branco, e desta sacada boa parte da redação corria para olhar as passeatas. Principalmente quando havia tumulto, a Polícia Militar entrava em cena para reprimir e era recebida com bolas de gude pelo chão, para que os cavalos caíssem.

Affonso era o primeiro a cumprir o ritual de correr para a sacada do Caderno B. Era quando tinha a chance de aproximar-se e conversar com Marina. Mas, no final de 1968, ele recebeu uma bolsa da Fundação Ford e voltou aos Estados Unidos para desenvolver sua tese, na Universidade de Iowa. Voltou a Belo Horizonte no final de 1969 e recebeu um convite da PUC-Rio para organizar o curso de pós-graduação de letras. Foi visitar os amigos da Pesquisa do JB e encontrou-se com Alberto Dines, que imediatamente lhe propôs: "Continue lá na PUC, mas venha trabalhar aqui à noite no copidesque".

Affonso topou o convite e aproveitou para resolver um velho e incompleto assunto: conseguiu, finalmente, começar um namoro com Marina Colasanti. O copidesque do jornal funcionava na mesma sala do Caderno B, só que à noite. O relacionamento decolou ao sabor dos encontros que aconteciam no fim do expediente de Marina e na própria chegada de Affonso para o trabalho. O chefe do copidesque era Sérgio Noronha, e lá estavam Hélio Pólvora, Anderson Campos, Joaquim Campelo. Abaixo de Dines estava Carlos Lemos, o chefe de redação, e entre Lemos e Sérgio Noronha estavam José Silveira, o secretário de redação, e Manoel Aristarcho Bezerra, o Maneco. As salas de Dines e de Lemos ficavam ao lado do Caderno B e do copy. No Caderno B, eram redatores Nelson Pereira dos Santos, Macksen Luiz, Juarez Barroso.

Um dia, entediado, Affonso pegou uma matéria de um repórter de Cidade e refez todo o texto... em latim. Pôs na mesa de Sérgio Noronha e sentou-se à distância, esperando a reação do chefe. Noronha, como esperado, o xingou de longe, às gargalhadas. Para Affonso, era um ambiente de trabalho estimulante, apesar de apertado e quente, e do barulho infernal de máquinas de escrever, das conversas em tom alto e da fumaça de cigarro. Ele lembra que, em um dia qualquer de 1973, propôs a Dines um laboratório de texto, para buscar alguma coisa nova, ainda mais moderna do que lead e sublead. Dines empolgou-se, mobilizou a redação, mas o volume de trabalho impediu que o projeto fosse adiante. Mas foi possível criar um *Jornal da Poesia*, que passou a circular em escolas públicas e privadas, o embrião do Caderno de Educação do JB, que passou a circular bem depois.

Foi no *Jornal da Poesia* que, pela primeira vez, chegaram ao conhecimento do público poetas marginais como Cacaso, Alfonsus de Guimaraens Neto, Ronaldo Werneck e seu poema-processo, e Eudoro Augusto. Mas também eram publicados ali os já consagrados Manuel Bandeira, Drummond e Vinicius de Moraes. Em 1958, Affonso já publicara no Suplemento Dominical um poema chamado "A pesca", além de alguns textos sobre música eletrônica. Affonso deixou o JB com a demissão de Alberto Dines, em dezembro de 1973. Em 1980, voltou ao jornal para escrever ensaios no Caderno Especial, editado por Isaac Piltcher. Seu primeiro ensaio foi sobre a volta ao Brasil de Fernando Gabeira, com a anistia de 1979. Publicou também análises semiológicas e críticas literárias. Todos esses textos foram reunidos em um livro chamado *Política e paixão*.[35]

O ÚNICO INGLÊS DA VIDA REAL

Único Inglês da Vida Real é a alcunha aplicada por Nelson Rodrigues ao amigo Antonio Callado, um advogado nascido em Niterói em 1917 e que não exerceu o Direito como profissão sequer por uma hora, em toda sua vida. Callado era um homem elegante, discreto e rigoroso com o trabalho. Começou aos vinte anos como repórter e redator de *O Globo*. Em 1941, mudou-se para Londres e conseguiu emprego na BBC, em plena Segunda Guerra Mundial. Trocou o emprego em Londres por outro em Paris, na Radiodiffusion Française, logo que a cidade foi libertada do domínio nazista.

Retornou ao Brasil e foi trabalhar no *Correio da Manhã*, ao mesmo tempo que iniciava uma carreira de escritor de teatro, romances e grandes reportagens. Foi ele, por exemplo, quem apresentou ao Brasil as Ligas Camponesas, de Francisco Julião, em uma grande reportagem no *Correio da Manhã*. Seu primeiro livro foi a peça *O fígado de Prometeu*, em 1951. O primeiro romance foi *Assunção de Salviano*, de 1954, ano em que passou a redator-chefe do *Correio*, cargo equivalente ao de editor-geral.

Em 1957, sua peça teatral *Pedro Mico* foi encenada pelo Teatro Nacional de Comédia, sob a direção do então jovem jornalista Paulo Francis, com o arquiteto Oscar Niemeyer como cenógrafo e o ator branco Milton Moraes no papel do personagem negro, um malandro carioca que comete um assalto e tenta tapear seus cúmplices. No cinema, com direção de Ipojuca Pontes, Pelé interpretou o personagem em 1985, mas dublado por Milton Gonçalves.

Callado chegou ao *Jornal do Brasil* como editorialista, convidado por Nascimento Brito, depois de uma passagem pela Enciclopédia Barsa. Era um dos jornalistas mais respeitados por Brito, seu leitor assíduo nos tempos de *Correio da Manhã*, e costumava consultá-lo sobre temas nacionais e internacionais. Em fins de 1967, quando a Guerra do Vietnã parecia pender para os vietnamitas do Sul, com os Estados Unidos enviando cada vez mais tropas para impedir a vitória dos comunistas do então Vietnã do Norte, Callado lançou um desafio a Nascimento Brito:

— Meu caro Brito, o *Jornal do Brasil* publica apenas a versão dos Estados Unidos, com base nesse noticiário tendencioso das agências de notícias americanas, tudo filtrado pelo exército norte-americano e pela CIA. Temos que mostrar o outro lado da guerra, precisamos mandar alguém nosso para lá.

Brito e Alberto Dines aceitaram o desafio, depois de hesitar alguns segundos. O genro da condessa respondeu:

— Você aceita a tarefa de ir lá mostrar o outro lado?

— Sem dúvida.

Começou então uma longa negociação com o governo do Vietnã do Norte, em busca de um visto de entrada no país. A desconfiança era enorme. Temiam que um jornalista brasileiro fosse um espião a serviço do inimigo norte-americano, já que os dois governos eram aliados. Concedido finalmente o visto, também a viagem foi complicada; tinha que ser feita através do Laos. Para sorte de Callado, em 30 de janeiro de 1968, antes de seu embarque para o Sudeste Asiático, os vietcongues lançaram as três ofensivas do Tet, o Ano do Macaco, aproveitando-se de um grande apoio popular que tinham dentro de Saigon, a capital do Vietnã do Sul. A balança da guerra pendeu para o outro lado.

Callado mandou de Hanói, por telex, notícias diárias sobre o desenrolar da guerra, que o JB não publicou. A primeira das seis grandes reportagens foi publicada apenas quando retornou ao Brasil. Intitulava-se "O heroísmo como rotina". Pela primeira vez, além do presidente Ho Chi Minh, os brasileiros puderam ler detalhes sobre personagens como Pham Van Dong, primeiro-ministro, o general Nguyen Von Giap, comandante das tropas norte--vietnamitas, e conhecer o sofrimento da população pobre com bombardeios de napalm e a destruição da agricultura e de vilas inteiras pelos ataques do mais moderno e poderoso exército do mundo.

Suas reportagens relatavam as conversas que tinha na rua com as pessoas mais velhas, que falavam um francês fluente, herança dos tempos de colonização francesa. Descreveu a Hanói dos tempos da guerra como muito parecida com Belém do Pará, com o calor, a umidade, além de mangueiras e outras grandes árvores ao longo das ruas.

As reportagens de Antonio Callado no Vietnã do Norte foram mais tarde publicadas em livro.[36] Junto com elas, foi editada uma outra série de reportagens de Callado, de 1952, sobre o desaparecimento no Xingu de um coronel inglês, Percy Harrison Fawcett, no ano de 1925. O coronel viera em busca de uma mitológica cidade abandonada. "Esqueleto na Lagoa Verde", foi o nome da série.

Quando o Ato Institucional nº 5 foi editado, em 13 de dezembro de 1968, Antonio Callado escreveu para uma pequena publicação independente um ensaio em que defendia a tese de que o Brasil deveria dissolver suas forças armadas, já que não tinha conflitos nem ameaças externas. Como era um esquerdista visado pelo apoio à Guerrilha do Caparaó, pela sua obra literária e pela série sobre o Vietnã do Norte, que acabava de ser publicada, Callado não foi preso, mas foi cassado em seu direito mais básico. Com base no AI-5, o presidente Arthur da Costa e Silva decretou que ele não poderia mais exercer sua profissão de jornalista. Foi obrigado a pedir demissão do JB.

Quem saiu em sua defesa e conseguiu reverter a decisão foi o colunista Ibrahim Sued, de O Globo, que publicou seguidamente notas em que dizia: "E as famílias, como ficam, Seu Arthur?". Junto com Callado haviam sido atingidos outros jornalistas: Leo Guanabara, chefe da sucursal carioca do Diário de S.Paulo, e Mário Martins, ex-parlamentar, editorialista e articulista do JB por curto período de tempo. Martins fora antes cassado como senador e já havia renunciado ao cargo de deputado federal pela UDN em 1959, por divergências com o partido pelas escolhas de Jânio Quadros para presidente e Carlos Lacerda para governador da Guanabara.

Ibrahim Sued tinha boas relações com a primeira dama, d. Iolanda Costa e Silva, e intercedeu pelos jornalistas punidos. O colunista, apesar das boas relações com o regime, procurava, sempre que possível, ajudar presos políticos. Antonio Callado trabalhou como editorialista no *Jornal do Brasil* até 1974, quando pediu demissão e não voltou mais a trabalhar em jornal. Sua obra prima, *Quarup*, havia sido lançada em 1967. Com base em sua vivência de jornal e no conhecimento que tinha dos movimentos clandestinos, publicou em 1971 *Bar Don Juan*.[37]

O REPÓRTER CONTADOR DE HISTÓRIAS

O repórter Mário Lúcio Franklin, carioca da Glória, grande contador de histórias em suas longas reportagens, elogiadas por Carlos Lemos e Luís Orlando Carneiro, sentia-se completamente perdido circulando pelos largos corredores e salões do velho prédio do Ministério da Fazenda na avenida Antônio Carlos, no centro do Rio de Janeiro. Era um peixe fora d'água. Como tinha fama de ótimo repórter, de estilo definido como "fuçador", foi escalado para cobrir Economia, quando o "milagre econômico" começava a deslanchar, em 1968. "Mas eu não sei nem o que significa balança comercial", disse desesperado a Carlos Lemos, quando foi escalado.

Teve uma conversa rápida com João Muniz de Souza e encarou a missão. Mas não deu certo. Não era recebido nem pelo ministro Delfim Netto, nem pelos assessores. "O ministro não recebe jornalistas", dizia a secretária, da mesma forma que as secretárias dos assessores mais próximos. Delfim recebia apenas os repórteres especializados que já conhecia bem. O assessor de imprensa Gustavo Silveira também driblava aquele repórter que não parecia entender do assunto, não se vestia com o apuro costumeiro da editoria de Economia e não era familiarizado com os códigos dos poderosos. E Mário Lúcio ficou até satisfeito, porque não saberia o que perguntar, caso fosse recebido.

Seu negócio era outro, eram os grandes textos de reportagem, com tintas fortes, com um pé na ficção. Tinha vindo da *Tribuna da Imprensa* em 1964,[38] convidado para o JB pelo amigo José Maria Mayrink, exatamente por causa disso. Não gostava e se entediava com o ramerrão do dia a dia, a cobertura como setorista de uma área fixa. Andou também pelo Ministério do Exército, perto da Central do Brasil, escalado e credenciado para cobrir "os milicos" e os bastidores da sucessão de Costa e Silva, depois do AI-5 e do derrame cerebral sofrido pelo presidente. Não pôde fazer ali nem mesmo uma de suas reportagens de tom impressionista, porque ninguém o recebia, ninguém dava informações, caras e portas fechadas: "Generais não falam, não dão entrevistas", disse-lhe um major, na única frase direta que ouviu de alguém no prédio do ministério. "E os coronéis?", perguntou, por desencargo de consciência. A resposta foi um olhar de fúria.

Mário Lúcio já lia as grandes reportagens de Tom Wolfe, Norman Mailer, Truman Capote, que eram os modelos do jornalismo que gostaria de fazer desde que se tornara repórter. Em janeiro de 1966, quando uma das grandes chuvas de verão, típicas da época, quase arrasou o Rio de Janeiro inteiro — destruiu parte da favela da Rocinha e derrubou um prédio de apartamentos de classe média na rua General Glicério, em Laranjeiras —, ele teve a chance de fazer uma de suas peças de "novo jornalismo". Em vez de simplesmente narrar a tragédia e enumerar os mortos do prédio, resolveu reconstituir o cotidiano de seus moradores. Criou personagens como o general Policarpo, que costumava depenar os vizinhos em jogos de pôquer, o mecânico Almeidinha e outros. A reportagem quase lhe rendeu problemas judiciais e a demissão.

Em prédios oficiais, Mário Lúcio sentia-se bem no Itamaraty. Em um dia morno, sem notícias, olhou pela janela e viu que um dos cisnes do lago que enfeita a grande área livre da frente do palácio estava morto. Com cuidado, a fim de não chamar a atenção dos outros setoristas, desceu lá e começou a conversar sorrateiramente com o jardineiro e o encarregado de cuidar dos pássaros. Foi informado por eles de que o cisne havia sido morto em uma briga com o outro macho — eram três, dois machos e a fêmea.

Mário Lúcio sugeriu aos zeladores que poderia ter havido uma disputa pelas atenções da fêmea que resultou em morte. Um triângulo amoroso. Meio surpresos, os dois disseram que era possível, sim, mas não podiam garantir. Mário Lúcio, imediatamente, convenceu os dois trabalhadores de que o cisne morto chamava-se Caruso, o outro seria Cyrano de Bergerac e a musa era Bela Otelo. E, naquela tarde de poucas notícias no Ministério das

Relações Exteriores, construiu um dramático caso de crime passional ornito-lógico. A matéria rendeu quase uma página, foi elogiada e exposta no quadro de avisos por Carlos Lemos. E quase custou o emprego do repórter Holmes Barbosa, que também cobria o Itamaraty para *O Globo* — levou uma bronca do chefe, Luís Garcia, pela desatenção e falta de sensibilidade jornalística.

O assunto rendeu durante toda a semana, tal a dramaticidade do texto. O colunista Carlinhos Oliveira dedicou uma crônica ao triângulo amoroso de Caruso, Cyrano e Bela Otelo, e até o juiz humanista Eliézer Rosa citou o caso em uma de suas famosas sentenças. Mário Lúcio foi escalado para cobrir a visita da musa italiana Gina Lollobrigida ao Brasil. E conseguiu encontrar varizes e veias saltadas nas pernas da atriz. Dines e Carlos Lemos enviaram flores a Lollo para consertar o estrago...

Mário Lúcio propôs à chefia cobrir a chegada do homem à Lua em 20 de julho de 1969 em uma cidade que não dispusesse de televisão, com altíssi-mo índice de analfabetismo e população mínima. A ideia era mostrar como aquela gente humilde, desinformada, estaria alheia ao pequeno passo do ho-mem, grande passo da humanidade. A escolhida foi Carrapateiras, na Paraíba. Mário Lúcio empolgou-se no texto e narrou uma conversa de bar em que um dos bêbados da cidade pontificava complicadas teses de física sobre a viagem de Armstrong, Aldrin e Collins. O bêbado, na versão de Mário Lúcio, teo-rizava sobre a relatividade do tempo e do espaço. Criou também, na base da pura imaginação, uma passeata comemorativa para o evento. Quando batia o texto direto na máquina de telex para transmitir ao jornal, o fotógrafo que o acompanhava, Rubens Barbosa, olhou por cima do ombro do repórter, deu um pulo e rasgou o texto: "Está maluco? Que passeata é essa que você viu na cidade? O Lemos vai me demitir se eu não tiver foto de passeata!".[39]

DE LEA MARIA A ZÓZIMO

Alberto Dines estava sempre em busca de novidades para renovar e en-riquecer o jornal. Em 1965, encontrou afinal o tom certo para uma coluna sobre gente, com Lea Maria Aarão Reis, bela e elegante como uma musa da Nouvelle Vague. Mas, antes, Dines teve que tirá-la do *Globo*. Lea fez Jorna-lismo na PUC, que contava com o apoio técnico do *Globo*. Por três anos, o jornal ministrava aulas sobre cultura geral, técnica de redação e legislação. No último ano do curso, Lea conseguiu um estágio na reportagem geral. Como foi bem, acabou "efetivada", como se dizia na época. Mas enfrentava o mau humor do chefe, Alves Pinheiro, que detestava a PUC, desprezava toda e qualquer teoria sobre jornalismo e achava que redação não era lugar para mulher.

Alves Pinheiro vingava-se mandando-a fazer matérias de polícia, sobre bordéis nas ruas Paysandu e Alice, assaltos, e a coisa não durou muito. Foi transferida para o Departamento de Promoções, que logo instituiu o Operário Padrão, em que se premiavam os trabalhadores mais eficientes, assíduos e pontuais nas indústrias; e o Senhorita Rio, uma espécie de concurso de beleza. Lea começou a fazer crítica de cinema orientada por José Sanz — O *Globo* já tinha a figura do bonequinho, que até hoje aplaude em pé, aplaude sentado, assiste entediado ou dorme durante o filme. Ficou amiga também de Rogério Marinho, que, segundo ela, era o melhor tituleiro do jornal e um dos melhores que conheceu no ofício. "Infelizmente, foi podado pelo irmão Roberto", lamenta Lea.

Foi depois trabalhar na Seção Feminina, que era encartada no Segundo Caderno três vezes por semana e, logo depois, passou a diária. Nessa época, chegou ao jornal Nina Chavs, paranaense de Curitiba, que se mudou para o Rio de Janeiro com o marido, funcionário do Banco do Brasil. Nina trabalhava na Rio Gráfica e Editora como contato publicitário, agenciando anúncios no mercado para publicação. Esperta e ativa, Nina ocupou espaço. Um belo dia, quando Lea Maria voltou de férias, já estava em marcha o projeto do caderno Ela. Com as novidades editoriais, Lea perdeu o lugar para Nina, que iniciou naquele momento sua coluna Linhas Cruzadas.

Mas surgiu então uma grande oportunidade profissional. Lea Maria foi convidada por Alberto Dines para trabalhar no *Jornal do Brasil* em 1965. Ela era parte de um grupo de amigos de Dines que incluía o então namorado de Lea, Octávio Bomfim, setorista do Itamaraty, o crítico de cinema Alberto Shatowsky, o escritor Arnaldo Niskier e sua mulher, Ruth. O salário do JB era bem melhor, e ela amava aquele projeto moderno, perfeitamente sintonizado com um novo Brasil e um Rio de Janeiro revitalizado pela bossa nova, o Cinema Novo, de boates como as do Beco das Garrafas. O Rio de Janeiro estava na moda, era parte do circuito internacional de artistas e do jet set.

Alberto Dines tinha percepção do que acontecia, sabia que o JB era parte dos Anos Dourados da cidade. Tudo o que excitava Lea Maria.

A zona sul do Rio de Janeiro era uma espécie de eldorado nacional. Copiada e invejada por todo o país, lançava moda, recebia visitas de celebridades internacionais como Brigitte Bardot, Ava Gardner, Bing Crosby, Nat King Cole, Alain Delon. As casas noturnas proliferavam, principalmente em Copacabana, onde surgiram grandes cantores e grupos instrumentais. Dines já tinha na cabeça a ideia de uma coluna na página 3 do Caderno B que falasse das pessoas da cidade, de celebridades, dos ricos, das socialites, dos visitantes internacionais, dos eventos. Lea hesitou. Uma coluna diária no JB era um desafio que talvez fosse grande demais.

Em *O Globo*, Ibrahim Sued já transcendia a coluna meramente social e dava notícias sobre negócios e política, sobre bastidores do governo. Rivalizava com Jacintho de Thormes (Maneco Muller). Havia ainda, no próprio *O Globo*, Gilberto Trompowsky com sua coluna mais tradicional, enquanto Álvaro Americano criava o Carlos Swann no primeiro caderno. O sucesso de Swann levou Ibrahim ao segundo caderno.

Álvaro Americano era um dândi, um homem sofisticado, leitor de Proust (daí o pseudônimo "Swann"), e tinha um ajudante chamado Zózimo Barrozo do Amaral, um rapaz elegante e bem-nascido, que escrevia bem e iniciava uma fulminante ascensão profissional. Havia ainda, com bastante leitores, o argentino Daniel Mas, Cláudia Mesquita e Octávio Bomfim, todos no *Correio da Manhã*. Dines batizou a coluna com o nome de sua titular, Lea Maria, e a publicava inicialmente de segunda a sexta-feira, e depois também aos domingos.

Aos sábados, Marina Colasanti e Carlos Leonam eram os editores, e o título passava a ser Cariocas Quase Sempre. Lea Maria assinava com eles a coluna. A repórter Isabel Monteiro, do Caderno B, coordenou todos os preparativos para a visita ao Brasil da líder feminista Betty Friedan — Isabel era casada com John Novitsky, um jornalista norte-americano e correspondente no Brasil, o que a ajudou em todo o processo. Alberto Dines convidou o diretor de teatro Paulo Affonso Grisolli para editar o Caderno B — Grisolli disse que não entendia nada de jornal, hesitou bastante, mas finalmente aceitou e encaixou-se muito bem na nova atividade, e o Caderno B passou a ser o grande espelho da vida cultural e social da cidade.

Em 1971, Lea Maria casou-se com um italiano, mudou-se para Roma e transformou-se em uma espécie de correspondente itinerante na Itália. Como o JB já dispunha do experiente Araújo Neto, ela passou a fazer, como free-lancer, um trabalho complementar, com pautas especiais, geralmente sobre celebridades e moda. Para substituir Lea Maria, Alberto Dines foi novamente pescar em *O Globo*. Convidou o emergente Zózimo Barrozo do Amaral, ofereceu-lhe um salário melhor e a titularidade da coluna no Caderno B com seu próprio nome no alto da página. Foi irresistível.

Zózimo Barrozo do Amaral nasceu no Humaitá em 1941, filho de uma família de classe média alta, e foi criado na rua Frei Leandro, no Jardim Botânico. Era o terceiro Zózimo da família — o pai e o avô tinham o mesmo nome —, e, para que pudessem diferenciar o Zózimo neto, o jornalista recebeu um indesejável Bráulio como segundo nome: Zózimo Bráulio Barrozo do Amaral. Quando tinha vinte anos, o pai conseguiu para ele um emprego na embaixada do Brasil em Paris, o que lhe valeu o domínio completo da língua. Ser fluente em francês no Rio de Janeiro conferia, na época, um inequívoco prestígio e a fama de sofisticado. Como Zózimo não conseguiu terminar o curso de Direito na PUC por achá-lo muito chato, preocupado com o futuro do filho, Zózimo pai apelou ao amigo Roberto Marinho para que lhe desse emprego em *O Globo*.

Zózimo começou em 1963 como repórter da Geral e, um ano depois, o colunista social Álvaro Americano o convidou para ajudá-lo na coluna Carlos Swann. Americano era diplomata, advogado, filósofo, um homem elegante, sofisticado e culto, admirador de Marcel Proust, e havia escolhido cuidadosamente o nome que usaria na coluna, o do personagem de Proust. Zózimo também foi pinçado da redação pelo olho clínico de Americano, que admirava nele o esmero no vestiário, a boa aparência física, a educação apurada. Um jovem dândi. Álvaro Americano seguiu na mesma linhagem de Jacintho de Thormes e Ibrahim Sued, que não se limitavam a notas sobre a vida em sociedade. Introduziram no colunismo mundano as notícias sobre negócios, política, opinião.

Álvaro Americano saiu para assumir a Secretaria de Administração do governador do estado da Guanabara, Negrão de Lima, eleito em 1965, e Zózimo tornou-se o titular de Carlos Swann aos 25 anos, tendo como auxiliar Marly Gonçalves da Costa. No fim de 1968, com a saída de Lea Maria,

Zózimo foi para o JB. Um movimento que seria invertido vinte anos depois, quando o JB começou a perder seus melhores profissionais para O *Globo*. Roberto Marinho tentou manter Zózimo, apelou para a amizade com o pai dele e, finalmente, foi duro:

— Meu filho, você vai fazer a maior besteira da sua vida. Todo mundo sabe quem é Carlos Swann, mas ninguém sabe quem é Zózimo.

— Doutor Roberto — respondeu o colunista —, eu lhe agradeço muito a oportunidade que me deu. Mas está na hora de todo mundo saber quem é o Zózimo.

Assim, no dia 4 de fevereiro de 1969, estreou na página 3 do Caderno B a coluna Zózimo, substituindo a de Lea Maria. A escolha do título da coluna por Alberto Dines foi simples e rápida, facilitada pela originalidade do nome. A estreia de Zózimo mereceu chamada na primeira página do JB:

> Zózimo Barrozo do Amaral traz para o JB a experiência que adquiriu como responsável pela coluna de Carlos Swann. É um jovem de 27 anos com cinco de jornalismo. Faz questão de esclarecer que não é colunista social e que sob sua assinatura o leitor encontrará noticiário diversificado, voltado para a vida da cidade.

Zózimo escrevia a caneta, e Marly, sua auxiliar, datilografava tudo. Trabalhavam só os dois, em um pequeno aquário, com quatro mesas, na tumultuada redação. Em uma mesa, Zózimo; em outra, Marly. Nas outras duas, sentavam-se o chefe de reportagem, Armando Strozemberg, e o redator Carlos Eduardo Novaes. Como não havia substitutos, quando certa vez Zózimo ficou doente e não pôde trabalhar, quem foi à redação escrever a coluna foi a própria mulher dele, Márcia, que conhecia bem seu estilo.

Zózimo foi uma das vítimas do AI-5. Foi preso no dia 2 de abril de 1969, quando foi publicada uma nota sobre o encontro dos generais Costa e Silva, presidente do Brasil, e Alfredo Stroessner, do Paraguai, na fronteira dos dois países, em Foz do Iguaçu. A nota "100 anos depois" dizia o seguinte:

> Os jornalistas que fizeram a cobertura do almoço que reuniu na Foz do Iguaçu na semana passada os presidentes do Brasil e do Paraguai, generais Costa e Silva e Alfredo Stroessner, estão até agora sem entender o insólito da presença ativa

e participante de cerca de cem indivíduos de má catadura, responsáveis pela segurança do chefe de Estado paraguaio [...].

Tão rígida e eficiente se mostrou a guarda paraguaia que o governador Paulo Pimentel, em cujo estado, afinal de contas, se realizavam as solenidades, teve que se identificar três vezes ao tentar entrar em lugares onde se encontravam os dois presidentes, em uma das quais recebendo voz de prisão (prontamente relaxada, evidentemente, pois reagiu à altura à impertinência do policial guarani).

Ao que me consta, todo chefe de Estado em visita a outro país é protegido pela sua própria guarda, armando-se um esquema de segurança em conjunto com as autoridades locais e por estas orientado e organizado. [...]

Perguntem aos jornalistas e aos diplomatas do Itamaraty que lá estiveram o número de cotoveladas e empurrões que levaram e terão uma ideia dos desmandos dos truculentos elementos que compõem a guarda pessoal de Stroessner.

Pois até o general Lira Tavares, ministro do Exército, foi de uma feita empurrado pelos atuantes cotovelos dos policiais e, se não é amparado pelas pessoas que se encontravam ao seu redor, teria caído.

A nota ainda não revelava o estilo apurado que se consolidou nos anos seguintes, com as pausas e as ironias cortantes, as frases conclusivas em forma de tiro de misericórdia. Mas mostra, como documento de época, a truculência policialesca do regime militar dos dois lados, brasileiro e paraguaio, e a sem-cerimônia com que um jornalista podia ser preso.

A nota foi publicada no dia 1º de abril, uma sexta-feira, e, logo no começo da tarde, Zózimo recebeu um telefonema do Ministério do Exército convocando-o para que se apresentasse a um determinado coronel. Desligado o telefone, Zózimo concluiu a coluna do dia seguinte, as duas do fim de semana e, no comecinho da noite, procurou o tal coronel. Como ele já tivesse saído, Zózimo foi recebido por um capitão, que lhe mostrou o Caderno B aberto na página três, com a nota circulada por uma caneta vermelha. "Foi o senhor que escreveu isso?", perguntou o capitão. "Eu mesmo, está assinada", respondeu Zózimo. "Então, o senhor está preso", disse o capitão.

Em seu segundo dia de prisão, o colunista recebeu no Batalhão da Polícia do Exército a visita da mulher, Márcia, que lhe levou uma cesta de queijos franceses. Diante do olhar dos companheiros de cela, todos estudantes presos em passeatas e protestos, Zózimo não teve saída; repartiu as iguarias. Na segunda visita, Márcia levou apenas queijos nacionais, o que valeu um protesto bem-humorado dos outros presos: "Exigimos a volta dos queijos franceses. Desse jeito, vamos acabar comendo polenguinho".

As colunas sociais criaram o mito do grã-fino, da socialite, da gente que comia caviar, tomava "champã" francês e uísque escocês legítimos, numa época em que os preços em dólar eram absolutamente proibitivos para os brasileiros. As colunas de Ibrahim Sued, Jacintho de Thormes e Zózimo falavam de pessoas elegantes e que viviam em um olimpo inacessível aos mortais de classe média que liam o JB. Foram eles que criaram o "café society", que rendeu um debochado samba de Miguel Gustavo, sucesso na voz do sambista Jorge Veiga no fim dos anos 1950.

O mito do grã-fino consolidou-se com Zózimo, quando havia ainda um arremedo de aristocracia no Rio de Janeiro. Aliás, o termo inglês "socialite" foi introduzido por ele no vocabulário mundano. Para fazer parte desse olimpo, era essencial ser citado pelas colunas sociais pelo menos de vez em quando. Zózimo imprimiu um novo tom, que podia ir do rasgadamente elogioso ao ferino, e até ao devastador. Vamos ao elogioso, como na nota publicada no dia 1º de abril de 1969, sob o título "No Largo da Mãe do Bispo":

> Os jantares oferecidos pelo decorador Júlio Sena, um homem reconhecidamente de extremo bom gosto, já ficaram famosos na crônica social carioca por fugirem sempre do banal. Há sempre um detalhe, uma atração extra programada, um algo mais que faz da reunião um acontecimento diferente e encanta os convidados. E foi assim mais uma vez anteontem, quando Júlio Sena abriu seus salões para receber os bailarinos do Royal depois da apresentação no Municipal.

Segue-se uma descrição detalhada da decoração do evento, sob o tema "O Lago dos Cisnes", e da forma como eram carregadas as convidadas ilustres que chegavam à casa: sustentadas em liteiras por quatro musculosos serviçais, em cena que parecia retirada das gravuras de Debret. A nota, que relatava a fartura de uísque e champanhe importados, foi arrematada com um resumo dos privilegiados que mereceram a citação do colunista:

> Entre os inúmeros presentes, os embaixadores da Inglaterra e da Bélgica e Lady Hunt e a Baronesa Paternotte de La Vaillée, os condes de Pourtalès, Luís e Flora

de Morgan-Snell, os Baby Bocaiúva, os Eugênio Lage, as sras. Josefina Jordan, Leda Ribeiro, Lia Mayrink Veiga, Márcia Kubitschek, Helena Melo, o sr. Marcelo de Castelo Branco. E muitos outros mais.

Claro que os "muitos outros mais" roeram-se de inveja pela omissão de Zózimo. Vamos agora a uma nota devastadora, "Viagem diferente", uma demonstração do que tornava a coluna não só cobiçada pelos grã-finos, mas também temida:

> Uma senhora do society, muito conhecida e que passa grande parte do ano viajando para o exterior, teve, recentemente, que fazer uma outra viagem, mas esta a contragosto e bem mais curta do que as anteriores, à Europa, Ásia e Estados Unidos. Teve que descer em Itaipava, pois as autoridades haviam descoberto que num grande terreno de sua propriedade ela alugava por 50, 100, 150 cruzeiros novos mensais pequenos lotes onde famílias miseráveis construíam seus barracos de favelados.[40]

1968 E O JB

1968 foi um ano que começou tenso, com um considerável aumento no volume dos protestos contra o regime militar, principalmente por parte dos estudantes de todo o país. No dia 28 de abril, estudantes universitários e secundaristas organizaram uma manifestação contra o aumento nos preços do bandejão do Restaurante do Calabouço, perto do aeroporto Santos Dumont e da Marina da Glória. O desfecho foi trágico. A Polícia Militar interveio e o secundarista Edson Luís de Lima Souto, um menino paraense de dezessete anos e que morava sozinho no Rio, foi assassinado com um tiro no peito pelo comandante da tropa. A morte do rapaz desencadeou uma enorme revolta. O corpo de Edson Luís foi transportado pelos estudantes até a sede da Assembleia Legislativa, na rua Primeiro de Março. O deputado estadual Jamil Haddad, que era médico, foi acionado e atestou a morte do rapaz já dentro da Assembleia.

O surgimento de um mártir, um jovem humilde e sem militância política, foi o estopim para que boa parte do país se levantasse contra a ditadura, em apoio aos estudantes, e a repressão tornou-se cada vez mais violenta. Até aquele momento, não havia censura à imprensa, pelo menos estabelecida em lei. Os jornais não vacilaram, e trataram a morte de Edson Luís como "assassinato", sem rodeios. Os funerais do adolescente paralisaram o Rio de Janeiro e, à noite, seu corpo foi levado a pé por um imenso cortejo, do centro da cidade até o cemitério São João Batista, em Botafogo, à luz de archotes — uma cena comovente e impressionante.[41]

As passeatas quase diárias dos estudantes pelo centro da cidade, na avenida Rio Branco e no Castelo, eram sempre fortemente reprimidas por tropas da Polícia Militar montadas a cavalo. A cada manifestação, os jovens desenvolviam novas técnicas para o enfrentamento. Uma delas consistia em atirar bolas de gude no asfalto, o que fazia com que os cavalos deslizassem e caíssem. Quando um PM tombava e perdia o capacete, os estudantes aproveitavam para debochar e jogar futebol com a peça. Como já foi dito, no prédio do JB, os jornalistas acompanhavam tudo pela sacada, que dava para a rua.

Das janelas de todos os prédios de escritórios da Rio Branco, os funcionários atiravam objetos na PM, e uma vez até mesmo uma máquina de escrever cortou os ares em direção ao asfalto. Ninguém foi atingido. Segundo vários jornalistas do JB, em uma das passeatas, uma secundarista, munida de spray, aproximou-se da portaria do jornal e pichou "Condessa? Ah ah ah". Outros garantem que a frase foi "Condessa é o cacete".[42]

Em junho, um ato em frente à embaixada dos Estados Unidos terminou num confronto que resultou em 28 mortos e centenas de presos. As lideranças estudantis, então, marcaram para 26 de junho a mãe de todas as passeatas, que pretendia reunir 100 mil pessoas.

Desta vez, apesar do tamanho da manifestação, não houve conflitos nem combates com a polícia militar, e tudo terminou sem maiores danos. O marechal Costa e Silva concordou depois em receber no Palácio do Planalto um grupo de estudantes liderado por Franklin Martins, o que resultou em um diálogo de surdos. Não havia negociação possível e até o acesso dos jovens ao Palácio foi difícil, porque a segurança não queria deixá-los subir sem gravata. A oposição no Congresso Nacional, eleita em 1966, também contava com uma frente combativa, formada pelos deputados Mário Covas, líder do MDB, Hermano Alves (ex-jornalista do JB), Davi Lerer e Marcio Moreira Alves, entre outros. Desde junho, a linha dura do Exército já pressionava por um ato institucional que fechasse o Congresso e acabasse de vez com a ofensiva oposicionista. O pretexto que esperavam viria nos meses seguintes.[43]

No dia 29 de agosto, com as manifestações cada vez mais intensas, a Universidade Federal de Minas Gerais foi fechada e a Universidade de Brasília invadida e ocupada por duzentos soldados da Polícia Militar, que cobriam a ação de agentes do Dops que iam à caça do líder estudantil Honestino Guimarães, presidente da Federação dos Estudantes Universitários de Brasília. Cerca de quinhentos estudantes entrincheirados resistiram ao ataque como puderam, com pedras e paus. A prisão de Honestino deu-se com tal violência que lhe quebraram um dos braços. O líder estudantil nunca mais foi visto. Vários parlamentares que foram à UnB tentar defender o campus apanharam de cassetete, entre eles Mário Covas, Davi Lerer e Amaral Peixoto.

Quatro dias depois da invasão da UnB, no dia 2 de setembro, subiu à tribuna da Câmara para o "pinga-fogo", horário destinado a discursos rápidos, o deputado Marcio Moreira Alves, ainda fervendo de indignação com a violência contra as universidades. Aos 32 anos, Marcito, como era chamado, tinha uma brilhante carreira como repórter no *Correio da Manhã* e sua mãe, Branca Moreira Alves, era uma destacada militante do Movimento de Ação Católica dos Meios Independentes.

Marcito havia assistido naquela semana, em São Paulo, à peça *Lisístrata*, escrita por Aristófanes em 411 a.C., com tradução de Millôr Fernandes e estrelada por Ruth Escobar. É uma comédia que fala das mulheres de Atenas, na Grécia antiga, que fazem greve de sexo para convencer os maridos a não guerrear mais contra Esparta. Chico Buarque compôs mais tarde a irônica "Mulheres de Atenas". Enquanto se dirigia à tribuna e ao microfone, Marcito, que não havia preparado um discurso, resolveu inspirar-se na peça grega.

Foi um pronunciamento rápido, conclamando as namoradas dos cadetes militares a sabotar os rapazes, e os brasileiros a não comparecer ao desfile militar do 7 de setembro que se aproximava, como forma de protesto contra a violência do regime. Pediu às mães e pais que não permitissem que seus filhos desfilassem pelas escolas. Nenhum jornal publicou o apelo, porque foi considerado como algo irrelevante em meio ao turbilhão político do momento.[44]

Mas os militares tinham outros planos, a linha dura prevalecia e aqueles eram a ocasião e o pretexto pelos quais tanto esperavam. Auxiliados pelo ministro da Justiça, Gama e Silva, começaram a pressionar o presidente Costa e Silva em favor de uma ação dura contra o Congresso. Diziam que as Forças Armadas haviam sido gravemente ofendidas. E o procurador-geral da República, Décio Meirelles Miranda, submisso às ordens do ministro da Justiça, entrou no Supremo Tribunal Federal com um pedido de processo contra Marcio Moreira Alves. O STF, no dia 4 de novembro, acolheu e pediu licença à Câmara dos Deputados para processar e, posteriormente, cassar o deputado, segundo o rito constitucional estabelecido em 1967.

No dia 12 de dezembro, quinta-feira, a Câmara dos Deputados — com muitos votos do próprio partido governista, a Arena — rejeitou a licença por 216 votos a 141. O presidente da Comissão de Constituição e Justiça, deputado Djalma Marinho (RN), da Arena, pronunciou um discurso histórico, em que citou o poeta espanhol Calderón de La Barca: "Ao Rei tudo, menos a honra!". O *Jornal do Brasil* acompanhou a crise, sempre contrário à cassação e ao clima de caça às bruxas instalado no país — por ação, principalmente, de um civil, o ministro Gama e Silva, e pela covardia e omissão do ministro do Exército, general Aurélio Lyra Tavares. No dia seguinte, sexta-feira, a manchete do JB foi "Câmara nega licença e Exército entra em prontidão", com uma foto de Marcio Moreira Alves abraçado à mãe, Branca.

O jornal informava que o presidente Costa e Silva não queria uma medida drástica. Mas, ainda na primeira página, uma declaração do deputado arenista Clóvis Stenzel, do Rio Grande do Sul, fiel à linha dura do Exército, antecipava: "Teremos uma revolução como a de 1964, só que mais completa". E, segundo o JB, o comandante do I Exército (Rio de Janeiro), general Sizeno Sarmento, exercia um papel importante para agravar a crise e fechar ainda mais o regime.

O Informe JB, redigido por Wilson Figueiredo e Walter Fontoura, anunciava que Costa e Silva não cassaria apenas o deputado Marcio Moreira Alves, mas "um buquê" de parlamentares, segundo informações de um militar. Faria também "uma limpeza" no Supremo Tribunal Federal — limpeza que deveria ter sido feita lá atrás, em 1964. No mesmo dia em que a Câmara rejeitava a licença para que Marcito fosse processado, o ministro Victor Nunes Leal era eleito vice-presidente do STF — poucos dias antes, portanto, da cassação de seu mandato como juiz em consequência do Ato Institucional nº 5.

E a besta-fera rugiu. Na noite da sexta-feira, 13 de dezembro, direto do Palácio Laranjeiras, o locutor Alberto Curi (também locutor da Rádio JB), ao lado do ministro Gama e Silva, leu em cadeia nacional a reação da linha dura contra o que apontou como rebeldia do Congresso Nacional: o Ato Institucional nº 5, que dava poderes absolutos e ditatoriais ao Executivo. Um golpe dentro do golpe. O Congresso Nacional estava fechado por tempo indeterminado. O Executivo iria legislar sozinho. Prisões poderiam ser efetuadas sem mandado judicial, bem como invasões a domicílios. Estava extinto o habeas corpus. Era o vale-tudo, o pega pra capar.

Momentos depois da leitura do AI-5, na *Voz do Brasil* (na época, *Hora do Brasil*), um major e quatro capitães do Exército fardados chegaram à redação do *Jornal do Brasil* para ler todo o material produzido e censurar o que seria publicado. Eram oficiais inexperientes no métier e foram polidos na conversa com Alberto Dines: "Viemos fazer um acompanhamento do noticiário". Dines os acomodou em sua sala com ar-condicionado e subiu para falar com Nascimento Brito:

— Vai começar um período difícil, e pelo menos uma vez nós teremos que informar ao leitor que estamos censurados.

Brito vacilou, mas concordou:

— Está certo, mas você vai coordenar isso pessoalmente. Não quero problemas aqui dentro, não vamos brincar com fogo.[45]

Dines, Carlos Lemos, José Silveira e Maneco mostraram aos militares todos os textos que iriam descer à gráfica. Eles leram e não viram nenhum problema. Não estavam ainda familiarizados com o processo, não sabiam que tudo podia ser mudado na gráfica. O que era mostrado a eles poderia não ser o que iria à publicação. E não foi. As mudanças foram feitas sorrateiramente. Tudo bem com a manchete "Governo baixa ato institucional e coloca Congresso em recesso por tempo ilimitado", mas no canto superior direito da primeira página foi posto um quadrinho com o texto "Ontem foi o Dia dos Cegos", em clara alusão ao AI-5. No canto oposto, o superior esquerdo, lugar tradicional da previsão do tempo, o jornal trouxe um texto escrito por Roberto Quintaes: "Tempo negro. Temperatura sufocante. O ar está irrespirável. O país está sendo varrido por fortes ventos. Máxima: 38° em Brasília. Mínima: 5° nas Laranjeiras".

Ao longo do jornal, Dines e equipe inseriram outras indicações da censura para o leitor. Na página 10, dos editoriais, foi publicada uma foto escolhida pelo chefe do copidesque, Sérgio Noronha, do então campeão mundial e olímpico de todos os pesos de judô, o gigante holandês Anton Geesink (conhecido como Fred Flintstone), de dois metros de altura e 130 quilos de peso, levando um golpe do filhinho de cinco anos.

Na página 6, de Opinião, uma charge de Lan mostrava uma mulher de biquíni. Foi publicada também ali uma foto do chefe da delegação brasileira de futebol, com o título "O Marechal" (evidente alusão ao presidente Costa e Silva) e o texto "Paulo Machado de Carvalho colocou a Seleção em regime de ditadura". Depois de dois títulos mundiais como comandante das delegações brasileiras na Suécia (1958) e no Chile (1962), Paulo Machado de Carvalho ganhara da imprensa o apelido de Marechal da Vitória. Naquele momento, a seleção estava concentrada para jogos amistosos. Ao lado da foto do comandante da seleção, havia uma outra, de Pelé com um gorila às costas, enquanto dava autógrafos, sob o título "O grande ídolo". Na mesma página, outra foto dos jogadores confinados com o título "Repouso dos guerreiros", e a seguinte legenda: "Prisão dos jogadores na concentração. Os balipodistas do Brasil ficaram muito felizes com o conforto das instalações: estão descansando bastante".

Finalmente, a quarta foto mostrava os jogadores da seleção de futebol da Alemanha treinando um coletivo sob o título "Hábito inusitado", e o texto-legenda "Jogadores da seleção alemã habituaram-se a treinar atrás de uma bola". Na página 7, foi escolhida uma foto do cavaleiro Nelson Pessoa Filho saltando um obstáculo, com a legenda "Nelson Pessoa logra êxito invulgar ao saltar com brilho os obstáculos que se lhe antepõem".

O Informe JB trazia logo na abertura a notícia de que "As figuras mais importantes da República não dormiram de anteontem para ontem, com o eclodir da crise militar provocada pela decisão da Câmara Federal, não dando licença para que o deputado Marcio Moreira Alves fosse processado. [...] Nascia a sexta-feira 13 de dezembro".

Um texto da editoria de Pesquisa relembrava as crises político-militares brasileiras desde o suicídio de Getúlio Vargas, com o título "Duas décadas de crises". A Coluna do Castello, então publicada na página 4, abria informando que "Ao Ato Institucional de ontem não deverá seguir-se nenhum outro ato institucional. Ele é completo e não deixou de fora, aparentemente, nada em matéria de previsão dos poderes discricionários expressos". Havia classificados em locais inusitados, além de textos e fotos inesperados e sem sentido, como uma foto de Garrincha sendo expulso na Copa do Mundo do

Chile seis anos antes com o título "Hora dramática", ou a de Costa e Silva na capa entregando espadins (o que não acontecera na véspera) com a legenda "Tradição que se renova".

Naquele sábado, 14 de dezembro, a sensação era a de que todo o país tinha sido preso. Políticos, jornalistas, escritores, atores, poetas, cantores, compositores. Até mesmo o ex-governador da Guanabara Carlos Lacerda, um dos líderes civis do golpe de 1964, foi atirado na cadeia. Ele liderava um movimento de união de todos os políticos cassados, incluindo os inimigos Leonel Brizola, João Goulart e Miguel Arraes, que intitulou de Frente Ampla. Na cela em que foi jogado, no Regimento de Cavalaria Caetano de Farias da Polícia Militar, na rua de Santana, perto do centro do Rio de Janeiro, Lacerda encontrou-se com um velho desafeto político, o ator Mário Lago, ainda maquiado e vestido como o personagem da peça em que trabalhava. Os dois estavam rompidos política e pessoalmente desde que Carlos Lacerda, ainda nos anos 1940, abandonara o Partidão, onde eram companheiros. Enjaulados quase ao lado da estrebaria, não restou aos dois senão dar boas gargalhadas. "Pelo menos na cadeia temos que nos unir", disse Lacerda. O ex-presidente Juscelino Kubitschek também foi preso ao desembarcar no Rio de Janeiro procedente do Maranhão, onde fora homenageado com um jantar na ilha do Curupu por... José Sarney, um prócer da Arena.

Outro preso foi o diretor do *Jornal do Brasil* José Sette Câmara, ex-diplomata, ex-chefe do Gabinete Civil de JK e governador interino da Guanabara. O expediente do JB trazia a condessa Pereira Carneiro como diretora-presidente, M.F.do Nascimento Brito e José Sette Câmara como diretores e Alberto Dines como editor-chefe.

Sette Câmara foi preso no fim da tarde de sábado em casa, e quando a condessa e Nascimento Brito souberam, reagiram vigorosamente: "O jornal não circula amanhã com um diretor nosso na cadeia", disse dona Maurina. E realmente não saiu no domingo. Era uma edição carregada de publicidade de todo tipo, com vários cadernos de classificados, anúncios de Natal, lançamentos imobiliários etc. O gerente financeiro do jornal, Fernando Magalhães, providenciou um colchão para instalar na cela onde o embaixador Sette Câmara iria dormir.[46]

Sem saber ainda que o JB não circularia, um outro grupo de cinco militares voltou à redação no começo da noite de sábado. O major que estivera na redação na noite anterior estava furioso com a edição daquele dia. Disse que seus superiores os haviam advertido duramente por se terem deixado tapear. E houve uma dura discussão com Dines, que quase resultou em troca de socos. A edição de domingo saiu na segunda-feira, dia em que o JB não circulava normalmente, e os anúncios foram publicados. As agências de publicidade e os anunciantes foram solidários e fizeram questão de manter tudo — e pagaram. Sette Câmara logo foi solto.

Nas semanas seguintes, a censura institucionalizou-se e os militares prepararam-se melhor para o trabalho. Trouxeram um manual técnico e fiscalizavam tudo, até a rodagem dos jornais na gráfica. De vez em quando, Carlos Lemos encomendava um jantar caro, com um bom vinho, para que ele próprio, Maneco, José Silveira, e eventualmente Dines, se deliciassem durante e depois do fechamento, diante do olho grande e da fúria mal contida dos famintos censores.[47]

Alberto Dines era professor do curso de jornalismo da PUC-Rio desde 1963. Na semana seguinte ao AI-5, no dia 20 de dezembro, sexta-feira, ele seria paraninfo da turma que se formava naquele ano. Preparou um discurso em que denunciava todo tipo de ditadura, principalmente a brasileira, mas mencionando também a morte da Primavera de Praga, ocorrida meses antes. A então Tchecoeslováquia passava por uma liberalização em seu regime comunista, que era parte do controle geopolítico da União Soviética. Quando o dirigente Alexander Dubček iniciou uma abertura, o país foi invadido por tropas do Pacto de Varsóvia. Bombardear a ditadura soviética seria uma boa forma de atacar a ditadura brasileira por via transversa. Ao sair da redação em direção à festa de formatura, no começo da noite, Dines deixou com Carlos Lemos uma cópia do seu discurso, para que alguém escrevesse uma matéria sobre ele. Evidentemente, o texto foi lido pelos censores e surpreendentemente aprovado.

Aquela turma de formandos em jornalismo contava, entre outros, com Rosa Freire d'Aguiar, que depois foi correspondente em Lisboa e casou-se com o economista Celso Furtado, Miriam Ferreira Lage, que seria anos mais tarde editora do Informe Econômico do JB, e a futura cantora Joyce. Na plateia, estava com o pai uma jovem secundarista do colégio São Paulo chamada Norma Curi, que acompanhava a formatura do namorado, Virgílio Moretzsohn. No discurso, no auge da indignação, Dines acrescentou, de improviso, alguns trechos fortes. O pai de Norma, advogado, gostou do discurso, mas disse à filha: "Brilhante. Mas este homem vai ser preso". Dines foi para casa, passou o fim de semana em Itaipava com a família e retornou domingo, no final da tarde. Logo depois, chegaram também os agentes da Polícia Federal para prendê-lo. Anos depois, Dines e Norma Curi iriam casar-se.[48]

Durante boa parte da madrugada, o editor-chefe do JB peregrinou à força por repartições da PF, no calor de dezembro do Rio de Janeiro. Quase de manhã, chegou à Vila Militar, em Deodoro, onde foi atirado em uma cela improvisada. Para sua sorte, reconheceu a voz de um capitão do Exército que estivera no JB como censor, Gustavo de Faria, que seria depois deputado federal. Dines conseguiu avisá-lo de que estava preso. Faria telefonou à redação do jornal. Quando soube, a mulher de Dines levou-lhe roupas limpas. A imprensa internacional começou a noticiar a prisão do editor-chefe do jornal mais importante do Brasil — o *New York Times* publicou, inclusive, dois editoriais sobre o assunto. No dia 23, Dines foi liberado para passar o Natal com a família, com o aviso de que teria que retornar no dia 26. Quando voltou, foi imediatamente liberado.

Alberto Dines voltou a ser preso em janeiro de 1969, acusado de ser "simpatizante do comunismo". Passou uma noite no Batalhão de Guardas de São Cristóvão e não sofreu violência física. Mas foi submetido a um humilhante interrogatório pelo coronel César Montagna e liberado apenas no final da tarde do dia seguinte. "O senhor pode ir para casa", disseram-lhe. Dines informou-lhes que passaria primeiro na redação. Foi lá e notou que não havia mais censores. O editor-chefe teve certeza: Nascimento Brito aproveitara-se de sua ausência para fechar um acordo: a troca dos censores pela autocensura, que iria acontecer em todo o noticiário político e na Coluna do Castello.[49]

Na reunião do general Costa e Silva com os ministros para anunciar-lhes que iria endurecer o regime via AI-5, um dos votos favoráveis mais entusiasmados foi o do ministro da Fazenda, Delfim Netto, com o argumento de que havia decisões que precisavam ser tomadas e que dependiam de um governo forte. Com o ato em vigor, Delfim pôs mãos à obra. Impôs o Ato Complementar nº 40, que tomou dos estados federados e dos municípios metade do que lhes cabia na partilha dos tributos federais. Concentrou o dinheiro em suas mãos. Patrocinou uma intervenção branca nas principais centrais patronais de classe[50] do país, que deixaram assim de ter representação política e opinião independente. Tornaram-se linhas de transmissão do governo. Ao mesmo tempo, Delfim favorecia individualmente as empresas e setores que lhe convinham. Nessa movimentação, o *Jornal do Brasil* e *O Globo* passaram a receber benefícios cambiais e fiscais.[51]

GABEIRA E O SEQUESTRO DO EMBAIXADOR

A violência do Ato Institucional n⁰ 5 radicalizou a oposição de esquerda, que desde 1967 se dividia entre os que defendiam a luta armada contra o regime militar e aqueles que preferiam meios sem violência, como sindicatos, algumas correntes do movimento estudantil e os militantes do Partido Comunista Brasileiro. Para estes, a luta contra a ditadura se daria nas fábricas, nos jornais e até mesmo no Congresso Nacional, dentro do único partido de oposição. O MDB era um partido desacreditado, porque seu funcionamento era uma concessão do regime, um teatrinho criado para disfarçar o fato de que o país estava sob uma ditadura. Seus parlamentares eram acusados de fingir oposição. A Arena era o partido do "sim, senhor", e o MDB o do "sim". Tanto que, para as eleições parlamentares de 1970, já se ensaiava na sociedade a campanha do voto nulo, que de fato aconteceria.

Um marco do debate sobre a luta armada foi o lançamento, em maio de 1967, de *Terra em transe*, de Glauber Rocha, o mais festejado diretor do Cinema Novo. O filme mostra o povo brasileiro e os trabalhadores em geral como alienados, manipuláveis, ignorantes, incapazes de mobilização e de compreensão da realidade política. Um povo manobrado pela Igreja, por lideranças políticas populistas e corruptas e sindicalistas pelegos. No final, o personagem principal, um jornalista vivido por Jardel Filho, desencantado com todo o quadro, resolve pegar em armas e sair dando tiros, rumo a Brasília, para derrubar o regime e fazer o maior estrago possível no sistema. Em oposição a ele, sua amante, interpretada por Glauce Rocha, defende um trabalho pacífico e paciente de organização e preparação do povo para a luta futura.

Sempre que precisava faltar ao trabalho para cumprir alguma tarefa política, Fernando Gabeira, já como editor de Pesquisa, avisava antes a Carlos Lemos, que o acobertava. Após a Passeata dos Cem Mil (26 de junho de 1968), agoniado, ele decidiu que sua militância tinha que mudar de rumo. Desencantado com o velho PTB, Gabeira filiara-se ao grupo leninista Dissidência Comunista, o futuro MR-8 (Movimento Revolucionário 8 de Outubro), que se desligara do PCB. Os membros da Dissidência, em sua maioria, eram jovens estudantes ou profissionais recém-formados que não concordavam com o que consideravam passividade do PCB. Naquele momento, o patamar ficara mais alto e não era mais possível para Gabeira conciliar o trabalho no jornal com a militância.

Ao notar que Gabeira era cada vez mais militante do que jornalista, Alberto Dines chamou-o uma tarde para um drinque e lhe disse: "Tenho a maior confiança em você, que é um grande profissional. Por isso, quando sentir que sua militância está interferindo em seu trabalho, peça para sair". Gabeira concordou, porque já antecipava essa opção. Praticamente um ano depois, em julho de 1969, Gabeira cumpriu o trato: procurou Carlos Lemos e avisou que precisava ser demitido, porque iria cair na clandestinidade. Dines estava de férias em Bariloche, na companhia dos filhos, quando recebeu um telegrama de Carlos Lemos. "Gabeira pediu demissão." Dines respondeu: "Aceite e pague tudo a que ele tem direito".[52]

O grupo a que Gabeira se filiara resolveu contra-atacar e organizar o sequestro do embaixador Charles Burke Elbrick, representante do país que, para eles, era o grande inimigo do Brasil, os Estados Unidos. A Dissidência Comunista acreditava que era preciso partir para a guerrilha urbana, desencadear ações militares, a fim de confrontar o regime e conseguir a adesão da sociedade. E a primeira missão tinha de ser ousada. A ideia inicial era a de um justiçamento. Escolher alguém importante do regime militar e executá-lo. Mas um membro do grupo foi contrário. Achava melhor um sequestro com troca por companheiros presos. Franklin Martins apoiou a proposta e a ideia da captura de Elbrick prevaleceu. A data seria 8 de outubro, em homenagem à revolução bolchevique. Mas iria demorar muito, então resolveram antecipar para 7 de setembro.

O planejamento foi cuidadoso. As providências envolveram o aluguel de uma casa na rua Barão de Petrópolis, em Santa Teresa. O dinheiro da locação veio da rescisão trabalhista de Gabeira com o JB. A casa, inicialmente, servia para a operação da gráfica que imprimia panfletos, o jornal *Resistência* e mensagens do grupo, editados por Gabeira. Tudo funcionava em um apertado apartamento da rua Paulo Freitas, 19, em Copacabana. Mas, para esconder Elbrick, era preciso mais espaço. A casa em Santa Teresa ficava nas proximidades da rua Prefeito João Felipe, onde o ex-líder do PTB na Câmara dos Deputados, o milionário Bocaiúva Cunha, mandara construir uma mansão para o seu casamento no começo da década. O autor do projeto tinha sido Henrique Mindlin, um concunhado de Baby Bocaiúva (Mindlin era casado com a irmã de Vera Bocaiúva, mulher de Baby). O escritório de Mindlin seria encarregado, mais tarde, do projeto da nova sede do JB na avenida Brasil. Quando veio o golpe de 1964, Bocaiúva foi obrigado a partir para um longo exílio e separou-se de Vera, que continuou morando ali com os cinco filhos do casal.

Uma das filhas de Baby e Vera, Heleninha, amiga de Fernando Gabeira, concordou em servir como fiadora para o aluguel da casa da Barão de Petrópolis. Inicialmente, segundo Gabeira, o proprietário, um certo Vladimir, não queria aceitar, preocupado exatamente com o que lia no noticiário sobre a movimentação de grupos terroristas na cidade. Fernando Gabeira negociou, fingindo familiaridade com o mercado de imóveis, e acabou convencendo Vladimir.

Então partiram para a ação. Quando Charles Burke Elbrick passava em seu Cadillac pela rua Marques de Abrantes, em Botafogo, no dia 4 de setembro de 1969, caiu nas mãos dos jovens estudantes. Os bilhetes por meio dos quais os sequestradores se comunicavam com o governo eram escondidos em lixeiras e pontos estratégicos da cidade, e a redação do JB era avisada. Alguns jornalistas juravam identificar nos bilhetes o estilo de Fernando Gabeira.

Quando viram que o desfecho do sequestro estava próximo e que a repressão iria cair em cima, Heleninha e a mãe, Vera, fugiram para Paris, e depois para o Chile. Fernando Gabeira foi baleado e preso em São Paulo, e só deixou o país após um longo período de prisão e torturas. Foi um dos quarenta presos trocados no dia 16 de junho de 1970 pelo próximo embaixador a ser sequestrado, o alemão Ehrenfried von Holleben, capturado pela Vanguarda Popular Revolucionária (VPR) e pela Aliança Libertadora Nacional (ALN).[53]

A casa em que Bocaiúva Cunha e Vera moravam foi comprada por Nascimento Brito, que se mudou para lá com a família.

O sequestro do embaixador norte-americano ocorreu em uma quinta-feira, e a sexta, portanto, foi de tensão em todo o país. Todos se interrogavam sobre quem seriam os sequestradores, a que grupo político pertenceriam, e qual seria a reação dos militares — e dos Estados Unidos. As consequências, porém, já seriam sentidas naquele mesmo dia por pessoas que nada tiveram a ver com a ação. Por volta das 22h30, três profissionais da editoria de Esportes do *Jornal do Brasil* saíram do prédio da avenida Rio Branco, 110, depois de fechar as quatro páginas que lhes cabiam na edição do sábado. Eram o subeditor de Esportes, João Areosa, o repórter José Trajano e o diagramador Ivanir Yazbeck. Estavam, claro, muito mais interessados no sequestro e seus desdobramentos do que no seu próprio material de trabalho daquela noite, o Torneio Roberto Gomes Pedrosa (embrião do Campeonato Brasileiro). O "Robertão", como era chamada a disputa, começaria no dia seguinte com os jogos Flamengo × Portuguesa, Fluminense × Cruzeiro, Botafogo × Internacional e Coritiba × Vasco da Gama.

A primeira página do jornal de sábado já estava pronta, com a manchete "Conselho de Segurança examina situação esta manhã", com quatro fotos. Duas delas reproduziam cartas manuscritas diretamente do cativeiro pelo embaixador Charles Burke Elbrick à mulher. Uma delas fora encontrada em uma das caixas de esmola da Igreja de Nossa Senhora da Glória, no Largo do Machado; a outra, em uma lata de lixo do Supermercado Disco, do Leblon.

Antes de sair, o diagramador Ivanir Yazbeck conferiu a primeira página, leu praticamente tudo, checou as quatro páginas de Esporte, que eram as últimas do primeiro caderno (ainda não havia um caderno específico), e foi reunir-se a João Areosa e José Trajano.

Os três amigos, apesar da tensão do momento, iam cumprir uma agradável rotina de quase toda sexta-feira: encontrar-se com o redator Marcos de Castro para tomar uísque ou chope no Café e Restaurante Lamas, que então funcionava no largo do Machado, ou no apartamento do próprio Marcos, na praça São Salvador. A resenha da noite prometia, porque os três desconfiavam que deviam conhecer algum dos autores do sequestro. Marcos de Castro tinha entrado para o *Jornal do Brasil* em 1959, havia ganho um prêmio Esso com uma reportagem sobre a vida dos jogadores de futebol que não atingiram o estrelato, e já tinha pedido demissão do jornal. Aceitara um convite para trabalhar na nova revista *Realidade*, da Abril, onde começaria em poucos dias.

Pelo planejamento que os amigos fizeram ao telefone, o encontro daquela sexta-feira seria no apartamento de Marcos, que era mais próximo do JB —

Trajano morava na Tijuca, Areosa na Gávea e Ivanir em Copacabana. Quando tocaram a campainha, a mulher de Marcos, Helga, atendeu com expressão assustada, mãos trêmulas e sem responder aos cumprimentos alegres dos amigos.

Marcos tinha saído e voltaria logo, mas ali na sala estavam dois brutamontes sombrios, de terno barato e gravata ordinária. Um deles inspecionava com aparente indiferença os livros na grande estante que Marcos mantinha na sala. De vez em quando, pegava um exemplar e folheava. O outro, aboletado em uma cadeira de balanço, mantinha o olhar fixo nos três que chegavam, em uma tentativa de se mostrar intimidador. Não houve cumprimentos.

"São policiais do Dops e vieram prender o Marcos", disse Helga. Trajano, Areosa e Ivanir sentaram-se no sofá maior da sala, acalmaram Helga, que se acomodou em uma poltrona, e um deles disse: "Fique calma, todo mundo sabe que Marcos nunca esteve envolvido em nada, é um homem dedicado apenas ao trabalho e à família". Helga e Marcos tinham dois filhos, Luísa, de quatro anos, e Emanuel, de seis. O caçula, Lúcio, nasceria poucos anos depois. Seguiu-se um silêncio quase insuportável.

Finalmente, ouviu-se o barulho do elevador chegando ao nono andar, os passos lentos e compassados de Marcos de Castro, que pesava cerca de cem quilos, e a chave girando. Quando a porta se abriu, surgiram as bochechas rosadas e o sorriso aberto para os amigos. Mas logo a presença dos policiais se impôs. Ordenaram ao anfitrião que pegasse utensílios pessoais, porque seria levado a uma viagem. Dois outros policiais esperavam em frente ao prédio, em um furgão. Não havia qualquer possibilidade de resistência nem condições de argumentação. Quando Marcos foi levado para dentro da noite, os amigos telefonaram para Alberto Dines em busca de ajuda. Mas nem Dines ou o JB poderiam fazer qualquer coisa, nem a Editora Abril, para quem Marcos iria trabalhar.

O jornalista desapareceu por uma semana. Foi duramente torturado na sede do DOI-Codi, na rua Barão de Mesquita, na Tijuca, e depois levado ao Batalhão de Infantaria Motorizada, na avenida Brasil. Aquela seria uma semana de desespero para Helga. A prisão e a tortura de Marcos eram apenas parte de uma "diligência", uma "investigação" sobre Fernando Gabeira, um dos doze autores do sequestro do embaixador norte-americano, em cuja pista estavam os agentes. Chegaram a ele apenas porque, seis meses antes do sequestro, Marcos de Castro havia sido avalista de Gabeira junto ao cartão Diner's Clube.[54]

Outro redator do *Jornal do Brasil*, Joaquim Campelo, respirou aliviado. Gabeira havia lhe pedido para avalizar o Diner's, mas como Campelo só chegava à tarde no jornal, acabou recorrendo a Marcos. Quem também teve problemas foi o jornalista Chico Nelson, na época enviado especial ao Amazonas para uma série de reportagens para a revista *O Cruzeiro*. Antes de ir, emprestou ao grupo — sem saber para quê — a Kombi que foi usada no sequestro. Chico teve que fugir do país, em vez de voltar ao Rio.[55]

Os anos 1970: casa nova, abertura e o começo da crise

ROBERTO MARINHO ABRE GUERRA

Evandro Carlos de Andrade era chefe da redação da sucursal do *Jornal do Brasil* em Brasília desde 1962, a convite do amigo Carlos Castello Branco, com quem havia antes trabalhado na assessoria de imprensa do então presidente Jânio Quadros. Evandro acumulava a chefia de redação do JB com o emprego de repórter político da sucursal de *O Estado de S. Paulo* — coisas de um Brasil remoto, em que eram possíveis tais incompatibilidades. Em novembro de 1971, Castelinho foi uma noite à casa de Evandro, no Lago Sul de Brasília, e lhe comunicou: "Estou lhe trazendo o convite do Roberto Marinho para que você dirija *O Globo* no Rio. Ele quer você como editor--chefe, diretor de redação". "Mas por que não você, Castello?" Ao que este respondeu: "Ora, porque ele não me convidou. Convidou você".

E Castelinho contou a razão do convite: o diretor de redação de *O Globo*, Moacir Padilha, sofria de um câncer terminal, mas ainda não sabia da gravidade da doença, achava que iria logo recuperar-se. Roberto Marinho queria um sucessor para Padilha, mas movia-se discretamente para não magoar o velho colaborador.

Evandro soube depois que seu nome fora indicado pelo banqueiro José Luís de Magalhães Lins — o onipresente. Viajou ao Rio, assumiu quase em segredo, preparou a mudança da família e passou a trabalhar na sala de Ricardo Marinho, irmão de Roberto, enquanto Moacir Padilha estivesse vivo. Na primeira conversa que teve a sós com Roberto Marinho, Evandro explicou como iria se comportar: "Doutor Roberto, eu sou papista. O que o papa determina, acabou. É aquilo ali e não se discute mais. O senhor é o papa".

Junto com Evandro, chegou a *O Globo* Henrique Caban, convidado por Rogério Marinho para ser superchefe de reportagem, uma espécie de editor de notícias. Roberto Marinho aceitou contratar Caban, mesmo informado de que era filiado ao Partido Comunista Brasileiro. E foi claro com os dois novos funcionários: "Se eu não mudar, o meu jornal vai morrer. Quero um jornal mais moderno e que seja um matutino. O vespertino não vai existir mais, está condenado à morte".

Evandro seguiu a determinação de Janio de Freitas e Alberto Dines no JB: jornalista tem que ser exclusivo, não pode acumular empregos. *O Jornal do Brasil* era o melhor jornal do país desde o comecinho dos anos 1960 e chegava cedinho às bancas. Um legítimo matutino. E ainda aplicava furos importantes nos concorrentes, embora não fosse essa a sua prioridade. *O Globo* ainda mantinha a tradição de fechar entre quatro e cinco horas da madrugada e chegar às bancas por volta do meio-dia, com pico de vendagem por volta das quinze horas, o que era uma enorme desvantagem.

Como vespertino, não tinha venda de assinaturas nem anúncios classificados. Roberto Marinho repetia para Evandro e Caban: "Um jornal começa a morrer dez anos antes. O meu está morrendo, e eu não quero isso. Vou salvá-lo a qualquer custo".

Henrique Caban lembra que uma pesquisa mostrou que, quando falecia um tradicional comprador de *O Globo*, o resto da família deixava de adquirir o jornal, porque era obsoleto. *O Jornal do Brasil* já tinha ultrapassado a casa dos 100 mil exemplares diários, enquanto *O Globo* patinava nos 70 mil, com tendência de queda. E a vendagem do *Jornal do Brasil* aos domingos era esmagadora. Um total de 30% do faturamento do JB vinha das suas edições dominicais. *O Globo* não circulava aos domingos, situação absurda para um jornal que se pretendia competitivo. Mas não circular em um dia da semana era uma tradição que vinha de muito tempo, cultivada pelas duas empresas desde as respectivas fundações.[1]

A tarefa de Evandro Carlos de Andrade e Henrique Caban era clara: ocupar o espaço do JB, atropelá-lo, transformar *O Globo* no grande jornal do Rio de Janeiro e ganhar o mercado publicitário. Roberto Marinho planejava isso há alguns anos, desde que conseguira tirar a TV Globo do atoleiro da dívida com a Time-Life, com o socorro decisivo de José Luiz de Magalhães Lins — ele, de novo.

Transformar um grande vespertino em um matutino, no início dos anos 1970, era tarefa industrial hercúlea, que exigiria meses de adaptações graduais, tanto na redação quanto na gráfica. Quando Roberto Marinho deu a ordem para a mudança, a antecipação do fechamento passou a ser diária e progressiva. Em cinco meses, Evandro e Caban conseguiram trazer o fechamento das quatro da manhã para as dez horas da noite. Logo depois, estabilizou-se entre meia-noite e uma hora da madrugada, considerado o horário ideal para um jornal competitivo no mercado. O próximo passo seria criar a edição de domingo.

O dia marcado para o lançamento foi o domingo, 2 de julho de 1972. O *Jornal do Brasil*, informado alguns meses antes, aceitou o desafio: Nascimento Brito decidiu lançar também a edição de segunda-feira, no dia seguinte, 3 de julho de 1972. Chagas Freitas, presidente do Sindicato das Empresas Jornalísticas, amigo próximo dos dois, tentou uma conciliação. "Vocês têm que conviver. Um confronto pode ser mortal para os dois", dizia Chagas separadamente aos dois inimigos. O mesmo fez José Luís de Magalhães Lins. Mas as decisões estavam tomadas.

As redações prepararam-se de forma diferente. Para O *Globo*, a mudança era mais radical, porque a edição de domingo exigia mais material, maiores e mais bem apuradas reportagens especiais, exclusivas e de boa qualidade — tudo o que o JB fazia muito bem. A equipe teria que ser treinada para isso. A edição de segunda-feira, por sua vez, era mais simples, quase um serviço da semana que se iniciava — exceto pela cobertura do domingo esportivo e pelas fotos de praia e dos parques. O que não seria grande problema para o JB, especialista em belas fotos e em "boxes" — textos complementares com a visão do repórter, com os personagens e os melhores momentos do espetáculo. Além disso, o JB possuía também uma excelente equipe de Esporte, com Oldemário Touguinhó, Luís Carlos Mello, Sandro Moreyra, Dácio de Almeida, entre outros.

O *Globo* chegou a montar uma supereditoria na semana anterior ao lançamento da edição de domingo. Um grupo de repórteres de cada editoria foi retirado da pauta diária e passou os cinco dias da semana preparando textos e reportagens. Afinal, todos temiam pela comparação com o JB. O *Jornal do Brasil*, ao contrário, manteve a rotina, apenas com mais empenho nas pautas, e um esforço especial no domingo.

O trabalho dominical do JB começou mais cedo, com cobertura capricha-da das praias pela editoria de Cidade (era um mês de julho quente e ensola-rado), com fotos e textos especiais para a edição de segunda-feira. *O Globo*, pela primeira vez, deu material político na primeira página, uma entrevista com o brigadeiro Eduardo Gomes, para valorizar sua edição de domingo.

Em termos jornalísticos, o JB continuou imbatível. Deu show. Seu público dominical continuou fiel. E *O Globo* manteve sua vendagem das segundas-feiras, porque o forte do jornal neste dia era a grande e tradicional cobertura do futebol dos domingos. Tinha até uma página pioneira de humor chamada "Pênalti", com desenhos e piadas, assinada por Otelo Caçador e que trazia impresso um "diploma de sofredor", para ser entregue pelo torcedor do time vitorioso aos amigos derrotados no domingo.

Já *O Globo* de domingo foi um fracasso. Só rodou na gráfica às dez horas da manhã, chegou às bancas depois do meio-dia e vendeu muito pouco. A oficina não estava preparada, a nova realidade exigia uma logística que ainda não estava implementada e a distribuição também desandou. Roberto Mari-nho soube do desastre em uma cama de hospital. Estava internado por causa das lesões resultantes de uma queda de cavalo. Três meses depois, o diretor financeiro do jornal comentou com Henrique Caban: "Se eu fosse o doutor Roberto, desistia. Essa edição de domingo é um prejuízo só...".[2]

Mas, em termos empresariais, a longo prazo, comprovou-se que estava correta a iniciativa de Roberto Marinho. Com a TV Globo já líder de audiên-cia, com novelas de sucesso e o *Jornal Nacional* iniciando uma trajetória de enorme popularidade, estabeleceu-se o que se veio a chamar de um horário nobre para a televisão. E, nesse horário, iniciou-se uma campanha massa-crante de publicidade em favor de *O Globo*.

Roberto Marinho atacou o mercado de anúncios classificados de forma agressiva, ao criar um mote publicitário "Globo edição de domingo, que lin-do, que lindo". As manchetes e principais notícias do dia seguinte passaram a ser anunciadas justamente no horário nobre: "Leia amanhã em *O Globo*", e seguiam-se os títulos e os assuntos.

Na guerra que abriria pelo mercado de classificados, Roberto Marinho e sua equipe usaram, além da publicidade em horário nobre da tevê, muita criatividade. Resolveram que também venderiam anúncios pelo telefone. Era preciso, pois, um número de fácil memorização. Alguém teve a ideia de usar o telefone de um famoso samba de Noel Rosa, "Conversa de botequim". O *Globo* comprou os direitos sobre o samba e também o próprio número, que pertencia a uma moradora de Vila Isabel. E a musiquinha dos classificados passou a ser: "Telefone ao menos uma vez, para 344333", depois alterado para 2344333.

Nascimento Brito manteve uma postura de certa arrogância em relação ao concorrente, pela inegável diferença de qualidade. Brito menosprezava os classificados, que tinham sido tão valiosos para o JB. Agora, achava que "classificado é coisa de pobre", e aumentava gradativamente os preços do centímetro do anúncio. Roberto Marinho, ao contrário, tentou, pelo menos por duas vezes, tomar do JB o responsável pelos classificados, Hélio Sarmento, com propostas de trabalho mais vantajosas. Pôs preços mais baixos do que os do concorrente, promoveu ofertas, como pagar por um dia e ter o anúncio publicado em outras duas edições seguidas.

O estilo dos dois empresários ficou ainda mais evidente. Roberto Marinho ligava pessoalmente para os grandes anunciantes do JB, para seduzi-los. Oferecia pacotes de anúncios a preços módicos, que incluíam o rádio e a TV. Nascimento Brito, por sua vez, não recebia, por exemplo, Sérgio Dourado, o maior cliente dos classificados, com quem era brigado por atrasos de pagamento. Roberto Marinho comparecia às festas do Sindicato dos Jornaleiros, os encarregados das vendas dos jornais e que tinham contato direto com o público, enquanto Nascimento Brito não dava sequer "bom dia" para os funcionários subalternos do JB.

Roberto Marinho, na luta pelo mercado publicitário, chegou a associar-se a Carlos Carvalho, sócio da construtora Carvalho Hosken Engenharia e da corretora Sérgio Dourado, no lançamento do Village São Conrado, um conglomerado imobiliário de classe média alta, perto do Hotel Nacional e em frente à favela da Rocinha.

Mas tradição e hábito são coisas que demoram a mudar. Mesmo quem migrou para os classificados de O *Globo*, segundo uma pesquisa do próprio jornal, chegava ao stand de venda e, quando perguntado, falava em "classificados do JB". O JB iniciou uma reação em 1974, com a contratação de Arthur Chagas Diniz para reformular os classificados, com a figura do elefantinho e o slogan "Classificados que vendem". Nunca mais, porém, os classificados seriam a fonte de receita que um dia foram — por causa também do efeito televisão.

O mercado imobiliário se transformou em grande fonte de receita. João Luís Farias Neto, jornalista que tinha também experiência em publicidade, avalia que na virada da década de 1960 para 1970, a publicidade ocupava de 15% a 20 % do VGV (Valor Geral de Venda) dos lançamentos imobiliários. Era o percentual do orçamento para a publicidade. Hoje, não chega a 5%. Gastava-se para valer. Uma das campanhas de lançamento mais caras mostrava fotos de uma vaca passeando pela avenida Rio Branco. Imagine-se o trabalho de transportar o animal e interromper o trânsito na principal via da cidade por, pelo menos, meia hora. E tudo isso, toda essa verba, começou a migrar para a televisão. Segundo Farias Neto, aconteceu no Brasil o que não ocorria em nenhum outro país do mundo: até mesmo o comércio de varejo migrou para a tevê, e os jornais perderam receita.

Apesar disso, o *Jornal do Brasil* continuou como o mais vendido do Rio de Janeiro, mantendo uma distância razoável de *O Globo* ao longo dos anos 1970. Henrique Caban afirma que a virada se deu no fim dessa década, com o caso Lu e Van. Em 1974, o engenheiro cartográfico Vanderlei Gonçalves Quintão resolveu "lavar com sangue" o passado de sua noiva, a estudante universitária Maria de Lurdes Leite de Oliveira, que tivera vida sexual com os dois namorados anteriores.

Lu, como era chamada, marcou por telefone encontros em separado com cada um deles na praça da Cruz Vermelha, fingindo que desejava um revival, uma última noite. O primeiro foi Vantuil de Mattos Lima. Lu o atraiu à Barra da Tijuca, onde Van, o noivo ciumento, esperava o casal e o abateu a tiros, com o revólver do pai de Lu, um coronel reformado. O segundo foi Almir da Silva Rodrigues, que caiu na mesma armadilha. O caso Lu e Van rendeu um filme, *Beijo na boca*, de 1982, dirigido por Paulo Sérgio de Almeida, em que Mário Gomes interpretava Van e Cláudia Ohana, Lu, além de dar origem a casos especiais na TV Globo.

À medida que os crimes eram elucidados, *O Globo* deu total cobertura, com quantos repórteres fossem necessários, fotos, reconstituição dos assassinatos e fartura de detalhes, enquanto o JB minimizou a história, por considerá-la, talvez, de "mau gosto". Os repórteres policiais do JB eram excelentes, tão competentes quanto os do jornal adversário, e se irritavam diariamente com o pouco espaço que lhes era destinado. Eram Milton Amaral, Bartolomeu Brito, Ubirajara Moura, Jairo Cruz, entre outros. Quando o engano estratégico do JB foi percebido, *O Globo* já estava bem à frente. Sem dúvida, uma questão de prioridade do JB, que estava empenhado em reportagens mais políticas, aproveitando a abertura democrática e o fim da censura. [3]

AYMORÉ E OS TUPAMAROS

O ano de 1970 começou com a economia crescendo anualmente a 10%. A classe média comprava imóveis e automóveis graças ao crédito farto, a Bolsa de Valores do Rio de Janeiro batia recordes sucessivos, mas a atmosfera política era sombria. O fim da década anterior foi um período de repressão política violenta. O sistema de segurança se organizou depois dos sequestros de diplomatas e o contra-ataque foi arrasador. A guerra era desigual, e o governo desmantelou todo o movimento em cerca de dois anos. O endurecimento do regime trouxe a invasão sistemática de teatros e a prisão e espancamento de atores, além do recrudescimento da censura aos jornais, tevês, emissoras de rádio, filmes e músicas. Cantores e compositores foram forçados a exilar-se e as redações dos jornais tomavam conhecimento das atividades dos grupos de ação armada da esquerda apenas pelas notas de censura que chegavam. Gradualmente, os países vizinhos também sucumbiam a ditaduras, como parte da Guerra Fria e da influência dos Estados Unidos no combate aos movimentos e partidos de esquerda na América Latina.

O Uruguai, por exemplo, tinha adotado progressivamente medidas de exceção no final dos anos 1960, diante da cada vez mais ousada ação do movimento de guerrilha urbana batizado de Tupamaros — uma referência a Tupac Amaru, último líder dos incas na luta contra o invasor espanhol no século XVI. O vice-presidente Jorge Pacheco Areco assumira em 1967, quando morreu o presidente eleito, o general Oscar Diego Gestido. Aos poucos, Areco permitiu e estimulou que a CIA e a embaixada dos Estados Unidos assumissem o controle da luta contra a guerrilha. Chegaram ao país os "especialistas", entre os quais um norte-americano de origem italiana, Dan Mitrione, que vivia no Brasil desde 1960.

Mitrione era o chefe de polícia de Richmond, capital da Virgínia, e, depois de admitido na CIA, foi treinado e designado para servir no Brasil. Instalou-se em Belo Horizonte com a mulher e seis filhos. Morou no bairro de Anchieta, em uma ampla casa de quatro quartos, e ajudou a ministrar treinamento de tortura à repressão brasileira. Foi transferido em 1969 para o Uruguai, onde implantou a tortura como método de investigação, como já acontecia amplamente no Brasil, no Paraguai e na Argentina.

Até então, o Uruguai era visto como um quase oásis democrático no Cone Sul, com eleições diretas para presidente e uma relativa liberdade política, sindical e de imprensa. A partir de 1969, com a ação dos tupamaros, a situação mudou. Professores e advogados considerados "simpatizantes" dos tupamaros tiveram suas casas atacadas e bombardeadas por carros da polícia, sem qualquer preocupação de disfarce. Do outro lado, os tupamaros passaram a organizar atentados contra agentes de segurança.

Dan Mitrione foi sequestrado pelos tupamaros no dia 31 de julho de 1970. Durante a operação, acabou levando um tiro no ombro. O sargento Gonzalez, do exército uruguaio, motorista do norte-americano, levou uma coronhada na cabeça. Na mesma manhã, foi também capturado o cônsul brasileiro Aloísio Dias Gomide. Quatro tupamaros chegaram a sua casa e se disseram funcionários da companhia telefônica. Levaram apenas Gomide, deixando em casa a mulher dele e os seis filhos.

Os tupamaros queriam usar Mitrione e Gomide para libertar 150 prisioneiros, como acontecera no Brasil. Mitrione simbolizava a presença da CIA no país. Gomide foi escolhido porque representava o Brasil, um país considerado importante no contexto das ditaduras latino-americanas e principal aliado dos Estados Unidos no continente.

Os guerrilheiros acreditavam que os liberais uruguaios ficariam solidários ao conhecer as atividades de Dan Mitrione e a ameaça que era a ditadura brasileira ao seu próprio sistema democrático. Agentes brasileiros atravessavam a fronteira, disfarçados de pastores religiosos, homens de negócio ou fazendeiros, para prestar apoio à repressão. Os tupamaros esperavam um desfecho sem mortes para o sequestro, como ocorrera no Brasil. Mas Pacheco Areco pensava diferente. Não iria negociar com pessoas que considerava terroristas, ladrões e assassinos comuns.

Estabeleceu-se o impasse. Sem acordo com o governo, os tupamaros executaram Dan Mitrione com dois tiros na cabeça. Seu corpo foi encontrado dez dias depois, em 10 de agosto de 1970, amarrado, amordaçado e abandonado no banco traseiro de um Buick conversível roubado. Pacheco Areco conseguiu, com o incidente, poderes excepcionais, como o estado de sítio, suspensão dos direitos constitucionais de propriedade, de reunião, de expressão e de ir e vir, além das prisões e invasão de domicílios sem mandado judicial. O Uruguai chegava à ditadura com um presidente civil, e as tropas ocuparam as ruas, transformando a vetusta e antes pacata Montevidéu em uma área de guerra.

Foi neste quadro de tensão e violência política, em um país de população inferior à das metrópoles brasileiras, que desembarcou em Montevidéu o enviado especial do *Jornal do Brasil*, Arthur Aymoré. Suas primeiras reportagens esclareciam quem era Dan Mitrione, informavam que a CIA fornecia equipamento técnico de tortura à repressão uruguaia e que a polícia local adotava, cada vez mais, métodos similares aos da polícia política brasileira. O enviado do JB chegava para acompanhar o cativeiro de Aloísio Dias Gomide e a comoção nacional que se criara no Brasil com o sequestro. Com ele, aportou em Montevidéu o gaúcho Geraldo Canale, que trabalhava na sucursal do Rio Grande do Sul.

Por meio de amigos, Aymoré conseguiu uma entrevista com o líder dos tupamaros, Raul Sendic, ao qual foi levado encapuzado e sob severas condições. O repórter enviou seu material por uma agência telegráfica da Western Union do centro de Montevidéu. Em 1970, as tecnologias de escuta e controle já existiam, mas não eram tão sofisticadas como hoje. Mesmo assim, Aymoré sabia que pisava em território minado.

Arthur Aymoré nasceu em 1942 em Macapá, no Amapá, em uma família de paraenses. Logo que acabou a Segunda Guerra, os Aymoré migraram para o Sul, quando o menino tinha apenas três anos. Morando no Paraná durante toda a infância, Arthur estudou em Curitiba e depois foi aprovado para a Faculdade de Filosofia da Universidade do Brasil, hoje UFRJ, como quase todos que chegavam ao JB na virada das décadas de 1950 e 1960.

Cursou também Direito na Faculdade Cândido Mendes, voltou a Curitiba e estagiou na sucursal do *Última Hora*. Aymoré ainda trabalhava lá, em

1963, quando o prédio chegou a ser depredado pelo Comando de Caça aos Comunistas. Ambicioso, resolveu mudar-se de vez para o Rio de Janeiro, e o seu então chefe, Luís Fernando Fleury, o indicou a Alberto Dines. Chegou ao *Jornal do Brasil* no final de 1963 e foi estagiar na Nacional, fazendo matérias políticas. As editorias, ainda chamadas de "seções", eram Cidade, Nacional, Economia, Internacional e Esportes.

Versátil, bem informado e inquieto, Aymoré caiu nas graças de Dines e do então chefe de reportagem, Jaime Negreiros, demitido no ano seguinte. Aymoré cobriu, ainda bem jovem, um comício do presidente João Goulart no Cineteatro de Juiz de Fora, e depois o famoso comício da Central do Brasil, onde farejou o golpe iminente. Para ele, estava clara a desigualdade da correlação de forças e o impasse político que levaria à ruptura.

Depois de acompanhar como repórter político no Rio de Janeiro o golpe de 1964, Aymoré foi parar no Caderno B. Fez uma grande reportagem com Guimarães Rosa em sua posse na Academia Brasileira de Letras, em 16 de novembro de 1967, e ficou impressionado com a humildade, até timidez, do gênio. Foi também dele a cobertura da visita do Balé Bolshoi ao Brasil em plena ditadura.

Ao contrário da mulher de Dan Mitrione, que se recolhera em silêncio depois da morte do marido, a mulher do cônsul brasileiro, Aparecida, partiu para a luta para tentar salvar Gomide. Deu entrevistas a emissoras de rádio uruguaias, apelou ao governo de Pacheco Areco, conseguiu até mesmo avistar-se com lideranças dos tupamaros. Pacheco Areco mantinha-se irredutível: não negociaria com criminosos e não iria soltar ninguém. Os tupamaros, então, em vez da libertação de presos políticos, passaram a exigir 1 milhão de dólares pelo cônsul brasileiro.

Aparecida Gomide voltou ao Brasil e implorou ao presidente, o general Médici, e ao chanceler Mário Gibson Barbosa para que o Brasil intercedesse junto ao governo uruguaio. Médici e Barbosa foram peremptórios: o Brasil não vai se meter em assuntos internos de um país vizinho e amigo.

Se o governo brasileiro não fez nada, fizeram os apresentadores de televisão Abelardo Barbosa, o Chacrinha, da tv Globo, e Flávio Cavalcanti, da tv Tupi, que brigavam por audiência aos sábados. Os dois iniciaram, no ar, campanhas para arrecadação de fundos e conseguiram estabelecer uma comoção no país.

Enquanto isso, no Uruguai, Arthur Aymoré conseguiu uma entrevista com o afastado chefe da repressão política do país, Alejandro Otero, a quem teve acesso por meio de um amigo comum. Ressentido pelo ostracismo que lhe foi imposto depois da chegada de Mitrione e dos norte-americanos, Otero contou que a tortura tinha virado rotina, que os choques elétricos nos órgãos genitais eram comuns e que os prisioneiros eram advertidos de que suas famílias seriam também torturadas ou mortas.

Dan Mitrione foi o coordenador do trabalho que, segundo Otero, "contrariava sua filosofia de vida e seus métodos". Aymoré remeteu seu texto novamente por telex e, naturalmente, poupou Alejandro Otero, atribuindo as informações a "fontes policiais". Enviou também outro telex em que informava ao jornal o nome de seu informante, como garantia da importância e da veracidade da reportagem. Quando telefonou do hotel à redação para checar se tudo estava em ordem, falou com o editor-geral Alberto Dines, que lhe disse: "Está excelente, mas não podemos publicar sem o nome da fonte. Ou citamos o Alejandro Otero, ou nada feito. A situação aqui também é crítica, estamos sob censura, como você sabe, e não podemos correr riscos".

Aymoré tentou argumentar, disse que Otero sofreria represálias, mas entendeu o quadro geral. Resolveu consultar Otero e explicar-lhe o impasse. O uruguaio assustou-se e disse que, se fosse citado na reportagem, seria preso, perderia o emprego e sua família estaria em risco. "Se aqui no Uruguai perguntarem, você tem que negar que falou comigo", acrescentou.

Alberto Dines acabou aplicando a solução técnica possível: manteve o anonimato da fonte, mas publicou a reportagem discretamente, no noticiário internacional e sem chamada na primeira página, como se fosse algo rotineiro e distante. Quando o jornal saiu, na manhã seguinte, logo cedo dois agentes da repressão uruguaia e um da Interpol foram procurar Aymoré no hotel em que se hospedava. Por sorte, ele havia saído. Quando retornou e soube pelo recepcionista da visita indesejada, foi à embaixada brasileira em busca de orientação. O embaixador Luís Bastian Pinto lhe prometeu toda proteção diplomática possível, mas o aconselhou a procurar a polícia para esclarecer o assunto e evitar uma prisão inesperada e clandestina.

O repórter atendeu à recomendação e apresentou-se junto com um colega brasileiro, Alberto Kolecza. Ficaram trancados durante quatro horas, sentados no chão de uma cela. Finalmente, Kolecza foi retirado. Quando chegou a vez de Aymoré, ele estava ligeiramente confiante, pelo peso do *Jornal do Brasil*, o mais importante diário da América do Sul, e pelo contato que havia feito com o embaixador Bastian Pinto.

"Por que estou aqui? O que querem de mim?", perguntou, tentando demonstrar segurança. O interrogador respondeu que Kolecza já havia confessado que a fonte da reportagem do *Jornal do Brasil* era Alejandro Otero, e pôs em frente a Aymoré uma folha de papel em branco: "Assine isso aí, e você estará livre".

Apesar de jovem, Arthur Aymoré já tinha uma boa experiência. Sabia que era um blefe, porque nada havia contado ao colega sobre Alejandro Otero. Durante três horas, o repórter foi interrogado, com perguntas repetidas a intervalos regulares, em uma técnica que visa levar o prisioneiro a contradições. Disse que realmente havia falado com Alejandro Otero, mas negou que fosse ele a fonte das informações que publicara. No final do dia, foi libertado. No hotel, recebeu um telefonema do embaixador Luís Bastian Pinto informando que ele fora expulso do país por decreto e que teria que esperar na embaixada o primeiro voo para o Brasil. A representação diplomática brasileira nada poderia fazer por ele. Dormiu em um sofá e pegou o primeiro voo da manhã para o Brasil, às seis horas. Quando chegou ao jornal, no dia seguinte, Alberto Dines lhe disse: "A embaixada dos Estados Unidos está pressionando o jornal para que você seja demitido. Aymoré, tenho a sua palavra de que o que está na reportagem é tudo verdade?". Claro que a resposta foi positiva, e Dines garantiu o emprego de Aymoré.

Enquanto isso, dona Aparecida Gomide conseguia, por meio da campanha nacional liderada por Chacrinha, um total de 250 mil dólares. Como entrar, no entanto, com o dinheiro no Uruguai? Um casal de amigos, Marcos e Maria Elisa de Azevedo, e outra amiga que vivia do comércio ilegal entre fronteiras, toparam ajudar, e levaram o dinheiro oculto nas malas, entre roupas e outros objetos pessoais. Os sequestradores aceitaram a redução no valor do resgate, e Aloísio Gomide foi libertado no dia 21 de fevereiro de 1971.

O embaixador inglês, Geoffrey Jackson, havia sido sequestrado em 8 de janeiro, mas o governo Pacheco Areco, temendo um novo assassinato, negociou secretamente com os tupamaros e libertou mais de cem prisioneiros em setembro de 1971. Em Richmond, nos Estados Unidos, o corpo de Dan Mitrione foi recebido como se fosse o de um herói nacional. Frank Sinatra organizou um grande show no Civic Hall, estádio do time de beisebol da cidade, com ele próprio, Jerry Lewis e alguns grupos de rock. O dinheiro iria para a viúva de Mitrione e para a educação de seus nove filhos. Sinatra comprou ele próprio 450 ingressos e disse que Mitrione lutava no exterior pela pátria. Os jornais americanos informavam que os tupamaros eram financiados por Moscou e treinados em guerrilha urbana por Fidel Castro.[4]

COM OU SEM PAUTA

O judeu paulista Armando Strozemberg, que morava no Rio de Janeiro desde os dez anos, entrou para a faculdade de Engenharia ao fim da adolescência por pressão paterna, o que considerava "um suicídio existencial". Quando descobriu que não era realmente aquilo que queria da vida, começou a cursar simultaneamente a Faculdade Nacional de Jornalismo da Universidade do Brasil, atual UFRJ. Ali, foi aluno de Zuenir Ventura, que o convenceu a mudar de rumo. "Venha fazer um estágio comigo no *Diário Carioca*, você já é um jornalista praticamente feito", seduziu-o Zuenir, impressionado com o texto e a cultura do aluno.

Acabou mudando-se do *Diário Carioca* para o *Jornal do Brasil*, a convite de Alberto Dines, em 1963. Trabalhou na criação da editoria de Pesquisa por Murilo Felisberto, mas foi parar no Caderno B, chamado por Paulo Afonso Grisolli, já em 1966. Aprovado em um concurso, recebeu uma bolsa de estudos em Paris, na Faculdade Nacional de Ciências Políticas. Pediu demissão do JB, ia largar tudo e mudar-se para lá. Dines, porém, não deixou: "Nada disso, você pede uma licença por quanto tempo precisar e, quando voltar, reassume o emprego".

Armando estava instalado e estudando em Paris quando passou por lá Nascimento Brito, com quem se encontrou por acaso. Brito perguntou: "Quer assumir o cargo de correspondente do JB aqui em Paris?". Era tentador: "Mas doutor Brito, já está aqui a Celina Luz, que faz um ótimo trabalho". "Não se preocupe, ela está voltando para o Brasil a pedido dela mesma." Celina havia se apaixonado por um médico neurologista, Sérgio Carneiro, um dos fundadores da Banda de Ipanema, e quis voltar para o Brasil com ele. Assim, com pouco mais de vinte anos, Armando Strozemberg conseguiu o emprego de correspondente, com um ótimo salário e ajuda de custo para pagar o aluguel.

No final de 1971, curso concluído e já casado, Armando decidiu que era a hora de retornar ao Brasil. Alberto Dines entregou a ele a responsabilidade pela pauta. Passou a chegar no JB às seis da manhã. Depois de uma nova e rápida passagem pelo Caderno B, foi novamente promovido, desta vez a editor de reportagem. E resolveu propor a Carlos Lemos e Alberto Dines uma mudança: acabar com a pauta. Ele havia notado, nos tempos de pauteiro, que muito pouco do que propunha era executado. Um trabalho brutal e que ele considerava quase inútil. A ideia era criar núcleos de repórteres especializados por assunto, e dispensar a pauta diária. Um ex-pauteiro queria acabar com a pauta.

Cidade, educação, cultura, segurança e comportamento — foi a primeira vez que a palavra "comportamento" apareceu como tema em um jornal brasileiro. Armando notou que um grupo de repórteres parecia interessado em política, diplomacia e assuntos militares, e criou-se aí o "pdami", uma sigla que incorporava os três temas. Embora, com a ditadura rugindo em seu momento mais duro, pouco se pudesse fazer nas três áreas. Como a sigla caiu no gosto dos repórteres, todos gozadores, passaram a chamar-se a si próprios de pdamis. O pdami da cidade, o pdami da saúde etc.

Armando tinha três subchefes, ou subeditores de reportagem: Juvenal Portela, Leo Schlafmann e José Gonçalves Fontes, de personalidades e estilos completamente diferentes, o que facilitava muito o trabalho e a divisão de tarefas. Mas alguns repórteres sentiram-se inadequados. Fritz Utzeri, por exemplo, escalado para a cobertura de Saúde, não gostou. "Eu fiz medicina, com especialização em psiquiatria, e se quisesse ficar escravizado nesse assunto não teria mudado de profissão." Fritz era movido a desafios.

Com o tempo, a pauta foi retomada, porque concluiu-se que era mesmo necessário um ponto de partida para o trabalho diário dos repórteres.

Armando Strozemberg acumulou o cargo de editor de reportagem com a direção de jornalismo da Rádio JB e a edição dos Cadernos Especiais até o final de 1973, quando saiu do jornal em solidariedade ao amigo Alberto Dines, que seria demitido no fim daquele ano. Chamado por Armando Nogueira, assumiu a editoria Internacional da TV Globo em janeiro de 1974, e lá permaneceu até 1976. Pediu demissão porque concluíra que era o momento de mudar de rumo, e criou sua agência de publicidade, a Interamericana.

Anos depois, em visita a *O Globo*, foi apresentado a Roberto Marinho, que olhou interessado para ele e perguntou: "Foi você quem fez aqueles 'reclames' para o *Jornal do Brasil*, não foi? Pois eu quero que você faça uns para mim também".[5]

O JB NO DIVÃ

Alberto Dines começou a fazer psicanálise em 1971. Passara a ler sobre o assunto, consumiu toda a obra de Freud e sentia-se verdadeiramente empolgado com o tema. Quando duas repórteres do jornal se desentenderam e bateram boca na redação, ele achou que era o momento de propor uma espécie de terapia coletiva ou dinâmica de grupo, alguma coisa que unisse as pessoas e tornasse o ambiente de trabalho mais produtivo e cordial.

Conversou com Nascimento Brito, e o comandante Lywall Salles lhe indicou um nome: Paulo Moura, experiente terapeuta especializado em trabalho com equipes, em "sensibilização" em ambientes competitivos. A redação do jornal seria dividida em grupos, e cada grupo passaria um final de semana no Leme Palace Hotel, em uma espécie de imersão coletiva. Em um fim de semana, os editores, no fim de semana seguinte, os chefes e copidesques, depois os repórteres.[6]

Muitos não quiseram participar, alegaram que seria uma invasão de privacidade, e que fazer ou não terapia era uma decisão íntima. Um dos que não aceitaram foi o então jovem repórter Fritz Utzeri. Psiquiatra formado, quando foi comunicado de que haveria um fim de semana de terapia coletiva, avisou, em voz alta: "Não faço essa porra! Não reconheço competência técnica nesse cara pra fazer isso".[7]

E recomendou aos colegas que não fossem, que iriam se expor demais. Boa parte dos que aceitaram participar arrependeu-se. Fritz ouviu-lhes depois as histórias. Houve quem dissesse que se sentia atraído sexualmente pela própria mãe, algumas moças confessaram que tinham atração pelo patrão. Fritz explicou que a vida pessoal de cada um não poderia ser exposta entre colegas de trabalho, que os dias posteriores seriam de constrangimento — e realmente foram.

Nascimento Brito era da turma que considerou positiva a experiência, não por acaso. Alberto Dines ficou sabendo depois que Paulo Moura havia se tornado por vontade própria um espião de Nascimento Brito. Contava a ele tudo o que acontecia nas sessões, as insatisfações pessoais com o jornal, e detalhes sobre o próprio Dines. Moura era um oficial da Marinha reformado, o que aumentou ainda mais a rejeição que os jornalistas sentiram por ele. Era um homem de pouco mais de quarenta anos, olhos verdes fundos e penetrantes sobre grandes olheiras, um bigodinho fora de moda e um ar introspectivo.[8]

A COLUNA DO ZÓZIMO

O colunista social Zózimo Barrozo do Amaral consolidava rapidamente seu nome no JB. Mas foi preso de novo pela ditadura em 1972 — e as prisões dele são ótimos demonstrativos do clima em que se vivia naqueles anos, e que parece hoje inacreditável. A nota "Por aí...", motivo da prisão, dizia simplesmente o seguinte: "O coronel Osmani Pilar é um dos maiores fãs do musical de Leila Diniz em cartaz no Salão de Viena. Na semana que passou, apareceu para assistir ao espetáculo três vezes...".

O coronel Osmani Pilar era o comandante do Forte de Copacabana, hoje apenas um ponto turístico da cidade. E Leila Diniz era odiada pela ditadura desde a famosa entrevista ao *Pasquim* em que usou palavrões e defendeu a liberdade sexual e existencial. Zózimo foi preso e o coronel Osmani repreendido e condenado a uma reserva prematura.

O filho de Zózimo, Fernando, conta que o colunista encarou de forma divertida as prisões que sofreu, como se fosse "um galardão": "Profissionalmente, foi a melhor coisa que poderia ter-me acontecido. Eu subitamente ganhei uma importância que não tinha. Trouxe-me respeito dentro da categoria e estofo como jornalista", disse a amigos e à família.

Havia notas, como "Em casa dos Mayrink Veiga", em que Zózimo citava nada menos do que cinquenta pessoas presentes em um jantar black tie que "aconteceu no Rio, mas poderia ter acontecido perfeitamente em Paris, Nova York ou Londres". A maioria desses cinquenta convidados sofisticados era de personagens mais do que frequentes na coluna. E isso repetia-se tanto que, em 1º de fevereiro de 1972, Zózimo escreveu uma nota intitulada "Autocrítica", uma grande gozação a si mesmo, em que, ao seu estilo, fazia dez perguntas, respondendo a um "por quê?":

1. Todo jantar black tie é sempre requintado? 2. Todo jantar informal é sempre divertido e simpático? 3. Toda hostess é sempre elegante? 4. Todo host é sempre sóbrio e discreto? 5. Todo menu é sempre delicioso? 6. Toda ornamentação das mesas é sempre de bom gosto? 7. Toda conversa é sempre agradável? 8. Todo champã é sempre excelente (e gelado, quando não é geladíssimo)? 9. Todo grupo de convidados é sempre selecionado? 10. Toda decoração de ambientes é sempre sofisticada?

Aos poucos, a coluna de Zózimo passou a ser a mais importante do jornal. Era leitura obrigatória para a *high society* e os leitores de classe média, que gostavam de saber o que acontecia naquele mundo que tanto fantasiavam. O crescente prestígio de Zózimo junto aos leitores e o sucesso que fazia entre os amigos de Nascimento Brito no Country Club valeram ao colunista a amizade e o carinho do patrão.

Se durante toda a década de 1970 jantares e recepções tiveram grande destaque na coluna de Zózimo Barrozo do Amaral, a partir dos anos 1980 foram relegados a uma seção de notas curtas denominada Roda Viva. O fato é que o estilo de Zózimo foi-se depurando ao longo dos anos, até chegar a uma precisão clássica. Mas não só o estilo, também a qualidade da informação jornalística melhorou. Em 19 de abril de 1973, Zózimo noticiou a presença no Rio de Janeiro de um falsificador de quadros procurado internacionalmente pela polícia de vários países. Um furo internacional.

O famoso falsificador de quadros Fernand Legros, que ficou bilionário com a venda de quadros falsos de grandes nomes da pintura, foi visto circulando tranquilamente no Rio de Janeiro no último fim de semana. Segundo pessoas que estão fartas de conhecê-lo e chegaram até a cumprimentá-lo, Legros almoçava impávido, domingo passado, no restaurante do Country Club, em companhia de um casal...

A nota valeu a Fernand Legros a prisão, dois dias depois:

Fernand Legros, apontado pela imprensa internacional como o maior falsificador de quadros do mundo, foi preso no Rio, encontrando-se à disposição do Ministério da Justiça. Contra ele já foi aberto um processo de expulsão.

Em 1976, Zózimo acusou o diretor do Museu de Arte de São Paulo, Pietro Maria Bardi, de vender a preços abaixo do mercado, em benefício próprio, obras do museu, como a tela *José e a mulher de Putifar*, de Paul Gauguin. Além disso, Bardi foi acusado de expor como legítimas obras falsas do pintor catalão Joan Miró e de Van Gogh.

O esquema de trabalho de Zózimo era complicado. Para noticiar as recepções e jantares black tie que frequentava, era preciso chegar aos locais só depois de fechada a coluna do dia, e escrever sobre o que vira apenas na tarde do dia seguinte. Às vezes, no entanto, era preciso sair correndo para fechar a coluna, quando o evento era um almoço, como os que reuniam no restaurante Saint Honoré, no hotel Méridien, os amigos Renato Machado, José Hugo Celidônio, Roberto Marinho de Azevedo, o Apicius, o diretor do hotel, o francês Robert Bergé,[9] e convidados eventuais, sempre boas fontes de informação.

Toda essa sofisticação da noite e da *high society* carioca era criação das colunas sociais, principalmente de Zózimo. Tratava-se de um universo fantástico moldado pelo estilo do colunista e que valia boas gargalhadas no aquário em que trabalhava no sexto andar da avenida Brasil, 500. Ali, ria-se muito de tudo e de todos, e os personagens eram humanizados, desmistificados, tripudiados, e até mesmo repórteres mais jovens iam à sala dele para ouvir as histórias, identificar personagens e se divertir. Mas essa era uma via de mão dupla. Ele também abastecia-se de informações junto aos repórteres de Cidade, Política e Economia. Zózimo tinha seus amigos favoritos na redação, como os editores Elio Gaspari e Renato Machado, e a repórter Beatriz Bomfim. Mas todos queriam passar boas notas para ele. Quando ele gostava do visitante, servia uma dose de uísque escocês legítimo em um copinho plástico de café, não importando a hora do dia. Ele próprio consumia a bebida largamente durante o trabalho.

Fernando Barrozo do Amaral diz que o pai tinha fontes de vários tipos e em várias áreas, como o setor financeiro, político ou simplesmente mundano. E os classificava:

Há os informantes que têm o prazer em dar a notícia simplesmente. Outros dão a notícia e pedem, esporadicamente, notas de seu próprio interesse em troca, o que acho bastante justo. Tem a pessoa que não gosta de dizer nada e temos que insistir até conseguir. E tem o informante inútil, que toca o telefone frequentemente para não falar nada interessante. [...] A melhor fonte não é a que está no poder, mas a que já esteve. A que está, tende para a informação oficial, para a versão que interessa ao poder.

Mesmo com a vida boêmia que o trabalho lhe impunha, com os exageros na bebida e no cigarro, Zózimo começou a praticar tênis. Como tinha que levar o filho para as aulas de natação no clube, resolveu preencher aquela hora vazia com uma atividade física. O tênis sempre lhe agradou — chegara a assistir em Paris e em Londres aos torneios de Roland Garros e Wimbledon —, e Zózimo começou a comentar torneios de tênis, sempre convidado por alguma emissora. Participava também, eventualmente, de programas esportivos na TV Educativa, chamado pelo colunista do JB José Inácio Werneck, comentarista da emissora.

Desde que conseguiu uma nova dimensão para sua coluna, Zózimo passou a pedir aumentos salariais, ainda que não de forma ostensiva. Para completar o orçamento, conseguiu um emprego de auxiliar administrativo na Confederação Nacional da Indústria, com salário de Cr$ 1,8 milhão, insignificante para a época. Evidentemente, nunca compareceu ao trabalho, nem isso foi jamais exigido dele.[10]

DELFIM, BERNARD, O ESTAGIÁRIO E A VALORIZAÇÃO DO CRUZEIRO

A tarde do dia 13 de fevereiro de 1973, uma terça-feira, corria morna, sem grandes notícias para a edição do dia seguinte. Os principais assuntos no terceiro andar do prédio da avenida Rio Branco, 110 eram o carnaval atrasado (naquele ano, seria em março) e a mudança da sede para a avenida Brasil, marcada justamente para o Carnaval. Sem ar-condicionado, os grandes ventiladores de pé faziam imenso barulho, porque a tarde era quente.

Às 15h30, o diretor Bernard Costa Campos desceu do elevador social no terceiro andar e atravessou o longo corredor que levava até os fundos da redação. Passou pelo espaço barulhento entre as mesas da reportagem geral e os cercados de madeira que abrigavam o Esporte e em seguida a Economia, todos do seu lado direito, e a editoria de Pesquisa, que ocupava todo o lado esquerdo, até chegar à redação da rádio, em frente à editoria Internacional, onde os redatores já iniciavam o baticum nas máquinas.

As notícias mais importantes do dia seriam destinadas à Economia e à Internacional: o presidente dos Estados Unidos, Richard Nixon, havia desvalorizado o dólar em 10% em relação ao marco alemão, ao iene japonês, à libra esterlina e aos países do Mercado Comum Europeu. O dólar também despencou em relação ao franco.[11]

Bernard avançou pelo corredor sem olhar para os lados em seu passo rápido e curtinho, pés com as pontas abertas para o lado. O corpo era empertigado e miúdo, com pouco mais de 1,60 metro, magro, a cabeça quadrada com os cabelos ondulados e grisalho-azulados caprichosamente gomalinados e penteados para trás, faiscantes olhos azuis, rosto circunspecto. Elegantíssimo, Bernard estava de terno bege de tropical inglês feito sob medida, gravata azul, camisa branca impecável e lustrosos sapatos marrons de cromo alemão. Como era baixinho, os gozadores da redação diziam que comprava suas roupas na loja especializada em moda para jovens "Príncipe, a que veste hoje o homem de amanhã", localizada ali pertinho do prédio do JB.

A presença de Bernard por ali àquela hora não era comum, por isso a maioria dos jornalistas levantou a cabeça das máquinas ou parou a conversa para observar. O diretor chegou à porta da rádio, abriu-a vigorosamente, olhou à esquerda e rumou ao editor-geral de notícias, Antônio Crisóstomo. Estavam na sala com ele o secretário de redação Oscar Barbosa, os redatores José Luís Veloso, Luís França Ribeiro e Rubem Cunha, e uma secretária. Todos os repórteres estavam na rua, cumprindo pautas, inclusive o único especialista em Economia, Roberto Dufrayer. O chefe de reportagem Cesarion Praxedes também havia saído.

Bernard, imperial, disse a Crisóstomo que precisava imediatamente de um repórter, de terno e gravata, para uma entrevista com o ministro da Fazenda, Delfim Netto, às quatro horas da tarde. O único disponível era um estagiário com cerca de dois meses de rádio, que estava de calças jeans e blusão. A outra repórter, Célia Ribeiro da Luz, era encarregada da ronda policial e de trânsito e, portanto, não poderia sair.

Crisóstomo engoliu em seco e chamou o estagiário, que tentava apurar alguma coisa pelo telefone: "Cezar, deixe isso aí e venha cá". E com gestos rápidos e solenes retirou a própria gravata do pescoço e começou a amarrá-la no pescoço do "foca". Em seguida, foi ao canto da sala e pegou o seu paletó, que estava caprichosamente pendurado em um cabide, retirou dos bolsos internos a carteira de dinheiro e os documentos e ordenou: "Vista isso. Você vai acompanhar o doutor Bernard em uma entrevista com o ministro Delfim Netto. Pegue um gravador ali no armário, troque as pilhas e use uma fita cassete nova. Ele vai lhe dar as instruções no caminho".

E saíram, Bernard à frente, depois o estagiário, atrapalhado, testando o enorme gravador portátil enquanto caminhava. Desceram pelo elevador e, na garagem, tomaram o carro, que esperava com o motorista a postos. Quando se acomodaram no banco de trás, Bernard deu as instruções: "O governo acaba de valorizar o cruzeiro em 3% em relação ao dólar. É a primeira vez que isso acontece na história do Brasil, e nós vamos ter a notícia em primeira mão no *Jornal do Brasil Informa* das 18h30. Ninguém vai ter a notícia até lá, é exclusiva nossa, da rádio. Você vai só ligar o gravador, sem perguntar nada, o ministro sabe o que dizer. Quando chegar de volta na redação, faça a matéria para a rádio e depois repasse a fita para o pessoal da editoria de Economia".

Transmitidas as instruções, Bernard reassumiu a expressão distante e circunspecta de um velho cacique dos filmes de John Ford. E não falou mais durante o trajeto da Rio Branco até a garagem privativa do Ministério da Fazenda, na avenida Antônio Carlos, no Castelo. A viagem era rápida, poucos minutos, porque o trânsito no Rio àquela hora ainda não era intenso.

Delfim recebeu sorridente o amigo em seu amplo gabinete, apertou a mão do estagiário de forma displicente, sem olhar para ele, e pediu que os dois se sentassem diante de uma grande mesa de trabalho. A gravação durou pouco mais de três minutos, e Delfim avisou que o ministério divulgaria mais tarde uma nota oficial. O estagiário foi despachado com o gravador para o carro, de volta à redação, e Bernard ficou com o ministro. Com a desvalorização do dólar por Nixon em um máximo de 10%, o Brasil, por consequência, teve o cruzeiro valorizado em 3% em relação ao dólar. Desde 1937, era a primeira vez que isso acontecia.

Conforme Delfim prometera ao amigo Bernard, a Rádio JB deu a notícia antes de todo mundo no noticiário das 18h30, mesmo horário em que o Ministério da Fazenda, finalmente, liberava a nota explicativa. Uma surpresa que provocou correria dos repórteres de outros jornais, tevês e rádios.

O Brasil fora forçado a fazer o ajuste, benéfico para o combate à inflação, porque importávamos todo o petróleo consumido, e mais feijão, arroz, carne bovina, leite em pó, manteiga e outros itens. Com o dólar mais baixo, ficava mais barato comprar tudo isso no exterior. Em compensação, os produtos brasileiros exportados ficaram mais caros para o importador estrangeiro. E o principal era o café. Não seria bom para a balança comercial.

Mesmo sendo a conjuntura internacional responsável pela mudança, Delfim Netto apresentou na gravação à Rádio JB e na nota oficial do ministério uma versão ufanista, de que a valorização do cruzeiro novo seria consequência do sucesso da economia brasileira, definitivamente inserida com pujança no sistema internacional. Parte do "milagre econômico". E que teria forte impacto anti-inflacionário. A decisão, mais política do que econômica, teria sido tomada "depois de consulta direta com o presidente Emilio Médici". Só mais tarde, depois da *Voz do Brasil*, que ia ao ar das sete às oito da noite, as outras rádios noticiaram o fato.

E o *Jornal Nacional* da TV Globo só entrava no ar às 19h45, já com a dupla Cid Moreira e Sérgio Chapelin, que havia sido contratado quase um ano antes. Ele era um dos três locutores do *Jornal do Brasil Informa*, e apresentava o noticiário das 7h30 e das 12h30 — os outros eram comandados por Eliakim Araújo (18h30) e Orlando de Souza (0h30). Por um curto período de tempo, ao ser contratado pela TV Globo, em 1972, Chapelin dividiu-se entre os dois empregos. Quando Médici marcou uma viagem a Portugal, ele foi escalado pela Globo para a cobertura, e a Rádio JB não lhe deu licença para a viagem. Restou a Chapelin optar pelo emprego que mais o atraía no momento.

No dia seguinte à nota de Delfim, quarta-feira, 14 de fevereiro de 1973, a valorização do cruzeiro foi manchete no *Jornal do Brasil*: "Cruzeiro valorizado sai da área do dólar". Seguia-se o texto, lead e sublead, explicando que "a medida terá forte impacto anti-inflacionário", que daria ao Brasil externamente maior poder de competição e que o governo estava analisando "mecanismos de compensação" para diminuir perdas de exportadores.

O noticiário completo foi publicado na página 19, na editoria de Economia, a cargo de Noenio Spinola, com a manchete "Cruzeiro desvincula-se do dólar e valoriza 3%". Toda a página foi ocupada com o noticiário sobre a desvalorização do dólar, com matéria da sucursal de Paris assinada por um dos correspondentes, Luís Gonzaga Larquê (havia ainda Arlete Chabrol, para assuntos de moda e variedades), e um box com a notícia de que o presidente Richard Nixon anunciaria nas próximas horas medidas restritivas contra importações.

A página trouxe também um grande material explicativo de toda a crise dos Estados Unidos enviado pela editoria de Pesquisa ("O fim da teimosia"). Dizia que os Estados Unidos insistiam em considerar o dólar a grande referência internacional, mesmo depois do fim do padrão câmbio-ouro. Foram publicadas as cotações em todos os mercados do mundo, e a decisão do Banco Central do Brasil de reabrir os bancos e os negócios com câmbio no mesmo dia. O JB também explicou que viajar ao exterior ficara mais caro para os brasileiros — na verdade, viagens à Europa ou aos Estados Unidos eram quase impossíveis para quem não fosse rico. Era preciso pagar uma taxa de cem dólares, e exigia-se um limite mínimo de mil dólares para serem levados por cada viajante, porque não havia cartão de crédito internacional.

O principal editorial do JB teve como título "Cruzeiro flexível", e seguiu o tom ufanista de Delfim Netto, a quem o JB apoiava de maneira quase incondicional. Dizia que o Brasil dava um passo importante para inserir-se no comércio exterior e internacionalizar a sua economia, que tinha já uma pauta diversificada de exportações, e não apenas café. Finalmente, a desvalorização do dólar foi assunto também de uma nota do colunista Zózimo Barrozo do Amaral, "Fantasia financeira":

> A valorização do cruzeiro em relação ao dólar é uma medida tão surpreendente, tão incrível, tão fantástica, que permite a qualquer mente mais imaginosa sonhar um dia com uma corrida de investidores nos Estados Unidos aos bancos de Wall Street para comprar cruzeiros!

Na mesma coluna, Zózimo anunciava em outras notas o retorno ao Brasil da atriz francesa Jeanne Moreau, desta vez para a dublagem de *Joanna Francesa*, filme que fizera com Cacá Diegues e com música de Chico Buarque; do cientista alemão Werner von Braun, radicado nos Estados Unidos no pós-guerra; do escritor argentino Júlio Cortázar e do belo e jovem casal de roqueiros franceses Johnnie Halliday e Sylvie Vartan, que haviam jantado na véspera no Restaurante Nino's. O Rio era ainda um concorrido roteiro internacional.

Voltando à desvalorização do dólar, apesar do farto espaço dedicado pelo JB e das atenções do todo-poderoso ministro da Fazenda, o assunto não foi bem explicado. A esmagadora maioria dos leitores do jornal não entendeu direito o que estava acontecendo nem as razões da medida; alguns acreditaram na versão ufanista do governo e outros simplesmente não deram a menor bola.

O jornalismo econômico, apesar do surgimento das editorias e dos jornalistas especializados, com seus ternos mais caros do que os dos colegas da reportagem geral e seu ar de superioridade, estava engatinhando. Ainda havia dificuldade com a linguagem técnica, com o jargão econômico, difícil de aplicar ao jornalismo diário, embora ano a ano o estilo melhorasse. Cerca de quinze dias depois da desvalorização do dólar, o JB iria mudar-se para a nova sede, na avenida Brasil, 500, com seus donos embriagados pelo crescimento da economia, pelo faturamento recorde que o jornal vinha atingindo nos últimos anos graças aos anúncios decorrentes da explosão imobiliária e da indústria. Em relação a Delfim Netto, era permitido, vez por outra, apenas aplicar-se alguma sátira, como um box publicado em 1973 que ironizava uma declaração do ministro que, igualmente irônico e com uma pitada de cinismo, se declarou um "socialista fabiano".

CASTELINHO, MÉDICI E A SUCURSAL DE BRASÍLIA

Garimpar informações políticas exclusivas, analisar bastidores e conseguir publicar tudo isso, em uma ditadura, era tarefa das mais complexas. No período mais duro do regime militar, o governo Médici (1970-4), Carlos Castello Branco valia-se da boa interlocução com o ministro-chefe da Casa Civil, João Leitão de Abreu, um jurista gaúcho que cuidava da parte administrativa do governo, além das boas relações com políticos da Arena próximos do esquema militar.

Médici comportava-se na presidência da República como o que realmente era: o detentor de um mandato delegado única e exclusivamente pelas Forças Armadas, principalmente o Exército, sua única fonte de poder e o seu eleitorado. Nada mais o interessava. Nascimento Brito chegou a sucumbir às pressões retirando a Coluna do Castello da página 2 em 1969, além de pedir ao colunista que variasse os temas, deixasse de lado a política e escrevesse sobre literatura, por exemplo. Mas Castelinho tinha um apoio decisivo: a condessa Pereira Carneiro gostava da coluna, e fez com que ela voltasse à página 2. Castello chegara a sondar o amigo Fernando Pedreira, diretor de redação de *O Estado de S. Paulo*, sobre a possibilidade de mudança de emprego.[12]

Médici não tinha capacidade administrativa nem paciência para os afazeres do cargo, por isso os ministros gozavam de relativa e confortável autonomia. Outro detentor de total delegação presidencial, como Leitão de Abreu, era o ministro da Fazenda Delfim Netto, interlocutor constante de Castelinho. Delfim tinha ambições políticas, sonhava com o governo de São Paulo e, posteriormente, quem sabe, a presidência, em uma então remota possibilidade de volta do poder aos civis.

Logo no início do período Médici, Castelinho recebeu um significativo reforço em suas fontes. Como já era titular da mais importante coluna política do país, aproximou-se dele o próprio filho do presidente, o engenheiro Roberto Médici, que lhe passava boas informações sobre os bastidores do governo, do regime e dos humores do pai. Roberto Médici ficou amigo de Castelinho por intermédio do senador José Sarney, amigo de ambos.

Pragmático como jornalista, e com suas próprias convicções, Carlos Castello Branco publicava o que julgava de interesse do público, não mandava recados e era obrigado a manobras estilísticas e frases complexas para passar sua mensagem aos leitores. Roberto Médici atuava como um braço avançado do pai, que não gostava de jornalistas e impedia qualquer aproximação, mesmo em atos públicos. A amizade com outro ministro do governo, Marcus Vinicius Pratini de Moraes, também foi útil a Castello na relação com o próprio *Jornal do Brasil*. As pressões que sofria de Nascimento Brito eram tão fortes que ele chegou a pedir demissão por escrito, o que foi contornado pela condessa, por Roberto Médici e por Pratini de Moraes.

Castelinho havia atingido o auge do seu prestígio quando, em setembro de 1972, embarcou em Brasília com Walter Fontoura, chefe da sucursal de São Paulo, com destino ao Rio de Janeiro, no jatinho particular de Nascimento Brito. Walter estranhou quando Castelinho, conhecido bebedor de uísque, pediu uma coca-cola ao comissário de bordo. "Estou com uma azia terrível, preciso arrotar", explicou o colunista.

No Rio de Janeiro, depois de encontrarem-se com Nascimento Brito e com Alberto Dines, Castelinho rumou para a casa do amigo Miguel Lins, ainda queixando-se de azia. Como a coca-cola não fizesse o efeito desejado, Castello resignou-se e partiu mesmo para o uísque, com muito gelo e o apoio de um outro copo com água gelada. Mas o incômodo piorou depois do jantar. Miguel Lins resolveu levar o amigo ao hospital Pró-Cardíaco, em Botafogo, onde se constatou que a azia, na verdade, era um enfarte do miocárdio que se iniciara logo depois do almoço e que por milagre não fora fatal. Mas houve problemas no atendimento: quem pagaria a conta? Castelinho só pôde ser internado quando Lins se mobilizou e José Luís de Magalhães enviou um cheque em branco como caução.[13]

O risco de morte ficou distante, mas Castelinho não poderia reassumir a direção da sucursal de Brasília, e a Coluna do Castello ficou sem circular de 23 de setembro a 31 de dezembro de 1972. Alberto Dines escalou então Walter Fontoura para passar um tempo na capital federal e encontrar uma solução. Walter foi ao hospital e perguntou ao colunista o que deveria fazer. "Para questões de jornalismo, de redação, fale com D'Alembert Jaccoud. Para questões administrativas, o André Lara Rezende. Para questões de pessoal, fale com o Vicente", recomendou o doente.

Walter era um homem afável, educado, mas formal, um pouco arrogante e bastante conservador. Ao chegar a Brasília, exigiu algumas mudanças que soaram absurdas à pequena comunidade corporativa da sucursal. Distantes da sede, os jornalistas haviam criado sua própria rotina e hábitos de trabalho. A estagiária Eliane Cantanhêde, por exemplo, com apenas vinte anos, costumava trabalhar com uma blusa dois ou três dedos acima da saia ou da calça comprida, deixando à mostra parte da barriga. "Dona Eliane, a senhora não pode trabalhar assim. É preciso mais compostura. Como é que vai entrar desse jeito em um tribunal superior, no Congresso Nacional?" Os jornalistas que não saíam à rua ou não percorriam ministérios e palácios costumavam usar trajes informais, até tamancos, em moda na época, além de tênis e calças coloridas ou jeans. Walter proibiu.

O chefe da redação, D'Alembert Jaccoud, era um profissional querido pela equipe e com grande prestígio entre os jornalistas de Brasília. Walter achou que havia um clima geral de leniência e começou a cobrar mais aperto, mais pontualidade, mais seriedade. D'Alembert não aceitou a interferência: "O trabalho está sendo bem-feito, e é isso que importa".

Hospedado no Hotel Nacional, a pouco mais de cem metros da sucursal do JB, Walter fazia toda noite, depois do trabalho, o percurso de volta a pé.

Quando passou a receber ameaças de que levaria uma surra no trajeto para o hotel, perdeu a paciência e demitiu D'Alembert, que na verdade nada tinha a ver com aquilo. Tempos depois, Walter arrependeu-se de tê-lo demitido, mas era tarde.

Para chefiar a sucursal de forma definitiva, foi escalado o cearense Haroldo Hollanda, que estava em Brasília desde os anos 1960, e acumulava empregos públicos. Quando finalmente retornou, já em 1974, Castelinho passou a escrever sua coluna e a ser um diretor sem funções executivas. Em seu período de internação e tratamento, a coluna era escrita pelo gaúcho Aloísio Flores, o Amiguinho, como o apelidaram os colegas.

O JB DE JOELHOS

O sábado, 2 de dezembro de 1972, seria o pior dia do *Jornal do Brasil* desde a reforma. Não foi um dia típico de verão carioca. Chovia, com 22 graus de temperatura. Para os padrões do Rio de Janeiro, os casacos eram obrigatórios. O JB vivera momentos ruins, como a censura prévia nos dias seguintes ao Ato Institucional nº 5, mas tudo acabara sendo um exercício de resistência ao arbítrio. Passado o primeiro momento do AI-5, e com a posse de Médici, Nascimento Brito restabelecera boas relações com o regime.

Naquele sábado de 1972, porém, o JB foi posto de joelhos; foi usado pela ditadura.

Alberto Dines e Carlos Lemos revezavam-se nos fechamentos da primeira página nos finais de semana, e aquela era a vez de Dines. O editor-geral chegou ao trabalho no meio da tarde, e em sua mesa de trabalho já estava a charge de domingo do cartunista ítalo-argentino Lan: São Pedro em cima de uma nuvem, empunhando um regador, espalhava a chuva. Atrás dele, um homem que chegara à nuvem por uma escada protestava: "São Pedro, vamos parar com essa brincadeira de feriado nos fins de semana?".

Um envelope pardo sobre a mesa chamou a atenção de Dines. O conteúdo era uma longa entrevista com um certo "agente Carlos", ou "Alcindo", que seria o braço direito do presidente do Partido Comunista Brasileiro, Luís Carlos Prestes, e trabalharia na seção de Relações Exteriores do partido. Ele denunciava toda a cúpula comunista, entregava nomes e ações do PCB. Junto com a entrevista, um bilhete do diretor Bernard Costa Campos, ordenando a publicação. Era uma determinação de Nascimento Brito que se publicasse tudo, e com chamada na primeira página. Dines leu o material e ficou assustado. Telefonou para Bernard para confirmar, embora fosse desnecessário. Era uma ordem direta. O editor pensou em largar tudo ali mesmo, ir para casa e pedir demissão. Mas considerou que, com ou sem ele, o material seria publicado de qualquer jeito. Decidiu, então, deixar o pedido de demissão para a segunda-feira.

Assim, a edição do JB de domingo, 3 de dezembro, saiu com o texto encomendado pelos órgãos de repressão ocupando toda a página 5, com oito colunas e duas sub-retrancas (matérias menores na página). Uma delas, uma denúncia do tal agente sobre um golpe de Estado comunista que seria desfechado no ano seguinte na Guatemala, "Comunistas armam golpe para tomar poder na Guatemala". A outra, "Carlos revela as táticas do PCB", ocupou o pé da página, em seis colunas. A matéria principal — "Agente do PCB denuncia a subversão no Brasil" — informava que o "Agente Carlos", ou "Alcindo", havia enviado carta ao *Jornal do Brasil* incentivado por uma tese "cheia de ataques ao Brasil" publicada em uma universidade na Bélgica pela estudante gaúcha Judite Fasolini Zanatta. Nada era claro. A abertura da entrevista com "Carlos" era assim:

> Um golpe comunista na Guatemala, a volta de Roberto Morena ao Brasil e as relações do PCB com a União Soviética, Cuba e América Latina em geral foram denunciados ao JB em uma entrevista secreta pelo agente Carlos (ou Alcindo), que durante vinte anos militou ativamente no PC, sendo nos últimos tempos o braço direito de Luís Carlos Prestes.

Em seguida, o jornal explicava que "Carlos" tinha 43 anos, um câncer no estômago, e que estava inconformado com os rumos do comunismo internacional desde a invasão da Tchecoslováquia em 1968 pelos tanques da União Soviética e do Pacto de Varsóvia, que sufocaram a chamada Primavera de Praga. "Carlos" dizia na carta que iria telefonar ao jornal para marcar a entrevista, e que a senha de aceitação deveria ser "sou amigo da verdade". Seguem-se, na página, trechos da carta, alternados com a entrevista, em que o espião denuncia o ex-deputado Marco Antônio Coelho, Humberto Lucena Lopes,

Fernando Pereira Cristino, o médico Fued Saad e o jornalista Aluísio Santos Filho, e narra os movimentos dos principais membros do partido. Informa que Luís Carlos Prestes morava em Moscou com mulher e sete filhos. Ele próprio, o delator, estivera quatro vezes na então capital soviética. O espião delata os endereços de células comunistas no Rio de Janeiro: na praça Verdun, no Grajaú; na rua Itacuruçá, perto da Conde de Bonfim, na Tijuca; e na esquina da Barão da Torre com a Montenegro, em Ipanema.

A denúncia do "Agente Carlos" dizia que o substituto de Prestes no Brasil era Giocondo Dias, e que havia representações comunistas brasileiras em Praga, com Davi Capistrano da Costa; em Paris, com Agliberto Azevedo; em Buenos Aires, com Armando Ziller. Informava ainda sobre a presença de dois agentes soviéticos vivendo clandestinamente no Brasil. O material dizia ainda que havia infiltração comunista até mesmo na Igreja católica: "Não interessa se Dom Helder Câmara é comunista ou não. O que interessa é que ele serve aos interesses do comunismo internacional", dizia o alcaguete. A matéria só perdeu em destaque para uma notícia sobre o general Perón e sua decisão de não disputar eleições na Argentina.

Dias depois, o JB publicou uma matéria em que identificava o "Agente Carlos". Seria ele Adauto Alves dos Santos, ou Adauto Freire, ou ainda Adauto Oliveira. Magro, de óculos com lentes grossas, meio vesgo, bigodinho e rosto fino e assimétrico. Dizia o JB que Adauto era jornalista, trabalhara na *Folha de Minas*, tinha "uma vida pessoal complicada". Apesar do câncer que lhe valeu a extirpação cirúrgica de uma parte do intestino, Adauto Alves dos Santos viveu com a família até 2015, em Brasília, em uma confortável casa no Lago Norte (bairro de classe média alta). Chegou a ser visto na embaixada da então União Soviética em Brasília, em 1987, pelo dirigente comunista Salomão Malina. Sua presença valeu a Malina a impressão de que, além de trabalhar para a ditadura, Adauto era também da KGB.

As consequências da publicação da entrevista de Adauto pelo JB em 1972 foram imediatas. Caíram vários dirigentes comunistas. O irmão de Armênio Guedes, Carlos, que era motorista do partido, foi preso ao cruzar a fronteira do Brasil com o Uruguai junto com o médico Fued Saad, importante membro da ala internacional do PCB. Carlos Guedes foi conduzido à sede do Centro de Informações da Marinha (Cenimar), onde cometeu suicídio, pulando de uma janela. Aloísio Santos foi torturado por quase vinte dias seguidos e ficou preso por mais de dois anos sem qualquer processo. O ex-deputado Marco Antônio Coelho também foi fisicamente massacrado e deixou a prisão com graves sequelas. Armênio Guedes conseguiu fugir do país. Em 1973, os 31 dirigentes comunistas que haviam escapado da prisão e que não haviam fugido do Brasil reuniram-se e avaliaram que havia grave infiltração no PCB, e que a situação era "de cerco e aniquilamento pela ditadura".

Em dezembro de 2011, a revista *Época* publicou reportagem de Leonel Rocha, Eumano Silva e Leandro Loyola informando que a entrevista de Adauto Alves dos Santos fora urdida pela CIA e pelo Cenimar, em uma ação denominada Operação Sombra, que consistiria em usar um órgão de imprensa de prestígio e publicar ali uma entrevista com um traidor comunista. O JB foi o escolhido pela fama de jornal independente e pela credibilidade de que desfrutava. Adauto Alves dos Santos foi entrevistado na sede do Cenimar com a supervisão de agentes da CIA.

No domingo em que a entrevista foi publicada, Alberto Dines, antes de trabalhar, foi visitar Carlos Castello Branco, que se recuperava ainda do enfarte. Dines falou de sua angústia e informou que iria demitir-se no dia seguinte. Castelinho, debilitado, reuniu forças e, com sua fala gutural, convenceu-o a desistir. Se ele se demitisse, seria muito pior para todos os profissionais do jornal, e a ditadura teria vencido.

INDO PRO CAJU

Quando foi contratado, em 1962, Alberto Dines ouviu de Nascimento Brito que o JB teria que se mudar para uma sede maior e mais bem localizada, pois a empresa estava muito bem de finanças. Aos poucos, foram envolvidos nos projetos da nova sede os diretores Bernard Costa Campos e o comandante Lywall Salles, que chegou ao JB através da Montreal Engenharia e acabou contratado como diretor.

A Montreal havia sido contratada a pedido de Alberto Dines, em 1964, para organizar métodos e sistemas, a fim de racionalizar uma empresa que crescia de tamanho, importância e faturamento. Lywall era o homem escalado pela Montreal para a tarefa, mas acabou contratado pelo jornal e tornou-se peça de confiança de Nascimento Brito, como diretor.

Com a intensificação da atividade jornalística, a sede da Rio Branco, 110, a principal do centro da cidade, tornara-se inadequada. O local era sujeito a eventuais engarrafamentos e não comportava mais a rotina diária de um grande jornal. A entrada de enormes caminhões carregados com gigantescos rolos de papel-jornal era feita pela própria lateral do prédio, sobre a calçada. O trânsito da Rio Branco tinha que ser interrompido frequentemente para que os monstrengos manobrassem para entrar de ré. De manhã cedo, problema similar ocorria com a saída dos veículos de distribuição do jornal.

Aquilo era infernal até mesmo para os pedestres, que tinham a calçada interrompida várias vezes ao dia pelo entra e sai de caminhões e carros. No meio da década de 1960, aquela operação diária já causava transtorno para o tráfego. Os fundos do prédio do JB, na rua Gonçalves Dias, pertinho da histórica Confeitaria Colombo, não podiam ser utilizados para isso. A rua era estreita demais, com comércio lojista intenso. Em dias de chuva forte, tudo ficava pior.

No período do carnaval, quando a avenida Rio Branco era utilizada para os desfiles de ranchos (que reuniam as chamadas grandes sociedades, com seus monumentais carros alegóricos) e de grandes blocos, até mesmo a entrada e saída de jornalistas era difícil. Os carros de reportagem, as velhas Rural Willys, ficavam estacionadas em uma rua próxima, a Miguel Couto, transversal que saía diagonalmente da avenida Rio Branco, poucos metros antes do prédio do JB. A entrada e saída de Nascimento Brito do prédio, com seu automóvel Mercedes Benz conversível, era tão impressionante pela ostentação que muita gente parava para olhar.

Certa vez, o repórter Sérgio Fleury esperava um táxi que o levasse para casa, em Ipanema. Brito saiu, conhecia o repórter de vista, parou a Mercedes e perguntou: "Vai para onde? Quer carona?". Brito estava a caminho do Country Club para jantar com amigos, era caminho. O repórter levou um susto, ficou desconcertado, mas aceitou. Sem saber o que conversar com o patrão durante a viagem, arriscou: "Que belo carro, hein?". Brito respondeu, de forma casual: "É um carro prático para quem é de classe média, como nós".

A previsão de que o Rio de Janeiro iria crescer para o subúrbio; a constatação de que o jornal vendia muito em Juiz de Fora e nas cidades serranas próximas do Rio; a construção dos túneis Santa Bárbara e Rebouças, que facilitaram a ligação norte-sul da cidade; a utilização cada vez maior do aeroporto do Galeão também para voos interestaduais, tudo isso levou a uma decisão que parecia óbvia: a nova sede teria que ser localizada ou no começo da avenida Brasil, que daria facilmente acesso a todos esses locais, ou na área portuária, na avenida Rodrigues Alves.[14]

Começou então a busca por um terreno e o planejamento para a construção da nova sede. Uma premissa era irrevogável: o local teria um espaço privilegiado para a instalação da TV JB, que era, para a direção do jornal, o futuro da empresa. Portanto, teria que ser muito maior do que o da Rio Branco, cujo prédio havia sido considerado monumental quando foi construído, mas acabou ficando acanhado para o grande jornal em que se transformara o JB. Seu estilo eclético, ou art nouveau, para alguns, possuía um torreão que ultrapassava o limite de seis andares estabelecido pela reforma urbana de 1906, do prefeito Pereira Passos. Só que, depois da Segunda Guerra, o gabarito da avenida Rio Branco foi ampliado para 21 andares, e, gradualmente, os velhos e belos prédios de poucos andares foram dando lugar a novas edificações. Foi uma mudança de estilo que acabou esvaziando comercialmente a nascente avenida Presidente Vargas, que, inaugurada em 7 de setembro de 1944, fora projetada para modernizar o centro e facilitar a circulação de veículos que iam e vinham da zona norte.

Para construir a Presidente Vargas, a memória de uma época veio abaixo. Cerca de seiscentos prédios foram derrubados e a belíssima avenida do Mangue, com centenas de palmeiras ao longo do canal, deixou de existir. Porém, antes que a Presidente Vargas pudesse se tornar um centro moderno, conforme o previsto, aconteceu a elevação do gabarito da avenida Rio Branco, que ainda se chamava avenida Central. Os novos edifícios que foram aos poucos surgindo então foram para lá.[15]

Ou seja, já nos anos 1960, o *Jornal do Brasil* estava aprisionado em instalações inadequadas para um diário moderno e que crescia cada vez mais. Não só devido à parte industrial, com os caminhões e a gráfica, mas também à redação. O espaço já não comportava o número de funcionários. Havia 53 repórteres no terceiro andar, onde as editorias eram separadas por divisórias de madeira de pouco mais de 1,50 metro de altura. E mais dezenas de copidesques, os editores, contínuos, secretárias.

Mesas próximas demais umas das outras, ambiente sem ar-condicionado, com grandes e barulhentos ventiladores de pés longos, todo mundo suando, sofrendo com o cheiro de chumbo e de antimônio que subia direto da gráfica. Qualquer pessoa que passasse o dia na redação não saberia ao certo se já havia anoitecido ou se o dia ainda estava claro. As crises de alergia eram constantes.[16]

Até o meio da tarde, tudo fluía tranquilo, com poucas pessoas trabalhando. Cheia mesmo só a editoria do Caderno B, que funcionava de manhã, na parte frontal do prédio, com janela para a sacada que dava para a Rio Branco. Mas, a partir das dezesseis horas, o barulho das velhas máquinas de escrever Olivetti somava-se ao falatório dos que chegavam, à fumaça dos cigarros e aos gritos normais em uma redação. No final da tarde, quando todos os redatores já estavam a postos para redigir suas matérias e os repórteres chegavam da rua com o resultado do seu trabalho, instalava-se o inferno. Parecia impossível que alguém conseguisse produzir um texto naquela anarquia.

E o pior: não havia mesa PABX. Os ramais espalhavam-se pelas mesas e era preciso pedir linha à única telefonista, Jaice Oliveira, irmã do cronista José Carlos (Carlinhos) Oliveira. Com uma paciência sarcástica, ela distribuía as linhas pelos ramais, atendendo por ordem os pedidos. Quem pedisse primeiro, telefonaria primeiro. Era difícil apurar matérias pelo telefone a partir de determinada hora. A redação acabou contratando alguns adolescentes para ficar pendurados nos ramais, esperando linha. Quando chegava a vez do repórter, ele era chamado.

Certa vez, em uma manhã qualquer de 1968, o então jovem repórter Fritz Utzeri começou a apurar uma matéria por volta das onze horas. Não havia carro disponível, já que todos estavam ocupados com os repórteres mais experientes. Fritz gritou ao subchefe de reportagem José Gonçalves Fontes: "Fontes, não tem carro pra sair". "Apura por telefone mesmo."

Dinheiro para táxi só em situações especialíssimas, o que não era o caso. David Durra, o encarregado da liberação de carros e de dinheiro para táxi, era inflexível e rigoroso. Fritz preparou-se para o sofrimento, que já conhecia, e pediu uma linha a Jaice. "Agora não tem, vai ter que esperar na fila", respondeu a moça.

A cada 10 ou 15 minutos, Fritz repetia o pedido. E ouvia a mesma resposta. Afinal, as linhas estavam ocupadas não só com a turma da reportagem geral, mas da Economia, dos Esportes e da redação da Rádio JB, que usava demais os telefones para rondas policiais, de trânsito, previsão do tempo etc.

Bateu a fome. O jovem repórter saiu, comeu um sanduíche com um suco, voltou e não conseguiu a linha. Por volta das cinco da tarde, finalmente, ouviu o sinal de que poderia discar. Fritz fez a ligação, deu ocupado. Tentou de novo, desesperado, já pressionado por outros repórteres que queriam usar o telefone. Desta vez, alguém atendeu:

— Quero falar com o doutor Fulano de Tal — disse o agoniado Fritz.

— Quem quer falar? — perguntou a voz de mulher, monótona, burocrática e um pouco arrogante, do outro lado.

— É Fritz Utzeri, do *Jornal do Brasil*.

— Um momento, vou ver se ele pode atender.

E, imediatamente, a linha caiu. Tóin, tóin, tóin. Em pânico, Fritz discou de novo, e deu ocupado. Desligou por um instante e pediu novamente linha a Jaice.

— Meu querido, agora é a vez de outro, você já falou.

Revoltado, o jovem repórter puxou o fio, arrancou a tomada do telefone da parede e jogou longe o aparelho, com um sonoro palavrão. E foi embora, sem cumprir a pauta e sem dar satisfações a ninguém, nem ao chefe. Certo de que estava demitido, arrependeu-se antes de chegar à esquina da rua da Assembleia, a menos de cem metros do jornal. "Que estupidez!", recriminou-se, acreditando que perdera o emprego com que tanto sonhara nos últimos meses, porque não possuía nem mesmo ainda visto de residente no país — era alemão de nascimento.

Na manhã seguinte, constrangido, Fritz hesitou. Não sabia se valia a pena voltar ao jornal. Pensou um pouco, vestiu-se, pegou o ônibus e foi para a redação receber o bilhete azul. Para sua surpresa, os repórteres que já estavam ali o receberam com gargalhadas e brincadeiras, e a chefia deu-lhe as tarefas da pauta como se nada houvesse acontecido. A vida seguiu, o emprego também, e ele inclusive conseguiu o visto e a naturalização em 1970.[17]

Hoje, muitos profissionais que testemunharam a mudança garantem que não era necessária uma sede tão suntuosa. Argumentam que poderia ter sido construído apenas um parque gráfico mais completo e moderno, mantendo-se a redação no centro da cidade. O fato é que a realidade era outra, tanto no aspecto técnico quanto em função da aparente exuberância financeira do JB.

Em 1964, ao embarcar para a Europa no aeroporto Internacional do Galeão, Nascimento Brito encontrou-se casualmente com o arquiteto Henrique

Mindlin, irmão do industrial José Mindlin, dono da empresa paulista Metal Leve e da maior coleção de livros raros do país. Conversaram na sala de embarque, e Brito concluiu que Henrique Mindlin era o profissional certo para projetar a nova sede do JB. Na volta da viagem, encontraram-se mais uma vez e acertaram que a obra seria finalmente executada.

Era um escritório premiado, o Mindlin, Palanti e Associados, que tinha larga experiência em projetos para sedes de grandes empresas. Um dos sócios era o escocês Walter Morrison, que tinha chegado ao Brasil nos anos 1950 para organizar um concurso de melhor projeto para a sede do Bank of London, que Henrique Mindlin e o amigo italiano Giancarlo Palanti venceram. Ficaram amigos, e Morrison gostou tanto do país e dos colegas que resolveu ficar no Brasil e criar uma empresa com os dois.[18]

Assim, em 1963, foi criado o escritório de arquitetura que reuniu como sócios, além de Mindlin, Morrison e Palanti, o brasileiro Walmir Amaral e o greco-brasileiro Marc Demetre Foudoukas. Especializaram-se em grandes projetos empresariais, como o Hotel Sheraton, na avenida Niemeyer; o prédio da IBM, no Sumaré; e a fábrica da Souza Cruz, em Uberlândia. O *Jornal do Brasil* seria, no entanto, um enorme desafio, pelas características específicas da atividade jornalística. Morrison, que aprendera português rapidamente, escreveu do próprio punho, em 1966 — quando o projeto já estava pronto e o estabelecimento das fundações em seu início —, um texto que explicava a complexidade do trabalho. Foram quatro páginas em português quase perfeito. Morrison traçou um perfil industrial do jornal e as dificuldades que encontraram para elaborar o projeto. Segundo ele, houve problemas para identificar e dimensionar "espaços técnicos, fluxos industriais e as articulações essenciais da sua nova instalação". Afinal, era um projeto de 33 mil metros quadrados em que iriam trabalhar 1500 pessoas, contra pouco mais de quinhentas da velha sede. O JB triplicava o tamanho de sua folha de pagamento justo quando a conjuntura econômica iria se modificar drasticamente.[19]

O projeto foi todo elaborado dentro das especificações da empresa norte-americana HOE, que fabricou a nova rotativa a ser instalada no edifício. Foi um erro, porque já havia métodos mais modernos e de melhor qualidade para impressão — e com equipamento que ocuparia menos espaço. Nascimento Brito decidira-se pela rotativa a chumbo depois de visitar, no início dos anos 1970, uma feira industrial da associação norte-americana de jornais, em Atlantic City. Além disso, o representante da HOE era amigo de Brito.

A HOE comprada por Brito foi a última rotativa a chumbo fabricada pela empresa. Nenhum jornal do mundo iria depois apostar no sistema, porque já havia o off-set, método a frio, mais prático, de melhor qualidade de impressão e que ocupava infinitamente menos espaço. Além disso, a impressão em off-set não sujava de tinta as mãos do leitor. Diz-se que, ao visitar a feira e analisar as opções, Brito decidiu-se pela rotativa por duvidar da capacidade dos gráficos brasileiros de operar um sistema mais sofisticado.[20]

Decidiu-se que a HOE enviaria técnicos para analisar o projeto, em conjunto com os arquitetos. Da mesma forma, os arquitetos foram aos Estados Unidos para receber instruções e analisar o gigantesco aparato industrial que seria importado. Várias mudanças no projeto original foram necessárias. A ideia inicial previa a gráfica em prédio separado da redação, da administração, da rádio e da tevê. Acabou que o prédio principal foi construído praticamente em torno da imensa rotativa.

Em 1978, o JB teve que modernizar toda a gráfica novamente, devido à obsolescência de sua rotativa. A HOE de seis anos, já obsoleta, foi então vendida para o jornal gaúcho *Correio do Povo*, do grupo Caldas Júnior. Para importar novos equipamentos, o jornal recorreu ao então ministro-chefe da Casa Civil, general Golbery do Couto e Silva, e ao assessor de imprensa e protegido de Geisel, Humberto Barreto. Alguns benefícios fiscais de importação foram concedidos ao JB, além de generoso financiamento do então BNDES.

Em seu texto manuscrito sobre o projeto do JB, Morrison explicava que havia experiências de modernas sedes de jornais nos Estados Unidos e na Europa, mas nada tão gigantesco, o que impedia a aplicação pura e simples de técnicas já conhecidas. Pronto o projeto, faltava o terreno. Lywall Salles, Bernard Costa Campos, Nascimento Brito e Walmir Amaral analisaram em 1966 algumas áreas disponíveis na avenida Rodrigues Alves, que pertenciam à Companhia Docas de Santos. Finalmente, fixaram-se no início da avenida Brasil, em uma área deserta, ao lado do porto. O terreno escolhido pertencia à Companhia Siderúrgica Belgo Mineira, e as obras começaram mesmo sem a compra estar ainda sacramentada.

As empresas de engenharia que se encarregariam da construção foram selecionadas por uma espécie de concorrência pública, comum na época em obras de prédios industriais. O próprio escritório de arquitetura encarregava-se de escolher uma entre cinco ou seis candidatas, pelos critérios de preço, competência, solidez administrativa e portfólios.

Mindlin, Amaral e Morrison optaram pela Pederneiras para as obras de fundação, e pela Bulhões de Carvalho da Fonseca para a construção civil. O Rio de Janeiro era então um canteiro de obras, principalmente na zona sul. Novos prédios surgiam em todas as ruas, uma ocupação desenfreada, sem contar obras de infraestrutura que eram realizadas na cidade. O arquiteto Pedro Bulhões de Carvalho lembra-se dos almoços festivos com o pai, Celso Bulhões de Carvalho, aos domingos, quando comentavam a explosão do mercado imobiliário em toda a cidade e dos bons negócios que realizavam.[21]

As fundações foram trabalho difícil e de custo elevado, devido ao solo pantanoso e ao lençol freático. As obras de construção do prédio também se desenrolaram de forma complicada, porque houve paralisações por falta de dinheiro. A saída era recorrer a mais empréstimos externos. Nenhuma das duas construtoras, nem a Pederneiras nem a Bulhões de Carvalho, existem mais. Não resistiram à crise econômica crônica que se instalou no país depois de 1974.

Só no dia 11 de setembro de 1969 a condessa Maurina Dunshee de Abranches Pereira Carneiro assinou com a Companhia Siderúrgica Belgo Mineira a escritura de compra do terreno onde seria instalado o jornal. As obras, no entanto, já haviam começado há pouco mais de dois anos. A escritura foi lavrada no cartório do 6º ofício e registrada em 26 de dezembro do mesmo ano.

Como o terreno era pequeno para instalar a gráfica em prédio separado, foi preciso adaptar o gigantesco equipamento sob os andares da redação e da administração. Surgiram problemas adicionais: era preciso um estudo técnico para evitar que a trepidação da rotativa afetasse o resto do edifício. Era necessário um complexo sistema de isolamento. Além disso, a gráfica não era fácil de planejar. Cada bobina de papel jornal importado pesava mais de 600 quilos, e concluiu-se que o seu transporte não poderia ser vertical, mas por esteiras.

A gráfica sob a estrutura do jornal tinha, de fato, tamanho equivalente a cinco andares do prédio. No piso equivalente ao primeiro, ficavam as esteiras da impressora, que levariam as bobinas até o segundo andar. No segundo piso, ficavam a estereotipia e a impressão. No quarto andar, era feita a expedição dos jornais já impressos e dobrados. No quinto andar, ficavam a composição e a gravura, o departamento de fotografia e outros setores técnicos. A sobrecarga no quinto andar era de 2,5 toneladas, devido à linotipia e ao processamento de chumbo derretido, o que gerava um calor infernal, que não poderia alcançar o restante do prédio.

O material isolante era especialíssimo e, como se pode imaginar, caríssimo, com soluções técnicas complicadas. Encareceram o projeto as muitas idas e vindas por causa da gráfica. A tal ponto que, quando Roberto Marinho resolveu construir a sede industrial do Globo, em frente à redação, na rua Irineu Marinho, ordenou que contratassem o escritório de Mindlin: "Chamem o Mindlin, porque ele já aprendeu com os erros do JB".

À frente da obra, os arquitetos Walter Morrison e Walmir Amaral tratavam com Lywall Salles, que era o encarregado da supervisão do dia a dia, em nome do jornal. Bernard Costa Campos era o homem estratégico quando era preciso decidir sobre mudanças no orçamento e verbas extras para compra de material. Nascimento Brito tinha reuniões periódicas com todos para as grandes questões estratégicas, prazos etc.

Ainda que menor do que o necessário e sujeita a afundamentos, a área era, pelo menos, plana. Um problema adicional foi a desapropriação, pelo governo federal, de uma parte do terreno, de doze metros de largura, para a construção da avenida Rio de Janeiro, paralela à avenida Brasil e em frente ao porto. Estavam previstas para esse local a construção de rampas de acesso à Ponte Rio-Niterói. A ponte tinha sido planejada pelo governo federal como um segmento da rodovia BR-101, e havia o projeto dos acessos para quem vinha do centro da cidade ou pelo elevado da avenida Perimetral. Passariam rente à parte de trás do prédio do JB. Por isso, a localização era tão estratégica.

A partir dali, seria fácil levar o jornal para Niterói e para o interior do velho estado do Rio de Janeiro, quando ficasse pronta a ponte, para São Paulo e para Juiz de Fora, onde o JB tinha circulação superior à de qualquer jornal de Minas Gerais. O juiz-forano era leitor assíduo do JB, do Caderno B e torcia pelos times do Rio de Janeiro, porque ouvia as rádios cariocas, principalmente a Globo e a Nacional, e lia a seção de Esportes do JB — eram quatro páginas, incluindo as de turfe.[22]

Quem passasse em frente ao novo prédio do *Jornal do Brasil* depois de construído notaria, junto às enormes janelas, caixas brancas de concreto pré-

-moldado e que pareciam ter um efeito decorativo de gosto duvidoso. Na verdade, serviriam para abrigar unidades independentes de ar-condicionado para cada sala, ou bloco de salas. Mas não deu certo, tal a complexidade técnica exigida para a instalação e funcionamento. Optou-se, então, por um sistema central de ar-condicionado. E o prejuízo e o tempo perdido para refazer todo o projeto de refrigeração no mais curto espaço de tempo possível foram enormes. As caixas brancas continuaram no mesmo lugar, mas foram transformadas em armários.

As janelas, ah!, as janelas. Eram esquadrias de alumínio com chapas duplas de vidro que traziam embutidas entre elas as persianas, todas com um sistema de manivelas que permitia abri-las e fechá-las sem que fossem tocadas. O edifício recebia sol por dois lados, em qualquer momento do dia. Também as janelas podiam ser levantadas e postas na diagonal em relação ao solo. Era um material caríssimo, comprado sob medida na empresa paulista Fischet, e que foi inteiramente roubado mais tarde, já nos anos 2000, quando o prédio foi penhorado para pagamento de dívidas. A plataforma para pouso de helicópteros sobre o prédio foi implantada quando a obra estava praticamente pronta. A totalidade do peso foi concentrada na estrutura central do monstrengo.[23]

O projeto era de um prédio em estilo brutalista, ou orgânico, que estava na moda nos Estados Unidos, com concreto e estruturas de aço aparentes. O modelo mais notável da época era a prefeitura de Boston, nos Estados Unidos. No Brasil, havia o prédio do Masp, na avenida Paulista, em São Paulo, e o do Museu de Arte Moderna, no Rio de Janeiro. As maiores expressões desse estilo no Brasil eram os arquitetos Ruy Ohtake, Le Corbusier e Lina Bo Bardi, autora do projeto do Masp.

Enquanto isso, na redação, todos acompanhavam preocupados a construção da nova sede na avenida Brasil, ou "no Caju", como diziam de forma depreciativa. Otto Lara Resende, já na equipe do JB como editorialista, brincava que não iria dar certo: "É muito perto de cemitério".[24] E as alterações na feição do jornal não foram só externas. Durante a obra, ainda antes da mudança, o editor do Caderno B, Paulo Affonso Grisolli, pediu demissão, para desapontamento de Alberto Dines e da equipe. Estava cansado da rotina de jornalista, incomodado com a censura, com a ditadura, alegou que queria desenvolver outros projetos e pediu o boné.[25]

Voltando ao prédio, no imenso saguão, havia um enorme painel do arquiteto e artista plástico Cláudio Cavalcanti, na parede frontal à porta de entrada dos visitantes. Quem chegava, ficava impressionado com o gigantismo do prédio e do próprio saguão. O visitante era então orientado pelos porteiros a dirigir-se à mesa comprida do lado esquerdo, onde três jovens recepcionistas, devidamente uniformizadas, lhe perguntavam aonde queria ir e com quem desejava falar. Só depois da confirmação, pelo ramal interno, recebia das moças um crachá e era autorizado a subir. Mas havia algumas exigências, claro. A roupa e o calçado tinham que ser "sociais".

Milton Nascimento, em seu apogeu artístico, já com os dois discos *Clube da Esquina*, chegou no meio da tarde para gravar entrevista com José Carlos Saroldi para o programa *Noturno*, que ia ao ar pela Rádio JB às terças-feiras às onze da noite. Foi tratado com frieza profissional: "O senhor deseja falar com quem?". Com um ar sonolento, Milton respondeu: "Com o José Carlos Saroldi, na rádio. É uma entrevista". Uma das moças esticou o pescoço sobre a mesa e olhou Milton dos pés à cabeça: boné, camiseta regata, calças bem largas com bainha desfiada e chinelos. "Infelizmente, o senhor não vai poder subir vestido assim." Paciente, Bituca ainda pediu: "Ligue aí pro Saroldi e avise a ele que estou aqui, por favor". A ligação foi feita, e só a muito custo, depois de acionados o chefe da segurança e o administrador do prédio, Letício Câmara, foi autorizado o acesso de Milton aos estúdios da rádio, no sétimo andar.

Houve casos também de sambistas convidados que foram barrados na recepção. Já nos anos 1980, havia na Rádio JB AM o programa *Encontro com a imprensa*, uma entrevista diária, matinal, com a participação dos ouvintes pelo telefone. No dia em que iria participar, a economista luso-brasileira Maria da Conceição Tavares foi barrada porque usava um confortável chinelo caseiro. Acabou liberada depois de penosas negociações, mas chegou furiosa ao estúdio.

Certo dia, pouco depois da mudança, o redator Joaquim Campelo chegou para trabalhar no final da tarde, depois de alguns chopes no almoço, e foi barrado por um dos seguranças: "O senhor é funcionário?". Campelo, um maranhense gozador e que iria pouco tempo depois criar o *Dicionário Aurélio*, aproveitou a situação para uma de suas performances: "Sou, e dos melhores". Pôs o indicador da mão direita no peito do segurança e acrescentou: "E o senhor, é funcionário?". "Sou um segurança", respondeu, atônito, o homem. "E por que estamos com segurança aqui? Corremos algum perigo?"

Destinado a funcionar 24 horas por dia, o edifício do JB foi especialmente concebido para um tipo de empresa que teria um jornal (redação e área industrial gigantesca), uma emissora de rádio com todas as suas peculiaridades técnicas e de acústica, e uma emissora de televisão, com problemas ainda maiores. Foi dividido em duas partes estruturalmente independentes, a industrial e a redação.

Entre uma e outra, havia um colchão de borracha de cinco centímetros de espessura, inflado de ar, para evitar as trepidações causadas pela gráfica. O prédio tinha duas subestações transformadoras de energia, além de geradores para os casos de emergência. A capacidade energética era suficiente para abastecer uma cidade de 30 mil habitantes.

Os dois geradores de emergência tinham capacidade de 230 Kva cada um e, em caso de interrupção do fornecimento, entrariam em funcionamento automaticamente, abastecendo qualquer parte do prédio. Disjuntores automáticos foram importados da Alemanha, da França e do Japão, o que representou ainda mais endividamento em moeda estrangeira.

Fritz Utzeri, já um repórter respeitado, nunca mais teria problemas com linhas telefônicas como no tempo de estagiário. A nova sede tinha 750 aparelhos, conectados a uma moderna mesa PABX Ericsson com oitenta troncos. Era só tirar o fone do gancho, discar zero, e tinha-se uma linha à disposição em qualquer parte do edifício. O equivalente a uma cidade média, para os padrões de 1973, mas com uma vantagem: era possível transferir as ligações de um ponto a outro sem o auxílio da telefonista. Jaice, a telefonista da velha sede, infelizmente havia morrido de câncer e não chegou a presenciar a nova era. Era possível falar com a sucursal de São Paulo como se fosse por um ramal interno.

E mais: as 22 agências de venda de anúncios classificados espalhadas pelo Rio de Janeiro, Caxias, Nilópolis, Niterói e Petrópolis possuíam também ramais conectados ao mesmo sistema. Para evitar que os funcionários fizessem ou recebessem chamadas interurbanas, havia um bloqueio do DDD. E as chamadas só poderiam ser feitas mediante autorização da chefia, e pelas novas telefonistas.

Ironicamente, o título "Um edifício concebido para o ano 2000" foi usado em uma das matérias do Caderno Especial, em 15 de agosto de 1973.

O *Jornal do Brasil* não iria sobreviver ao início do novo século por conta de dívidas e decisões administrativas erradas que começaram justamente na construção do prédio.

Com a nova sede em operação, o *Jornal do Brasil* passou a ter seguranças de terno que vigiavam o saguão e o entorno do prédio dia e noite. Do lado de fora, ficavam dois deles, armados, circulando a pé, mesmo em dias e noites de chuva. Uma ruazinha estreita nos fundos do prédio, onde havia ainda trilhos da Belgo Mineira, foi arrendada para estacionamento. Um outro terreno, em frente à entrada de serviço lateral que levava à gráfica, foi comprado para servir de estacionamento para diretores e chefes. Foram implantados ali postes com luminárias redondas, porque o jornal funcionava também durante a noite.

As luminárias esféricas deram munição aos gozadores, que apelidaram o estacionamento de "O Globo no ar", o mais conhecido noticiário da Rádio Globo. Criou-se também uma rua de acesso para os caminhões de papel e de distribuição que saíam e entravam da avenida Brasil para a gráfica e para os carros que se dirigiam ao estacionamento.

Iriam trabalhar ali mais de 2 mil pessoas, contra menos de quinhentas na velha sede da avenida Rio Branco. O Departamento Industrial tinha 641; na área administrativa, 616; na Redação, 390; no Comercial, 303; na Rádio, 96. O JB tinha uma diretora-presidente, a condessa Maurina Dunshee de Abranches Pereira Carneiro; um vice-presidente, Manoel Francisco do Nascimento Brito; os diretores Bernard Costa Campos, Miguel Lins e Otto Lara Resende; e o editor-chefe Alberto Dines. Estava no apogeu como jornal e como empresa. Vinha goleando *O Globo* nas edições de domingo e vencendo até mesmo nas edições de segunda-feira, em que o adversário tinha mais tradição.

Mas aquilo tudo era um exagero. A conta de luz do jornal passou a ser mais alta do que toda a despesa dos tempos da avenida Rio Branco, incluindo folha de pagamento, impostos, combustível, papel e gastos correntes. Na velha sede, havia gerências, uma estrutura de empresa média. Na avenida Brasil, criaram-se as diretorias, que passaram a englobar as gerências, que aumentaram para oito, no total. O JB deixou de ser uma empresa de administração familiar, em que a condessa e Nascimento Brito conheciam a todos, e passou a ter o porte de uma indústria.[26]

O arquiteto Cláudio Cavalcanti, autor do gigantesco painel instalado no saguão de entrada, foi contratado com status de gerente, com autoridade para opinar até mesmo sobre a disposição das mesas nas salas das editorias. Era um "arquiteto residente", ou "editor de mesas", nos comentários sarcásticos dos jornalistas.[27]

Os jornalistas, por sinal, gostaram do conforto das novas instalações. Podiam ter suas mesas exclusivas, o que tornava muito mais fácil apurar notícias por telefone. Os dois restaurantes do sétimo andar, o PTB, mais barato, e a UDN, mais caro, além da lanchonete, atendiam perfeitamente às necessidades. Na UDN era possível até tomar cerveja nas refeições, o que gerou alguns pequenos problemas pontuais — um ou outro exagero, mas nada que comprometesse seriamente o trabalho.

A queixa maior era quanto à localização. Os repórteres tinham dificuldades para voltar à redação ao fim do dia com a matéria já apurada. Precisavam telefonar para o jornal e pedir um carro, ainda as velhas Rural Willys. Como a demanda era grande, tornou-se uma agonia o transporte de volta. David Durra, rigoroso, só autorizava táxi em casos de extrema importância ou urgência. Nos tempos da antiga sede, houve até demissão pelo abuso no uso de táxis.[28]

Quando o repórter era autorizado a voltar de táxi para a avenida Brasil no fim da tarde, era quase impossível encontrar um motorista que aceitasse a corrida, porque o trânsito era muito complicado na hora do rush pelas avenidas Francisco Bicalho e Rodrigues Alves. Os problemas de transporte para a zona norte, pelo menos, garantiram ao até então elitista JB boas reportagens sobre o tema. Os repórteres e redatores moravam, em sua maioria, na zona sul. Assim, a mudança para São Cristóvão acabou alertando-os para a situação de quem morava nos subúrbios e suas dificuldades para chegar em casa no fim do dia. Sérgio Fleury e outros repórteres produziram um excelente material sobre os ônibus suburbanos e os que serviam à Baixada Fluminense, mostrando o sofrimento dos usuários, a má qualidade dos veículos, as dificuldades dos motoristas forçados a longas jornadas de trabalho em condições sub-humanas, com motores quentes e barulhentos a queimar-lhes as pernas, a alta velocidade que impunham e que representava risco para passageiros e outros motoristas.

Os jornalistas e demais funcionários que não concordavam com os preços dos restaurantes do jornal passaram a buscar pensões e restaurantes populares em São Cristóvão, atravessando a pé a avenida Brasil, nas proximidades da Igreja da Santa Edwiges, padroeira dos endividados. Claro, a proximidade da igreja e da padroeira rendeu muitas piadas, principalmente de ordem, digamos, financeira. Criaram-se também códigos de proteção para os poucos jornalistas que costumavam beber durante o dia e iam até perto da igreja em busca de algum bar. Quando eram procurados por alguma razão, vinha a resposta: "Fulano foi orar!".[29]

Frequentavam a redação, porque tinham os jornalistas como clientes, o tradicional vendedor de livros e enciclopédias e o vendedor de uísque contrabandeado,[30] que garantia a todos que seu estoque vinha de embaixadas e navios que aportavam no Rio. As marcas mais comuns eram JB e Cutty Sark. Apareciam também representantes de uma empresa especializada em fazer pagamentos e realizar tarefas de rua, por meio de contínuos. Por uma módica quantia mensal, um jovem ia ao JB pegar as contas e enfrentar as filas dos bancos.

Desde antes da mudança, porém, muitos dos jornalistas já eram descrentes do projeto ou faziam franca oposição a ele. O diretor Otto Lara Resende dizia abertamente, com o costumeiro sarcasmo, que "é muito perto de cemitério, tem tudo para dar errado". Por mais de uma vez, Wilson Figueiredo ouviu do amigo mineiro: "Isso aqui var ser o túmulo do JB. E o prédio até parece mesmo um mausoléu".

O médico Fritz Utzeri, quando viu pronta a estrutura, passou a comentar na redação: "Aquilo ali parece um hospital, tem a localização perfeita para um hospital, e acho que vai acabar sendo um hospital". Fritz, que morreu em 2013, estava certo em sua previsão. Psiquiatra por formação, ele dava consultas informais aos hipocondríacos da redação. E alertava: o amarelo predominante nos painéis vai deprimir as pessoas mais sensíveis, havia estudos que comprovavam isso. A repórter Simona Gropper, do Caderno B, passou a ter dores de cabeça diariamente, e procurou Fritz. Ele observou a mesa da colega, o espaço de trabalho, e alertou: "Você passa o dia olhando pra essa divisória laranja, cor de cocô. É uma cor agressiva. Traga uns quadros de casa, uma paisagem bucólica, um quadro de marina, e pendure aí". Simona seguiu o conselho e realmente melhorou da enxaqueca. Quando a equipe do arquiteto Cláudio Cavalcanti soube da mudança, um de seus funcionários foi até lá e disse a Simona que ela não podia fazer aquilo, estava quebrando o padrão.

Estabeleceu-se uma pequena crise, mas Simona disse que não iria tirar o quadro nem que fosse demitida, e fim de conversa. Não tirou.

Aos poucos, todos foram se acostumando ao novo ambiente de trabalho, mais confortável, espaçoso e prático. Se era mais difícil sair à rua para apurar notícias, era porém muito mais fácil apurar por telefone. Cada um dispunha de sua própria mesa com várias gavetas e máquina de escrever. Os fotógrafos ganharam novos equipamentos, mais recursos, e puderam trabalhar melhor, embora o chefe da Fotografia, Alberto Ferreira, continuasse a fabricar lá enormes e coloridos balões de papel para festas juninas à medida que se aproximava a metade do ano. Em cada um dos andares, junto aos quatro elevadores sociais no pequeno hall, as recepcionistas vendiam fichas para as máquinas de café — um café ruim, é verdade, mas era o que havia.

Uma queixa recorrente era em relação aos reservados com vasos sanitários nos banheiros modernos e reluzentes: as portas não iam até o chão, deixavam um espaço de mais de um palmo, o que tornava possível ver os pés de quem estava sentado nos vasos, as roupas íntimas arriadas até os tornozelos. Revoltados, os jornalistas levantaram várias teses, inclusive a de que era um artifício empresarial moderno para que ninguém demorasse muito no atendimento das necessidades fisiológicas, tal a constrangedora exposição.

A construção da nova sede foi um esforço financeiro brutal, um prédio para uma corporação que estava longe de ser grande — se levarmos em conta os critérios de faturamento. Dizia-se na redação que um dos grandes prazeres de Nascimento Brito era observar, de sua mansão na rua João Felipe, 685 no alto de Santa Teresa, a enorme sede, toda iluminada como uma nave espacial de filme de ficção científica. Sentia-se como um dos homens mais poderosos do país, um potentado — e não percebeu que os tempos iriam mudar e que a tempestade perfeita estava a caminho.

O casarão em que Nascimento Brito morava com a família tinha uma entrada para carros pelo lado esquerdo de quem chegava e que levava à parte interna, aos cômodos. Eram seis suítes, uma para o casal e uma para cada um dos cinco filhos. A outra entrada, totalmente independente, era pelo lado direito, e levava a dependências separadas do ambiente familiar, e que eram utilizadas pelo antigo proprietário, Bocaiúva Cunha, para reuniões político-partidárias. Em um platô, um plano superior, havia uma quadra de tênis em saibro, onde Brito costumava treinar com um instrutor e jogar com amigos, além de um pátio na frente. Certo de que o "milagre econômico" de Delfim Netto viera para ficar, Brito não poupara gastos com luxos familiares e benemerências para seus protegidos. Quem convivia de perto com ele assustava-se com sua autossuficiência e megalomania.

Elitista, ele estava empolgado com o crescimento do mercado financeiro, com o surgimento dos bancos de investimento, com a proliferação das corretoras de ações e títulos e com a explosão do mercado imobiliário no Rio de Janeiro. Enquanto o semanário *O Pasquim*, no auge de sua inteligência e popularidade, atacava a destruição da zona sul pelos gigantescos projetos imobiliários em Copacabana, Ipanema, Leblon, São Conrado e Barra da Tijuca, o JB faturava com os lançamentos dos prédios para a classe média alta. Sérgio Dourado, dono de uma das principais imobiliárias do Rio, era um vilão, um inimigo da cidade, nas páginas do *Pasquim*, e um herói no departamento comercial do *Jornal do Brasil*. E o pior era que Brito tinha desprezo pelo tipo de anúncio que respondia historicamente pela saúde financeira do jornal: os classificados. A tal ponto que o responsável pela área, Hélio Sarmento, como já foi dito, passou a ser seduzido constantemente por Roberto Marinho. Sarmento, um mineiro baixinho, óculos com aros coloridos como ditava a moda, ternos caros, grisalho, magro e mulherengo, era amigo dos intelectuais de Minas, como Otto Lara Resende, Paulo Mendes Campos, Fernando Sabino, Wilson Figueiredo. Profissional experiente, tinha um profundo conhecimento empírico do mercado e dos desejos do público, conhecia os nichos. Quando Sarmento contava a Nascimento Brito de suas conversas com Roberto Marinho e os convites para *O Globo*, o patrão respondia: "Hélio, classificado não dá prestígio nenhum ao jornal. É coisa do passado, dos tempos de Jornal das Cozinheiras. O que dá prestígio e dinheiro hoje ao JB é anúncio dos grandes bancos, os grandes lançamentos imobiliários, os novos modelos de automóveis".

Inconformado, Hélio Sarmento queixava-se da postura do patrão aos colegas do Departamento Comercial. Baseado em sua autossuficiência e em uma sensação de que a prosperidade jamais iria acabar, Brito começou a aumentar os preços dos classificados justamente quando *O Globo* entrou firme no mercado, barateando preços e oferecendo promoções. Era mais um erro estratégico de quem acreditava que o Brasil estava definitivamente "ficando rico", que o crescimento econômico nacional (e o do JB) era irreversível. Ao longo das décadas de 1970 e 80, os anúncios no JB ficaram muito caros e foram se reduzindo cada vez mais.[31]

A BATALHA CONTINUA

Construída e montada a nova sede, estava tudo pronto para que se deflagrasse mais uma vez o projeto da televisão. E Nascimento Brito e a cúpula do JB mergulharam fundo na tarefa, indiferentes à crise econômica que começava a asfixiar o país — especialmente para aqueles que tinham dívidas em dólar. Mas outro fator impulsionava o JB: a TV Globo tornara-se, enfim, uma potência. Brito sentia que perdia terreno com a ascensão cada vez mais célere do adversário.

A CPI que apurou as ligações da Globo com o sócio estrangeiro (Time-Life) terminara e impusera uma nova legislação, que explicitamente proibia os mesmos acordos que Marinho celebrara. Não era uma legislação retroativa, mas Marinho não quis manter-se como o único empresário de comunicação brasileiro ligado a setores internacionais. Empenhou bens de sua própria família, pagou tudo o que devia ao grupo Time-Life e conseguiu reerguer-se com um novo grupo de profissionais liderados pelos jovens Walter Clark e José Bonifácio Sobrinho.[32]

O chamado Sistema Globo soube usar o conjunto televisão/jornal/emissoras de rádio para, cada vez mais, tomar conta do mercado publicitário, oferecendo pacotes fechados, preços mais em conta. Por mais ojeriza que despertasse em parte da chamada "classe A" e na esquerda urbana do Rio de Janeiro, a Globo ganhou mercado e tornou-se um poderoso veículo.

A criação da Embratel, em 1965, iria ajudar muito Roberto Marinho. Em 28 de fevereiro de 1969, foi inaugurada pela Embratel a enorme antena Tanguá I, em Itaboraí, uma estação de micro-ondas de telecomunicações interligada à rede internacional de satélites. Os programas de tevê ao vivo puderam então ser transmitidos nacionalmente, em rede. Figuras como a do apresentador Abelardo Barbosa, o Chacrinha, que desde 1968 ocupava dois horários[33] na emissora e tornou-se instantaneamente um sucesso nacional, simbolizam esse triunfo. Seus altíssimos salários também passaram a ser anunciados pelos jornais com estardalhaço, Cr$ 100 milhões por mês, o maior do país para um funcionário de empresa de comunicação social, superior ao da maioria dos executivos de grandes empresas.

Para desespero ainda maior do *Jornal do Brasil*, a TV Globo transmitiu no dia 20 de julho de 1969, em rede nacional com afiliadas e associadas, a chegada do homem à Lua, com narração de Hilton Gomes e Murilo Nery — escalados porque, além de experientes em transmissões ao vivo, eram fluentes em inglês. Veio depois a Copa do Mundo de 1970, a primeira com transmissão direta para o Brasil, novo gol de placa da Globo.

E a emissora não queria ser apenas popular. Buscava audiência também nas classes médias urbanas. O diretor de Programação, José Bonifácio de Oliveira Sobrinho, o Boni, começou a pressionar Chacrinha para que evitasse atrações popularescas ou explorasse a miséria de forma sensacionalista. Além disso, Chacrinha não respeitava o horário de encerramento dos programas ao vivo. Os dois começaram a se desentender até que, no domingo, 7 de dezembro de 1972, Boni teve a chance que esperava. A *Buzina do Chacrinha* deveria terminar às dez da noite e, como sempre, o apresentador estourou o tempo. Às 22h04, Boni ligou para a produção e exigiu o fim do programa. Chacrinha mandou avisar que iria continuar. Boni tirou o programa do ar às 22h10, sem qualquer aviso. Era o fim da era Chacrinha na Globo. O apresentador, furioso, quebrou equipamentos e anunciou que nunca mais pisaria na emissora.[34]

O *Jornal do Brasil* aproveitou a crise para fazer jornalismo. Pôs os repórteres em campo, apurou tudo e, no domingo seguinte, publicou reportagem detalhando a confusão. A versão do Chacrinha era a de que não aguentava mais as sucessivas "mudanças de horário" que Boni lhe impunha. A Globo alegava que Chacrinha havia sido demitido "por exibir entrevista com um afeminado em horário nobre", o que contrariava as normas estabelecidas por Boni. Depois de alguns domingos exibindo, em lugar do Velho Guerreiro, longas-metragens, finalmente a Globo pôs no ar o *Fantástico*, que conseguiu manter a audiência popular de Chacrinha e conquistou também um público de maior padrão de exigência.

As novelas passaram a ocupar um espaço absoluto nas noites dos brasileiros. Ao longo dos anos 1970, as produções da Globo ganharam em qualidade: tinham bons textos, trilhas sonoras marcantes, atores competentes e histórias produzidas por autores modernos. Um grande avanço em relação às velhas novelas do tipo *O direito de nascer* ou *O preço de uma vida*, dramalhões de origem cubana ou mexicana das tevês Rio, Excelsior e Tupi. A Globo instituiu também os chamados "casos especiais" e as minisséries, com inegável qualidade artística. Grandes atores e escritores, como Dias Gomes, Janete Clair e Bráulio Pedroso, foram recrutados.

Em 1974, a TV Globo conseguiu tirar o documentarista Eduardo Coutinho do Caderno B para, com Paulo César Sarraceni e José Hamilton Ribeiro, entregar-lhes o *Globo Repórter*, que estreara no ano anterior e tornara-se um programa jornalístico de altíssimo nível.

Era necessária uma reação do JB. Ter uma rede de televisão tornava-se urgente. E o *Jornal do Brasil* começou a se mexer. Ao mesmo tempo, era um período de confiança no futuro. Bernard Costa Campos mantinha a rotina de jantar às quartas-feiras com Delfim Netto no restaurante Le Bistrô, onde o ministro reunia também assessores, políticos ligados ao regime e empresários. Delfim alimentava o projeto de ser o governador indicado de São Paulo no próximo quadriênio, e costumava passar sempre dois ou três dias da semana no Rio de Janeiro, despachando no prédio do Ministério da Fazenda na avenida Antônio Carlos, onde recebia uma romaria de empresários.

Como já foi dito, a proximidade de Bernard com os poderosos civis do governo militar valia ao jornal facilidades legais. Via Delfim Netto, o JB usou e abusou da Operação 63, um mecanismo pelo qual tomava-se o empréstimo em dólares no exterior e recebia-se aqui no Brasil em moeda nacional. Foi assim que o JB conseguiu transformar em cruzeiros uma boa parte de sua dívida em dólares. A proximidade de Bernard (e de outros membros da diretoria do jornal) com o ministro-chefe da Casa Civil, Leitão de Abreu, também foi benéfica. Leitão gostava de futebol como Médici e era ex-presidente do Grêmio de Porto Alegre, clube preferido do general — tinha uma longa carreira no serviço público e era apontado como o verdadeiro gerente do governo, o poderoso encarregado das decisões e do comando administrativo. Esses dois nomes formavam, com o general Orlando Geisel, ministro do Exército, a trindade decisória do governo.

Dentro do jornal, Nascimento Brito anunciou que o editor-geral do JB, Alberto Dines, seria o diretor-geral de jornalismo de todo o grupo — jornal, agência, rádio e televisão. Entusiasmado, Dines preparou então um grande projeto. Houve um coquetel na sala de Brito com a diretoria, anunciantes e potenciais investidores em homenagem a Dines, que recebeu a nomeação informal e cumprimentos efusivos.

Brito transmitia a impressão de confiar cegamente no editor, mas o fato é que planejava demiti-lo. Temia que a independência editorial de Dines prejudicasse os projetos de implantação da televisão. Além disso, as brigas entre eles eram constantes. Assim, quando o futuro diretor-geral de jornalismo do Grupo JB foi demitido, em 1973, Nascimento Brito enviou imediatamente um memorando interno para Bernard e os demais diretores comunicando que a futura TV JB iria operar como rede no triângulo Rio-São Paulo-Belo Horizonte, e que "o sistema de telenotícias irá funcionar, inicialmente, no oitavo andar da avenida Brasil, 500".[35]

Um homem-chave em todo o processo de implantação da sonhada TV JB foi o advogado Antônio Fernando Bulhões de Carvalho, um antigo conselheiro da condessa e da família, brilhante jurista, escritor, neto do ex-prefeito do Rio de Janeiro Pereira Passos, autor da primeira adaptação para a televisão, em 1961, de *Gabriela cravo e canela*, de Jorge Amado, e que ajudou de várias formas na construção do novo prédio da Academia Brasileira de Letras, no centro do Rio. Antônio Fernando falava com enorme esforço por meio de uma cânula no pescoço — seu problema teria sido causado por uma cirurgia para remover um câncer na laringe.

O JB finalmente ganhou em 1973 sua primeira concessão, que era um canal em Niterói, capital do antigo estado do Rio. Em março de 1974, iniciaram-se os trabalhos topográficos e de estudo e sondagem do solo do terreno de Pendotiba, comprado para a instalação da tevê. Tudo isso exigia muito dinheiro, que era obtido em empréstimos internacionais (via Operação 63) e com hipotecas do prédio da avenida Brasil. O projeto arquitetônico foi encomendado à Companhia Internacional de Engenharia (CIE). Em maio de 1974, então, o JB recebeu outra concessão de canal de televisão, em São Paulo.

A primeira concessão de canal de televisão ao JB foi assinada pelo ministro das Comunicações Higino Corsetti e pelo general Médici, em agosto de 1973, último ano do governo. A segunda, em São Paulo, já estava pronta ao fim do governo Médici, mas foi assinada pelo novo presidente, Ernesto

Geisel, em maio de 1974, dois meses depois da posse. Em setembro, outubro e novembro de 1973, Brito, Bernard e outros diretores viajaram para a Alemanha, Inglaterra, Estados Unidos e Japão em busca de um modelo para a televisão que pretendiam instalar.

Em janeiro de 1974, Brito e sua turma optaram pelo modelo inglês, o da British Broadcasting Corporation, a mundialmente prestigiosa BBC. Carlos Lemos foi enviado a Londres para um curso de sete meses — era o diretor de jornalismo escolhido para a futura TV. Foi então assinado um contrato de assistência técnica com a emissora inglesa e um outro contrato com Lady Joanna Spicer, que seria a coordenadora técnica e iria elaborar e implantar um modelo baseado na BBC.

Lady Spicer chegou ao JB em janeiro de 1974, aos 68 anos. Estava recém-aposentada da BBC depois de uma carreira de 32 anos em que ocupara nove cargos, desde Empire Executive with Overseas Programme Administration, algo como "imperial diretora executiva da administração dos programas internacionais", até os principais deles, Head of Programme Planning e Television Programme Organiser, uma espécie de diretora-geral de programação.

Considerada a principal mulher em cargos de direção na BBC, deixou sua marca não só na televisão inglesa como na de toda a Europa. Foi contratada como pessoa jurídica por intermédio de uma empresa chamada Starboard Limited, que ela própria criou por razões tributárias. Tudo em dólares e a preços absurdos para padrões brasileiros.

Joanna Spicer nem chegou a fixar residência no Rio. Instalou-se em um hotel e era ciceroneada, em geral, por Robert Anderson, o escocês que funcionava como secretário particular e professor de Nascimento Brito no idioma inglês. A inglesa foi visitar o terreno em Niterói onde seria instalada a antena transmissora e o centro de produção técnica da tevê. Novamente foi acionado o chefe da sucursal do *Jornal do Brasil* em Niterói, João Luís de Farias Neto, e Carlos Lemos.

Na velha capital fluminense, aprovaram o terreno, que era topograficamente adequado, com vista para o morro do Sumaré, no Rio de Janeiro, para onde seria transmitido o sinal. Era um terreno elevado no bairro de Pendotiba, comprado em fevereiro de 1974. João Luís lembra-se de que Joanna, já idosa, teve dificuldades para escalar o morro onde seria instalada a torre de transmissão. Chegou lá em cima suada, sem fôlego e com dores nos joelhos.

Toda a parte técnica e a compra do terreno e dos equipamentos estava a cargo do comandante Lywall Salles. Foi contratado, por recomendação de Lywall, o general reformado Pery de Carvalho, considerado um "expert" em comunicações e eletrônica.[36]

Em junho e julho de 1974, formou-se um grupo de trabalho, depois enviado a Londres para a elaboração do projeto técnico e arquitetônico. Participaram, claro, Nascimento Brito, engenheiros da CIE e da BBC, e Lady Joanna Spicer. Em seguida, em agosto, houve uma tomada de preços de equipamentos junto aos principais fabricantes e fornecedores do mundo. As despesas aumentaram consideravelmente.

A primeira parte do projeto para os estúdios de jornalismo e produção foi orçada em 6 milhões de libras esterlinas, um valor absurdamente alto para os padrões da época. Previa a instalação no prédio da avenida Brasil, e depois a transferência de tudo para Pendotiba, onde seria construída outra sede. Joanna Spicer fez um esboço da programação, que inicialmente teria 56 horas e meia semanais, o equivalente a oito horas diárias, com 25% do tempo ocupado com intervalos comerciais, mais ou menos catorze horas por semana.

A produção nacional, mais adiante, aumentaria de tamanho. Seria apresentada dia e noite, com treze horas e cinquenta minutos diários de jornalismo. A tevê teria entre uma hora e 45 minutos a três horas e meia de programação ao vivo com unidades móveis; meia hora diária de documentários e uma hora e 45 minutos de comerciais. Haveria ainda cinco horas diárias de programas educativos. A TV Jornal do Brasil transmitiria eventos esportivos ao vivo, sempre que possível shows musicais, novelas e séries. Até que houvesse condições para produção própria, documentários e séries de televisão seriam importados, preferencialmente da própria BBC.[37]

Em setembro, ficaram prontos os anteprojetos técnico e de arquitetura; estavam já calculados os custos operacionais e valores de investimento. Em seguida, viriam os estudos de viabilidade econômica, de acordo com o mercado publicitário. Os jornalistas do JB e da rádio trabalhavam, mas esperavam ansiosos por novidades, todos queriam a tevê e torciam por uma nova emissora "de alto nível", com jornalismo de qualidade, para enfrentar "a cafonice da TV Globo".

O superintendente comercial do JB, Arthur Chagas Diniz, foi encarregado de prospectar o mercado e sua receptividade à futura emissora, e incorporou as novas tarefas com entusiasmo absoluto. Chagas Diniz era um executivo do Unibanco que fora demitido em um processo de reestruturação e indicado ao JB por Walter Fontoura, para dar nova dinâmica aos classificados. Assim, logo preparou um relatório explicando que havia grande expectativa no mercado pela nova televisão, o que implicava alguns compromissos e responsabilidades. O principal, explicava, era não permitir que se criasse um vazio entre o anúncio das concessões e a efetiva entrada em operação de ambos os canais, do Rio e de São Paulo. Era necessário pressa. Dizia ainda que a expectativa "extravasa a própria perspectiva de criação de uma alternativa".

Os empresários e potenciais anunciantes apostavam na agregação de um novo e imenso contingente de telespectadores, de maior poder aquisitivo, de maior escolaridade, insatisfeitos com as opções disponíveis. "O número de aparelhos desligados ainda é muito alto", explicava Chagas Diniz. E ia além. Considerava que dois anos era um prazo relativamente curto para se viabilizar técnica e financeiramente dois canais, mas que a expectativa do mercado era urgente. Por isso, recomendava a criação de "uma série de eventos que mantenha a televisão no ar a partir de hoje".[38]

O diretor comercial estava empolgado, queria a intensificação dos contatos com grandes empresários e agências de publicidade, dando notícias de cada um dos estágios técnicos de instalação de ambos os canais, além de mobilizar todo o complexo de comunicação do Grupo JB (jornal, rádio e agência). Chagas Diniz queria agitar o mercado e lançar a TV, mesmo que de forma experimental. Defendia a estruturação imediata da área comercial sob sua responsabilidade, não só para venda de comerciais e patrocínios de uma forma agressiva, mas também para compra de programas, filmes, documentários, programas de bom nível. A legislação audiovisual só permitia às televisões exibir filmes lançados há mais de cinco anos, mas isso não importava para ele.

Brito ficou cada vez mais cauteloso e reticente. Em setembro de 1974, a empresa já estava perigosamente endividada com a obra da sede nova e os investimentos iniciais para a televisão. Antônio Fernando Bulhões de Carvalho sugeriu que se conseguisse um aval do Banco do Brasil para um empréstimo destinado à compra de equipamentos e instalação dos estúdios.

Bernard Costa Campos enviou uma carta ao novo ministro da Fazenda, Mario Henrique Simonsen, com um orçamento recebido pela fornecedora de equipamentos Bosch. Dizia ainda que Nascimento Brito (que tinha boas relações com Simonsen) o procuraria pessoalmente em Washington, onde estariam em viagem na mesma data. Bernard enviou também o seguinte documento, segundo ele "pessoal e intransferível", ao presidente do Banco do Brasil, o baiano Ângelo Calmon de Sá, de cujo irmão, Frank, Nascimento Brito era grande amigo:

A S/A Jornal do Brasil recebeu da Europlan (estabelecida em São Paulo) proposta para financiamento total do empreendimento da futura TELEVISÃO JORNAL DO BRASIL, cujas condições são as seguintes, de acordo com a cópia de telex anexo:

Valor da operação: até US$ 40.000.000,00.

Juros: entre 7,3 e 7,5% ao ano.

Liquidação total, acrescida de juros compostos ao final de vinte anos.

Taxas antecipadas: bancária: 3% do valor da operação; corretagem: 1,5% do valor da operação.

Condição sine qua non para efetivação: aval do Banco do Brasil.

Solicitamos a V.Sa. que nos informe por escrito, com a possível urgência, se, em princípio, o Banco do Brasil aceita considerar a proposta para seu aval, de acordo com as condições acima, desde que elas não tornem o empreendimento inviável e se enquadrem na política do atual governo brasileiro.

Todo o último parágrafo foi sugerido por Antônio Fernando Bulhões de Carvalho. Bernard assinou o documento na qualidade de diretor da S/A Jornal do Brasil. Mas, em outubro de 1974, quando o presidente do Banco do Brasil recebeu a carta, o *Jornal do Brasil* não tinha a melhor das relações com o novo governo, ainda que seu novo editor-geral, Walter Fontoura, circulasse bem em todos os setores, inclusive o militar, e o editor de Política, Elio Gaspari, tivesse no então poderoso ministro chefe da Casa Civil, Golbery do Couto e Silva, uma fonte constante de notícias.

A TV JB, no entanto, era um assunto da direção do jornal, e não do comando da redação. Quem cuidava disso junto às áreas oficiais eram Brito e Bernard, assessorados por Bulhões de Carvalho. Editorialmente, o JB fazia a oposição possível à política nacionalista e estatizante do novo governo. E esse "possível" era bem suave, em opiniões publicadas como editoriais. De todo modo, o JB conseguira bastante independência com o abrandamento da censura, e isso desagradava a vários setores do governo.

"Engraçado, todos esses jornais são metidos a independentes, falam em liberdade de imprensa, mas vivem pedindo dinheiro ao governo", teria dito o presidente Ernesto Geisel a assessores, referindo-se particularmente ao JB e a *O Estado de S. Paulo*. O novo ministro das Comunicações era o coronel Euclides Quandt de Oliveira, um gaúcho de rosto forte e quadrado, cabeleira negra cortada em estilo militar, agudos olhos azuis, e que fora comparado fisicamente pelo noticiário do JB ao ator Charles Bronson. Quandt era engenheiro, estudioso da área de comunicações e, como capitão, frequentara a redação do *Jornal do Brasil* em 1964 no papel de censor.

No dia 17 de fevereiro de 1975, Quandt criticou, em uma conferência, a qualidade da televisão brasileira. Anunciou que o governo pensava em um novo Código Brasileiro de Telecomunicações, além de uma nova regulamentação para o setor. O *Jornal do Brasil* aproveitou o recado e o usou para atacar o Sistema Globo, sem citar o nome do inimigo. "Política de televisão", era o título do editorial, com o estilo inconfundível e moderado de Wilson Figueiredo. Segundo o texto, havia grande insatisfação do governo e do público com os canais existentes, "a julgar pelo número de aparelhos ociosos e pelas críticas acolhidas em outros órgãos de divulgação".

De fato, a Rede Globo vivia sob o ataque de diversos órgãos, como *O Pasquim*, que adotou a expressão "máquina de fazer doido", cunhada pelo humorista Sérgio Porto, para se referir à emissora. As elites urbanas, a ativa oposição ao governo militar, os estudantes e o próprio Caderno B batiam duramente na Globo. Era chique falar mal dela, apontada constantemente como cria do regime militar. Intelectuais não se permitiam assistir à televisão ou, pelo menos, não admitiam isso publicamente. Norma Curi, então repórter do Caderno B, lembra: "A gente tinha, sim, desprezo pela TV Globo, porque representava a direita, achávamos que era alienante, populista, deseducativa". O Caderno B ignorava completamente a existência das novelas globais, por mais sucesso que fizessem. Nem ao menos uma linha era gasta com a dramaturgia televisiva produzida no Brasil.

Mas a Globo também não passou incólume pela ditadura. *Roque Santeiro*, em sua primeira versão, foi completamente censurada, mesmo com vários capítulos já gravados, o que valeu uma crise inédita entre o Sistema Globo e o governo.

Logo depois da manifestação do ministro Quandt de Oliveira sobre a qualidade da televisão, no dia 28 de fevereiro de 1975, a *Tribuna da Imprensa*, de Hélio Fernandes, que se divertia atacando os dois gigantes jornalísticos, resumiu bem a situação em sua coluna "Fatos e rumores — em primeira mão":

> O *Jornal do Brasil* e *O Globo*, que vivem permanentemente num briga-reconcilia, de acordo com os interesses pessoais dos senhores Nascimento Brito e Roberto Marinho, estão novamente rompidos. A história rapidamente é a seguinte: o *Jornal do Brasil*, que recebeu um canal de televisão, mas não tem condições de explorá-lo por falta de capacidade gerencial, financeira e empresarial, não suporta que a TV Globo seja dona absoluta do setor de televisão. Isso faz mal pessoalmente ao sr. Nascimento Brito.
>
> Quando, há dias, o Ministro das Comunicações criticou (dura mas justamente) a televisão, o *Jornal do Brasil* aproveitou para publicar um editorial aplaudindo o ministro. Era uma forma do *Jornal do Brasil* fazer média com o ministro Quandt, de quem depende, e ao mesmo tempo apaziguar a sua grande frustração.
>
> O sr. Roberto Marinho, que raramente se irrita, pois sabe como ninguém que a sua "indomável capacidade de faturar" não pode sofrer influências sentimentais, ficou furioso, e ele mesmo, pessoalmente, resolveu fazer uma nota sobre o assunto. Escreveu então o tópico chamando o *Jornal do Brasil* de falido (e o sr. Roberto Marinho, aí, não está longe da verdade), que foi publicado anteontem na coluna social.
>
> O pessoal do *Jornal do Brasil* se sentiu atingido, e agora está querendo ir à forra. Elementos do *Jornal do Brasil* conseguiram uma cópia de salários mirabolantes pagos a onze pessoas da TV Globo [...] e estariam dispostos a publicar essa relação. Mas isso foi considerado forte demais para o gabarito dos diretores que ficaram no Rio e resolveu-se então esperar o sr. Nascimento Brito, que está viajando.

No mesmo dia 28 de fevereiro de 1975, *O Globo* respondeu às críticas genéricas do ministro Quandt e ao *Jornal do Brasil*. O título era "A opção de milhões de brasileiros" e afirmava que o jornal de Roberto Marinho detinha um verdadeiro mandato popular porque milhões de telespectadores assistiam à Globo e, como ninguém os obrigava a assumir tal opção, também "ninguém tem força para lhe impor artificialmente uma outra". Segundo Roberto Marinho, a acusação de que a TV Globo abusava de filmes e produções estrangeiras era incoerente, porque o JB vivia cercado por "traduções de colunistas norte-americanos e reportagens de revistas francesas".

No dia 2 de março de 1975, o JB voltou à carga em novo editorial, "Televisão responsável". De forma oblíqua, sem citar nomes, acusava a TV Globo de não atender às aspirações do público, porque atendia em primeiro lugar aos próprios interesses comerciais e políticos. Defendia a criação de uma instituição de pesquisas que fosse realmente "confiável" e diagnosticava que os ministérios da Educação, da Justiça e das Comunicações não estavam capacitados para fiscalizar a qualidade, o nível, os interesses do público e da nação nos programas de tevê. Um órgão deveria ser criado, pedia o JB, com autonomia e responsabilidade, para "acompanhar a desempenho das atividades normativas, fiscalizadoras e até punitivas, no que respeita à programação e à publicidade veiculadas pela TV". Segundo Nascimento Brito, o público estava indefeso, sem ter a quem endereçar críticas ou aplausos.

> As recentes declarações do ministro das Comunicações, sr. Euclides Quandt de Oliveira, levam a concluir que o Governo Geisel rejeita o monopólio de programação e mostra a disposição de criar efetivas condições para que se estabeleça a concorrência sadia e disciplinada entre as emissoras de televisão, o que dependerá de uma inteligente política de TVF e da criação de estrutura adequada ao nível de suas responsabilidades.

O *Jornal do Brasil*, incapaz de instalar seus canais de televisão em Niterói e em São Paulo, e com problemas no fluxo de caixa que o obrigavam a demitir pessoal, lutava na verdade por uma nova legislação que permitisse financiamento ou associação com grupos internacionais. Ou por ajuda financeira do governo, claro. Por seu turno, Roberto Marinho usava todo o seu peso político para manter intocada a legislação vigente e impedir qualquer espécie de socorro, oficial ou internacional, que permitisse a criação da TV JB.

Nascimento Brito estava assustado com o projeto da BBC capitaneado por Joanna Spicer, que lhe valera um ano de despesas. O custo era absolutamente inviável para as já combalidas finanças do jornal. Era um projeto semelhante ao da própria BBC: jornalismo de alta qualidade, muitos documentários, programas especiais, muita produção, além de programas importados da própria emissora britânica. Caríssimo.

A BBC sempre foi sustentada por uma contribuição anual obrigatória de todos os cidadãos que compram um aparelho de televisão ou de rádio. Tal modelo lhe confere um poder econômico compatível com a qualidade do que produz. O JB, por sua vez, poderia contar apenas com um mercado e uma economia em crise.

O aval do Banco do Brasil ao JB para o empréstimo não saiu, e Nascimento Brito recuou de vez. No comecinho de junho de 1975, o projeto BBC/ Joanna Spicer foi cancelado. Não seria possível arcar com os custos previstos e a dama inglesa foi despachada de volta para Londres. Mas o contrato com a empresa dela, a Starboard Limited, não seria rescindido, e os pagamentos deveriam continuar sendo feitos. Não foram, porém, e a empresa de Joanna continuou cobrando por muito tempo, inclusive por via judicial.

No dia 9 de junho, logo depois da dispensa de Joanna, o JB foi à carga e reclamou do governo no editorial "TV congelada", sempre no estilo mineiramente cauteloso de Wilson Figueiredo. Começava assim: "Os dias e as semanas transcorrem sem que haja correspondência prática, no domínio dos atos do governo, entre a intenção de reformar a televisão brasileira e a criação de um Sistema de Televisão em nosso país". Em português claro, queria dizer que, "se o governo não nos ajudar, ou não mudar a legislação, não vamos conseguir montar os nossos canais de televisão". Em seguida, uma cutucada mais forte no grande inimigo:

O governo — e isto não é segredo — não quer a continuidade do monopólio de fato, gerado ao sabor de um jogo de relações públicas, que a Nação é forçada a aceitar, perdendo a oportunidade dos confrontos de qualidade e da sadia emulação da concorrência regulada por autoridades públicas (o que não quer dizer governamentais). Pois ninguém melhor do que o governo está em posição para antecipar os riscos culturais e sociais da monopolização de um serviço sob regime de concessão do Estado. E nessa avaliação não faltariam maus conselheiros a induzirem sistemas de televisão pouco condizentes com a sociedade ordeira e pluralista que queremos criar no Brasil.

O editorial dizia, em seguida, que a televisão tinha um "terrível poder de manipulação de vontades, de mobilização mental, de conformismo psicológico doentio". Entre os atingidos pelo torpedo, além da TV Globo, estava a Associação Brasileira das Emissoras de Rádio e Televisão, a Abert, àquela altura presidida pelo almirante Adalberto de Barros Nunes, que fora ministro da Marinha de Médici e assinara o AI-5. Para angariar prestígio ou por simples bajulação, era praxe, naquele sombrio período, a nomeação de militares para entidades como a Abert.

O almirante respondeu ao editorial em uma carta enviada ao JB para publicação. Logo no primeiro parágrafo, acusava o jornal de agredir a entidade e intrigar o governo federal com as emissoras de televisão existentes. Nascimento Brito decidiu endurecer o jogo e não publicar a carta. Então, quem a publicou foi O Globo, na nobilíssima página 3, com o título "Intrigas contra a televisão". E foi além: num violento editorial intitulado "A hora da verdade", citava números contábeis do Jornal do Brasil, classificando-os como "constrangedores" — o JB estaria quebrado.

> Anteontem, o Jornal do Brasil escreveu um editorial, sob o título acima, de nítida agressão à televisão brasileira. O presidente da Abert, a quem o artigo também pretendeu atingir, respondeu ao matutino em questão (página 3). O que é interessante é que a única televisão "congelada" é justamente a do Jornal do Brasil, o qual, tendo obtido há tempos as concessões no Rio e em São Paulo, por motivos de economia interna resolveu "congelá-las"...[39]

O Jornal do Brasil contra-atacava como podia, e publicou com destaque, na página 5, uma decisão do Tribunal Federal de Recursos (atual Superior Tribunal de Justiça) que dava ganho de causa ao governo do ex-estado da Guanabara (a fusão com o antigo Rio de Janeiro tinha acabado de acontecer) na disputa judicial com Roberto Marinho pela propriedade do Parque Lage.

Antiga reserva florestal da Mata Atlântica na rua Jardim Botânico, de propriedade do industrial Henrique Lage, a área fora comprada por Roberto Marinho e pelo senador Arnon de Mello, pai do ex-presidente Fernando Collor de Mello, por meio da empresa São Marcos Comércio e Indústria de Materiais de Construção S.A. Ambos pretendiam construir ali um condomínio de luxo. O governador Carlos Lacerda, em represália por não ter o apoio de Marinho em suas pretensões presidenciais, desapropriou a reserva e criou ali o Parque Lage, transformando a velha residência de Henrique Lage na atual Escola de Artes Visuais. A disputa judicial durou vários anos.[40]

Pela primeira vez, os dois jornais inimigos citavam-se nominalmente e atiravam diretamente um contra o outro com munição pesada. A briga chegou a ser tema de reportagens no *Jornal de Brasília* e de colunas de Hélio Fernandes na *Tribuna da Imprensa* — mesmo tendo sido um dia amigo de Nascimento Brito, de quem comprou a *Tribuna*, Hélio dedicava-se a atacar e a ironizar diariamente o desafeto, a quem chamava de "Dom Manuel, o Venturoso". Insinuava que o doutor Brito dera o "golpe do baú" para ter o controle do poderoso grupo jornalístico.

O JB respondeu no dia 18 à dura carta do presidente da Abert. Quem assinou foi o diretor Bernard Costa Campos, depois de intensa deliberação de Nascimento Brito com o próprio Bernard e com o conselheiro Antônio Fernando Bulhões de Carvalho. Disse o JB ao almirante que, "se a Abert se sentiu atingida, terá sido porque reconhece a verdade que o editorial contém, e porque essa verdade é em si mesma contundente, sem réplica objetiva". A carta anunciava que a empresa estava rompendo com a Abert (de fato, a Rádio Jornal do Brasil desligou-se da entidade). "A Abert não reúne, pelo menos neste momento, as condições necessárias para ser efetivamente a representante da totalidade do empresariado brasileiro de rádio e televisão."

Hoje é impossível dizer se o JB teria capacidade financeira sequer para um canal popular, de produção mais barata, com jornalismo ao vivo, em estúdio, e lançando mão dos profissionais do jornal e da rádio. Wilson Figueiredo avaliou depois que, se houvesse instalado a tevê, o JB quebraria muito antes, teria o destino da TV Manchete. No Rio de Janeiro, principalmente, os jornalistas e até boa parte da população sonhavam com a TV JB e uma programação mais elaborada, mais analítica, mais sofisticada, em contraponto aos canais populares. Mas não aconteceu.

Entre os comentários que circularam entre os editores do JB, muitos achavam que Brito preferia esperar que as boas relações que mantinha com Gilberto Chateaubriand permitissem ao jornal assumir o espólio da velha e falida TV Tupi, dos Diários Associados. Brito e Chateaubriand eram amigos, a ponto de o dono do JB presenteá-lo pelo aniversário, certa vez, com um automóvel zero-quilômetro, entregue com um enorme laço em volta, simulando um embrulho. O presente, claro, foi descontado em publicidade no jornal.[41]

Gilberto Chateaubriand, filho de Assis Chateaubriand, brigava com a família pelo espólio do pai, e Nascimento Brito talvez achasse que, em caso de vitória do amigo, poderiam associar-se e tocar um novo canal sobre os escombros da tevê pioneira no Brasil. Também não deu certo, e a Rede Tupi ficaria no limbo, com uma programação improvisada, até que os governos militares decidissem que fim teria.

Em uma tarde de 1978, por exemplo, o editor-geral Walter Fontoura e o editor de Política, Elio Gaspari, foram a Brasília para uma conversa exclusivamente jornalística com Golbery do Couto e Silva, Heitor Aquino Ferreira e Humberto Barreto. Na saída, foram cercados pelos repórteres que cobriam o Palácio do Planalto e interrogados sobre um possível espólio da TV Tupi. Todos achavam que esse era o motivo de Walter e Elio estarem ali.

Fracassado o projeto da BBC em 1975, o consultor da condessa Pereira Carneiro e da família Nascimento Brito, Antônio Fernando Bulhões de Carvalho, sugeriu uma solução externa. Ele intermediou, a partir de 1976, uma intensa e longa negociação com bancos franceses, o Credit Lyonnais e o Banco de Paris e dos Países Baixos, que trariam junto um projeto desenvolvido pela Compagnie Luxembourgeoise de Télédiffusion, de Paris. Os principais interlocutores de Bulhões de Carvalho eram o executivo M. D. Indjoudjian, do Banco de Paris e dos Países Baixos, e Arnauld de Soucy, representante para o Brasil do Credit Lyonnais.

Mas Nascimento Brito não achava conveniente ter apenas estrangeiros como alternativa. Assim, procurou abrir também uma frente brasileira e propôs associação a Jorge Gerdau Johannpeter, dono do poderoso grupo gaúcho Gerdau, e ao banqueiro Walther Moreira Salles, que prometeram analisar a possibilidade de associar-se ao projeto televisivo do JB.

De 1976 a 1978, Bulhões de Carvalho negociou com os franceses, por meio de uma longa e detalhada correspondência, telefonemas internacionais, encontros em Paris e análise da legislação brasileira e das possibilidades de associação. No front brasileiro, Nascimento Brito conversava com Gerdau Johannpeter e Walther Moreira Salles. Gerdau logo descartou a ideia. Tornar-se empresário de comunicações não estava em sua agenda, pelo menos na forma proposta pelo JB. Mas Moreira Salles aceitou.[42]

O filho mais velho de Moreira Salles, Fernando, de seu casamento com a francesa Helène, não queria trabalhar no Unibanco. Sentia-se inclinado a trabalhar com audiovisual, talvez cinema, e a ideia de ser executivo de uma emissora de tevê o empolgou. Com os Moreira Salles viria também Walter Clark, demitido da TV Globo e disponível no mercado. Foi encomendado a Clark um projeto, que não agradou inteiramente, mas as reuniões continuavam. Um problema, no entanto, afastava Moreira Salles do JB: o banqueiro queria participação de 50%, o que não era aceito por Nascimento Brito.

Fernando Moreira Salles, então com trinta anos, começou a frequentar a sala de Arthur Chagas Diniz pelo menos duas vezes por semana, nos finais de tarde, para elaborar projetos. Seus textos explicavam que não havia um telejornalismo de verdade no Brasil, e que o JB deveria ocupar esse espaço. Dizia que o modelo da TV JB, pelo menos na fase embrionária, deveria ser o da Rádio JB, inclusive usando seus profissionais, pelo hábito da rapidez do veículo. Fernando defendia que um sinal com o logotipo do JB fosse posto no ar imediatamente, e que ao longo do dia se iniciassem as transmissões de notícias para tornar, enfim, a TV JB um fato consumado e do conhecimento do público.

Ele apostava principalmente no perfil do leitor do jornal e do ouvinte da rádio, homens, mulheres e jovens de classe média, A e B, bem informados e sedentos por informação de boa qualidade e confiável. Aos poucos, propunha, seriam introduzidos programas comprados à BBC, os famosos documentários com que sonhou o JB durante o período Joanna Spicer. "Produzi-los é mesmo impossível, muito caro, exige equipamento, pessoal, dinheiro para produção", dizia, empolgado, "por isso vale a pena importá-los." Mas só Arthur Chagas Diniz dava ouvidos a Fernando Moreira Salles.[43]

Finalmente, no dia 18 de outubro de 1977, Bulhões de Carvalho escreveu a Arnaud Soucy, do Credit Lyonnais, informando-lhe que o JB autorizava o envio ao Brasil de dois representantes do banco, tecnicamente qualificados, "para trabalhar conosco na primeira etapa do projeto de viabilidade econômica da implantação de duas estações de televisão, uma no Rio de Janeiro e outra em São Paulo. Não se compreende neste compromisso a remuneração dos mencionados técnicos".[44] A ideia era começar a trabalhar com os técnicos do banco francês em, no máximo, um mês. Os escalados para auxiliar os franceses foram o diretor-superintendente Bernard Costa Campos e o diretor comercial Arthur Chagas Diniz.

O trabalho foi feito, e no dia 26 de janeiro de 1978 os dois técnicos franceses enviaram um relatório detalhado sobre o projeto do JB, encaminhado também a Indjoudjian, do Banco de Paris e dos Países Baixos, e a Givadinovich, da Companhia Luxemburguesa de Teledifusão. Eram catorze páginas com números, gráficos, projeções financeiras de despesas e de lucros potenciais, além da descrição de como o empréstimo do JB seria pago, a juros de 9,5% ao ano.

O financiamento total seria de 13,750 milhões de dólares, com antenas no Sumaré, no Rio de Janeiro, e na Torre Transamérica, em São Paulo. O relatório dos franceses informava que o público-alvo preferencial eram as classes A e B (supostamente menos atendidas), tanto em termos econômicos como culturais. E informava: "A estratégia de base do projeto pode ser definida em termos: a) de audiência a ser atingida; b) de publicidade a ser buscada e c) da natureza e do estilo dos programas. Bem entendido, os três aspectos são fortemente interligados...".

Quanto à publicidade, seria basicamente de produtos de luxo, como automóveis e bancos — seis minutos de comerciais por cada hora de programação. O panorama era favorável, segundo eles, porque no Rio de Janeiro e em São Paulo a verba publicitária corrente era de 1,2 milhão de dólares, sendo 45% destinados a televisão.

Sobre a programação, haveria noticiários mais abundantes, mais detalhados e de muito melhor qualidade do que os dos concorrentes, principalmente a TV Globo, a única mencionada no relatório, em pelo menos três momentos. Os demais programas deveriam ser do agrado das camadas mais sofisticadas da sociedade carioca e paulista, com filmes considerados "de arte", por razões de custo e porque era mais barato importar bons filmes do que investir em produção própria.

Cerca de 95% dos domicílios do Rio e de São Paulo tinham aparelhos de televisão. "De sorte que não se pode contar nos próximos anos com um aumento do percentual de lares, mas sim com um aumento da população, que será de 10% até 1980".[45] Os franceses também não contavam com uma mudança na curva de audiência dos espectadores das classes A e B, nem com

↑ A sede do *Jornal do Brasil* na antiga Avenida Central, agora avenida Rio Branco, c. 1915.
Augusto Malta/ Acervo Instituto Moreira Salles.

→ Da esquerda para a direita, os fotógrafos Alberto Ferreira e Alberto Rodrigues, o repórter Oldemário Touguinhó ao volante do novíssimo Fusca, e o então editor de esportes, Carlos Lemos, na recém-inaugurada Brasília dos anos 1960. *Alberto Ferreira/ Galeria Lume.*

↓ Nos anos 1960, as Rural Willys da reportagem ficavam estacionadas na rua Miguel Couto, uma transversal da avenida Rio Branco, já que não havia espaço no prédio do *Jornal do Brasil*. *Evandro Teixeira.*

↑ A claustrofóbica Editoria de Pesquisa, em seus primórdios, na antiga sede da avenida Rio Branco, 110. *Evandro Teixeira*.

↓ Da esquerda para a direita, o chefe de reportagem Luiz Orlando Carneiro, sentado e sem paletó, distribui tarefas para os repórteres Luiz Carlos Mello, Luiz Gonzaga Larquê (de pé), William Weber, Maria Cristina Brasil, Ateneia Feijó e Bella Stall (de costas), anos 1960. *Evandro Teixeira*.

← A condessa Maurina Dunshee de Abranches Pereira Carneiro, 1966. *Jornal do Brasil/ CPDoc JB.*

↓ Reunião de editorialistas, da esquerda para a direita, com Luiz Alberto Bahia, Alberto Dines, Antônio Callado, Hélio Pólvora, Otto Lara Rezende e Wilson Figueiredo, anos 1960. *Evandro Teixeira.*

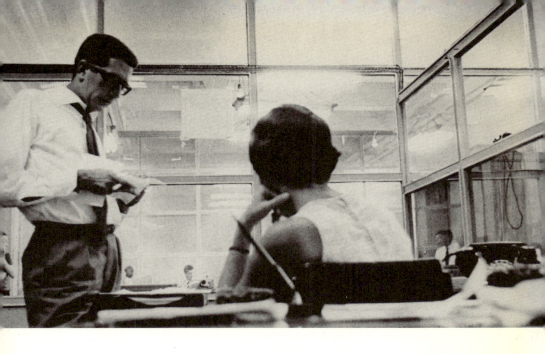

↑ O chefe de redação Carlos Lemos e sua secretária Dejair Mattos, anos 1960. *Evandro Teixeira*.

↓ O redator João Máximo (de pé) conversa com os repórteres de polícia Milton Amaral e Jota Paulo, da esquerda para a direita, em primeiro plano. *Evandro Teixeira*.

↓ Ana Maria Machado e Caetano Veloso na Rádio *Jornal do Brasil*, em 1976. *Acervo Luiz Carlos David/ Ana Maria Machado.*

→ Em primeiro plano, o colunista social Zózimo Barrozo do Amaral e seu braço direito Fred Suter em seu aquário, na redação, no final dos anos 1970. *Acervo Joëlle Rouchou.*

→ O correspondente do *Jornal do Brasil* em Washington, Armando Ourique (o primeiro da direita para esquerda), entrevista o então vice-presidente George Bush, pai, na Casa Branca. Ao lado de Ourique, Paulo Sotero, correspondente de *O Estado de S. Paulo*. Início dos anos 1980. *Acervo Armando Ourique.*

To Armando, with best wishes
Gg Bush

↑ Fritz Utzeri e Sérgio Fleury (da direita para a esquerda), repórteres especiais e autores da reportagem que desmontou o relatório oficial do Exército no caso Riocentro, 1980. *Acervo Liège Quintão.*

← O então correspondente do JB em Paris, Fritz Utzeri, em seu "escritório", o próprio quarto, no final dos anos 1980. *Acervo Liège Quintão.*

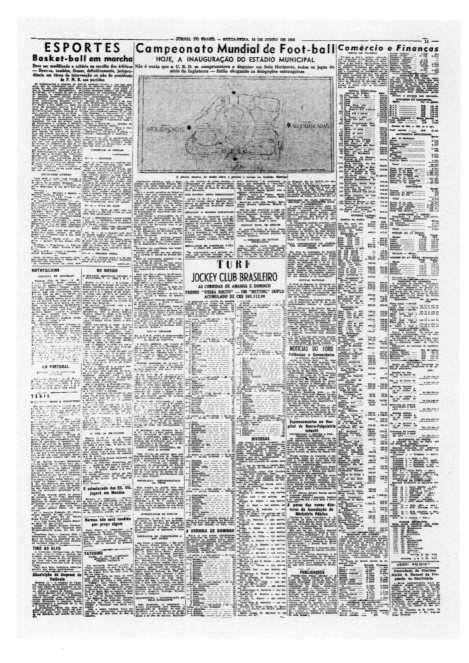

↑ Sem qualquer destaque, nem menção na primeira página, o *Jornal do Brasil* do dia 16 de junho de 1950 anuncia a inauguração do Maracanã, construído para a Copa do Mundo que se iniciaria exatamente um mês depois. *Jornal do Brasil/ CPDoc JB.*

↑ A primeira página da edição de 15 de novembro de 1950, com algumas poucas notícias internacionais no topo e todo o resto do espaço ocupado por anúncios classificados. *Jornal do Brasil/ CPDoc JB.*

↑ A foto da primeira página do dia 6 de agosto de 1958, que rendeu o rompimento do então presidente Juscelino Kubitschek com o JB e a perda da concessão de uma emissora de televisão. *Jornal do Brasil/ CPDoc JB.*

↑ A primeira capa depois da grande reforma gráfica promovida pelo editor-geral Janio de Freitas e por Amilcar de Castro, publicada na terça-feira, 2 de junho de 1959. Com o tempo, o rodapé com anúncios classificados passaria a ocupar menos espaço, e o índice no alto da página, à direita, seria eliminado. *Jornal do Brasil/ CPDoc JB.*

Pijama para menina

JORNAL DO BRASIL
Rio de Janeiro — Quinta-feira 15 de setembro de 1960

B Leitoras do SF ganham mais espaço e informações

CADERNO

Página 2:
VIDA LITERÁRIA
ARTES VISUAIS
NOTAS RELIGIOSAS
MÚSICA
REGISTRO SOCIAL
RÁDIO

Página 3:
PROBLEMAS DE PAIS E FILHOS
CURSO DE INGLÊS
DECORAÇÃO

Página 4:
TABUADA DIVERTIDA
NOVELA
SUCESSO DE HOJE
RECEITA

Página 5:
MODA INFANTIL, DE GIL BRANDÃO

Página 6:
CINEMA
TEATRO
ROTEIRO DOS ESPETÁCULOS

Página 7:
TURFE

Página 8:
ESPORTE

Hoje: o Assobiador

Romy Schneider

Mantenha seu rádio ligado para a JORNAL DO BRASIL para ouvir boa música, para ser mais bem informado, para ampliar seus conhecimentos, para ganhar livros e discos de alta-fidelidade.

São 90 livros. São 120 discos Philips distribuídos regularmente aos ouvintes da PRF-4.

↑ A capa da primeira edição do Caderno B, no dia 15 de setembro de 1960, uma quinta-feira, com a atriz austríaca Romy Schneider. *Jornal do Brasil/ CPDoc JB.*

↑ A audaciosa primeira página do dia 14 de dezembro de 1968, o dia seguinte à promulgação do Ato Institucional número 5. *Jornal do Brasil/ CPDoc JB.*

↑ A capa do Caderno Especial sobre a nova sede do jornal, na avenida Brasil, 500, publicado como encarte no dia 15 de agosto de 1973, com um poema de Carlos Drummond de Andrade, então colunista do JB. *Jornal do Brasil/ CPDoc JB.*

↑ A histórica primeira página de 12 de setembro de 1973, dia seguinte ao golpe militar no Chile, sem manchetes ou fotos, como exigia a censura, e que seria uma das causas da demissão do editor Alberto Dines, três meses depois. *Jornal do Brasil/ CPDoc JB.*

uma queda na audiência das classes C e D. O relatório elogiava a qualidade técnica da TV Globo, mas garantia que a futura TV JB teria conteúdo mais qualificado, pela própria tradição do jornal.

Em março de 1978, Nascimento Brito esteve em Paris e reuniu-se com os executivos dos grupos que negociavam com o JB. Ao retornar, recebeu uma carta do deputado Jacques de Soustelle, que representava a região do Rhône, elogiando o projeto da TV e felicitando a todos pelo progresso das negociações. Mas o grande problema era justamente a legislação brasileira. O advogado Bulhões de Carvalho elaborou uma fórmula de viabilizar a associação sem burlar a legislação. Seriam criadas quatro novas empresas: uma agenciadora de publicidade, que poderia ter a participação dos franceses; a emissora de televisão em si, que seria exclusivamente, por exigência legal, do *Jornal do Brasil*; uma leasing e uma produtora, as duas também com participação francesa. Tudo isso seria definido em uma reunião próxima, em Paris.

Nascimento Brito e Bernard Costa Campos viajaram a Paris e entre os dias 6 e 8 de junho mantiveram longas e exaustivas reuniões com Indjoudjian, do Banco de Paris e dos Países Baixos, e com Ginadinovitch, da Compagnie Luxembourgeoise de Télédiffusion, e seus respectivos advogados. Bernard explicou logo que havia limitações legais: 1) a proibição de capital estrangeiro e pessoas jurídicas em empresas de televisão; 2) a orientação intelectual e administrativa de tais empresas é privativa de brasileiros natos; 3) durante dois anos, a partir do início da operação da tevê, as concessões são intransferíveis por via direta ou indireta — não era legalmente possível a venda ou qualquer outro tipo de transferência.

Nascimento Brito admitiu que apesar da anunciada abertura democrática, em penoso processo de execução, a operação de canais de televisão ainda era uma atividade arriscada, sujeita a censura e pressões do governo. E que tal risco era impossível de mensurar, porque o *Jornal do Brasil* sempre tivera uma postura independente, sem concessões ao regime militar. Brito acrescentou que havia um segundo risco: embora a fórmula societária encontrada estivesse teoricamente dentro da lei, não havia qualquer garantia de que o governo a examinasse de forma objetiva, e que a ilegalidade poderia ser decretada de uma forma subjetiva, política. Se isso viesse a acontecer, disse Brito, o governo poderia adotar duas medidas: proibir o negócio, alegando ser ilegal, ou adotar contra o JB e os franceses "medidas de caráter punitivo", como restrição de publicidade oficial, como já acontecera no começo de 1977 com o jornal.

No caso da primeira hipótese, ainda que houvesse no contrato mecanismos de compra da parte francesa pelo JB, o mais provável é que não houvesse dinheiro para tal. A segunda hipótese, a do risco de "má vontade" oficial, foi longamente debatida, "com uma franqueza que beirou em determinados momentos a rudeza", segundo a ata da reunião. Ainda assim, os franceses resolveram manter-se no negócio, mas pediram que fossem buscadas fórmulas que garantissem suporte legal incontestável. Depois de muita troca de sugestões e ideias, Bernard e Bulhões de Carvalho chegaram a um ponto de convergência com os franceses: não haveria um caráter "ostensivamente associativo, transformável em associação efetiva".

A solução seria então a participação dos franceses por meio de debêntures conversíveis, o que seria perfeito também para a decisão de que a associação duraria o mesmo tempo das concessões, ainda que com cláusula de renovação, também por prazo fixo. Ficou decidido que a participação francesa não deveria passar dos 40%, dos quais 5% caberiam ao Banco Nacional de Paris e dos Países Baixos; 20% à Companhia Luxemburguesa de Teledifusão, e 15% à Brasilpar, que entraria apenas para dar suporte legal ao BNP, que estava impedido por seu estatuto de ir além dos 5%.

A Brasilpar era uma empresa de consultoria financeira que acabara de ser criada em associação do BNP com o brasileiro Unibanco. Por sua vez, a CLT não abria mão de ter participação efetiva na TV JB. Queria formar uma nova empresa, na Europa, a fim de buscar equipamentos, filmes e VTs, além de produzir também programas e filmes para a JB.

Nascimento Brito e Bernard Costa Campos conseguiram que os franceses aceitassem que os equipamentos não fossem necessariamente os que eles indicavam, da marca Thomson. Dariam a eles, no entanto, prioridade em caso de igualdade de preço e de qualidade com outros concorrentes. Brito e Bernard conseguiram mais: as concessões detidas pelo JB seriam consideradas parte do investimento, teriam valor econômico na associação, bem como as despesas já feitas pelo jornal desde o recebimento das concessões seriam classificadas como custos pré-operacionais da tevê.

O *Jornal do Brasil* teria ainda a palavra final na orientação política da emissora e no conteúdo da programação, e também a responsabilidade pela gestão do negócio, incluindo-se a agência de captação de publicidade e a produtora. Os franceses participariam no leasing e na empresa europeia de compra e aluguel de programas e equipamentos. Também ficou estabelecido que a TV JB seria um órgão de divulgação da cultura francesa no Brasil, dentro das regras legais. Os financiamentos do BNP à televisão, bem como a todas as empresas do sistema, teriam prazos e juros idênticos aos concedidos aos seus clientes preferenciais. Tudo estava perfeitamente encaminhado.

No dia 23 de junho, um almoço no Rio de Janeiro reuniu Nascimento Brito, Bernard Costa Campos, Walther Moreira Salles, Walter Clark e Antônio Fernando Bulhões de Carvalho. O quadro geral foi apresentado e analisado, e a opinião de Walter Clark foi de que o projeto era elitista e não teria boa resposta do mercado. Ficou decidido que seria encomendada ao Instituto Gallup uma pesquisa sobre a aceitação do público.

Na reunião, Moreira Salles confirmou que mantinha seu interesse no projeto. No fim do dia, Bulhões de Carvalho enviou uma carta a Nascimento Brito em que explicava seu ponto de vista. Afirmou que tinha a nítida sensação de que o projeto era economicamente viável, "rentável o bastante", e que desconsiderava a opinião de Walter Clark. E prosseguiu: "O que falta definir é o aspecto político, e esse, repito, consiste em avaliar se a implantação da televisão acrescenta ou subtrai poder e independência ao JB".

Ainda que se declarasse "absolutamente fiel" ao que Nascimento Brito decidisse, Bulhões de Carvalho reiterou que a melhor proposta, até aquele momento, era a dos franceses. E que estaria à disposição para explicá-la e justificá-la a Walther Moreira Salles. Ou seja, o JB não poderia ceder 50% do controle acionário da televisão ao parceiro. O advogado encerrava a carta sugerindo que o JB pusesse no ar uma imagem *for the time being*, automático-informativa, que mostrasse ao público que o canal estava por vir. E sua última frase veio em forma de indagação profética: "Mesmo porque ficou pendente uma indagação essencial, a que nenhum de nós soube dar resposta: o que será dos jornais, dentro de vinte anos, sem o apoio da televisão?".[46]

Outro documento, encaminhado aos diretores nos dias que se seguiram e provavelmente de autoria do próprio Nascimento Brito, fazia um histórico dos movimentos da empresa desde que recebera as concessões, em 1973.[47] O documento concluía que o projeto de TV seria bom "para ganhar dinheiro", mas Nascimento Brito não acreditava que os canais do Rio e de São Paulo pudessem ser postos no ar no prazo de nove meses, classificando como altamente prejudicial à imagem da empresa a manutenção de um mero logotipo no ar durante prazo tão longo.

Uma cópia do documento, encaminhado por Maria Regina Nascimento Brito ao CPDOC da Fundação Getulio Vargas, não traz assinatura. Mas há realmente grande possibilidade de que seja do próprio Nascimento Brito, antecipando a decisão de desistir das concessões.

Houve então outras reuniões em Paris, de 17 a 19 de julho de 1978, e desta vez quem representou o *Jornal do Brasil* foi Antônio Fernando Bulhões. O consultor jurídico do JB fez uma exposição sobre a situação política do Brasil em que já dava como certa a posse de João Baptista Figueiredo, ministro-chefe do SNI, na presidência da República em março do ano seguinte. Bulhões previa dificuldades militares para Figueiredo na condução da abertura democrática e dizia ser impossível prever o que aconteceria no país. Elencou então três cenários possíveis: êxito de Figueiredo, com prosseguimento da redemocratização e ênfase na desestatização da economia; renúncia de Figueiredo e a consequente entrada de forças mais retrógradas; ou rendição parcial de Figueiredo, que permaneceria presidente, mas estancaria o processo de redemocratização e desestatização. Em outras palavras, era impossível, nesse contexto, "adotar deliberações empresariais idôneas". Além do quadro de incerteza política, o ministro das Comunicações havia deixado claro que não admitiria qualquer prorrogação no prazo informal que o governo concedera ao JB. O prazo poderia terminar ainda no governo Geisel.

Se o sinal da TV JB fosse colocado imediatamente no ar, o prazo passaria a correr automaticamente. E havia o grave risco de estourar esse prazo, mesmo que a demora se devesse à burocracia oficial para importação de equipamentos, o que acarretaria a cassação dos canais, caracterizando inidoneidade do JB, impedimento de participar de futuras concorrências por novos canais, além da vergonha pública de caráter nacional e que comprometeria de forma definitiva a instituição.

Bulhões informou que a pesquisa do Instituto Gallup demonstrava que eram economicamente viáveis os novos canais do JB, porque a aceitação do público seria imediata. Mas a exiguidade do tempo tornava tudo um risco impossível de ser assumido. Diante do quadro, Bulhões informou aos franceses que o *Jornal do Brasil* enviara carta ao ministro das Comunicações desistindo momentaneamente dos canais de tevê, mas se resguardava o direito de lutar pelo projeto da televisão no futuro. O JB contava que o governo Figueiredo apostaria na TV JB como forma de confrontar o monopólio da TV Globo. O ministro das Comunicações, segundo Bulhões, poderia ter três atitudes: não fazer nada, permitindo ao JB manter as concessões por inércia; dilatar o prazo até março de 79, começo do futuro governo; ou simplesmente aceitar a desistência, o que não impediria o JB de disputar novas concessões.

Sobre a participação de Walther Moreira Salles e do Unibanco, Bulhões disse que não havia melhor parceiro no Brasil, mas que Nascimento Brito não aceitava ceder 50%. Fernando Moreira Salles, depois de dois anos elaborando projetos e sugestões na sala de Arthur Chagas Diniz, foi pego de surpresa e sentiu-se traído. Para ele, Brito não tinha o direito de desistir da concessão, porque àquela altura a televisão não era apenas dele, mas um projeto que envolvia outros parceiros dispostos a investir. Mas o projeto estava morto. Também Arthur Chagas Diniz, que havia trabalhado duramente para viabilizar o canal, jamais perdoou Nascimento Brito. Para ele, o JB não instalou suas emissoras de televisão por absoluta covardia.[48]

No dia 31 de outubro de 1978,[49] o JB foi oficialmente informado de que a devolução das concessões fora aceita. O governo cancelou as duas concessões e o projeto da televisão do *Jornal do Brasil* voltou à estaca zero. Carlos Lemos, em *stand by* desde que voltara da Inglaterra para aprender sobre televisão, foi então entronizado como superintendente da Rádio Jornal do Brasil. No dia 14 de novembro, Antônio Fernando Bulhões de Carvalho informou ao deputado Jacques Soustelle do acontecido e avaliou que o mais provável é que o *Jornal do Brasil* só poderia disputar uma nova concessão de tevê "no começo do próximo governo". Em uma segunda carta ao deputado francês, de 2 de fevereiro do ano seguinte, informava-o de que ficaria ausente das negociações por um bom tempo, porque tinha sofrido uma "delicada intervenção cirúrgica na laringe".

O general João Baptista Figueiredo tomou posse como presidente em 15 de março de 1979, prometendo prender e arrebentar quem tentasse retardar o processo de abertura democrática. Em carta de 7 de maio de 1979, o advogado Bulhões de Carvalho informou ao diretor do Banco de Paris e dos Países Baixos, M. D. Indjouldjian, que o JB retomara contatos informais com o novo ministro das Comunicações, Haroldo de Mattos, e que, na sua avaliação, haveria "uma posição, em princípio, favorável aos nossos projetos".

A ideia de que Brito desejava mesmo assumir a TV Tupi veio deste momento. A tevê pioneira vivia uma situação desastrosa: salários constantemente atrasados, audiência em queda, publicidade escasseando e a Rede Globo cada vez mais absoluta. Nas emissoras da Rede Tupi, a bagunça se refletia na perda progressiva dos talentos que faziam parte de seu quadro. Em outubro de 1977, quando os salários chegaram mais uma vez a três meses de atraso, veio a primeira greve dos funcionários. No ano seguinte, um incêndio no prédio da Tupi de São Paulo destruiu equipamentos recém-comprados. Um prejuízo enorme que comprometeu o salto de qualidade que se pretendia para enfrentar a Globo. As novelas que estavam no ar praticamente não tinham audiência, o que só piorou com as greves de técnicos e de atores. A situação chegou a tal ponto que o presidente Geisel aceitou receber uma comissão de dirigentes dos sindicatos de todas as categorias profissionais que mantinham a emissora no ar. Tudo inútil.

Em fevereiro de 1980, foram canceladas quatro novelas que já estavam em fase de produção, e a direção dos Associados começou a apelar para reprises. No dia 17 de julho de 1980, dois meses antes de completar exatos trinta anos, o Diário Oficial da União publicou a não renovação das concessões da Tupi e o consequente lacre dos seus transmissores no Sumaré. Saíram do ar a TV Tupi do Rio de Janeiro, a de São Paulo, a TV Itacolomi de Belo Horizonte, a Marajoara de Belém, a Piratini de Porto Alegre, a Ceará de Fortaleza e a TV Rádio Clube do Recife.

Era o fim. Os engenheiros do Departamento Nacional de Telecomunicações que foram lacrar os transmissores foram protegidos por agentes da Polícia Federal. O acervo deixado pela Rede Tupi era considerável: 200 mil rolos de filmes, mais de 6 mil fitas de videoteipe e telejornais históricos, como o *Repórter Esso*. O fechamento no Rio teve cores dramáticas, com vigília de funcionários, artistas, cantores e apelos ao governo federal. Os salários estavam com atrasos de vários meses, pendências judiciais e trabalhistas tornavam o espólio terrivelmente indigesto e o governo viu-se às voltas com um problema de dimensões sociais terríveis. Mesmo assim, os candidatos a herdar canais de televisão apareceram imediatamente, ainda que sob o risco de arcar com as imensas dívidas fiscais, com fornecedores e trabalhistas.

O *Jornal do Brasil*, claro, era um dos interessados nos canais disponíveis e que seriam licitados pelo governo. Os outros eram o Grupo Abril, da família Civita, o Grupo Manchete, de Adolfo Bloch, o Sistema Brasileiro de Televisão, do apresentador Silvio Santos, e a Rede Capital, de Edvaldo Alves da Silva. Silvio Santos estava associado a Paulo Machado de Carvalho, da Rede Record, emissora que tivera seu momento de glória na segunda metade dos anos 1960 com os festivais de música popular brasileira. O apresentador tinha 49% das ações da Record, havia recebido a concessão do canal 11, do Rio de Janeiro, rompeu seu contrato com a Globo em 1976 e passou a apresentar seu programa no Rio e em São Paulo na TV Studio, como se chamava a emissora.

Paulo Machado de Carvalho quis vender a metade da Record em 1975, e o primeiro negócio ensaiado foi com o empresário gaúcho Jorge Gerdau Johannpeter. O grupo Gerdau ficaria com 49% das ações, mas desistiu antes de fechar o negócio. Silvio Santos estava sob contrato com a TV Globo que o impedia de tornar-se acionista de outra emissora de televisão. A saída foi usar como testa de ferro, ou laranja, o amigo empresário Joaquim Cintra Gordinho. Concretizada a compra da metade da Record, o Rio de Janeiro ficou na constrangedora situação de ter dois de seus canais de televisão, o 9 (antiga TV Continental) e o 11, transmitindo igualmente o *Programa Silvio Santos* nas tardes de domingo, além de outros similares durante a semana.

No *Jornal do Brasil*, Walter Fontoura, agora como diretor, tinha atritos com José Antônio Nascimento Brito, que assumira a empresa. Jôsa exigia que Walter agisse como lobista junto ao governo, principalmente junto ao ministro das Comunicações, Haroldo de Mattos. Cada grupo deveria apresentar à análise do ministro das Comunicações o seu projeto, como pretendia explorar os canais de tevê em dez estados diferentes, como se formariam suas redes. O Brasil inteiro sabia que era um jogo de cartas marcadas, mas havia um edital formal de convocação de empresas interessadas na exploração dos canais da extinta TV Tupi e da TV Continental, canal 9, no Rio de Janeiro. Da falecida Rede Tupi, foram licitados o canal 9, de São Paulo, o canal 6 do Rio de Janeiro, o canal 5 de Belo Horizonte, o canal 6 de Recife e o canal 2 de Fortaleza. Havia ainda em disputa o canal 4 de São Paulo, o canal 5 de Porto Alegre e o canal 2 de Belém.

O governo Figueiredo sofria influências internas e externas diversas daquelas que agiam sobre o governo Geisel, devido à abismal diferença de personalidades entre os dois generais presidentes. Geisel era impermeável a pressões. Mas ainda tinha muito poder interno o mesmo ministro-chefe da Casa Civil, general Golbery do Couto e Silva.

Mas, com Figueiredo, avultava também o novo chefe do Serviço Nacional de Informações, general Otávio Aguiar de Medeiros, ligado à chamada linha dura do regime militar e com mais poder junto a Figueiredo do que o próprio Golbery. Então, embora houvesse uma encenação de que o governo usaria critérios técnicos para redistribuir os canais disponíveis, todo mundo com um mínimo de informação sabia que a decisão seria política — ou melhor, de quem conseguisse maior cacife dentro do jogo de forças do governo autoritário.

E Silvio Santos tinha cacife político. Quem assistisse em 1979 e 1980 ao *Programa Silvio Santos* estranharia que, do nada, entre um sorteio e outro, entre a humilhação de um candidato e o arremesso de notas de um cruzeiro (a moeda da época) para o alto, o apresentador puxasse o coro musical: "Raphael Baldacci, é coisa nossa!" ou "O Golbery, é coisa nossa". Durante o regime militar, sob a proteção da censura ou da autocensura dos jornais, as coisas também funcionavam na base da troca de favores pessoais.

Raphael Baldacci era o secretário do Interior do governador Paulo Egídio Martins, um governador que tinha a total confiança do poderosíssimo presidente da República, o general Ernesto Geisel. Era ainda deputado federal pela Arena e amigo próximo do general Golbery do Couto e Silva, o ministro-chefe da Casa Civil, a quem conhecera durante o período em que Jânio Quadros fora prefeito de São Paulo.

Espertíssimo, Silvio Santos conseguira um bom relacionamento com Raphael Baldacci por intermédio de seu funcionário Arlindo Silva, um jornalista com trânsito na política paulista. Raphael Baldacci tinha o sonho de suceder Paulo Egídio no governo de São Paulo, e deixou-se seduzir por Silvio, de quem também se tornou amigo.

Baldacci procurou Golbery e, já no governo Figueiredo, conseguiu uma reunião com o ministro da Casa Civil e com o novo ministro das Comunicações, coronel Haroldo de Mattos, quando apresentou sua defesa da proposta do amigo Silvio Santos. Disse que Silvio era de total confiança, que seu único compromisso era com o entretenimento e que seria fiel ao governo. Ainda a favor de Silvio Santos havia o fato de que um dos jurados do seu programa de calouros era Carlos Renato, primo de dona Dulce Figueiredo, mulher do general-presidente. E o poder de algumas primeiras-damas nos governos militares podia ser muito forte. Como forte era também o general Otávio Aguiar de Medeiros, chefe do SNI, que atuou também decisivamente em favor de Silvio Santos e Adolfo Bloch.[50]

Assim, no dia 19 de março de 1981, pouco mais de um mês antes do atentado a bomba do Riocentro, com o processo de redemocratização sob risco, o ministro das Comunicações, Haroldo de Mattos, anunciou no Palácio do Planalto que o Grupo Manchete, de Adolfo Bloch, e o Sistema Brasileiro de Televisão, de Silvio Santos, haviam vencido a disputa pela concessão dos canais disponíveis.

A Manchete ficou com os canais 6, do Rio de Janeiro, o 9 de São Paulo, o 5 de Belo Horizonte, o 6 do Recife e o 2 de Fortaleza. O SBT (grupo em nome de Carmem Abravanel, mulher de Silvio) havia conseguido o canal 9 do Rio de Janeiro, o 4 de São Paulo, o 5 de Porto Alegre e o 2 de Belém do Pará. Mattos informou ainda que os vencedores não precisariam pagar a imensa dívida dos Diários Associados com a Previdência Social e que cada grupo teria um prazo para pôr no ar as novas estações.

Haroldo de Mattos declarou que não havia qualquer sentido em apontar fatores políticos como motivadores da decisão do governo. Segundo ele, a escolha dos vencedores foi "estritamente técnica", com base na avaliação das propostas e no retrospecto dos candidatos em serviços de radiodifusão. Acrescentou que os funcionários da antiga TV Tupi seriam absorvidos pelos novos proprietários dos canais. *O Estado de S. Paulo* publicou em março de 1981 que o general Otávio Aguiar de Medeiros, chefe do SNI, também pesou muito na decisão.[51] Na tarde do anúncio do ministro Haroldo de Mattos, o porta-voz de Figueiredo, embaixador Carlos Átila, considerou "impertinentes e subjetivas" as perguntas dos repórteres sobre favorecimento político aos grupos vencedores. Classificou ainda como "elitistas e antipopulares" as afirmações de que Silvio Santos não tinha preocupações com a cultura. Disse que eram "extremamente perigosas" as insinuações de que as pessoas não têm capacidade de opção, de saber o que é melhor para si próprias.

Os anos seguintes mostraram que o maior ônus ficou para os trabalhadores da extinta TV Tupi, que não tiveram suas dívidas quitadas por Adolfo Bloch e a TV Manchete. A Manchete adotou uma programação considerada de bom nível, com especiais de jornalismo, filmes e novelas de boa qualidade. Mas o faturamento não foi suficiente para bancar uma produção cara e caprichada, e logo vieram as dificuldades financeiras.

O *Jornal do Brasil*, mais uma vez, havia perdido uma das batalhas na longa guerra para conseguir uma rede de televisão. Mas ainda não era o fim. Uma outra batalha seria travada cinco anos mais tarde.

O EDIFÍCIO CONDE PEREIRA CARNEIRO

O Banco de Boston instalou-se no Rio de Janeiro e em Buenos Aires em 1947. A Segunda Guerra havia terminado e eram tempos de reconstrução. O banco pretendia financiar as exportações de couro brasileiro e argentino para Boston e toda a Nova Inglaterra, onde havia uma forte indústria de calçados. Atuaria também no financiamento das exportações de café brasileiro e carne e cereais da Argentina. O banco fincou agência primeiro no comecinho da avenida Rio Branco, no número 18, bem perto da praça Mauá.

Os norte-americanos acharam que a região do cais do porto era o melhor ponto para negócios; era ali que desembarcavam turistas e homens de negócios que viajavam de navio, o mais comum na época. Era ali perto também, na rua do Acre, que estavam instalados os grandes armazéns de secos e molhados, de importação e exportação, dos empresários portugueses. Não havia voos regulares em quantidade suficiente para turistas, e até isso era feito por mar. O Galeão só foi construído em meados de 1940.

Em 1972, o Banco de Boston resolveu aceitar uma proposta do *Jornal do Brasil*: ficaria com o terreno da avenida Rio Branco, 110, para construir ali uma nova sede e instalar-se mais perto do centro. O local era muito mais conveniente, junto ao novo eixo econômico da cidade, mais perto dos escritórios, onde havia o mercado financeiro, a Bolsa de Valores. Em troca do terreno, financiariam para o JB a construção de um novo prédio, de 42 andares (41, sem o 13º, suprimido por superstição), mais heliponto e um andar para a casa de máquinas. Ficariam com a loja, a sobreloja e os cinco andares logo acima. O restante seria do próprio JB. Para um banco, era preciso muito mais espaço do que o exigido nas agências bancárias de hoje, porque tudo era feito manualmente, havia a compensação noturna, e todos os serviços que hoje se fazem por computador.

Além de financiar a construção do prédio — que existe até hoje, o edifício Conde Pereira Carneiro —, o Banco de Boston ainda emprestou cerca de 8 milhões de dólares para as obras de acabamento da nova sede do JB. Mas havia um empecilho legal para a conclusão do negócio: o gabarito. O limite de altura da avenida Rio Branco era de 110 metros desde o fim da Segunda Guerra. Isso não permitia nada acima de 34 andares. Esse era o "limite imposto pelo cone de aproximação do aeroporto Santos Dumont", pois um prédio mais alto dificultaria o ângulo de aterrissagem dos aviões. Os 34 andares, ou 110 metros, eram o limite obedecido pelo mais alto e moderno prédio do Centro, o edifício Avenida Central, onde havia a Galeria Cruzeiro, que ligava o largo da Carioca à avenida Rio Branco. Estava na hora, portanto, de usar o poder do *Jornal do Brasil* e a amizade de Nascimento Brito com o governador do então estado da Guanabara, Antônio de Pádua Chagas Freitas — também dono de dois jornais, *O Dia* e *A Notícia*.

Chagas, que era ainda presidente do Sindicato das Empresas Jornalísticas, decretou uma licença especial para os 42 andares do JB, mais o heliponto. Para Nascimento Brito, o JB e o Banco de Boston, o problema estava resolvido. Mas havia o mercado imobiliário carioca, com seu enorme poder de pressão, a exigir isonomia, diante da possibilidade de grandes negócios. Assim, no dia 16 de janeiro de 1973, o privilégio foi estendido a todas as construtoras e resultou na mudança do gabarito[52] — para 42 andares — de todo o Centro.[53]

A construção do edifício Conde Pereira Carneiro começou em 1974, logo que terminou a demolição do velho e histórico prédio do JB, que existia desde 1908. Subiram ali os 42 andares, mais heliponto e casa de máquinas, ao custo de 20 milhões de dólares, um absurdo para a época. A construtora foi a mesma Bulhões de Carvalho da Fonseca que construíra a nova sede do JB na avenida Brasil. O Banco de Boston ficou com a loja, que era a própria agência bancária, a sobreloja e mais cinco andares.

Do sexto andar ao 42º, era tudo do *Jornal do Brasil*, que iria alugar as salas e escritórios para usar o dinheiro no fluxo de caixa, abater aos poucos a dívida, ou ir vendendo na medida das necessidades de dinheiro.[54]

OS BANQUEIROS E O JB

O banqueiro José Luís de Magalhães Lins trabalhava em uma mesa enorme, sem papéis ou máquinas, com apenas um telefone em cima. Era um mestre em vários setores, um grande, mas discretíssimo articulador político e cultural, que trabalhava de forma quase subterrânea, presente em todos os setores da vida carioca e do país. Magro, falava pouco e baixo, muito branco, sempre tinha as mãos frias, quase geladas, segundo a descrição de Alberto Dines.[55] Odiava viagens, e apenas uma vez na vida saiu do país, para uma visita a Nova York.

Magalhães Lins ajudava jornais e jornalistas em dificuldades. Nomeou ministros até no governo teoricamente inimigo de João Goulart; financiou filmes e grande parte do Cinema Novo; ajudou o Botafogo a contratar o meia Didi,[56] autor do primeiro gol no Maracanã em 1950. Seu patrão no Banco Nacional, o tio Magalhães Pinto, era uma raposa política que fazia da vida uma eterna luta para chegar à presidência da República. Já ele preferia atuar na sombra, ausente das páginas de jornais. Como Chagas Freitas, era amigo próximo tanto de Nascimento Brito quanto de Roberto Marinho, os dois poderosos inimigos. Mas não ajudava apenas figurões. Em outubro de 1965, ele recebeu em seu gabinete de trabalho um bilhete de um funcionário subalterno do Banco Nacional, um rapaz muito jovem e bem magrinho, que sonhava em ser jornalista desde menino, e que resolveu arriscar tudo. A sede do Banco Nacional era bem perto do JB e Luís Carlos Mello, o rapazola, todo dia, ao chegar ao trabalho, olhava encantado para o edifício Pereira Carneiro, do outro lado da rua: "Se Deus quiser, um dia ainda vou trabalhar ali", sonhava.

Intrigado, Magalhães Lins resolveu ajudar o rapaz que lhe enviara o bilhete pedindo-lhe que servisse de pistolão junto ao JB. E respondeu, também por escrito: "Procure o Alberto Dines em meu nome". Eufórico, Luís Carlos atravessou a avenida Rio Branco, disse ao encarregado da portaria que tinha hora marcada com Dines, foi atendido em uma conversa de cinco minutos, encaminhado a Luiz Orlando Carneiro e logo conseguiu um estágio sem remuneração. Procurou aprender o máximo que pôde. Quando o jornalista Francisco Baker foi trabalhar na Suécia, o chefe de reportagem José Gonçalves Fontes avisou-o: "Você vai ser contratado como redator no lugar do Baker". Luís Carlos teve uma longa carreira no jornal como repórter, copidesque e editor de Esportes.

José Luís de Magalhães Lins passou a ajudar o JB com empréstimos bancários e leniência nas cobranças. O prédio da avenida Brasil, 500, foi concedido em hipoteca pelos empréstimos. Um outro amigo banqueiro de Nascimento Brito, o sócio do Banco Econômico, Frank Sá, também foi generoso em empréstimos que nunca seriam pagos, com a garantia de hipotecas que nunca foram executadas. Quando os dois bancos quebraram, nos anos 1990, a dívida do JB com eles, acumulada, ultrapassava os 100 milhões de dólares. Ao longo dos anos, o *Jornal do Brasil* também tomou muito dinheiro emprestado ao Banco do Brasil e ao Denasa, usando duplicatas de anunciantes como garantia.

O BRASIL VISTO DA AVENIDA BRASIL

O ano de 1973, em que o JB mudou-se para a sua nova e luxuosa sede, encontrou o Brasil no apogeu da violência do regime militar. A censura a jornais, rádios, televisões, cinema, teatro e literatura era feroz. A primeira má notícia chegou logo em fevereiro: a morte, aos 76 anos, de Alfredo Viana da Rocha Filho, o gênio musical que o Brasil conheceu como Pixinguinha. O país também sofreu uma epidemia de meningite nesse ano. Os casos eram notórios e encheram os hospitais, mas todo o noticiário sobre o assunto foi censurado, porque não se podia criar uma "imagem negativa" do país. Da guerrilha do Partido Comunista do Brasil (PCdoB) no Araguaia, as informações só chegavam às redações por meio das notas de censura. A Divisão de Censura e Diversões Públicas da Polícia Federal era um imenso aparato oficial, criado por decreto de Médici em 1972, com gênese em 1934 no Estado Novo de Getúlio Vargas. Para o trabalho de censurar obras de arte, a DCDP recrutava até mesmo gente em universidades, por falta de pessoal qualificado.

A melhor fonte de informações para os jornalistas, aliás, eram as próprias notas de proibição passadas por telefone pelos agentes da Polícia Federal, que, ao longo do tempo, desenvolveram com quem os atendia uma relação de certa cordialidade irônica. Acidentes envolvendo trens de subúrbio com mortes também eram censurados. Como o que aconteceu logo no ano seguinte, em Madureira, perto da Escola de Samba Império Serrano.

Paradoxalmente, foi um período de enorme crescimento do mercado cultural, com a música popular atingindo altíssimo nível de qualidade artística, graças aos festivais e aos talentos que se revelavam. Jornalistas que atuavam na área cultural nos anos 1970 costumam dizer hoje que "a ditadura foi terrível, mas a trilha sonora da época era espetacular".[57]

Houve lançamentos de livros, peças de teatro como *Hoje é dia de rock* e *A China é azul*. O cinema também encontrou brechas para produções como *Toda nudez será castigada*, de Arnaldo Jabor (produzido e lançado em 1972, mas com bilheteria que lhe deu fôlego para entrar pelo ano seguinte); *Quem é Beta?*, de Nelson Pereira dos Santos; e *Joanna Francesa*, de Cacá Diegues. Nudez no cinema, só na forma de deboche, com o viés de mercado altamente lucrativo das pornochanchadas. Política e história, só a favor do governo, ou "chapa branca", como *Independência ou morte*, de Aníbal Massaini Netto, que apresentava Tarcísio Meira como d. Pedro I.

A censura recrudesceu em junho de 73 e interditaria *Toda nudez será castigada* e outros nove filmes nacionais e estrangeiros, além de várias músicas e peças de teatro, como *Gota d'água*, *O rei da vela* e os dramas de Nelson Rodrigues. Chico Buarque, Caetano Veloso e Gilberto Gil tinham voltado do exílio em 1972. A cena cultural do Rio de Janeiro era angustiada, mas fortalecida pelo desafio da censura e pela necessidade de sobrevivência. O poeta piauiense Torquato Neto cometera suicídio em novembro de 72, depois de uma crise de depressão e devastado pelo alcoolismo; a peça *Calabar: o elogio da traição*, de Chico Buarque e Ruy Guerra, estava censurada, mas as músicas da trilha sonora faziam enorme sucesso e vendiam bolachões em quantidades gigantescas, com "Bárbara", "Ana de Amsterdam" etc. Para assistir aos grandes lançamentos de filmes internacionais censurados, a classe média brasileira aproveitava-se do câmbio favorável e enchia os cinemas de Buenos Aires, onde eram exibidos *Z* e *Estado de sítio*, de Costa-Gavras; *Investigação sobre um cidadão acima de qualquer suspeita*, de Elio Petri; *O atentado*, de Yves Boisset; *O conformista*, de Bernardo Bertolucci; *Sacco e Vanzetti*, de Giuliano Montaldo, entre outros.

Clara Nunes estourou com "Tristeza pé no chão"; Raul Seixas com "Ouro de tolo" e "Mosca na sopa"; Luiz Melodia com "Estácio Holy Estácio"; Ney Matogrosso e seu grupo Secos & Molhados com "Rosa de Hiroshima"; Tom Jobim com o belíssimo disco *Matita Perê*; Dominguinhos e Anastácia com "Eu só quero um xodó"; Nelson Cavaquinho e Guilherme de Brito com "Folhas secas". Brilhavam Os Novos Baianos, Elis Regina, Nara Leão e Tim Maia.

Nas rádios JB e Tamoio, consideradas de "bom gosto", os sucessos estrangeiros eram Stevie Wonder, com "For Once in My Life" e "You Are the Sunshine of My Life". Havia "Tell Me Once Again", com o grupo Light Reflections; além de Elton John, Paul e Linda McCartney, Billy Paul, Lionel Richie, Roberta Flack e Donny Hathaway. Os brasileiros só estavam autorizados pelo governo a ver filmes estrangeiros considerados politicamente inofensivos e moralmente "aceitáveis", como *Loucuras de verão*, de George Lucas, e os da série James Bond.

O crescimento econômico, acelerado desde 1968, permitia investimentos oficiais em infraestrutura, principalmente em telecomunicações. As ligações internacionais e interestaduais ficaram mais fáceis, a recepção de imagens de televisão ao vivo do exterior era possível desde a inauguração da Embratel. Boa parte dos brasileiros ainda se iludia com o "milagre econômico" decantado pela agência oficial de comunicação do governo militar. O Brasil, segundo o governo, era uma "ilha de tranquilidade", cujo slogan era "Ame-o ou deixe-o". As classes médias urbanas compravam automóveis, apartamentos e eletrodomésticos de última geração, graças ao crédito farto.

O ano de 1973 teve uma outra peculiaridade: o carnaval caiu em março, do dia 3 (sábado) ao dia 6 (terça-feira). Ao todo, 347 músicas "carnavalescas" foram gravadas e registradas pelo Serviço de Defesa do Direito Autoral, mas nenhuma digna de lembrança — todas de uma mediocridade absoluta. Restaram personagens famosos do momento, como Chacrinha, Silvio Santos, Jece Valadão e Elke Maravilha, tentando aproveitar o espaço vazio com lançamentos de carnaval. Mas não emplacaram nenhum sucesso; eram todas musiquinhas de má qualidade e mau gosto. As rádios as ignoraram e preferiram os velhos sucessos dos anos 1930, 1940 e 1950, as marchinhas de Lamartine Babo, Braguinha, Miguel Gustavo e outros compositores — e foram seguidas pelo povo nas ruas.[58]

E o carnaval de 1973 foi então a data escolhida para a gigantesca operação de mudança do *Jornal do Brasil* da avenida Rio Branco para a nova sede. Como o jornal não circularia durante os quatro dias de folia, ficou facilitada a transferência de tudo o que fosse necessário para o trabalho. Foi uma operação de guerra sair com parte das linotipos e outros pedaços da gráfica em grandes caminhões pela Rio Branco, com o trânsito parcialmente interrompido e as arquibancadas já montadas para o desfile das grandes sociedades.

Na redação, o trabalho mais complicado era o do pessoal da editoria de Pesquisa, que tinha uma biblioteca com centenas de livros, além de pastas com arquivos de jornais sobre praticamente todos os assuntos. O editor de Pesquisa, Roberto Quintaes, escalou quatro redatores, coordenados por Luiz Paulo Horta, para selecionar o material, empilhar os livros de acordo com a catalogação bibliográfica e receber e arrumar, na nova sede, toda a mudança. Na área administrativa, só os documentos e arquivos indispensáveis seriam levados.

Na semana da mudança, o editor-chefe Alberto Dines percorreu todas as editorias e explicou que cada uma delas montaria uma força-tarefa para selecionar e levar apenas o que fosse estritamente necessário. Tudo seria novo, mesas, máquinas de escrever, gráfica e telefonia. A vida nova começaria em um moderníssimo prédio em estilo brutalista, de nove andares e uma cobertura. Porém, quando a mudança foi efetivada, ainda havia obras de acabamento no edifício, e os funcionários tinham que entrar pela gráfica, saltando sobre entulho acumulado.

Maquinário, mobiliário, tudo da velha sede foi abandonado lá mesmo e depois vendido a preço de banana para jornais do interior. Nadando em dinheiro, o JB iria dar o grande salto para o futuro com tudo novo: parque gráfico, máquinas de escrever Olivetti de novíssima geração, decoração dispendiosa, sofisticadíssimo sistema de ar-condicionado que não funcionou, imensas janelas metálicas com vidro duplo e blindado produzidas sob medida, mesas telefônicas modernas, com PABX.

ADEUS A DINES

Lá pela segunda quinzena de dezembro de 1973, Alberto Dines chegou cedo na casa de Manoel Francisco do Nascimento Brito, em Santa Teresa, pouco depois das nove horas, para um despacho que ele imaginava de rotina. O encontro acontecia pelo menos uma vez por mês. O editor-geral tinha sido convocado na véspera e, como sempre, levava uma pasta com planos e dados para analisar com o patrão. Sentaram-se, e, quando Dines começou a tratar de assuntos de trabalho, percebeu que o patrão estava um pouco surpreso. Brito achava que o editor já soubesse que seria demitido:

— Não, Dines, deixa isso aí. Eu quero lhe dizer que precisamos fazer mudanças. O jornal cresceu muito nesses últimos anos e sou muito grato a você, que teve parte fundamental em tudo isso. Mas temos grandes responsabilidades agora como empresa e não podemos mais admitir indisciplina. E você representa a indisciplina na redação. Por isso, está sendo afastado. Você não é mais o editor.

— Está bem — respondeu Dines, com algum espanto.

Considerou absurdo o pretexto, não esperava o golpe, mas recompôs-se rapidamente, porque resolveu receber a demissão com dignidade. Levantou-se, procurando manter a calma, juntou os papéis e se preparou para sair, sem perguntar as razões da decisão ou a que atos de indisciplina Brito se referia.

—Você vai para o jornal agora? — perguntou Brito, talvez temendo que Dines pretendesse fomentar algum tipo de rebelião na redação ou coisa parecida. Continuava sem entender como ele não sabia ainda do afastamento. Afinal, o substituto já tinha até sido convidado dois dias antes e fora praticamente intimado a aceitar o novo cargo. Toda a diretoria do jornal já trabalhava com a mudança, que começara a ser cogitada havia pelo menos quatro meses. Envolvido pelo trabalho e confiante em sua posição, Dines porém não percebera nada de estranho.

— Não, vou para casa — respondeu o editor. — Não tenho mais o que fazer no jornal, já que não trabalho mais lá. Gostaria que meus papéis, meus documentos, minhas coisas fossem enviados pela secretária para a minha casa.

Com esse curto diálogo, terminava o período de onze anos e onze meses de Alberto Dines à frente do *Jornal do Brasil*. Ele ingressara na empresa no dia 6 de janeiro de 1962 e encontrara já concluída a mais bem-sucedida reforma gráfica realizada até aquele momento em jornais brasileiros. Mas, ao longo da década seguinte, fora decisivo para transformar o velho JB no melhor e mais bem-feito diário que já existiu no país; organizou a redação, criou métodos e processos de jornal moderno.

Dines era um intelectual inquieto, talentoso, com ideias ousadas e inovadoras. Instalou a editoria de Pesquisa, considerada "um jornal dentro do jornal" pela excelência do acervo, da equipe e pelos textos que produzia; organizou as editorias estabelecendo rotinas e métodos eficientes de trabalho; aprimorou o que Odylo Costa, filho e Janio de Freitas tinham deixado de bom; montou uma equipe que reunia expoentes do jornalismo, que impunham um rigor no texto e na informação que se tornaram lendários; criou o Festival de Curtas-Metragens JB/Mesbla (que se transformou em importante marco da agenda cultural do Rio de Janeiro); inaugurou o primeiro curso de formação de profissionais dentro da própria redação; idealizou os Cadernos de Jornalismo e Comunicação; lançou o Caderno Especial, com grandes ensaios e reportagens sobre temas internacionais.

O *Jornal do Brasil* estava no melhor momento dos seus 82 anos de existência, e a crise que o iria tragar ainda não mostrara sua carranca. Na guerra com *O Globo*, o JB vinha ganhando, com tiragem superior tanto na edição de domingo quanto na de segunda-feira, o que parecia reforçar a posição do editor-chefe.

Três dias antes da demissão de Alberto Dines, o chefe da sucursal do *Jornal do Brasil* em São Paulo, Walter Fontoura, que estava no cargo desde 1968, recebeu um telefonema do diretor-superintendente Bernard Costa Campos:

— Precisamos que você pegue a ponte-aérea amanhã bem cedo e venha para a casa do Brito. É urgente, precisamos falar com você — disse Bernard, sem acrescentar maiores informações.

Walter embarcou em Congonhas e, quase às dez horas, saltou do táxi na porta da casa de Nascimento Brito. Foi recebido por Brito e Bernard no mesmo escritório em que Dines seria demitido três dias depois. Sentou-se, sem ter ainda a menor ideia do que poderia estar acontecendo. Depois dos cumprimentos e de uma rápida introdução sobre os rumos da empresa e do país, Brito foi direto ao objetivo da conversa:

— Precisamos fazer mudanças na direção do jornal. Estamos afastando o Dines e queremos que você assuma o cargo de editor-chefe.

Walter já vinha sendo avisado desde setembro por Bernard, de forma velada, de que talvez fosse deslocado para o Rio de Janeiro, mas sem maiores detalhes. Um ano antes, Bernard lhe havia recomendado que escolhesse uma casa em São Paulo: "Walter, o *Jornal do Brasil* somos nós. Escolha uma casa adequada para o nosso representante em São Paulo, que vamos comprar para você". Walter escolheu uma bela mansão no bairro de Pinheiros, embora adorasse o lugar onde morava, na rua Bauru, 278, Pacaembu. A recomendação de Brito era que comprasse uma casa digna do chefe da sucursal do JB, e ele não gostou da escolha de Walter, por causa da vista para a cidade. A coisa ficou pendente.

Desde setembro, porém, Bernard lhe vinha recomendando que não matriculasse as crianças na escola para o ano seguinte. Talvez precisassem dele no Rio, dizia. Mas Walter nunca imaginou que seria para o lugar de Dines, nem mesmo quando, nas conversas semanais que mantinham, Bernard começou a lhe contar sobre as brigas de Brito e Dines, em que o editor-chefe, às vezes, saía furioso, pegava o paletó e batia a porta, prometendo não voltar. O respeito entre os dois baixara a níveis próximos de zero.

Naquele mês de dezembro, ainda surpreso, Walter respirou fundo e respondeu que não se sentia qualificado para o cargo. Principalmente porque o lugar era de Alberto Dines, a quem muito admirava e a quem o jornal devia inovações e ideias que o tornaram admirado até em outros países. Argumentou que não seria uma boa escolha. Brito foi incisivo:

— Está decidido, você será o editor-chefe. Precisamos de uma renovação, de uma mudança de estilo e de métodos.

— Mas, doutor Brito, há gente mais qualificada do que eu. O Carlos Lemos, por exemplo, sempre foi o segundo do Dines, é o chefe de redação, está preparado para o cargo, conhece o jornal como ninguém...

— Walter, você foi escolhido e isso não se negocia mais. Está decidido — respondeu Brito.

— Por que não o Otto Lara Resende, doutor Brito? É seu amigo particular, um homem brilhante, respeitado, um intelectual, editorialista, sabe como o jornal pensa, é querido e admirado por todos, tem muito mais a dar à empresa do que eu...

Não houve jeito. Não era um convite, mas uma missão. Conversaram ainda por algum tempo e encerraram o encontro. Brito e Bernard pediram a Walter sigilo absoluto:

— Não conte a ninguém, não consulte ninguém, não convide ninguém, porque nem o Dines sabe que será demitido.

Walter não foi convidado para o almoço. Ficou de voltar ao Rio em dois ou três dias para tomar posse, saiu de lá e procurou um restaurante discreto para almoçar sozinho. Chegou em São Paulo à tarde, contou tudo à mulher, Arlete, e pediu-lhe também discrição sobre as novidades. Mas a família afinal comemorou, porque tanto Arlete como os filhos, Walter Júnior, Ana e Cláudia, gostariam muito de voltar ao Rio, de onde tinham saído cinco anos antes.[59]

* * *

Alberto Dines era tão absorvido pelo trabalho, tinha tanta confiança na qualidade do jornal que fazia, que não percebeu os sinais de que Nascimento Brito desejava livrar-se dele. O JB tinha obtido, em agosto, uma sonhada concessão de canal de televisão em Niterói. A outra concessão viria em maio de 1974, em São Paulo. Quando saiu a de Niterói, Nascimento Brito escolheu Dines para chefe do jornalismo de todo o grupo (televisão, jornal, rádio e agência), organizando inclusive um coquetel em sua sala de trabalho com gente do mercado publicitário para anunciar a novidade.

Mas as disputas entre ambos estavam muito fortes. Dines crescera demais no comando do jornal e ameaçava a autoridade do patrão — desafiava-o, tomava decisões editoriais e administrativas sem consultá-lo. Estava tão senhor de si e ocupava tanto espaço que chegou a tentar demitir o diretor de Circulação, Renato Oliveira, o que Brito não permitiu. Era demais, queixou-se à família. A principal referência do JB tinha se tornado Alberto Dines, e não seu legítimo dono, Nascimento Brito. Falar em *Jornal do Brasil* era falar em Alberto Dines, o que Brito considerava inaceitável.

— Daqui a pouco, vou ter que pedir autorização ao Dines para tomar qualquer decisão sobre o jornal. Isso está indo longe demais — queixava-se Brito em família e entre amigos.[60]

Além disso, na velha sede da avenida Rio Branco, o JB era uma empresa apenas média, com gerências, e a redação, a atividade-fim do jornal, ocupava praticamente todo o espaço. Na avenida Brasil, 500, Brito queria implantar uma nova filosofia. O jornalismo seria apenas uma das diretorias, e sem maior peso do que as outras.

O episódio que fez Brito finalmente decidir-se pela demissão de seu editor-chefe foi, paradoxalmente, um dos pontos altos do trabalho de Dines. Ele havia idealizado a mais espetacular das capas de jornal já vistas no Brasil — é preciso levar em conta que o país vivia o mais duro período da ditadura. No dia 11 de setembro de 1973, um violento golpe militar depôs o presidente do Chile, o socialista Salvador Allende, pondo fim a onze anos de normalidade democrática. O governo Allende vinha sofrendo todo tipo de pressão e sabotagem de diversos setores, até que, nesse dia, veio o golpe militar. Estava em Santiago o editor de Internacional do *Jornal do Brasil*, Humberto

Vasconcellos, em hotel próximo ao Palácio de La Moneda, sede do governo. Da janela do hotel, Humberto viu o bombardeio da aviação chilena contra o próprio Palácio do governo. Escreveu e mandou por telex o seu texto.

Por volta das onze da noite, a capa da edição do dia 12 de setembro já estava pronta, editada por Carlos Lemos e diagramada por Ezio Speranza, com a manchete "Golpe derruba Salvador Allende". Havia fotos do bombardeio ao La Moneda e o noticiário completo. Quando já ia ser baixada para a gráfica, toca o telefone e atende o secretário de redação da noite, Manoel Aristarcho Bezerra, o Maneco. Era o agente da Polícia Federal que normalmente ligava para passar a lista de assuntos proibidos. Maneco passou o telefone a Carlos Lemos, que ouviu a nota: "De ordem do Departamento de Polícia Federal, fica proibida a divulgação de fotos, manchetes ou sensacionalismo sobre a situação no Chile". Petulante, Lemos, com sua voz fanhosa, disse:

— Nós aqui não trabalhamos com isso, com sensacionalismo, não sei nem o que é isso. Nós trabalhamos com jornalismo, o senhor me explique melhor isso aí.

O agente hesitou um pouco e respondeu:

— Está claro aí, chefe. Não pode foto, não pode manchete.

E desligou. Maneco já tinha telefonado para Alberto Dines, pegando-o no meio do jantar.

— Vamos ter que refazer tudo então — disse Dines. — Estou indo para o jornal. Me esperem.

Dines pegou o carro e chegou em apenas quinze minutos. No caminho, já foi amadurecendo uma ideia audaciosa: uma capa em letras grandes, sem manchetes ou fotos. Neste ponto, as versões divergem. Os diagramadores José Carlos Avellar, responsável pela primeira página, e Ivanir Yazbeck garantem que a execução da página foi de sua própria autoria. Alberto Dines recorda-se de que foi o diagramador Ezio Speranza quem executou o trabalho. Carlos Lemos diz que foi José Carlos Avellar.

O expediente daquela edição traz os seguintes nomes como encarregados da primeira página: editor-chefe, Alberto Dines; chefe de Redação, Carlos Lemos; secretários de Redação, Sérgio Noronha e José Silveira; diagramador, Ezio Speranza; redatores, Clecy Ribeiro (subeditora de Internacional), Lutero Mota Soares e Ney Curvo.

Dines explicou a Speranza o que queria: uma espécie de pôster gráfico. Junto com ele estavam Maneco, Carlos Lemos, o redator encarregado da primeira página Lutero Mota Soares, José Silveira e o diretor-superintendente Bernard Costa Campos, que também fora avisado. Nascimento Brito estava no exterior e não era fácil, em 1973, conseguir rapidamente uma ligação internacional. Alberto Dines assumiu o controle da situação e percebeu que não havia tempo para maiores negociações. Estava seguro do que fazia, tinha a solução na cabeça e foi rápido.

O texto que estava pronto não era suficiente para cobrir toda a página. Dines encomendou mais à editoria Internacional, onde estavam a editora em exercício, Clecy Ribeiro, e os redatores Luiz Mario Gazzaneo e Ney Curvo. Ney acrescentou mais informações e remeteu o material para a sala da edição, onde Lutero Mota Soares e Aloísio Flores fundiam tudo em um único texto, com a supervisão de Alberto Dines. Estava ficando bom, mas ainda faltava mais material para preencher toda a capa. Gazzaneo sentou-se e escreveu mais, acrescentando detalhes e informações das agências de notícias, e mandou tudo para Dines. Lutero e Aloísio Flores fundiram com o que já estava escrito, usaram informações de Humberto Vasconcellos vindas diretamente do Chile, novas notícias e mais detalhes, que eram vomitados pelos aparelhos de telex em suas tiras amarelas carbonadas, trazidas às pressas por um esbaforido Schroder, o encarregado do serviço de telegramas.

Ficou tudo pronto e diagramado. Eram 68 linhas em quatro colunas, corpo 14, em negrito, com doze parágrafos, tudo escrito como texto final por Lutero Motta Soares em laudas de trinta linhas com setenta batidas. Muito mais espetacular e chamativo do que qualquer página de edição extra, um verdadeiro quadro para ser dependurado na parede. Como havia sido proibido, não havia manchete nem foto, apenas um espaço em branco entre o título do jornal e o corpo da matéria. O lead, ou abertura, ficou assim:

O presidente Salvador Allende, do Chile, suicidou-se ontem com um tiro na boca no Palácio de La Moneda, segundo dois repórteres do jornal *El Mercurio*, que entraram no Palácio e viram o corpo reclinado num sofá, no meio de uma poça de sangue. O Palácio fora submetido a um intenso bombardeio de aviões e tanques durante mais de quatro horas.

As autoridades se recusaram a confirmar ou desmentir a morte do presidente, prometendo para hoje um comunicado sobre o destino de Allende. Segundo um dos jornalistas de *El Mercurio*, Allende, antes de morrer, disse a dois de seus mais próximos colaboradores, Orlando Letelier e José Toha: "Estas são as últimas palavras que vocês ouvirão de mim. Confiem em seus dirigentes, continuem a confiar no povo".

Seguiam-se todos os detalhes do golpe, a movimentação das tropas desde o início do dia a partir de Valparaíso, o toque de recolher, as prisões, e a liderança inequívoca do ministro do Exército, general Augusto Pinochet Ugarte. Um clássico e violento golpe de Estado latino-americano, narrado em suas minúcias pelo texto de excelência característico do *Jornal do Brasil*.

Ao perceber qual seria o resultado final da capa, Bernard Costa Campos se assustou:

— Dines, você tem certeza de que...

Dines nem deixou que ele terminasse:

— Pode ficar tranquilo, Bernard, estamos seguindo estritamente a ordem da censura. A responsabilidade é minha. Não há manchete escandalosa nem fotos, como você pode ver.

No dia seguinte, pendurados nas bancas de jornal do Rio de Janeiro, *O Globo* e os demais concorrentes minimizavam burocraticamente o golpe, enquanto o JB, com sua capa espetacular, chamava a atenção dos transeuntes. Foi uma sensação! Todos compararam a feição gráfica da página como uma espécie de grito impresso, com um impacto visual muito maior do que qualquer manchete.

A tiragem do jornal esgotou-se completamente. As pessoas comentavam pelas ruas, nos bares e restaurantes. Na redação do JB, de manhã, do mais empavonado editor ao mais humilde contínuo, todos estavam orgulhosos da ousadia e do brilho do jornal em que trabalhavam. O recorde de vendas foi batido.

Ao longo do dia, no entanto, Nascimento Brito, fora do país, foi informado por Bernard Costa Campos e não gostou nada do que ouviu. Estava com todas as energias voltadas para as concessões de televisão, o velho sonho que vinha concretizando graças aos ministros Leitão de Abreu e Delfim Netto.

Brito voltou ao Brasil e concluiu que a permanência de Alberto Dines à frente do jornal seria um risco para a manutenção do canal de tevê já obtido e para a concessão do segundo, em São Paulo. Ele não confiava mais no editor--chefe. Era a tal da "indisciplina" a que se referiria mais tarde no diálogo da demissão.

Dias antes de ser demitido, três meses depois do golpe no Chile, Dines começou a receber vagos telefonemas noturnos do diretor Otto Lara Resende, que sempre perguntava se estava tudo bem, se havia alguma novidade. Os dois tinham um bom relacionamento. Otto costumava mandar-lhe cartas ou visitá-lo em sua sala de trabalho nos fins de tarde na avenida Brasil, mas esses telefonemas eram coisa nova. A verdade é que Otto já sabia da demissão pelo menos quinze dias antes e sentia-se incomodado. Aos 41 anos, fazendo psicanálise, com o casamento praticamente arruinado pela dedicação quase obsessiva ao jornal, Alberto Dines chegou a debater com a terapeuta o que pretendia o amigo Otto com os telefonemas.

Na noite da véspera da demissão, o editorialista Wilson Figueiredo, amigo íntimo de Otto Lara Resende desde os tempos de Minas Gerais, foi procurado por ele, que, fugindo inteiramente aos seus hábitos, ofereceu--lhe uma carona até em casa. Wilson nunca aprendera a dirigir e jamais comprara um carro. Usava ônibus, caronas ou táxis. De Otto, um homem famoso pelo agudo senso de humor e pelo talento como redator, conta-se que, ao sair da TV Globo, anos depois, escreveu ambas as cartas do próprio punho: a de seu pedido de demissão e a resposta de Roberto Marinho, aceitando-o.

Figueiró tinha visitas esperando em casa para o jantar naquela noite, mas o amigo não o deixava sair do carro, agarrava-o pela manga do paletó, puxava assunto atrás de assunto. Só depois da meia-noite, quando as visitas já tinham ido embora, Otto foi direto ao que o atormentava: "O Brito vai demitir o Dines amanhã de manhã".

Wilson Figueiredo era, talvez, o jornalista em que Nascimento Brito mais confiava. Tinha dezessete anos de casa, era leal, quase submisso, encarregado de escrever os textos do patrão e os principais editoriais, além de ser o criador do Informe JB, coluna política usada não só para divulgar notícias, mas para dar recados e externar as opiniões do jornal. Apesar de tudo isso, até aquele momento, ignorava a demissão do editor-chefe.[61]

Walter não foi mais à sucursal de São Paulo depois da convocação para ser o editor-chefe. Escondeu-se e ainda arriscou um telefonema a Alberto Dines, para explicar que não tivera alternativa a não ser aceitar o cargo. Dines não quis conversa, disse que ele, Walter, o havia traído, que não havia mais condições de manterem uma relação cordial, e desligou. E os dois, ainda que não fossem amigos próximos, tinham de fato, até aquele momento, uma boa relação. Quando Dines esteve preso, em 1968, Walter foi à casa dele e pediu à sua mulher, Rosaly, que lhe desse os livros mais "comprometedores" de Dines para que ele os escondesse de uma possível batida policial.

Conforme prometido a Brito e Bernard, dois dias depois da conversa na casa de Santa Teresa, Walter Fontoura saiu de São Paulo rumo ao Rio de Janeiro em seu Kharmann Ghia branco, com uma bagagem de poucas mudas de roupa, a fim de tomar posse antes do Natal que se aproximava. Queria evitar algum encontro inconveniente na ponte aérea — a ordem era discrição total, o que seria garantido pela viagem de carro e pela inexistência de telefone celular.

Hospedou-se em um pequeno hotel que costumava frequentar, o Savoy, na avenida Nossa Senhora de Copacabana, em um quarto de fundos, para evitar o barulho do trânsito. Por volta das dez da noite, saiu para jantar no Le Bistrô, na rua Fernando Mendes, também em Copa, onde encontraria, como esperava, o superintendente do JB Bernard Costa Campos com o amigo Delfim Netto, o ainda poderoso (mas já em final de governo) ministro da Fazenda.

Conversaram, tomaram uísque, Walter falou de sua inquietação, mas foi estimulado por Bernard e Delfim. "Aguenta a mão", disse Bernard. "Precisamos de você." Walter retornou ao Savoy às duas horas da madrugada. Ligou então para o jornalista Elio Gaspari, que estava na redação da revista *Veja*, em São Paulo, envolvido àquela hora no início do fechamento da semana, que seria concluído no dia seguinte, uma sexta-feira:

— Está sentado? Se não está, sente-se para não cair.

— Por quê, o que aconteceu?

— Vou assumir a direção da redação do *Jornal do Brasil* no Rio de Janeiro. O Dines foi demitido. E quero que você vá comigo. Mas não pode demorar muito pra dar uma resposta.[62]

Walter não se lembra de qual foi a resposta de Elio naquele momento, mas no dia seguinte ele já tinha topado e pediu apenas alguns dias para se desligar da Editora Abril. O JB era um desafio irrecusável. Além disso, Elio sabia que o Brasil estava à beira de uma grande mudança com a posse, em março seguinte, do general Ernesto Geisel como novo gestor do ciclo autoritário. Elio já esperava algo como uma "distensão lenta, gradual e segura", o início de um processo de redemocratização, porque o general Golbery do Couto e Silva, braço direito de Geisel, era uma fonte de notícias segura de que dispunha.

Walter Fontoura ficou no Hotel Leme Palace nos seus primeiros dias como editor-chefe do JB, e, quando a família finalmente chegou, alugou um apartamento na avenida Vieira Souto, 340, de frente para o mar de Ipanema. Aos 36 anos, já sabia que não encontraria um ambiente favorável na redação, com muitos profissionais solidários a Dines e achando que o JB iria "dar uma guinada à direita, render-se aos militares".

Amigo de Nelson Rodrigues, Walter Fontoura era sempre citado em suas crônicas como um sujeito corajoso, porque "não tinha vergonha de declarar--se um homem de direita". Mesmo que isso lhe valesse críticas e até alguma ojeriza dos bem-pensantes do Rio de Janeiro. Mas Walter não tinha conexões com o regime, nunca foi informante ou colaborador dos militares. Era um homem que se guiava pelo pragmatismo, pelo realismo, não se deslumbrava com cargos e não se achava à altura da missão de substituir Alberto Dines. Seu estilo era completamente diferente do estilo do antecessor. Enquanto Dines controlava de perto o trabalho dos editores, Walter concedia-lhes mais autonomia. Dines tratava Nascimento Brito por "você", e dispensava o uso de "senhor" ou "doutor". Ao contrário de Walter, que sempre usou o "doutor Brito".

Desde menino, o sonho de Walter era a diplomacia. Carioca da praça Cruz Vermelha, mas com família oriunda da aristocracia do Rio Grande do Norte — o pai era militar da Aeronáutica —, quando terminou o segundo grau no colégio Santo Inácio, em Botafogo, saiu atrás de emprego, porque precisava pagar um curso preparatório para o Itamaraty. Achou que o mais prático era trabalhar como jornalista, porque não exigia diploma. Procurou na redação de O Jornal o diretor João Calmon, amigo do seu pai.

— Fala inglês?

— Sim, falo.

— Então traduza aí que eu quero ver.

E Calmon deu-lhe uma publicação técnica, sobre eletrônica, que Walter não soube traduzir. Além de não ser fluente, o texto era excessivamente técnico. Calmon torceu o nariz, mas estava disposto a empregar o rapaz, e insistiu:

— Está acompanhando o concurso de Miss Brasil?

— Sim, estou.

— Então escreva aí vinte linhas sobre o concurso.

Desta vez, Walter saiu-se bem e foi encaminhado a Paulo Correia na redação.

Como todo chefe de redação na época, Correia achava que o bom jornalista precisava começar pela Polícia. E apresentou Walter ao chefe da reportagem de Polícia, um negro alto, bonito e elegantíssimo chamado Rubem Cunha, que acumulava empregos e namoradas (todas louras, falsas ou verdadeiras), usava carros imensos e intrigava a todos: como arranjava tempo para tantas atividades? Uma vez no jornalismo, a diplomacia caiu no esquecimento para Walter Fontoura. Virou repórter político, e aí não houve mais volta.

Em 1961, graças ao trabalho, Walter ficou amigo de um assessor do presidente Jânio Quadros, Augusto Marzagão, que lhe arranjou um emprego no Instituto Brasileiro do Café, uma estatal que centralizava toda a política de produção e exportação. Trabalhou no escritório do IBC em Londres e voltou para o Brasil em 1964, chegando no exato dia do comício da Central do Brasil. Ouvia falar que a esquerda iria tomar o poder, mas, quando viu o discurso, convenceu-se:

— Quem vai aplicar o golpe e tomar o poder é a direita. Só não vê quem não quer — disse a Wilson Figueiredo, de quem se tornara amigo.

Uma vez no Brasil, Walter pediu demissão e resolveu voltar ao jornalismo, com duas possibilidades em mente: o *Jornal do Brasil* e a sucursal de *O Estado de S. Paulo* no Rio de Janeiro. Acabou, porém, em um grupo de jornalistas formado por Nahum Sirotsky para assessorar Roberto Campos, o ministro do Planejamento do primeiro presidente militar, Castello Branco. Do grupo faziam parte também Wilson Figueiredo, que já editava o Informe JB, e Pedro Gomes, também redator do Informe. Walter acabou contratado pelo *Jornal do Brasil* em 1966, a convite de Wilson Figueiredo, e incorporou-se à equipe do Informe JB — tornou-se uma espécie de interino do amigo. Em 1968, assumiu a sucursal do JB em São Paulo.

UMA GUINADA À DIREITA?

Quando a redação do *Jornal do Brasil* soube da demissão de Alberto Dines, uma romaria tomou o caminho de seu apartamento. Marina Colasanti, Carlos Leonam e vários outros repórteres, redatores e colunistas foram prestar solidariedade a Dines e saber o que de fato havia acontecido. O clima era de perplexidade, porque o jornal em que praticamente todos haviam começado fora estruturado e ganhara forma sob a batuta dele; o JB àquela altura era a cara de Alberto Dines.

Logo, alguns identificaram em sua queda, e na ascensão de Walter Fontoura, uma "guinada à direita", uma rendição à ditadura, embora o único empenho de Dines, na verdade, fosse contra a censura. A filosofia de Dines era fazer o melhor jornalismo possível, e não derrubar o regime ou fazer um jornal "de resistência". Ele também não era um homem de esquerda, embora, evidentemente, fosse um opositor da ditadura.

Nos dias subsequentes, o diretor Otto Lara Resende pediu demissão, certamente solidário a Dines e decepcionado com Nascimento Brito. Clarice Lispector, que havia sido convidada por Dines, a pedido de Otto, para escrever para o Caderno B suas crônicas e poemas, um trabalho semelhante ao que fazia na revista *Senhor*, foi demitida por telegrama. A ordem veio de Nascimento Brito, embora todos no jornal considerassem "um luxo" ter como colunista uma das escritoras mais admiradas e queridas do país. Brito não gostava de Clarice Lispector nem dos textos que ela produzia semanalmente. Achava tudo muito pernóstico, tedioso e vazio.[63]

Outros colaboradores cortados foram o mineiro Roberto Drummond, autor de *Hilda Furacão*, que não aguentava mais viver no Rio de Janeiro. Pedia demissão todo mês e Lemos mandava chamá-lo de volta. Saíram também João Antônio, o contista, que era redator do Caderno B, assim como Tite de Lemos. Carlos Leonam, Marina Colasanti e Affonso Romano de Sant'Anna pediram o boné. Carlos Lemos tentou como pôde evitar outras desistências.

Dois conhecidos gozadores da redação, os redatores Joaquim Campelo e George Cabral, vizinhos no bairro do Flamengo, saíram do trabalho uma noite logo depois da demissão de Dines e resolveram tomar um chope antes de ir para casa. Campelo, como de hábito, deu a carona, porque Cabral não dirigia. Veterano militante do Partido Comunista Brasileiro, alagoano,

George Cabral era querido por todos, havia morado na então Thecoslováquia e andava bebendo muito.

Criou-se o folclore de que ele entrava no jornal por volta das três da tarde pelo elevador principal do luxuoso hall do JB, chegava ao andar da redação, atravessava todo o corredor das editorias cumprimentando efusivamente todo mundo, falando alto, contando piadas, a fim de marcar presença, e ia embora pelo elevador de serviço, no extremo oposto do corredor, dez ou quinze minutos depois, sem trabalhar.

O maranhense Joaquim Campelo sempre fora um cultor do idioma, criou para Aurélio Buarque de Hollanda o seu famoso dicionário e tornou-se ele próprio o responsável pela publicação e por sua atualização. Criou uma editora, a Alhambra. De família bem-posta na sociedade maranhense, pai português, Campelo era amigo de infância de José Sarney, Ferreira Gullar, Lago Burnett, Anísio Teixeira e Odylo Costa, filho. Era um homem alto, magro, de cavanhaque, com ar aristocrático e sisudo, mas sempre fora, na verdade, um sonso, com inesperado senso de humor.

Naquela noite, com George Cabral no bar, Campelo criou um neologismo para as demissões que passaram a assustar a redação com a saída de Alberto Dines — uma palavra que se tornaria depois a denominação para demissões em massa por razões financeiras, salariais ou de troca de comando em jornais: o temido "passaralho". Hoje, o substantivo "passaralho" consta, inclusive, do grande rival do dicionário Aurélio, o Dicionário Houaiss da Língua Portuguesa, com a seguinte definição: "Dispensa relativamente numerosa de empregados de uma empresa — Etimologia: pássaro + caralho".

E resolveram então, diante dos cartões de chope que se acumulavam, elaborar o verbete. Campelo ia redigindo e, vez por outra, Cabral dava um pitaco. Ficou assim definido o passaralho, versão 1974:

PASSARALHO S.m. Bras. Jorn. — Designação popular e geral da ave caralhiforme, faloide, família dos enrabídeos (Fornicator caciquorum MF & WF), bico penirrostro, de avultadas proporções, que lhe confere características específicas, próprias para o exercício de sua atividade principal e maior: exemplar. À sua ação antecedem momentos prenhes de expectativas, pois não se sabe onde se manifestará com a voracidade que, embora intermitente, lhe é peculiar: implacável. Apesar de eminente cacicófago, donde o nome científico, na história da espécie essa exemplação não vem ocorrendo apenas em nível de cacicado. Zoólogos e passaralhófolos amadores têm recomendado cautela e desconfiança em todos os níveis: a ação passaralhal é de amplo espectro. Há exemplares extremamente onívoros e de atuação onímoda. Trata-se este do mais antigo e puro espécime dos Fornicatoris, sendo outros, como por exemplo o picaralho, o birroralho, o catzarrralho, e mais alguns, espécimes de famílias espúrias, submetidos a cruzamentos desvirtuadores do exemplar. Distribuição geográfica praticamente mundial. No Brasil também é conhecido por muitos sinônimos, vários deles chulos. (Até hoje discutem os filólogos e etimologistas a origem do vocábulo. Uma corrente defende derivar de pássaro + caralho, por aglutinação; outros dizem vir de pássaro + alho. Os primeiros baseiam-se em discutida forma de tão insólita ave; outros no ardume dos que experimentaram e/ou receberam a ação dele em sua plenitude. A verdade é que quantos o tenham sentido cegam, perdem o siso e ficam incapazes de descrever o fenômeno. As reproduções que dele existem são baseadas em retratos falados e, por isso, destituídas de validade científica).[64]

Claro que a expressão entre parênteses na segunda linha, "fornicator caciquorum MF & WF", referia-se a Manoel Francisco (Brito) e Walter Fontoura. O verbete de Campelo e Cabral, no dia seguinte, foi cuidadosamente xerocado e distribuído na redação, em todas as mesas de todas as editorias, inclusive na Rádio JB, e serviu, pelo menos, para atenuar o mal-estar e o medo causados pelas demissões.

A chegada de Walter Fontoura ao comando da redação do *Jornal do Brasil* foi, desta forma, cercada da desconfiança de todos os jornalistas. Walter, na verdade, sempre achou que não estava à altura da missão de substituir Alberto Dines — considerava o antecessor um homem brilhante, inovador, enquanto se via apenas como um jornalista correto e eficiente.

Ao instalar-se no cargo, em janeiro de 1974, recebeu logo uma informação de Elio Gaspari, que também chegava:

— Está todo mundo dizendo que você vai fazer o diabo aqui, uma caça às bruxas, vai demitir os judeus e os comunistas.

Walter quase caiu da cadeira:

— Que maluquice é essa? Não vou perseguir ninguém.

O atilado Elio ensinou o caminho das pedras:

— Tem comunista que é cabeça de fieira, são os mais notórios, que têm liderança, são símbolos, todo mundo os ouve. Aqui no JB tem o Gazzaneo, que não pode ser demitido.

No dia seguinte, Walter levou de surpresa uma garrafa de uísque escocês legítimo ao alagoano/italiano Luiz Mario Gazzaneo, na editoria Internacional, e deu-lhe um abraço, para comprovar que não haveria nenhum tipo de perseguição a comunistas. O judeu Isaac Piltcher, redator do Caderno Especial, era um amigo de longa data. Walter não tinha nenhuma intenção de demitir alguém por sua condição ideológica, religiosa ou étnica. Não ligava para isso, queria apenas fazer o jornal funcionar bem e em ordem, como vinha acontecendo desde que passara a trabalhar na sucursal de São Paulo.

Considerava que a redação estava "no osso", ou "com a conta do chá", com pouca gente. Não pretendia fazer cortes. Havia outros judeus na redação, como os repórteres Israel Tabak e Rose Esquenazi, competentes e afinados com o espírito do jornal, e comunistas em todas as editorias. Mas, logo nesses primeiros dias, Piltcher foi à sua sala:

— Posso fechar a porta, Walter?

— Claro.

— Queria lhe fazer um pedido: não mexa no Sandro Moreyra. Estão dizendo por aí que você vai demiti-lo. O Sandro praticamente não trabalha, passa o dia na praia, de lá vai para o Botafogo e chega na redação bronzeado, no fim do dia, para fazer o seu próprio noticiário do clube. Mas é uma das figuras mais queridas do jornal, você não devia mexer nele.

Walter nunca havia pensado um só momento em demitir Sandro Moreyra, aquilo estava fora de cogitação.

O editor-chefe recebeu também em sua sala uma outra visita, bastante incômoda: o redator pernambucano Almeida Filho, o Almeidinha, que se dizia ligado ao marechal Cordeiro de Farias e que tinha fama de dedo-duro do regime militar. Almeida queria "entregar" Marcos de Castro, que trabalhava no copidesque em sua segunda passagem pelo JB. Marcos nunca fora comunista, era um católico com viés esquerdista, humanista e democrata. Almeida queria informar que fora Marcos de Castro o responsável por um constrangimento sofrido por Walter um ano antes, quando dirigia a sucursal de São Paulo.

Em 25 de fevereiro de 1973, o delegado paulista Otávio Gonçalves Moreira Júnior, o Otavinho ou Caveirinha, fora "justiçado" por um comando formado por quatro organizações de esquerda quando passava as férias no Rio de Janeiro com um amigo, na saída da praia, em Copacabana. Era ligado à Operação Bandeirantes, a Oban, entidade criada com ajuda de empresários para combater a guerrilha urbana e que havia matado o líder da Aliança Libertadora Nacional, Carlos Marighella. Pois bem, na saída da praia, Otavinho resolveu telefonar para a namorada em um orelhão na esquina da avenida Nossa Senhora de Copacabana com República do Peru.

Um Aero Willys verde parou, e o comando da ALN, da VAR-Palmares, do PCB e da VPR disparou com uma espingarda de caça calibre 12 nas costas do policial. O serviço foi completado com dois tiros de pistola 9 milímetros na cabeça, quando Otavinho já estava no chão. O amigo que o acompanhava foi levado para o Hospital Miguel Couto, ferido. Os colegas do policial, em São Paulo, encomendaram uma missa de sétimo dia na Catedral da Sé.

A reportagem enviada ao Rio pela sucursal de São Paulo estimava o número de presentes na missa em quinhentas pessoas. O JB publicou no dia seguinte a frase com um aposto: "Número insuficiente para encher as dependências da igreja". Por causa disso, o chefe da sucursal, Walter Fontoura, foi conduzido à sede da Oban pelo detetive Marimbondo. Lá, foi identificado e interrogado:

— O senhor sabe quem escreveu isso?

Walter não tinha lido ainda a matéria no jornal, e respondeu que não fazia a menor ideia. E acrescentou:

— Mesmo se soubesse, não poderia dizer, porque é um material interno do jornal, da sucursal para a sede. Nós mandamos todo dia entre cinquenta e sessenta matérias, e eu não leio todas.

O interrogatório prosseguia, em um tom cada vez mais agressivo, até que entrou na sala um homem alto, que Walter identificou bem mais tarde como o então major Carlos Alberto Brilhante Ustra:

— Podem parar. Deixem o doutor Walter ir embora.

A informação que Almeida Filho queria prestar era que o autor da frase na matéria sobre o assassinato de Otavinho era Marcos de Castro. Queria também apresentar uma relação de comunistas na redação. Walter pediu a Almeidinha que se retirasse, agradecia mas não queria saber. Almeidinha foi obrigado a licenciar-se do jornal, pelo ambiente ruim que criara para si próprio, e assumiu a assessoria de imprensa da Superintendência Nacional de Abastecimento e Preços, a Sunab.

Walter havia recebido de uma entidade empresarial uma grande garrafa de cristal de uísque escocês legítimo — artigo raríssimo em uma época de economia fechada e moeda nacional fraca. No dia seguinte, levou a garrafa e presenteou Marcos de Castro com o uísque. Marcos nunca entendeu a razão do presente.

Se não quis impor suas convicções ideológicas, a coisa foi um tanto diferente quando o assunto era comportamento. Em seus primeiros dias de jornal, Walter deixou claro que não queria repórteres trabalhando sem terno e gravata. As mulheres deveriam usar vestidos discretos, sem minissaias ousadas, e apenas calças compridas que ele considerasse compatíveis com o trabalho de repórter, não muito justas e sem a barriga de fora.

Olhou atravessado para o gaúcho Xico Vargas, que trabalhava à noite como secretário de redação, auxiliando José Silveira e Manoel Aristarcho Bezerra, o Maneco, no meio de campo entre redação e gráfica. Xico Vargas gostava de usar calças jeans e uma espécie de tamanco holandês que estava na moda. Como não tinha funções externas, de repórter, pôde continuar em seu estilo "moderno". Walter chegou a sugerir aos repórteres que fossem à loja Barki Roupas, que estava vendendo ternos razoáveis em liquidação.

Pouco tempo depois de sua posse, Walter chamou a redação em peso para uma reunião no nono andar, em um saguão, diante da sala de Nascimento Brito. Reclamou que o jornal estava muito "parcial", muito contestador. E deu um exemplo:

— No Chile, por exemplo, todo mundo que morre é "assassinado" pelo regime (referia-se ao violento golpe militar havido no Chile menos de seis meses antes). Por que "assassinado"? Vamos achar outro termo, vamos variar.

O repórter Fritz Utzeri, um eterno provocador, perguntou:

— Qual é a epidemia que está havendo no Chile e matando gente, Walter?

Neste momento, Luiz Orlando Carneiro quase se escondeu debaixo da mesa, temendo a reação do editor-chefe.

— Sim — continuou o repórter —, porque se está morrendo tanta gente ao mesmo tempo, e não se trata de assassinato em massa, só pode ser uma epidemia! — Fritz fez a provocação e cochichou com Sérgio Fleury, ao seu lado: — Perco o emprego mas não perco a piada.

Terminada a reunião, Fritz voltou à sua mesa no sexto andar quando veio um contínuo e informou:

— O doutor Walter quer falar com você.

— Bem, estou demitido — disse aos colegas em volta, e se despediu, de brincadeira.

Entrou na sala de Walter Fontoura e surpreendeu-se com as perguntas que ouviu:

— Sei que você é médico. Qual é a chance estatística de uma pessoa morrer no hospital quando está internada? Em um hospital particular e em um público? Você é capaz de fazer essa matéria? Em quantos dias?

— Ah, vou precisar de duas semanas fora da pauta — Fritz teve a certeza de que Walter lhe lançara um desafio que ele não conseguiria cumprir, o que seria um bom motivo para demiti-lo.

A matéria foi feita em duas semanas, deu primeira página, e foi a primeira vez que uma reportagem programada para domingo foi anunciada na primeira página da edição de sábado do *Jornal do Brasil*. Dizia que o erro médico que matava pacientes tinha na ganância sua principal causa. E acusava o médico Guilherme Romano, amigo de Golbery do Couto e Silva, e sua clínica de luxo, dentre outras, de pensar apenas no lucro.

Na segunda-feira, quando chegou para trabalhar, Fritz encontrou em sua mesa uma garrafa de uísque Johnnie Walker, acompanhada de um bilhete: "Não sei se médico bebe, mas parabéns pela reportagem!". A partir daí, ficaram amigos.[65]

ELIO GASPARI E A EDITORIA DE POLÍTICA

Elio Gaspari chegou ao *Jornal do Brasil* em janeiro de 1974, aos 29 anos, para criar uma editoria que, pelo menos formalmente, ainda não existia: a editoria de Política. Quando recebeu o chamado de Walter Fontoura, em dezembro de 73, pediu um tempo para arrumar as gavetas e comunicar à Editora Abril que iria sair. Antes, resolveu consultar o velho amigo e mestre Luiz Mario Gazzaneo. Em seu habitual estilo estridente, ao telefone, Gazza gritou: "Claro que você tem que aceitar! É uma chance espetacular para sua carreira!".

O noticiário político estivera sempre presente no jornal desde a reforma do final dos anos 1950. Com a ditadura, porém, foi-se reduzindo gradualmente. No começo, era pautado e fechado pela mesma equipe que cuidava dos assuntos de Cidade, pelo copidesque e sua chefia. Depois do AI-5, de 1968, passou a fazer parte da editoria Nacional, ou "de Notícias", que incluía infraestrutura, saúde, Amazônia, índios, igreja, noticiário dos estados. A pauta diária era praticamente toda pensada pela sucursal de Brasília, pois não havia um editor específico de Política no Rio de Janeiro.

O general Ernesto Geisel iria tomar posse em março e preparava naquele mês de janeiro a montagem do seu escritório de transição no antigo e belo prédio do Ministério da Agricultura, no centro do Rio, perto da praça XV, apelidado de Bolo de Noiva — prédio que o próprio Geisel mandaria demolir um ano depois, junto com o Palácio Monroe, antiga sede do Senado, junto à Cinelândia.

Elio Gaspari tinha como boa fonte de notícias o homem-chave da estratégia política de Geisel, e um dos arquitetos de uma possível guinada no regime militar, o general reformado Golbery do Couto e Silva. O JB, que tinha ótimas relações com o governo Médici, não conseguiu o mesmo com Geisel. Junto com Elio chegou Luís Alberto Bahia, amigo de Golbery, para ser editorialista, em uma tentativa de aproximação com o novo governo.

Elio conseguia fácil acesso também ao secretário particular do futuro presidente, o major reformado Heitor Aquino Ferreira, ao assessor Humberto Esmeraldo Barreto e, eventualmente, ao próprio Geisel. Por isso, sabia exatamente o que iria fazer e o rumo que daria à cobertura política do JB: embarcaria o jornal na abertura política, surfaria na onda que estava a caminho, desejada por todo o país. O que não poderia ser publicado, estava censurado e pronto, nada se podia fazer. Mas havia espaço para ousadias, brechas para jornalismo forte e independente.

A primeira visita do general Golbery e do futuro assessor de imprensa de Geisel, Humberto Barreto, a um veículo de comunicação foi ao *Jornal do Brasil*, onde se reuniram com Nascimento Brito e Walter Fontoura. O cearense Humberto Barreto era quase um filho para Geisel, que havia perdido o filho legítimo em um acidente, restando-lhe apenas a filha Amália Lucy. Golbery e Barreto expuseram o projeto da abertura lenta, gradual e segura e pediram a Nascimento Brito e Walter Fontoura o apoio do JB.

Elio Gaspari foi descrito por um dos mestres do jornalismo de seu tempo, o bem mais velho Zuenir Ventura, como o maior jornalista de sua geração, e logo suas marcas ficaram evidentes no jornal. Contratou como repórter especial o jovem Marcos Sá Corrêa, de apenas 26 anos, filho do experiente e respeitado Villas-Bôas Corrêa.

Marcos seria também presença marcante dentro da margem de manobra de que dispunha o jornal para fazer jornalismo de qualidade e independente. Elio indicou ainda para a editoria de Economia outro companheiro de *Veja*, o ambicioso e dinâmico carioca Paulo Henrique Amorim, que chegou com a ordem de Walter Fontoura de "arrumar a casa".

Os jornalistas especializados em política que Elio encontrou quando chegou eram Rogério Coelho Neto, Dácio Malta, Aloísio Flores (que participara da redação do texto da célebre capa de setembro do ano anterior sobre a queda de Salvador Allende), William Prado e José Reis, considerado por todos no jornal como informante dos órgãos de segurança. Havia ainda estagiários definidos por Gaspari como "bodes", e que eram utilizados na apuração de coisas simples de agenda, como horários de reuniões políticas, audiências etc. Um deles, Renato Maurício Prado, foi depois trabalhar em *O Globo*, onde se tornou colunista de futebol. O outro era Jorge Carneiro, mais tarde diretor da editora Ediouro. O apelido aplicado aos estagiários, típico de Elio, significava que eles seriam os bodes expiatórios, caso algo desse errado. Uma brincadeira, claro.

Elio chegou decidido a demitir dois profissionais que conhecia de longe: os repórteres Flamarion Mossri e Luís Barbosa, o Luisinho, da sucursal de Brasília. Flamarion acumulava três empregos: o JB, *O Estado de S. Paulo* e um cargo no Senado Federal. Tudo o que Elio condenava, principalmente o emprego público. Ele queria dedicação exclusiva, e considerava que essa tripla militância comprometia o trabalho do repórter. Em pouco tempo, porém, percebeu que Flamarion era precioso. Bastava saber usá-lo para os assuntos e as missões certas, pautá-lo corretamente. Por mais de vinte anos, Flamarion manteve uma rotina de conversas com parlamentares, com militares, com a cúpula do poder. Era afável, alegre, atencioso. Às sextas-feiras, almoçava no restaurante do décimo andar da Câmara dos Deputados com Tancredo Neves, Thales Ramalho, Petrônio Portella, José Bonifácio de Andrada (líder do governo Geisel na Câmara) e com o eterno secretário-geral da Mesa da Câmara, Paulo Affonso. Um grupo de amigos precioso para qualquer repórter.

Flama, seu apelido, era amigo próximo de José Sarney, que, quando presidente, cansou-se de tentar seduzi-lo para que assumisse o cargo de porta-voz, inutilmente. Flamarion nunca deixou de cumprir uma pauta encomendada pela chefia, mas não era um repórter para o dia a dia, para rotineiras entrevistas coletivas. Ele era bom para apurar bastidores. Funcionava muito bem para assuntos estratégicos, para momentos especiais, para crises. Logo, Elio percebeu como poderia usar as boas fontes de que Flama dispunha.

Luisinho Barbosa sempre foi um grande brincalhão, que jamais desperdiçava uma piada, não importavam as consequências. Especializou-se, desde os tempos da sede velha do JB, na cobertura do Itamaraty. Quem lhe salvou o emprego, por vias tortas, foi o chanceler Azeredo da Silveira. Em um evento social, em Brasília, Luisinho viu-se em uma roda de conversa com Azeredo, que explicava a posição do governo brasileiro em determinado assunto. Luisinho escreveu tudo o que ouviu e o JB publicou com destaque a notícia.

Azeredo telefonou então para Elio Gaspari e pediu-lhe a cabeça do repórter. Havia traído sua confiança, a conversa era confidencial, não poderia ser publicada. Elio respondeu:

— Ministro, o senhor pode muita coisa que eu não preciso, e não pode nada do que eu preciso.

Em sua linguagem cifrada, queria deixar claro que não poderia demitir um profissional por publicar uma informação importante, ainda mais a pedido de uma autoridade.

Elio Gaspari nasceu em Nápoles, no sul da Itália, em 1944, e chegou ao Brasil com cinco anos, acompanhado da mãe, que ficara viúva durante a guerra. Assustada ainda com o que via no país em reconstrução, resolveu migrar para o Brasil em busca de segurança e de um futuro para o filho. E teve que trabalhar duro para sustentar e educar o menino.

Em meio à agitação política brasileira que marcou o período entre a renúncia de Jânio Quadros e a queda de João Goulart, o adolescente Elio Gaspari empolgou-se com os comícios e o noticiário dos jornais e acabou filiado ao Partido Comunista Brasileiro. Foi estudar História na Faculdade Nacional de Filosofia, de onde foi expulso pelo diretor da faculdade, Eremildo Viana, um conhecido ultraconservador, por agitação política. Chegou a trocar bofetões com colegas que eram adversários políticos. Aliás, foi inspirado no diretor que Elio Gaspari criou o personagem "Eremildo, o Idiota", com que ilustra suas colunas dominicais publicadas em vários jornais, entre eles *O Globo* e a *Folha de S.Paulo*. Alguns anos depois, o então reitor da Universidade Federal do Rio de Janeiro, Pedro Calmon, ofereceu-lhe um diploma honorário ou uma anistia, o que ele quisesse. Elio recusou, dizendo que seu diploma era o comunicado de expulsão, emoldurado em sua casa.

Antes da universidade, Elio conseguiu em 1962 um estágio no jornal *Novos Rumos*, órgão oficial do Partidão.[66] Ele estava terminando o segundo grau (hoje ensino médio) e já era um militante do partido, recrutado no colégio, porque o jornal circulava diariamente e precisava de gente para cobrir a campanha eleitoral. Três estudantes se apresentaram, e entre os dois escolhidos estava Elio Gaspari. Decidiram imediatamente contratá-lo. O emprego durou menos de um ano. Os militares derrubaram o governo de João Goulart em março/abril de 1964, fecharam a revista e abriram caça aos dirigentes e militantes do PCB. Gazzaneo e Bomfim tiveram que sair de cena.

Mas o Partidão continuou ativo e arranjou para Elio um lugar como repórter na Agência de Notícias do Galeão, propriedade do veterano Waldomiro Guarnieri. O repórter do Galeão deveria entrevistar as celebridades que chegavam e saíam do Brasil, e a agência distribuía o material para os jornais e rádios que lhe compravam os serviços. O jornalista Gildávio Ribeiro, depois chefe de reportagem de *O Globo*, era o repórter encarregado de colher notas para a coluna de Ibrahim Sued, que fazia sucesso no jornal de Roberto Marinho, e Elio começou a abastecê-lo com informações direto do Galeão.

A atuação no aeroporto garantia também boas fontes e relações pessoais ao jovem e atrevido repórter, como o poeta Augusto Frederico Schmidt, antigo porta-voz informal do ex-presidente Juscelino Kubitschek desde os tempos de Palácio do Catete.

Em 1965, Gildávio confidenciou ao amigo que iria deixar Ibrahim e passar à reportagem do jornal:

— Não aguento mais os esporros do Turco, que não respeita ninguém.

Elio viu a chance e agarrou-se a ela:

— Se você resolver mesmo sair, por favor, me indique para o lugar, que eu topo, com esporros e tudo.

Assim, no primeiro dia de janeiro de 1966, Ibrahim Sued ganhou em sua coluna um novo e dinâmico repórter, um feroz caçador de notícias, disposto a aprender e a absorver tudo o que o novo emprego lhe podia proporcionar: contatos, informações, fontes, preciosos números de telefone. Elio surpreendeu-se com o personagem Ibrahim Sued tanto quanto com o jornalista, a quem passou a admirar. O Turco era generoso, apesar das broncas e xingamentos. Se alguém elogiasse sua gravata, ele imediatamente a retirava e a dava como presente. Para um jovem e ambicioso repórter, a passagem pela coluna do Ibrahim Sued era o lugar certo. Passou ali três produtivos e didáticos anos.

Depois de uma rápida escala em 1969 pela sucursal carioca do *Diário de S.Paulo*, dirigida por Leo Guanabara, Elio Gaspari resolveu procurar a representação no Rio de Janeiro da revista *Veja*, recém-criada em São Paulo pela Editora Abril. Era ali pertinho, no centro da cidade. Foi lá e pediu emprego ao chefe, Luís Garcia. Depois de uma boa conversa, conseguiu uma chance como freelancer. No dia 16 de junho de 1969, quando se preparava para assumir, foi preso, acusado de pertencer ao PCB. "Fiquei em cana por dois meses, o que hoje poderia me valer uma bolsa-ditadura", comentou com amigos muitos anos depois. Preso na ilha das Flores, um dos poucos amigos a visitá-lo com regularidade foi justamente Ibrahim Sued.

Quando finalmente foi libertado, o presidente Costa e Silva tinha acabado de sofrer o AVC que o afastou de vez do cargo, e o vice Pedro Aleixo fora impedido de assumir. O país estava entregue à junta militar batizada mais tarde pelo deputado Ulysses Guimarães de "Os Três Patetas": o general Aurélio Lyra Tavares, o almirante Augusto Rademaker e o brigadeiro Marcio de Souza Melo.

A *Veja*, que começara a circular com mais de 700 mil exemplares, estava sob censura desde dezembro de 1968, quando foi proclamado o AI-5, e a tiragem caíra muito. Elio procurou novamente Luís Garcia: "Será que ainda tenho o emprego?". Foi recebido com elegante profissionalismo por Odylo Costa, filho e Nelson Silva. Apesar dos tempos sombrios, os três o trataram como se tivesse chegado de umas férias e não fizeram qualquer menção à prisão.

No ano seguinte, Gaspari recebeu no Rio a mesma tarefa do coordenador de Política da revista em São Paulo, Dirceu Brisola: a *Veja* estava preparando uma reportagem sobre a Doutrina de Segurança Nacional, largamente usada como pretexto para o endurecimento do regime, e que tinha como principal teórico no Brasil o general Golbery do Couto e Silva, na época com 58 anos. E Gaspari deveria ouvir Golbery sobre o tema. O general era um intelectual à sua maneira peculiar. Havia publicado dois livros[67] em que expunha sua doutrina anticomunista e de alinhamento com o Ocidente na Guerra Fria, mas com um Estado forte, autoritário, que controlasse sublevações internas e desenvolvesse condições de crescimento econômico autônomo.

Golbery havia sido um dos autores do Memorial dos Coronéis[68] e participou da articulação pela derrubada do próprio Getúlio. Em 1961, ainda como coronel, foi para a reserva no posto de general, e passou a trabalhar junto ao Instituto de Pesquisas Sociais, o Ipes, um dos centros de conspiração pela derrubada do presidente João Goulart e que recebia doações de empresários nacionais e estrangeiros. Com o golpe em 1964, o marechal-presidente Castello Branco incumbiu-o de criar o Serviço Nacional de Informações, o SNI. Com a ascensão à presidência de Costa e Silva, mais ligado à linha dura, Golbery ficou à margem do poder, porque era do grupo chamado "castelista" dos "intelectuais". Em 1969, passou a trabalhar como presidente da filial brasileira da empresa norte-americana Dow Chemical.

— Mas o homem só atua nas sombras, será que vai me receber? — perguntou Elio Gaspari a Dirceu Brisola, que apesar de já ser editor era também muito jovem.

— Só vamos saber depois que você tentar — respondeu Brisola.

Golbery recebeu Elio Gaspari em seu escritório e a conversa estendeu-se por quase duas horas. Insatisfeito, Gaspari perguntou se Golbery poderia emprestar-lhe dois livros sobre segurança nacional. A devolução dos livros foi um bom pretexto para procurá-lo novamente semanas depois, e levar, ele próprio, alguns livros para emprestar àquele que já era chamado de "Bruxo", pelas suas articulações de bastidores.

As conversas ficaram mais frequentes, e os dois tornaram-se amigos. Golbery era uma notável fonte de informações e consultas para um jovem repórter de política. Além disso, os dois partilhavam do mesmo estilo de conversa, à base de enigmas e referências, jogos de palavras, uma espécie de duelo de espadachins verbais, com desafios intelectuais.

Em 1971, o editor de Brasil da *Veja*, o pernambucano Raimundo Rodrigues Pereira, pediu demissão e Elio foi convidado para assumir seu posto em

São Paulo, de onde saiu a convite de Walter Fontoura para criar a editoria de Política do *Jornal do Brasil*.

Elio chegou ao JB disposto a colocá-lo na vanguarda da cobertura do projeto Golbery/Geisel de abertura. No primeiro encontro com Golbery, assim que ficou claro que o general seria o chefe do Gabinete Civil, com um papel-chave no governo, Gaspari lhe disse:

— General, o senhor vai para o governo e sabe que tenho muitos amigos que podem vir a ser presos. Quando isso acontecer, posso lhe pedir ajuda?

Golbery, chamado de "O Satânico Dr. Go" (referência ao título brasileiro do primeiro filme de James Bond, *Dr. No*, de 1963), propôs um pacto:

— Quando algum conhecido seu for preso, me procure, me conte quem é e o que aconteceu. Se eu puder fazer alguma coisa, não vou avisar, mas você vai acabar sabendo. Se eu não puder resolver, não se toca mais no assunto, não falamos mais nisso.

Golbery resolveu pelo menos dois casos levados por Elio: o do líder portuário Oswaldo Pacheco[69] e o do jornalista Milton Coelho da Graça, membro do Partido Comunista Brasileiro, preso em 1975, e que estava apanhando muito. Gaspari pediu:

— Se puder fazer alguma coisa por ele... está sofrendo muito. Em 1964 ele levou uma coronhada que lhe quebrou os dentes superiores da frente. Eu estou intercedendo pelos dentes de baixo.

Milton Coelho da Graça, em abril de 1975, estava na Suíça pela Editora Abril, em um curso de administração de empresas jornalísticas. Antes de retornar ao Brasil, foi até Londres, conhecer por dentro alguns jornais. Pelo telefone, soube que a repressão havia empastelado uma gráfica em Campo Grande, zona rural do Rio de Janeiro, onde era impresso o jornal *Notícias Censuradas*, do Partido Comunista Brasileiro, que ele próprio editava. Pensou em pedir asilo a algum país europeu e ficar por lá, pois vários documentos e papéis o ligavam ao jornal e ao Partidão. Mas pensou na família, não queria deixá-la para trás, e resolveu embarcar de volta.

Em seu segundo dia no Brasil, foi preso no momento em que saía de casa. Uma van com dois homens e o motorista o esperavam na rua. Dois deles o seguraram, um em cada braço, e Milton teve apenas tempo de dizer à mulher, Leda, que o levara até a porta:

— Avise ao *Estadão* e ao Elio Gaspari no *Jornal do Brasil*.

Milton passou trinta dias preso e foi barbaramente torturado pelo DOI--Codi na rua Tutoia, em São Paulo. Foi transferido, julgado e condenado pela Justiça Militar a seis meses de prisão. Hoje, Milton atribui a Elio o fato de não ter sido executado antes do julgamento.

Mas Golbery não conseguiu fazer nada por Orlando Bomfim, dirigente do PCB, que dera a Elio o primeiro emprego e era pai de sua colega de redação Beatriz Bomfim. O advogado mineiro, filho de jornalista, foi enviado ao Rio de Janeiro nos anos 1950 para fundar a imprensa do Partidão e a revista *Novos Rumos*. Chegou com a mulher, Sinésia, e três filhos, um deles Beatriz. Em 1975, o governo militar executou uma nova razia sobre o PCB, contra a vontade de Geisel. Em janeiro de 1976 foram presos e assassinados em São Paulo o jornalista Vladimir Herzog e o operário Manoel Fiel Filho, o que levou à demissão, por Geisel, do então comandante do II Exército, general Ednardo d'Ávila Mello, o que quase provocou uma crise militar.

Certo dia, Orlando Bomfim não voltou para casa. No dia seguinte, na redação do *Jornal do Brasil*, sua filha, já preocupada com o desaparecimento do pai, recebeu um telefonema anônimo: "Vá à ABI e procure um bom advogado". Àquela altura, a mulher de Orlando Bomfim, que era secretária de Nascimento Brito, estava também em desespero, porque sabia sempre de todos os passos do marido, mesmo os clandestinos, e não tinha notícias dele desde o dia anterior.

A ABI, por meio de seu presidente Prudente de Moraes Neto, designou--lhe o advogado Jansen Machado. E Prudente fez mais: foi a todos os ministérios militares, pediu audiências, publicou notas em jornais e encontrou-se com o general Reinaldo Mello de Almeida, comandante do I Exército, filho do ex-governador da Paraíba e escritor José Américo de Almeida, e um dos chefes militares que apoiavam a abertura política.

Beatriz e dona Sinésia pediram socorro também a Nascimento Brito, que ordenou a publicação pelo JB de uma nota dando conta de que Orlando Bomfim tinha prisão decretada pelo Ministério da Marinha. Era uma forma de tentar protegê-lo, jogando sobre a Marinha a responsabilidade pela sua vida, forçando o ministério a divulgar uma nota oficial ou a se manifestar de alguma forma. Não adiantou. A cada dia chegavam aos ouvidos de Beatriz notícias e boatos assustadores. Até que ela recebeu no JB o telefonema de dois jornalistas de São Paulo, um do *Estadão* e outro da *Folha*, garantindo-

-lhe que o pai havia sido assassinado sob tortura. Os comandos militares passaram a emitir notas oficiais negando a responsabilidade sobre a prisão e o desaparecimento de Orlando Bomfim. Alberto Dines publicou na *Folha de S.Paulo* um artigo avaliando que a mobilização geral, pelo menos, havia forçado as Forças Armadas a dar respostas públicas, o que já era um avanço. Como nenhuma notícia surgisse sobre Orlando Bomfim, Elio Gaspari teve a certeza de que era um dos casos em que o general Golbery não teve como intervir.

Orlando nunca foi encontrado nem sua família recebeu qualquer informação oficial sobre o que realmente aconteceu. Só em 18 de novembro de 1992 a *Veja* publicou uma reportagem esclarecendo as circunstâncias do assassinato. Era uma entrevista com o sargento Marival Chaves que, em uma espécie de catarse, narrava em detalhes várias prisões e assassinatos durante a ditadura. Segundo ele, Orlando Bomfim fora capturado na rua, em Vila Isabel, perto do zoológico, e levado imediatamente para São Paulo, onde recebeu uma injeção de um poderoso veneno usado para sacrificar cavalos acidentados. Depois de morto, Bomfim teve seu corpo esquartejado e atirado ao mar. Beatriz ainda teve a chance de se confrontar com o sargento, em 1992, e olhá-lo nos olhos, em uma tentativa de compreender como seres humanos foram capazes de tamanha brutalidade.

Inquieto, workaholic, consumidor voraz de livros dos mais variados assuntos e interessado em artes plásticas, Elio Gaspari era também um conversador incansável, dotado de um humor peculiar, até agressivo. Já na segunda metade dos anos 1980, por exemplo, Gaspari, então na *Veja*, e Delfim Netto entraram juntos em um elevador de um edifício em São Paulo. Com eles, uma senhora que, imediatamente, reconheceu Delfim. Sufocada pela inflação e pela crise do governo Sarney, ela elogiou o ex-ministro:

— Ah, doutor Delfim, que saudades do seu tempo de ministro. Tivemos o milagre econômico, e até no governo Figueiredo o senhor foi bem. A gente tinha mais confiança no governo.

Enquanto Delfim sorria, placidamente envaidecido, Elio Gaspari atacou:

— A senhora deve ter enlouquecido! Este homem quase destruiu o país, ele foi um verdadeiro desastre!

A velhinha abriu a boca, sinceramente chocada com o que ouvia. Delfim, dotado do mesmo tipo ácido de humor, limitou-se a dar sua típica gargalhada de boca fechada, que virou uma marca registrada, sacudindo os ombros com uma expressão cínica e debochada no rosto.

Walter Fontoura e Elio Gaspari formaram uma dupla afinada no comando do JB. Mais jovem, Elio ensinou e também aprendeu algumas lições com o colega e chefe na época. Entre elas, a que por mais poder que um jornalista tenha em um jornal, revista ou emissora de televisão, será sempre um funcionário. Nunca deve pensar que detém o mesmo poder que o patrão, que é um "igual". Não deve jamais frequentar os mesmos lugares que ele nem ouvir conversas estratégicas. Mas também não pode ser subserviente nem se deixar humilhar. Deve ter clareza dos papéis de cada um.

Elio seguiu à risca o manual quando, acompanhado do patrão, Nascimento Brito, foi visitar o ministro chefe da Casa Civil da presidência, Golbery do Couto e Silva, em junho de 1975, no Hospital dos Servidores do Estado. Golbery sofrera em abril um descolamento de retina e tivera uma úlcera perfurada, que o levaram à Clínica Barraquer, em Barcelona. Na volta, internou-se no HSE para completar o tratamento. Elio e Nascimento Brito iniciaram a conversa tratando do estado de saúde do general. Quando a conversa enveredou para política e Golbery se disse incomodado com artigos que Carlos Lacerda estava publicando no JB, Elio começou a cantarolar alto uma ária de ópera e retirou-se do quarto. Quando Golbery e Brito, em ocasiões diferentes, lhe perguntaram por que saíra do quarto, ele respondeu: "Era uma dessas conversas em que a testemunha sempre morre".

Logo depois da Revolução dos Cravos,[70] em um domingo, o então ministro da Justiça do governo Geisel, Armando Falcão,[71] ligou para Elio Gaspari, o que não chegava a ser nada surpreendente, afinal ele era uma fonte do jornalista. Naquele dia, porém, Falcão queria apenas conversar, xeretar e passar recados:

— O que temos aí de novidade no noticiário? — arriscou.

Elio falou da chegada ao Brasil dos salazaristas portugueses exilados, o presidente Américo Tomás e o primeiro-ministro Marcelo Caetano.

— Mas vocês não vão publicar isso. Está censurado! — respondeu Falcão.

— Ué, ministro, isso aí não está censurado. Não está no caderninho, ninguém comunicou oficialmente, não houve telefonema do agente de plantão.

— Está censurado — foi a resposta incisiva.

— Ministro, o senhor me dizer que está censurado não muda nada. Para mim, só está censurado o que está no caderninho.

— Bom, então eu lhe faço um apelo para não publicar, em nome da segurança nacional.

Elio esgrimiu:

— Ministro, eu acho que não vou poder atendê-lo. O senhor sabe que nossos conceitos sobre segurança nacional são muito diferentes.

Falcão insistiu, e Elio encerrou a conversa:

— O senhor ligou para conversar comigo. Agora quer transformar a conversa num telefonema do ministro para o jornalista, como um chefe da censura. Desculpe, mas só acatamos a censura que chega pelas vias formais, tem que rodar a maquininha.

— Então, considere o tema como censurado — ameaçou Falcão.

A conversa durou poucos segundos mais, e Elio desligou com um "Adeus, ministro". Nunca mais Falcão voltou a ligar. Nem Elio. Anos depois, Elio foi almoçar no Restaurante Rio's, no Aterro do Flamengo, com o então já ex-presidente Geisel, quando chegou Armando Falcão. Falcão cumprimentou a todos, começando por Geisel, e Elio manteve-se sentado. Foi repreendido por Geisel:

— Você tratou o Falcão com indiferença, foi grosseiro, o que é isso?

— Eu não, presidente. Grosseria ele fez comigo, ao telefonar como ministro para censurar o jornal.

— Mas, se ele ligou, deve ter sido por ordem minha.

— Ah, mas o senhor tem habeas corpus — respondeu Elio. E mudou de assunto.

Entre os conselhos que recebeu de Walter Fontoura ao chegar ao JB, além daquele de evitar os locais frequentados pelo patrão, uma outra recomendação era muito importante: como editor do Informe JB, uma coluna extremamente sensível, não deveria publicar nenhuma nota a pedido de amigos do patrão, ou sobre amigos dele, fossem quem fossem. Nem contra nem a favor. Se quisessem publicar algo no Informe, que ligassem diretamente para o chefe.

Outro ensinamento, este descoberto por experiência própria, era que nenhuma demissão deveria ser feita em uma sexta-feira. O fato se transformaria no assunto da praia durante todo o fim de semana, envenenando o ambiente da redação. A praia era a grande tribuna livre do Rio de Janeiro, onde tudo se comentava, se discutia, o local em que se construíam ou se destruíam reputações profissionais, sexuais ou políticas. Quando Gaspari estava no comando em qualquer jornal ou revista, o sistema era "Eliocêntrico". Ele teria poder de decisão sobre tudo, e a edição final seria da forma como ele entendia os fatos.

No JB, com o bom relacionamento que mantinha com Walter Fontoura, exerceu poder em vários setores do jornal — aqueles que o interessavam, claro. Os dois jantavam juntos uma vez por semana e analisavam, além do quadro político, a qualidade editorial do jornal, a equipe, o ambiente, o que estava dando certo ou errado. Elio tornou-se, assim, uma eminência parda, embora jamais tomasse decisões à revelia de Walter.

Elio orgulhava-se de ser uma enciclopédia. Em uma conversa casual no corredor da redação, por volta de 1976, Luís Orlando Carneiro lhe contou que ele e sua mulher, dona Branca, iriam viajar pela primeira vez para Florença. Elio sentou-se à máquina e escreveu de improviso, em cerca de meia hora, quatro laudas de 34 linhas cada uma com um guia completo da cidade, com a história, os museus e igrejas que mereciam ser visitados, restaurantes, lojas, informações sobre artistas e onde podiam ver suas obras. Um roteiro completo e perfeitamente utilizável até hoje, porque a cidade de Maquiavel, Da Vinci e Michelangelo praticamente não mudou em sua essência.

No período em que Elio pilotou a editoria de Política, o *Jornal do Brasil* esteve à frente de todos os concorrentes. Costumava telefonar para Golbery da própria sala, mas, quando era Golbery quem ligava, a telefonista transferia a ligação para uma mesa enorme no canto da redação da reportagem geral, que de 1974 até os anos 1980 era o único espaço aberto no sexto andar. Havia as mesas dos repórteres espalhadas simetricamente e aquela grande mesa ao fundo, em que se sentavam o chefe do copy, José Silveira, e o secretário de redação, Manoel Aristarcho Bezerra, o Maneco.

Gaspari ligava para Brasília sempre que farejava algum movimento do governo ou alteração nos humores de Geisel. E nunca recebeu sequer uma informação direta de sua principal fonte: o acordo tácito com Golbery era de que ele próprio falaria sobre o que achava que iria acontecer. Se estivesse certo, a resposta seria o silêncio. Se estivesse errado, Golbery negava. Quando queria transmitir alguma coisa, lançava apenas vestígios, pistas, até que o jornalista decifrasse.

Embora o editor de Política do JB fosse um dos principais interlocutores de Golbery e seu staff na grande imprensa, o *Jornal do Brasil* mantinha uma forte oposição ideológica ao governo Geisel, apontado como estatizante e nacionalista, voltado para um não alinhamento com os Estados Unidos, e ao apoio à independência das colônias portuguesas na África. Geisel mantinha boas relações com países socialistas, asiáticos e europeus, principalmente a Alemanha, e com o Iraque. O JB era contra tudo isso: era privatista, a favor de um alinhamento com os Estados Unidos, contrário à Petrobras e ao monopólio do petróleo e em defesa de um ideário absolutamente liberal na economia.

A independência do jornal e seu apoio à abertura política tornaram Elio visado pela linha dura — além disso, era um ex-militante do Partido Comunista. Certa vez, ligou para Golbery e iniciou uma das conversas que mantinham em estilo de enigma:

— Vamos estabelecer uma premissa para esta conversa, general. Eu não sou um imbecil. De acordo?

— Sim — disse Golbery —, podemos concordar nisso. Você não é um imbecil.

— Pois a Polícia Federal está querendo me dar um flagrante de porte de drogas. Então, temos o seguinte: ou eu uso ou não uso. Se uso, sou um imbecil e serei mais ainda se continuar usando, e o senhor mesmo já concordou comigo que não sou imbecil. Então, se me prenderem com droga, é fraude.

— Não se preocupe. Vou falar com o diretor da Polícia Federal [Moacir Coelho] e deixá-lo avisado.

— Não faça isso, por favor. É exatamente ele quem quer me aplicar o flagrante.

Golbery então passou-lhe alguns números de telefone e disse que, qualquer problema, ligasse e falasse com os coronéis tal e tal.

Quem tinha avisado a Elio sobre a intenção do coronel Moacir Coelho fora o amigo José Carlos de Andrade, irmão de Evandro Carlos de Andrade, e chefe da sucursal de *O Globo* em Brasília.

Além de chefiar a editoria de Política, Elio Gaspari era o responsável pelo Informe JB, um dos recantos mais nobres do jornal. Até o mais humilde repórter sabia que Nascimento Brito tinha três espaços que considerava estratégicos: a página de editoriais, o Informe JB e a coluna de Zózimo Barrozo do Amaral. Para fazer o Informe e conhecer a opinião do jornal sobre todos os assuntos, Elio frequentava a reunião diária dos editorialistas com Nascimento Brito. Mas foi na Política que ele fez a grande revolução.

Em 15 de março de 1974, por exemplo, quando Geisel assumiu e anunciou a distensão, a editoria de Política organizou o noticiário dando-lhe um rumo, uma forma orgânica, uma coerência e uma qualidade inéditas até então no jornalismo diário — a ponto de o colunista Carlos Castello Branco incomodar-se. Castelinho marcou um almoço com Elio e rumaram para o restaurante Adegão Português, em São Cristóvão. O colunista queria ponderar que o noticiário político do jornal muitas vezes seguia um rumo diferente daquele indicado pela Coluna do Castello. Era o tipo de divergência comum em grandes jornais, principalmente em tempos de ditadura, em que nada era claro e a interpretação dos fatos e as fontes de informação podiam ser diferentes. Castelinho também não estava habituado a uma editoria específica e organizada sobre a sua própria especialidade. Era uma novidade. Elio explicou tudo isso, disse que não havia intenção de concorrer com a coluna, e que só lia a Coluna do Castello depois que o jornal estava todo pronto.

Outro fato é que Elio nunca usou seus contatos com o governo em favor de reivindicações do JB, exceto em uma única ocasião: em 1978, perto do final do governo Geisel, quando Walter Fontoura lhe disse que Bernard Costa Campos queria que ambos intercedessem junto a Golbery para que o BNDES desengavetasse um financiamento para a importação da nova rotativa. O pedido já estava encaminhado, mas demorava.

Walter e Elio conversaram e concluíram que, se Geisel liberasse o financiamento, o governo Figueiredo começaria com ventos favoráveis para o jornal e suas relações com o governo. Se não liberasse, o processo se atrasaria, gerando um mal-estar. Pouco tempo depois, Elio recebeu um telefonema de Golbery:

— Aquele caso das máquinas do JB está resolvido nos termos que você propôs. Pode comunicar ao jornal.

— General, por que o senhor mesmo não telefona e avisa ao Brito? Seria simpático. Eu estou apenas lhe oferecendo uma ideia, sugerindo o que seria melhor, porque eu mesmo não tenho nada com isso.

— Eu não vou avisar nada — e mandou que Humberto Barreto fizesse a comunicação à direção do JB.

Pouco antes, o JB cometera um erro ao comprar sua nova rotativa a chumbo, quando os tempos eram de sistema off-set. Diz-se que Nascimento Brito perguntou, antes de tomar sua decisão: "Que tipo de máquina o *New York Times* usa?". Não foi advertido de que o jornal norte-americano enfrentava um poderosíssimo sindicato de gráficos, que lutava duramente para preservar os empregos no setor.[72] O jornalista Henrique Caban diz que Brito considerou o novo sistema muito complicado, e sentenciou que os operários da gráfica "nunca vão aprender a operar esse negócio".

Ainda que não plenamente, Elio conseguiu estabelecer certa oposição a alguns colaboradores e colunistas do próprio jornal. Um dos articulistas da página de Opinião era o embaixador J. O. de Meira Penna, ultraconservador, direitista, de grande cultura, que havia morado na Suíça em missão oficial e fora paciente de Carl Jung. Em 1977, Meira escreveu um artigo defendendo a tortura a presos políticos, que considerava um método legítimo de interrogatório. No dia seguinte, Elio Gaspari escreveu uma resposta no mesmo espaço e na mesma página, contestando duramente o articulista.

Outro conservador e privatista que passou a assinar artigos semanais foi J. C. de Macedo Soares. E, depois da Revolução dos Cravos, juntou-se a ele nas páginas de opinião um banqueiro português falido e expropriado, Antônio Champalimaud, que caíra em desgraça com o novo regime lusitano e tinha laços de amizade com Brito, Carlos Lacerda e o pessoal do Jockey Club. O JB assumiu cada vez mais uma postura liberal e privatista, contra a tendência estatizante de Geisel e sua política econômica protecionista e de substituição de importações por meio do Plano Nacional de Desenvolvimento. O JB intensificou também o apoio ostensivo aos regimes racistas da África do Sul e da então Rodésia (hoje Zimbábue), visível nos editoriais da época, e tornou-se cada vez mais contrário à política do governo Geisel, de apoio às ex-colônias portuguesas na África que se haviam tornado nações independentes, como Angola e Moçambique. A página anterior à de opinião era a dos editoriais. O boato corrente na redação era de que Nascimento Brito havia recebido a promessa do governo racista de tornar-se sócio de minas de diamantes na África do Sul.

Da mesa de reunião dos editorialistas, participavam Brito, Bernard Costa Campos, Wilson Figueiredo (coordenador), Luís Alberto Bahia, Noenio

Spinola, João Luís Farias Neto e um outro português, Joaquim Maria, mais anticomunista do que o próprio Nascimento Brito. Walter Fontoura e Elio Gaspari participavam como livre-atiradores; não tinham responsabilidade sobre o espaço de opinião, mas precisavam conhecer o pensamento do patrão sobre os assuntos do dia. Wilson Figueiredo sempre explicava aos colegas que, quando se tinha opinião diferente daquela do patrão, havia uma maneira estratégica de escrever: abrir defendendo as ideias do jornal e, ao longo do texto, mudar sutilmente o enfoque. Logo, Elio começou também a escrever editoriais, uns dois por semana.

Em uma reunião editorial, por volta de 1975, em meio à guerra civil de Angola, Nascimento Brito propôs:

— Vamos fazer um editorial contra o Movimento Popular de Libertação de Angola (MPLA), que tem o apoio de Cuba. Esses crioulos querem a comunização da África. Sei que o Elio Gaspari vai ser contra, mas vamos fazer assim mesmo.

Elio respondeu no mesmo tom:

— Doutor Brito, esses crioulos teimam em contrariá-lo. Eles não querem implantar regime comunista coisa nenhuma, querem é me intrigar com o senhor. Deixe que eu mesmo escrevo o editorial.

E fez, do jeito que Brito queria.

Nessas reuniões, ficava clara também a posição política de Brito em relação à política fluminense: o cardeal arcebispo do Rio de Janeiro, dom Eugênio Sales, próximo do jornal e da condessa, era intocável. Chagas Freitas era um grande aliado, um amigo querido e não se podia criticá-lo. E os inimigos de Chagas eram inimigos do jornal. Como o MDB do Rio de Janeiro era dividido entre "chaguistas" e "amaralistas" (ligados ao senador Ernani do Amaral Peixoto), os amaralistas, como Saturnino Braga, eram os inimigos.

TÁRIK E TINHORÃO

Uma das decisões de Walter Fontoura ao chegar à editoria Geral, em 1974, foi convidar José Ramos Tinhorão para assinar uma coluna sobre música popular, que seria publicada duas vezes por semana. Walter achava importante para o jornal um crítico polêmico, que não nadasse a favor da corrente, das "panelinhas" da MPB, que tivesse ideias próprias. Acreditava que o Caderno B ficaria mais vigoroso, mais denso. Quando informou ao amigo Isaac Piltcher sua ideia, ele torceu o nariz: "Tinhorão? Humpf... muito antigo, cheira a mofo. Precisamos de alguém mais moderno, que tenha mais a ver com a imagem do JB".

Mas Walter, que admirava o trabalho do crítico há muito tempo, resolveu bancar sua contratação. Em janeiro de 1974, J. Ramos Tinhorão começava sua segunda fase como colunista do *Jornal do Brasil* — e a mais polêmica. Na primeira conversa com Walter, Tinhorão expôs suas condições:

— Não aceito fazer uma coluna sobre música popular em geral e que inclua músicas estrangeiras. Eu só trabalho com música brasileira. Para falar de música estrangeira, vocês têm o Tarik de Souza, que gosta dessas coisas modernas e importadas.

— Mas, Tinhorão, eu quero contratar um crítico e você me vem com dois? Isso vai ficar muito caro.

Depois de pensar um pouco, Walter acabou aceitando a ideia e pôs os dois críticos semanalmente no Caderno B, em dias alternados. As gravadoras, que costumavam enviar seus lançamentos de LP ("long play", os velhos bolachões de 78 rotações por minuto, com doze músicas) para os críticos e colunistas dos jornais, perceberam o espírito da coisa e já faziam uma triagem: samba, folclore e música brasileira em geral para Tinhorão; músicas estrangeiras e modernas para Tárik. Tinhorão trabalhava em São Paulo, e Tárik de Souza dava expediente no Rio de Janeiro.

Em uma de suas primeiras colunas, Tinhorão escreveu sobre um ritmo paraense, o carimbó. Isaac Piltcher pegou o Caderno B e foi mostrar a Walter Fontoura: "Olha aí, eu não te disse? Quem aqui no Rio de Janeiro vai querer ler alguma coisa sobre carimbó?".[73]

Tinhorão sabia também que alguém muito poderoso no JB não gostava dele: o diretor Bernard Costa Campos. Mas Bernard não costumava se meter nas escolhas profissionais dos editores, e, além do mais, o colunista trabalhava na sucursal, não conviveria com ele.

A coluna seguinte, porém, além de surpreendente, foi um lance arriscado de Tinhorão: escreveu sobre o cantor e compositor Geraldo Vandré, que estava na França, em uma das etapas de seu exílio. Vandré era um dos nomes mais malditos pela ditadura brasileira, considerado um perigoso inimigo do regime desde que arrebatara a plateia do III Festival Internacional da Canção, em 1968, com a sua belíssima "Pra não dizer que não falei de flores" ou "Caminhando". A canção havia sido definida por Millôr Fernandes como A Marselhesa Brasileira, e o refrão ("Vem, vamos embora, que esperar não é saber/ Quem sabe faz a hora, não espera acontecer") foi interpretado pela esquerda e pelos militares como uma conclamação à luta armada contra o regime.

José Ramos Tinhorão admirava Geraldo Vandré, considerava-o um compositor de imenso talento, capaz de manter suas raízes nordestinas mesmo tendo passado a juventude no Rio de Janeiro e em ambiente universitário. Para burlar a censura e testar seus limites no JB, Tinhorão valeu-se de um estratagema: fez a crítica do LP *Das Terras de Benvirá*, gravado em 1970 na França, elogiando o regionalismo e as raízes preservadas por Vandré, ainda que vivesse exilado e sujeito ao mercado de discos. Acreditava o crítico que, ao enaltecer o nacionalismo do compositor, neutralizaria as restrições políticas dos militares e da censura a ele.

A coluna "Como entender o brasileiro Geraldo Vandré", para surpresa geral, foi publicada sem problemas no dia 22 de janeiro de 1974. O disco de Vandré foi praticamente ignorado pela crítica musical brasileira e pelas emissoras de rádio, certamente intimidadas pela ditadura. Tinhorão usou a dialética:

> Nas poucas e cautelosas críticas aparecidas na imprensa sobre o disco "Das Terras de Benvirá" [...] não apareceu até agora a menor referência a um fato que, no entanto, é da maior relevância para a avaliação não apenas da obra pessoal desse autor, mas do próprio processo de criação da música popular atual: a sua absoluta brasilidade.
>
> Na verdade, é admirável que um artista criador como Geraldo Vandré, tendo deixado o Brasil em 1968 em condições tão adversas, tenha conseguido vencer todos os ressentimentos políticos e ideológicos, e na hora mais amarga de sua existência ainda haja podido mostrar que, acima dos homens e das paixões, está o amor do artista à sua terra e ao seu povo.

Foi nesta fase que se instalou definitivamente a rixa dos grandes nomes da música brasileira com José Ramos Tinhorão. E ele parecia gostar da polêmica, inclusive com outros críticos musicais e acadêmicos. Tinha a certeza de que suas pesquisas respaldavam suas posições, mesmo que, às vezes, exageradas.

Com dois artigos por semana, ele aprofundou o debate, porque a função de crítico exigia que citasse nomes e comentasse os lançamentos. O produtor musical Hermínio Bello de Carvalho, por exemplo, resolveu gravar um disco pela Odeon em que a música principal era "Sei lá, Mangueira", de Paulinho da Viola. O título da crônica de Tinhorão foi "Hermínio Bello de Carvalho cantor? Sei lá...". E o texto demolia o cantor Hermínio, embora o elogiasse como produtor musical e compositor.

Com Tom Jobim a polêmica era antiga, dos anos 1960, quando em vários artigos Tinhorão dissera que a bossa nova era música norte-americana com roupagem brasileira. "A bossa nova é tão brasileira quanto os carros de fábricas estrangeiras apenas montados no Brasil."[74]

Um lead para um longo artigo na revista *Senhor*, em 1966, descrevia a bossa nova como uma filha bastarda:

> Filha de aventuras secretas de apartamento com a música norte-americana — que é, inegavelmente, sua mãe — a bossa nova, no que se refere à paternidade, vive até hoje o mesmo drama de tantas crianças de Copacabana, o bairro em que nasceu: não sabe ao certo quem é o pai.

E completa a abertura dizendo que o pai da novidade seria um "João de Nada", e a mãe, "uma Maria Ninguém", parodiando uma canção de Carlos Lyra.

Tom Jobim lançou *Águas de março* em 1972, um compacto simples (duas músicas apenas) que veio encartado no semanário *O Pasquim*, e que tinha do outro lado um cantor e compositor estreante, João Bosco, com "Agnus sei". A música de João Bosco fez tanto sucesso que praticamente ofuscou "Águas de março". Esta só explodiu mesmo em agosto de 1974, como uma das faixas do LP *Tom & Elis*, um disco de reconciliação (os dois gênios estavam brigados há alguns anos), que fez enorme sucesso e em que Elis e Tom interpretavam juntos a canção.

Tinhorão disse que "Águas de março" era plágio de uma canção do folclore paulista chamada "Água do céu", gravada em 1956 pela Copacabana no disco *Cinco estrelas apresentam Inara*, interpretada por Lenny Eversong, uma cantora brasileira de grande sucesso nos Estados Unidos nos anos 1950. "É chuva de Deus, é chuva abençoada/ É água divina, é alma lavada", dizia o primeiro verso. E essa versão já teria sido adaptada de um ponto de macumba recolhido em 1933 por J. B. de Carvalho: "É pau, é pedra, é seixo miúdo/ Roda baiana, por cima de tudo". As opiniões de Tinhorão rendiam grandes debates, em que ele geralmente ficava em minoria. "Era natural, os cantores e compositores brasileiros da época estavam em evidência, no auge do sucesso, todos gostavam deles, o país estava em uma ditadura, eles eram censurados, todos eram solidários a eles", diz Tinhorão quarenta anos depois.[75]

A polêmica entre Tom e Tinhorão era tema de conversas entre jornalistas, músicos e rendia artigos, com muitos toques de humor. Certa vez, Tom Jobim disse que, em sua casa no Jardim Botânico, mantinha um vaso com mudas de tinhorão. "Todo dia de manhã dou uma mijada em cima", dizia. Chico Buarque também se irritou com algumas colunas e comentou: "Um dia ainda vou dar um pau nesse Tinhorão, se me encontrar com ele".

Ao comentar a parceria João Bosco e Aldir Blanc, Tinhorão escreveu no JB que o bom da dupla era o letrista, Aldir Blanc. Mesmo assim, recebeu uma estocada do próprio Aldir em "Querelas do Brasil", parceria com Maurício Tapajós e gravada por Elis Regina: "...tinhorão, urutu, sucuri; o Jobim, sabiá, bem-te-vi...". Apesar do ataque a Tinhorão, comparado a um animal peçonhento, a irônica letra de Aldir concorda inteiramente com a teoria do crítico de que a música e a cultura brasileiras são desvirtuadas pela cultura importada. Hoje, Aldir atenuou bastante sua visão sobre José Ramos Tinhorão, a quem respeita como pesquisador.

Ernesto Geisel acabou com a censura prévia nos jornais, mas os editores sabiam que a maré ainda não estava para peixe. Por isso, era comum a autocensura. E dois artigos de Tinhorão para o Caderno B foram vetados pelo editor Humberto Vasconcellos, justamente por precaução. Um deles era uma análise da peça *Calabar*, de Ruy Guerra e Chico Buarque, e sua belíssima trilha sonora, composta por Chico. Tinhorão elogiava a qualidade artística tanto da peça quanto das canções, que incluíam joias como "Bárbara", "Ana de Amsterdam". Como a peça estava proibida e traição era um tema vetado pelos militares, a autocensura prevaleceu e o artigo não foi publicado. A outra coluna analisava o papel a que os artistas negros, por mais talentosos que fossem, tinham que se submeter para ser aceitos pelo sistema. O racismo era um tema proibido pela ditadura, que defendia a tese de que o Brasil não tinha esse problema. O título era "Por que artista crioulo tem sempre que ser engraçado?" e seria publicada em 29 de agosto de 1974:

> Estabelecida a convenção, artista negro ou mestiço de camada popular, para chegar ao sucesso, precisou necessariamente ser engraçado, tocar seus instrumentos fazendo piruetas ou cantar rindo (Originais do Samba, Jair Rodrigues, Martinho da Vila etc.), enquanto o de camada média tinha também que aderir à ala marginal dos brancos de classe A, ou seja, aos colares, camisas de padrão pop, camisolões e bonezinhos (Jorge Ben, Macalé, Gilberto Gil, Milton Nascimento etc.).

José Ramos Tinhorão manteve sua coluna no Caderno B até 1982, quando houve um passaralho que reduziu o número de funcionários — avaliou-se que sua contribuição não era mais necessária. Mas, ainda bem, todos os seus artigos e ensaios estão publicados em livros.

MARCOS SÁ CORRÊA E A OPERAÇÃO BROTHER SAM

Com Elio Gaspari, chegou ao *Jornal do Brasil*, procedente também da *Veja*, o jovem repórter especial Marcos Sá Corrêa, filho do veterano Villas-Bôas Corrêa, um dos velhos mestres do jornalismo político. Carioca, Marcos aportou no JB com 26 anos e um aspecto zen, asséptico, que em nada se parecia com o de seus colegas jornalistas da mesma idade, agitados e desalinhados. Com o nó da gravata sempre corretamente ajustado, ternos bem cortados, camisas e colarinhos branquíssimos e bem passados, cabelos lisos caprichosamente penteados para o lado, óculos de armação grossa, Marcos falava baixo e tinha um ar de jovem executivo, com olhos puxados como os de um japonês.

Formou-se em História pela Universidade Santa Úrsula, nas Laranjeiras, e a principal razão da escolha do curso foi a namorada, com quem se casou. Com menos de vinte anos, conseguiu um estágio de fotógrafo no *Jornal do Brasil* e, por acaso, bateu umas fotos com livros voando por causa de uma ventania na Feira do Livro instalada na Cinelândia. Estava ali por acaso, porque a pauta que lhe coubera havia furado — fotografar um senador no Palácio

Monroe. Para sua surpresa, as fotos foram publicadas na primeira página do JB e atribuídas a seu pai, Villas-Bôas Corrêa. Mas acabou na Editora Abril ao ser aprovado em um concurso para escolher a primeira equipe da *Veja*.

Elio já tinha ouvido falar em movimentação de tropas norte-americanas no litoral brasileiro em 1964, e em uma entrevista de Carlos Lacerda ao jornalista William Buckley um marinheiro que estava na plateia do programa declarou que estivera a bordo de um navio de guerra deslocado para o Brasil em 1964, em data próxima à do golpe. Marcos Sá Corrêa já lera algo sobre isso em um artigo do brasilianista John Foster Dulles, filho do ex-secretário de Estado de mesmo nome que atuou no governo Eisenhower. Também ouvira sobre o assunto de fontes militares, mas nada era conclusivo. Havia apenas indícios, que estimulavam a busca de provas.

Elio e Marcos aproximaram-se do capitão de mar e guerra reformado Paulo Castello Branco, filho do primeiro presidente do regime militar, o marechal Humberto de Alencar Castello Branco, que tinha um armário cheio de documentos herdados do pai, que gostava de escrever e tomar notas. Paulo Castello Branco aceitou ajudar os dois jornalistas a vasculhá-los, em busca de informações importantes, pois Marcos iria preparar uma matéria sobre esses arquivos. Paulo mostrou a Elio e a Marcos um telegrama de 1964, assinado por Vernon Walters, adido militar norte-americano no Brasil, em que uma sigla no cabeçalho indicava a presença de uma força naval nas proximidades da costa brasileira. Em uma tarde de junho de 1976, Paulo Castello Branco deu a Marcos uma informação importante: estivera com John Foster Dulles e soubera que o governo dos Estados Unidos, cumprindo uma determinação legal, iria liberar documentos importantes, que poderiam mencionar algo sobre a participação norte-americana no golpe de 1964.

Os documentos estariam na Biblioteca Lyndon Johnson, em Austin, no Texas. Elio propôs a Marcos: "Vá a Austin agora no fim de novembro dar uma olhada nesses documentos e ver o que se consegue". Como nada era informatizado, a busca era um processo cansativo, papel por papel. Marcos teve a atenção despertada por um nome em código — Operação Brother Sam —, e logo percebeu que todos os documentos que mencionavam esse nome vinham marcados com uma tarja azul. Eram telegramas internos do governo. Com essa pista, recomeçou a busca, puxando e separando todos os papéis com essa tarja, o que lhe facilitou o trabalho.

312

Ao todo, foram quase trezentas folhas de documentos, devidamente copiados em xerox. Logo na primeira noite, Marcos ligou para Elio Gaspari e conversou em código, excitado com o material, e com uma palavra-chave: "porta-aviões". Quando dois dias depois terminou a colheita, Elio lhe recomendou, sempre por telefone, que tirasse cópias de todas as cópias e as deixasse na casa da correspondente do *Jornal do Brasil* em Nova York, Beatriz Schiller. O voo de volta previa uma escala na Big Apple e Elio temia que, ao desembarcar, a ditadura detivesse Marcos e apreendesse o material.

Quando desembarcou, Marcos Sá Corrêa estava tão excitado que, em vez de passar em casa, foi direto do aeroporto do Galeão ao JB, ainda com a mala da viagem. Elio o levou a Walter Fontoura e, da sala do editor, foram direto à de Nascimento Brito, no nono andar. Era dinamite pura, e só o dono do jornal poderia autorizar a publicação. Brito, que nunca havia estado com Marcos, perguntou:

— Você roubou esse material?

O repórter respondeu que não, e contou como chegara a tudo aquilo.

— Então, pode publicar — disse Brito.

Elio e Marcos cuidaram de produzir, redigir e editar a reportagem, o que aconteceu depois de quatro dias. Feito o trabalho e despachado para a gráfica, os dois foram jantar em Ipanema, preocupados, com a sensação de que a coisa toda iria vazar e que o jornal seria apreendido pela censura antes de chegar às bancas. Terminaram de jantar e não resistiram: retornaram à avenida Brasil a fim de pegar alguns exemplares como garantia.[76]

A reportagem foi publicada no dia 19 de dezembro de 1976 com o título "Operação Brother Sam — 1964 visto, anotado e comentado pela Casa Branca". O conteúdo revela boa parte da participação dos Estados Unidos no golpe militar de 1964, da extensão da espionagem norte-americana no Brasil e da interação que havia do governo dos Estados Unidos com os conspiradores, militares brasileiros e até diplomatas como Roberto Campos, então embaixador em Washington. A reportagem revelou que no dia 20 de março, véspera do início do golpe, os Estados Unidos sabiam de cada passo da movimentação militar. E há uma prova da esperteza do governador de Minas Gerais, Magalhães Pinto, que iniciara a movimentação com a sua Polícia Militar e um secretariado com nível de ministério.

O cônsul norte-americano transcreveu e enviou uma longa conversa com Magalhães, e não há uma só frase ou informação que comprometa ou envolva o governador com a participação norte-americana. A reportagem conta que o embaixador Roberto Campos se havia desligado do posto alguns meses antes e informara ao governo dos Estados Unidos que viria para "a iniciativa privada". Mas aceitou depois ser um dos estrategistas do programa econômico de Castello Branco.

A Operação Brother Sam mobilizou boa parte da Frota do Caribe, liderada por um porta-aviões Forrestal e um outro de menor porte, seis destróieres, um encouraçado, vários navios de transporte de tropas abarrotados de fuzileiros navais, navios de transporte de helicópteros, petroleiros com mais de 130 mil barris de combustível, 25 aviões B-135 para transporte de material bélico, cem toneladas de armas leves e munição e uma esquadrilha de aviões de caça. A frota chegou à altura do Espírito Santo em 3 de abril, quando ficou claro que a situação estava sob controle e que não haveria necessidade de intervenção. O aparato foi então reenviado para o mar do Caribe. O presidente João Goulart soube da possibilidade da operação por meio de San Tiago Dantas, resolveu evitar a guerra civil e exilou-se no Uruguai. O embaixador Lincoln Gordon disse que a movimentação da frota era apenas "um exercício militar de rotina", e só mais tarde reconheceu que era mesmo a Frota do Caribe.

Eis parte do início da reportagem:

Na tarde de 30 de março de 1964, duas mensagens alteraram a rotina das comunicações entre a subsecretaria do Departamento de Estado em Washington e o serviço diplomático norte-americano no Brasil. A primeira era especial para a Embaixada, então funcionando no Rio de Janeiro, e dizia: de modo a apressar a distribuição a todas as agências interessadas e a eliminar a necessidade de retransmissões, pede-se que até segunda ordem vocês incluam a Casa Branca, o OSD, o JCS, o Cincsouth e a CIA entre os destinatários de todos os telegramas referentes a matérias relevantes.

A segunda mensagem foi recebida por todos os consulados e pelo escalão avançado da embaixada em Brasília. Era um alerta: Informem diretamente a Washington e repitam para a Embaixada todos os desenvolvimentos significativos em relação à resistência militar ou política ao regime de Goulart. Todos os postos devem manter um alerta de 24 horas para estes acontecimentos.

Com esses dois breves avisos, o governo dos Estados Unidos pôde montar à véspera da deflagração do movimento um plantão que lhe permitiu acompanhar, passo a passo, hora a hora em muitos casos, toda a Revolução de 1964, da partida do general Mourão Filho em Minas Gerais à chegada do presidente deposto João Goulart ao Uruguai.

O sucesso foi absoluto, mas pelo menos um político não gostou do que leu.

Uma das pessoas que mais se queixaram comigo foi o Tancredo Neves, porque tinha umas fichas da CIA dizendo quem era quem no Brasil, e publicamos tudo. O Tancredo ligou dizendo "Você acabou comigo", porque a ficha dele dizia que era desonesto. Eu me dava com o Tancredo. Ele ficou magoado e dizia: "Mas como é que você publica um negócio que diz que eu sou desonesto?" E eu respondia: "Como eu vou censurar a CIA?".[77]

Do governo militar, porém, ninguém se manifestou.

NADANDO A FAVOR... E CONTRA A MARÉ

Com o avanço da abertura, algumas manifestações começaram a surgir no ambiente estudantil. Em uma semana de 1977, por exemplo, os estudantes da Universidade Federal do Rio de Janeiro se organizaram para protestar contra um aumento nos preços do bandejão. O assunto acabou virando notícia, porque todos os atos de protesto, até mesmo desse tipo, eram proibidos e perigosos.

Na reunião de editorialistas do JB, a proposta de um editorial sobre o tema foi debatida. Como noticiar e que posição adotar? A reunião acontecia em uma enorme mesa redonda de madeira clara, em uma sala do nono andar, e as intervenções eram feitas no sentido horário, a partir dos temas propostos por Nascimento Brito. Brito pôs em votação:

— Quem é contra o aumento e a favor da manifestação, fique como está. Quem é a favor do aumento e contra a manifestação, levante a mão.

Todos ergueram o braço, e Elio atacou:

— Quem aqui nunca comeu em bandejão subsidiado, que levante a mão.

Ninguém levantou, e Elio prosseguiu:

— Todo mundo aqui já comeu em bandejão e reclamou do preço. Agora que são editorialistas do JB e ganham bem, todos são contra.

O editorial não saiu e a proposta morreu.

Por preguiça, ideologia e bajulação, o português Joaquim Maria sempre propunha editoriais anticomunistas, na linha do discurso do governo militar. Tanto sobre temas nacionais como sobre política internacional. Uma vez, irritado, Brito encerrou um debate sobre o tema: "Não quero mais saber de editoriais anticomunistas só pra me agradar".

O JB divergia da tendência estatizante do governo Geisel, mas o noticiário político, conduzido por Walter Fontoura e Elio Gaspari, apoiava notoriamente a abertura do regime. Walter e Elio sabiam exatamente até que ponto podiam avançar, e em nenhum momento sofreram restrições ou recomendações do patrão.

Depois de dois meses de governo Geisel, em maio de 1974, morreu o ministro do Exército, general Vicente de Paulo Dale Coutinho, próximo de Geisel e do grupo militar pró-abertura. O general-presidente nomeou então para o cargo o comandante do Estado-Maior do Exército, Sylvio Frota, ligado à linha dura, oposta aos castelistas da Sorbonne, como eram chamados os militares mais intelectualizados alinhados com Geisel, a favor da abertura. Um amigo comum, o empresário Armando Daudt de Oliveira, aproximou Nascimento Brito de Sylvio Frota. As boas conexões de Brito com o governo Médici, com os então ministros Delfim Netto e Leitão de Abreu, apontavam para alguma turbulência do JB com a era Geisel. Todo o processo conspiratório de Frota contra Geisel, à medida que avançava a chamada "abertura lenta, gradual e segura", foi acompanhado de perto por Brito, que esperava alguma vantagem em um eventual sucesso golpista, ou no caso de Frota suceder a Geisel. Nascimento Brito chegou a frequentar a casa de Sylvio Frota no bairro do Grajaú, no Rio de Janeiro.

Frota tinha um típico apartamento de classe média, em um bairro de classe média, em um prédio sem qualquer luxo e que sequer tinha elevador ou garagem. No auge da crise entre Geisel e o seu ministro do Exército, antes da demissão, Nascimento Brito e a mulher, Leda, foram jantar um sábado à noite na casa de Frota, logo depois da queda do comandante do II Exército,

Ednardo d'Ávila Mello — Geisel fulminou Ednardo em 19 de janeiro de 1976 por causa dos assassinatos nos porões do jornalista Vladimir Herzog e do operário Manoel Fiel Filho. Na manhã seguinte ao jantar com Frota, como sempre fazia aos domingos, Brito recebeu os filhos em casa para o almoço. Em tom de galhofa, disse às filhas, na beira da piscina: "Nada de biquíni ou maiô ousado. A mulher do general Frota acha isso uma indecência, um absurdo. Vou proibir aqui em casa também".[78]

Elio Gaspari acredita que Frota não pretendia dar um golpe. Seu objetivo era enquadrar Geisel em um conselho de ministros militares e estancar a abertura. O ministro do Exército disse em seu livro de memórias, *Os ideais traídos*, que Ernesto Geisel, como todos os presidentes militares, era um delegado das Forças Armadas na presidência, mas não se comportava como tal. Na verdade, segundo Frota, Geisel invertia os papéis: usava os ministros militares como delegados dele próprio junto às Forças Armadas.

Para o ministro do Exército, Geisel, como todos do período militar, era um presidente cujo poder emanava das Forças Armadas, e a elas deveria submeter-se, e não o contrário. Armando Daudt de Oliveira, ao aproximar Nascimento Brito de Sylvio Frota, contava que o ministro do Exército se tornaria presidente da República, e que Brito seria o seu ministro das Relações Exteriores. Brito sabia disso e enamorou-se da ideia. Mas em nenhum momento procurou direcionar o *Jornal do Brasil* para o apoio ostensivo a Sylvio Frota, sequer enquadrou seus editores. Deixava os cavalos da sucessão correrem na pista, e ficaria com o vencedor. Uma consulta à coleção dos exemplares do JB da época não vai encontrar vestígios de influência de Sylvio Frota ou da ultradireita no JB. Nem mesmo nos editoriais. É um mérito de Nascimento Brito: sempre buscou influência junto aos governos, mas sempre deu liberdade a seus editores. Jamais tornou o JB submisso a correntes políticas ou militares. Dizia que o jornal era um diário liberal, católico, a favor do livre mercado, e internamente proibia apenas ataques a Chagas Freitas e ao cardeal dom Eugênio Salles. O engajamento político ocorreria apenas na sucessão de Figueiredo e de Sarney.

Quando o governo decidiu aplicar uma devassa fiscal no *Jornal do Brasil* a fim de apurar a origem do dinheiro usado na construção da nova sede e no projeto da televisão, entrou em ação o homem certo para esse tipo de crise: Bernard Costa Campos. Recebido pelo ministro da Fazenda, Mario Henrique Simonsen, o diretor do JB avisou: se vocês meterem a Receita Federal no jornal, nós vamos meter o jornal em cima de vocês. E a situação foi temporariamente contornada.

Em março de 1977, o presidente Geisel havia elaborado um projeto de reforma da magistratura que desagradava imensamente ao Poder Judiciário e não tinha o apoio do Congresso Nacional. O monstrengo viria por Proposta de Emenda à Constituição (PEC), o que exigia o quórum qualificado de dois terços do Congresso Nacional — Câmara e Senado, em votações separadas e em dois turnos cada uma. A Arena, o partido oficial, não tinha parlamentares em número suficiente para garantir a aprovação. Portanto, era necessário capturar votos no MDB.

No final de março, porém, o partido de oposição "fechou questão". Regimentalmente, significava que nenhum de seus parlamentares poderia votar contra a proposta do governo. Era o pretexto que Geisel procurava para impedir que o MDB fizesse maioria no Senado nas eleições seguintes. Se o MDB se tornasse majoritário, o governo teria problemas para eleger o sucessor do presidente da República nas eleições indiretas. E, mesmo que o elegesse, teria que governar com minoria no Senado.

Elio recebeu então, na bancada de José Silveira, no copidesque, uma ligação de Golbery. O general conduziu a conversa de forma vaga e o editor de Política percebeu que alguma coisa grave estava a caminho. Mas não esperava que a fonte lhe antecipasse abertamente o que faria o governo. Então, como de costume, e de acordo com o pacto entre eles, lançou a rede:

— E agora?

— Vamos fechar o Congresso.

— Quando?

— Nas próximas 48 horas.

Foi uma das raras conversas não cifradas que tiveram. Assim, o JB saiu sozinho com a manchete: "MDB fecha questão e governo fecha o Congresso". Durante os treze dias de fechamento do Congresso, Geisel editou o que seria chamado de Pacote de Abril,[79] que, em resumo, garantia ao governo a supremacia de seu partido, a Arena, nas eleições e votações. No dia 11 de outubro de 1977, Elio pediu uma audiência a Golbery. Tinha informações de que a crise entre o ministro do Exército, Sylvio Frota, e o presidente Ernesto Geisel era grave, deveria ter um breve desfecho, e seria melhor uma conversa ao vivo sobre o assunto. Isso porque em um almoço com o então senador José Sarney, presidente da Arena, Walter Fontoura e Elio tinham ouvido: "Um dos dois vai ter que sair. Geisel ou Frota". Golbery descartou a audiência e Elio farejou o desfecho:

— General, na última vez que o senhor me disse isso, o Severo Gomes foi demitido.[80]

Enigmático, Golbery respondeu:

— Qualquer semelhança é mera coincidência.

— Então é como nos filmes de Hollywood: The End.

— Pois é, amanhã é feriado, 12 de outubro...

E a conversa parou ali.

Elio desligou o telefone, passou por um dos editores no corredor e comentou, excitado, quase gritando:

— O Geisel vai demitir o Frota amanhã.

O outro o olhou surpreso e perguntou:

— Como é que você sabe?

Elio contou o diálogo que teve com Golbery, e o outro entendeu menos ainda.

De noite, Gaspari recebeu para jantar um amigo inglês que acompanhava a política brasileira, o jornalista Hugh O'Shaughnessy, do *Financial Times*, e lhe comunicou a queda de Frota. Já tinham bebido bastante uísque, e o inglês, fleumático, perguntou:

— E o que vai acontecer nas Forças Armadas e no país?

— Não vai acontecer absolutamente nada.

Quando saiu do Palácio do Planalto demitido por Geisel, o general Sylvio Frota foi ao quartel-general do Exército, no Forte Apache, e telefonou para Nascimento Brito, que jogava tênis na quadra de sua casa. Brito correu para a sala, atendeu o telefone ainda esbaforido e ouviu a notícia da boca do próprio já ex-ministro do Exército. No dia seguinte, contou a história na reunião dos editorialistas, e disse que teve a impressão de que Frota esperava que ele lançasse uma edição extra do JB sobre a demissão.

DORRIT NO COMANDO DA INTERNACIONAL

A situação financeira do *Jornal do Brasil* começou a se agravar em 1974. As despesas com as tentativas de viabilizar os canais de televisão eram enormes, as penhoras da nova sede se sucediam, assim como os empréstimos bancários. Os cortes de pessoal passaram a ser anuais. Nada disso, porém, intimidava Nascimento Brito, que aceitou a ideia do novo editor-geral de aumentar ainda mais a rede de correspondentes internacionais. Walter Fontoura recebera do então senador José Sarney (líder da Arena no Senado) a sugestão de plantar correspondentes nas principais capitais do mundo. Seriam os "embaixadores" de Nascimento Brito, que sonhara em ser chanceler.

Sarney seria um provável desafeto do jornal, porque tinha sido demitido por Alberto Dines cerca de dez anos antes. Mas considerava-se ainda um jornalista, e com "ligações afetivas e profissionais com o JB", segundo explicou ao amigo Walter Fontoura. Quando morava em Nova York e trabalhava no escritório do Instituto Brasileiro do Café, Walter cobriu uma Assembleia Geral da ONU e sentiu dificuldades para saber exatamente o que queria *O Jornal*, órgão dos Diários Associados, veículo para o qual trabalhava — não tinha ideia, por exemplo, do conteúdo do material enviado pelas agências de notícias, o que provocava repetições. Pensou, então, que seria importante alguém na redação que orientasse o trabalho dos correspondentes, para que não ficassem "no escuro". Era necessária uma visão brasileira do que ocorria em cada país.

Depois de conversar com Nascimento Brito, Walter resolveu contratar a jornalista Dorrit Harrazim, que estava na *Veja*, para coordenar os correspondentes internacionais. Ela faria a eles relatos sobre a situação do país, iria ajudá-los a dar ao trabalho um olhar brasileiro, trocaria com todos, diariamente, ideias de pauta via telex, encaminharia pedidos de todas as editorias do jornal, da Internacional, da Cultura, dos Esportes, principalmente. Dorrit hesitou em trocar São Paulo pelo Rio de Janeiro, mas já vivia uma relação estável com Elio Gaspari e gostou do projeto.

Dorrit Harrazim nasceu no final da Segunda Guerra Mundial na antiga Iugoslávia, em Zagreb, capital do que hoje é a Croácia. Veio para o Brasil em 1948, aos cinco anos, um ano antes da chegada do futuro marido, Elio Gaspari. Veio com os pais e dois irmãos. Na longa viagem de navio, ficou impressionada quando, em uma brincadeira de crianças, foi à cozinha e lá viu, pela primeira vez na vida, um homem negro. Correu para chamar o irmão e dividir com ele a surpresa. Conhecia apenas a guerra em um país fechado e conflagrado, e não imaginava que houvesse no mundo diversidade étnica.

A família Harrazim passou os quatro primeiros dias na ilha das Flores, na baía de Guanabara, em uma triagem obrigatória para imigrantes que chegavam por via marítima. Ali eram examinadas desde as condições de saúde dos que chegavam até a vida pregressa, os motivos da imigração e antecedentes, tal como era feito nos Estados Unidos. O pai de Dorrit era engenheiro civil e não teve a menor dificuldade para arranjar emprego. O Brasil começava seu processo de industrialização, e o tipo de mão de obra qualificada que ele representava era precioso. Foram primeiro para Belo Horizonte, passaram depois uma temporada em São Paulo, até que uma oferta de emprego levou a família para Porto Alegre, onde a adolescente Dorrit começou a estudar Letras no fim dos anos 1950.

Insatisfeita com o curso, embarcou para a Europa em um cargueiro, custeada pelos pais. Estudou na Universidade de Heidelberg, na Alemanha, e mudou-se em seguida para Paris, onde começou um curso também de Linguística na Sorbonne, ao mesmo tempo que trabalhava como secretária na Aliança Francesa. Eram tempos de guerra fria e de grande agitação política, típicas do final dos anos 1960. Como namorava um italiano militante da extrema esquerda, também acabou fichada como comunista. A Aliança Francesa sofreu pressões para demiti-la e ela foi parar no Departamento de Pesquisa do semanário *L'Express*. Começava ali a carreira de jornalista.

Um dia, sabendo que ela era meio brasileira, portanto fluente em português, o proprietário da revista, Jean-Jacques Servan-Schreiber, um parlamentar socialista, defensor da independência de todas as colônias francesas e opositor de Charles De Gaulle, chamou-a para apresentar-lhe três brasileiros que estavam ali para aprender sobre o funcionamento de uma revista semanal. Eram Roberto Civita, Mino Carta e José Roberto Guzzo, que se preparavam para lançar a *Veja*. Já haviam visitado *Der Spiegel*, na Alemanha, e iam ainda à *Time* e à *Newsweek*. Ao fim, convidaram-na para trabalhar na *Veja*.

Como continuasse a ser importunada pela Sûrete, a polícia francesa, por sua suposta ligação com a ultraesquerda, Dorrit resolveu aceitar o emprego no Brasil. Era hora de mudar de ares, sair de um ambiente político repressivo, pensou. Mal sabia ela que chegaria ao Brasil às vésperas do Ato Institucional nº 5, assinado em 13 de dezembro de 1968.

Quando Mino Carta foi demitido e José Roberto Guzzo assumiu com Sérgio Pompeu o cargo de editor-chefe, Dorrit já havia passado de redatora a editora de Internacional. Quando Walter assumiu o JB, quis trazer também Dorrit, mas ela resistiu. Sua dúvida principal era em relação à própria carreira. Não queria dar a impressão de que o convite se dera por causa de Elio; ela fazia questão de desenvolver uma carreira solo, um perfil profissional próprio, respeitado e independente. E estava satisfeita na *Veja*; navegava em águas que dominava e de que gostava, sempre fora perfeccionista e estudiosa.

Além disso, resistia um pouco a morar no Rio de Janeiro, que não conhecia mas do qual não tinha boa impressão. Afinal, seu único encontro com a cidade havia sido em sua passagem pela ilha das Flores. Acabou aceitando, porém, e foi transformada por Walter Fontoura em coordenadora dos correspondentes internacionais, um cargo praticamente inexistente no jornalismo brasileiro. Logo que chegou, buscou conversar com cada um deles: Araújo Neto, em Roma; Jaime Dantas, em Buenos Aires; Annie Bourrier e Arlete Chabrol, em Paris; Beatriz Schiller, em Nova York; Silio Boccanera, em Washington; Robert Derwell Evans, em Londres; Nahum Sirotsky, em Israel; Anilde Werneck, em Tóquio. Walter lhe comunicou que o JB queria uma rede de correspondentes nas principais cidades do mundo e arcaria com os custos, mesmo com uma crise econômica, energética e cambial batendo às portas do país e com o jornal em pleno ciclo de endividamento externo e interno. Brito se orgulhava do seu "Itamaraty particular", e considerava os correspondentes seus "representantes diplomáticos" no exterior.

Quando Alberto Dines foi demitido e Walter Fontoura assumiu, em 1974, a editoria Internacional passou por uma série de mudanças. Jaime Dantas, correspondente em Buenos Aires, morreu de enfarte em 1975, e a editora interina da Internacional, Clecy Ribeiro, ficaria no cargo até o fim do ano. Ao notar que poderia ser demitida se não aceitasse o convite para ser correspondente na Argentina, resolveu embarcar para Buenos Aires. Mas logo viu que não poderia continuar fora do Brasil, pois sua mãe necessitava de cuidados. Retornou e, como esperava, foi demitida. Renato Machado, que era copidesque, assumiu então a Internacional, e o redator Aloizio Machado foi enviado para cobrir o início de um novo e sangrento ciclo militar na Argentina, com a derrubada de María Estela Martínez de Perón, a Isabelita, viúva e vice-presidente, empossada no lugar do marido morto.

Dorrit escolheu o jovem William Waack para correspondente em Berlim, e aceitou José Antônio Nascimento Brito, o Jôsa, em Washington, com Silio Boccanera deslocando-se para Los Angeles. O libanês/brasileiro/italiano Alessandro Porro, que era judeu, foi para Israel, em lugar de Nahum Sirotsky. O ex-editor de Economia Noenio Spinola, que tinha ainda grande prestígio com Brito e era amigo de Walter Fontoura, sentia-se em uma espécie de ostracismo e pediu a Walter e a Dorrit para ser enviado a Washington como correspondente, o que aconteceu em 1977, quando se juntou a Jôsa.

Certamente o momento mais traumático da passagem de Dorrit pelo JB foi a demissão de Humberto Borges, que se instalara em Madri como correspondente depois de se casar com Maria Teresa, filha de Nascimento Brito. Borges era considerado um excelente repórter, de texto criativo, aquele tipo de profissional que o JB sempre manteve e que era do agrado de Carlos Lemos, na linha de Mário Lúcio Franklin e Carlos Rangel, todos com um pé na ficção. Certa vez, Borges convenceu a chefia de reportagem de que deveria passar um ano viajando pelo país em busca do brasileiro feliz. Foi então dispensado da pauta diária. Quando voltou, escreveu uma longa reportagem com vários aspectos da vida nacional, em todas as regiões. E concluiu que não havia o brasileiro absolutamente feliz. Ou que cada um era feliz à sua maneira.

Com Humberto Borges não havia matéria desinteressante ou que não merecesse tratamento especial. Sempre buscava um viés diferente. Foi fazer, por exemplo, uma reportagem sobre um leilão da sede do Hipódromo da Gávea que nunca aconteceu. Pois o lead e o sublead foram escritos cuidadosamente no estilo dos narradores de corrida de cavalo: "Foi dada a partida para o leilão da sede do Hipódromo da Gávea...", até o desfecho do episódio, a não ocorrência do leilão. Por mais desinteressante que fosse o tema, o estilo e a criatividade capturavam o leitor.

Uma vez casado com Maria Teresa Nascimento Brito, Humberto resolveu mudar-se com a família para a Europa e pediu para ser correspondente em Madri, com a bênção do sogro, que temia ver a filha morando em Natal. Mesmo sabendo que ele era um ótimo repórter, Dorrit avaliou que Humberto não tinha exatamente o perfil do profissional que ela escolheria para a Espanha. Era um país em acelerada transição política e econômica depois da morte do ditador Francisco Franco. Os fatos se sucediam com velocidade vertiginosa, o risco de um retrocesso por golpe militar era iminente, a Espanha era um país nevrálgico naquele momento dos anos 1970.

Mas ela pensou: é ele quem vai construir a própria história como correspondente. É um repórter experiente, criativo e voluntarioso. Pode ser que dê certo, por que não? As coisas caminhavam bem, com Dorrit mantendo pelo menos dois contatos diários com cada correspondente, sempre por telex. Até que, um dia, ela encomendou a Humberto Borges uma matéria política que fora discutida na reunião de pauta no Rio de Janeiro. Humberto respondeu de lá que não poderia fazer, pois o escritor argentino Jorge Luis Borges estava em Madri e ele iria produzir um material com ele, tentar uma entrevista, acompanhar a programação do escritor ao longo do dia.

Dorrit respondeu que o jornal tinha, sim, enorme interesse na passagem de Borges por Madri e que ele deveria, sim, fazer a entrevista. Mas que a pauta que lhe estava passando era a prioridade absoluta, o assunto do dia. Humberto Borges repetiu que não ia fazer. Ela que arranjasse o material político por outros meios, agências de notícias, qualquer coisa. A conversa escrita, por meio das máquinas de telex, como uma moderna troca de e-mails ou WhatsApp, foi subindo de tom aos poucos, até que o correspondente pretendeu encerrar a conversa com uma frase definitiva para a chefe: "Vá para o inferno". Dorrit respondeu: "Inferno: lugar onde mora o demônio". Feito isso, comunicou-lhe que estava demitido e desligou o telex.

Cortou o papel carbonado da máquina com todo o teor da conversa, foi direto à sala de Walter Fontoura, mostrou-lhe o texto e disse-lhe que tinha acabado de demitir o correspondente em Madri. Estava tão convencida de que havia feito a coisa certa que nem pensou na saia justa em que estava pondo o próprio chefe: ela estava demitindo o genro do patrão, com todas as consequências familiares que isso poderia acarretar. Inclusive com o casal sendo, provavelmente, obrigado a retornar ao Brasil.

Walter não esboçou a menor reação facial de surpresa ou susto. Leu a íntegra da conversa na longa tripa de papel amarelo, disse que ia providenciar e subiu ao nono andar para conversar com o seu próprio patrão e sogro do demitido. Foi preparado para tudo, até para pedir demissão, caso Brito desautorizasse Dorrit. Mostrou ao doutor Brito o telegrama, explicou a situação, e informou a ele, de forma protocolar, que Humberto Borges estava sendo demitido. Brito leu e, também sem qualquer reação brusca, assentiu: "Está muito bem, demita".[81]

Era uma equipe de correspondentes eclética, com idades diversificadas, cada um com uma história profissional diferente, uma visão própria do Brasil, mas todos com um ponto em comum: conseguiam separar a visão do correspondente brasileiro daquela do cidadão nativo do país onde trabalhavam. As matérias tinham que ser produzidas com um olhar brasileiro, para o leitor entender o que se passava em cada país sob uma perspectiva nacional.

Os correspondentes em Buenos Aires, Jaime Dantas, e em Roma, Araújo Neto, além de eficientes, atuavam também como verdadeiros postos avançados das redações de jornais brasileiros nas cidades em que atuavam. Recebiam colegas em férias, mesmo que não os conhecessem bem, ajudavam os exilados pela ditadura, davam informações úteis, hospedavam e até arranjavam empregos e imóveis para quem chegava.

Dorrit não sofreu corte de gastos com os correspondentes e suas atividades. Logo percebeu como os escritórios internacionais eram importantes para Nascimento Brito. Era uma questão de prestígio para o jornal ter correspondentes em todo o mundo — mais ou menos como acontecia com *O Estado de S. Paulo*, embora o diário paulista fosse mais austero em seu estilo. Em suma, para Nascimento Brito seria uma inaceitável perda de status desativar os escritórios no exterior — mesmo com os credores nacionais e internacionais batendo à porta e com *O Globo* nos calcanhares.

NOENIO SPINOLA: RIO-WASHINGTON-MOSCOU E O MUNDO

Ser correspondente internacional era o sonho de boa parte dos jornalistas que se iniciavam na profissão. Mas, se havia charme, havia também problemas. As óbvias dificuldades de adaptação das famílias dos jornalistas eram uma delas, a menos que conseguissem um caminho profissional na nova terra, o que não era simples.

Mas o grande problema é que o correspondente, ao contrário do que se possa imaginar, trabalha de forma incessante, principalmente no começo.

Antes da internet e do jornalismo online, em tempo real, era preciso criar fontes de informação, correr atrás do credenciamento junto ao governo e às principais instituições do novo país, montar uma estrutura de trabalho em sua própria casa ou alugar um escritório com aparelho de telex, a fim de transmitir e receber matérias e pautas. Era necessário também acompanhar exaustivamente o noticiário local por rádio e televisão, para evitar surpresas, e manter contato diário com a sede, no Rio de Janeiro.

Houve casos de casamentos desfeitos logo que o correspondente se instalou no novo país. Um dos correspondentes do JB passou por isso menos de um mês depois de instalado em Buenos Aires. Como era um casal jovem, a mulher não resistiu à solidão quando o marido teve que se deslocar para cobrir um golpe de Estado na Bolívia. Deixou uma carta, pegou um avião e voltou ao Brasil.

Outro correspondente passou por situação parecida. Mudou-se também para Buenos Aires com mulher e filhos. Temendo levar furos, nervoso, inseguro e obsessivo, obrigava a todos da família a um longo plantão diário de sintonia a emissoras de rádio e de televisão, o que levou a um grande desgaste familiar e encurtou-lhe a estadia.

Mas as vantagens profissionais de um correspondente eram evidentes — a começar pelo prestígio inegável que o trabalho garantia. Quando deixou de ser editor de Economia, em janeiro de 1974, Noenio Spinola passou a editorialista, encarregando-se dos temas econômicos. Depois de três anos na função, sentiu que precisava de uma mudança, um desafio. Pediu então a Walter Fontoura e Dorrit Harrazim que o designassem correspondente em Washington, onde havia uma vaga. Apenas José Antônio do Nascimento Brito trabalhava lá, mas de forma improvisada, porque estudava Ciências Políticas na George Washington University, e dispunha de pouco tempo.

Noenio chegou a Washington em 1977. O posto era estratégico, principalmente em um momento em que as relações entre o Brasil e os Estados Unidos estavam tensas. O novo presidente, o democrata Jimmy Carter, fazia pressão sobre o governo brasileiro em favor dos direitos humanos, pedia explicações sobre denúncias de tortura e desaparecimento de presos políticos. O governo Geisel, por sua vez, assinara um acordo nuclear com a Alemanha e rompera um acordo militar com os Estados Unidos, como represália às pressões.

Separado e casado pela segunda vez há pouco tempo, Noenio encontrou uma estrutura de trabalho precária. Conseguiu a ajuda de um correspondente de um jornal das Ilhas Virgens, de quem ficou amigo, e credenciou-se no Congresso e na Casa Branca. Montou escritório com telefone, telex e toda a infraestrutura necessária em uma sala no National Press Building, um edifício bem próximo à Casa Branca que havia sido construído especialmente para funcionar como sede de escritórios e sucursais de jornais do mundo inteiro. A partir de Washington, Noenio cobriu todas as escaramuças diplomáticas entre Brasil e Estados Unidos.

Noenio ficou nos EUA até 1979, quando aceitou a sugestão de Jôsa: o de ser o primeiro correspondente brasileiro em Moscou. Dorrit admira-se até hoje do profissionalismo e da coragem de Noenio. Ela avaliava que, na Europa e no chamado Circuito Elizabeth Arden (Londres, Paris, Roma e Nova York), o *Jornal do Brasil* tinha algum prestígio, mesmo sendo um jornal de Terceiro Mundo. Reconhecido como o mais importante diário do país, tornava relativamente fácil obter credenciais ou conseguir entrevistas importantes.

Em Moscou, no entanto, o *Jornal do Brasil* não significava absolutamente nada, e o respeito por jornalistas e pela liberdade de imprensa era algo próximo de zero. Jornalista, na União Soviética, era um burocrata adestrado para escrever só o que o governo queria — e boa parte deles tinha evidentes conexões com a KGB, a polícia política soviética, ainda poderosa, mesmo depois das denúncias de Khruschóv contra os expurgos de Stálin.

Para agravar a situação, Noenio aportou em Moscou com a mulher, Renata, e com uma filha de menos de um ano de idade. Sabia que chegava como suspeito de ser um agente infiltrado da CIA, porque teve aulas de russo ainda em Washington com uma jovem dissidente soviética, ex-locutora da rádio de Moscou, que fugira para os Estados Unidos em uma complicadíssima operação. Além das aulas de russo, a moça fornecera utilíssimas informações sobre o que a família iria encontrar, a cultura local, os controles que iriam sofrer, a burocracia e o modo de vida na capital soviética.

Toda a logística era complexa. Teve ajuda oficial para alugar um pequeno apartamento, onde começou a montar também o seu escritório. Procurou o serviço de imprensa estrangeira do Kremlin e, para sua surpresa, foi recebido pelo burocrata-chefe do setor. Era o primeiro brasileiro a trabalhar lá como correspondente e percebeu que o Brasil era um país estratégico e importante para os interesses soviéticos. Sentiu logo que todos os seus passos seriam vigiados. O burocrata lhe perguntou se estava tendo alguma dificuldade e Noenio explicou que tinha um problema prosaico: estava com um bebê e não conseguia abastecer-se de fraldas. Sua mulher era obrigada a improvisar com guardanapos. Para sua surpresa, pouco tempo depois, o secretário-geral do Partido Comunista, Leonid Brejnev fez um discurso no XXVI Congresso do PCUS em que fazia uma longa prestação de contas e projeções para o futuro. Um dos itens do pronunciamento foi justamente a falta de fraldas, mas o líder garantiu que o governo já estava providenciando soluções para o problema. Até hoje, Noenio desconfia que sua conversa com o "assessor de imprensa" havia chegado ao comando do PCUS.

Noenio, Renata e a filha chegaram a Moscou no dia 4 de setembro de 1979. Logo depois, surgiu uma grande crise com os Estados Unidos pela criação dos mísseis *cruise*, ou de cruzeiro, capazes de driblar a vigilância de radares. Noenio também conseguiu uma entrevista com o líder comunista brasileiro Luís Carlos Prestes, que estava em Moscou, pouco antes da decretação de sua anistia pelo general João Baptista Figueiredo.

Receber os salários era um problema. Noenio tinha que viajar regularmente a Genebra, na Suíça, onde havia uma conta em seu nome em um banco local que atendia a diplomatas brasileiros. Com todas as autorizações providenciadas, sacava o dinheiro em cheques de viagem e, em Moscou, trocava por rublos no câmbio oficial. Sentiu-se tentado, várias vezes, a negociar no câmbio negro, porque a cotação oficial era ridícula. O risco, no entanto, era muito grande, e ele temia ser preso e deportado.

Noenio conseguiu uma auxiliar para Renata, uma jovem russa que ajudava nos serviços de casa, nas compras e em tarefas burocráticas, por um salário razoável. Contratou também uma secretária para auxílio nas tarefas profissionais. Renata era fotógrafa e tinha, desta forma, tempo para exercer sua profissão nas belas paisagens de Moscou. Apesar da vida ajustada, Noenio e a mulher sabiam que as moças que trabalhavam com eles eram espiãs. Tinham certeza de que seu telefone era grampeado e de que suas mensagens e matérias enviadas para o Brasil via telex eram esquadrinhadas pela KGB.

Em 24 de dezembro de 1979, a União Soviética invadiu o Afeganistão em meio a uma longa crise, que resultara até no assassinato do embaixador norte-americano, e com um líder, Babrak Karmal, imposto pelos soviéticos.

Contra o governo marxista e sunita, uniram-se afegãos, paquistaneses e outras nacionalidades no movimento chamado Mujahedin. Noenio teve que improvisar uma viagem para Cabul, deixando Renata e a filha sozinhas em Moscou e, por vários meses, sem notícias. Ela sabia que o marido estava vivo apenas quando conseguia um número do JB e lia as matérias assinadas por ele.

Para a viagem ao Afeganistão, a secretária russa ajudou a conseguir uma passagem pela companhia aérea Ariana, com escala em Tashkent, onde quase todos os passageiros desembarcaram, e Noenio seguiu viagem praticamente como o único passageiro rumo a Cabul. Só havia um hotel disponível, de uma grande rede internacional, onde estavam outros correspondentes estrangeiros. Imediatamente, o exército chegou ao local e separou os jornalistas de acordo com seus passaportes. Noenio achou que seria executado ou deportado, porque ficou no grupo dos não europeus. Para sua surpresa, os europeus é que foram deportados e ele ficou.

Soube então que o ministro das Relações Exteriores do Paquistão havia namorado a secretária do embaixador brasileiro na ONU. Conseguiu, assim, uma entrevista com o ministro e com o próprio presidente Babrak Karmal. Assim que retornou a Moscou, teve que ir ao Iraque cobrir a guerra que explodira contra o Irã xiita do aiatolá Khomeini. Além do material enviado e publicado pelo JB, Noenio conseguiu, em suas andanças pela Rússia, Afeganistão, Iraque, todo o Oriente Médio e Ásia, um farto material que lhe rendeu quase trinta anos depois um livro sobre a história da humanidade e a evolução do pensamento econômico.[82]

Noenio cobriu os Jogos Olímpicos de Moscou, em 1980, famosos pelo boicote dos Estados Unidos e dos países ocidentais alinhados com os norte-americanos. Ficou em Moscou até 1981, quando foi deslocado para Londres.[83]

ARMANDO OURIQUE

Quando Noenio Spinola saiu de Washington para assumir o posto de correspondente em Moscou, o indicado para substituí-lo foi o jovem Armando Ourique, um repórter da editoria de Economia.

O carioca Armando Ourique estudou economia na Universidade Federal do Rio de Janeiro e começou sua carreira no Bic-Banco. Parecia ter o destino profissional traçado, mas não se conformava. Não queria ser economista. Na verdade, já estava de olho no jornalismo econômico, que alcançara posição mais nobre em todas as redações, graças ao "milagre econômico" e à subida das cotações na Bolsa de Valores do Rio de Janeiro. Eram quase uma casta. Usavam ternos caros, gravatas vistosas e comportavam-se como empresários ou autoridades do governo, com quem almoçavam regularmente.

Armando Ourique resolveu largar a vida de bancário e conseguiu um estágio no *Correio da Manhã*, que estava arrendado pelos irmãos Alencar, Marcelo e Maurício, advogados de presos políticos. A proprietária do jornal, Niomar Muniz Sodré, havia sido praticamente expulsa do país, depois de uma prisão arbitrária e humilhante pelos militares. Os Alencar seriam chamados de Irmãos Bobagem pela maledicência das redações, numa referência à novela *Irmãos Coragem*, de Janete Clair, o primeiro grande sucesso da TV Globo.

A editoria de Economia do *Correio* era chefiada por Aloysio Biondi, um dos decanos da área no país. Ourique foi encarregado da cobertura dos pregões da Bolsa de Valores, área de que entendia graças ao seu trabalho como bancário e ao curso de economia. Com três semanas de estágio, mandaram que cobrisse um seminário sobre o Brasil, em que a macroeconomia era a tônica. O estagiário conseguiu emplacar duas páginas geminadas sobre os debates, que envolveram gente do governo, como o ministro do Planejamento, empresários e gente de oposição, como a professora Maria da Conceição Tavares. Um sucesso. Foi imediatamente contratado. O emprego acabou quando houve uma greve no jornal por atraso de salários e ele pediu o boné, solidário com os colegas demitidos. Teve passagens pelo *Jornal do Commercio* e pelo semanário nanico *Opinião*. Esteve como correspondente do JC na Argentina e estava no Chile em 1973, quando o golpe militar derrubou Salvador Allende. Teve que sair correndo de lá. Aportou no *Jornal do Brasil* a convite de Noenio Spinola, editor de Economia.

Mesmo incorporando aquele tipo de repórter um pouco arrogante, que não faz concessões às fontes nem ao próprio jornal, que visa estritamente o leitor e os fatos, Ourique conseguiu estabelecer uma boa relação com o substituto de Delfim, Mario Henrique Simonsen, que assumiu a Fazenda no governo Ernesto Geisel, em 1974.

Em 1976, Simonsen recebeu o secretário do Tesouro dos Estados Unidos, William Simon. Os dois tinham relações de amizade, apesar dos interesses nacionais divergentes. Simon vinha pressionar por mudanças na legislação brasileira, acusada pelos Estados Unidos de protecionista com a indústria nacional. As relações entre os dois países não estavam boas, por causa das pressões do novo presidente Jimmy Carter em favor do respeito aos direitos humanos e da atenção que dava às denúncias de torturas e assassinatos de presos políticos no Brasil.

Armando cobria tudo de perto, com olhar crítico. Logo em um dos primeiros dias da visita, Mario Henrique Simonsen resolveu levar William Simon para conhecer uma faceta diferente do Brasil. Pegaram um carro oficial, seguido por outro, repleto de seguranças, e foram tomar cerveja e cachaça na favela da Rocinha. E Armando atrás, seguindo-os com um carro do JB. O motorista de Simonsen acabou se perdendo nas ruelas da Rocinha, o que rendeu uma boa reportagem.

Mas, voltando a 1979, Ourique foi ocupar seu novo posto em Washington frustrado. Estava apurando uma matéria em que apostava tudo, uma verdadeira bomba: o maior acionista privado do Banco do Brasil era o comendador João Jabour, um milionário filho de libaneses, proprietário de cavalos de corrida, empresas de ônibus e imóveis. Um daqueles milionários admirados, cercado de mistério, recluso e assunto regular das páginas de Economia. Pois Armando tinha nas mãos a denúncia de que João Jabour não pagava um tostão de imposto de renda.

Ao ir mais fundo na apuração, descobriu que o segredo da fraude era o irmão dele, Jorge, que cuidava das declarações de renda de João. Jorge era um dos reis da noite carioca, conhecido frequentador da badaladíssima boate Vogue nos agitados anos 1950 no Rio de Janeiro. Lá, na Vogue, onde brilhavam estrelas como Elizeth Cardoso, Jorge tinha uma mesa cativa. Por lá passavam celebridades como o príncipe milionário paquistanês Ali Khan, marido da estrela Rita Hayworth, atrizes internacionais e playboys como o dominicano Porfirio Rubirosa.[84]

A matéria sobre a sonegação ficou pronta e foi entregue ao editor de Economia, Paulo Henrique Amorim.

— Vamos publicar — disse Amorim.

Mas os dias se passavam e nada. Inquieto, Armando foi ao editor-chefe Walter Fontoura, que explicou:

— Calma, que o mundo vai ser seu. Estamos esperando o doutor Brito viajar, e aí a gente publica. Com ele aqui, vai dar problema.

Finalmente, Brito viajou e a matéria saiu, mas quase escondida. Armando esperava manchete e uma página inteira. Afinal, João Jabour era sempre notícia e uma figura cercada de mistério. Pouco antes de embarcar para Washington, o repórter recebeu uma explicação mais detalhada: a irmã de João e de Jorge Jabour era a Irmã Zoé, ou Carmen Jabour, uma freira vicentina muito conhecida na cidade. Zoé era diretora religiosa da comunidade As Violetas, que se dedicava à proteção de crianças carentes e moradores de rua e oferecia um sopão (o Sopão da Irmã Zoé), garantia de uma refeição para alguns milhares de pobres. Mas o principal: a Irmã Zoé era próxima da condessa Pereira Carneiro, daí o cuidado absoluto e o "esfriamento" da reportagem. Quando João Jabour morreu, Irmã Zoé vendeu todas as propriedades que herdou e criou o Dispensário Irmã Zoé, em Botafogo, e a Cidade dos Velhinhos, em Jacarepaguá, que atendiam a mais de 5 mil pessoas.

Conformado, Armando Ourique partiu para a nova e fascinante etapa que a vida e o JB lhe ofereciam: a de correspondente internacional em uma das mais estratégicas cidades do mundo. Tinha 28 anos, estava recém-casado e com uma filha pequena. Passou a fazer uma dobradinha com Silio Boccanera, sediado em Los Angeles. Foi assim que cobriram a eleição de Ronald Reagan, que derrotou Jimmy Carter em 1980.

Ourique chegou aos Estados Unidos numa época que, comparada aos anos 1970, oferecia mais facilidades. Encontrou um escritório já montado por Noenio Spinola e imediatamente credenciou-se junto à Casa Branca, ao Capitólio e às repartições oficiais para acompanhar os briefings e ter acesso às fontes. Tinha um cartão especial para comprar passagens aéreas em caso de viagens de emergência e recebia seus salários pelo Nations Bank.

E foi com um desses cartões especiais que viajou para a Cidade do México em 1981, por determinação do editor-geral Paulo Henrique Amorim, em uma ligação telefônica cheia de mistério: "Pegue um avião para a Cidade do México, vá ao hotel tal, procure fulano de tal, no dia tal, a tal hora…". Intrigado, Armando insistia em saber do que se tratava. "É uma missão secreta. Lá no México você vai ser informado, é sobre uma certa ilha do Caribe", disse Amorim.

Na Cidade do México, Armando Ourique descobriu que iria encontrar-se com o então presidente da Associação Comercial do Rio de Janeiro, Ruy Barreto, e com o ex-presidente da Embratur, Paulo Protásio. Os dois haviam articulado com o governo de Cuba uma visita ao país, que tentava reagir ao bloqueio comercial e a um isolamento ainda mais rigoroso imposto pelo novo governo norte-americano. O presidente Ronald Reagan iniciara uma política externa agressiva e fortemente ideológica, intensificando a Guerra Fria.

Mesmo na condição de convidados, levou uma semana para que Ourique e seus companheiros obtivessem permissão para entrar em Cuba. A viagem resultou em três reportagens, certamente monitoradas pelo governo cubano antes da transmissão por telex ao JB. Armando Ourique foi autorizado a participar de todas as audiências dos empresários com autoridades cubanas, exceto com Rafael Rodríguez, um dos principais ideólogos do regime. No último dia, foi convidado para uma conversa com um membro do Partido Comunista Cubano encarregado do setor de imprensa e relações públicas. O brasileiro explicou que era um dos correspondentes do JB para América do Norte, América Central e Caribe, junto com os companheiros de Los Angeles e Nova York. E ouviu, surpreso, o convite: "Transfira sua base de trabalho para cá, em Havana. Nós garantimos que você terá todas as condições de trabalho e uma visão muito mais ampla do que acontece em nossa região e na política internacional".

Armando tentou explicar que precisava permanecer em Washington porque lá era o centro das decisões políticas do Ocidente, que era onde já tinha fontes estabelecidas, que as relações Brasil-Estados Unidos eram estratégicas tanto em política quanto em economia, e que o JB não aceitaria transferi-lo. O cubano insistiu. Disse que de Havana ele teria todas as informações de que precisaria para trabalhar, que o governo lhe garantiria isso, além de mobilidade para viajar. Prometeu-lhe informações estratégicas, inclusive sobre os Estados Unidos. Evidentemente, Armando nem mesmo consultou o jornal sobre a oferta. Ao comentar com um diplomata brasileiro sobre as relações Brasil e Cuba, ouviu um diagnóstico típico da diplomacia: "Mencione em suas reportagens que Brasil e Cuba têm excelentes não relações".[85]

EDITORIA DE ECONOMIA E PAULO HENRIQUE AMORIM

Walter Fontoura, ao assumir, resolveu também mexer na editoria de Economia. Queria mais dinamismo e um acompanhamento mais adequado aos novos tempos de crise econômica. Noenio Spinola, que havia sido seu primeiro editor, em 1967, foi afastado. Em seu lugar ficou o repórter especial Carlos Alberto de Oliveira, o Caó, que estava assumindo a presidência do Sindicato dos Jornalistas do Rio de Janeiro.

Caó implantou um noticiário crítico em relação à política econômica anterior, a do "milagre econômico", e aos rumos imprimidos por Geisel, de aceleração do crescimento, em vez de uma adaptação aos tempos de crise por conta do choque do petróleo. No final do ano, Caó editou um excelente Caderno Especial com uma radiografia do modelo econômico, com empresários e economistas, e que rendeu ainda um bom dinheiro ao jornal. Caó não era só competente para cuidar do noticiário econômico; como velho militante do Partido Comunista Brasileiro, era politicamente habilidoso, o que lhe poderia garantir uma longa permanência no posto. Mas o diretor comercial, José Carlos Rodrigues, fez uma denúncia a Walter Fontoura: Caó tinha uma empresa de assessoria de imprensa que trabalhava para a Associação Brasileira de Crédito Imobiliário e Poupança, a Abecip. Não havia nenhum vestígio dessa assessoria na edição do jornal, Caó atuava eticamente, mas Walter o chamou para uma conversa. Caó garantiu que nunca havia usado a condição de editor de Economia para atender aos interesses do seu cliente, mas prometeu romper o contrato. A vida seguia normalmente quando José Carlos Rodrigues atacou novamente: a assessoria de Caó à Abecip continuava.[86]

Walter chamou o chefe de redação, Luiz Orlando Carneiro, e determinou a demissão de Caó, que foi para a *Veja*. Noenio reassumiu até que uma outra solução fosse encontrada. Nessa interinidade, contratou a versátil repórter Kristina Michahelles, que, apesar de muito jovem, logo deslanchou, inclusive pela fluência em inglês e alemão. A solução definitiva para a Economia só veio em 1976: Walter importou da Editora Abril, em São Paulo, o jovem editor da revista *Exame*, Paulo Henrique Amorim.

Carioca, Paulo Henrique é filho do também jornalista Deolindo Amorim, que desde criança o apresentou ao mundo da leitura e do jornalismo — paginar jornais em folhas de papel em branco era uma brincadeira doméstica. Quando desistiu de vez da carreira diplomática, Paulo Henrique foi estagiar em *A Noite*, dirigido por Mário Martins. Estagiavam no mesmo jornal Hedyl Valle Júnior, que Amorim levaria mais tarde para o JB, e Hamilton Almeida Filho.

Em suas andanças, Paulo Henrique foi parar na *Veja*, onde chegou a editor de Economia, e depois na *Exame*, que transformou de mensal em semanal e de gratuita em vendável, por assinaturas e em bancas. Quando recebeu o convite de Walter Fontoura, em 1976, Amorim não hesitou. O JB era o sonho de todo jornalista, principalmente dos cariocas, como ele. "Os jornais paulistas eram provincianos, caipiras. O grande jornal brasileiro era o JB", diz hoje Paulo Henrique. E o novo editor de Economia tinha uma missão, atribuída por Walter Fontoura: fazer uma limpeza na editoria que, segundo ele, estava loteada. Os subeditores tinham interesses conflitantes e um dos repórteres tinha uma empresa que assessorava a Shell. O repórter que cobria a Bolsa de Valores do Rio de Janeiro era funcionário da própria Bolsa, "e por isso a Bolsa do Rio jamais caía, era um fenômeno quase da física", relembra Paulo Henrique. E ouviu logo uma piada antiga, criada por um contínuo ainda na avenida Rio Branco, e que lhe foi contada por José Silveira: "Na Economia, até o contínuo é gordo".[87]

O *Jornal do Brasil*, por meio do repórter Ênio Bacellar, deu o furo da assinatura dos contratos de risco da Petrobras com empresas estrangeiras para prospecção de petróleo, o que significava uma quebra — ainda que parcial — do monopólio estatal. As empresas teriam autorização para investir e prospectar por sua própria conta e risco. Foi um choque para a esquerda que via Geisel com esperanças. Quando chegou a notícia dos contratos de risco, os comunistas e esquerdistas do JB ficaram pasmos. Luiz Mario Gazzaneo e Luís Fernando Cardoso fizeram quase comícios, indignados, quando souberam da novidade pelo pessoal da Rádio JB, que tinha a sala da redação bem ao lado da Internacional, onde ficavam.

Na editoria de Economia e nos editoriais que tratavam do tema, o JB sempre fez oposição pesada à inclinação estatizante do governo Geisel. Os contratos de risco foram uma exceção elogiada pelo jornal, que via na medida um caminho na direção da eficiência e da autonomia do Brasil em petróleo, conforme defendiam os editoriais.

Paulo Henrique Amorim cumpriu a ordem de Walter Fontoura e iniciou a troca de pessoal. Demitiu os veteranos Ênio Bacellar, Carlos Alberto Wanderley e Paulo Sérgio Santos. Promoveu a subeditores os jovens Gilberto Menezes Côrtes, que estava no jornal desde outubro de 1972, e Ângela Santângelo. Trouxe Flávio Pinheiro, também da Editora Abril, e José Paulo Kupfer.[88]

As mudanças mexeram com o ritmo e a cara da editoria. Gilberto, por exemplo, ao ser promovido, passou a ter problemas com os repórteres mais veteranos, que não acatavam suas determinações — era muito jovem. Com a demissão de alguns deles, ficou mais livre e conseguiu até um furo: o presidente Ernesto Geisel e o ministro da Fazenda, Mario Henrique Simonsen, gabavam-se do superávit orçamentário que haviam conseguido, apesar da crise econômica, decorrente do choque do petróleo. Gilberto desmascarou a farsa do superávit em entrevista do economista Cláudio Roberto Contador, do Instituto de Pesquisas Econômicas Aplicadas, o Ipea. Contador mostrou que o governo trabalhava com três orçamentos distintos: o fiscal, o monetário e o das estatais. Quando era feita a unificação dos três, encontrava-se um brutal déficit, por causa das importações do petróleo e das contas externas — o dólar estava nas alturas. No dia em que a entrevista saiu, foi um deus-nos-acuda no governo — não havia mais censura, mas o regime controlava de perto o que era publicado. Contador foi obrigado a se desdizer no dia seguinte, para não perder o emprego, e O Globo deu destaque ao desmentido — embora a realidade fosse claríssima e as informações de Contador ao JB, perfeitas.

AS MENINAS DO B

Norma Curi chegou ao *Jornal do Brasil* por convite de Ana Arruda Callado, com quem havia trabalhado na enciclopédia Delta-Larousse. Ana foi editar um caderno infantil que vinha encartado semanalmente no JB, e levou a amiga, que era pouco mais do que uma adolescente em 1972, embora já formada em jornalismo pela PUC do Rio. O caderno infantil foi extinto menos de um ano depois, quando Ana foi presa pela repressão, e Norma foi parar no Caderno B.

Quando Walter Fontoura assumiu a editoria-geral, o ex-editor de Internacional Humberto Vasconcellos foi remanejado, assumiu a editoria do velho Caderno B e mudou um pouco a cara do caderno. Além do serviço cultural, das críticas de cinema, música e teatro, passou também a publicar grandes reportagens, principalmente graças às chamadas "meninas do B", apelido das jovens repórteres pela redação geral, o reportariado de Cidade — eram todas muito bonitas e acusadas de andar "de nariz empinado". Humberto baseou sua nova versão de Caderno B no velho Arts & Leisure, do *New York Times*.

As "meninas do B" eram Norma Curi, Lena Frias, Susana Schild, Cleusa Maria, Emília Silveira, Maria Lúcia Rangel, Heliete Vaitsman e a caçula Deborah Dumar, que faziam um autêntico trabalho de reportagem geral, transcendendo o caráter de "caderno cultural e de serviço".

Para conseguir uma entrevista com Carlos Drummond de Andrade, que seria publicada no dia em que o poeta completaria 75 anos, 31 de outubro de 1977, Norma usou um dos seus truques. Drummond já trabalhava no JB há mais de dez anos e, nos tempos de avenida Rio Branco, até comparecia de vez em quando à redação para entregar suas crônicas. Tímido, entrava pela pequena portaria quase às escondidas, esgueirando-se junto à parede depois de saltar do táxi. Certa vez, na hora de ir embora, passou célere e sem olhar para os lados pela recepção movimentada, como de hábito. O porteiro, porém, um sujeito enorme e com voz de trovão, o avistou e literalmente o perseguiu pela calçada hiperpovoada da Rio Branco às duas horas da tarde: "Drummond! Ô Drummond! Você esqueceu sua correspondência! Toma aqui, homem!". Praticamente todo mundo que passava pela rua parou para olhar com admiração aquele senhor bem magro, branquíssimo, com veias azuladas na testa, rubro de vergonha e que, se pudesse, mergulharia em um bueiro para se esconder. Drummond se recusava a dar entrevistas — ao JB ou a qualquer outro veículo —, argumentando com voz sumida que tudo o que tinha a dizer estava em suas crônicas e poemas publicados pelo jornal. Norma Curi, no entanto, estava decidida a quebrar o tabu. Na sexta-feira, 28 de outubro, depois de sair de uma aula no Instituto Brasil-Estados Unidos (Ibeu), e com a pasta de estudante debaixo do braço, ela aproveitou para fazer uma breve caminhada até um prédio na esquina das ruas Rainha Elizabeth com Conselheiro Lafayette, entre Copacabana e Ipanema, onde o poeta morava.

Era evidentemente uma estudante, imaginou o porteiro, quando a viu entrar e dizer: "O doutor Drummond está me esperando para um trabalho escolar". Era uma outra época, a paranoia com segurança pública não era como hoje, a moça era simpática, tinha boa aparência, então o porteiro lhe informou até o número do apartamento.

— Ele está em casa? — perguntou Norma.

— Sim. Em catorze anos de trabalho aqui, eu nunca o vi viajar. Está sempre trancado em casa — respondeu o porteiro.

Quem atendeu à porta foi o próprio Drummond, com um terno cinza, risonho, feliz pela presença da única filha, Julieta, que morava em Buenos Aires e viera especialmente para seu aniversário. Norma aplicou o mesmo golpe, disse que era estudante e tinha a tarefa de preparar um trabalho sobre ele. A conversa fluiu agradável.

— O senhor não dá entrevistas, é contra jornais?

— De maneira nenhuma. Trabalho num e sempre fiz jornalismo.

— O senhor sai pouco de casa. Por que se esconde?

— Não me escondo. Saio à rua todos os dias, converso com toda a gente. Mas não vejo razão para me exibir. Acho que todos nós não somos mais do que formiguinhas, somos inexpressivos.

Drummond falou do ofício de escritor e poeta, da carreira que começou em 1930 quando publicou seu primeiro livro, da chegada ao Rio de Janeiro, quando foi trabalhar como chefe de gabinete do ministro da Educação do primeiro governo de Getúlio Vargas, seu amigo de infância Gustavo Capanema. Cuidava do expediente cercado de outros velhos conhecidos de Minas Gerais, como Rodrigo Mello Franco de Andrade e Mário Casassanta — um emprego que durou onze anos. Norma perguntou por que ele rejeitava a Academia Brasileira de Letras:

— Para entrar na Academia, é preciso alguém morrer. E eu não quero que ninguém morra. E aquele chá das quintas-feiras, cheio de velhinhos, deve ser muito chato... A única vantagem é ser sepultado de graça. Mas eu já tenho o meu túmulo.

Norma já havia tentado antes a entrevista pelos métodos convencionais. Telefonara e a empregada sempre dizia:

— Ele não vai atender. Mas insista, minha filha, insista, que um dia você consegue, ele é muito bonzinho, não vai fazer você sofrer.

Agora, com a entrevista feita, chegou à redação já sentindo uma ponta de culpa pelo artifício que usara. E disse a Humberto Vasconcellos:

— Não posso publicar sem informar a ele que eu não sou estudante, que a entrevista era para o JB. Seria uma traição.

— Ora, Norma, publique e pronto. Tenho certeza de que ele não vai reclamar, é um homem muito educado e gentil. E o material vai ser todo favorável, não há nenhuma informação polêmica — argumentou Humberto.

Norma não resistiu e telefonou, mesmo sob o risco de levar um puxão de orelhas e de ouvir um pedido para que não publicasse a entrevista. Mas Drummond não reclamou: "Não faz mal, minha filha. Pode publicar".

A reportagem saiu na segunda-feira, 31 de outubro de 1977, dia do aniversário de 75 anos do poeta, na primeira página do Caderno B, com o título "Vai, Carlos, ser molestado na vida".

Norma também usou um truque para entrar na Colônia Juliano Moreira, um hospital psiquiátrico, e conversar com o artista plástico e poeta Fernando Diniz, que desenvolveu suas habilidades graças aos cuidados que lhe dedicou a doutora Nise da Silveira. Fernando tinha 59 anos e, desde a sua internação, em 1949, sonhava em ser engenheiro. Capturado em Copacabana e levado ao hospício, foi diagnosticado como insensível, alheio à realidade, perigoso. Toda a sua genialidade só aflorou a partir do trabalho no Museu de Imagens do Inconsciente. Diniz criou um sistema taquigráfico para escrever seus textos e teve alguns de seus trabalhos exibidos na Salle Saint-Jean, no Hôtel de Ville (prefeitura) de Paris.

Norma Curi e o fotógrafo Luiz Carlos David conseguiram entrar na Juliano Moreira graças à doutora Nise da Silveira, sua cúmplice, disfarçados de terapeutas. "Cuidado, ele é perigoso", avisou uma enfermeira, meio assustada. Mas a entrevista transcorreu sem problemas, e Diniz até compôs um poema para a repórter.

Outra reportagem de Norma conta uma história que começou no dia 4 de fevereiro de 1971, quando Belo Horizonte viveu uma das maiores tragédias da história da construção civil no país: o Pavilhão de Exposições da Gameleira, em obras aceleradas para a inauguração antes do fim do mandato do então governador Israel Pinheiro, desabou e matou 69 trabalhadores. Calcula-se que outros corpos soterrados não foram encontrados, e 59 operários ficaram mutilados. Durante várias semanas, o cheiro da putrefação podia ser sentido nos arredores. A censura do governo de Emílio Garrastazu Médici proibiu a divulgação da tragédia — o que hoje parece absurdo, porque praticamente ninguém soube do acidente na época, pelo menos fora de Belo Horizonte.

O engenheiro calculista Joaquim Cardozo, um dos mais respeitados profissionais de sua área, amigo de Lúcio Costa e Oscar Niemeyer, de Jorge Amado e Ferreira Gullar, de João Cabral de Mello Neto e Carlos Drummond de Andrade, foi acusado, processado e condenado. Passou dois meses foragido em Paris no apartamento de Jorge Amado, e foi defendido no processo pelo advogado Evandro Lins e Silva, que usou em sua defesa uma frase de Pierre Salinger: "Uma estrutura não cai por erro de cálculo, porque o cálculo é apenas uma aproximação da realidade". O projeto era de Oscar Niemeyer, como o da igreja da Pampulha. A propósito, Joaquim Cardozo fora o engenheiro calculista de todas as obras de Niemeyer até aquele momento.

A empresa de engenharia Sergen foi igualmente processada, assim como o governador Israel Pinheiro. Ninguém foi condenado, exceto Cardozo. O fato é que os operários vinham há várias semanas alertando para os estalos e ruídos, que indicavam a possibilidade do acidente, mas Israel Pinheiro, que deixaria o governo no dia 15 de março, exigiu pressa. E a tragédia se consumou.

Em outubro de 1977, Norma Curi foi encontrar Joaquim Cardozo, aos oitenta anos, internado no manicômio Casa de Saúde Doutor Eiras (fechado em 2009 devido às péssimas condições de funcionamento), deprimido e desligado do mundo, com um profundo sentimento de culpa. Cardozo tinha entre seus pertences apenas a *Antologia poética* de Ferreira Gullar, um pente, um lápis com borracha na ponta, um terno, quatro camisas, quatro pijamas, algumas cuecas e uma bengala. Seus únicos documentos eram a carteira de identidade e a profissional, que informava ser ele "engenheiro aposentado da Prefeitura de Brasília, com vencimentos de Cr$ 1,4 mil mensais". A entrevista foi publicada na primeira página do Caderno B na terça-feira, 25 de outubro de 1977. E Cardozo escreveu, especialmente para a reportagem de Norma: "No canto, nas alegrias da gente pobre do povo, há parcelas de dor viva, que se juntam e se compõem em uma grande dor coletiva. Essa dor eu senti".

A repórter, pesquisadora e historiadora Marlene Ferreira Frias, a Lena Frias, uma das meninas do B, mostrou ao país que florescia uma cultura negra nos grandes bailes na zona norte carioca e um movimento que ela apelidou de Black Rio. Lena, uma mulata de beleza luminosa, pesquisava a cultura popular brasileira e, particularmente, a do Rio de Janeiro. Foi autora, com Hermínio Bello de Carvalho e Nei Lopes, de uma biografia de Clementina de Jesus, *Mãe Quelé*, além de ter escrito os textos de apresentação de inúmeros discos de importantes sambistas.

Foi um contínuo da editoria Internacional, Everaldo, quem contou a Lena Frias, em 1976, que estavam acontecendo no Clube Maxwell, em Vila Isabel, gigantescos bailes que reuniam de 500 mil a 1 milhão de pessoas, a maioria negros, à base de soul music, com vestimentas inovadoras e criativas. Lena pautou a reportagem com o editor Humberto Vasconcellos e zarpou para lá, um sábado à noite, com o fotógrafo Almir Veiga. A reportagem ganhou um prêmio Esso e a zona sul do Rio de Janeiro descobriu a juventude negra da zona norte.

Lena Frias levou para as páginas do JB algo até então impensável num jornal que tinha fama de elitista: os personagens das escolas de samba, os mestres-salas, as porta-bandeiras, os destaques, os compositores. Escrevia sobre Clementina, Azulão da Feira de São Cristóvão, Patativa do Assaré, Antônio Nóbrega, Ariano Suassuna. Antes dela, os desfiles de escola de samba eram algo distante e vago nas páginas do JB, e cantores e compositores negros, só os glamourosos e chancelados pela intelectualidade branca, como Gilberto Gil, Milton Nascimento e, vá lá, Luiz Melodia e Jorge Benjor. Os outros só apareciam nas colunas bissemanais de José Ramos Tinhorão.

Lena Frias saiu do JB duas vezes, a última em 2001. Em ambas, sentiu seu trabalho menosprezado, por ser demasiado "popular". Ela morreu em maio de 2004, de um tipo raro e agressivo de câncer, aos sessenta anos.

A mineira de Dores do Indaiá, Cleusa Maria, foi para Belo Horizonte estudar jornalismo na UFMG e ao mesmo tempo estagiar no *Diário de Minas*. Inquieta, logo mudou-se para o Rio de Janeiro, conseguiu emprego na Rio Gráfica e Editora (parte das Organizações Globo) para trabalhar nas revistas femininas, mudou-se para a Bloch a convite de Leonel Kaz, passou pela *Manchete* e pela *Fatos e Fotos* e foi parar no JB a convite de Ruy Castro. Foi trabalhar em 1976 na Revista de Domingo, editada por Isaac Piltcher e depois por Renato Machado. O Caderno B crescia e Humberto Vasconcellos começou a levar a turma para lá — ela, Marcos Santarrita e Ruy Castro. O corpo de redatores era um autêntico Google, só que muito mais denso: Cícero Sandroni, Moacir Andrade, Juarez Barroso, Ruy Castro, Marcos Santarrita, Mário Pontes, e mais as repórteres Emília Silveira, Míriam Alencar, Lena Frias, Mara Caballero, Susana Schild, Danusia Barbara, Heliete Vaitsman. Depois, Beth Orsini, Sergio Zobaran, Mariucha Moneró, Carlos Eli de Almeida e Sérgio Sá Leitão.

CORA RÓNAI

A carioca Cora Rónai mudou-se para Brasília em 1977 por circunstâncias alheias à sua vida profissional. Jornalista jovem, estava casada com um médico que passou em um concurso para a Fundação Hospitalar, o equivalente hoje à Secretaria de Saúde. Além dos frilas para revistas, Cora conseguiu um emprego na sucursal do *Jornal do Brasil*, onde foi escalada para cobrir cultura, educação e geral. Na época, já tinha um casal de filhos pequenos, Paulo e Beatriz.

Cultura não havia em Brasília, pelo menos que justificasse reportagens regulares ou um repórter especializado. Era tudo muito amador, embrionário e experimental, nada que interessasse a leitores do Rio de Janeiro. Afinal, eram os anos 1970, vivia-se sob uma ditadura e a capital tinha menos de vinte anos. A cobertura de educação resumia-se a releases do ministério, o que limitava as possibilidades de reportagem. Restavam os trabalhos de cobertura da Igreja católica, um importante setor de oposição ao regime militar, via CNBB, e os índios.

Cora era filha de um dos maiores intelectuais em atividade no Brasil, o judeu húngaro de nascimento Paulo Rónai, o papa dos tradutores. Ele havia aprendido a língua portuguesa sozinho, ainda na juventude, em Budapeste, e traduziu uma antologia de poesia brasileira moderna para o húngaro em 1939.[89] Logo depois, foi preso pelos nazistas e conduzido a um campo de concentração. Conseguiu um indulto e refugiou-se no Brasil em 1941. Passou a dar aulas e naturalizou-se em 1945.

Cora Rónai tentou adaptar-se à condição de repórter de geral em Brasília, mas as sucursais de jornais cariocas e paulistas valorizavam muito mais os textos sobre política e economia. O casamento desandou, o trabalho estava chato, e ela se cansou da vida monótona da cidade. Em 1980, resolveu que era tempo de voltar para o Rio de Janeiro.

Um considerável reforço para a ideia da volta foi a paixão por um homem: Millôr Fernandes, com quem Cora se envolveu em uma das viagens ao Rio. No final de 1980, pegou suas roupas e os objetos mais necessários, uma pistola alemã Walther PPK (a mesma usada pelo personagem James Bond) — que foi cuidadosamente depositada no porta-luvas do pequeno Fiat 147 —, jogou tudo dentro do porta-malas e pegou a estrada.

Os dois filhos ficaram em Brasília, porque a família do agora ex-marido estava bem instalada e as crianças, com os avós, sentiam-se bem adaptadas à cidade. Cora não viu sentido em mudar de forma radical suas vidas, lançando-as no turbilhão de instabilidade que seria sua vida nos primeiros tempos de Rio de Janeiro. A própria viagem de carro seria dura. Com menos de 1,60 metro de altura e apenas cinquenta quilos, quando tinha que parar para reabastecer o Fiat ou fazer uma refeição, punha a pistola na cintura e a deixava à mostra, para evitar problemas — a viagem Rio-Brasília era feita basicamente por caminhoneiros, o movimento de automóveis era pequeno, o interior do Brasil era inóspito. Cora sabia atirar bem, havia aprendido com o avô, que lhe presenteara a pistola.

Chegou ao Rio e procurou Walter Fontoura, em desespero. Disse que faria qualquer coisa para trabalhar no Rio de Janeiro e que não aguentava mais a vida em Brasília. Walter a acalmou: "Não é preciso tanto desespero. Você é uma ótima profissional, vamos ver o que se pode arranjar aqui". E a transferiu para a reportagem do Caderno B. Logo depois, Walter assumiu o cargo de diretor e quem passou a comandar a editoria-geral do JB foi Paulo Henrique Amorim.

O CADERNO B E A CRÍTICA GASTRONÔMICA

Também no Caderno B surgiu a crítica gastronômica no Brasil, que teve como pioneiro o poeta, gourmet e artista plástico Roberto Marinho de Azevedo Neto, um intelectual com um acervo de mais de 2 mil livros, hoje sob a guarda de uma fundação. Ele morreu em 2006, aos 66 anos, de complicações decorrentes do abuso do álcool. Marinho de Azevedo, filho de uma tradicional família carioca (nada a ver com a família Marinho, das Organizações Globo), iria escrever sobre artes plásticas ou artes em geral no JB, a convite de Elio Gaspari, que lhe admirava a cultura e o texto. Em vez de artes plásticas, no entanto, Roberto propôs a Humberto Vasconcellos criar um personagem que seria um sofisticado crítico de gastronomia e restaurantes, como existia nos grandes jornais do mundo.

O pseudônimo Apicius foi então tomado de um gastrônomo e bon-vivant da Roma antiga, que viveu provavelmente entre os anos 30 a.C. e 37 d.C., período em que foram imperadores Augusto e Tibério. Seu nome era Marcus Gavius Apicius. A ele são atribuídos os três primeiros livros de receitas e gastronomia publicados no mundo: *Ars Magirica*, *Apicius Culinaris* e o mais conhecido de todos, *De Re Coquinaria*, algo como "Cozinha de reis". Os três livros foram, na verdade, compilações das receitas do gastrônomo grego, feitas muitos anos depois da morte de Apicius, um milionário que teria literalmente torrado sua fortuna de família em banquetes, viagens e experiências gastronômicas e etílicas.

O nosso Apicius, Roberto Marinho de Azevedo, tinha um *modus vivendi* parecido com o do original grego. Ilustrava ele mesmo sua própria coluna com desenhos a bico de pena. A coluna era publicada uma vez por semana no Caderno B. Suas críticas culinárias falavam muito mais sobre o seu próprio estado de espírito, eram confidências irônicas e sarcásticas, de forma filosófica, com um humor sardônico ou melancólico. Tratava a comida e os restaurantes como entidades, partes admiráveis ou desprezíveis da vida. Não descrevia o prato pedido em detalhes de molhos ou temperos. Geralmente classificava-o de forma sintética e lacônica como "correto", "sem caráter", ou com o adjetivo que julgasse adequado. Sempre era conduzido aos restaurantes por uma misteriosa Madame K, sua companhia favorita — Azevedo não dirigia e era visceralmente contra a existência dos automóveis.

Madame K era a artista plástica Marília Kranz, em início de carreira nos anos 1970. Marília e Azevedo se conheceram por acaso, em 1974, na quarta exposição individual dela no Museu de Arte Moderna do Rio de Janeiro. Antes, ela havia exposto nas galerias Oca, Ipanema e Bonino. No MAM, Marília apresentava obras em acrílico e, quase na hora do fechamento, topou com Roberto Marinho Azevedo, às voltas com os óculos quebrados. Foi ajudá-lo e a empatia foi quase imediata. O mesmo refinado senso de humor, os mesmos gostos e preferências. Ficaram muito amigos, passaram a se frequentar, e Marília insistia em que Roberto deveria dedicar-se a sério às artes plásticas, porque era um excelente desenhista, com um talento especial para a litografia.

Quando Roberto Marinho de Azevedo transformou-se em Apicius, Marília tornou-se Madame K, sua companhia predileta para percorrer os restaurantes do Rio e derrubar garrafas de vinho. Durante mais de vinte anos comeram, beberam e se divertiram muito pelo Rio de Janeiro e em viagens. A conta dos restaurantes era paga depois pelo JB, claro, mas o grande truque era o anonimato. Ninguém sabia quem era Apicius, portanto não havia tratamento especial ou pelo menos nada do que se espera de um restaurante em relação a um crítico gastronômico famoso. Chegavam como clientes comuns. Marília conta até que, certa vez, em uma festa, Roberto Marinho de Azevedo conversou longamente com o dono de um dos restaurantes que ele havia demolido com cruel sarcasmo. Quando o homem descobriu de quem se tratava, ficou furioso, cortou a conversa e se afastou.

Depois de mais de vinte anos, o alcoolismo cobrou sua pesada conta. Roberto teve que reduzir a bebida. Herdou algum dinheiro com a morte do pai e mudou-se para Paris, onde comprou um pequeno apartamento. "Bebeu champanhe e bom vinho em Paris até morrer", diz Marília, para quem Roberto nunca considerou seriamente a possibilidade de curar-se, tratar da saúde e parar de beber.[90]

GASTOS DESMEDIDOS

Com a crise econômica, severas restrições financeiras para viagens foram aplicadas aos jornalistas da redação no Rio de Janeiro. No entanto, os correspondentes internacionais continuaram liberados para confortavelmente realizar seu trabalho. Dorrit Harrazim, por exemplo, foi à África do Sul em 1975 preparar uma grande reportagem sobre o apartheid e à Alemanha para cobrir a assinatura do Acordo Nuclear Brasil-Alemanha, ao qual o *Jornal do Brasil* se opunha ferozmente. Viajou também para a cobertura de uma eleição importantíssima para o destino do Oriente Médio, a disputa entre o trabalhista Shimon Peres e o direitista Menachem Begin, do Likud, em 1977.

O pano de fundo dessa peleja começou a ser tecido com os atentados contra os atletas israelenses em Munique durante os Jogos Olímpicos de 1972, e as guerras do Yom Kippur (1973) e dos Seis Dias (1977), que criaram condições para a ascensão da direita israelense. Enormes levas de judeus chegaram a Israel vindas do norte da África e do próprio Oriente Médio em busca de oportunidades de trabalho e com profundos ressentimentos contra os árabes. Vieram também judeus da União Soviética, todos antissocialistas. Essa imensa população imigrante mudou o quadro político, que passou a pender para a direita fundamentalista e desfez o equilíbrio formado pela influência majoritária dos judeus de origem europeia, social-democratas e pacifistas, e a longa supremacia do Partido Trabalhista (social-democrata) de Levi Eshkol, Yigal Allon e Golda Meir.

Venceu a eleição, portanto, Menachem Begin, do Likud, de direita, e Dorrit conseguiu uma entrevista com o derrotado Shimon Peres, o primeiro-ministro que ocupara o cargo por três anos. Foi difícil, exigiu muita espera e uma enorme persistência, porque o Brasil não tinha qualquer importância internacional e o JB não era conhecido em Israel. Dorrit, com um gravador que documentava a conversa e lhe permitia não tomar notas, se sentiu segura para esquadrinhar o ambiente, o clima e o estado psicológico de Peres. Quando chegou ao hotel, porém, descobriu que só havia o som das perguntas dela, mesmo assim em volume quase ininteligível.

Recorreu, em pânico, ao correspondente Alessandro Porro, que tinha fontes junto ao Mossad, o temido serviço secreto de Israel, e possuía tecnologia de ponta. Porro a levou a um estúdio com os mais modernos recursos técnicos usados para escutas de espionagem. Se o Mossad não conseguisse recuperar a voz de Shimon Peres, ninguém mais no mundo conseguiria. E o Mossad falhou. Nada restara na fita cassete além de um murmúrio áspero e irritante. Restou a Dorrit apelar a um contato no Rio de Janeiro, que acabou conseguindo-lhe o telefone da residência de Shimon Peres. Dorrit ligou e explicou constrangidíssima que o gravador pifara e ela perdera toda a entrevista. "Seria possível conseguir outros quinze minutos com o senhor?", rogou.

Peres foi duro. Disse que estava jantando, que não dispunha mais de tempo, que perdera mais de uma hora com ela. Dorrit insistiu, pediu para falar com ele no dia seguinte, prometeu que seria rápida. Shimon Peres disse que não era possível, que estava indo no dia seguinte de Jerusalém para Tel Aviv, onde tinha compromisso no Knesset, o Parlamento israelense, ainda na parte da manhã. Ela acordou de madrugada e viajou para Tel Aviv, onde esperaria na entrada do Parlamento a chegada de Peres para uma nova e desesperada tentativa. Dorrit sentou-se aflita na escada do Knesset, com todos os sentidos alertas. Quando ele chegou, o abordou e implorou: "Por favor, doutor Peres, vou perder meu emprego, não posso chegar sem essa entrevista no Brasil". O velho trabalhista se compadeceu e concedeu-lhe quinze minutos de conversa. À medida que a entrevista fluía, Dorrit lembrava-se de detalhes da anterior, a que fora perdida, e pôde resgatar um bom material.

Dorrit cobriria ainda a eleição de Jimmy Carter em 1976. Ficou em uma cabana alugada em Plains, na Virgínia, terra de Carter, um plantador de amendoins, o que lhe permitiu entender o país profundo, longe do glamour das grandes cidades como Nova York, Los Angeles, Chicago ou Boston.

Elio Gaspari também viajou para a Itália a serviço em 1976, quando fez dobradinha com Araújo Neto em uma notável cobertura das eleições nacionais de 20 de junho, que marcaram a ascensão da esquerda e a formação do "compromisso histórico" — o acordo entre Democracia Cristã e o Partido Comunista, encerrado apenas com o sequestro e assassinato do líder democrata cristão Aldo Moro pelo grupo de extrema esquerda Brigadas Vermelhas, em 1978.

As aventuras dos correspondentes eram sempre comentadas na redação e se tornavam material para a Revista da Comunicação. Uma delas mostra o descaso da direção do jornal com as próprias despesas. O mineiro Mauro Santayana assumiu o posto de correspondente do jornal em Bonn, na Alemanha, em 1970.[91] Mauro sempre foi considerado um dos melhores textos do jornalismo brasileiro e um homem de cultura sofisticada, leitor de filósofos, conhecedor de ciência política, devorador dos clássicos da literatura universal, e que seria quinze anos mais tarde o redator dos discursos do presidente eleito e não empossado Tancredo Neves.

Mauro tratou de fazer a diferença e mostrar a qualidade do seu trabalho logo que assumiu o posto. No ano seguinte, ganhou o prêmio Esso de reportagem pela publicação em primeira mão de trechos do diário de bordo do comandante do submarino alemão U-507,[92] que bombardeou os cargueiros brasileiros *Baependi, Araraquara, Aníbal Benévolo, Itagiba* e *Arará*. Morreram ao todo seiscentas pessoas, houve náufragos devorados por tubarões em águas geladas e alguns sobreviventes chegaram a passar dois dias sem água ou comida, lutando contra a morte. Uma menina salvou-se milagrosamente ao flutuar por várias horas em uma caixa de madeira, antes do resgate. A reportagem de Mauro Santayana contou tudo isso em detalhes, com base em documentos, e sob o ponto de vista do próprio comandante do submarino alemão.

Por conta do prêmio Esso, ainda que na fase mais dura do regime militar, o *Jornal do Brasil* conseguiu para ele uma licença para vir ao Brasil. No Rio, Mauro foi instruído a hospedar-se no hotel Trocadero, na época um dos mais luxuosos da cidade. Ao chegar e se identificar à recepcionista, foi informado de que estava na suíte presidencial, com bebidas e refeições liberadas, inclusive para convidados, tudo por conta do *Jornal do Brasil*. "Deve haver algum engano, sou um mero jornalista, não sou o dono nem o diretor do jornal. Não posso ficar numa suíte presidencial." Surpreso, ouviu que não havia engano, ele tinha mesmo direito a toda a mordomia anunciada, sem limites. Em um cálculo rápido, concluiu que a despesa seria muito superior a um mês do salário que recebia na Alemanha, mesmo com a disparidade entre o poderoso marco alemão e o então pobre cruzeiro brasileiro. Mauro não fez o check-in. Ligou para o JB e o gerente financeiro Eurídices de Abreu Saraiva lhe disse que era aquilo mesmo.

— Aproveite, meu caro, não é todo dia que se ganha um prêmio Esso — disse Saraiva, jovial.

— Mas eu não posso aceitar isso, não vou me sentir à vontade com todo esse luxo.

O gerente financeiro lhe disse que ele era um dos correspondentes que menos dava despesas ao jornal, viajava de trem de segunda classe quando era necessário viajar, não tinha nenhum tipo de luxo ou mordomia pessoal bancados pelo empregador, hospedava-se e comia em lugares baratos quando tinha que sair da base para apurar alguma coisa *in loco*, e que o jornal reconhecia isso. O gerente informou-lhe que o correspondente em Israel, Nahum Sirotsky, por exemplo, só se hospedava em hotéis cinco estrelas, só viajava de avião, muitas vezes na primeira classe, e comia em restaurantes caros quando em serviço. Mauro ainda tentou contra-argumentar, mas não houve jeito. "Aproveite e relaxe, meu caro", e encerrou a conversa.

MEDIDAS CONTRA O JB

Logo que tomou posse, em 1974, o presidente Ernesto Geisel nomeou o quase enteado Humberto Barreto para porta-voz, mas ficou insatisfeito com as relações dele e Golbery com a imprensa, informais e frequentes demais para o seu gosto autoritário. Então delegou ao chefe do Gabinete Militar, general Hugo de Abreu, poderes para negociar com os jornais.

A independência do *Jornal do Brasil*, ou melhor, a audácia de algumas reportagens e fotos, incomodava demais a linha dura militar e seus representantes no governo. O próprio presidente, embora decidido a tocar adiante a abertura, não gostava de jornais e jornalistas. Ao retornar de uma viagem ao exterior, a condessa Pereira Carneiro sofreu o constrangimento de ter sua bagagem exaustivamente revistada. Houve também devassa fiscal em seus bens pessoais.

Claro que nem Humberto Barreto, e muito menos Golbery, pararam de conversar com jornalistas — particularmente Elio Gaspari, Walter Fontoura e Villas-Bôas Corrêa —, ainda que contrariando o chefe. Mas a pressão do governo foi tão forte que, mesmo em plena abertura (lenta, gradual e restrita), em janeiro de 1977, o general Hugo de Abreu elaborou um relatório confidencial ao presidente Geisel com propostas para sufocar financeiramente e fechar o JB, acusado no documento de "contestador e subversivo". Hugo e o seu subchefe, coronel Kurt Pessek, ambos paraquedistas, consideravam que o JB abusava da abertura.

No ano anterior, 1976, Walter Fontoura demitira Haroldo Hollanda da direção da sucursal do JB em Brasília. Havia pedido a ele, por telex, uma matéria sobre corrupção e clientelismo na Cobal, a empresa estatal de armazenamento de alimentos. A matéria não veio. Walter cobrou de novo, desta vez por telefone, e Haroldo disse que sua equipe estava ocupada, apurando outra coisa. Walter insistiu. Haroldo mandou-o "à puta que o pariu" e desligou violentamente o telefone. Para substituí-lo, Walter chamou o correspondente do JB em Lisboa, o goiano Walder de Góes, que lhe havia enviado uma carta pedindo para retornar ao Brasil. Walter considerou que Góes seria um bom interlocutor com o general Hugo de Abreu.[93]

Hugo combinou com Nascimento Brito um esquema operacional. Instalado em Brasília, Walder de Góes faria artigos mostrando a posição do JB, resultado de conversas que manteria com o general. Experiente e esperto,

Walder resolveu plantar nos textos, ainda que de forma sub-reptícia, sua própria opinião, nem sempre coincidente com a do patrão e com a de Hugo de Abreu. Quem convivia com Brito na época garante que entre os pedidos do general estavam a demissão do chargista Chico Caruso e um controle maior sobre o que escrevia Carlos Castello Branco. Impossível. E, assim, o jornal continuava ostentando uma incômoda independência. Abreu começou a achar tudo aquilo uma desobediência, um desaforo. E partiu para o ataque.

Hoje, olhando à distância o pedido de Hugo de Abreu, parece absurdo que se proponha ao presidente da República o fechamento de um dos mais importantes jornais do país. Porém, mesmo com a abertura em marcha, o AI-5 ainda estava em vigor. Foi quando Hugo preparou o documento destinado a sufocar financeiramente e, se possível, matar o *Jornal do Brasil*. Eis a íntegra, obtida anos depois por Elio Gaspari:

Medidas contra o *Jornal do Brasil*

A atuação do *Jornal do Brasil*, sua ação contestadora e subversiva permanente, está a exigir medidas repressivas do governo. Não é possível, numa situação ainda de consolidação do sistema revolucionário, quando o próprio Congresso sofre limitações, que um órgão de imprensa, na defesa de interesses escusos, continue a investir impunemente contra todos os atos do governo, visando dificultar-lhe a ação. Já foram tentadas, sem êxito, medidas de caráter suasório. Todas elas esbarraram na absoluta falta de escrúpulos do vice-presidente executivo do JB, sr. Nascimento Brito.

As medidas propostas a seguir deverão ser impostas progressivamente, na ordem de prioridade em que estão apresentadas, e as de caráter financeiro atingirão a todo o grupo onde se inclui o *Jornal do Brasil*. Além dessas medidas, a Censura poderá ser adotada em qualquer fase, dependendo da reação do jornal. A melhor forma de censura será a apreensão do número do jornal, depois de impresso, antes da distribuição.

Medidas financeiras

Suspensão do crédito oficial: Banco do Brasil, Caixa Econômica, BNH e BNDES, outros bancos federais ou estaduais, repasse de crédito oficial, por intermédio de bancos particulares. Esta suspensão de crédito inclui a impossibilidade de reforma de empréstimo ou qualquer facilidade para o pagamento da dívida contraída.

Suspensão da publicidade oficial: inclui a suspensão de toda a publicidade paga por órgãos do governo, seja da presidência, dos ministérios ou de órgãos vinculados a estes, inclusive empresas estatais. Incluem-se nesta restrição editais e outras publicações que devem sair na imprensa. É importante, também, que os órgãos do governo do Estado do Rio de Janeiro participem do mesmo esquema. Convém notar que o JB publicou há dias um suplemento especial da Embratur e poucos dias atrás havia publicado suplemento semelhante relativo à Embraer.

Suspensão da composição para liquidação de débitos atrasados: a liquidação de qualquer débito com entidades governamentais deve ser processada imediatamente. Não será aceita qualquer espécie de negociação para o parcelamento de dívidas atrasadas, já que o grupo não merece crédito. Incluem-se aí as composições habitualmente feitas para o pagamento de dívidas para com a Previdência Social.

Pressões contra anunciantes do Jornal do Brasil: as organizações particulares que se incluem entre os maiores anunciantes do jornal — exemplo: Sérgio Dourado, Gomes de Almeida Fernandes, Adolfo Lindemberg — serão pressionadas para que suspendam seus anúncios, sob pena de perda do crédito oficial.

Verificação do Imposto de Renda: proceder-se-á a uma verificação detalhada da situação com relação ao Imposto de Renda, não só do grupo financeiro do Jornal do Brasil (pessoa jurídica), como também de seus diretores (pessoas físicas). Como consequência, serão aplicadas as penalidades previstas na legislação em vigor.

Investigação no jornal

Como medida final, o ministro da Justiça determinará a realização de investigação no jornal, de acordo com o que prescreve o artigo 79 da Lei de Segurança Nacional. A investigação deverá abranger todos os aspectos da administração do jornal, não só sua contabilidade, como a conduta política de todos os integrantes de sua direção. As conclusões da investigação deverão ser levadas às últimas consequências com o enquadramento dos diretores na Lei de Segurança Nacional e a colocação do jornal sob a intervenção do governo.

O documento parece assustador, mas os dentes do tigre eram de papel. Ao ser informado de sua existência, o então presidente da Eletrobras, Antonio Carlos Magalhães, telefonou para o general Golbery do Couto e Silva e avisou: "Eu não cumpro. A Eletrobras vai continuar anunciando no *Jornal do Brasil*".

Mas os contatos de Elio Gaspari e Walter Fontoura com o governo via Golbery e Humberto Barreto se mantiveram; na prática, o governo não deixou de anunciar no *Jornal do Brasil*. Mesmo assim, durante alguns meses o jornal sofreu um baque, porque alguns órgãos oficiais federais realmente reduziram a publicação de anúncios.

Desde 1976, o JB passou a ter sérios problemas de fluxo de caixa, e todo final de ano as despesas aumentavam ainda mais, com os $13^{\underline{o}}$ salários e a proximidade da data-base do aumento dos jornalistas, em fevereiro. Até aquele período, o jornal conseguira bancar parte de tudo isso com o lançamento do Caderno Especial de Economia, criado por Noenio Spinola, e que contava com muitos anúncios de bancos e grandes empresas. Mas a fonte havia secado.

Antônio Augusto Rodrigues, o diretor financeiro, expôs a situação a Nascimento Brito, Bernard Costa Campos e Lywall Salles. As maiores despesas do jornal eram com a folha de pagamento e a importação de papel. Imediatamente descartaram cortes na compra de papel. O jornal tinha que continuar saindo, não poderia ter a tiragem diminuída, nem o número de páginas reduzido.

Restava cortar pessoal. Como definir os critérios? Brito resolveu que seriam cortados 10% de cada diretoria. Reuniu os diretores de cada área e anunciou que seria preciso cortar, demitir, como já acontecera na década de 1960, no início do governo militar, quando Roberto Campos e Otávio Gouveia de Bulhões promoveram um enorme ajuste fiscal no país.

Daquele ano, 1976, em diante, o passaralho tornou-se uma espécie de ameaça a todos no jornal — um pássaro que retornava a cada começo de ano. Na redação, Walter Fontoura conseguiu reduzir as demissões a menos do que os 10% previstos inicialmente, e os escolhidos eram sempre os mais novos, com menos tempo de casa.

AS GRANDES REPORTAGENS — O CASO RUBENS PAIVA

Nos anos 1970, o forte do *Jornal do Brasil* eram as grandes reportagens que incomodavam os militares. Uma delas tratou do sequestro e assassinato do ex-deputado Rubens Paiva preso no dia 20 de janeiro de 1971, feriado de São Sebastião. Seis homens tocaram a campainha e invadiram sua casa, na avenida Delfim Moreira. Rubens Paiva acalmou-os e disse que os acompanharia sem qualquer problema. Saiu dirigindo o próprio carro, um Opel Kadett, com dois deles, enquanto os outros quatro invasores permaneceram na casa durante 24 horas, vigiando a família, e eram substituídos por outros quatro a cada seis horas.

Paiva era acusado de ter ajudado Vera e Helena Bocaiúva a fugir para Paris e de ter auxiliado o grupo MR-8 no sequestro do embaixador norte-americano Charles Burke Elbrick. Fora deputado federal pelo PTB de São Paulo, era amigo do presidente deposto João Goulart e fora cassado logo depois do golpe, no dia 10 de abril de 1964. O filho de Rubens, Marcelo Rubens Paiva, na época com doze anos, chegou a jogar futebol de botão e cartas com um dos invasores durante a longa ocupação. Aproveitando-se de um momento de distração, o menino levou um bilhete para uma casa vizinha, pedindo socorro. A partir desta data, o deputado passou a figurar em todas as listas de desaparecidos que circularam pelo país.

No começo de abril de 1978, Fritz Utzeri e Heraldo Dias, os dois mais bem pagos repórteres especiais do *Jornal do Brasil*, foram à sala de Walter Fontoura propor uma reportagem audaciosa. Walter topou que ambos apurassem as circunstâncias da morte de Rubens Paiva — sim, porque não havia dúvidas de que ele tinha sido torturado e assassinado pelos seus captores. Fritz e Heraldo iriam ficar fora da pauta diária pelo tempo que fosse necessário, fariam todas as viagens e entrevistas que o trabalho exigisse e teriam todo o apoio da retaguarda do jornal.

Fritz surpreendia-se cada vez mais com Walter Fontoura, a quem ainda considerava um homem "de direita", oposto a tudo o que ele próprio pensava sobre política — mas a quem, aos poucos, aprendera a respeitar como um jornalista sério e independente e um homem justo e generoso. O trabalho durou seis meses. Fritz e Heraldo viajaram o país inteiro, entrevistaram quase duzentas pessoas, começando pela família de Rubens Paiva e as circunstâncias de sua prisão. E tiveram que vencer a resistência e os temores de todos, porque, apesar da abertura de Geisel, os porões da ditadura estavam absolutamente ativos.

Mesmo durante as viagens, tinham que produzir três relatórios por dia. Um, mantinham consigo próprios; o outro ia para Walter Fontoura, e o terceiro era encaminhado ao advogado Nilo Batista, dirigente da OAB, por uma questão de segurança. Aos poucos, descobriram que os telefones que usavam no jornal, quando no Rio, estavam grampeados. Sofreram ameaças veladas em telefonemas anônimos.

Cerca de dois meses depois do início da apuração, Walter Fontoura foi chamado a Brasília para conversar com o general Walter Pires, então chefe do Material Bélico. Antes de ir ao chamado Forte Apache, sede do Estado--Maior, Walter passou no Palácio do Planalto e fez uma visita de cortesia ao major reformado Heitor Aquino Ferreira, secretário particular de Geisel. Quando lhe disse que iria falar com Walter Pires, Fontoura ouviu, surpreso, uma queixa, quase uma bronca:

— É por isso que tem golpe de Estado no Brasil. Você, um jornalista importante, de um jornal importante, vai falar com o Pires, publica alguma coisa com o nome dele, a mulher dele lê e começa a encher a cabeça dele dizendo que ele é que tem que ser o próximo presidente, que ele é que é importante etc.

Mais surpreso ainda Walter Fontoura ficou quando foi recebido pelo general Pires, que lhe disse:

— Walter, você tem dois repórteres que estão mexendo com uma coisa perigosa e estão sendo enganados por um vigarista, um major que diz a eles que sabe onde está o corpo do Rubens Paiva e está pedindo dinheiro pelas informações. Eu posso lhe garantir que ele não sabe de nada, está apenas tentando extorqui-los.

— Ah, sim, ele está pedindo ao jornal 300 mil dólares. Mas então o senhor sabe o que aconteceu com o Rubens Paiva?

— Isso aí nem sob tortura eu lhe digo. Só lhe dou um conselho: não pague nada a esse major.

Fritz e Heraldo realmente foram procurados pelo tal major, que lhes pediu dinheiro. Responderam que o JB não trabalhava dessa forma, comprando informações, mas que transmitiriam a proposta ao editor. Os dois repórteres sabiam que eram seguidos todos os dias. A Polícia Militar tinha automóveis Chevette com um emblema da PM em cada uma das portas dianteiras. Os emblemas de um dos carros haviam sido pintados, mas as marcas eram evidentes — os repórteres notaram ainda que, coincidentemente, o Chevette sempre estava nos locais em que iam. Quando não tinham nada em especial para fazer, telefonavam um para o outro e marcavam um encontro: "Heraldo, aquela criança que estamos esperando vai nascer hoje lá em Campo Grande. Precisamos ir lá, na praça tal, às dez horas".

Quando chegavam, lá estava o Chevette com dois homens dentro. Gostavam também de debochar da escuta. Quando falavam ao telefone, Fritz, mais gozador e sarcástico do que Heraldo, dizia: "Você aí que está ouvindo a nossa conversa, vá para casa, porque devem estar lá comendo a sua mulher. Deixe de ser chato".

Depois de seis meses de trabalho exaustivo, a reportagem completa foi publicada no dia 22 de outubro de 1978, um domingo, em um Caderno Especial de seis páginas. O título era "Quem matou Rubens Paiva?". Abaixo do título, uma grande foto do deputado, com seu rosto redondo e sorridente. O lead era o seguinte:

O ex-deputado federal Rubens Beirodt Paiva, que aparece em todas as listas de desaparecidos desde 1971, provavelmente morreu no dia 21 de janeiro desse mesmo ano, sob a guarda do Doi-Codi, sediado no quartel da Polícia do Exército, no Rio de Janeiro devido a maus-tratos que sofreu no dia anterior, no quartel da então III Zona Aérea.

A reportagem informava que era falsa a versão oficial de que Rubens Paiva havia sido sequestrado por um grupo "possivelmente terrorista" no Alto da Boa Vista, quando era transportado em um Volkswagen, e depois de um tiroteio com os três militares que o escoltavam: "Gordo, cardíaco, diabético, com 41 anos de idade, Rubens teria fugido em meio a um intenso tiroteio de armas automáticas".

O prisioneiro, segundo a versão oficial, teria conseguido sair do Fusca, onde estava cercado por três militares, e, apesar de suas evidentes limitações físicas, atravessara correndo por duas vezes a avenida Edson Passos, saindo do banco traseiro do pequeno automóvel de duas portas que pegava fogo e havia sido varado por 24 tiros. O relato oficial indicava 4h30 da madrugada do dia 22 de janeiro.

Na verdade, trinta horas antes, Rubens chegara ao quartel da Polícia do Exército muito machucado e deitado no fundo de um carro, sem condições de sentar. Quem o viu nessas condições foi a professora Cecília Viveiros de Castro,[94] também prisioneira, transportada no mesmo carro e que o conhecia, porque fora professora das filhas dele. Gemendo muito, Rubens dizia: "Não posso respirar".

No dia 20 de fevereiro, o então ministro da Justiça, Alfredo Buzaid, parente distante de Rubens, recebeu a mulher do ex-deputado, Eunice, e admitiu que o prisioneiro havia "sofrido alguns arranhões". Rubens já estava morto há um mês, e um oficial do Exército, amigo da família, deu a informação à viúva logo depois da audiência. Buzaid prometeu a ela uma solução em um prazo de quinze ou vinte dias. Mas o que aconteceu é que, pela busca incessante de informações sobre as condições da morte do marido e pelo seu cadáver, Eunice Paiva foi presa junto com a filha Eliana, de quinze anos, e mantida sob custódia por treze dias.

A reportagem de Fritz Utzeri e Heraldo Dias concluiu que Rubens Paiva fora enterrado como indigente em um cemitério na zona norte do Rio de Janeiro, o do Caju ou o de Inhaúma, de acordo com informação de um general da ativa. Outras fontes garantiram a eles que o corpo de Rubens Paiva havia sido atirado ao mar de um helicóptero a quarenta minutos de voo a partir da restinga de Marambaia.[95]

Em 2014, em depoimento à Comissão da Verdade, a mulher do coronel Paulo Malhães, que havia sido assassinado pouco tempo antes em sua própria casa, disse que ouvira do marido a seguinte confissão: o corpo de Rubens Paiva fora enterrado, logo depois de sua morte, no Alto da Boa Vista. No mesmo ano, 1971, foi resgatado e novamente sepultado nas areias de uma praia do Recreio dos Bandeirantes. Em 1973, finalmente, o próprio Malhães desenterrou os ossos e os atirou em um rio da Baixada Fluminense que não identificou.

Foram reportagens como essa que valeram ao *Jornal do Brasil* a antipatia e a perseguição por setores militares de linha dura, inconformados com a abertura do regime.

A PESCARIA E O AVC QUE ABALOU O JORNAL

Em setembro de 1978, com as duas concessões de televisão obtidas em 1973-4 já devolvidas ao governo, Nascimento Brito largou tudo e foi fazer o que mais gostava. Viajou à Venezuela para participar de um campeonato de pesca oceânica em La Guaira, um porto no mar do Caribe. Ele costumava pescar no Rio de Janeiro, saindo do Iate Clube Brasileiro, em Botafogo, sempre bem cedo. Quando tinha pesca, avisava à Rádio Jornal do Brasil para que o noticiário das 7h30, o "Jornal do Brasil Informa", noticiasse as condições do mar, do vento etc. Na véspera, sua secretária Sinésia ligava para a editora da rádio, Ana Maria Machado: "O doutor Brito vai pescar". Um dos redatores matinais costumava brincar e abusar da linguagem coloquial do texto nessas ocasiões: "Você aí, que está saindo para pescar, anote as condições do mar e do tempo…".

Antes de viajar para a Venezuela, Brito telefonou para o hotel de Paris em que o editor-geral Walter Fontoura passava as férias. Disse-lhe que fosse também a La Guaira, porque precisava falar com ele. Com Brito, embarcaram rumo à pescaria os amigos Adolfo Meyer e Raimundo Brito, filho do ministro da Saúde do governo Castello Branco, o potiguar Raimundo de Moura Brito, e neto por parte de mãe do senador Félix Pacheco. Em La Guaira, contrataria uma equipe de pesca para dar suporte no barco. A pesca oceânica é feita em mar aberto com grandes barcos para a captura de peixes como o atum, marlins brancos e azuis, que às vezes chegam a pesar meia tonelada.

Walter Fontoura voou de Paris para Caracas e de lá seguiu de carro até La Guaira. Hospedou-se no mesmo hotel de Brito e marcou um jantar, mas o chefe estava muito excitado com a pesca do dia seguinte, quando teria que sair às sete horas. Por isso, o jantar foi cancelado e a conversa ficou para depois. Walter não chegaria a saber qual era o assunto tão urgente que interrompeu suas férias. Era 28 de setembro de 1978.

O editor do JB foi de manhã a Caracas e remarcou sua passagem de avião para o Rio de Janeiro em vez de Paris, pois desistira das férias. Voltou a La Guaira por volta do meio-dia, almoçou um pesado *pabellón criollo*[96] com algumas cervejas e caipirinhas, e foi para o hotel dormir porque sabia que Brito só voltaria no final da tarde ou à noite. Foi acordado por volta das três horas da tarde por um telefonema aflito de Adolfo Meyer: "Walter, venha correndo para o posto de saúde da cidade. O Brito teve um enfarte e está desacordado, em coma".

Nascimento Brito e Raimundo de Brito estavam em barcos separados, mas ambos com rádio. Depois de um almoço leve a bordo, o dono do JB sentiu-se mal, cambaleou no convés e desabou, já em coma. Meyer e os marujos entraram em pânico. Brito tinha 56 anos recém-completados (em agosto), mas era um homem vigoroso, praticante de tênis e jiu-jítsu, vaidoso, e nada indicava que tivesse problemas de saúde. Meyer acreditou que era um enfarte e passou um rádio para o barco em que estava Raimundo Brito. Rumaram para o cais e, ainda desfalecido, Brito foi transportado para o posto de saúde da cidade.

Walter Fontoura chegou esbaforido, de táxi, e ordenou ao motorista que ficasse ali, à sua disposição, porque iria precisar dele. Ao entrar no posto, deparou-se com Brito inconsciente e deitado em uma cama precária, de camisa polo verde, bermuda bege, tênis sem meias, rosto vermelho e um relógio rolex de ouro no pulso esquerdo. Discretamente, Walter retirou-lhe com rapidez o relógio e pôs no próprio bolso, temendo um roubo. O médico local já tinha diagnosticado um acidente vascular cerebral, e não um enfarte. E disse que não dispunha de recursos ali para cuidar do paciente.

Deveriam ir para a capital e lá procurar o melhor de todos os neurocirurgiões, o doutor Abraham Krivoy, do Centro Médico de Caracas. Adolfo Meyer já tinha avisado à família no Brasil. Dona Leda e o médico Hélio Aguinaga, um obstetra amigo da família, embarcaram à noite, com José Antônio, rumo a Caracas.

No JB, quando se soube do ocorrido, houve grande mobilização. Até Oldemário Touguinhó já tinha feito contato com uma empresa de helicópteros de Caracas para remover Brito. Não foi necessário. Walter falara com o doutor Krivoy por telefone e providenciara uma ambulância precária — a única disponível. O transporte do paciente ocorreu imediatamente, com Walter e Adolfo Meyer sacolejando lá dentro por quase duas horas e revezando-se com um enfermeiro para segurar o soro injetado em Brito.

Em Caracas, no fim do dia, Walter telefonou para Bernard Costa Campos e ouviu que deveria ligar para o doutor Sheldon Wolff, no New England Medical Center Hospital, em Boston, Massachusetts, e pedir instruções. Por sua vez, Sheldon Wolff deu-lhes três nomes de neurocirurgiões em Caracas que considerava de absoluta confiança; um deles era exatamente Abraham Krivoy, que já cuidava de Brito na UTI.

Quase à meia-noite, chegaram dona Leda com o filho e o médico Hélio Aguinaga. Ela estava desesperada e desorientada, e Jôsa, também cansado, disse que iria primeiro ao hotel tomar um banho e trocar de roupa. Walter se irritou com ele, houve uma rápida discussão, e o editor disse: "Quem está aí morrendo é o seu pai, não é o meu, não...". Desde então, a relação dos dois nunca mais foi cordial. No dia seguinte, o doutor Abraham Krivoy conversou com a família, Hélio Aguinaga, Adolfo Meyer, Walter Fontoura e impressionou a todos. Deu-lhes um diagnóstico completo, falou da gravidade do AVC e deu até prazo para a recuperação, superior a um ano, e concluiu: o movimento com o braço direito nunca mais será completo.

Nos dias seguintes, foram tomadas as providências para transferir Nascimento Brito para o Instituto Rusk de Reabilitação, em Nova York, uma instituição patrocinada pelo duque de Windsor, considerado o melhor centro de reabilitação da cidade e um dos dez melhores dos Estados Unidos. Assim que Abraham Krivoy considerou o paciente apto a tomar um avião, Brito foi para Nova York e ficou em processo de reabilitação por quase um ano, até meados de 1979. Com impressionante força de vontade, aprendeu a escrever e a assinar o próprio nome com a mão esquerda durante o período no Rusk.

No Rio de Janeiro, o afastamento de Brito teve consequências. Os filhos começaram a tentar participação na gestão da empresa, principalmente José Antônio, que voltava de um curso nos Estados Unidos e passou a trabalhar no jornal, nomeando amigos para cargos administrativos. Os atritos com Jôsa passaram a ser constantes, e Walter Fontoura afastou-se da editoria-geral e assumiu funções de diretor, no nono andar, junto a Bernard Costa Campos. Assim que assumiu, Walter ouviu de Bernard: "Vamos agir exatamente como se o Brito estivesse aqui. Não vamos tomar nenhuma decisão que ele não tomaria. E, sempre que for possível, vamos consultá-lo".

O afastamento de Nascimento Brito em um momento de crise econômica foi devastador para o jornal. A administração, que nunca foi uma especialidade da casa, desorganizou-se ainda mais, como quase sempre acontece nas empresas familiares em que o patriarca fica incapacitado. As divergências familiares aparecem, o conflito com a parte profissional da administração torna-se evidente, os filhos chegam com suas próprias pessoas de confiança e ideias de mudança.[97]

CASTELLO E A CENSURA

O estilo da Coluna do Castello foi definido uma vez por Otto Lara Resende como "a catedral de Milão", por causa dos floreios e circunvoluções que o jornalista fazia para passar algum recado ou informação de forma disfarçada para escapar da censura. Conta-se que, certa vez, Carlos Lacerda, já no ostracismo, quis transmitir uma informação pelo *Jornal do Brasil*. Um amigo lhe disse: "Ora, procure o Nascimento Brito, vocês não eram amigos?". Lacerda respondeu que iria procurar o Castelinho, porque isso valorizaria a informação.[98]

Até 1974, quando começou o governo Geisel e seu período de "distensão lenta, gradual e restrita", praticamente não havia noticiário político. O Congresso Nacional, nas palavras do próprio Castelinho, só existia na coluna dele. Em 1973, o presidente do então MDB, deputado Ulysses Guimarães, e o presidente da Associação Brasileira de Imprensa (ABI), Barbosa Lima Sobrinho, haviam lançado uma chapa para disputar com os generais Ernesto Geisel e Adalberto Pereira dos Santos a presidência e a vice-presidência da República. E em 1974, de forma quase surpreendente, o MDB elegeu dezesseis senadores, o que despertou o medo entre os militares de que a oposição pudesse obter maioria nas eleições seguintes, em 1978.

A derrota da Arena balançou a abertura e levou Geisel a adotar um estilo pendular: ora aplicava uma pancada na linha dura militar, ora na esquerda do MDB. Mesmo assim, em 1975, a censura foi retirada do jornal *O Estado de S. Paulo* e logo depois do *Jornal do Brasil*. Em agosto desse mesmo ano, a repressão aumentou e vários dirigentes de grupos de esquerda e do Partido Comunista Brasileiro foram presos, mortos e torturados. Geisel, em pronunciamento à nação, disse que enganavam-se os que achavam que a subversão estava controlada.

Em 25 de outubro, o jornalista Vladimir Herzog foi preso e assassinado, e sua foto publicada nos jornais com a simulação tosca de um suicídio por enforcamento. Em 16 de janeiro de 1976, o operário Manoel Fiel Filho, da fábrica Metal Arte, foi preso em casa, acusado de filiação ao PCB e de ser "assinante e leitor da *Voz Operária*", o órgão oficial do Partidão. O JB noticiou tudo com destaque, inclusive a demissão do comandante do II Exército, general Ednardo d'Ávila Mello, responsabilizado pelos assassinatos.

Castelinho, no começo de 1976, passou a receber cartas anônimas com ameaças de morte pelo fato de ter rejeitado a versão oficial desses óbitos. Em uma delas, estava anexada a foto de Vladimir Herzog morto, com o recado: "Você será o próximo". E, em uma noite de maio, Rodrigo, filho mais velho do colunista, quando saía da casa da namorada, perdeu o controle do carro durante uma curva no extinto balão, ou rotatória, que havia no fim da Asa Sul e morreu. Castelinho estava na Espanha. Ele e a mulher, Élvia, tinham brigado, andavam preocupados com as ameaças, e resolveram viajar ao exterior para fazer as pazes. Quando recebeu a notícia, o casal imediatamente pegou o primeiro voo da Iberia que fazia a linha Madri-Rio de Janeiro-Porto Alegre.

Os amigos em Brasília e no Rio, jornalistas, políticos, praticamente todo o Congresso Nacional e até militares se mobilizaram e conseguiram convencer a empresa espanhola a realizar um pouso de emergência em Brasília para que Castelinho e Élvia descessem. O piloto deu aos demais passageiros uma falsa desculpa sobre falta de combustível, enquanto uma multidão já esperava o casal no aeroporto.[99]

Foi uma comoção em toda a cidade, uma verdadeira carreata até o apartamento da Asa Sul. Brasília tinha uma população muito menor, vivia quase exclusivamente em função do oficialismo federal, com tráfego de veículos infinitamente inferior, e a morte de Rodrigo foi o assunto por vários dias. Praticamente todos os profissionais do JB que tinham alguma relação com Castelinho ou telefonaram ou foram ao funeral — todos, de alguma forma, solidarizaram-se com o velho e admirado colega. Inclusive a família da condessa, Nascimento Brito, dona Leda e os filhos, além dos jornalistas da sede, no Rio de Janeiro. Toda a classe política também se mobilizou, houve romarias para visitá-lo nos dias seguintes.

Castelinho deixou de vez de frequentar a redação da sucursal de Brasília. Escrevia suas colunas em casa e as enviava ao jornal por volta do meio-dia. Amigos apostavam que a morte de Rodrigo fora planejada e executada pela direita militar, cumprindo as ameaças que eram dirigidas ao pai. Castello sempre fora um bom bebedor de uísque, e a dor só aumentou o problema com o álcool.[100]

No Rio de Janeiro, dias depois do funeral, a empresária mineira Vera Brant, radicada em Brasília, telefonou a Carlos Drummond de Andrade e lhe avisou que Castelinho estava magoado com ele, porque não telefonara, não enviara uma carta, nada. O colunista adorava a poesia de Drummond e gostava de considerá-lo um colega de trabalho no JB. Castelinho tinha ligações com os mineiros e, mesmo à distância, grande estima pelo poeta. Drummond ficou aflito e não soube o que fazer. Afinal, praticamente não tinha relações com o colunista, a quem tinha visto poucas vezes, de forma rápida e superficial. Mas, principalmente, era um tímido por natureza. Resolveu, então, escrever uma carta a Castelinho:

Rio, 20 de maio de 1976.

Castello,

Acabo de saber por uma amiga comum, que foi notada, na correspondência dirigida a você pela perda do seu filho, a ausência de manifestação da minha parte. Devo dizer que, como toda criatura sensível e experimentada pela vida, senti muito, senti com você e com sua mulher, a tristeza pelo acontecimento. Se não a manifestei, foi devido a um movimento de discrição, que me inibiu de dirigir--me a você por serem tão vagas e distantes as nossas relações pessoais, apesar da admiração que voto à sua inteligência e à sua linha cívica — admiração que nunca escondi das pessoas com quem trato. Achei que iria, de certa maneira, invadir aquele território a que só têm acesso os amigos — e eu nunca tive oportunidade de estabelecer com você laços de amizade, o que lamento. Entre os meus defeitos creio não figurar a algidez diante da dor humana, e a de vocês dois atrai imediatamente todas as solidariedades, expressas ou silenciosas. Triste é também que, ao me aproximar de você, como agora o faço, o motivo seja dessa ordem, quando poderia ser festivo ou ocasional. Não quero, entretanto, que perdure em seu espírito a menor dúvida sobre a minha reação ante o fato que o acabrunhou. Nada posso dizer ou fazer no sentido de induzi-lo a um estado de conformidade e aceitação do inelutável. Eu sei, de ciência própria, que só as forças interiores — e você as tem apuradas — são capazes de nos fazer assimilar uma perda como essa, e a de criar as condições para o ressurgimento ou recuperação da vida moral. Ignoro se você é homem de fé. Eu não tenho nenhuma, porém me alentaram, mais de uma vez, as reflexões de Kierkegaard sobre os mortos e o relacionamento entre eles e nós.

Receba, com sua mulher, o abraço de fraternal sentimento, meu e de Dolores.

Seu,
Carlos Drummond de Andrade[101]

Castelinho sentiu-se confortado e à vontade para telefonar para Drummond e agradecer. A carta foi guardada com carinho e exibida aos amigos mais próximos com orgulho. A recuperação, porém, foi lenta e dolorosa, e no ano seguinte concordou em ser eleito presidente do Sindicato dos Jornalistas de Brasília. Foi um movimento praticamente nacional, que resultou em novas diretorias sindicais pelo país, como resultado da abertura política.

Mas ele não era mais aquele Castelinho que o jovem repórter Paulo José Cunha, na época com 26 anos, encontrou na sucursal do JB quando conseguiu lá um emprego. Piauiense como Carlos Castello Branco, Paulo José estava orgulhoso do novo emprego, e olhava admirado para os colegas, gente do primeiro time do jornalismo político — principalmente seu conterrâneo, atarracado, com uma voz engrolada e quase ininteligível, "que mais parecia entrar que sair da boca", conforme escreveu em um depoimento para Carlos Chagas.[102]

Na época, começo de 1976, a chefia dos plantões de fim de semana era feita na forma de rodízio; a cada fim de semana um profissional ficava responsável. Até mesmo um jovem inexperiente como Paulo José entrava na escala. No primeiro sábado em que Paulo chefiava o plantão, Castelinho entrou pela redação com as duas laudas de sua coluna que seria publicada no dia seguinte, domingo. Estava escrita com espaço um, segundo um truque que aprendera com Nelson Rodrigues — a falta de espaço entre as linhas impedia que algum copidesque metido fizesse correções. "Revisa aí", foi o que entendeu Paulo José do grunhido que ouviu.

O jovem deu uma lida no texto e não resistiu: começou a sapecar vírgulas e pontos e vírgulas, acreditando que daria mais elegância ao artigo. Sentia-se como responsável pelo plantão e pelo material que seria enviado ao Rio de Janeiro. No dia seguinte, domingo, ao chegar à sucursal, Paulo José abriu o jornal na página 2 e lá estavam suas correções, com todos os "aperfeiçoamentos" que tinha aplicado ao texto. Toca o telefone às 10h30 e, do outro lado da linha, a voz inconfundível, só que desta vez furiosa:

— Quem mexeu no meu texto?

Confiante, Paulo José respondeu:

— Fui eu, Castello.

— Pois amanhã quero ter uma conversa com o senhor na minha sala — e desta vez a frase, altamente irritada, saiu clara, com dicção perfeita.

Paulo José Cunha passou o domingo arrasado e não dormiu à noite, certo de que seria sumariamente demitido na segunda-feira de manhã. Nesse dia, Castelinho chegou, passou por ele sem cumprimentá-lo e, algum tempo depois, mandou a secretária chamá-lo.

— Então foi você que mexeu no texto! Com que autorização?

Intimidado, o jovem repórter respondeu:

— Com a autoridade de chefe do plantão, que tem que zelar pela qualidade do material que envia para a sede.

— De onde você é?

— Do Piauí.

Nem pensou que isso poderia ser uma atenuante.

— Ah, bom, pensei que fosse cearense. Até que não ficou ruim, você deve ter feito um bom curso ginasial. Mas não repita mais isso!

A partir dali, Castelinho passou a dar-lhe um tratamento de amigo.[103]

ROSENTAL: DE RADIALISTA A CORRESPONDENTE

Rosental Calmon Alves é hoje um grande especialista em tecnologias do jornalismo, professor da Universidade do Texas, em Austin, diretor do Knight Center for Journalism in the Americas e consultor requisitado em vários países. Sobrinho do senador capixaba João Calmon, histórico dirigente dos *Diários Associados*, nascido no Rio de Janeiro, desde menino Rosental decidira mergulhar no jornalismo e escapar da carreira política que a família lhe queria impor.

Antes de completar vinte anos, já trabalhava como redator nas rádios Tupi e Nacional, depois de estagiar em O *Jornal*. Em abril de 1973, finalmente, recebeu o convite para trabalhar no veículo que tinha como alvo desde que começara: a Rádio Jornal do Brasil. Recebeu o telefonema e o chamado do então editor-chefe interino, Cesarion Praxedes, e entrou na nova e luxuosa sede do JB na avenida Brasil, ainda em obras de acabamento.

Começou a trabalhar à noite como redator, ao lado de Procópio Mineiro da Silva, o secretário noturno de redação, Sebastião Martins, conhecido como Tim, Mauro de Felice e o repórter Joé Batista de Souza. Rosental ainda estudava jornalismo na Universidade Federal do Rio de Janeiro quando foi ele próprio dar aulas do outro lado da baía, na Universidade Federal Fluminense. Passaria a ensinar radiojornalismo no oitavo período. Quando terminou o próprio curso, passou a usar o tempo livre das manhãs para dar aulas também na Universidade Gama Filho. Respirava jornalismo das primeiras horas da manhã até tarde da noite.

O editor Antônio Crisóstomo saiu da Rádio JB antes da mudança para a nova sede, e em seu lugar ficou interinamente Cesarion Praxedes. E, em meados de 1973, Cesarion também foi demitido. Ana Maria Machado, repórter especial do jornal, assumiu a chefia do jornalismo. Ana indicou então ao editor do Caderno B, Humberto Vasconcellos, o pessoal da rádio para reportagens especiais. Rosental emplacou ótimas matérias, como a descoberta do ambientalista Augusto Ruschi e sua reserva florestal de Santa Teresa, no Espírito Santo.

Rosental gostou da experiência de repórter de jornal e pediu transferência para o Caderno B. Mas a rádio pagava salários maiores, o que acabou impedindo a mudança. Em 1976, conseguiu uma bolsa para a Escola Oficial de Radiodifusão da Universidade de Madri. Chegou lá em plena crise da transição democrática com a morte do ditador Francisco Franco, o que lhe permitiu enviar farto material para a rádio e para o jornal, apoiando o correspondente Humberto Borges.

Em 1978, Rosental estava de volta ao Rio e de olho no cargo de correspondente em algum país importante. Achava que era o momento de dar novo salto na carreira. Consultou a lista de correspondentes e percebeu que o posto em Madri ainda estava vago, depois da demissão de Humberto Borges. Sentindo-se confiante, pois era fluente em espanhol e inglês, foi pedir a vaga a Dorrit Harrazim. Ela lhe explicou que o jornal estava em situação financeira difícil e não poderia contratá-lo, mas seria possível pagar-lhe como freelancer, com remuneração por matéria publicada. Rosental topou, preparou a mudança e, como o cruzeiro, a moeda brasileira da época, fosse muito fraco no exterior, conseguiu autorização para assinar matérias também para uma nova revista semanal, a *IstoÉ*, criada por Mino Carta após sua saída da *Veja*.

Em um dos telefonemas para a redação da Rádio JB, no Rio, em 1979, para gravar uma reportagem, Ana Maria Machado pegou a ligação e avisou: "O Jôsa está encantado com suas reportagens sobre os Pactos da Moncloa.[104] Ele vai te convidar para ser correspondente em Buenos Aires". Rosental perguntou pelo correspondente na Argentina, Aloizio Machado, também ex--redator da rádio, que fazia uma excelente cobertura da ditadura argentina. Ana apenas sabia que ele estaria de volta ao Brasil.[105]

Lá mesmo, em Madri, Rosental recebeu o convite formal de Walter Fontoura por intermédio de Isaac Piltcher, que substituíra Dorrit: deveria voltar ao Brasil para negociar a ida para Buenos Aires.

— Mas o que houve com o Aloizio? — insistiu na pergunta.

— Quando você chegar aqui, conversamos — respondeu Piltcher.

Aloizio Machado, que fora redator da Internacional, assumira o lugar de Jaime Dantas, que morrera de ataque cardíaco em 1975. A crise Brasil e Argentina não era novidade, vinha desde o fim da Guerra do Paraguai (1864-70), e a animosidade atingira seu clímax quando Brasil e Paraguai assinaram em 1973 o acordo para a construção da usina de Itaipu. Em 1979, as coisas só tinham piorado. A Argentina acusava o Brasil de "hegemonismo" e de sabotar um acordo que envolvia Jorge Rafael Videla, Emílio Eduardo Massera e Orlando Agosti em um projeto com o Paraguai intitulado "Corpus". Os três militares haviam derrubado a presidente Maria Estela Martínez de Perón, a Isabelita, quatro anos antes.

No dia 7 de setembro de 1979, Aloizio foi, em serviço, a uma recepção comemorativa da Independência do Brasil na luxuosa embaixada brasileira em Buenos Aires, no bairro de Palermo. Estariam ali valiosas fontes do governo argentino, além de diplomatas do mundo inteiro. Aloizio aproximou--se de uma roda de conversa em que pontificava a mulher de Celso Souza e Silva, amigo de Nascimento Brito. Celso era, naquele momento, o embaixador brasileiro em Buenos Aires.

Por coincidência, ela falava mal de Aloizio, acusava-o de escrever matérias "contrárias ao interesse brasileiro" e de trabalhar contra o embaixador.

Aloizio era um homem simples e gentil, e tentou explicar que trabalhava para um jornal privado, independente, e tinha que abordar todos os lados das questões que envolviam os dois países. Era o que o jornal lhe exigia. Não poderia escrever apenas o que fosse de interesse do governo brasileiro. Foi interrompido quando a embaixatriz atirou-lhe no rosto o conteúdo de sua taça de champanhe, além de uma ofensa verbal.[106]

No dia seguinte, Aloizio foi chamado ao Rio de Janeiro. O chanceler Azeredo da Silveira havia ligado para o jornal e insistia em sua demissão. Aloizio não perdeu o emprego, mas foi obrigado a voltar e reassumir o posto de redator na Internacional.

Se a saída de Aloizio foi conturbada, a chegada de seu sucessor Rosental Calmon Alves a Buenos Aires não foi diferente. A história começou assim: o novo editor de Internacional, Celso Barata, havia lhe pedido, em agosto, que fosse ao Paraguai cobrir as solenidades de 25 anos de ditadura do general Alfredo Stroessner. Justamente naquela data, chegava a Assunção o ex-ditador da Nicarágua, Anastacio Somoza. Vinha refugiado depois da tomada do poder pelos sandinistas e foi recebido com todas as honras de hóspede ilustre. A coisa ficou definitivamente feia e perigosa quando Rosental apurou que cerca de trinta refugiados políticos de Chile, Argentina e Uruguai estavam desaparecidos no país. Entre eles, uma menina de dois anos e meio.

O jornalista conseguiu contato com Victoria da Silva, a mulher de um dos desaparecidos, Ramon Silva, de cinquenta anos, e seu filho Juan Carlos Silva, de 25. Ela lhe disse que, na véspera, vira o marido preso na Sección de Vigilancia y Delitos del Departamento de Investigaciones, a polícia política do país. Ele estava em péssimas condições físicas, com a boca sangrando e os dentes quebrados. Victoria não conseguira saber notícias ou falar com o filho. "Você tem que ajudar a salvar a vida deles", apelou a Rosental.

Ela havia procurado também, sem resultados, o arcebispo de Assunção, dom Ismael Rolón. Estavam também presos os argentinos Oswaldo Enrique Landi, sua mulher Ofelia de Landi e a menina Toto, de dois anos e meio, além de outros 25 dissidentes, cujos nomes ignorava. Rosental insistiu e foi recebido pelo chefe da repressão civil, o ministro do Interior Sabino Montanaro, na sexta-feira, 24 de agosto de 1979. E conseguiu a seguinte entrevista, publicada no dia seguinte:

— Ministro, há denúncias de que trinta estrangeiros, uruguaios, argentinos e chilenos, foram presos recentemente e estão desaparecidos.

— É mentira. Só há três presos políticos no Paraguai. Desafio que provem o contrário. Os Landi foram deportados para o Uruguai. Dizem que estão desaparecidos, o que é falso. Eles foram postos para fora do país porque não têm vistos de permanência. (Montanaro leu então um documento oficial que dizia que a família argentina fora expulsa do país através de um porto). Está aqui a prova oficial.

— O senhor poderia informar por qual porto eles saíram, e por que navio?

— Não tenho essa informação aqui, mas posso consegui-la, sem problemas.

— Mas eles eram procurados pelas polícias de seus países e foram entregues a essas polícias?

— Não, não senhor! Eram apenas residentes ilegais, sem visto de permanência, sem permissão do Departamento de Imigração. Não poderiam ficar aqui.

— Mas existe colaboração mútua entre as polícias do Paraguai, do Brasil, da Argentina, do Chile e do Uruguai?

— Há uma colaboração na troca de informações, sim. Mas nunca no governo Stroessner, durante meus onze anos à frente do Ministério do Interior e seis no Ministério da Justiça, jamais participei da entrega de uruguaios ao Uruguai ou argentinos à Argentina, em caso de perseguidos políticos. E nem recebi desses países qualquer condenado ou procurado pelas nossas forças de segurança. Só deportamos se não tiverem visto de permanência.

— E se o residente clandestino aqui no Paraguai for procurado como perseguido político em seu próprio país?

— Se for um argentino procurado em seu país, nós o passamos para o Brasil. Agora mesmo tenho nas mãos uma carta de um representante das Nações Unidas no Paraguai que nos pede para mandar à França uns argentinos perseguidos em seu país e que estariam aqui. Estamos procurando e, se realmente estiverem aqui, vamos dar-lhes salvo-condutos para deixarem livremente o Paraguai.

— Mas tenho informações de que o Brasil repassou a vocês, aqui no Paraguai, alguns paraguaios que eram procurados pela sua segurança como subversivos...

— É falso. Foram expulsos do Brasil porque estavam lá ilegalmente, sem visto. Estão por aí, em Assunção, totalmente livres, porque não são políticos. (Em 1979, não havia Mercosul ou qualquer acordo entre os países que garantisse a permanência de cidadãos de um país em um outro da região).

Rosental saiu do gabinete de Sabino Montanaro, correu para o hotel e ditou a matéria ao jornal por telefone. Foi publicada na Internacional, com chamada na primeira página, no dia seguinte: "Cerca de trinta refugiados de três países desaparecem no Paraguai". No mesmo sábado da publicação, o correspondente do *Estado de S. Paulo* em Assunção, o paraguaio Roberto Codas, também repórter do *ABC Color*, avisou a Rosental: "Procure a sua embaixada. Você pode estar em perigo".

Assustado, Rosental ligou para a embaixada do Brasil, mas ninguém atendeu. Tentou a dos Estados Unidos, também sem resultado. Resolveu ir de qualquer jeito para a brasileira. Lá, foi recebido pelo vice-cônsul de plantão, que o levou para sua própria casa, quase às escondidas. Ao chegar, imediatamente colocou uma música bastante alta, porque tinha certeza de que havia escuta, de que a casa estava sob vigilância:

— Tem dinheiro para um táxi aéreo? — perguntou a Rosental.

— Não.

— Para um táxi até a fronteira?

— Acho que sim.

O jovem cônsul pegou então o telefone e iniciou uma conversa cifrada e em espanhol:

— Tenho um pacote diplomático daqueles bem complicados para o exterior, para o Brasil...

— Alguma coisa a ver com contrabando de carros?

— Não.

— Tráfico?

— Não, jornalista.

— Ihh, isso é o pior e mais complicado...

Rosental conseguiu sair de carro em direção ao Paraná e assumiu finalmente a sucursal de Buenos Aires em setembro. Cobriu de lá a Guerra das Malvinas, em 1982, e foi deslocado depois para a Cidade do México, onde ficou até 1984, quando se desentendeu com o chefe de redação José Nêumanne Pinto por causa de uma reportagem sobre os sandinistas. Retornou ao Brasil e resolveu aceitar um convite da sucursal carioca da revista *Veja*.

EM PRIMEIRA MÃO

O grande pesadelo de todos que trabalhavam à noite eram as surpresas, as notícias ultraimportantes que chegavam na hora do fechamento. Exausto, Osvaldo Maneschy, redator da editoria Internacional, arrumava suas coisas para ir embora por volta das 2h da madrugada de 29 de setembro de 1978 quando a porta se abriu e entrou esbaforido na sala o encarregado do telex, Schroder, conhecido como Alemão, um sujeito normalmente agitado, brincalhão e que organizava as peladas de futebol do JB: "Vai aonde? Pode deixar tudo aí e sentar de novo. O papa morreu!".

Com um filho pequeno e a mulher desempregada, Maneschy era redator também de manhã, das 5h30 às 12h30, da Rádio JB, para engrossar os rendimentos. Na Internacional, pegava a partir das cinco da tarde, sem hora para largar. Dependia do noticiário do dia. Estava esgotado, com o sono atrasado, e sabia que não podia se descuidar do horário na manhã seguinte, porque o secretário de redação matinal da rádio, Oscar Barbosa, era rigoroso e chato com essas coisas.

— Não fode, Schroder. Isso não é hora para brincadeira. Estou morto — disse, conhecendo o estilo pouco sutil das piadas do colega de trabalho.

— Não é brincadeira não, Maneschy! Morreu mesmo! Olha isso aí...

E jogou sobre a mesa as tripas de papel amarelo carbonado dos primeiros telexes que anunciavam a morte de Albino Luciani, o João Paulo I, ainda sem maiores detalhes. Como sempre, quem noticiava antes de todos era a France Presse, que às vezes, em nome do furo (notícia em primeira mão, antes dos concorrentes), cometia "barrigas" (notícias infundadas). Mas já havia flashes também da UPI, da Associated Press, da Reuters, da Ansa. Maneschy viu que era sério, correu à chefia de redação e alertou o secretário Xico Vargas, que também se preparava para ir embora.

A dúvida inicial de Maneschy tinha razão de ser. O gregoriano João Paulo I tinha apenas um mês e dois dias como papa e era um homem jovem para o cargo, com 65 anos — previa-se, portanto, um longo papado. Convencido da morte do papa, Maneschy resolveu acordar o editor da Internacional, Renato Machado, a quem telefonou. Do outro lado da linha, Renato, com voz de sono, apenas respondeu: "Morreu mesmo? Cuide de tudo aí então". E desligou o telefone.[107]

Xico determinou que Maneschy começasse a escrever já com base nas primeiras informações, e avisou ao outro secretário, Manoel Aristarcho Bezerra, o Maneco, para que parasse as máquinas e modificasse a primeira página, enquanto ele próprio telefonou para a casa do chefe de redação, Luiz Orlando Carneiro, um especialista em Igreja católica. Em seguida, Xico e Oldemário Touguinhó — que ainda perambulava pela redação, pois só ia embora depois de ver os primeiros jornais saindo do forno — correram à Pesquisa, mas todos já tinham ido embora, a porta estava trancada. "Vamos arrebentar a fechadura. Se der merda, a gente paga depois do próprio bolso", disse Oldemário. Não conseguiram. A porta era sólida e a fechadura muito segura.[108]

Como era um estudioso da Igreja católica, Luiz Orlando pegou um dos livros que tinha sobre a história dos papas e correu para a redação. Chegou e começou também a trabalhar no material. Na manhã seguinte, 29 de setembro de 1978, o JB conseguiu sair com a chamada de primeira página e um bom material interno sobre a morte de João Paulo I, o "Papa que ri". Um autêntico "esforço de reportagem", como se dizia na época. E um banho de jornalismo na concorrência, porque nenhum dos outros jornais conseguiu publicar a notícia a tempo.

Quem sofreu na manhã seguinte foi o jovem redator que estava de plantão e encarregado de fechar a Rádio JB naquela noite, João Batista de Abreu. Ele foi embora antes de 2h30, quando ia ao ar o último noticiário, que já havia terminado de preparar minutos antes. Ao acordar, comprou uma edição do segundo clichê do JB já com a manchete da morte do papa e pensou: "Estou demitido!". Tranquilizou-se quando viu que as primeiras notícias das agências sobre o fato haviam chegado bem tarde. O JB foi o único jornal do país a sair com a morte de João Paulo I.[109]

BRIGA DE SUCURSAIS

Como já vimos, em 1977, a partir da chegada de Walder de Góes à sucursal de Brasília, o general Hugo de Abreu deixava transparecer que estava no controle da situação, que tinha enorme influência sobre o presidente Geisel e que tinha chances de sucedê-lo. Sempre foi um problema recorrente nas sucursais de Brasília de todos os grandes veículos a crença de que são o coração do jornal e que sabem mais do que os editores na sede, Rio ou São Paulo. E a recíproca era verdadeira.

Nesse ano, depois da crise com a demissão do ministro do Exército Sylvio Frota, os grandes assuntos eram os limites da abertura administrada a conta-gotas por Geisel, a campanha pela anistia e a sucessão presidencial. O MDB optou por uma candidatura militar, acreditando que provocaria uma divisão nas Forças Armadas e no próprio Congresso: o general Euller Bentes Monteiro foi escolhido pelo partido em convenção em 1978. Pelo lado oficial, da Arena, os nomes pululavam, e a sucursal do JB em Brasília confiava nas informações que recebia do general Hugo de Abreu — ele próprio, um candidato. O candidato civil que se apresentara pela Arena, o deputado Magalhães Pinto, apesar de conhecido em todo o país e de uma campanha incisiva, não era um político popular e havia apoiado, na primeira hora, o golpe de 1964.

Em janeiro de 1978, Elio Gaspari pegou carona no avião que levava a Brasília o ministro da Fazenda, Mario Henrique Simonsen. Confiante na informação, já publicada pelo repórter especial Villas-Bôas Corrêa, de que o candidato de Geisel era o chefe do SNI, o general João Baptista Figueiredo, foi ao Palácio do Planalto falar com Figueiredo, a fim de que o JB compusesse um perfil do futuro presidente.

Foram duas horas de conversa. Elio havia pedido a um amigo matemático que elaborasse uma equação bastante complexa, que levaria para que Figueiredo resolvesse, porque o general tinha fama de grande especialista na matéria. O chefe do SNI saiu-se bem. No fim da entrevista, Elio explicou que seriam várias páginas, e pediu a Figueiredo que desenhasse sua própria assinatura, que o JB iria usar como um selo no canto superior de cada uma das páginas. Do Planalto, Elio foi para a sucursal do JB e explicou a todos que o futuro presidente era Figueiredo e que já tinha, inclusive, um bom material com ele, para publicação. A comunicação tinha uma razão de ser: orientar a cobertura da sucursal para o fato quase consumado de que Figueiredo era o ungido, para que ouvissem políticos, repercutissem a informação.

Para sua surpresa, um dos chefes respondeu: "Não, não, o Figueiredo não está escolhido. São vários nomes na briga, o general Hugo de Abreu, o Euller Bentes Monteiro, o Reinaldo Melo de Almeida e o general Tourinho". Elio nem discutiu. O próprio escolhido já estava ajudando o jornal na edição de seu perfil e a sucursal ainda acreditava nas análises do general Hugo de Abreu.

No dia seguinte, Geisel confirmou Figueiredo, Hugo de Abreu pediu demissão e abriu dissidência contra Geisel. Figueiredo era um general de divisão, de três estrelas, e sua indicação atropelaria outros generais mais graduados. Poderia haver uma crise no Estado-Maior. Geisel resolveu o problema promovendo Figueiredo, concedendo-lhe uma estrela a mais, o que evidentemente só aumentou a insatisfação.

NOVOS TEMPOS

O AVC sofrido em setembro de 1978 por Nascimento Brito levou a um arranjo que, inicialmente, seria apenas provisório: Walter Fontoura acumularia o cargo de editor-geral com o de diretor. Como Brito acabou passando um ano em Nova York, em recuperação, o que era provisório tornou-se definitivo.

Logo, ainda em 1979, o JB precisou de um novo editor-geral para substituir Fontoura. E Luís Orlando Carneiro (chefe de redação) foi enviado a Brasília para substituir Walder de Góes como chefe da sucursal. O escritório ficou desgastado no episódio da sucessão presidencial, ao ser furado pelo editor de Política do Rio. Paulo Henrique Amorim assumiu o lugar de Luiz Orlando, enquanto George Vidor ia para a editoria de Economia.

Outra mudança de 1979: o editor de Política, Elio Gaspari, decidiu que era o momento de mudar de ares e aceitou um convite para lecionar na Universidade Columbia, em Nova York. Sua mulher, Dorrit Harrazim, já havia voltado à Veja, em São Paulo, depois que nascera a filha do casal, Clara. Com a ida de Elio para Nova York, Dorrit e Clara mudaram-se também para Manhattan. A família voltou depois de um ano, e Elio assumiu a editoria Política da Veja, na capital paulista.

Pouco tempo antes da viagem de Elio Gaspari para Nova York, Nascimento Brito convidou-o para assumir a editoria-geral do JB, porque Walter Fontoura permaneceria como diretor. Quem iniciou as tratativas foi o próprio Walter. Ainda debilitado pelo AVC, Brito convidou ambos para um jantar na casa de Santa Teresa, e quem testemunhou jura que Elio chegou passando mal, achando que estava tendo um enfarte. Balançou com o convite para ser editor-geral, porque o JB ainda era o melhor jornal do país, mas recusou.

Paulo Henrique Amorim, que esperava ser efetivado no cargo que ocupava como interino, revoltou-se. Fez um inflamado discurso em sua sala, disse que era o mais preparado para a função, pediu demissão e foi para casa. Com a recusa de Elio, no entanto, acabou chamado de volta depois de algum tempo e assumiu realmente o posto. "Assumi por vias tortas, eu não era o nome preferido do Brito, e isso sempre afetou nossas relações", avalia hoje Paulo Henrique.

Ainda em 1979, Walter Fontoura e a redação viveram uma crise por causa de um dos editores do jornal. Em cada andar do prédio, havia uma máquina de café expresso acionada por fichas semelhantes às de telefones dos antigos orelhões. As fichas eram vendidas pelas recepcionistas de cada andar. Em uma tarde de sábado, o jornalista subiu ao sétimo andar, que estava quase deserto, e quando recebeu das mãos da moça a ficha que comprara, atacou-a. A recepcionista gritou e fugiu, mas não deixou barato. Na segunda-feira, ela e todas as colegas, rebeladas, foram à sala de Walter Fontoura exigir providências. Receberam a solidariedade de todas as jornalistas, que passaram a pressionar Walter. O sujeito recebeu ordens para ficar em casa, mas não adiantou. A saída foi enviá-lo para Paris. Quando desembarcou em Orly, um enorme grupo de feministas francesas recebeu-o com vaias e faixas e não lhe deram sossego. Haviam sido acionadas pelas feministas do JB.

Os anos 1980: a redemocratização

A RÁDIO

Em 1980, a Rádio Jornal do Brasil AM (ondas médias) ainda era uma referência no Rio de Janeiro e até em outros estados, pela cobertura que havia feito da abertura política de Ernesto Geisel e pela luta contra a censura durante toda a década de 1970. Tinha prestígio entre a audiência mais sofisticada desde os anos 1960, por causa da programação musical e dos prefixos gravados pelo conjunto Os Cariocas, inclusive para programas como *Pergunte ao João*. Era a única emissora com uma correspondente full-time em Brasília, Sônia Carneiro, e com uma equipe de reportagem no Rio de Janeiro, que lhe permitia cobrir todas as áreas com a mesma intensidade dos jornais diários e da TV Globo, que já dominava o mercado.

Desde 1956, adotara o modelo "música e informação", criado por Reynaldo Jardim: músicas intercaladas com noticiários de hora em hora ou nas meias horas, e quatro grandes noticiários (7h30, 12h30, 18h30 e 0h30). Era obrigatório para todos os jornais manter "escutas", um repórter junto a um receptor de rádio, para ouvir o que as emissoras noticiavam a todo momento, e evitar furos no fim do dia. Mas o Jornal do Brasil Informa, da Rádio JB, era a grande referência.

Era um noticiário basicamente de doze minutos, mas que podia chegar a vinte, caso a importância das notícias o justificasse. A estrutura da redação era a mesma do *Jornal do Brasil*, embora menor. As cópias das reportagens eram enviadas também para o jornal e para a Agência JB. E todas as reportagens do jornal eram igualmente utilizadas pela rádio, principalmente à noite. No início dos anos 1970, o noticiário ganhou em qualidade sob a batuta de Antônio Crisóstomo, que era originalmente produtor cultural e ensaísta. O grau de exigência era grande. Funcionavam três redatores e um secretário de redação por turno (eram três turnos de trabalho), com uma equipe de dez repórteres e um chefe de reportagem. Crisóstomo saiu no final de 1972 e, já na sede nova, assumiu por convite do próprio Nascimento Brito a repórter Ana Maria Machado, que chegara ao JB pouco tempo antes.

Ana Maria era formada e pós-graduada em Letras Neolatinas pela UFRJ e, antes do JB, já havia colaborado com as revistas *Realidade* e *Veja*. Era filha do jornalista, ex-senador e deputado cassado Mário Martins e irmã de Franklin Martins, um dos líderes do sequestro do embaixador norte-americano, em 1969. Depois da edição do AI-5, Ana Maria foi presa, como quase todo o Brasil pensante da época, e logo depois exilada com um filho pequeno, Rodrigo. Em Paris, fez doutorado em linguística e semiologia na Sorbonne, foi aluna de Roland Barthes, deu aulas na mesma universidade, trabalhou na revista *Elle* e, em Londres, no serviço em língua portuguesa da BBC com Waltensir Dutra, ex-editor de Internacional do JB. Foi essa experiência na BBC que lhe valeu o convite para dirigir a Rádio JB. Neste período, já tinha prontos alguns livros infantis.

Ana Maria assumiu a rádio quando a ditadura estava em seu estágio mais opressivo, o governo Médici. E estabeleceu duas linhas de trabalho: a excelência do texto (praticamente não havia reportagens ao vivo) e a luta para burlar a censura. Como acontecia no jornal, eram rotineiros os telefonemas de um agente da Polícia Federal para ditar um texto com as proibições da censura. Esses telefonemas, aliás, eram a principal fonte de informações da redação sobre a luta armada, sobre ações de repressão, prisões, epidemias ou qualquer outro tema proibido.

Com Geisel, a censura aos jornais e revistas foi, aos poucos, sendo abolida, mas persistiu ainda por um bom tempo contra emissoras de rádio e televisão, que eram concessões públicas e mais sujeitas a controle. Um dos estratagemas utilizados por Ana Maria e equipe era a retirada dos telefones do gancho meia hora antes dos noticiários, quando ficava evidente que algum tema poderia ser censurado. Quando, finalmente, o agente federal conseguia ligar, a notícia já tinha sido divulgada.

Era comum, também, o uso de truques de linguagem em noticiários. Em matérias de esporte, usavam-se entrevistas com dirigentes mais antenados, como Márcio Braga, do Flamengo, e Francisco Horta, do Fluminense, que defendiam a necessidade urgente de eleições diretas em seus clubes, em nome da democracia, em evidente alusão ao regime militar. "A nação tricolor tem o direito de eleger o seu presidente", bradava Horta. Usavam-se também entrevistas com juristas como Sobral Pinto, Evandro Lins e Silva e Evaristo de Morais Filho para abordar assuntos censurados, mas sob um prisma jurídico e hipotético. Uma forma de noticiar indiretamente o que era proibido e fustigar o regime.

Em 1980, a direção da rádio resolveu que o modelo da JB estava esgotado comercialmente, e que era chegado o momento de mudar para o estilo norte-americano "all news": notícias o tempo todo, sem músicas, e em tempo real. O sistema seria implantado aos poucos. Ana Maria já tinha vários livros infantis publicados e, em 1977, ganhou o prêmio João de Barro por *História meio ao contrário*. Resolveu então que era o momento de deixar o jornalismo e mergulhar por inteiro na carreira ascendente de escritora.[1] Pediu demissão e, no dia seguinte, Nascimento Brito perguntou ao já diretor Walter Fontoura:

— A Ana Maria está saindo. Você tem algum nome dentro da rádio que possa substituí-la, mesmo que provisoriamente?

Walter imediatamente lembrou-se de seu primeiro chefe de reportagem, no setor de Polícia de *O Jornal*, e resolveu ser grato a ele:

— Sim, o Rubem Cunha, que é redator da rádio. É um homem maduro, experiente e pode assumir sem problemas.

— Então avise a ele que vai assumir. Mas peça sigilo absoluto por alguns dias, até que seja nomeado. Ninguém pode saber, nem o Carlos Lemos.

Lemos havia voltado do curso sobre televisão em Londres e não reassumira o jornal, mas a supervisão geral da Rádio JB.

Walter avisou a Rubem à noite e pediu a ele o sigilo tão recomendado por Brito.

— Sigilo, Rubem, por favor — insistiu Walter.

Na manhã seguinte, todo o sexto andar do jornal já sabia da indicação. Inclusive na própria redação da rádio, e também o próprio Carlos Lemos, que não gostou.

A NOVA DÉCADA E O ANTIGO PASSARALHO

Quando assumiu a editoria Geral em 1979, Paulo Henrique Amorim enfrentou uma crise financeira mais grave do que a dos anos 1970, então agendou reuniões com cada editoria, em separado. Centralizador e detalhista, queria transmitir a cada setor do jornal suas diretrizes e as ideias que tinha para cada um. Mas a crise lhe impôs a necessidade de severos cortes. O JB tinha duas equipes de revisores de texto, todos altamente qualificados, e Paulo Henrique demitiu e reduziu tudo à metade.

Outra providência foi acabar com o Departamento de Pesquisa, uma das joias da coroa, orgulho do *Jornal do Brasil*. Quem chefiava a Pesquisa era Catarina Gontijo, que se casou depois com o economista Pedro Malan e adotou-lhe o sobrenome. As subchefes eram Alice Ferry de Moraes, que cuidava da biblioteca, Beth Amaral, no Índice, e Sônia Benevides, na Documentação. Desde que chegou ao JB, Paulo Henrique achou que a Pesquisa era superdimensionada. "Não havia dinheiro nem espaço na redação ou no jornal impresso para se fazer um background de cada matéria, nem era necessário tanto", disse Amorim muito tempo depois. Chamou a chefe, Catarina, e lhe disse: "A Pesquisa está com trinta funcionários, o que considero um exagero. Nós precisamos reduzir isso em dois terços. Vamos demitir vinte e ficar apenas com dez, à sua escolha".[2]

Ao longo dos anos 1970, a Pesquisa já viera perdendo pessoal e espaço no jornal impresso. Catarina argumentou que não poderia perder mais ninguém e ficou de conversar com sua equipe para dar uma resposta. Chamou Sônia Benevides, Alice Ferry de Moraes e Beth Amaral, e todas concluíram que o corte não era aceitável e que pediriam demissão em grupo se não houvesse alternativa. Na reunião com Paulo Henrique Amorim, os termos foram duros. "Não aceitamos cortar dois terços da equipe, e se a empresa insiste, que me corte primeiro. Nós ganhamos menos do que o restante da redação, não é justo", atacou Catarina. "Então a senhora está cortada", foi a resposta.

Catarina voltou à Pesquisa e informou aos colegas sobre o desfecho da reunião. Todos decidiram que sairiam junto com ela, imediatamente. Dos trinta, apenas três não pediram demissão. Quando os demissionários deixaram a sala, notaram que toda a redação do jornal acompanhava curiosa e revoltada o resultado da crise. Era o dia 1º de novembro de 1979, véspera do feriado de Finados. Foram aplaudidos de pé por quase cinquenta colegas enquanto se encaminhavam para o elevador e a rua. Paulo Henrique Amorim teve que se trancar em sua sala durante todo o dia, com medo de ser linchado ou degolado pelo reportariado: "Não poderia cortar repórteres da editoria Geral ou das sucursais de Brasília ou São Paulo, era um momento de grave crise política e econômica, havia um governo novo, precisava de gente de campo, de repórteres".

Várias sucursais foram extintas, principalmente as do Nordeste, Norte e Centro-Oeste, que mantiveram apenas um correspondente isolado, a maioria como freelancers, sem contrato de trabalho, recebendo por produção. Em 1980, suspeitando da circulação do jornal, Paulo Henrique saiu um dia de manhã bem cedo do seu apartamento no Leblon, pegou o seu chefe de redação, Hedyl Valle Júnior, e partiram ambos para uma pesquisa de campo na zona sul, de banca em banca, onde imaginava estar o público preferencial do JB. Entrevistaram jornaleiros em Copacabana, Ipanema e Leblon antes de seguirem para a avenida Brasil. "Quantos exemplares o senhor recebe diariamente, e quantos vende?", perguntavam.

Era impossível determinar a validade de uma pesquisa tão improvisada. Mas Paulo Henrique e Hedyl chegaram naquele dia para trabalhar convencidos de que Nascimento Brito (ou o filho Jôsa, que cada vez ocupava mais espaço nas decisões) havia determinado a redução da tiragem do jornal. "Ele tinha diminuído a tiragem para economizar no papel. Desolados, concluímos que, se o jornal vendia cada vez menos na região em que deveria ser mais forte, a zona sul, estávamos então todos ferrados", diz hoje Paulo Henrique.[3]

Os passaralhos eram anuais. O diretor financeiro Antônio Augusto Rodrigues lembra-se de que a Revista de Domingo, por exemplo, tornou-se um peso. "Era um apêndice caro do jornal, em papel couché, caríssimo, e que circulava encartada na edição dominical, com uma tiragem muito maior. Uma despesa enorme, muito maior do que a receita publicitária. A equação não fechava", explica ele. Anualmente, desde meados dos anos 1970, havia uma reunião entre Antônio Augusto, o diretor administrativo William Barcellos, Bernard Costa Campos e Nascimento Brito. E ali eram decididos os cortes de funcionários. Preparavam planilhas anuais de gastos, faturamento, custos de papel, folha de pagamento, data-base, 13º salário. E punham tudo para cálculo no bureau da IBM. Como o resultado era sempre negativo, tinham logo uma ideia do tamanho dos cortes necessários.[4]

Certa vez, em 1980, Bernard, Antônio Augusto e William Barcellos saíam da sala de Nascimento Brito e Carlos Lemos estava na antessala, esperando. Quando passaram por ele, Lemos gritou: "Descobri o que é o passaralho, é um trio!".[5]

Desde Walter Fontoura, o editor-geral era obrigado a cumprir a exigência anual de demissões, em nome do fluxo de caixa. Mas Paulo Henrique Amorim parecia exagerar na dose. O antigo e respeitado secretário de redação e chefe do copidesque, José Silveira, por exemplo, carregou pelo resto da carreira uma grande mágoa pela forma como teve anunciada sua dispensa. Segundo ele, uma tarde, quando chegou para trabalhar, foi chamado na sala de Paulo Henrique. Sentado, sem levantar a cabeça ou os olhos do texto que lia, este anunciou: "Silveira, vou precisar do seu salário. Mas pode ficar por uns dias, até você arrumar outra coisa".

Humilhado, com mais de quinze anos de casa, Silveira foi embora imediatamente. Paulo Henrique Amorim responsabilizou Nascimento Brito pela demissão: "O Brito achava que o Silveira estava popularizando demais o jornal, publicando crimes e gente pobre da zona norte".[6] As crises de Amorim com a redação eram comuns. O diagramador veterano Ivanir Yazbeck, no fechamento da seção de Esportes, sugeriu um dia ao editor João Areosa a publicação de uma foto vertical sobre uma horizontal, formando uma espécie de L. No dia seguinte, ao cruzar com Ivanir no corredor, Paulo Henrique pôs-lhe o dedo no rosto, quase aos gritos: "Eu já avisei que não quero fotos superpostas. Que isso não se repita". Virou as costas e retirou-se. Ivanir chegou a pensar em partir para a briga, mas desistiu. Foi a João Areosa e pediu-lhe que o demitisse.

A SUCURSAL REPAGINADA

Se o chamado jornalismo político esteve em coma induzido pela censura durante o governo Médici (1969-74), durante os anos Geisel (1974-9) o centro nervoso da cobertura do *Jornal do Brasil* estava na sede, no Rio de Janeiro. Era Elio Gaspari quem pilotava o noticiário, conversava com as principais cabeças do governo, o que era muito importante, já que as fontes de informação eram escassas. Poucos sabiam de fato o que estava acontecendo e que rumos o governo tomaria. Porém, depois do atentado do Riocentro, em

30 de abril de 1981, o governo Figueiredo, com apenas dois anos, derreteu de vez, e o futuro do país ficou em suspenso. Criou-se uma incerteza sobre a abertura, que tanto poderia prosseguir quanto naufragar. O eixo da cobertura precisava deslocar-se da sede, no Rio de Janeiro, para a sucursal de Brasília, que já era dirigida por Luiz Orlando Carneiro.

Quando Walder de Góes caiu da direção da sucursal, em 1978, Nascimento Brito chamou Luiz Orlando Carneiro e lhe disse: "Preciso de alguém de minha absoluta confiança lá. Não podemos mais ter mal-entendidos com o governo". Brito queria alguém distante das conversas e relações políticas que envolviam o trabalho na sucursal. "Você vai lá e fica só por uns dois anos, para cobrir essa transição de Geisel para Figueiredo."

A crise da sucursal já durava cinco anos. Figueiredo seria o novo presidente e Brito ainda tinha esperanças de que o JB poderia herdar o espólio da TV Tupi. O JB estava desistindo das duas concessões que recebera do presidente Médici (uma delas já no comecinho do governo Geisel). Brito disse ainda que Luiz Orlando tinha carta branca para mudar tudo: "Temos umas pendências trabalhistas lá também, quero que cuide disso. Vou investir em Brasília. Com a democratização, será a sucursal mais importante".

Luiz Orlando, cansado do trabalho de chefe de redação, topou na hora. Seria um desafio, uma mudança de ares, e ele estava curioso para saber como era a cobertura na capital. Brito ainda lhe recomendou, em tom de brincadeira: "Mas fale primeiro com a Branquinha (mulher de Luiz Orlando). Ela pode vetar e você acaba ficando por aqui mesmo".

Luiz Orlando foi para Brasília praticamente como um embaixador de Nascimento Brito, com uma belíssima casa no Lago, duas secretárias e um automóvel Mercedes-Benz com motorista — um dos únicos Mercedes em circulação pela capital.

A sucursal tinha a Sala do Trono, o gabinete exclusivo da condessa Pereira Carneiro, onde ninguém entrava, e que ela usava nas poucas vezes em que ia a Brasília. Luiz Orlando ganhou também uma sala exclusiva. Havia uma outra, do colunista Carlos Castello Branco. O Setor Comercial Sul, onde ficava o edifício Denasa, tinha os principais escritórios da capital, bancos, grandes empresas, redações de jornais, lojas comerciais — embora o aspecto dos prédios e das ruas fosse horrível, e o estacionamento, a partir dos anos 1980, praticamente impossível. Hoje, é uma área decadente.

Mas Brito sofreu o derrame logo em seguida à mudança de Luiz Orlando, seguiu-se a confusão da troca de governo, e pouca coisa mudou na sucursal. Em 1982, Paulo Henrique Amorim decidiu de vez modernizar a redação ao seu jeito e demitir os repórteres e jornalistas que acumulassem empregos públicos. Era uma prática corrente em Brasília. Quem se mudou para a capital nos anos 1960, e depois ao longo da ditadura, podia acumular o trabalho nos jornais com uma sinecura, um emprego em que não precisava comparecer. Alguns chegavam a trabalhar em dois jornais, e um deles, um repórter político de grande prestígio, chegou a ter quatro: JB, *O Estado de S. Paulo*, Senado e um banco de Minas Gerais. E ainda empregou um dos filhos no Senado.

Paulo Henrique Amorim chamou então o pernambucano Ricardo Noblat, que estava na *Veja*, para ser o chefe executivo da sucursal, enquanto Luiz Orlando continuaria como interlocutor de Brito, cuidaria de sua diplomacia com o governo e, ao mesmo tempo, da cobertura especial dos tribunais superiores. Noblat iria mergulhar no dia a dia da redação, administrar a produção jornalística e organizar a sucursal. "Mude tudo, demita quem for preciso e exija exclusividade", recomendou Amorim a Noblat. Junto com Noblat, chegou João Batista Lemos, o JB Lemos, que até então chefiava a sucursal de São Paulo.[7] Dois estilos diferentes: Lemos era plácido, paciente, afável e, como praticamente não escrevia, recebeu o apelido clandestino de "O JB que não lemos". Noblat era ríspido, inquieto e exigente, atuando também como repórter de bastidores da política.

Um dos que seriam demitidos, Antônio Frejat, estava protegido pela lei. Havia chegado ao *Jornal do Brasil* antes da reforma trabalhista do governo Castello Branco, que aboliu a estabilidade após dez anos no mesmo emprego e criou o Fundo de Garantia do Tempo de Serviço. Frejat era irmão de Hiram Frejat, de *O Globo*, do médico Jofran Frejat, político militante em Brasília, e do advogado José Frejat, pai do roqueiro do Barão Vermelho. A piada corrente nas redações, atribuída a Carlos Lemos, era que "cada jornal tem o Frejat que merece".

Frejat dizia que, se fosse demitido, o dinheiro da indenização seria tão alto que quebraria o *Jornal do Brasil* e permitiria a ele construir uma vila em Buenos Aires, à qual daria o nome de Vila Maurina, em homenagem à condessa Maurina Dunshee de Abranches Pereira Carneiro. A ação trabalhista de Frejat correu e chegou ao TST. O juiz encarregado do caso convocou-o para uma audiência decisiva, mas ele não estava em casa para receber o aviso. O oficial de Justiça foi então ao posto de gasolina de que o jornalista era sócio. E a resposta que ouviu foi a mesma: "O seu Frejat está em Buenos Aires".

Informado, Frejat voltou ao Brasil às pressas e preparou uma tabuleta de madeira com os dizeres "Chácara Buenos Aires", em madeira envelhecida, tirou uma foto e a usou para convencer o juiz de que, na verdade, estava sim em Brasília, em sua pequena chácara, isolado e sem telefone, mas os funcionários não entenderam quando ele disse que ia a Buenos Aires. Acabou ganhando o processo e levando mesmo uma gorda indenização, por meio de um acordo que incluiu até passagem de ida e volta para Paris.[8]

Outros demitidos foram os veteranos Tarcísio Hollanda e Fernando César Mesquita. Uma nova geração chegou ao JB desde o final dos anos 1970, como os repórteres Carlos Marchi, Teresa Cardoso, Eliane Cantanhêde, Bob Fernandes, Bob Lopes, Ateneia Feijó, Rodolfo Fernandes, Maria Luíza Abbott e Inácio Muzzi. Aos poucos, Noblat foi montando uma equipe de acordo com suas convicções e dentro do estilo que aprendera na *Veja*, o de não limitar o material jornalístico ao declaratório, ao que diziam as fontes em entrevistas. Ao contrário, o mais importante seria mostrar o que havia por trás das aparências e do teatro político. Na parte da Economia, proibiu o chamado "economês", as matérias escritas no jargão técnico dos economistas. Chegou a exagerar. Com seu estilo autoritário, estridente e agressivo, chamou um contínuo e comunicou à redação: "A partir de hoje, ele vai ler todos os textos de economia. Se não entender, o autor vai ter que reescrever tudo até ficar bem claro".[9]

Luiz Orlando pôde se encarregar de outras tarefas, como as relações de Nascimento Brito com o poder fraquejante do governo Figueiredo, e depois com a Nova República presidida por José Sarney. Mais tarde, com a ida de JB Lemos para o Rio de Janeiro, Noblat passou a editor regional. Pouco antes da Copa do Mundo da Espanha, de 1982, quando o time brasileiro dirigido pelo técnico Telê Santana deslumbraria o mundo, mas seria eliminado nas quartas de final pela Itália de forma dramática, Ricardo Noblat chamou a repórter encarregada de cobrir o Palácio do Planalto, Teresa Cardoso, uma jovem e aplicada piauiense que se havia formado em Direito: "Teresa, o ministro Leitão de Abreu é louco por futebol, já foi presidente do Grêmio lá no Rio Grande do Sul. Por que você não pede a ele que escreva uma crônica depois de cada uma das partidas do Brasil? Ele pode ser o nosso comentarista".[10]

O gaúcho João Leitão de Abreu era um jurista respeitado, já havia sido chefe da Casa Civil no governo do general Emílio Garrastazu Médici, ajudara o JB a obter duas concessões de televisão em 1973, era amigo de Nascimento Brito e retornara ao posto com a saída de Golbery do Couto e Silva.[11]

No dia 14 de junho de 1982, à tarde, cerca de uma hora antes do jogo inaugural do Brasil contra a então União Soviética, Teresa Cardoso tocou a campainha da Granja do Ipê, nos arredores de Brasília, residência oficial do ministro Leitão de Abreu. Pelo interfone, identificou-se e foi autorizada a entrar. Leitão estava com a família reunida, copo de uísque na mão, e havia aceitado o pedido do *Jornal do Brasil* nas seguintes condições: não iria escrever, ditaria suas opiniões sobre o jogo para Teresa e ela faria o texto final.

Todos comemoraram a apertada vitória brasileira por 2 a 1, beliscaram petiscos ao longo do jogo e, na volta à redação, Teresa teve que pedir socorro aos colegas e ao contínuo. Não entendia nada de futebol — como a grã-fina de Nelson Rodrigues, não sabia nem mesmo quem era a bola. O ritual se repetiu nos jogos seguintes. No dia 18 de junho, Brasil 4 x 1 Escócia; no dia 23, Brasil 4 x 0 Nova Zelândia. Estávamos classificados na primeira fase, e avançaríamos às oitavas de final. Como os jogos eram à tarde na Espanha, e mais cedo no Brasil, horário de almoço, a mulher de Leitão servia feijoada nos intervalos. Leitão sempre comia pouco e tomava uísque, vibrando de forma contida com as vitórias.

No dia 2 de julho, na melhor atuação até aquele momento, o Brasil bateu a Argentina por 3 a 1, jogo que marcou a estreia de Maradona em Copas do Mundo — e o pequeno gênio, aos 22 anos, foi expulso por agressão ao volante brasileiro Batista. Lá estava novamente Teresa. Colheu as impressões e comentários de Leitão de Abreu e correu à redação, onde novamente mobilizou colegas e o contínuo.

Na véspera do jogo fatal contra a Itália, em que fomos eliminados, Teresa estava trabalhando normalmente no comitê de imprensa do Palácio do Planalto quando foi chamada pelo embaixador Carlos Átila, porta-voz de Figueiredo, que lhe pediu: "Não vá mais à casa do ministro Leitão. Os repórteres dos outros jornais vieram reclamar que você está tendo exclusividade, que é injusto, e imagine se o Brasil for campeão?". No dia do jogo, Teresa telefonou a Leitão para avisar que não iria mais, a pedido de Átila.

Leitão não aceitou a mudança. Como boa parte dos torcedores de futebol, era supersticioso, uma característica surpreendente para um jurista sisudo, com aparência de avô severo e erudito: "Não, senhora, a coisa está funcionando, estamos ganhando, está tudo dando certo. Venha para cá!", exigiu.

Teresa foi. E escreveu duas horas depois a matéria com as opiniões do ministro Leitão de Abreu sobre uma das mais traumáticas derrotas brasileiras em uma Copa do Mundo desde 1950 — pelo menos, até aquele momento, em 1982. Uma semana depois, o Caderno B também publicou na última página uma bela e sofrida crônica de Carlos Drummond de Andrade sobre a derrota.

DEMISSÕES NO B

Na primeira reunião com toda a equipe do Caderno B, Paulo Henrique explicou que tipo de mudanças pretendia implantar. Queria um Caderno B que falasse às donas de casa do Irajá, com linguagem e temas bem populares. Queria banir o elitismo que identificava nas reportagens do B, e que não lhe agradava. Tudo muito voltado apenas à zona sul, ao público que frequentava teatros e restaurantes caros.

Enquanto todos, inclusive o editor Humberto Vasconcellos, ficaram calados e pensativos, parecendo tentar absorver as novas diretrizes, Cora Rónai pediu a palavra e disse que não saberia escrever para uma dona de casa do Irajá: "Não tenho nenhum preconceito, mas não é o meu universo, não saberia fazer, acho que vai descaracterizar o Caderno B". E a reunião tornou-se praticamente um debate entre Amorim e Cora, com os outros jornalistas perplexos.

Em fevereiro daquele ano, no acordo que assinou com o Sindicato dos Jornalistas Profissionais, o JB conseguiu evitar um aumento salarial em troca da não demissão de jornalistas até a data-base seguinte, fevereiro de 1982. Cora Rónai tem certeza de que foi esse acordo que lhe salvou o emprego. Como não poderia demiti-la, Paulo Henrique Amorim criou uma seção no jornal semelhante a uma que existia no *Jornal de Brasília*, desde 1978 chamada "Dona Laura vai às compras", e entregou a missão a Cora.

Em uma época de ascensão inflacionária, ela tinha que semanalmente percorrer supermercados com uma tabela de produtos e um espaço vazio ao lado que deveria preencher com os preços. Ela identificou na tarefa um castigo. Revoltada, chorava quando chegava em casa. O companheiro Millôr e a mãe aconselhavam a demissão: "Mande à merda, peça demissão, você não precisa disso, logo terá um convite de um lugar melhor", dizia Millôr. Mas ela resistia; não daria a Amorim, de bandeja, o que ele realmente queria. "Não vou abrir mão dos meus direitos, do meu FGTS, de todos os direitos trabalhistas, como ele quer", explicava.

Perto do Natal de 1982, Cora foi surpreendida com um chamado de Paulo Henrique Amorim. Ele queria uma reportagem especial sobre o comércio, com base em uma promoção da coca-cola. E explicou: "Quero uma matéria para cima, otimista, mostrando que, apesar da crise econômica, o comércio está aquecido, as pessoas estão comprando". Cora foi para a rua durante dois dias, percorreu supermercados, butiques, lojas, ouviu sindicatos de comerciantes, voltou e disse: "Só a promoção da coca-cola está aquecida. O resto do comércio está parado, a crise é geral. Tenho números e dados que confirmam isso, dá uma boa matéria".

Amorim não concordou e exigiu a reportagem como tinha encomendado, ou não publicaria nada. Aos prantos, sentindo-se perseguida, ela escreveu o que o chefe mandava, mas assinalou em vermelho na lauda datilografada: "Não tenho responsabilidade por essas informações, a matéria não pode ser assinada". E em fevereiro, com o fim do acordo da data-base anterior, Cora Rónai, conforme esperava, foi demitida junto com o editor do Caderno B, Humberto Vasconcellos, o editor de Internacional, Renato Machado, e outros jornalistas.[12]

GAZZA E A BOMBA DO RIOCENTRO

O alagoano/calabrês Luiz Mario Gazzaneo deixou a subeditoria de Internacional e assumiu a chefia de reportagem em 1979, logo que Paulo Henrique Amorim se tornou editor-geral. Com ele, tornou-se subchefe Ronald Carvalho, que veio da editoria da Agência JB. No início, Gazza chegava às seis da manhã e distribuía a pauta elaborada durante a madrugada por Luciano

Moraes, o Bode, tido como o melhor pauteiro da cidade, cobiçado por todos os jornais.

Além de escolher o assunto para cada repórter sair em campo, Gazzaneo tinha que mudar todo o rumo do planejamento se ocorresse um fato novo ao longo do dia — e quase sempre ocorria. No fim da manhã, participava de uma reunião de editores com Paulo Henrique, para um balanço parcial do material de que dispunham. Três meses depois, no entanto, Paulo Henrique inverteu os dois. Ronald passou a chegar de manhã, com Gazzaneo assumindo às duas da tarde, refazendo a pauta e o planejamento, e tocando o serviço até o fechamento, depois das dez da noite.

No fechamento da noite de 30 de abril de 1981, uma quinta-feira, Gazzaneo preparou-se para ir embora mais cedo. Um grupo de amigos de São Paulo ia jantar em sua casa. Queriam discutir o lançamento do *Voz da Unidade*, jornal do Partido Comunista Brasileiro que iria substituir a *Voz Operária*, que era clandestino. O Partidão ia lançar a *Voz da Unidade* já como um jornal legal, não clandestino, e Gazza era ainda um dirigente partidário.

Quando Gazzaneo já se preparava para gritar sua tradicional despedida, "A domani" (até amanhã, em italiano), o telefone do aquário da chefia de reportagem tocou e ele atendeu. Uma voz sinistra, tensa, grunhiu do outro lado da linha:

— Aqui é do Comando Delta. Mande repórteres para o Riocentro.

Gazzaneo interrompeu:

— Quem está falando?

— Não interessa. Deixa eu falar. Mande repórteres para lá, vocês vão ver o que aconteceu com aquela reunião de comunistas!

O PCB e várias organizações de esquerda e de oposição haviam organizado para aquela noite, no Riocentro, um grande show musical, com os principais nomes da música popular brasileira, em comemoração ao Dia do Trabalho. Gazzaneo não hesitou. Chamou o fotógrafo de plantão, Vidal da Trindade, pediu um carro e convocou o repórter de polícia que estava na redação, o experiente Ubirajara Moura Roulien, o Bira.

— Bira, vá com o Vidal para o Riocentro a cem por hora. Está havendo merda lá.

A repórter Glória O. Castro já tinha terminado seu trabalho, preparava-se para ir embora, mas Gazzaneo a segurou na redação:

— Fique aí que vai ter mais coisa. A noite promete.

Avisou também a Paulo Henrique Amorim, que já cuidava do fechamento da primeira página.

Pouco tempo depois, Bira Moura ligou esbaforido pelo rádio do carro:

— A coisa é séria, explodiu uma bomba num Puma e tem um sujeito morto lá dentro, com a barriga estraçalhada. Disseram que é um sargento do Exército e que a bomba explodiu no colo dele.

Gazza correu para Paulo Henrique Amorim aos gritos:

— Paulo Henrique, para tudo, houve um atentado no show do Primeiro de Maio, morreu um terrorista com uma bomba no colo! É manchete!

Bira ligou de novo e avisou que o morto era o sargento Guilherme Pereira do Rosário, e que havia um capitão com ele, Wilson Luis Chaves Machado, que fora levado em estado grave para o Hospital Miguel Couto por uma moça que saía do show, Andréa Neves, neta de Tancredo e irmã de Aécio Neves. Gazzaneo mandou Glória para o Miguel Couto. Telefonou para casa e avisou aos amigos que o jantar estava cancelado. Em seguida, sentou-se para escrever a matéria com as informações de que já dispunha, junto com Bira, que tinha retornado. Paulo Henrique mantinha-se desconfiado, e avisou: "Escreva o que você tem, a bomba, o capitão...".

Além da que explodiu, uma outra bomba, segundo o jornal, estaria na casa de força do Riocentro, mas nunca foi encontrada, e uma dentro do Puma que não explodira. Havia dois anos, os atentados terroristas de direita assombravam o país. Uma carta-bomba enviada à Ordem dos Advogados do Brasil, no centro do Rio de Janeiro, matara no dia 27 de agosto de 1980 a secretária Lyda Monteiro da Silva, que abrira o envelope. A carta era dirigida ao então presidente da OAB, Eduardo Seabra Fagundes, e teve como portador o sargento Magno Cantarino Mota, o Guarani, que foi fotografado também na cena do atentado do Riocentro. Ambos os atentados, além dos ataques às bancas de jornal, haviam sido organizados no Centro de Informações do Exército, segundo apurou depois a Comissão Estadual da Verdade, do Rio de Janeiro. As bancas de jornal do Rio de Janeiro eram bombardeadas de madrugada, como represália pela venda de jornais da imprensa nanica, como *Opinião* e *Movimento*. Os radicais das Forças Armadas tentavam solapar a abertura democrática à base de terrorismo e assassinatos.

Quase em transe, desconfiado, Gazzaneo foi ver como Paulo Henrique Amorim tratava o assunto na primeira página do jornal. E ficou louco! O editor-geral não havia posto a foto na primeira página. Pior, em vez de dar como manchete, minimizara o assunto em duas colunas, no canto inferior esquerdo, como um assunto policial. Aos 54 anos, magro mas com uma barriguinha proeminente, agitadíssimo, cavanhaque e bigode, cabelos ralos e quase totalmente grisalhos, Gazzaneo era naturalmente estridente, falava alto e gesticulava como um napolitano, mesmo tendo sido criado em Maceió. Respirava política dia e noite, como militante clandestino. Quando viu o que o seu chefe planejara para a primeira página, Gazza deu pulos, levantou os braços acima da cabeça várias vezes, arregalou os olhos:

— Pelo amor de deus, Paulo Henrique. Isso é o caso Aldo Moro da nossa ditadura! Tem que abrir foto e manchete no alto, na primeira página, em cinco colunas! Pelo amor de deus!

Paulo Henrique não se abalava:

— Gazzaneo, você sabe que o *Jornal do Brasil* não dá "presuntos" na primeira página. Vamos com calma.

— Mas não se trata de um "presunto" qualquer, isso é histórico, é político! É o nosso caso Aldo Moro! É um terrorista de direita, um militar morto pela bomba que ia jogar lá no meio do show! Foram finalmente pegos em flagrante, com a mão na massa! — Gazza parecia à beira de um ataque.[13]

Paulo Henrique pensou um pouco e mudou de ideia. No segundo clichê, pôs a foto na primeira página em três colunas, com a manchete em duas: "Bombas matam um e ferem capitão no show de Primeiro de Maio". Gazzaneo, evidentemente, achou pouco. Queria foto e manchete em cinco colunas e ocupar toda a capa do jornal com o material que tivesse.

Paulo Henrique, em nenhum momento, sentiu segurança no material que tinha. Não confiava muito em Ubirajara Moura, porque era um repórter de polícia, achava que ele estava supervalorizando o incidente e que não tinha sensibilidade política suficiente para analisar o quadro. Não se convenceu nem mesmo quando soube das identidades do sargento e do capitão.

Gazzaneo foi para casa inconformado, não conseguiu dormir nem deixou a mulher, Teresa, pregar olhos; falou sem parar no assunto. Paulo Henrique arrependeu-se assim que chegou em casa, em Ipanema. Caiu em si e lamentou ter sido tão cauteloso, e resolveu que, no dia seguinte, iria encomendar uma cobertura do atentado em grande estilo, e que a edição do sábado, 2 de maio, seria de arrebentar.

Às seis da manhã da sexta-feira, dia 1º de maio, sem dormir, Gazzaneo já estava na redação. Chamou com urgência os repórteres com mais cacife, Heraldo Dias e Fritz Utzeri, e os pôs no caso. Heraldo foi para o DOI-Codi em busca do Puma semidestruído, enquanto Fritz foi cobrir o enterro do sargento Rosário no Cemitério do Irajá. Às sete horas, o repórter Sérgio Fleury, que estava de folga, telefonou: "Gazzaneo, eu vou para a Barra da Tijuca dar uma geral no Riocentro e na 16ª Delegacia Policial, acho que o carro pode estar ali. Pode deixar essa parte comigo".

O faro do repórter estava novamente certo. Em um terreno baldio, ao lado da 16ª DP, perto do Riocentro, estava o Puma. Como Fleury estivesse de folga, Gazzaneo o dispensou e mandou para lá Heraldo e um fotógrafo: "Façam foto e uma radiografia completa do carro, quero fotos de todos os ângulos, vejam o que sobrou e o que não sobrou, porque não deu tempo de os caras mexerem no carro".

Na mesma manhã, no enterro do sargento Rosário, Fritz Utzeri acompanhou a entrevista do general Gentil Marcondes Filho, o Caveirinha, comandante do I Exército: "Os militares foram vítimas do atentado, e não autores. Eram terroristas de esquerda, que atiraram a bomba dentro do carro e fugiram. O capitão e o sargento estavam lá em busca de informações", disse o general, contrariando todos os fatos que explodiam na cara do país.

No hospital Miguel Couto, a repórter Celina Luz ficou de plantão, tentando alguma informação sobre o capitão Wilson. Antes do meio-dia, Gazzaneo recebeu outro telefonema: "Eu conheci o capitão Wilson e tenho uma foto dele. Vocês querem?", disse a voz do outro lado.

Até aquele momento, ninguém conseguira entrar no setor do Miguel Couto em que estava internado o capitão, e nenhum jornal tinha a imagem dele. "O cara era sério e telefonou para o JB. Poderia ter telefonado para O Globo, mas ligou para o JB, que era o grande jornal de referência do país, embora o grande muro financeiro já tivesse começado", disse Gazzaneo em depoimento ao ex-colega de JB José Sérgio Rocha em 2013, um ano antes de morrer.

Mas a foto do capitão Wilson, cedida por um leitor anônimo, provocou outra discussão entre Gazzaneo e Paulo Henrique Amorim:

— Não vou publicar na capa. E se não for ele, se o sujeito que ligou for um maluco, um irresponsável?

— Pelo menos lá dentro eu vou publicar, Paulo. O sujeito não é maluco, parece sério — reagiu o inconformado Gazzaneo.

A foto era verdadeira e foi publicada apenas nas páginas internas. Se o editor-geral vacilava, inseguro com a precipitação dos fatos, o colunista político Villas-Bôas Corrêa não hesitou. Publicou na página de opinião uma coluna em que desmascarava todas as versões oficiais e dizia, com todas as letras: "a bomba explodiu no colo do governo". Sem meias palavras, Villas atribuiu tudo a um frustrado atentado terrorista praticado por militares da ativa, de ultradireita, inconformados com a abertura política.

Semanas depois, os repórteres Sérgio Fleury, Heraldo Dias e Fritz Utzeri desmontaram todo o relatório do então coronel Job Lorena de Santana (logo depois promovido a general), que elaborou uma farsa para inocentar os militares. O *Jornal do Brasil* ganhou o prêmio Esso. O governo Figueiredo derreteu-se ali, como gelo ao sol. O general não teve coragem para enfrentar os golpistas/terroristas, o chefe da Casa Civil, Golbery do Couto e Silva, pediu demissão, e logo depois o presidente sofreu um enfarte. A redemocratização esteve em risco até o dia 15 de março de 1985.[14]

A INEVITÁVEL QUEBRADEIRA

A fome por empréstimos para investimentos nos canais de televisão, para pagar dívidas que se sucediam e para capital de giro levaram o *Jornal do Brasil*, a partir de 1976, a tomar seguidamente dinheiro a bancos, oferecendo sempre como garantia o prédio da avenida Brasil ou duplicatas de clientes. E a situação ficou ainda mais grave a partir dos anos 1980 com a quebra e consequente moratória do Brasil, que levaram a duas maxidesvalorizações de nossa combalida moeda.

O prédio foi hipotecado, sucessivamente, ao Banco do Brasil, ao Banerj e novamente ao Banco do Brasil. Os empréstimos somavam então Cr$ 2 178 280 000,00, a serem pagos entre 1982 e 1986, com cinco notas promissórias de Cr$ 435 656 000,00, a vencer em cada mês de dezembro que se seguisse. As promissórias foram registradas no 8º Ofício de Notas do

Rio de Janeiro. Houve outros empréstimos, sempre para capital de giro, sempre registrados no mesmo cartório e sempre apresentando o prédio como garantia. Um empréstimo desse porte para capital de giro, e não para investimento, era um dinheiro sem retorno, quase um suicídio financeiro.[15]

O maior de todos, no entanto, foi o de 8 milhões de dólares, justamente na época da segunda maxidesvalorização do cruzeiro, de 30%, em 1982, e que se sobrepôs a outros, anteriores. O dinheiro seria para capital de giro de hipoteca, ou seja, para pagar empréstimos anteriores, e desapareceria na voragem da administração do dia a dia, sem representar qualquer tipo de investimento. A fortuna foi tomada junto ao Banco do Brasil, com uma certa Imobiliária Curvelo como fiadora, e se revelaria mortal nos anos seguintes, porque os juros estavam muito altos em moeda norte-americana. Além desse empréstimo, vários outros comprometeram de forma mortal a saúde financeira do JB. Junto com a dívida fiscal de tributos, tudo isso levaria o *Jornal do Brasil* a agonizar da virada dos anos 1970 para os anos 1980.

UM INESPERADO GOLPE

Na segunda quinzena de maio de 1982, Nascimento Brito iria sofrer um duro golpe, uma grande decepção, embora já ouvisse boatos sobre o assunto havia algum tempo. Um dos jornalistas mais próximos dele, Carlos Lemos, que estava na Superintendência da Rádio JB, recebeu um telefonema no meio de uma tarde morna. Do outro lado, a secretária Lygia de Souza Mello pediu:

— Carlos Lemos? Um momento que o doutor Roberto vai falar.

Lemos levou um susto quando ouviu:

— Carlos Lemos? Aqui é Roberto Marinho, como vai? Preciso falar com você.

Lemos já sabia havia mais de um mês que o dono de *O Globo* tinha interesse em lhe comprar o passe. Um amigo o havia informado. No prédio do *Jornal do Brasil* mesmo, já circulavam há algum tempo os boatos de que Lemos, insatisfeito com a perda de poder e espaço, estava negociando com as Organizações Globo, o que não era verdade até aquele momento.

No dia seguinte à ligação, Lemos foi conversar, finalmente, com o dono das Organizações Globo no prédio da Vênus Platinada. E ouviu o convite para assumir como diretor todo o Sistema Globo de Rádio. O doutor Roberto queria mexer na direção das rádios, estava cansado das brigas entre Paulo César Ferreira, o diretor comercial e locutor esportivo Waldir Amaral, e o diretor de jornalismo, o português Mário Franqueira. Lemos assumiria acima deles, para comandar tudo.

Marinho não disse, mas sempre sonhara em levar os melhores nomes do *Jornal do Brasil* para *O Globo*, e iria investir pesado nisso. E o fato de Lemos ter aceitado o convite era um sinal de que estava gradativamente vencendo a guerra travada contra o JB há vários anos. A questão é que Lemos, além do prestígio como jornalista, era também um dos profissionais favoritos de Brito, que lhe dedicava grande afeto. A punhalada seria profunda. Ainda nos anos 1960, Brito fora convidado para um jantar de aniversário no apartamento de Lemos, com os casais Bernard Costa Campos e Araújo Neto. No dia seguinte, Brito chamou Lemos à sua sala, elogiou o jantar, mas disse que ele não podia continuar morando em um apartamento tão pequeno, já com três filhos e o quarto a caminho:

— Eu sei, doutor Brito — lamentou-se Lemos —, é pequeno mesmo. Mas por enquanto, não dá pra comprar um maior, o dinheiro está curto.

— Pois escolha um maior, ao seu gosto, e me fale depois.

No dia seguinte, Lemos voltou ao patrão e disse, eufórico:

— Doutor Brito, já que o senhor me permite fazer uma escolha, eu quero morar em uma casa.

— Pois escolha o terreno e mande fazer, se não achar uma do seu agrado.

Lemos e a mulher, Salete, escolheram um terreno no Alto da Gávea, em uma rua projetada, ainda sem nome, denominada apenas "B". Contrataram o arquiteto e cartunista Claudius Ceccon, que elaborou o projeto com o colega José Carlos Moraes. Um palacete com piscina, dois planos internos para as salas de jantar e de estar, escritório, um quarto para cada dois filhos, a sua própria suíte com banheira redonda de mármore, quarto de hóspedes, varanda com vista para a Lagoa Rodrigo de Freitas. Móveis sob medida. A fatura ia direto para o JB, nem passava pelas mãos de Lemos, que nunca teve sequer ideia do preço total da obra. Como não aceitava morar em uma "Rua Projetada B", e que tinha duas saídas, Lemos ainda mandou confeccionar duas placas com a inscrição "Rua Sérgio Porto".[16]

Por tudo isso, por considerar Lemos um protegido, Nascimento Brito ficou furioso com a mudança do profissional para as hostes inimigas, o que considerou uma profunda traição. Também por causa disso, Lemos não pôde aceitar de imediato a proposta. Prometeu que voltaria dias depois com um pedido salarial. A proposta foi preparada especialmente para não ser aceita. Lemos pediu luvas altíssimas, como um jogador de futebol (e lembrou-se exatamente disso, os contratos de futebol, quando pôs tudo no papel), um salário três vezes maior do que o que lhe pagava o JB e um percentual da receita das rádios. Não dos lucros, mas das receitas, o que significava que, mesmo que as emissoras dessem prejuízo, ele ganharia. O contrato de trabalho, assim como o de jogadores de futebol e atores, tinha um tempo determinado de duração. "Ele não vai aceitar e eu não serei obrigado a largar o JB", pensou.

Roberto Marinho leu e disse:

— Você está pedindo muito, meu filho.

— Doutor Roberto, é que eu teria que romper um vínculo de mais de vinte anos com o JB e magoar o doutor Brito. Se o senhor não quiser pagar, não tem problema, continuamos amigos, eu vou continuar respeitando o senhor da mesma forma e eu peço que o senhor entenda.

Quase caiu duro quando voltou depois, em uma sexta-feira, e ouviu que a proposta estava aceita e que, depois de 25 anos, ele tinha um novo emprego. Lemos saiu meio tonto da sala do doutor Roberto. Ainda no corredor, encontrou Roberto Irineu Marinho, filho mais velho do novo patrão, que parecia profundamente irritado: "Nunca mais uma proposta absurda como a sua vai ser aceita aqui", prometeu, em uma quase declaração de guerra ao novo funcionário.

À noite, precisando espairecer, Lemos telefonou para Sérgio Noronha, que trabalhava na editoria de Esportes do JB, e para dois outros amigos, um deles Célio Assumpção, e foram jantar no Antonino, um antigo restaurante da Lagoa. Quase ao fim do jantar, Lemos foi chamado ao telefone. Era a diagramadora Maria Eugênia de Oliveira, a Marió, que estava saindo do fechamento do jornal, achou que o encontraria ali e perguntou se haveria tempo de jantarem juntos. Lemos respondeu que já tinha jantado, mas poderia acompanhá-la tomando um drinque, e propôs que ela passasse por ali e que fossem ao antigo restaurante Florentino, do Leblon.

O Florentino, na rua General San Martin, era um dos restaurantes da moda, frequentado por artistas de todas as áreas, jornalistas, políticos, intelectuais. Ao entrar, passaram pelo bar no salão do térreo, e em uma mesa de canto Lemos viu um braço esquerdo enorme chamá-lo, acenando nervosamente, em um paletó claro. Congelou ao reconhecer o patrão. Nascimento Brito não era um frequentador assíduo da noite do Rio, preferia jantar com amigos no Country Club. Estavam com ele na mesa Frank Sá, um dos sócios do (hoje extinto, na época, pujante) Banco Econômico, da Bahia, e um diretor da tv Globo, Luís Eduardo Borghert, o Lulu Borghert. Furioso, Brito vociferou: "Você me traiu, e eu não poderia ter sido informado disso por um canalha! Eu não merecia esse tipo de ingratidão! Eu já soube de tudo!".

Cada vez mais irritado, Brito ia aumentando o tom da voz. Todos no bar, apesar de barulhento àquela hora de uma sexta-feira, já começavam a perceber a situação. Lemos apoiou as mãos sobre a mesa e inclinou o corpo até bem perto, para forçar Brito a abaixar a voz: "Doutor Brito, eu ia explicar tudo ao senhor, mas não houve tempo, aconteceu tudo muito de repente. Na segunda-feira eu vou pedir minha demissão e explicar".

Marió, sem saber o que fazer, foi aos poucos sendo puxada por Zózimo Barrozo do Amaral, que estava no bar, e conduzida ao andar de cima do restaurante. Frank Sá levantou-se, pôs as mãos sobre os ombros de Lemos para afastá-lo, dirigiu-se a Brito e tentou acalmar a situação: "Brito, o Lemos está, como sempre, acompanhado de uma mulher bonita, olha lá que beleza. Deixe ele ir embora jantar, e segunda-feira vocês conversam. Aqui não é um lugar bom pra isso".

Brito acalmou-se um pouco e Lemos, ainda assustado, dirigiu-se à escada que levava ao andar de cima do Florentino. Pediu ao garçom que chamasse Zózimo, que subiu novamente a escada: "Zózimo, o que aconteceu aqui nessa porra? Como é que o velho soube disso aqui, quem falou merda no ouvido dele?". Zózimo explicou como Brito soubera da "traição": um pouco mais cedo, quando Brito entrava no restaurante, cruzou com Paulo César Ferreira, diretor do Sistema Globo, conhecido pelos amigos como Tarzan, porque era truculento e falava alto. Tarzan vinha saindo e não resistiu. O homem de Roberto Marinho aplicou em Nascimento Brito uns tapinhas nas costas (intimidade que Brito odiava, ainda mais de alguém a quem considerava subalterno, inferior) e disse, em tom provocativo: "Estamos comprando o passe do Carlos Lemos, hein, doutor Brito! Esse você já perdeu, está indo trabalhar nas Organizações Globo. Acertamos tudo hoje".

Na segunda-feira, a conversa foi tensa e curta. Lemos chegou às nove horas, mas Brito deu-lhe um chá de cadeira até as quatro horas da tarde. Lemos esperou pacientemente e não arredou pé da sala de espera nem para almoçar. Brito o recebeu em companhia de Bernard Costa Campos. O jornalista explicou que resistira à investida de Roberto Marinho, mas a proposta era irrecusável. Em tom mais magoado do que indignado, Brito encerrou a conversa: "Eu pensei que você fosse trabalhar aqui até morrer. Mas você preferiu o dinheiro. Pode ir embora". E nunca mais falou com Lemos.

E no dia 1º de junho de 1982 o Sistema Globo de Rádio ganhou um novo diretor-geral. Eram 27 emissoras, um emaranhado de que Lemos nunca conseguiu tomar pé. Iria durar menos de dois anos, sabotado e desgastado pelo próprio Paulo César Ferreira e por Waldir Amaral. Era um universo empresarial diferente, outra realidade, outra cultura corporativa. Os desafetos intrigavam-no com Roberto Marinho, não atendiam ao que pedia, e ele não tinha forças para demitir ninguém, porque todos tinham mais de trinta anos de casa, um outro era afilhado de casamento do patrão, e Lemos jura que todos roubavam a empresa descaradamente.

Como só ligava para apresentar problemas, Roberto Marinho parou de atender aos seus telefonemas, o desgaste foi ficando insuportável e ele, finalmente, foi dirigir a Agência Globo, uma espécie de ostracismo no menos importante dos veículos do grupo. No começo de 1985, com a doença do presidente eleito Tancredo Neves e a tumultuada posse do vice José Sarney na presidência, assumiu a chefia de O Globo em Brasília.[17]

COBRINDO A CRISE

Com o segundo choque do petróleo, consequência da queda do xá do Irã (país da Opep e grande produtor de petróleo) e a chegada ao poder do aiatolá Khomeini, em 1979, a economia internacional enfrentou uma nova crise. A cotação internacional do barril de petróleo subiu, entre 1979 e 1981, quase 300%. Nos Estados Unidos, o novo presidente do Federal Reserve (FED, o Banco Central norte-americano), Paul Volcker, atacou de frente a inflação, que subira para 13% ao ano, um absurdo para padrões norte-americanos. Volcker aumentou as taxas de juros de 7,5% para 20,18%.

Os efeitos do aumento dos juros norte-americanos em países endividados em dólar, como o Brasil e o México, foram arrasadores. Os dois países vinham baseando suas taxas de crescimento econômico em empréstimos internacionais para grandes obras de infraestrutura, como a hidrelétrica de Itaipu, as usinas nucleares de Angra dos Reis e os polos petroquímicos.

Na sexta-feira, 13 de agosto de 1982, o governo do México anunciou uma moratória da dívida externa. O Brasil também quebrou, apesar de não declarar formalmente a moratória. O país não tinha mais condições de arcar com o pagamento do serviço da dívida. Nem com as importações de petróleo.

Em Brasília, ao receber o telex com a notícia da moratória do México, o chefe do Departamento de Operações das Reservas Internacionais do Banco Central, Carlos Eduardo de Freitas, correu à sala do diretor da Área Internacional do BC, José Carlos Madeira Serrano, abriu a porta sem bater, esbaforido, e gritou:

— Fodeu! Olhe isso aqui!

Ao ler o telegrama, Serrano devolveu:

— PQP! Tenho que avisar ao Galvêas!

Foram ao prédio do Ministério da Fazenda, trajeto que lhes tomou menos de dez minutos de carro. Ernane Galvêas, por sua vez, depois de analisar todo o quadro, resolveu levar o problema ao presidente da República. Ao seu estilo, o general João Baptista Figueiredo reagiu: "Puta que o pariu! E aquele filho da puta do Geisel me botou aqui por seis anos!".[18]

O México tombara ao peso da dívida externa, pedira moratória por absoluta incapacidade de pagar, e seria logo seguido pelo Brasil, no que seria o início da chamada "década perdida". Para complicar, havia a Guerra das Malvinas, entre Argentina e Inglaterra, pela posse das ilhas que são possessão inglesa, mas reivindicadas pelo governo da Argentina. O Brasil ficou sufocado.

Os gastos com importação de petróleo quase triplicaram, assim como a conta anual dos juros da dívida, que chegou a 10,3 bilhões de dólares. O déficit em transações correntes (diferença entre o dinheiro que sai e o que entra no país, incluindo comércio exterior, pagamentos, royalties, turismo) passou de 11,4 bilhões para 16,3 bilhões de dólares em 1982. A finalização da obra de Itaipu ficou inviável, com juros de 24% ao ano, e a inflação bateu em 99,7% ao ano.

No calor da crise, o Fundo Monetário Internacional (FMI) marcou para Toronto, em setembro, uma reunião para debater o assunto. Os países em crise pediam socorro, uma linha de crédito emergencial de 25 a 100 bilhões de dólares. O correspondente do JB em Washington, Armando Ourique, chegou a Toronto pouco antes do começo da reunião e conseguiu uma entrevista em que dois poderosos banqueiros norte-americanos, um deles o representante do Chase Manhattan, a quem conhecia, lhe disseram com todas as letras: "A torneira está fechada para o Brasil. Não emprestaremos mais um tostão para o país". Ourique transmitiu sua matéria e falou por telefone com Paulo Henrique Amorim, que dava pulos: "Tem certeza? Podemos publicar mesmo? Isso é uma bomba!".

No dia seguinte, o JB publicou a entrevista com evidente e merecido destaque, além da óbvia manchete de primeira página. Quando Armando Ourique chegou de manhã para cobrir a reunião do FMI, foi agarrado pelo braço pelo furioso presidente do Banco Central brasileiro, Carlos Geraldo Langoni: "Que irresponsabilidade é essa? Isso é mentira, de onde você tirou isso?". Langoni soubera da matéria logo de manhã, e perdera o prumo.

Surpreso com a reação de Langoni, Ourique disse que poderiam confirmar as informações. Foi o que fizeram, e a confirmação veio da boca dos próprios banqueiros. A quebra do Brasil havia sido anunciada a Figueiredo pelo primeiro-ministro do Planejamento de seu governo, Mario Henrique Simonsen, já em 1980. O ministro apresentou ao presidente um duro programa de ajuste fiscal com desvalorização cambial.

Figueiredo recusou, e Simonsen acabou pedindo demissão. Ao sair do palácio, um repórter conseguiu carona em seu carro e lhe perguntou: "O que o senhor gostaria de ter feito e não conseguiu?". Com seu sarcasmo, Simonsen, um excepcional economista e um homem brilhante, respondeu: "Gostaria de ter composto a Nona Sinfonia ou pintado o teto da Capela Sistina".

Poucos dias depois, na praia, foi alcançado por um repórter do JB, que lhe perguntou sobre o substituto, Delfim Netto. Novamente, Simonsen recorreu ao sarcasmo: "Certa vez um tenor estava sendo vaiado. Irritado, disse à plateia, em italiano: 'Vocês estão se queixando? Pois esperem pelo barítono...'".

Figueiredo rejeitava qualquer ajuste mais duro na economia porque vivia a expectativa das eleições de 1982. Uma derrota muito acachapante poderia dar maioria à oposição no Colégio Eleitoral e garantir a eleição de um oposicionista.

A derrota do governo aconteceu, mas não o suficiente para quebrar a maioria governista. E, em novembro, o presidente Figueiredo foi convencido a pedir socorro por telefone ao colega norte-americano Ronald Reagan. Não iria conseguir fechar a conta brasileira no mercado no dia seguinte, faltavam dólares. Com intérprete dos dois lados da linha, Reagan concordou em fazer um empréstimo secreto ao Brasil de 1,25 bilhão de dólares, passando por cima, inclusive, da obrigação de uma autorização do Congresso norte-americano. Havia o risco de uma crise sistêmica, uma quebra geral, porque o Brasil era o maior devedor do sistema financeiro internacional.[19]

O embaixador do Brasil em Londres, Roberto Campos, organizou uma reunião na capital inglesa com os grandes bancos internacionais para tentar a formação de um empréstimo "jumbo" ao Brasil. Com o dinheiro, seria possível "rolar" a dívida. Armando Ourique telefonou a Campos e lhe pediu para participar, e o embaixador concordou. O correspondente do JB usou o seu cartão especial e tomou o avião da American Airlines rumo a Londres.

Quando Ourique entrou na sala de reuniões na embaixada, o ministro do Planejamento, Delfim Netto, pediu que retirassem o repórter. A reunião tinha que ser confidencial. Armando Ourique disse que não saía, que era convidado do embaixador Roberto Campos e só deixaria a sala se ele lhe pedisse. E tinha uma exigência adicional: só sairia se dois banqueiros lhe dessem uma entrevista com o resultado da reunião. Conseguiu o que queria, mas não houve qualquer resultado, porque os banqueiros presentes condicionaram o socorro a um acordo coletivo de todos os bancos credores. O risco da crise sistêmica de todo o sistema financeiro internacional era iminente.

O acordo com o FMI acabou acontecendo, mediante uma carta de intenções do governo em 6 de janeiro de 1983, depois de uma visita da auditora chilena Ana Maria Jul, que se tornaria um símbolo do fracasso econômico do Brasil e uma visitante sempre incômoda. O Brasil se comprometia formalmente a cortar despesas, aumentar impostos, um duro ajuste. Em fevereiro, o governo acabou com as minidesvalorizações mensais do cruzeiro e aplicou um choque: desvalorizou a moeda em 30%. A inflação no ano bateu em 211% e o dinheiro novo não chegou.

Com o caixa raspado, assim como os bancos oficiais Banco do Brasil e Banespa, a quem o governo e o Banco Central recorreram, o Brasil entrou em moratória branca, não declarada. O Banco Central centralizou todas as operações de câmbio, e só pagava a credores se houvesse dinheiro. Por conta dos brutais compromissos assumidos, entre 1983 e 1985 o Brasil transferiu para o exterior 15% do seu Produto Interno Bruto.

O país inteiro trabalhou para pagar juros da dívida. Armando Ourique, de Washington, trabalhava em tabelinha com Fritz Utzeri, que se tornara correspondente em Nova York no começo de 1982, a convite de Walter Fontoura. Fritz instalara-se na Big Apple com a mulher, Liege, e os filhos. O psiquiatra e jornalista Fritz não entendia muito de economia, mas a experiência de repórter prevaleceu.

Mal chegou, teve que ir correndo a Cleveland, porque o presidente João Baptista Figueiredo havia sofrido um enfarte e estava recebendo pontes de safena em uma clínica. Depois disso, no entanto, 80% de seu tempo eram gastos na cobertura da crise da dívida brasileira. "Eu, sem ao menos saber nadar, de repente me vi a bordo do *Titanic*", disse Fritz. Pegou de cara a moratória do México. E, em 1983, passou a cobrir diariamente o fechamento da mesa de câmbio do Banco do Brasil em Nova York. E o JB noticiava a posição do Brasil, se tinha ou não condições de fechar as operações do dia a dia.

Certa vez, Fritz encontrou-se na mesa de trading do BB com o presidente do Banco Central, Carlos Langoni, que protestou:

— Você está causando um enorme prejuízo ao Brasil ao divulgar diariamente a nossa posição — atacou Langoni.

Fritz foi duro:

— Pois você trate de acabar com isso que eu paro. Não jogo no seu time e muito menos no time dos banqueiros. Eu sou um jornalista profissional e meu trabalho é noticiar o que acontece aqui, se o Brasil quebrou mesmo ou não, e é para isso que o jornal me paga. Eu dou a notícia e ponto final. Se você quiser que eu pare, fale com o doutor Brito lá no jornal. Se ele me mandar parar, eu paro.

Quando chegou de férias no Brasil, Fritz foi elogiado por Paulo Henrique Amorim:

— Parabéns pelo trabalho. Não sabia que você entendia tanto de economia.

— O que eu descobri é que ninguém entende, nem os economistas. Se você falar com dez, cada um vai te dar uma análise e uma solução diferentes das dos outros, ninguém sabe como aquilo vai acabar, ou qual o melhor caminho.

Fritz foi tão bem que chegou a ser convidado para fazer uma palestra sobre a economia brasileira para cinquenta banqueiros norte-americanos no Young Club, em Nova York.[20]

O JB E AS FRAUDES NAS ELEIÇÕES DE 1982

A ditadura estava apodrecida em 1982. Porém, o país assustou-se com a renúncia do general Golbery do Couto e Silva ao posto de chefe do Gabinete Civil da presidência após a paralisia do presidente Figueiredo diante do atentado do Riocentro. Temeu-se por um retrocesso, porque Figueiredo, que prometera acelerar a redemocratização depois da posse, estava abúlico, doente depois de um enfarte e cada vez mais isolado, furibundo e mal-humorado. Mas o carro da democratização estava desembestado ladeira abaixo.

As eleições diretas para governos estaduais em 1982, por exemplo, não puderam ser evitadas pela linha dura, que era ainda forte no governo. Era uma eleição esperada com ansiedade pelo país, porque seria um teste para a abertura, já que desde 1966 o país não votava para governador. Para evitar um desastre maior, antes de sair do governo, Golbery tinha imposto o voto vinculado: o eleitor só poderia votar em candidatos do mesmo partido, de vereador até senador e governador de estado. A nova lei exigia também que todos os partidos tivessem um P de "partido" antes do nome, uma tentativa de neutralizar o MDB, que crescia nas urnas a cada eleição. Para inviabilizar Leonel Brizola, a sigla PTB foi entregue a Ivete Vargas, uma sobrinha de Getúlio com viés fisiológico e dócil ao regime. A velha Arena virou PDS.

Cada estado tinha sua luta política entre candidatos governistas (PDS) e os da oposição, já com outros partidos no cenário, como o PT, o PDT brizolista e o PP, que uniu pela primeira vez na história os tradicionais inimigos mineiros Tancredo Neves e Magalhães Pinto. Mas os olhares estavam voltados para o Rio de Janeiro, onde o inimigo número um escolhido pelos militares, Leonel

Brizola, disputaria o governo com um herdeiro de Chagas Freitas, o deputado Miro Teixeira, apoiado pelo clandestino Partido Comunista Brasileiro, o novíssimo PT do deputado Lysâneas Maciel, e o PTB da professora Sandra Cavalcanti.

Achavam os cérebros da ditadura que governadores e prefeitos biônicos, em cada estado e em cada cidade, iriam levar a uma votação maciça em seus candidatos pela força do poder econômico e da pressão política.

A ditadura não admitia uma derrota para Leonel Brizola, a quem negara, em seu retorno, a sigla PTB, criada por Getúlio Vargas. Por isso, foi buscar no próprio terreno do PMDB, ainda nos tempos de MDB, um candidato que se arrogava também herdeiro do getulismo, o piauiense Wellington Moreira Franco — Moreira usava como argumento o fato de ser casado com uma neta de Getúlio Vargas, a socióloga Celina do Amaral Peixoto.

Os institutos de pesquisa nunca apontaram Leonel Brizola como favorito até a véspera da eleição. Inicialmente, a deputada Sandra Cavalcanti, do PTB (sigla surrupiada de Brizola), parecia ter disparado. Ao longo da campanha, ela foi sendo acusada de ter mandado matar mendigos e atirá-los no rio da Guarda, em seus tempos de secretária de Habitação no governo Carlos Lacerda — acusação jamais confirmada.

Com a desconstrução de Sandra, assumiu a condição de mais citado nas pesquisas o deputado Miro Teixeira, jornalista, colunista de O Dia, fruto legítimo do chaguismo, o esquema de poder do governador Chagas Freitas. Chagas era acusado de corrupto e apontado como símbolo de tudo de ruim que havia no estado e na cidade do Rio de Janeiro. Miro teve a campanha abraçada pela esquerda ligada ao PCB, inclusive a cúpula do jornal O Globo, sob o pretexto de que "a oposição não poderia ser dividida". Pouco antes da eleição, porém, Brizola assumiu a liderança nas pesquisas.

No último comício de Moreira Franco, na Quinta da Boa Vista, em São Cristóvão, o próprio presidente da República, João Baptista Figueiredo, compareceu. Pelo Jornal do Brasil estava a repórter Thaís Mendonça e pelo O Globo Etevaldo Dias, que se separaram por um instante no meio da confusão. Em dado momento, Etevaldo correu em busca de Thaís e chamou a atenção da colega para um fato impressionante: aos poucos, surgiu no meio da massa um grito de "Brizola", que foi aumentando devagar, e em alguns minutos a maior parte da multidão gritava o nome do candidato do PDT.

Encarregada da campanha de Moreira Franco, Thaís Mendonça fazia um trabalho extremamente crítico, e o candidato passou a recusar-se a recebê-la e a dar-lhe entrevistas. Moreira ligou para o editor-geral Paulo Henrique Amorim para reclamar da repórter e ameaçou cancelar-lhe o credenciamento. O próprio Amorim, no entanto, contornou tudo e articulou uma entrevista com Moreira Franco a ser feita pela própria Thaís.[21]

No dia da eleição, o *Jornal do Brasil*, que cobriu a campanha de forma mais neutra, pôs junto ao Gallup, com quem havia feito um convênio, a repórter Ângela Santângelo, e ficou patente o crescimento de Brizola na reta final e a sua mais do que provável vitória. Mas o porão vinha trabalhando por seu candidato. O repórter Rogério Coelho Neto informou, antes da votação, que ouvira do deputado Leo Simões, do PDS, ligado à comunidade de informações, que Moreira Franco iria ganhar. E se baseava na "enorme quantidade de votos brancos e nulos que haveria na Baixada Fluminense". Rogério Coelho Neto e Paulo Henrique Amorim sentiram ali o cheiro de fraude.

Moreira Franco foi à Rádio JB pouco antes do pleito e declarou para todos ouvirem: o eleitor de Brizola não sabe votar, vai anular tudo. "A cédula eleitoral é muito complexa, ainda mais com o voto vinculado", dizia. Tudo foi manipulado para que a empresa Proconsult fosse a encarregada de processar a contagem dos votos. O bicheiro Castor de Andrade, aliado de Moreira Franco, gabou-se pelos jornais antes da votação: "Nunca pensei que fosse tão fácil ganhar uma eleição!".

Uma repórter que fora cobrir a feira de informática do Riocentro, entre 18 e 24 de outubro, informou ao editor da Rádio JB, Procópio Mineiro da Silva, que a Proconsult queria combinar com ele um esquema para apuração dos votos. Ressabiado, Procópio rejeitou. Havia montado sua própria estratégia, e do jeito mais simples: seus repórteres iriam contar boletim por boletim de votação, sem o auxílio de computadores, a partir das zonas eleitorais. E, na redação, na ponta do lápis, com maquininhas de calcular e formulários de papel.[22]

Votaram 6 292 160 eleitores no Rio de Janeiro, em 17 484 urnas, no dia 15 de novembro de 1982. O Tribunal Regional Eleitoral havia anunciado que eram 32 105 a menos. No dia 16 de novembro, a manchete do *Jornal do Brasil* foi "Ibope dá vitória a Brizola no Rio". Os números de *O Globo* e da TV Globo, ao longo da apuração, indicavam vitória de Moreira Franco. Os da Rádio JB, muito mais lenta, porque feitos na ponta do lápis, apontavam para Brizola.

Ao final, venceu Leonel Brizola, apesar dos desencontros da marcha da apuração. O esquema montado pelo *Jornal do Brasil* não funcionou, porque o responsável pela informática, Tadeu Lanes, desativou tudo, alegando pane nas máquinas. O JB pôs seus repórteres no esquema da rádio e legitimou a vitória de Brizola. O dono da Proconsult, Arcádio Vieira, ligou para Procópio Mineiro da Silva e lhe disse que a apuração da rádio estava errada, porque não contava os votos nulos e em branco. Citou um "diferencial Delta", que incluía os nulos e brancos, e que daria a vitória a Moreira Franco.

Uma semana depois, o repórter Heraldo Dias descobriu, ao examinar boletins da Proconsult, que os votos brancos e nulos diminuíam progressivamente, enquanto o número de votos em Moreira Franco aumentava. Era o "diferencial Delta", a fraude que garantiria a vitória do candidato da ditadura. Além do "diferencial Delta", foi providenciado para que os votos do interior, onde Moreira levava vantagem, fossem computados primeiro — e isso criaria um clima de vitória, de fato consumado. Ao longo de toda a apuração, as equipes do *Jornal do Brasil* e da Rádio JB acompanharam e deram notícias da fraude. Com a reportagem de Heraldo Dias, o *Jornal do Brasil* ganhou mais um prêmio Esso de reportagem.

A ASFIXIA FINANCEIRA SE AGRAVA

A crise financeira que quebrou o Brasil no começo dos anos 1980 quase liquidou com várias empresas brasileiras endividadas em dólar. Entre elas, o *Jornal do Brasil*, asfixiado por dívidas bancárias a juros astronômicos. O ministro Delfim Netto veio em socorro, e criou um mecanismo em que a dívida em dólar era transformada em cruzeiros. Como havia sido feito em 1976. Mas ainda era preciso ter cruzeiros para fazer frente ao depósito equivalente aos dólares devidos no Banco Central. "O JB precisava recorrer quase mensalmente a Delfim Netto para pagar a folha e o 13º salário", conta Paulo Henrique Amorim. Delfim confirma.

O governador eleito do Rio de Janeiro, Leonel Brizola, resolveu ajudar o jornal através do antigo Banerj, o Banco do Estado do Rio de Janeiro, com empréstimos novos, anúncios oficiais e uma coluna semanal assinada por Brizola, e que ganhou o apelido de "tijolaço", paga em valores superiores ao mercado. O governador queria manter a saúde econômica do *Jornal do Brasil*, que via como um anteparo ao inimigo comum, as Organizações Globo e Roberto Marinho.[23]

Mesmo com a transformação de parte da dívida de dólares em cruzeiros, faltava dinheiro ao JB e a outras empresas para as despesas mais corriqueiras. Delfim correu novamente em socorro às empresas endividadas. Por meio de uma resolução do Banco Central, permitiu que os bancos usassem até 5% do depósito compulsório, que eram obrigados a recolher no fim do dia ao Banco Central, para comprar debêntures de empresas em dificuldades.

Em 1983, a inflação estava rodando a mais de 200% ao ano, e o dinheiro dos depósitos compulsórios[24] dos bancos no Banco Central não era remunerado. Não incidia qualquer tipo de juros sobre ele. Portanto, seria um bom negócio para todos. A primeira empresa a se beneficiar da medida foi a Votorantim, que havia fechado uma fábrica de cimento na Bahia.

A segunda empresa beneficiada foi exatamente o *Jornal do Brasil*. O executivo João Theodoro Arthou, amigo de José Antônio, foi escalado para negociar com o Banco Nacional, que usaria seus 5% de depósito compulsório para comprar debêntures do jornal. O Banco Nacional escalou um diretor chamado Lira, que exigiu do JB um rendimento absurdo de 90% como correção monetária e mais juros de 12% ao ano.

João Theodoro não aceitou, e explicou que a medida do governo teria que ser boa para todos: se o dinheiro continuasse retido no Banco Central, não seria remunerado. Por isso, mesmo com correção monetária e juros baixos, não deixava de ser um bom negócio também para o banco. A correção e os juros exigidos por Lira inviabilizariam tudo. Estava difícil a negociação, e era preciso que um grande banco assumisse a condição de maior investidor.

Bernard Costa Campos ligou para Amador Aguiar, do Bradesco, Francisco Gros, do Unibanco, e Olavo Setubal, do Itaú. Apenas o Nacional aceitava ser o maior investidor. Alguns bancos menores, principalmente de Minas Gerais, aderiram, e houve uma reunião entre todos — mais de dez bancos. Pelo Itaú, sentou-se à mesa o executivo Olavo Bueno. Lira, do Banco Nacional, insistia em sua pedida inicial. O JB poderia levantar até 8 milhões de dólares, era o limite.

Por fim, prevaleceu a posição do JB, e o acordo com os bancos foi fechado com correção monetária de 10% e juros de 12% ao ano. O JB emitiu as debêntures em nome dos bancos e o dinheiro foi aplicado em capital de giro e em um investimento chamado Pisa — Papel de Imprensa Sociedade Anônima —, uma fábrica de papel no Paraná, em associação minoritária com *O Estado de S. Paulo* e suporte financeiro do BNDES, outro favor de Delfim Netto. Seria uma forma de fugir dos custos da importação de papel, o insumo mais caro de um jornal, mais até do que a folha de pagamento, que ainda tinha o agravante da brutal desvalorização da moeda brasileira.[25]

No auge da crise, o então diretor Walter Fontoura procurou o chefe da Comunicação Social da Associação Brasileira de Crédito Imobiliário e Poupança (Abecip), Hildeberto Aleluia, com um pedido de socorro. Walter levou Aleluia até Bernard Campos, que lhe fez um apelo dramático: que a Abecip antecipasse as receitas de publicidade de seis meses. A Abecip tinha uma das três maiores contas publicitárias do país. O pedido foi atendido e o JB conseguiu um pequeno fôlego. Aleluia foi surpreendido uma semana depois pelo presidente da Abecip, Nelson da Matta, que lhe contou sobre um telefonema gentilíssimo de Roberto Marinho: "Soube que vocês anteciparam o pagamento de publicidade ao JB. Gostaria de receber a mesma cortesia, porque a situação econômica do país não está boa, e nós também temos dificuldades". Nelson da Matta sabia que um telefonema como aquele não admitia recusa.[26]

Os jornais brasileiros compravam seu papel principalmente no Canadá, porque o único produtor nacional na virada dos anos 1970 para os 1980 era a Klabin, que atendia apenas de 30% a 40% da demanda. Com a crise do petróleo, o papel importado oscilou entre seiscentos e setecentos dólares por tonelada, subindo mais do que o dobro em dois anos. Um autêntico tsunami sobre os orçamentos dos jornais, principalmente para aqueles que já iam mal das pernas.

A Klabin não tinha qualquer interesse em aumentar sua produção, estabilizada em 100 mil toneladas desde os anos 1960. Havia riscos de calote, por conta da situação difícil dos jornais — além do fato de que o papel de imprensa importado era livre de qualquer imposto, por imposição constitucional. Uma concorrência desleal. A Klabin tinha no papel-imprensa o menos rentável de seus produtos.

Um dos membros da família Mesquita, de *O Estado de S. Paulo*, Luís Mesquita, teve então a ideia de criar sua própria fábrica de papel. A família tinha uma enorme área reflorestada de eucaliptos no Paraná, no município de Jaguariaíva. Procuraram o sócio disponível no mercado, o *Jornal do Brasil*, mas logo ficou evidente que faltava caixa aos dois jornais para tocar o projeto, orçado em 200 milhões de dólares. De onde tirar o dinheiro?

O JB e o *Estadão* já estavam, além disso, muito endividados em dólar, quando Delfim Netto veio em socorro e obrigou o Banco Nacional do Desenvolvimento Econômico a bancar quase todo o projeto. Foi uma operação, digamos, heterodoxa, para dizer o mínimo. Fugia inteiramente aos padrões do BNDES, que costumava incentivar projetos de industrialização com o máximo de apenas um terço do capital necessário. Os sócios tinham que ter o capital aberto, para que o banco oficial pudesse depois sair da sociedade via Bolsa de Valores, vendendo a própria parte.

O BNDES também não costumava emprestar dinheiro ou associar-se a jornais ou igrejas. Era grande o risco de críticas em caso de fracasso. Outro agravante era que nenhum dos dois jornais tinha expertise em produção industrial em larga escala — eram apenas editores de jornais. Além disso, o Conselho Diretor do banco avaliou que não havia escala para uma fábrica brasileira concorrer com os produtores do Canadá e da Noruega.[27]

A fábrica canadense produzia mais de 1 milhão de toneladas de papel por ano, enquanto a Pisa conseguiria, no máximo, 90 mil toneladas. E havia outros complicadores: desde o governo de Getúlio Vargas, a importação de papel-jornal era isenta de impostos, o que tornava o produto estrangeiro altamente competitivo no mercado brasileiro.

Assim, só com o forte apadrinhamento político do ministro Delfim Netto foi possível conseguir a participação do BNDES no projeto, contra o parecer de seu corpo técnico. Além do dinheiro propriamente dito para a instalação da fábrica, o BNDES ainda entrou com dois terços da holding formada para gerir o negócio, a Paranaprint. A construção da fábrica começou em 1981 e terminou em dezembro de 1984. O custo total foi de 176 milhões de dólares, quase 30 milhões de dólares a menos do que se imaginou antes, graças ao período de recessão da indústria de bens de capital.

O BNDES participou por meio da Financiadora de Máquinas e Equipamentos, Finame, com 100 milhões de dólares. A International Financial Corporation (IFC), uma subsidiária do Banco Mundial, entrou com 60 milhões de dólares, JB e *Estadão* com 3,4 milhões, e o Badep/Banestado com 10,5 milhões. Um documento do próprio BNDES, de 1987, informa que "o envolvimento do banco fica acrescido em mais 26 milhões de dólares quando se consideram as garantias dadas à IFC pela BNDESPAR (BNDES Participações) no contrato Financial Suport Agreement".

O corpo técnico do BNDES estava certo. Logo no primeiro ano de funcionamento, 1985, a Pisa acumulou um prejuízo de 23 milhões de dólares, devido a despesas financeiras e do baixo preço de venda, por causa da competição com o papel importado. No ano seguinte, novo prejuízo, de 6,4 milhões de dólares, até julho. A demanda aumentou muito, mas o congelamento de preços imposto pelo Plano Cruzado, em fevereiro de 1986, impediu que o aumento da procura representasse ganho. A insolvência financeira bateu às portas. Em vinte meses de funcionamento, a Pisa acumulava um prejuízo de 130 milhões dólares, porque eram acrescidos de juros de até 16,5% ao ano nos financiamentos da IFC. Os prazos de pagamento eram incompatíveis com o fluxo de caixa da empresa.

O BNDES já era proprietário de um vasto cardápio de empresas falidas — algumas foram vendidas no mercado, outras simplesmente encalhavam e morriam. No caso da Pisa, era claro que as dívidas teriam que ser renegociadas, alongadas. A solução era emitir debêntures, com juros cada vez maiores a pagar no mercado. Ao mesmo tempo, o elo mais frágil da composição, o *Jornal do Brasil*, tinha cada vez mais reduzida sua participação, enquanto a BNDESPAR cada vez mais aumentava a sua, que chegou a mais de 80%. Um situação classificada pelos técnicos do BNDES em documentos técnicos como "indesejável", oficialmente, e "absurda", em particular.

Os representantes do JB nas reuniões do Conselho de Administração eram o advogado Antônio Fernando Bulhões de Carvalho e, eventualmente, o próprio Nascimento Brito ou seu filho José Antônio. Ambos foram desaparecendo das reuniões, à medida que diminuía a participação do JB. O jornal carioca, além de não aportar capital, atrasava pagamentos do papel que consumia.

Os representantes do BNDES nessas reuniões tentavam sempre reduzir custos, demitir pessoal, otimizar gastos, reestruturar a empresa. O custo de produção do papel de imprensa era altíssimo. Consumia-se muita energia, porque a madeira precisava ser raspada e moída em quantidades gigantescas. Para se ter uma ideia da complexidade do negócio, em 1987, José Eduardo Andrade Vieira, o dono do banco Bamerindus, um dos três maiores do país na época, resolveu também abrir uma fábrica de papel em uma imensa floresta contígua à Pisa. Seu projeto pessoal era deixar de ser o "Zé do Banco" e tornar-se um industrial respeitado.[28]

Zé do Banco pediu um financiamento ao BNDES para parte do projeto, e os técnicos do banco oficial perceberam que uma boa saída seria a fusão dos dois projetos em um único complexo. Seria um grupo brasileiro com escala suficiente para sobreviver no mercado internacional e competir com canadenses e norueguesas.

Poderia, em curto espaço de tempo, produzir 200 mil toneladas de papel por ano. José Eduardo, porém, só aceitaria associar-se caso tivesse mais de 50% do empreendimento. Mas o *Estadão* não abria mão do controle para um banco privado. O Bamerindus acabou obtendo financiamento parcial para sua fábrica, chamada de Inpacel, mesmo contra a opinião dos técnicos do BNDES.[29]

O custo da teimosia foi que o Bamerindus teve que investir, no total, 1 bilhão de dólares na Inpacel, que não se tornou rentável pelas mesmas razões da Pisa. O investimento absurdo e o prejuízo que se seguiu acabaram contribuindo para a quebra do Bamerindus cerca de dez anos depois. O banco sofreu intervenção e liquidação extrajudicial do Banco Central durante o Proer (programa de reestruturação dos bancos), na segunda metade dos anos 1990, no governo Fernando Henrique Cardoso.

A Pisa iria transformar-se em mais um problema para o *Jornal do Brasil*, assim como as debêntures compradas pelos bancos com parte do dinheiro retido pelo depósito compulsório no Banco Central em 1983. No comecinho dos anos 1990, dona Leda queixou-se algumas vezes com parentes e amigos: "O Maneco cometeu dois erros graves, que ajudaram a quebrar o jornal: a construção da sede da avenida Brasil e a aventura da Pisa".[30]

Houve outros erros dramáticos, que levaram a grandes prejuízos. A Rádio JB contratou, por exemplo, uma grande equipe de esportes para transmitir futebol ao vivo nos finais de semana e quando houvesse jogos noturnos. O que começou de forma experimental em 1983 cresceu em 1984, e vieram os principais nomes das transmissões esportivas. O chefe da equipe era Waldir

Amaral, que havia se aposentado da Rádio Globo e tinha fama de "homem do mercado", capaz de arranjar muitos anunciantes e alavancar a rádio. Nada disso aconteceu. A equipe, muito bem paga, gastou uma fortuna em deslocamentos pelo país para cobrir o Campeonato Brasileiro, e contava cobrir a Copa do Mundo de 1986. Evidentemente, não houve dinheiro para isso, e a equipe foi dissolvida como uma comissão técnica de seleção brasileira.

A INFORMÁTICA VIRA ASSUNTO

O *Jornal do Brasil* foi o primeiro no país a voltar-se para a informática como assunto a ser considerado. Antes, porém, como instrumento de transmissão de notícias. Por volta de 1979, instituiu um serviço de informações eletrônicas postadas em uma máquina cedida pela Telesp, a telefônica de São Paulo. Um serviço eletrônico para assinantes, embrião dos noticiários em tempo real, editado pela jovem jornalista Cristina Chacel, ex-estagiária da Rádio Jornal do Brasil.

E, nos anos 1980, surgiu uma página inteira dedicada à informática, publicada às segundas-feiras com o título de Circuito Integrado, sob a responsabilidade de Heloísa Magalhães. A página tratava basicamente de política industrial de informática, com debates sobre a reserva de mercado brasileira, a inconveniência da abertura do mercado a empresas estrangeiras, e tinha também as repórteres Vera Franco e Vera Dantas.

O tema informática foi ampliado no JB quando um dos correspondentes em Washington, Noenio Spinola, foi repatriado e tornou-se editor de uma das revistas que, segundo os administradores do jornal à época, davam prejuízo. A Info, que começou a circular em 1983, era editada por Noenio e tinha na equipe Silvia Helena como chefe de redação, e mais os experimentados e competentes Antônio Carlos Moreira, Arthur Aymoré, Carlos Alberto Wanderley, Graça Caldas, Vera Franco e Ivan Leão.[31]

Paralelamente, a página das segundas-feiras continuou sendo publicada, e com um tom cada vez mais nacionalista. Em 1984, o editor de Economia George Vidor saiu do JB e, com ele, Heloísa Magalhães. E Noenio assumiu a Economia. Como nova editora da Circuito Integrado, Cristina Chacel manteve a linha nacionalista, que considerava o crescente setor de informática estratégico e, portanto, tinha que ser mantido sob a tutela do Estado. Quando assumiu a editoria-geral do JB, Marcos Sá Corrêa começou a demonstrar inquietação com a linha imposta por Cristina.

O Brasil estava já no governo José Sarney, em 1985, e a área de informática ficou sob a tutela do poderosíssimo ministro das Comunicações, Antonio Carlos Magalhães, que tinha bom trânsito com Marcos Sá Corrêa. Em 1986, Marcos agendou para Cristina uma conversa com ACM na sede da Embratel, no Rio de Janeiro. Queria convencê-la de que estava equivocada a postura intransigente pela reserva de mercado. ACM tratou a jornalista de forma irônica, sarcástica, às vezes dura: "Traz um café aqui para a menina, ou você prefere uma coca-cola, um sorvete ou um refrigerante?", dirigindo-se a ela.

A conversa rendeu pouco, porque não houve trégua de nenhum dos lados, foi uma quase batalha ideológica, política, sem margem para negociação. Cristina acabou sendo afastada da página em 1987, quando assumiu a editoria de Economia a mineira Míriam Leitão.[32]

Cora Rónai havia retornado ao JB em 1986 a convite de Zuenir Ventura, que estava editando o Caderno B e pretendia transformá-la em crítica de televisão. Cora disse que adoraria trabalhar com ele, um velho amigo a quem admirava e respeitava como profissional, mas teria muitas dificuldades, não iria sentir-se confortável na missão, porque não era uma telespectadora, detestava novelas e programas de auditório. "Mas é exatamente isso que eu quero. Alguém que tenha uma visão crítica, que não seja viciada em televisão, um olhar de fora, de quem acabou de chegar e passa a analisar tudo aquilo com olhar novo", respondeu Zuenir.[33]

Para Cora, foi um tormento. Passou a sentar-se durante boa parte do dia e da noite diante da tevê com um caderno de anotações. Além disso, obrigou-se a fazer semanalmente uma agenda prévia dos programas que iria assistir. A gota d'água foi uma entrevista da jovem atriz Lídia Brondi na TV Educativa do Rio. Cora perdeu a paciência, achou tudo uma chatice e, no dia seguinte, pediu a Zuenir desculpas e uma nova função, ou se demitiria.

Zuenir concedeu-lhe um tempo. Cora resolveu então ir à carga junto ao editor-geral, Marcos Sá Corrêa. Queria fazer uma coluna sobre novas tecnologias, com base em seções que vira em jornais dos Estados Unidos. Um novo nicho, quase uma prestação de serviços ao leitor naquele novo mundo que surgia. Marcos descartou a possibilidade. Explicou que já existia a Circuito Integrado, que tratava do tema, ainda incipiente. Disse a ela que informática envolvia muito debate ideológico e que ainda não estava convencido do que deveria ser feito na área. Cora insistia, explicava que o enfoque seria outro, mas Marcos repetia que a página semanal de informática já tratava de empresas como a IBM, reserva de mercado, política industrial.

— Mas é exatamente isso o que não vou fazer — disse Cora. — Não quero fazer uma coluna sobre economia, sobre estratégia industrial, sobre reserva de mercado, sobre empresas, nada disso. Quero fazer uma coluna que oriente o consumidor sobre as novidades tecnológicas, que explique como a informática vai influir na vida das pessoas em pouco tempo, e como o cidadão comum pode se preparar para isso, os aperfeiçoamentos que surgem em grande velocidade, o que estará disponível no mercado em pouco tempo.

Quando Cristina Chacel saiu do jornal, Marcos finalmente cedeu e permitiu a Cora Rónai assinar a coluna semanal de informática. "Foi uma rendição, uma capitulação por causa da minha insistência", diz hoje Cora. "Ele não estava ainda completamente convencido. Foi como se dissesse 'está bem, faz esse negócio e não me enche mais o saco'."

Ela passou então a escrever para os cinco ou seis leitores interessados no tema. E os editores faziam um verdadeiro jogo de empurra, ninguém queria abrir espaço para a coluna, que às vezes saía na Economia, às vezes na Cidade, às vezes na editoria de Ciências. A mãe dela, Nora, sempre telefonava cobrando: "Minha filha, não estou achando a coluna hoje, está em que página?". A Circuito Integrado foi extinta, assim como a revista Info, que dava prejuízo.

Mas o assunto começou a se tornar uma realidade, e um jornal de classificados chamado Balcão de Negócios passou a publicar regularmente uma edição semanal sobre tecnologia. Cora pegou logo a primeira edição e levou a Marcos: "É mais ou menos isso que devemos fazer, uma página inteira por semana".

Desta vez foi mais fácil convencer o editor-geral, sempre disposto a ouvir boas ideias, com a cabeça aberta a novidades e com a sensibilidade de jornalista apuradíssima. E o que era uma coluna passou a ser uma página semanal publicada em 1990, como a pioneira Circuito Integrado de Heloísa Magalhães e Cristina Chacel.

Um ano depois, em 1991, Evandro Carlos de Andrade chamou Cora Rónai para uma conversa e lhe propôs um salário dez vezes maior para que se mudasse de mala e cuia para *O Globo*, inclusive com melhores condições de trabalho. Evandro e Roberto Marinho (bem como todo o mercado) sabiam das dificuldades financeiras cada vez maiores do JB, e apertaram o cerco para arrebatar-lhes os melhores talentos.

Mas Cora Rónai sentia pelo JB o mesmo que boa parte da equipe: não se imaginava trabalhando em outro lugar, gostava das pessoas, do ambiente. E tinha o mesmo preconceito em relação a *O Globo* que outros jornalistas do JB: que era conservador, feio. E ela não conhecia ninguém lá, a não ser o cartunista Chico Caruso e o crítico musical Luis Paulo Horta, os primeiros a mudar de endereço e largar o JB em direção ao jornal de Roberto Marinho. Conversou com o companheiro Millôr, que a aconselhou: "Já que você não quer ir, peça vinte vezes mais, em vez de dez. Ele vai recusar e estará resolvido o problema. Se ele aceitar, aí não tem jeito, a proposta será mesmo irrecusável".

Durante a negociação, Evandro propôs um salário quinze vezes maior, e Cora seria ainda obrigada a escrever sobre televisão, além da página semanal de Tecnologia. O acúmulo de tarefas era uma forma de apaziguar os editores, porque o salário dela seria superior ao deles. Cora aceitou.

CADERNO B E SEU NOVO NÃO EDITOR

Em setembro de 1983, Zózimo assumiu a editoria do Caderno B e em 1986 passou a assinar uma coluna no caderno Cidade, criado por Marcos Sá Corrêa. Mas deu ainda vários furos nacionais e notícias importantes, como a "Operação Zé com Zé", um escândalo que envolveu o investidor Naji Nahas e foi o ponto mais alto de uma crise que culminou no fechamento da Bolsa de Valores do Rio de Janeiro e na quebra de várias corretoras de valores tradicionais.[34]

Quando foi convidado por Paulo Henrique Amorim para assumir a editoria do Caderno B no lugar de Humberto Vasconcellos, Zózimo impôs uma condição: só aceitaria se tivesse Beatriz Bomfim como subeditora. Ela não queria, argumentava que não tinha o perfil para a tarefa, que preferia a reportagem. Uma força-tarefa foi então escalada para convencê-la, e incluía o próprio Amorim, o marido dela, Luís Gonzaga Larquê, todos no apartamento de Zózimo, que os recebeu com champanhe francês.[35]

Beatriz estava determinada, não queria o cargo. Até mesmo Larquê explicava que seria um desafio profissional, que ela deveria enfrentar a missão etc. Praticamente abstêmia, desacostumada a beber, Bia começou a se render depois de algumas taças de champanhe. E foi para casa convencida de que havia resistido à investida. Ficou surpresa, no dia seguinte, ao ouvir do próprio marido em casa, e mais tarde de Paulo Henrique Amorim e de Zózimo no jornal, que havia aceitado, ainda que com enorme relutância. Mas ela não chegou a assumir. O subeditor de Zózimo no B passou a ser o crítico de teatro Macksen Luiz.

E aquilo que Beatriz, no fundo, temia, realmente aconteceu: mal foi empossado como editor do B, Zózimo pediu que Fred Sutter assumisse a coluna, que Macksen Luiz cuidasse do fechamento e das reuniões, e sumiu por duas semanas, refugiando-se em Paris. Zózimo não deu muito certo como editor do Caderno B, não era o seu perfil. Mas deixou boas lembranças na equipe.

Deborah Dumar, na época repórter de cultura, lembra-se de alguns almoços com o chefe e parte da equipe no restaurante Capela, na Lapa, quando Zózimo tirava o paletó, afrouxava a gravata e encarava um prato pesado, uma feijoada, uma rabada ou um enorme filé, todos suando em bicas e tomando chope e caipirinha. E Zózimo sendo tratado carinhosamente de Barrosinho, alegre e contador de histórias e piadas.[36]

VESTIBULAR EM DISPUTA

Alguns jornalistas, como o chefe de redação Xico Vargas, acusaram Paulo Henrique Amorim de criar novos cadernos e encartes sem cobertura publicitária, o que teria elevado ainda mais os gastos correntes do jornal com papel e agravado a crise. Na verdade, O Globo conseguia bater o JB na variedade que oferecia a leitores e anunciantes, tudo vendido em pacotes publicitários atraentes também por causa da TV e das emissoras de rádio. E a TV ainda era largamente usada para divulgar as edições do jornal no horário nobre, à base do "leia amanhã em O Globo"...

A propósito, Paulo Henrique Amorim foi demitido do *Jornal do Brasil* em 1984. Nunca se sentira o editor da preferência de Nascimento Brito, trabalhava com a corda no pescoço e, por duas vezes, sofreu uma hostilidade "quase física" do patrão contra ele. Em uma delas, em uma festa pelo aniversário de Brito na boate e restaurante Hipopotamus, Paulo Henrique, por alguns instantes, foi o centro das atenções, festejado pela cobertura das eleições para governador de 1982, em que o JB ganhara o prêmio Esso, o que irritou Brito profundamente. Na outra vez, Paulo Henrique foi jantar no Country Club, que era uma espécie de segundo lar de Brito, que nesta noite estava lá com seus amigos, uma espécie de aristocracia do Rio de Janeiro. Ao ver o funcionário em seu refúgio favorito, serelepe e falante, Brito demonstrou sua indignação recusando-se a cumprimentá-lo. Era a velha lição de Walter Fontoura e Elio Gaspari, esquecida momentaneamente por Amorim: nunca frequentar os mesmos ambientes do patrão.

Quanto à briga dos dois jornais, até então o JB conseguia manter-se graças à qualidade do jornalismo e à credibilidade que conquistara ao longo dos anos. Mas era uma luta desigual. Os Cadernos de Vestibular do Globo, por exemplo, dispunham de mais recursos, mais pessoas trabalhando e conseguiam mais anunciantes. Tornou-se quase obrigatório para o público jovem que se preparava para aquela maratona e massacrava todas as ideias do JB.

Quando os resultados do vestibular eram divulgados, *O Globo* punha um motoqueiro de plantão no Fundão, na Ilha do Governador, ao lado do prédio da reitoria. Pagava a alguém da universidade para pegar rapidamente o resultado do vestibular e passar ao motoqueiro, que disparava em velocidade suicida até a rua Irineu Marinho, quando era providenciada uma edição extra. No estacionamento do jornal, uma multidão de jovens já esperava pela lista.

Em 1984, o diretor comercial do JB, José Carlos Rodrigues, bronzeado, sempre de óculos escuros Ray-Ban, cabelo gomalinado, com blazers e gravatas espalhafatosos, muito falante, avisou que seu setor conseguira vender para um grande cursinho uma edição extra com o resultado do vestibular:

— Passamos a perna neles. É uma grana boa, um patrocínio espetacular. Mas tem uma condição: só vão pagar se sairmos antes d'*O Globo*. E eles vão monitorar isso. Temos que sair na frente, porque nosso patrocinador é um concorrente do deles — disse, tonitruante e otimista, a Xico Vargas, então secretário de redação.

Xico foi realista:

— Porra, irmão, você sabe que é impossível. Nosso processo industrial de impressão é pelo menos onze minutos mais lento do que o d'*O Globo* página por página. Quando o nosso caderno ficar pronto, o deles já vai estar na rua...

— Mas não dá para dar um jeito? O patrocínio é bom! Vamos usar motoqueiros também. O JB é mais perto do Fundão do que o *Globo*. Nosso motoqueiro vai chegar antes.

Não daria certo. Tentaram achar uma solução. Xico pensou: "O prédio do JB tem um heliponto, podemos usar um helicóptero". E resolveu fazer um teste. Contratou no dia seguinte um helicóptero da Líder Táxi Aéreo e ele próprio foi até o Fundão, pousou em um campo ao lado do prédio da reitoria. Explicou tudo ao piloto, que a ideia era chegar o mais rápido possível ao JB com os resultados do vestibular. O motor deveria ficar ligado, alguém iria correr da reitoria até o helicóptero com o resultado e... vitória!

O teste demonstrou que era possível fazer a viagem Fundão-JB em dois minutos. Xico reuniu-se então com José Carlos Rodrigues e o vice-presidente do Sindicato dos Publicitários, que era contato do JB e tinha conseguido o patrocínio do cursinho, para explicar o plano: "Nós vamos conseguir rodar antes do *Globo*. O helicóptero chega aqui com a lista, a gente manda esperar, prepara a nossa edição extra, põe um pacote com dezenas de números do jornal no mesmo helicóptero e atira isso em frente ao *Globo*. Só de sacanagem. Os vestibulandos vão receber a nossa edição extra antes da deles, vai ser uma baita provocação".

Outro pacote seria enviado à farmácia Piauí, na praia do Flamengo, para distribuição gratuita. O tal publicitário saiu da reunião com Xico Vargas e José Carlos Rodrigues eufórico e deslumbrado, escreveu um relatório e distribuiu cópias para a gráfica, para a redação, até que uma delas pousou na mesa de Xico. "Que merda é essa?", gritou ele. "Quem fez isso? É traição!". Claro, a estratégia só daria certo se fosse secreta.

Com *O Globo* não se brincava, e Xico sabia disso. Três dias depois, o Dia D, o helicóptero contratado pelo JB pousou no Fundão e já encontrou lá um outro, de *O Globo*, com o motor ligado. E também com um motoqueiro! Quando a lista com os resultados foi liberada, o helicóptero de *O Globo* saiu junto com o do JB, só que com a lista dentro de uma bolsa lastreada por um tijolo. A bolsa global foi atirada no estacionamento do jornal, na rua

Irineu Marinho, e um funcionário correu e levou o material para impressão. Como não havia heliponto na sede do *Globo*, o estacionamento havia sido estrategicamente esvaziado para receber o petardo. E a edição extra do *Globo*, mais uma vez, saiu na frente — e o JB ficou mal com o cursinho anunciante.[37]

ADEUS À CONDESSA

A condessa Maurina Pereira Carneiro tinha chegado de uma viagem à Europa no comecinho de dezembro de 1983, e dias depois foi a Brasília para uma homenagem a uma amiga. Hospedou-se no Hotel Nacional, na época o melhor da cidade, e compareceu ao almoço do sábado na casa de Luiz Orlando Carneiro. Na véspera, Inês, a filha mais velha do jornalista, havia ficado noiva, e Luiz Orlando tinha viajado para o Rio.

À tarde, dona Maurina foi para o hotel tomar banho e mudar de roupa, porque embarcaria de volta para o Rio no mesmo dia. Dona Branca, mulher de Luiz Orlando, e o relações-públicas do JB em Brasília, Fausto, iriam levá-la de carro ao aeroporto. Ao chegar ao hotel, a secretária de Luiz Orlando que estava à serviço da condessa, Gerda, estava assustada: ela estava trancada no quarto e não respondia. Quando conseguiram abrir a porta, encontraram o corpo de dona Maurina estendido no chão — sofrera um derrame, caíra e fraturara o braço.

Dona Branca imediatamente localizou o diretor do Hospital Sarah Kubitschek, Aloísio Campos da Paz, internou-a e ficou todo o tempo com ela até a chegada da filha, dona Leda, que viajou às pressas em avião particular. Na manhã seguinte, um domingo, foi visitá-la, levou alguns doces do noivado da filha e encontrou-a acordada. Mas por pouco tempo. A condessa Pereira Carneiro morreu no dia 5 de dezembro de 1983, aos 84 anos. Suas funções no JB, nos últimos anos, estavam restritas a cerimoniais e homenagens. Dona Branca sentiu remorsos e ficou anos com a sensação de que os doces haviam precipitado a morte da condessa.[38]

O JB NA COBERTURA DAS DIRETAS

A demissão do editor-geral Paulo Henrique Amorim, em 1983, levou o *Jornal do Brasil* a um erro estratégico que, pela primeira vez, comprometeu gravemente sua credibilidade. No mesmo instante, a *Folha de S.Paulo* passou a entrar de forma agressiva no Rio de Janeiro com a cobertura em grande estilo da campanha Diretas Já. O JB foi para o lado oposto: passou discretamente a apoiar a candidatura a presidente de Paulo Maluf, que iria disputar a indicação do PDS com o ex-ministro Mário Andreazza, um coronel reformado que fez grande estardalhaço como ministro dos Transportes do governo Médici.

Maluf e Nascimento Brito eram velhos amigos e o contato inicial foi bastante fácil. Em um dos comícios das Diretas Já, em São Paulo, o chefe de redação Xico Vargas passou em frente à sala do editor-geral do JB Lemos (apelidado pelos gozadores de "JB que Não Lemos", porque nunca escrevia) e foi chamado por ele:

— E então, Xico, como é que está o comício? Muita gente?

— A informação que eu tenho é que já tem mais de 150 mil pessoas. Vamos dar isso bem,[39] não é?

— Cento e cinquenta mil? Isso aí pra São Paulo não é nada. Vamos maneirar.

Xico ficou meio assustado e procurou Walter Fontoura, que estava como diretor, e contou o que ouviu de JB Lemos.

— Deixa que eu cuido disso — disse Walter.

E realmente cuidou. Foi lá, ouviu que já havia 200 mil pessoas e ordenou que se desse o comício na primeira página. Paulo Henrique Amorim conta que, ainda como editor-geral, em 1983, já sentia a inclinação do jornal para o malufismo. "Eram muitas recomendações, alguns vetos", disse Amorim. "O bafo quente de Maluf já estava no meu cangote."[40]

A *Folha* montou uma sucursal no Rio sob o comando de José Silveira, demitido do JB por Paulo Henrique Amorim, e com repórteres de peso, como Álvaro Caldas, Ricardo Gontijo, Marcelo Beraba. A cobertura maciça das Diretas Já fez com que o jornal paulista caísse no gosto dos cariocas naquele período em que todos ansiavam pelo fim da ditadura. A *Folha* tornou-se o jornal com maior credibilidade, ocupando uma grande parte do espaço no Rio que era do JB.

Neste mesmo ano, o correspondente do *Jornal do Brasil* em Washington, Armando Ourique, recebeu a visita do novo diretor de redação do JB, Mauro Guimarães, que havia sido convocado para assumir uma diretoria no Rio de Janeiro ao lado de Walter Fontoura. Mauro, até então, era o diretor da sucursal de São Paulo, e o jornal estava ainda sofrendo os efeitos da moratória e da maxidesvalorização do cruzeiro, que levaram a empresa à lona em 1983.

Mauro Guimarães assumiu o cargo e saiu de férias, deixando diretrizes para a reestruturação do jornal. Passou por Washington, Nova York e Paris, onde aproveitou para conversar com os correspondentes. Levou para o Rio de Janeiro, para chefiar a redação, José Nêumanne Pinto, um paraibano de Uiraúna, mesma cidade natal de Luiza Erundina. Nêumanne era repórter especial e crítico de televisão em São Paulo. Para editor de Política, área estratégica naquele momento de transição, Mauro e Nêumanne escolheram Jomar Morais, um pernambucano que iniciara a carreira em Natal.

Jomar Morais despertava nos repórteres, entre eles Thaís Mendonça, a impressão de que era inseguro e sem autodeterminação, incapaz de iniciativas. Essa característica, segundo alguns de seus subordinados, o levava a ser autoritário e controlador de uma forma artificial, excessiva. Por isso, recebeu o epíteto de Major, um ideograma das letras do seu nome. O subeditor, Paulo Addario, por sua vez, tinha o nome trocado por engano: alguns o chamavam de Paulo Haddad, outros de Valadares. O Major queria limitar os repórteres à pauta elaborada por Addario, não gostava que tomassem iniciativas. Passou a exigir que telefonassem a intervalos regulares para informar onde estavam, o que estavam fazendo. Como o acesso ao JB já era difícil em 1984, ele ficava ansioso. Não havia telefone celular e os repórteres haviam se habituado a voltar já com a matéria pronta, ou passá-la por telefone, sempre com o cuidado de informar ao seu editor de área, que teria reunião com o editor-geral às dezoito horas.[41]

Mauro convidou Armando Ourique para voltar ao Rio de Janeiro e assumir a coluna Informe Econômico, um primeiro estágio para tornar-se editor de Economia. Explicou que o jornal passava pela pior crise financeira de sua história, e que a coluna e outros espaços seriam usados de forma pragmática para levantar fundos. Como parte desse esforço de arranjar dinheiro, o JB iria apoiar, na disputa com Mário Andreazza, a candidatura Paulo Maluf à presidência da República.[42] Mas Ourique tinha outros planos. Graças ao trabalho de correspondente, havia conhecido o embaixador do Brasil em Portugal, Clemente Baena Soares, que já estava nomeado secretário geral da OEA. Entrou em contato com o diplomata e conseguiu um convite para trabalhar na revista da organização, *Americas*.

Ourique viajou ao Brasil e comunicou a Nascimento Brito que iria sair do jornal e trabalhar na OEA. Informou-lhe sobre o convite de Mauro Guimarães para que voltasse a trabalhar no Brasil, mas iria trocar de emprego por um salário maior. Brito pediu-lhe que continuasse em Washington pelo JB e cobriu a oferta da revista, com um aumento de quinhentos dólares no salário. Brito disse que estava desiludido com os rumos do Brasil, que a economia ia muito mal, fez referências duras aos políticos que negociavam a transição democrática, e aconselhou-o a não voltar. A um outro correspondente, este sim, interessado em voltar a trabalhar no Rio, Brito disse que o país estava "infestado de ratos".[43]

Iniciada em 31 de março de 1983, a campanha das Diretas Já teve como inspiração uma proposta de emenda à Constituição de um deputado até então obscuro, o jovem Dante de Oliveira, do PMDB de Mato Grosso. O primeiro comício foi em Abreu e Lima, em Pernambuco, sem grande repercussão nacional. O segundo, em Goiânia, no dia 13 de junho, reuniu mais pessoas e começou a chamar a atenção do país e a ganhar a adesão de políticos importantes, governadores, atores, cantores. Em novembro, a emenda de Dante ganhou a chancela de todos os governadores do PMDB eleitos em 1982, com um comício de grandes proporções em São Paulo.

Os maiores comícios foram os mais próximos da votação da emenda, o do Rio de Janeiro, na Candelária, que reuniu 1 milhão de pessoas no dia 10 de abril, e o do Vale de Anhangabaú, em São Paulo, com 1,5 milhão de pessoas, a maior manifestação pública já realizada no país. O governo ficou em alerta, e derrotar a emenda na votação de 25 de abril era questão de princípio. A *Folha de S.Paulo* foi o primeiro jornal a comprar a briga, e teve enorme aumento de vendas em bancas e em assinaturas. Em uma reunião de editorialistas, Nascimento Brito pôs em votação: qual deve ser a posição do jornal? Walter Fontoura votou contra o apoio às diretas, e decidiu-se pelo suporte à manutenção do calendário dos militares, eleições indiretas.

O governo militar estava cada vez mais enfraquecido. O presidente Figueiredo não dispunha mais do Ato Institucional nº 5, havia perdido o conselheiro Golbery do Couto e Silva e sofrera um enfarte. Figueiredo não gostava do cargo, não tinha paciência nem gosto pela administração ou pela política. Em Brasília, a cobertura do momento político estava assim dividida por Ricardo Noblat: Roberto Lopes, o Bob Lopes, cobria os movimentos do coronel reformado Mário Andreazza, ministro dos Transportes no governo Médici e eterno candidato à presidência. Bob Lopes era um especialista na área militar e nos bastidores do regime. O outro Bob, o baiano Bob Fernandes, colou em Tancredo Neves e no grupo que articulava por ele em Brasília. A repórter Vanda Célia encarregou-se do vice-presidente da República, Aureliano Chaves, que estava em franca dissidência com o governo, e a Teresa Cardoso coube Paulo Maluf. Carlos Marchi cuidava de Ulysses Guimarães e do PMDB em geral.

Teresa frequentava o escritório eleitoral de Maluf no Setor Comercial Sul, o que havia de mais parecido em Brasília com um "centro da cidade". Quando bateu Andreazza na convenção do PDS, Maluf alugou um andar inteiro do hotel San Marco, no Setor Hoteleiro Sul. Ali, Teresa passava o dia atenta não só às articulações de Maluf e de seu operador financeiro, Calim Eid, como também à movimentação de presentes, flores, visitas ocultas.[44]

O Palácio do Planalto, esvaziado como fonte de notícias (dali saíam apenas notas oficiais), ficou apenas com o repórter Vanderlei Pereira e o novato Hugo Studart. As fontes de informação palacianas restringiam-se ao chefe da Casa Civil, o ministro Leitão de Abreu. Cada candidatura tinha sua peculiaridade e seu quartel-general. Todos os repórteres tinham liberdade para circular em todas as áreas, e os próprios Ricardo Noblat e Eliane Cantanhêde tinham fontes e conversavam bem em todos os setores, partidos e candidaturas.

Noblat costumava pôr até cinco repórteres para cobrir um evento, para fugir da simples narrativa do que acontecia na superfície. Nas entrevistas coletivas, um repórter prestava atenção no que dizia o político, e outro, ou mais de um, no que acontecia em volta, no cardápio (em caso de almoço ou café da manhã), no ambiente. O arranjo era uma criação da revista *Veja*, levado ao JB por Elio Gaspari nos anos 1970, e incentivado por Paulo Henrique Amorim, quando chefiava o jornal.[45]

Carlos Marchi, natural de Macaé, norte fluminense, no antigo estado do Rio, iniciara a carreira em *O Globo* e, como os colegas de sucursal, era um repórter arguto, experiente e com uma enorme facilidade para perceber o que estava por detrás das aparências e do teatro político. Estava na sucursal do JB em Brasília desde 1977. Quando era um jovem repórter de cidade no *Globo*, desenvolveu teorias que gostava de expor aos colegas. "Para cobrir trânsito aqui no Rio, o segredo é jogar o Detran, o Cetran (o órgão normativo) e a Polícia Militar uns contra os outros, fabricar crises", teorizava.

Em Brasília já nos anos 1980, de vez em quando escrevia a coluna Coisas da Política, substituindo Carlos Castello Branco. Em 23 janeiro de 1984, em plena campanha das Diretas Já, Carlos Marchi deu um furo nacional: o vice-presidente da República, Aureliano Chaves, e o governador de Minas Gerais, Tancredo Neves, haviam selado um pacto que unia o estado. Foi manchete de primeira página: "Tancredo prepara sua candidatura". Um choque para as massas urbanas mobilizadas pelas diretas, que viam ali uma conspiração de Tancredo e da ala conservadora do PMDB contra as eleições diretas.

O texto de Marchi explicava: com a mais do que provável derrota da emenda das diretas no Congresso, Tancredo apoiaria a candidatura de Aureliano no Colégio Eleitoral, caso o vice-presidente se viabilizasse em seu partido. Em caso contrário, Aureliano apoiaria Tancredo. O acordo, segundo a reportagem, teria sido articulado pelo banqueiro paulista Olavo Setubal, dono do Itaú. Minas Gerais iria unida para a sucessão presidencial. Se nas ruas a grande esperança era a aprovação da emenda das diretas, nos bastidores do Congresso Nacional todos sabiam que não havia chances. A maioria governista era muito sólida, apesar das defecções.

Carlos Marchi sentiu então o peso da influência de Paulo Maluf e foi suspenso por três meses logo depois da reportagem sobre Tancredo e a união dos mineiros. Quando voltou, suas matérias seguiam para o Rio de Janeiro, mas não eram publicadas. O chefe de reportagem Abdias Silva, em uma manhã, chamou-o no cafezinho e lhe propôs: "Suas matérias estão sendo sabotadas, vão para o lixo, porque o jornal está apoiando Paulo Maluf e você é visto como um jornalista que apoia o Tancredo. Se você confia em mim, eu lhe proponho o seguinte: vou passar a assiná-las e ver o resultado".

Marchi confiava em Abdias, aceitou a proposta e a suspeita dos dois se confirmou: as matérias apuradas e escritas por Marchi e assinadas por Abdias passaram a ser publicadas, embora sem grande destaque. Marchi já pensava em pedir demissão e abandonar sete anos de JB quando recebeu um convite do deputado Fernando Lyra para trabalhar na campanha de Tancredo, em uma sala apertada, quente e desconfortável no segundo andar do edifício Guanabara, no Setor Comercial Sul de Brasília. Foi aconselhar-se com Castelinho. "Vá sem piscar os olhos, aceite. O JB está entregue ao Maluf e você vai ser perseguido aqui, porque é considerado adversário."[46]

Mais tarde, com a vitória de Tancredo no Colégio Eleitoral, Carlos Marchi foi convidado novamente por Fernando Lyra, desta vez para assumir a Empresa Brasileira de Notícias (EBN), que iria transformar-se depois em Radiobrás, e era responsável pela cobertura oficial do governo e pelo noticiário radiofônico *Voz do Brasil*.

Uma coluna de Villas-Bôas Corrêa no JB foi didática ao explicar o quadro sucessório dentro da oposição e como atuava o PMDB, fazendo uma analogia com o futebol. Para Villas, Ulysses Guimarães era o centro-avante finalizador, o que joga a bola dentro do gol, o "matador", o "camisa 9". Tinha sido assim desde a anticandidatura a presidente, em 1974. Mas quem dava consistência ao time, armava e organizava o jogo no meio de campo, eram Tancredo Neves e o neo-oposicionista pernambucano Thales Ramalho, um brilhante articulador, que trocara o PDS pelo PMDB.

A candidatura Tancredo já havia sido lançada em junho de 1983 pelo deputado federal Fernando Lyra, e um grupo do PMDB já trabalhava dia e noite com a possibilidade. No dia em que a reportagem de Carlos Marchi foi publicada, o editor regional de Brasília, Ricardo Noblat, recebeu a ordem do editor de Política, Jomar Morais, para que a desmentisse. Jomar não ligava por vontade própria, recebera ordens. Tancredo e Aureliano desmentiriam a notícia, para não parecer que sabotavam a emenda das diretas. Noblat disse que, se o jornal desmentisse a notícia, pediria demissão. Explicou que tudo havia sido checado, a informação viera de Tancredo, que mais cinco deputados a confirmavam e que confiava no repórter Carlos Marchi.[47]

No mesmo dia em que foi publicada a reportagem, Tancredo, Aureliano e Olavo Setubal realmente a desmentiram e garantiram que estavam apoiando a emenda das diretas com todo o entusiasmo. O JB publicou o desmentido, mas ratificou a informação em uma Nota da Redação, lastreada nas fontes originais de Marchi. Realistas, Tancredo e Thales Ramalho sabiam que as Diretas Já não tinham futuro. Villas-Bôas Corrêa conta em *Conversa com a memória*[48] que, no grande comício das diretas da Candelária, viu Tancredo em um canto do palanque, quieto e sorumbático. "O que houve, por que a tristeza?" Tancredo apontou para a massa impressionante e disse que seria difícil conter a frustração de toda aquela multidão, pois a emenda das diretas não seria aprovada: "Como vamos explicar a eles que teremos que ir ao Colégio Eleitoral?".

O que de fato acontecia na relação Maluf-JB é que Paulo Maluf, na certeza de que venceria a convenção do PDS e disputaria a presidência no Colégio Eleitoral, passara a seduzir Nascimento Brito. Estava em campanha. As famílias eram amigas e eles próprios tinham boas relações há muitos anos. Até aquele momento, em sua carreira, Maluf desafiara e vencera a ditadura jogando com as próprias regras de exceção. Venceu, por exemplo, em 1978, o candidato do presidente Ernesto Geisel, Laudo Natel, e conquistou o governo de São Paulo, para profunda irritação de Geisel. Não precisou da imprensa para isso. Apenas, digamos, "seduziu" os parlamentares estaduais do seu próprio partido, então a Arena.

Em uma reunião de Nascimento Brito com os editorialistas, em 1983, o patrão resolveu pôr em votação qual deveria ser a postura do JB durante as Diretas. Dois votos foram contrários ao apoio: o de Walter Fontoura, que defendeu "o calendário da abertura democrática", ou seja, que a decisão fosse para o Colégio Eleitoral; e o do editorialista Joaquim Maria, ultradireitista, que achava que o jornal tinha que seguir o governo. Ele ainda temia "a volta do comunismo, que estava infiltrado nas linhas oposicionistas".[49] Quatro outros votos foram favoráveis ao apoio.

No quadro eleitoral de 1984, o que estava em disputa era a presidência da República, e em um momento já de ampla participação das ruas. Maluf passou a frequentar a redação do *Jornal do Brasil*. Queria o apoio de Nascimento Brito. Na primeira vez que esteve na avenida Brasil, 500, entrou pelo elevador social à tarde e foi à redação, onde só os copidesques trabalhavam naquele momento — a maioria dos repórteres estava na rua, a serviço.

Maluf foi apresentado aos redatores, um a um, José Sérgio Rocha, Ruth de Aquino, Joaquim Campelo, Paulo Siqueira, Roberto Alvarenga, Ivan Junqueira; passou pelo contínuo, que tinha o apelido de Chumbinho, e fez questão de apresentar-se também a ele. Chegou finalmente à editoria de Política, para conversar com o colunista Villas-Bôas Corrêa e com o repórter Rogério Coelho Neto.

Dali, foi ao oitavo andar, onde seria recebido por Nascimento Brito. Na volta, Maluf parou o elevador no sexto andar e repetiu todo o percurso na redação, mas em sentido contrário. E, incrível!, lembrou-se do nome de cada um dos que lhe haviam sido apresentados: "Foi um prazer, seu Roberto Alvarenga, até a vista, muito prazer, seu Zé Sérgio", até despedir-se, por último, do contínuo: "Meu caro Chumbinho, foi um prazer. Até a vista".[50]

Era o estilo Maluf. Em sua campanha para ganhar os votos dos convencionais do PDS, em 1984, recebeu um colega de partido, queixoso: "Paulo, acho que você está exagerando. Esqueci do aniversário da minha mulher ontem e, quando telefonei à noite, levei uma bronca: 'Você esqueceu, como sempre, mas o seu colega Paulo Maluf me enviou flores cedinho, às oito horas da manhã!'".

Nascimento Brito, por sua vez, jogava seu próprio jogo: apostava suas fichas em todos os cavalos. Recebia Maluf e ouvia dele promessas: "Brito, eu vou redimir o JB. Sei que o jornal está em dificuldades, mas, quando chegar à presidência, você não terá mais problemas". Brito mantinha-se reticente, como que concordando, mas jamais fechou as portas para a oposição. Brincava com os amigos, com a família e com os editores e diretores do jornal: "O Maluf vai ganhar essa. É o melhor candidato!". Quase ninguém tinha dúvidas de que era uma típica brincadeira de Brito, um exemplar clássico do humor dele, para deixar em choque alguns interlocutores.

Os comandantes da redação, porém, tornaram-se excessivamente realistas e inclinaram o jornal para o malufismo. A turma da sucursal de Brasília aumentava o tom das queixas, de que muitas reportagens inconvenientes para Maluf não eram publicadas. José Antônio Nascimento Brito hoje desafia: "Quero que alguém me mostre um só sinal nas edições do JB daquele período que indiquem apoio a Maluf. Isso não existiu, nem mesmo nos editoriais". Mas a irmã, Maria Regina, reconhece que foi um mau momento do JB.[51]

Mauro Guimarães conta que teve um encontro com Tancredo Neves antes da votação e derrota das Diretas Já e garantiu a ele o apoio do JB. Segundo ele, Tancredo deu-lhe um grande abraço, agradecido: "Muito obrigado, de vocês eu não esperava outra coisa". Mauro voltou ao Rio e contou a conversa a Nascimento Brito, que, segundo ele, não se entusiasmou. Preferia não se engajar em nenhuma candidatura. Como Jôsa, Mauro também desafia qualquer pessoa a encontrar vestígios de um possível apoio a Maluf no JB.

Antes mesmo da votação e rejeição das diretas, na noite de 25 de abril de 1984, diante de uma expectativa absurda de todo o país, o governador de Minas Gerais, Tancredo Neves, pediu então ao chefe da sucursal de Brasília, Luiz Orlando Carneiro, que marcasse uma reunião com Nascimento Brito em sua casa, no Lago Sul. Luiz Orlando providenciou um almoço, comprou vinhos franceses, e Tancredo compareceu com o sobrinho e secretário particular, Aécio Neves. Brito, durante todo o tempo, esteve acompanhado de Luiz Orlando.

Em seu estilo mineiro, Tancredo explicou a Nascimento Brito que a emenda das diretas seria derrotada. Mesmo que fosse aprovada na Câmara, seria derrubada pela maioria governista no Senado, onde havia ainda os senadores biônicos. Com o resultado praticamente definido, o projeto da oposição era comparecer ao Colégio Eleitoral com apoio de uma parte dos governistas e derrotar o candidato oficial, que deveria ser Maluf. Usar o próprio campo de batalha da ditadura, o Colégio Eleitoral, para derrotá-la.

Tancredo disse que temia a frustração dos brasileiros, uma rejeição popular à sua candidatura pela via indireta, porque corações e mentes do país haviam sido conquistados pela campanha das diretas. Precisava, por isso, do apoio do *Jornal do Brasil* para demonstrar à opinião pública que a ida ao Colégio Eleitoral era a única saída viável para a redemocratização. Tancredo explicou que o JB era o veículo de maior repercussão nacional e internacional, e que era fundamental seu engajamento no processo.

O almoço foi cordial, e Tancredo, de forma didática e paciente, prosseguiu dizendo que aquela seria a última etapa da abertura democrática, e que toda a ação precisaria de cautela, porque ainda havia uma forte corrente golpista entre os militares. Nascimento Brito aproveitou para falar das dificuldades do jornal, da dívida com o Banco do Brasil, mas garantiu que apoiaria a ida ao Colégio Eleitoral, que era a favor da redemocratização e que concordava que era aquela a única saída. Luiz Orlando quis entregar ao patrão os vinhos franceses que sobraram do almoço, mas Nascimento Brito disse que ficasse com eles — à exceção dos Bordeaux.[52]

Maluf, como era esperado, venceu a convenção do PDS. O presidente do partido, José Sarney, rompeu com a legenda em uma reunião tensa, em que vários, inclusive ele, compareceram armados de revólver, e filiou-se ao PMDB. A dissidência governista do partido oficial criou o Partido da Frente

Liberal (PFL), sob a liderança de Marco Maciel, Antonio Carlos Magalhães e do vice-presidente Aureliano Chaves.

Com a derrota das diretas, a sucursal de Brasília do JB se organizou para cobrir a campanha e o Colégio Eleitoral. Ricardo Noblat e Eliane Cantanhêde trabalhavam na base "material editado": nenhum texto ia para o Rio de Janeiro sem ser consolidado, com informações de, pelo menos, cinco repórteres. Os textos finais ficavam por conta de Eliane e José Negreiros. A equipe era versátil e tinha ordens para trabalhar à margem das notícias oficiais, que saíam das assessorias. As características dos repórteres ajudavam nesse tipo de cobertura. O importante em entrevistas, por exemplo, não era o que dizia o entrevistado, mas as entrelinhas, os bastidores, o ambiente.[53] Logo, porém viria a tradicional crise da sucursal de Brasília com a sede, o que acontecia em todos os jornais. Mas principalmente no JB daquele período, em que a sede era malufista e a sucursal a favor de Tancredo.

O pragmático Mauro Guimarães conta que teve um encontro em Brasília com Tancredo Neves depois da votação e derrota das Diretas e garantiu a ele o apoio do JB na disputa com Paulo Maluf. Segundo ele, Tancredo deu-lhe um grande abraço, agradecido: "Muito obrigado, de vocês eu não esperava outra coisa". Mauro voltou ao Rio e contou a conversa a Nascimento Brito que não se entusiasmou. Preferia não se engajar em nenhuma candidatura. Como Jôsa, Mauro também desafia qualquer pessoa a encontrar vestígios de um possível apoio a Maluf no JB.

Tancredo Neves venceu Paulo Maluf na eleição indireta do Colégio Eleitoral no dia 15 de janeiro de 1985 com 480 votos (72,4%) contra 180 (27,4%) e 26 abstenções, a maioria do PT, que proibiu seus parlamentares de participar da votação. Os petistas que se rebelaram e votaram em Tancredo, Bete Mendes (SP), Airton Soares (SP) e José Eudes (RJ), foram expulsos do partido. No Jornal do Brasil, a eleição de Tancredo Neves, como já era esperado, provocou mudanças. Os comandantes da redação identificados com o malufismo foram afastados, e Marcos Sá Corrêa recebeu o convite para assumir a editorial geral. Seria uma mudança de estilo e de orientação política.

Marcos estava na sucursal da revista Veja, no Rio de Janeiro. Aceitou o convite de Nascimento Brito e imediatamente chamou para acompanhá-lo na missão os colegas de Veja Bella Stal, Dácio Malta e Flávio Pinheiro, todos também ex-JB. Marcos se comprometeu a não esvaziar totalmente a sucursal da *Veja* de seus melhores nomes. Por isso, foi à mesa de Rosental Calmon Alves e lhe disse: "Vou levar a Bella, o Dácio e o Flávio. Quero você também, mas não posso tirar todo mundo daqui agora. Mas você é da casa, tem história no JB, e por isso as portas estão sempre abertas. Quando quiser pedir demissão, vá lá na avenida Brasil, escolha a mesa que quer ocupar e, em seguida, venha falar comigo e dizer o que gostaria de fazer".

Rosental atendeu ao convite quando Merval Pereira assumiu o lugar de Marcos na *Veja*. Mas não quis escolher uma mesa. Preferiu retornar a Buenos Aires como correspondente por mais dois anos, para acompanhar o governo Raúl Alfonsín e a redemocratização argentina. Depois de dois anos, foi para Harvard fazer um curso de radiojornalismo, e um ano depois assumiu como correspondente em Washington, no lugar de Sílvio Ferraz, que substituiu Fritz Utzeri em Paris. A troca de correspondentes gerou uma mágoa em Fritz e sua mulher, que ficaram com a forte impressão de que haviam sido traídos pelos colegas Rosental e Sílvio Ferraz.[54]

No JB, já em 1985, Marcos Sá Corrêa iniciou as mudanças pela editoria de Política. Chamou o repórter de *O Globo* Marcelo Pontes para assumir o cargo de editor. Marcelo tinha mais de dez anos no jornal de Roberto Marinho, e encarou feliz o desafio. Levou o repórter esportivo Luís Antônio Gerheim, também de *O Globo*, para assumir a editoria de Esportes. Flávio Pinheiro passou a ser o braço direito do editor-geral, como editor executivo, e Xico Vargas retornou como chefe de redação. Míriam Leitão também foi convidada. Trabalhava em São Paulo, em um projeto da Abril Vídeo, desde 1982. Preparava-se para tirar férias longamente planejadas com os filhos em novembro de 1985 quando recebeu o chamado para mudar-se para o Rio e ajudar Zózimo a fazer a coluna, como repórter auxiliar. Míriam, mineira de Caratinga, era militante do PCdoB, repórter e estudante no Espírito Santo em 1972, quando foi presa pela ditadura.

Torturada em plena gravidez, chegou a ser trancada em um quarto escuro com uma cobra que lhe garantiram ser venenosa. Quando foi libertada, mudou-se para Brasília, onde estudou jornalismo na UnB e virou repórter de economia na *Gazeta Mercantil*. No *Jornal do Brasil*, depois de trabalhar com Zózimo, fez a coluna Coisas do Mercado, que se transformou em Informe Econômico, até que assumiu em 1987 a editoria de Economia.

NOVOS TEMPOS: O GOVERNO SARNEY

Em abril de 1985, quando o presidente Tancredo Neves morreu sem tomar posse, a situação do jornal era crítica. O dinheiro da venda de debêntures aos bancos que socorreram a empresa havia virado pó e estava difícil ressarci-los. O JB tinha um débito enorme com a Pisa, pois usava o papel e não pagava, e outra dívida impagável com o Banco do Brasil. A dívida com os bancos privados podia ser empurrada com a barriga. Afinal, eram amigos, tudo era encaminhado na base da conversa, da permuta com anúncios, da boa convivência. Com o Banco do Brasil, Nascimento Brito achou que poderia valer-se de uma velha máxima que prevalecia nas relações de jornais importantes com os governos: "Dívida de jornal aliado não deve ser cobrada por nenhum governo". Confirmando o dito, Brito soube da morte de Tancredo antes da redação.

Com Sarney definitivamente entronizado, e enfraquecido por ser originário do PDS e tutelado por Ulysses Guimarães, era o momento de atacar. José Antônio tentou tomar a frente da negociação, mas o pai interveio: "Eu tomo conta disso". Jôsa não aceitou, e deu-se um forte bate-boca na presença de diretores e jornalistas de confiança. "Você quebrou o jornal, não tem credibilidade para negociar nada, eles não acreditam em você." O pai, no entanto, prevaleceu, e tomou a frente.[55]

No segundo semestre de 1985, Nascimento Brito foi recebido em audiência por José Sarney, expôs toda a situação dramática do jornal e que contava com o apoio do presidente da República para que se encontrasse uma saída. Fez alusão ao almoço com Tancredo Neves, em que o JB se comprometeu a apoiar sua candidatura. Sarney, de forma polida, disse que não recebera nenhuma informação sobre qualquer tipo de acordo, mas que teria toda a boa vontade em ajudar o *Jornal do Brasil*, do qual, inclusive, fora funcionário até o início dos anos 1960, e que aguardaria a decisão do Conselho de Administração do Banco do Brasil.

O presidente explicou ainda que caberia ao presidente da instituição, Camilo Calazans, a solução do problema, e que a decisão dele teria seu inteiro apoio. O assunto era técnico e não poderia ser resolvido politicamente. Calazans fora nomeado por Tancredo e, se o falecido presidente tivesse deixado alguma instrução, Calazans saberia.

O assunto da dívida foi exaustivamente explicado a Camilo Calazans. Um dos pontos em que se prendia o argumento do JB era de que a dívida era em dólares, e a taxa de juros que estava sendo cobrada não era reconhecida legalmente pelo jornal. O JB alegava que a situação era desesperadora, que a empresa sofrera com a crise da dívida de 1982, com a maxidesvalorização de Delfim Netto, e com a crise econômica do país, com a inflação crescente e sem controle.

Em um encontro posterior, desta vez com o diretor Bernard Costa Campos e Luiz Orlando Carneiro, Camilo Calazans foi gentil, mas técnico. Disse que o Banco do Brasil tinha suas regras de governança, estava sujeito à legislação bancária vigente no país, às normas do Banco Central, e que, como presidente, ele devia explicações aos acionistas. Por tudo isso, sua ação em favor do JB estaria limitada, o que o JB pedia era impossível de atender. Explicou que a única possibilidade seria por meio do próprio governo federal, se o presidente da República concordasse em destinar verbas específicas para a ajuda ao jornal. Bernard não insistiu.[56]

Ao saber da resposta negativa, Nascimento Brito irritou-se profundamente. Fora informado por amigos ligados ao governo de que o próprio José Sarney o apunhalara pelas costas. Acusou Sarney de ordenar ao presidente do Banco do Brasil que negasse o pedido de socorro. Os amigos foram além: Sarney negara a ajuda do BB ao JB por pressão do ministro das Comunicações, Antonio Carlos Magalhães, amigo íntimo, aliado e sócio de Roberto Marinho. Sarney teria sido pressionado também pelo próprio Roberto Marinho, de quem era associado em sua televisão do Maranhão, repetidora da Globo.[57]

A partir dali, as relações nunca mais foram as mesmas. Nascimento Brito enviou uma carta de rompimento a Sarney, entregue pelo diretor da sucursal de Brasília, Luiz Orlando Carneiro, a um assessor do presidente, o também maranhense Joaquim Campelo.[58] Campelo fora copidesque do JB até a posse de Sarney, quando foi convidado a trabalhar com ele e colaborar na redação de discursos.

A crise financeira que o jornal atravessava não chegava ainda com força à redação, e o JB passou novamente por um sopro de energia e criatividade jornalística com a chegada de Marcos Sá Corrêa. Regina Zappa assumiu a editoria Internacional, Manoel Francisco do Nascimento Brito Filho, o Kiko, chegara de Nova York e assumiu a editoria de Cidade. O sergipano Ancelmo Gois foi trazido também da *Veja* para assumir o Informe JB. Miriam Ferreira Lage passou a editar o Informe Econômico.

O ex-correspondente na Alemanha, o paulista William Waack, foi transformado em repórter especial, mas com poderes de coordenação sobre as editorias de Economia e Internacional. Versátil e bem informado, jovem, autor na época de dois livros sobre temas internacionais, Waack circulava por todas as áreas, mas incomodava alguns colegas, e uma disputa surda de poder, comum em redações, instalou-se lentamente. Waack acabou saindo do jornal em 1987 e Míriam Leitão assumiu a editoria de Economia. Ruth de Aquino tornou-se editora de Internacional.

O FRACASSO DO ÚLTIMO CAPÍTULO DA NOVELA DA TV

Relaxado e confortável no escritório de sua casa na rua Leiria, perto do parque Ibirapuera, em agosto de 1985, trajando um robe de chambre cor de vinho, Silvio Santos deu uma de suas gargalhadas e perguntou aos atônitos Nascimento Brito e João Havelange, presidente da Fifa, que se haviam associado para comprar a TV Record: "Afinal, por que vocês querem comprar um canal de televisão? É o pior negócio que existe no Brasil. A TV Excelsior não sobreviveu e morreu em 1970, a TV Continental faliu em 1972. A TV Tupi também morreu e a própria Record vai muito mal das pernas. Só a TV Globo está vendendo saúde. É prejuízo certo!".[59]

Brito e Havelange não acreditaram, sabiam que a declaração exagerada e a gargalhada eram parte do show particular de Silvio. Desta vez, o sonho iria se realizar, confiava Nascimento Brito. Silvio acabara de aceitar a proposta de compra de sua parte das TVs Record do Rio de Janeiro, de Ribeirão Preto (SP), de Franca (SP) e da Rádio Record de São Paulo. A compra seria de 50% das ações ordinárias do grupo de empresas, que tinha valor total de 12,075 bilhões de cruzeiros (algo como 1,5 bilhão de dólares), mais 80% da TV Record do Rio de Janeiro. A outra parte continuaria de posse da família de Paulo Machado de Carvalho.

O negócio foi formalmente anunciado no dia 27 de setembro de 1985, depois de conversas que se iniciaram em abril. Nascimento Brito desembarcou em Brasília no dia 1º de outubro para iniciar, no Ministério das Comunicações, o processo formal de transferência. No dia 4, ele e Jôsa foram a São Paulo para o primeiro contato formal com os futuros sócios, Paulo Machado de Carvalho, então com 84 anos, e seu filho Paulito, de 59, criador de passarinhos e animais de raça, além de organizador dos festivais de música popular brasileira dos anos 1960, que deram enorme popularidade à Record e revelaram grandes nomes da música.

Para o fechamento da negociação, Havelange e Nascimento Brito receberam no Brasil dois executivos da Televisa, o economista Jesús Lozano e o engenheiro Antonio Meza. Os dois passaram dez dias analisando a viabilidade da compra e deram sinal positivo. Havelange entraria no negócio com apoio do então genro, Ricardo Teixeira, que viria a ser mais tarde presidente da Confederação Brasileira de Futebol (CBF). A promessa de compra e venda entres as partes foi assinada no dia 23 de outubro de 1985. Era um documento bastante detalhado, com 22 páginas e vinte cláusulas, registrado no Cartório de Títulos e Documentos de São Paulo.

Naquele dia de agosto de 1985 estavam reunidos, no escritório de Silvio Santos, Nascimento Brito; Jôsa, que seria o principal executivo da futura emissora; o presidente da Fifa, João Havelange, amigo de infância de Nascimento Brito e que, como ele, sonhava ter sua própria emissora de tevê, a exemplo do amigo mexicano Emilio Azcárraga Milmo, dono da Televisa, uma das maiores emissoras de televisão do mundo, resultado da fusão de dois grandes grupos, e um dos homens mais poderosos do México.[60]

O grupo Televisa, de Azcárraga, controlava desde 1961 o mercado de língua espanhola no sul dos Estados Unidos, especialmente na costa oeste, na Califórnia. Era um complexo que, no México, reunia quatro estações de televisão abertas e uma por cabo, cinco emissoras de rádio, duas gravadoras fonográficas, nove estádios de futebol e vários clubes noturnos, além de 24 mil horas de programas exportados para Estados Unidos, América Latina, Europa e China. Um dos braços da Televisa, a Univision, era presidido pelo vice-presidente da Fifa, Guillermo Canedo, e responsável pela distribuição de novelas e programas mexicanos, como *Chávez*, para todo o mundo. Um sonho, sem dúvida, para os ambiciosos Havelange e Brito.

Havelange, belga de nascimento, e cujo verdadeiro nome era Jean-Marie Faustin Godefroid Havelange, por sua vez, conseguira chegar à presidência da Fifa em 1974, depois de ter comandado a antiga Confederação Brasileira de Desportos (CBD). Instalado na Suíça como dirigente máximo do futebol mundial, ampliou os domínios da Fifa com a incorporação de federações de futebol da África, da Ásia e do Oriente Médio, que lhe garantiram sucessivas reeleições, e a condição de condestável do futebol em todo o mundo. Possuía ainda a Viação Cometa, empresa interestadual de ônibus, a mais forte no eixo Rio-São Paulo. Era filho de um rico comerciante belga de armas radicado no Rio de Janeiro, Faustin Havelange, proprietário de uma grande área que englobava parte do Cosme Velho, Laranjeiras e Santa Teresa. As famílias de Havelange e Nascimento Brito frequentavam-se desde os anos 1920, e os dois mantiveram a amizade durante toda a vida.

João Havelange havia levado Nascimento Brito e José Antônio ao escritório de Emilio Azcárraga, na Cidade do México, para aconselhamento. E foram fortemente estimulados pelo potentado mexicano, que mencionou inclusive as enormes oportunidades que se abririam com a realização, no ano seguinte, da Copa do Mundo do México, cujos direitos de televisão ele possuía. Azcárraga se comprometia ainda a prestar assistência técnica ao futuro canal de televisão e, quem sabe, talvez pudesse participar de alguma forma do negócio, que considerava excelente e promissor — ao contrário de Silvio Santos.

Formais no escritório de Silvio naquele dia de agosto, Brito, Jôsa e Havelange contrastavam com a descontração do homem do Baú da Felicidade, que tinha na sala a companhia do secretário particular Luiz Sebastião Sandoval e dos sócios minoritários Guilherme Stoliar e Luciano Callegari. Paulo Machado de Carvalho não queria se desfazer da Rede Record, que estava em profunda crise financeira, mergulhada em dívidas e necessitada de investimentos em equipamento e infraestrutura.

Silvio Santos já tinha o Sistema Brasileiro de Televisão e não estava disposto a continuar investindo na Record. A promessa de compra e venda era uma garantia de que Brito e Havelange tinham prioridade, e que Silvio Santos e seus sócios não iriam alterar a composição acionária do grupo.

Como a inflação antes do Plano Cruzado bombava a insustentáveis 223% ao ano, a promessa de compra e venda estabelecia um valor em Obrigações Reajustáveis do Tesouro Nacional (ORTNs), com um sinal equivalente a 1 milhão de dólares. Em seguida, vinha um calendário de quitações para as próximas parcelas. Todos os pagamentos seriam feitos diretamente a Silvio Santos no escritório da rua Jaceguai, 496, 7º andar, em São Paulo. Silvio faria pessoalmente a partilha do dinheiro da venda com os sócios.

A promessa de compra e venda estabelecia também uma complicada transferência de ações de Silvio e seus sócios a Nascimento Brito e Havelange. Brito e Havelange contratariam uma auditoria pela empresa Arthur Andersen para levantar toda a situação financeira das empresas que estavam comprando.

Seriam abatidas do preço de compra as dívidas que excedessem um limite combinado entre as partes até 30 de setembro de 1985. Novas dívidas, a partir dessa data, não seriam da responsabilidade dos vendedores. Toda a operação estaria condicionada à autorização do governo para transferência das concessões de rádio e televisão. Esta cláusula ficou em aberto, no caso de veto por parte do governo.

Um problema a ser considerado era que, embora até aquele momento as relações entre Nascimento Brito e o então presidente José Sarney (empossado definitivamente com a morte de Tancredo Neves, em 21 de abril) fossem cordiais, havia no Ministério das Comunicações, a quem caberia autorizar a transferência, um aliado incondicional de Roberto Marinho: o baiano Antonio Carlos Magalhães, sem dúvida o mais poderoso dos ministros de Sarney. Um empecilho real.

Os requerimentos de transferência das ações da Rádio Record S/A deram entrada no Departamento Nacional de Telecomunicações, o Dentel, no dia 30 de setembro de 1985.[61] E outro requerimento tratava da transferência da FM Record de Guilherme Stoliar e de Luciano Callegari, para Brito e Havelange, respectivamente.

Mas o prato principal que envolvia o negócio eram mesmo as emissoras de televisão. Um documento interno do *Jornal do Brasil* mencionava um sinal de 2,7 milhões de dólares no exterior (para burlar o pagamento do imposto de renda). O restante do pagamento seria feito em cinco anos. O documento acrescentava: "Mesmo que a geração de caixa não seja capaz de cobrir integralmente as parcelas devidas ao Grupo Silvio Santos, o Jornal do Brasil poderá dispor de parte das ações que comprou, vendendo-as certamente por preço extremamente vantajoso a um novo sócio". Ou seja, em caso de dificuldades, o JB oferecia como garantia as próprias ações adquiridas ou parte da Jorbra Diesel (empresa de transportes criada pelo *Jornal do Brasil*) ou de outra empresa controlada pelo Sistema Jornal do Brasil. O JB mergulhava fundo no risco para concretizar o sonho de trinta anos. Para Nascimento Brito, aquela era a última oportunidade. Sim, era arriscado, mas a aposta era de que o próprio jornal impresso receberia um enorme impulso e o grupo JB mudaria de patamar.

Nascimento Brito, João Havelange e José Antônio confiavam em que o controle de uma rede de televisão iria permitir a diversificação dos negócios, com o lançamento de discos, fitas, livros, enciclopédias, o que era possível em escala apenas para quem fosse dono de uma emissora de tevê. A televisão, nos últimos anos, havia praticamente dobrado sua participação no mercado de propaganda no Brasil. Brito avaliava ainda que o mercado via o *Jornal do Brasil* como a única alternativa possível ao monopólio da Globo em todo o país.

Brito e Havelange estavam otimistas, principalmente, com a Copa do Mundo no México. A Copa absorveria a maior verba de publicidade no Brasil, e a TV JB teria apoio e assessoria da poderosa Televisa mexicana, de Emilio Azcárraga. Havia ainda a aposta nas eleições gerais de 1986, tanto para governadores como para o Congresso Nacional, que se transformaria em uma Assembleia Nacional Constituinte. Por isso, ambos se propunham a investir imediatamente 2,7 milhões de dólares na Record. O fluxo anual de dinheiro que esperavam receber era da ordem de 30 ou 40 milhões de dólares, fora os grandes eventos, Copa do Mundo e eleições.

Quatro milhões de dólares ao câmbio oficial, sonhava Brito, seriam obtidos mediante empréstimo no exterior, oferecendo-se como garantias ações e equipamentos da gráfica do *Jornal do Brasil*, a mais rentável empresa do grupo. Um pedido de financiamento foi elaborado para todos os bancos, mediante algumas garantias, como a instalação de agências nos prédios da emissora no Rio de Janeiro e em São Paulo, a concessão das folhas de pagamento de pessoal e prioridade para o patrocínio de qualquer programa ou evento das emissoras. Um otimismo quase eufórico tomou conta da direção do *Jornal do Brasil*, apesar do persistente peso de uma enorme dívida em dólares.

Uma "filosofia de programação" foi novamente elaborada por Walter Clark, com base no momento histórico de retorno à democracia. "A população brasileira está sedenta de participação, mas não sabe como consegui-la", dizia o documento interno. E prosseguia:

Se temos 35 milhões de jovens com fome de informação, educação e participação, ao seu lado temos o fenômeno da mulher lutando por melhor se colocar na sociedade, enfrentando problemas novos para os quais ainda não está preparada e, portanto, precisando de orientação.

A conclusão era de que uma parte substancial da população brasileira, justamente os mais jovens e bem informados e as mulheres bem educadas, não era atendida pela televisão. E o país estava democratizado, não havia mais censura.

A análise interna dizia ainda que "a novela começa a perder substância, porque começa a se esgotar em si mesma, sem novas fórmulas, sem renovação, e por tal, num beco sem saída". Curiosamente, estava no ar, naquela mesma data, *Roque Santeiro*, um dos maiores sucessos de público da TV Globo. E o otimista documento afirmava: "não se conversa mais sobre novela nas ruas". Seriam buscados programas com grande volume de informação "correta e confiável, respeitada, isenta", sem deixar de lado "o espírito jovem alegre, descontraído". A TV JB faria tudo isso sem cair na chatice da televisão puramente "educativa" ou "séria". Teria noticiários densos, analíticos, de maior duração, com debates diários e estímulo à participação do público através de cartas, telefonemas e presença no estúdio. No dia 4 de outubro, um entusiasmado Jôsa, já dando como fechado o negócio, escreveu a Jaime d'Ávila, diretor da Univision, um braço da Televisa que operava nos Estados Unidos com programação em espanhol e enorme audiência.

Tenho o prazer de informá-lo que o Jornal do Brasil, associado ao presidente da Fifa, João Havelange, concluiu negociações para a compra das ações do Grupo Silvio Santos na Rede Record de Televisão. Evidentemente, a conversa que tivemos na sala do sr. Emilio Azcárraga muito nos incentivou para que levássemos adiante este negócio. Assim, gostaria de dizer que breve estaremos prontos para discutirmos a nossa associação à Univision.

Sem nada assinado ainda além da promessa de compra e venda e do acerto verbal, as negociações prosseguiram nos meses seguintes, com grande ansiedade por parte dos donos do *Jornal do Brasil*.

Enquanto circulava entre Rio, São Paulo e Brasília, Jôsa, escalado pelo pai para ser o principal executivo da futura TV JB, explicava que não tinha esperanças de entrar no mercado de forma arrasadora: "Não se espera nenhum milagre de audiência", disse à revista *IstoÉ* de 9 de outubro de 1985. "Não vamos cometer o erro de tentar enfrentar a Globo". Pai e filho estavam entusiasmados com o perfil que a Record tinha em São Paulo, de ser "a emissora dos festivais", com excelentes arquivos de velhos programas e a fama de ter uma programação "de bom gosto". Havia também, claro, o projeto de tornar a Copa do Mundo do ano seguinte um carro-chefe da emissora.

Mas não estava fácil conseguir o dinheiro para sacramentar de vez o negócio com Silvio Santos. Começou então a busca por investidores e parceiros. Delfim Netto foi um dos sondados por Bernard Costa Campos. João Havelange também ia à caça. O presidente da Fifa queria ter 50% das ações, mas Brito, como sempre, não aceitava ter menos de 51%. No dia 29 de janeiro de 1986, Havelange informou a José Antônio, o Jôsa, que José Ermírio de Moraes estava interessado em participar, e investiria imediatamente 2 milhões de dólares. Outros que poderiam entrar no bolo seriam o futuro presidente da Fiesp, Mário Amatto, e o próprio Delfim Netto.

Havelange contava ainda com a possibilidade de atrair o banqueiro Antônio Carlos de Almeida Braga, o Braguinha, do Bradesco e da Atlântica Boa Vista Seguros, com quem teria um encontro na tarde de 30 de janeiro. Havelange explicou a Jôsa que a participação de tantos pesos-pesados daria ao negócio "um respaldo empresarial extraordinário, além de tornar a divisão do bolo mais simples para todos, já que com este número de participantes, seis, cada um teria que entrar com, no máximo, dois milhões e meio de dólares", escreveu José Antônio ao pai.

Mas Jôsa e Bernard explicaram a Havelange que não deveriam contar com Antônio Carlos de Almeida Braga, que tinha vários negócios com Roberto Marinho e não poria em risco o relacionamento com o amigo e sócio. Ao mesmo tempo, preparavam-se para negociar com outros bancos. Foram agendadas conversas para o começo de fevereiro com Olavo Setubal, do Itaú, e com José Eduardo Andrade Vieira, do Bamerindus. Jôsa disse ao pai, por carta, que deveriam ficar na cota de participação do próprio João Havelange os sócios que estavam sendo trazidos por ele, com Brito mantendo os 51%. Acrescentou que seria importante levantar rapidamente o dinheiro, porque, efetuando a compra antes de negociar as sociedades, Brito estaria em uma posição de força.

Um tema delicado era o oferecimento aos bancos da Jorbra Diesel como garantia. A empresa era uma subsidiária do JB para venda de caminhões Volvo e não ia bem das pernas. Mas foi a crise financeira do *Jornal do Brasil*, a inflação ascendente, a insegurança que transmitia o governo Sarney no início de 1986 que levaram todos os prováveis investidores a empurrar com a barriga. O dinheiro não saía. Durante todo esse processo, Nascimento Brito ainda se recuperava do derrame de quase dez anos antes. No dia 30 de janeiro foi para Boston, nos Estados Unidos, para uma cirurgia na mão direita, corretiva de algumas sequelas. A troca de correspondência entre Brito, Silvio Santos, Jôsa, Bernard e Delfim Netto era frenética. No dia 24 de fevereiro, a proposta de compra foi formalizada já com os termos e condições de pagamento, de "forma firme, irrevogável, irretratável, válida para sua aceitação em prazo de 72 horas".

O valor seria o equivalente, em cruzeiros, a 14 400 000 dólares, divididos em onze vezes, com o total em nossa moeda calculado com base na taxa de câmbio do dia referente ao vencimento de cada uma das parcelas, sendo a última delas fixada para o dia 30 de abril de 1990. A garantia dos pagamentos seriam notas promissórias em nome de Manoel Francisco do Nascimento Brito, avalizadas pela mulher dele, Leda Nascimento Brito, e pelo filho José Antônio. Mas o dinheiro não apareceu e o contrato não foi assinado.

Mesmo sem o dinheiro para fechar o negócio, porém, a família Brito já dava como decidida a compra das emissoras, e uma grande festa foi organizada em torno de José Antônio, celebrado como o mais novo executivo de uma rede de televisão, em um apartamento de luxo na avenida Delfim Moreira, no edifício Juan Les Pins, conhecido como Gaiola das Loucas. Os jornais noticiavam o grande negócio, e *O Globo* chegou a publicar reportagem sobre o assunto tratando Jôsa como Jôsi.

Em São Paulo, conhecendo as dificuldades do JB para levantar o dinheiro da compra, o jornalista Edison Brenner, da Bloch Editores, e que havia trabalhado no jornal no Rio de Janeiro, buscava envolver no negócio o senador Orestes Quércia, que disputaria em novembro de 1986 o governo de São Paulo. Brenner escreveu a Jôsa e contou sobre o interesse de Quércia na TV JB. A disputa pelo governo de São Paulo envolvia Quércia, pelo PMDB, o empresário Antônio Ermírio de Moraes, pelo PTB, o deputado Paulo Maluf, pelo PDS, e Eduardo Suplicy, pelo PT. E Brenner garantia a Jôsa a vitória de Quércia:

Acho que o teu pessoal da área política já descartou o Quércia na eleição de São Paulo. Estão redondamente enganados. Conheço a fera. Deu um baile nos intelectuais tipo Fernando Henrique e domina amplamente o partido e não apenas em termos regionais, embora a maioria pense o contrário.

No governo do estado de São Paulo, Quércia seria um sócio de valor incalculável.

Brenner também avisou que era preciso muito cuidado com Paulinho Machado de Carvalho, com quem Jôsa teria que conviver na qualidade de sócio. "Ele entrega o comando da área comercial, mas fica com a direção da parte artística, o que, em resumo, garante-lhe o controle da emissora." Segundo Brenner, o economista Eduardo Carvalho, a quem classificava como Delfim boy de escol, teria lhe dito que tudo andava na velocidade do mais fraco na Record. "Como o mais fraco é o Paulinho, e ele não tem dinheiro para investir, o projeto corre sério risco de não andar nunca." Brenner sugeria ainda o afastamento imediato de Hélio Ansaldo, que seria "o chefe da máfia interna da Record".

Com a inflação fora de controle, o presidente José Sarney deu a sua mais audaciosa cartada em fevereiro de 1986: instituiu o Plano Cruzado, que congelou todos os preços e tarifas do país, no atacado e no varejo, trocou a moeda com o corte de três zeros e passou a chamá-la de cruzado, e assumiu o compromisso de um severo ajuste fiscal que impedisse o governo de emitir moeda. Para manter rígido controle sobre os gastos públicos, Sarney criou a Secretaria do Tesouro, uma ideia original do ministro da Fazenda, Dilson Funaro.

Se fazia, por um lado, planos ambiciosos para a compra da sonhada rede de televisão, por outro Nascimento Brito tinha que lutar contra as dívidas que o sufocavam — principalmente as contraídas junto ao governo federal. Como o presidente Sarney recusasse a renegociação da enorme dívida com o Banco do Brasil, Nascimento Brito rompeu com ele em uma carta entregue por Bernard Costa Campos e Luiz Orlando Carneiro ao jornalista Joaquim Campelo, que àquela altura trabalhava no Palácio do Planalto exercendo as funções de amigo e redator dos discursos de Sarney. O Plano Cruzado necessitava de ajustes desde os primeiros meses de sua edição, mas a ordem do presidente da República (e do PMDB) foi manter tudo como estava, congelado e imexível, até as eleições.

E o resultado eleitoral, realmente, foi positivo. O PMDB, partido esmagadoramente majoritário no país, venceu todas as eleições para governos estaduais, exceto o de Sergipe, onde se elegeu Antônio Carlos Valadares, do PFL. E a bancada do partido no Congresso Nacional (que funcionaria também como Assembleia Nacional Constituinte) seria o grande referencial para a nova Carta Magna a ser elaborada.

A dívida do JB com o Banco do Brasil, superior a 50 milhões de dólares, era muito grande para o faturamento do jornal e, sem dúvida, um complicador para a compra das emissoras de Silvio Santos. As tratativas para obtenção de empréstimos que garantissem o negócio arrastaram-se por todo o ano de 1986. O JB tinha ainda problemas com a Pisa, a fábrica de papel montada em sociedade com o Estadão, e dívidas pesadas também com os bancos de Boston (cerca de 8 milhões de dólares), Nacional, Econômico, Denasa, Barnerj e com o BNDES.

Passadas as eleições de 15 de novembro, o país se revoltou com a edição do Plano Cruzado II, que era uma confissão dos erros do Cruzado I, deixava claro que o prolongamento do congelamento de preços havia sido um desastre e que atirou o governo Sarney ao ponto mais fundo de sua impopularidade. Um outro fator de insegurança política era a instalação próxima da Assembleia Nacional Constituinte, em fevereiro.

Na noite de sexta-feira, 20 de janeiro de 1987, de surpresa, o presidente José Sarney foi à televisão, em cadeia nacional, e anunciou, em um pronunciamento de dezoito minutos, que o Brasil estava em moratória com os cerca de setecentos bancos a quem devia um total de 107 bilhões de dólares. O principal da dívida já não era pago há muito tempo. Seria suspenso naquele momento o pagamento dos juros — em 1987, teríamos que pagar 8 bilhões de juros. A decisão tinha sido tomada dias antes, e prevaleceu a posição do ministro da Fazenda, Dilson Funaro, sobre seu colega do Ministério do Planejamento, João Sayad, que se desligaria do governo pouco tempo depois.

O discurso de Sarney começou a ser preparado dois dias antes, e era tão sigiloso que nem mesmo o todo-poderoso deputado Ulysses Guimarães, presidente do PMDB e da Câmara dos Deputados, sabia que iria acontecer. Na terça-feira, três dias antes, portanto, Ulysses deu uma entrevista de mais de duas horas para a edição seguinte das páginas amarelas da revista Veja em que fica claro que ignorava inteiramente a moratória. A entrevista, cheia de críticas a Sarney e ao governo, claro, não foi publicada, e virou até motivo de debates nos cursos internos para jovens jornalistas da Editora Abril.

Horas antes da fala de Sarney, o ministro da Fazenda passou um telex para o vice-presidente do Citibank, William Rhodes, comunicando a decisão de suspender o pagamento de juros da dívida. O alvo do telegrama foi o Citibank porque era o principal credor do país, com um total de 4,6 bilhões de dólares. Nos cinco anos anteriores, o Brasil tinha pago 55,8 bilhões de dólares de juros, e a água estava já acima da linha do pescoço.

O total das reservas cambiais disponíveis daria para financiar apenas mais três meses de importações, conforme informaram a Sarney o diretor do SNI, general Ivan de Souza Mendes, e o assessor internacional da presidência, o embaixador Rubens Ricupero.[62] As linhas de crédito de curto prazo eram a maior preocupação do presidente do Banco Central, Francisco Gros, porque financiavam a compra internacional de petróleo, de matérias-primas e de outros produtos fundamentais para o país. E o dinheiro externo iria sumir, o país seria um pária do sistema financeiro. "Quero anunciar que tomei uma decisão de grave importância para a história do Brasil contemporâneo", disse Sarney na abertura de seu pronunciamento.

O presidente informou que as reservas cambiais tinham chegado a um nível dramaticamente baixo, que o Brasil não poderia pagar a dívida externa com a fome do povo e que deixaria de quitar os juros até que tudo se estabilizasse. Usou um tom ameaçador ao mencionar que era uma questão de "segurança nacional", e acrescentou, dirigindo-se talvez ao seu próprio partido, o PMDB: "Está na hora do patriotismo responsável. Nada de trair o país, que herdou uma dívida do passado".

A referência à possibilidade de traição à pátria levou o ex-ministro da Fazenda Mario Henrique Simonsen a exercitar novamente seu sarcasmo erudito. Cantava a ária "Nemico della Patria" (Inimigo da pátria), da ópera *Andrea Chénier*, de Umberto Giordano, toda vez que atendia a jornalistas que queriam ouvir-lhe a opinião sobre a moratória, pessoalmente ou por telefone.[63] A previsão geral era de desastre, principalmente dos economistas ditos ortodoxos.

O dinheiro iria desaparecer, o país teria dificuldades para financiar suas importações, os investimentos internacionais tomariam outro rumo. Nem mesmo à esquerda o governo conseguiu apoio. O presidente do PT, Luiz

Inácio Lula da Silva, disse que a moratória significava apenas uma coisa: que o Brasil tinha quebrado por má gestão.

Para o *Jornal do Brasil*, a moratória de Sarney representou o fim do sonho da rede de televisão por meio da compra das emissoras da Rede Record. Os potenciais investidores recolheram-se por falta de confiança, e todos os empréstimos que vinham sendo negociados deram em nada. As negociações dos Nascimento Brito e João Havelange com Silvio Santos morreram ali mesmo, em janeiro de 1987, e o JB viu-se às voltas com sua própria dívida, sua sufocante crise financeira que tornava inviáveis quaisquer novos projetos.[64] Foi a derradeira tentativa do JB de ter sua própria emissora de televisão. O sonho havia terminado.[65]

SOB A BATUTA DE MARCOS SÁ CORRÊA

Zuenir Ventura já tinha recebido convite para trabalhar no JB nos anos 1960. Não aceitou o chamado de Alberto Dines, porém, porque estava envolvido com outro trabalho de que não queria se desvincular, na revista *Visão*. Dines afirmou que o JB era como uma família, usou argumentos bem próximos do que se passou a chamar depois de "salário satisfação"; disse que ele tinha o perfil de jornalista talentoso que era a marca do *Jornal do Brasil*. Mas não adiantou.

Dines ficou rompido com ele por mais de dez anos, porque não digeriu a recusa, e hoje os dois têm relações cordiais. Zuenir, finalmente, chegou ao JB em 1985, por convite de Marcos Sá Corrêa, de quem havia sido chefe na Editora Abril. O convite foi para reformular a Revista de Domingo, que estava estagnada. Criada em 1976, ela teve um começo brilhante, por causa da novidade, mas nunca conseguiu se pagar. A publicidade que estampava era, em sua maior parte, compensações oferecidas a clientes do jornal. Zuenir levou consigo, da *Veja*, o colunista Artur Xexéo, de quem era amigo e mentor.

Mas durou pouco. Zuenir queixava-se de que a diretora da revista, Maria Regina Nascimento Brito, interferia além da conta, mexia até mesmo depois de tudo já editado e pronto para ser rodado, sem consultá-lo. Até que protestou: "Maria Regina, você é a dona da revista, pode me demitir na hora em que quiser, sem me dar qualquer satisfação ou me explicar por quê. É do jogo. Mas eu lhe peço para não mexer na edição da revista sem falar comigo antes, porque esse é o meu trabalho". Ela não respondeu. Mas voltou a mexer na edição já pronta.

Irritado, Zuenir pediu demissão e foi para casa. No dia seguinte, Marcos Sá Corrêa lhe telefonou:

— Zuenir, volte, você vai editar o Caderno B, que também precisa de umas ideias novas, de uma reformulação. Preciso de você aqui.[66]

— Ah, Marcos, não vai dar certo, eu briguei com a Maria Regina, ela não vai me engolir, vai parecer que você está me impondo goela abaixo — argumentou Zuenir, já pensando em outro rumo profissional.

— Nada disso, pode deixar que com a Maria Regina eu me entendo.

O habilidoso Marcos Sá Corrêa sabia realmente como impor sua vontade aos patrões sem bravatas, porque era respeitado. Zuenir voltou, assumiu o Caderno B e implantou, aos domingos, um "B Especial". Um Caderno B com tudo o que o outro tinha nos demais dias da semana, mas com algo mais, reportagens e artigos de mais fôlego, um número maior de páginas, como nos tempos das meninas do B.

Zuenir pensou também em um caderno de ideias, como o antigo Suplemento Literário ou o Caderno Especial. Apresentou o projeto a Marcos, que achou excelente, mas argumentou: "Desde que não aumente um tostão nos gastos do jornal com papel, tinta ou salários. O jornal está quebrado".

Zuenir pensou e achou a saída: cortar duas páginas de cada edição diária do Caderno B e mais duas do B Especial de domingo. Com isso, conseguiria manter o mesmo consumo de papel fazendo um caderno de ideias no formato tabloide. Bastava dobrar no meio as folhas economizadas. Levou a proposta a Marcos, com a sugestão do nome "Ideias".

— Ótimo, mas me deixe pensar um pouco no título, vou ver se penso em algo melhor, não gostei, achei "Ideias" muito óbvio.

Às vésperas do lançamento, Zuenir voltou à carga e perguntou:

— Como é, já tenho até material pronto para o primeiro número do tabloide. Já pensou em um bom nome?

Com seu humor típico, Marcos respondeu:

— Pensei. Acho que deve se chamar "Ideias".

Para o novo caderno, Zuenir cobrou artigos do próprio Marcos, que escrevia e pedia:

— Mexe aí no texto se achar que não está bom.

Zuenir mexia e levava a ele as alterações.

— Nem quero ver, publica aí como você acha que deve ser.

Marcos Sá Corrêa impôs à redação um estilo de chefia estimulante e leve, sem broncas, gritos ou perseguições. Vários profissionais receberam propostas de O Globo para ganhar muito mais, mas ninguém aceitava sair, mesmo com a evidência da crise financeira do JB, cada vez mais preocupante.

No finzinho de 1987, Zuenir Ventura conseguiu uma licença de dez meses para escrever *1968, o ano que não terminou*, a convite de Sérgio Lacerda, da editora Nova Fronteira. Artur Xexéo assumiu a editoria do Caderno B, e, ao fim da licença, Zuenir não quis retomar o posto do amigo.

— Marcos, o Xexéo está fazendo um ótimo trabalho, deixa ele lá. Me arranje uma outra tarefa no jornal e, se for necessário, pode até me demitir.

— Está maluco?

E propôs a Zuenir que ficasse como repórter especial, uma categoria inexistente naquele momento de penúria do JB. Quando o sindicalista Chico Mendes foi assassinado em dezembro de 1988, Marcos chamou Zuenir e o pautou:

— Vá para o Acre e cubra o caso Chico Mendes. Mas quero mais do que isso, quero que você viaje pela região, faça uma série de reportagens sobre meio ambiente, sobre a ocupação das terras, a violência, o que você vir de interessante.

— Mas, Marcos, não estou à altura da tarefa. Não sei nada sobre a Amazônia, nunca me dediquei ao assunto, tenho medo de cobra e de onça, não gosto de mosquito...

— Eu te dou um mês livre de tarefas pra pesquisar o que for preciso, ler, entrevistar gente, pra conhecer o assunto. Vai dar certo.

Zuenir passou um mês ouvindo especialistas, lendo textos e reportagens sobre a Amazônia e a situação fundiária, a crise dos seringueiros com os barões locais, e, quando se sentiu mais ou menos pronto, foi para o Acre. Não tinha obrigação de mandar matérias diárias, o que lhe dava tempo de sobra para ir fundo nos problemas da região.

Ficou amigo do jornalista especializado em Amazônia e meio ambiente Edilson Martins, fraterno amigo de Chico Mendes, que lhe disse: "Fique mais tempo, que você vai descobrir muito mais coisas, vai ter um ótimo material". Zuenir gravou dezenas de fitas cassete com entrevistas e depoimentos, e ficou impressionado com o risco que corria a única testemunha do caso, o menino Genésio Ferreira da Silva. Viu o garoto sentado em uma delegacia e recorreu ao comandante da Polícia Militar, coronel Roberto da Silva: "Esse menino está correndo risco de vida". O coronel, um homem educado e sério, respondeu que ele estava sob a proteção da PM e que não haveria problema.

Zuenir voltou e soube que a *Folha de S.Paulo* estava também preparando material sobre o caso. Resolveu escrever logo o que tinha, sem tempo nem mesmo para ouvir as fitas que havia trazido. A reportagem "Quem matou Chico Mendes?" transformou o assassinato do seringueiro em um caso de grande repercussão nacional e internacional e valeu ao JB e ao seu autor um prêmio Esso. Um mês depois, Zuenir recebeu um telefonema do coronel Roberto da Silva:

— Zuenir, há uma conspiração aqui pra matar o Genésio e não sei se terei condições de impedir, porque não é possível confiar nem mesmo na PM. Há soldados que trabalham como matadores. Você não tem como levar o menino aí para o Rio?

Sugestão aceita, Zuenir recebeu Genésio Ferreira da Silva em casa e o adotou como protegido até a maioridade. Zuenir publicou ainda várias matérias com a viúva de Chico Mendes, Elizamar, também ameaçada de morte. Incomodado, Nascimento Brito perguntou a Marcos Sá Corrêa: "Afinal, por que tanta matéria com essa viúva do Chico Mendes? O Zuenir está comendo ela?". Marcos, que conhecia bem o patrão, deu uma gargalhada.

A redação do JB com Marcos Sá Corrêa dava uma impressão de caos funcional, porque ele não impunha a liturgia de diretor, o importante era que todos trabalhassem de forma criativa e produtiva. Em fevereiro de 1987, houve uma greve geral na data-base de negociação salarial dos jornalistas do Rio de Janeiro que fracassou, mas que teve preparativos tensos, que mobilizaram as redações.

No JB, as assembleias de jornalistas eram feitas no próprio espaço da reportagem geral, uma espécie de clareira, um espaço grande no sexto andar, com todos sentados em mesas, em cadeiras e até no chão. E com o diretor de redação presente, sem qualquer risco de retaliação. A liberdade de opinião era total. O secretário de redação Xico Vargas, poucas semanas antes, tinha pedido a Marcos a contratação de uma redatora para o copidesque. Ela estava desempregada, em dificuldades, mas Xico avalizava a sua competência: "Não é porque é minha amiga, ou porque está desempregada. Posso garantir que ela trabalha bem, é competente, vai ser muito útil".

Mesmo com o arrocho vigente, Marcos aceitou. A jornalista era realmente competente e o trabalho seguiu seu curso. Na primeira assembleia de jornalistas da redação para discutir salários, o repórter Marcelo Auler chegou para um comunicado sindical. Falou da situação das outras redações e acrescentou:

— Aqui no JB, o diretor de redação Marcos Sá Corrêa pediu um prazo para negociar com o patrão.

A redatora recém-contratada pediu a palavra, inflamada:

— Não podemos dar mais prazos. Esse Marcos Sá Corrêa não é de confiança!

Xico Vargas quase se escondeu embaixo de uma mesa. Olhou para Marcos, que estava de pé e com os braços cruzados, encostado na parede, e recebeu de volta um sorriso irônico, como quem diz: "Você me arranja cada uma…". A greve fracassou e houve demissões, mas não no JB. No dia da greve, o único a fazer piquete na porta do jornal, em um dia de chuva, foi o colunista esportivo João Saldanha, militante por várias décadas do Partido Comunista Brasileiro. De guarda-chuva, solitário, já meio doente e abatido, Saldanha abordava todos os que chegavam, sem sucesso:

— Temos que respeitar a greve, companheiro.

A maioria argumentava:

— Mas, João, a coisa não está fácil, preciso do emprego….

Mesmo enfraquecido, Saldanha ia diariamente à redação, preocupava-se com a crise e com o emprego dos colegas. Até hoje não se sabe se por deboche ou seriamente, lançou uma proposta para amenizar a crise financeira do jornal: transformar o recuo da rua para desembarque de carros na entrada principal em um posto de gasolina, e o imenso mezanino em uma grande loja, quase um minimercado.

Marcos administrava a situação como podia. Tinha a seu favor o "salário satisfação". Vários editores argumentavam com ele: "Mas estão te esculhambando demais nessas assembleias aqui dentro". Marcos respondia que era assim mesmo, "deixa pra lá". Quando Nascimento Brito tentou interferir na linha independente do jornal dizendo que amigos seus estavam reclamando das notícias publicadas, Marcos respondeu: "Doutor Brito, esses seus amigos são muito chatos, o senhor tem que se livrar deles". Brito respondeu "tem razão", e nunca mais levou ao seu diretor de redação queixas desse tipo.

Nascimento Brito não gostava de Zuenir Ventura, com quem tinha contatos esporádicos sempre que ele era o encarregado de fechar a primeira página, uma vez por mês. Brito achava Zuenir descuidado com a própria aparência, sempre de calças jeans e tênis, camisas surradas, sem jamais usar terno e gravata. Comentava que "era um velho que se veste como um adolescente desleixado". Não gostava também da postura e das opiniões libertárias de Zuenir expressas em artigos e reportagens. "É metido a jovem e meio comunista", comentava.

Certa vez, ao fechar a primeira página, Zuenir deu destaque a uma foto em que Gilberto Gil e Caetano Veloso se beijavam na boca. Brito ficou furioso, queixou-se duramente a Marcos Sá Corrêa, disse-lhe que o JB era um jornal de família, católico, e não podia fazer a apologia do homossexualismo. Como sempre, Marcos soube contornar a ira do patrão. Mesmo incomodado com Zuenir, Brito nunca pediu a demissão dele.[67]

O "REPÓRTER RESIDENTE"

Em uma tarde de 1988, Xico Vargas trabalhava em sua sala, um aquário de frente para o amplo espaço da redação, e praticamente em sequência às salas de Marcos Sá Corrêa, Roberto Pompeu de Toledo e Flávio Pinheiro, com um espaço para as secretárias de cada um. De repente, Xico viu entrar na antessala um segurança. Vacilante, olhando para os lados, desconfiado e inseguro. Uma presença absolutamente inusitada, porque jornalistas e seguranças eram como criaturas de mundos diferentes, não havia nenhum contato, a antipatia era mútua. Olhou para a sala de Sá Corrêa e lá estava ele, também trabalhando, absorto. "O negócio é comigo", pensou Xico, ao ver que o segurança queria entrar em sua sala. Deu aquelas três batidinhas de praxe, entrou meio constrangido, deu boa-tarde e começou, em tom de denúncia:

— Seu Xico, é sobre um funcionário seu...

— Meu? Mas eu não tenho funcionário! Todo mundo aqui é funcionário do jornal, como eu e o senhor...

— O problema é o seguinte: um funcionário da redação está morando aqui no jornal...

Xico Vargas estava já ficando meio irritado, mas teve que rir:

— Meu amigo, deve haver alguma confusão. O nosso trabalho é louco assim mesmo, às vezes entramos de manhã e saímos apenas na manhã seguinte, nossa vida depende do que está acontecendo no país, na cidade, no mundo. Jornalista não tem horário.

— Mas ele está tomando banho aqui todo dia de manhã na pia do banheiro...

Os banheiros, modernos, tinham uma bancada de mármore com três pias e, sobre elas, na parede lateral, toalhas de pano enroladas dentro de uma caixa metálica para serem puxadas com as duas mãos. O segurança explicou que o cidadão abria a caixa metálica e tirava toda a toalha para se enxugar, completamente nu, depois de tomar banho com a água da pia. E deu o nome do repórter. "Vou descobrir o que está acontecendo e conversamos amanhã", prometeu Xico, intrigado.

À noite, Xico chamou o repórter e ouviu a explicação. Tinha sido expulso de casa. Era uma história que já rolava há algum tempo no anedotário da redação. Ele chegava em casa toda manhã, por volta das sete horas, e sua mulher estava saindo para o trabalho. Tomavam café juntos. O ritual se repetia na casa do vizinho, com a diferença de que era o marido quem saía para a labuta. O romance com a vizinha foi inevitável. Certa feita, porém, a mulher do repórter esqueceu um documento, voltou em casa de surpresa e flagrou-o no sofá da sala com a outra...

O TRIUNVIRATO

Em 1988, Marcos Sá Corrêa resolveu formar um triunvirato e aceitou o pedido de emprego de Roberto Pompeu de Toledo, que vinha de três anos como correspondente da Veja em Paris. O terceiro membro era Flávio Pinheiro, que já vinha sendo o seu braço direito. Como Flávio, Pompeu assumiu o cargo de editor executivo. O repórter Alfredo Ribeiro, que havia começado na Rádio JB em 1977, também chegou da Veja em 1988, convidado por Artur Xexéo, e passou a ser o subeditor das revistas Domingo e Programa. Xexéo virou editor do Caderno B logo depois, e Alfredo foi promovido a editor das revistas. Criou o personagem Tutty Vasques, cobriu a Copa do Mundo da Itália, em 1990, e encarregou-se também, a partir daí, do Informe JB, junto com Ancelmo Gois.

Roberto Pompeu de Toledo começou em rádio. Passou pela Bandeirantes, pela Eldorado, foi para o *Jornal da Tarde* e chegou à *Veja* em 1972, onde ficou até 1979. Passou seis meses no *Jornal da República*, experiência fracassada de Mino Carta, foi para a *IstoÉ* com Mino e, de 1985 a 1988, foi corresponden-te em Paris da *Veja*.

Em 1988, sentiu que estava na hora de voltar ao Brasil e realizar um an-tigo projeto de morar no Rio de Janeiro e trabalhar no JB. Animou-se por-que vários de seus amigos dos tempos de *Veja* estavam lá, pediu o emprego e levou. Além de Marcos Sá Corrêa e Flávio Pinheiro, reeencontrou no JB Augusto Nunes e Ricardo Setti, da sucursal de São Paulo. O triunvirato ficou até 1991. Os gozadores do JB logo pespegaram no circunspecto Pompeu um apelido: Morumba, referência ao estádio do Morumbi, cujo nome oficial é Cícero Pompeu de Toledo.[68] Claro que Roberto nunca soube. Homem si-sudo, ganhou fama de arrogante e causou, ao chegar, alguma estranheza na redação, um reduto de brincalhões e festeiros.

Os editorialistas na gestão de Marcos eram Wilson Figueiredo, Gilberto Menezes Côrtes, Fernando Pedreira e Léo Schlafmann. Quando estava no Rio de Janeiro, Nascimento Brito mantinha a rotina de comandar as reuniões sempre às seis ou sete da noite e, antes de ir embora, visitava na redação os aquários dos editores, para saber como estavam as coisas, um ritual que se repetiu por muitos anos. Roberto Pompeu não tinha uma boa impressão de Brito. Achava-o limitado intelectualmente, presunçoso (tinha a impressão de que Brito gostava de parecer o que não era), mas com o instinto de poder tí-pico dos donos de jornais. Via Brito como um homem capaz de qualquer coi-sa para manter o poder, o prestígio e a sobrevivência do jornal. E identificava nele um péssimo hábito de alguns empresários, de confundir os interesses e as finanças do jornal com os seus próprios.

Gilberto Menezes Côrtes conta que, em 1988, José Antônio Nascimento Brito queria engajar o JB na campanha pela emancipação da Barra da Tijuca, à base de editoriais e reportagens. Segundo Gilberto, Jôsa queria remover a Rocinha, porque morava e tinha imóveis em São Conrado, acreditava que o bairro seria valorizado com a eliminação da favela, e chegou a convencer

449

o pai por algum tempo. Nascimento Brito, no entanto, acabou retirando o apoio, convencido nas reuniões de editorialistas de que o Rio de Janeiro, já prejudicado pela fusão, ficaria ainda mais esvaziado sem a Barra, o que seria péssimo para o próprio JB. O plebiscito aconteceu em julho de 1988, e não obteve número suficiente de votos.

Roberto Pompeu de Toledo diz que Marcos Sá Corrêa, ele e Flávio Pinheiro conviveram durante a eleição presidencial de 1989 com uma grande pressão de Nascimento Brito para um apoio declarado ao candidato Fernando Collor de Mello. Havia, porém, a contrapartida de uma reação vigorosa da redação, que trabalhava duramente para manter a independência editorial. Pompeu gostou particularmente quando puderam escalar grandes nomes para cobrir as candidaturas, a fim de pôr um olhar mais refinado sobre cada um dos candidatos, o que cada um realmente representava, virá-los pelo avesso. Ricardo Setti fez uma reportagem sobre os espetáculos públicos de Collor, que imitava um super-herói, fazia uma campanha teatral, vazia de conteúdo.

Com base na matéria de Setti, Pompeu criou o epíteto Indiana Collor, em uma tentativa de desmascarar o candidato, mostrar que era tudo uma farsa, uma representação. Mas não contava com a esperteza do próprio Collor ou dos seus marqueteiros, que passaram a usar o apelido a favor do candidato, como alguém ousado e destemido, que iria enfrentar oligarquias e vícios da política tradicional.

Neste período, eram editores Marcelo Pontes, de Política; Regina Zappa, de Internacional; Artur Xexéo, do Caderno B; Kiko Brito, de Cidade, além de Xico Vargas, secretário de redação. Augusto Nunes, em São Paulo, e Etevaldo Dias, em Brasília, na chefia das respectivas sucursais, também eram editores executivos.[69]

MARIA REGINA ASSUME

Com o fracasso da compra dos canais Record de Silvio Santos e o peso de uma dívida esmagadora, José Antônio Nascimento Brito propôs à família, ainda em 1987, um novo negócio, que se daria em três etapas: um empréstimo de 10 milhões de dólares do Banco de Investimentos do Citibank no Rio de Janeiro à Gráfica JB, a mais rentável empresa do grupo, com aval da

Editora Abril, cliente do Citi. O dinheiro ajudaria a reestruturar a dívida do JB e permitiria a compra dos canais restantes no país da falida TV Manchete.

Haveria uma fusão de empresas. Jôsa ficaria com 51% do grupo JB, com a incorporação das ações do pai, que seriam transferidas para o filho. O JB ficaria com 17% das ações de uma nova empresa, uma holding que resultaria da fusão do Jornal do Brasil com a Editora Abril e a Manchete. A Abril, a única solvente das empresas envolvidas, seria majoritária. Havia, porém, dificuldades de ordem legal dentro do financiador.

As normas do Citi não permitiam empréstimos a empresas e entidades de fundo social, como hospitais, escolas e até jornais, considerados entidades de utilidade pública. A razão dessa norma é que uma eventual execução da dívida de uma entidade com tal cunho, e que resultasse no seu fechamento, seria uma medida altamente impopular, antipática. Isso só foi resolvido depois de muita negociação.

Mas o vice-presidente de Empréstimos a Pessoas Jurídicas do Citibank no Brasil tentou bloquear o acordo, porque ficou fora do negócio e não foi sequer consultado. Ele era o responsável pela área do banco encarregada desse tipo de empréstimo. Foi preciso um grande esforço de negociação, e o tal vice-presidente foi atropelado pelos fatos e obrigado a engolir o negócio.

Um outro complicador era que a Assembleia Nacional Constituinte estava a pleno vapor, instalada em fevereiro, e havia vários pontos que tornavam duvidosa a viabilidade das tratativas. Foi preciso consultar sigilosamente lideranças constituintes, parlamentares de confiança e amigos dos diretores de todos os lados envolvidos, e obter deles garantias de que não haveria nenhuma exigência retroativa depois de promulgada a nova Carta Magna.

Houve um evento providencial, em Nova York, que iria permitir a Nascimento Brito, seu filho José Antônio e diretores do JB encontrarem-se com os principais dirigentes do Citibank — John Reed e William Rhodes. Ficaram no mesmo hotel e resolveram marcar um jantar pra "mostrar a cara", como disseram, a fim de comprovar aos banqueiros que o JB era um jornal sério, centenário, que eram pessoas honestas e confiáveis.

No jantar, os brasileiros surpreenderam-se com o fato de que John Reed, casado com uma venezuelana, era fluente em espanhol, e que William Rhodes, que trabalhara na Venezuela, na Argentina e no Brasil, falava um português razoável, aprendido com uma empregada brasileira em Santos. Quando tudo parecia acertado, meses depois, a Editora Abril resolveu retirar seu aval. Os irmãos Civita concluíram que as dívidas do JB e da Manchete eram muito pesadas para a nova empresa, o que terminaria por inviabilizar tudo. Sem o aval do cliente, o Citibank não emprestaria o dinheiro.[70]

Em viagem ao exterior, Nascimento Brito também desistiu do negócio, porque representaria a perda do controle do JB pela família. A Editora Abril se tornaria a legítima proprietária. O veto de Brito levou a uma dura discussão com Jôsa, que acabou afastado pelo pai do comando do jornal. Foi nomeada então como nova diretora a filha mais velha, Maria Regina, que, ao contrário de Jôsa, tinha bom relacionamento também com o pessoal da redação, onde era chamada de Gina.

Sentindo-se despreparada para o cargo, Maria Regina procurou Catarina Malan em Washington. Catarina tinha trabalhado com ela na Pesquisa do JB, ficaram amigas, o que permitiu a Maria Regina buscar aconselhamento com Pedro Malan, marido de Catarina e que trabalhava à época no Banco Mundial. Malan recomendou o economista Andrea Calabi, um dos pais do Plano Cruzado, como um consultor para a salvação administrativa do Sistema Jornal do Brasil. Em um almoço decisivo em família, todos os filhos saíram com carros cantando pneus, depois de uma forte discussão, para desgosto do pai. Jôsa se retirou da empresa. Maria Regina assumiu. Algum tempo depois, Brito queixou-se ao jornalista Etevaldo Dias que não conseguia mais reunir os filhos para um jantar em família, porque estavam todos brigados. Andrea Calabi passou um curto período contratado como pessoa jurídica, mas Nascimento Brito pôs junto dele um economista baiano, recomendado pelo amigo Frank Sá, do Banco Econômico. Não se entenderam, e Calabi desistiu da missão.

EM BUSCA DE UMA SAÍDA

Cansado dos problemas financeiros que interferiam no trabalho jornalístico, principalmente no período das negociações salariais, Marcos Sá Corrêa recomendou a Nascimento Brito e Maria Regina a contratação de um executivo profissional com experiência reconhecida no mercado, em uma tentativa de sanear a empresa. Autorizado pela família Brito, Marcos convidou o amigo e compadre Victorio Cabral, economista que era secretário de Administração do governo Moreira Franco.

Moreira, do PDS, havia derrotado Darcy Ribeiro, do PDT, nas eleições para o governo do Rio de Janeiro em 1986 e montara um secretariado de notáveis — mas tudo estava resultando em fracasso, pela inépcia do governador. Victorio Cabral hesitou, mas foi convencido pela mulher a aceitar o convite do compadre, e chegou ao JB em julho de 1989, depois de uma entrevista em que rompia formalmente com Moreira Franco.

Victorio Cabral firmou contrato com a família Brito para um trabalho em duas partes. A primeira seria emergencial, de julho a outubro de 1989, e previa um saneamento provisório para restabelecer o crédito e normalizar o fluxo de caixa. O novo diretor fez uma avaliação completa de todo o grupo, folha de pagamento, dívidas financeiras, despesas com fornecedores, receitas. No comando da empresa estava Maria Regina, mas todos os demais executivos haviam saído com Jôsa, um ano e meio antes.

Cabral chegou ao JB com dois administradores de sua confiança e mais a empresa CapitalTec, que daria o suporte financeiro. Em uma empresa de headhunters, selecionou um diretor financeiro para o jornal, Rubens Vasconcellos, que se tornou um homem de confiança. O caixa estava tão vazio que só havia papel para mais dez edições do jornal e não havia crédito para comprar mais. O prédio, penhorado ao Banco do Brasil, era invendável. Além do mais, havia hipotecas junto aos bancos Nacional e Econômico, ainda que estes não cobrassem rigorosamente as dívidas devido à amizade dos donos com Nascimento Brito.

A primeira providência de Victorio Cabral foi negociar com os fornecedores para garantir o papel e todos os demais implementos necessários ao funcionamento diário da empresa. Cabral trabalhava também para abrir espaço de endividamento, com base na credibilidade da nova gestão. Era preciso respirar, pôr o nariz para fora da linha d'água.

O executivo encontrou uma dívida de 50 milhões de dólares com o Banco do Brasil e uma outra, menor, com o Banerj. Com o BB, disse ele a Brito e a Maria Regina, os serviços de juros eram até ilegais, de tão leoninos. O jornal já tinha passado o chapéu entre empresários amigos, e os que estavam capacitados fizeram doações, mas estas foram insuficientes para atenuar o problema.

Em outubro, conforme o contrato, Cabral apresentou à família o projeto de reestruturação da empresa e de reescalonamento da dívida. Era preciso que vinte empresários investissem, cada um, 2 milhões de dólares. Ele sabia que os bancos já haviam subscrito debêntures do jornal, no arranjo promovido por Delfim Netto em 1982, e os papéis tinham virado pó. O espírito geral dos possíveis investidores era o pior possível, não havia confiança, credibilidade. O JB parecia a todos um caso perdido.

Victorio Cabral conseguiu uma avaliação de mercado de 30 milhões de dólares para a gráfica, única empresa lucrativa do grupo, e uma das ideias era vendê-la por esse preço e usar o dinheiro na recapitalização do jornal. Não apareceram interessados. Cabral iniciou então uma peregrinação pelo eixo Rio-São Paulo-Belo Horizonte-Salvador. Conversou ao todo com 42 empresários, e vinte toparam participar de um mutirão de auxílio ao jornal. Mas todos contavam com um prejuízo de médio prazo, porque estavam certos de que os 40 milhões de dólares que Victorio Cabral pretendia levantar não seriam suficientes. Foi feito um "tour de force" de Cabral com os investidores, e as condições para participar ficaram assim: uma das empresas que participassem do socorro ao JB iria dirigir o grupo. O Bradesco foi eleito para a tarefa; dona Leda cederia ações ordinárias ao Bradesco, que teria direitos políticos na administração do jornal, com a custódia das ações por cinco anos; o banco nomearia um representante em seu nome para gerir o jornal por meio de uma entidade neutra e confiável, formada pelos vinte futuros sócios, por um prazo de cinco anos. O escolhido foi o próprio Victorio Cabral, que além do salário teria uma participação nos investimentos que entrassem a partir dali.

Tudo isso criaria uma cortina entre a família e a gestão, que seria totalmente profissionalizada. Brito continuaria como o publisher, o responsável pela publicação, pelo material editorial, mas sem qualquer poder para tomar decisões administrativas. Toda a família seria remunerada pela Fundação Pereira Carneiro, que teria participação nos lucros.

Todas as rádios FM fora do Rio de Janeiro seriam vendidas a preço de mercado, inclusive os prédios em que funcionavam: havia emissoras em Recife, Belo Horizonte, Salvador e Porto Alegre. Brito era avaliado pelos investidores como "um grande publisher e um péssimo empresário". Portanto, 20 milhões de dólares viriam da venda da gráfica e das rádios FM, e o resto chegaria pelas doações dos empresários. A dívida seria parcialmente liquidada e a credibilidade resgatada. O restante da dívida seria renegociado, com os novos empréstimos que se tornariam possíveis.

O advogado Sérgio Bermudes negociou em nome da família Nascimento Brito. Victorio Cabral não teria cargo estatutário na empresa, apenas duas ações com cláusula de retrovenda, para que tivesse direito de participar do Conselho Administrativo. Marcos Sá Corrêa ficaria como editor-chefe e toda a redação seria mantida a par de tudo o que estava sendo negociado, porque o engajamento da redação, dos jornalistas, era fundamental para manter a qualidade e a competitividade do jornal. Os profissionais seriam parceiros na reestruturação da empresa, com o aval de Marcos Sá Corrêa.

Veio então a reunião final dos investidores com Nascimento Brito e Maria Regina, a interlocutora oficial, porque era a diretora estatutária. Cabral achava que o jornal deveria mudar-se para um prédio menos pomposo, mais funcional e menos dispendioso. Ele considerava um desperdício manter aquele gigante de concreto, com o seu imenso consumo de energia elétrica e carência de manutenção.

Em reunião com Sérgio Bermudes, no entanto, dona Leda negou-se a transferir as ações para o Bradesco. Disse que não abriria mão do controle da empresa. Achava que estavam tomando o jornal da família, disse que precisava zelar pelo patrimônio dos filhos, e teve uma reação emocional, bateu pé. Com a recusa de dona Leda, tudo voltou à estaca zero.

O contrato de Victorio Cabral previa que seu pagamento viria apenas quando tudo começasse a ser executado, mas lhe garantia uma multa em caso de rejeição do projeto. A única saída, assim, foi voltar aos vinte empresários e dizer a todos que "não deu, não foi possível, a dona do jornal não aceitou". Cabral agiu profissionalmente e cobrou a multa contratual pela rejeição da proposta.

Brito lhe fez um apelo e usou do seu grande charme e capacidade de convencimento. Propôs que se mantivessem as tentativas de reestruturar a dívida, sem a recapitalização por meio dos investimentos dos empresários. Aceitava vender as rádios e seus respectivos prédios e a gráfica, mantendo com a família o controle da empresa. Como estava comprometido com Marcos Sá Corrêa, Cabral topou fazer outro contrato. O novo compromisso dizia mais ou menos o seguinte: "Considerando que não foi aceita a proposta inicial, vamos tentar reestruturar a situação financeira do jornal por outros meios, que desde já consideramos insuficientes".

Venderam todas as rádios, exceto as AM e FM do Rio de Janeiro, e quitaram a dívida com o Banerj, porque não queriam mais a interferência política do governo do estado. Era preciso também manter o fluxo operacional, e houve nova conversa com fornecedores e credores. Obtiveram junto aos anunciantes tradicionais uma antecipação de receita, a publicidade de doze meses seria toda paga em seis meses. Isso deu fôlego financeiro ao jornal, junto com a venda das rádios.

Brito conseguiu com seus amigos Ângelo Calmon de Sá e Frank Sá que o Banco Econômico se tornasse um gestor financeiro do jornal, concentrando ali a dívida bancária e a hipoteca da gráfica. Neste momento, o *Estadão* executou uma manobra na Pisa. O BNDES tinha o controle acionário e, do capital restante, a empreiteira OAS tinha 40%, o *Estadão* 49% e o JB 5,5%. O *Estadão* propôs comprar 2% da parte do JB, que venderia no mercado os restantes 3,5%. Com a compra, o jornal dos Mesquita conseguiu revender toda a sua participação para o Banco Nacional. O JB não conseguiu interessados nos 3,5% que lhe restaram, mas, pelo menos, todas as dívidas com fornecedores foram quitadas.

Restaram os enormes débitos com os bancos Econômico, Nacional, Denasa, Bradesco e Banco do Brasil. Victorio Cabral e Rubens Vasconcellos consideravam que os juros e a correção monetária cobrados sobre os empréstimos ao BB não eram corretos. Encomendaram um estudo a um econometrista e a um matemático da FGV, que provaram os erros de cálculo. Mas era impossível negociar com o Banco do Brasil pela via política, porque Brito estava rompido com Sarney. A única saída era o apelo ao Judiciário, para atestar a ilegitimidade do volume da dívida. As tiragens dos jornais tinham decaído. Em 1989, *O Globo* circulava com cerca de 80 mil exemplares e o JB com 70 mil.[71]

E O FULANO, HEIN?

Zózimo Barrozo do Amaral tinha crises de depressão que o levavam a sumir periodicamente do jornal. O alcoolismo também tinha momentos mais agudos. Mantinha uma garrafa de uísque em sua sala, e eventualmente abusava também do consumo de cocaína. O brilho e a influência da coluna, porém, continuavam intactos, mesmo com eventuais desvios politicamente incorretos, como a nota publicada em uma sexta-feira, dia 30 de dezembro de 1988. Segundo a nota, o deputado tucano Ronaldo Cezar Coelho chegou para o almoço no restaurante Assyrius ao lado de uma senhora e foi demoradamente aplaudido. Vaidoso, Ronaldo ficou feliz, achando que os aplausos eram destinados a ele. Os comensais pensaram que a senhora que o acompanhava era a recém-eleita prefeita de São Paulo, Luíza Erundina, e a aplaudiram demoradamente. "Na verdade, Ronaldo Cezar Coelho almoçava com sua colega Heloneida Studart, deputada estadual", explicou a nota. E Zózimo arrematou com a sua estocada habitual, desta vez de mau gosto: "Uma está os cornos da outra".[72]

Ao longo dos mais de vinte anos em que assinou a coluna, o estilo e a temática de Zózimo mudaram. O pernosticismo, os galicismos e anglicismos, as frases feitas e os elogios a roupas, recepções e eventos foram substituídos por notas realmente jornalísticas, com um texto depurado e minimalista, e um senso de humor e de ironia cada vez mais refinados. Criou as fórmulas "Fulano quer porque quer", para se referir à pretensão obstinada de alguém por algum cargo ou alguma outra coisa; "E o fulano, hein?", para mencionar alguma novidade relativa a alguém, fosse positiva, negativa ou, quase sempre, irônica e debochada; e "Não será surpresa para esta coluna se...", para antecipar, de forma sutil, alguma coisa que iria acontecer. Havia também o "não convidem para a mesma mesa", quando queria noticiar o estremecimento entre duas pessoas.

Um dos truques, aliás, surgiu exatamente da falta de notícias. Certa noite, havia um espaço em branco a ser preenchido, de poucas linhas, e a pressão industrial pelo fechamento estava quase insuportável. Quase em desespero, Zózimo pôs os dedos no teclado e começou: "Não será surpresa para esta coluna se...". E empacou, porque não havia fato a noticiar. De repente, veio o estalo e o complemento redentor: "... aliás, nada mais surpreende esta coluna".[73] E a fórmula foi definitivamente adotada.

O ADMINISTRADOR DO DIA A DIA

Enquanto preparava um plano de salvação para o *Jornal do Brasil*, logo que chegou Victorio Cabral decidiu escolher um administrador para o dia a dia da empresa, um diretor financeiro: Rubens Vasconcellos. Rubens, aos 43 anos, entrou pela primeira vez naquele luxuoso saguão do JB profundamente orgulhoso da tarefa que lhe caberia, do rumo profissional que sua carreira tomara, porque era leitor assíduo e admirador do jornal. Seria o maior desafio profissional de sua vida.

A primeira impressão que teve ao examinar a situação financeira do JB foi de excesso de pessoal, de inchaço administrativo. Tudo o que era feito, segundo sua análise, poderia ser feito por um número infinitamente menor de pessoas, havia funções sobrepostas, pessoal subutilizado. E repassava seus diagnósticos a Victorio Cabral. Rubens encontrou mais de 4 mil funcionários em todo o grupo, e foi autorizado a iniciar demissões seguindo o critério de poupar principalmente a atividade-fim, a redação. Em pouco mais de dois anos, reduziu o quadro de funcionários a 2,5 mil. Apesar dos cortes, a parte administrativa continuou funcionando bem, embora cada passaralho representasse um trauma.

O novo executivo percebeu também que, embora a situação fosse calamitosa, todos da família Brito tinham a sensação de que nada poderia acontecer ao poderoso JB. Como diretor financeiro, ficou responsável pela compra de papel, e, para seu desespero, durante os três anos que passou no JB, por várias vezes começou o dia sem que houvesse sequer uma bobina de papel para rodar o jornal à noite. O desastre era sempre iminente, uma perigosa roleta.

Conseguir o papel necessário para imprimir o jornal naquele dia e nos dias subsequentes era uma espécie de gincana diabólica e desgastante, que exigia contatos com fornecedores, com bancos — para empréstimos emergenciais — e com anunciantes — para adiantar receitas de publicidade. Era uma administração que caminhava todo o tempo no fio da navalha. Rubens Vasconcellos, no fundo, gostava do desafio, que considerava um aprendizado: "Ligar para alguém na qualidade de diretor do poderoso JB era muito diferente de ligar como diretor de uma fábrica de sardinhas, por exemplo", diz.

Era preciso lançar mão de todas as possibilidades e alternativas. Com a perda da Pisa, Rubens resolveu começar de novo a importar papel do Canadá. As cartas de crédito permitiam importação com pagamento nos próximos seis meses, ao passo que o fornecedor nacional exigia pagamento à vista, o que se tornara impossível. O papel representava um gasto de 20% do total do faturamento da empresa, enquanto as despesas de pessoal eram quase 50%.

Enquanto tocava o dia a dia financeiro do jornal, Rubens Vasconcellos notava que todas as empresas com sobrenomes nobres do Rio de Janeiro haviam quebrado pelas mesmas razões: Mayrink Veiga, Paula Machado, Guinle, todas morreram por falta de gestão profissional, brigas familiares, amadorismo, decisões erradas, gastos excessivos e mistura do orçamento familiar com o das empresas.

Faltava também ao JB visão estratégica de longo prazo. Em parceria com Victorio Cabral, estudou o caso e identificou empréstimos desastrosos e exagerados; percebeu que os custos da empresa cada vez subiam mais, principalmente por causa de dívidas bancárias, certeza de infalibilidade, de que "não vão deixar o JB quebrar", e da sensação de poder que o jornal dava a Brito.

Além das dívidas irremediáveis e insolúveis com os grandes bancos, havia também operações diárias com pequenos bancos para quitar dívidas urgentes, duplicatas etc. Era comum recorrer ao Banco Rural, ao Banco Progresso e a outros que desapareceram com as fusões bancárias que o governo foi impondo. As garantias para tais empréstimos eram anúncios e outras contas ainda a receber, a chamada antecipação de receita publicitária. Mas antecipar publicidade em seis meses decididamente não era uma boa ideia, porque se gastam hoje as receitas de amanhã. Seis meses era um período curto para qualquer reestruturação, único caso em que se justificariam as antecipações de receita.

Em uma tentativa desesperada de reduzir custos, Rubens Vasconcellos determinou em 1990 que se fechasse a portaria principal, o belíssimo saguão de frente para a avenida Brasil, e que fossem demitidas as recepcionistas. A entrada e a saída do jornal seriam feitas apenas pela estreita parte lateral do prédio, oposta à gráfica. Foi um susto no mercado. Credores e fornecedores que viviam de olho no jornal interpretaram a decisão como uma falência definitiva e correram para cobrar contas. O mundo desabou sobre Rubens Vasconcellos, que teve que ligar em pânico para Maria Regina, antes do meio-dia: "Pelo amor de Deus, vamos mandar abrir de novo a portaria principal, porque os credores acham que o jornal quebrou de vez". Tiveram que reabrir tudo às pressas.[74]

Rubens chegou a propor uma redução dos salários no jornal, a ser negociada com a redação e os profissionais da área administrativa. Antes da reunião geral com todos os funcionários, quando a proposta seria apresentada como salvação provisória, os jornalistas foram aconselhados pelo chefe, Marcos Sá Corrêa: "Não aceitem. Eles têm que se virar". Na assembleia para debater o tema, alguns mais jovens pareciam, aos poucos, aceitar os argumentos e a redução de salários. O colunista esportivo João Saldanha levantou-se e fez um inflamado discurso em que misturava Marx e administração moderna. E encerrou, sob aplausos: "Só o fato de estarmos aqui discutindo isso, essa proposta imoral, já era motivo pra termos vergonha".

Os jornalistas não aceitaram e o assunto morreu.[75]

"DE UM PAI PARA OUTRO PAI"

O subeditor-geral do JB, Flávio Pinheiro, acredita que os jornalistas que dirigiram o jornal tiveram a sorte de ter Nascimento Brito, que, com seu temperamento arrogante, sempre brigava com os presidentes da República — um exagero retórico de Flávio. Isso, para ele, garantia uma liberdade editorial difícil de conseguir em outros veículos. Com José Sarney, a briga tomou caráter pessoal. Brito estava convencido de que havia uma má vontade de Sarney com o jornal por causa de Roberto Marinho, ou por temor ou por amizade. E que Sarney ainda tinha mágoas por ter sido demitido por Alberto Dines no comecinho dos anos 1960.

Na verdade, Sarney encaminhara o pedido do jornal de renegociação da dívida com o Banco do Brasil e recebera a seguinte resposta do Conselho Administrativo: a ajuda seria possível apenas com "alocação pelo governo de verbas especiais". Ou seja, nada feito. O presidente não tinha a menor intenção de alocar verbas especiais para salvar o jornal. Em 17 de abril de 1987, o editorialista Wilson Figueiredo foi à festa dos setenta anos do senador Roberto Campos (PDS-MT), ex-ministro do Planejamento, embaixador em Londres e presente na criação do Fundo Monetário Internacional, logo depois da Segunda Guerra. Ao circular pela festa, Wilson foi cumprimentar José Sarney, a quem conhecia pessoalmente desde os tempos em que o próprio Sarney trabalhara no JB. Na conversa, Sarney queixou-se: "Figueiró, o JB tem sido muito agressivo e injusto comigo e com o meu governo. O Nascimento Brito cismou que eu estou impedindo que o Banco do Brasil refinancie as dívidas dele e ajude o jornal. Eu não posso passar por cima das normas bancárias, do Conselho Administrativo do banco nem da lei".

Sarney explicou que jamais havia falado com o presidente do Banco do Brasil para pedir favorecimento para qualquer empresa, nem mesmo para obter facilidades de pagamento de dívidas. Garantiu que, no entanto, havia quebrado a regra e falado em favor do JB, porque não podia permitir que fosse à falência um jornal que era parte da história do país. Mas havia empecilhos de ordem legal, disse.[76]

Pôr verbas da então recém-criada Secretaria do Tesouro para ajudar o Banco do Brasil a salvar o JB não era, claro, parte das ousadias a que Sarney estaria disposto, ainda mais com a vigilância de Roberto Marinho. Em 1988, Nascimento Brito enviou uma carta a Sarney, em uma nova tentativa de renegociação. Era uma proposta relativa às dívidas atrasadas, o equivalente na época a 25 milhões de dólares, mas girando a juros altíssimos. Brito propôs quitar Cr$ 17 milhões por meio de antecipação de verba publicitária no jornal ou na rádio, ou por meio de matéria jornalística favorável ao Banco do Brasil, à Caixa Econômica ou outros órgãos do governo.

O dono do JB ofereceu ainda liberar para a venda os andares do moderno edifício Pereira Carneiro, na avenida Rio Branco, 110, que serviram como garantia para os empréstimos do Banco do Brasil. Eram as salas de números 1201, 1301, 2501 e 2601, com alegado valor de mercado de Cr$ 7 milhões, dos quais a metade quitaria outra parcela da dívida. O conjunto número 1101 serviria para pagar a dívida com o antigo Instituto de Administração da Previdência e Assistência Social (Iapas). Era o dinheiro que o jornal descontava dos salários dos funcionários e não repassava ao governo. Ficavam faltando Cr$ 14 milhões, que seriam parcelados em dez anos, com um ano de carência, com o menor índice de correção monetária oficial acrescido de juros de 6%.[77]

Evidentemente, o Banco do Brasil recusou a proposta. O relacionamento entre Nascimento Brito e o presidente ficou ainda pior, o que permitiu aos jornalistas liberdade total de trabalho e uma agressiva cobertura da presidência e dos assuntos do governo — embora jamais Brito houvesse imposto limites à atividade jornalística. Entraram em campo, então, amigos comuns, na tentativa de reaproximar os dois. Um jantar foi marcado no Palácio da Alvorada, para que Sarney e Nascimento Brito aparassem arestas e retomassem o relacionamento.

Dois dias antes, no entanto, o colunista Zózimo Barrozo do Amaral publicara uma nota em que falava de um romance da filha de Sarney, Roseana, com o então secretário de Meio Ambiente do Rio de Janeiro, o engenheiro Carlos Henrique de Abreu Mendes, que era divorciado. Roseana estava separada do marido, Jorge Murad, mas a separação não havia sido anunciada publicamente nem formalizada, por questões políticas.

Marcos Sá Corrêa sabia do jantar marcado entre Nascimento Brito e Sarney, e por isso consultou-o sobre a nota, na hora do fechamento, quando Brito se preparava para ir embora.

— Podemos publicar?

Brito leu e decidiu:

— Publique.

A nota realmente foi publicada e, no mesmo dia, Brito recebeu um telefonema do presidente da República:

— Infelizmente, tenho que cancelar o jantar. Não por mim, que fui jornalista e entendo o que aconteceu, sei o que é o jornalismo. Mas a Marly (mulher de Sarney) está indignada, inconformada, e me pediu pra cancelar.

Nascimento Brito enviou uma carta para Sarney em que pedia desculpas pela nota, "de um pai para outro pai". Mas o estrago estava feito.

NÃO PERTURBEM, HOMENS TRABALHANDO

O Plano Cruzado, imposto ao país em fevereiro de 1986, fracassou por várias razões, principalmente pelo prolongado congelamento de preços com fins eleitorais, o que criou desabastecimento, mercado negro de produtos e uma inflação oculta. O PMDB venceu amplamente as eleições de novembro daquele ano graças ao congelamento.

Apurados os resultados, os preços foram descongelados e a população se revoltou, sentindo-se traída. Houve quebra-quebra em várias cidades e o ministro da Fazenda, Dilson Funaro, acabou demitido. Sarney escolheu para o seu lugar o então governador cearense em fim de mandato Tasso Jereissati, que chegou a ser anunciado. Tasso largou um pouco antes o governo, pegou um jatinho particular e viajou para Brasília para a posse em janeiro de 1987. O todo-poderoso Ulysses Guimarães, presidente do PMDB, da Câmara dos Deputados e futuramente da Constituinte, no entanto, abateu Tasso em pleno voo com seu veto, e exigiu um nome ligado ao PMDB, de preferência paulista. Sarney foi obrigado a engolir o economista Luiz Carlos Bresser-Pereira, de São Paulo.

Bresser-Pereira durou pouco. Não se adaptou a Brasília e fracassou em seu plano contra a inflação com novo congelamento. Ficou no cargo apenas um ano. Deixou como herança apenas um plano de securitização da dívida externa brasileira que foi finalmente aplicado nos anos 1990. Maílson da Nóbrega, o substituto, um funcionário de carreira do Banco do Brasil, tinha poucos meses como ministro da Fazenda, em 1988, quando recebeu em audiência Manoel Francisco do Nascimento Brito. Maílson simpatizou com aquele senhor alto, elegante, de ar aristocrático, com um terno claro bem cortado, com dificuldade em movimentar o braço direito, e que via pela primeira vez em pessoa.

Brito contou ao ministro as dificuldades do *Jornal do Brasil*, principalmente na parte relativa à extorsiva dívida com o Banco do Brasil. Queria mais 20 milhões de dólares, mesmo com toda a dívida que já tinha. Maílson lhe explicou que, desde que fora extinta a conta movimento do BB durante a gestão de Dilson Funaro, o governo não tinha mais qualquer ingerência no banco. A chamada conta movimento permitia que o governo usasse o dinheiro do Banco do Brasil como quem movimenta um cheque especial. Um verdadeiro saco sem fundo, que impedia o controle dos gastos públicos. Funaro acabou com o mecanismo e criou a Secretaria do Tesouro, que pôs ordem nas contas do governo.

Claro, se fosse injetado dinheiro do Tesouro no banco especialmente para auxílio ao JB, ou se fosse determinado pelo governo o suporte financeiro a algum setor da economia, como a agricultura, ou alguma área da indústria, até seria possível. O próprio Tesouro proveria o dinheiro para que o banco emprestasse. Mas na questão da dívida do jornal com o banco, ou tomada de novos empréstimos, aí a operação se tornava inviável. O banco tinha agora mecanismos de controle, qualquer novo empréstimo ou renegociação tinha que passar por um comitê, um colegiado, e o ministro da Fazenda não tinha qualquer poder para isso — era ilegal. Foi o que Maílson explicou pacientemente. E havia ainda os acionistas.

Depois de uma conversa de cerca de meia hora, Nascimento Brito disse que entendia as dificuldades do ministro, despediu-se e nada mais aconteceu.[78] Não tiveram outro contato. No fim do ano, Maílson e o ministro do Planejamento, João Batista de Abreu, anunciaram o chamado Plano Verão, para conter a inflação, com novo e desacreditado congelamento de preços. Prepararam um plano para reduzir a imensa dívida externa brasileira, já que os bônus de securitização propostos pelo ministro anterior, Luiz Carlos Bresser-Pereira, haviam fracassado. Bresser propunha também uma troca de exportações brasileiras por dívida externa, o que não deu certo. Enquanto isso, João Batista de Abreu, com o economista Everardo Maciel, iniciou uma reforma administrativa para reduzir os custos do Estado.

Foi quando o dono das Organizações Globo, Roberto Marinho, apareceu no Palácio da Alvorada para um almoço com Sarney com uma proposta de exportação de casas pré-fabricadas com benefícios fiscais do governo, ainda dentro do plano dos bônus Bresser-Pereira. Sarney chamou Maílson para participar da conversa. O ministro ouviu e explicou:

— Doutor Roberto, esse tipo de negociação não interessa mais ao Brasil, não deu certo.

Roberto Marinho irritou-se:

— O senhor está dizendo que eu estou trabalhando contra os interesses do país?

Maílson tentou explicar que não era isso, apenas que o plano de troca da dívida brasileira por exportações não dera certo. Mostrou as razões técnicas; o Tesouro sempre seria prejudicado. Mas Marinho não se convenceu. Mobilizou o lobista e advogado Jorge Serpa, que por sua vez pôs toda sua máquina a serviço do plano de Roberto Marinho e da queda do ministro da Fazenda.

Maílson conseguiu um dossiê sobre o norte-americano interessado em comprar as casas pré-fabricadas. Descobriu que era um negociante de reputação duvidosa que vivia em Los Angeles, e que a proposta estava destinada ao fracasso. Alguém no governo pegou o dossiê sobre o norte-americano e o passou para o jornalista Etevaldo Dias, chefe da sucursal do JB em Brasília. Etevaldo publicou tudo na coluna Coisas da Política, que escrevia às segundas-feiras em lugar da Coluna do Castello. Roberto Marinho recebeu tudo como uma agressão pessoal, um vazamento proposital de Maílson para prejudicá-lo.

Furioso, telefonou para José Sarney e exigiu um desmentido formal. O presidente disse que não tinha como desmentir, porque nada sabia do assunto. Mas se comprometeu a falar com o ministro da Fazenda. Roberto Marinho não esperou: ligou direto para Maílson, que contemporizou, disse que não se sentira pressionado pelo dono de O Globo, que não vazara dossiê nem denúncia alguma, e que tinha certeza de que ele, Marinho, não estava envolvido em qualquer negócio obscuro.

— Era uma tentativa da sua parte de realizar um negócio legítimo, o senhor nada tem a ver com o histórico do norte-americano. O que aconteceu foi apenas uma mudança nas regras do governo.

— Vou então mandar uma equipe da TV Globo para que o senhor diga exatamente isso — respondeu Marinho, ainda irritado.

— Doutor Roberto, eu não posso fazer o que o senhor quer.

À noite, no Jornal Nacional, uma das manchetes era: "Ministro da Fazenda desmente envolvimento do jornalista Roberto Marinho na exportação irregular de casas pré-moldadas". Nos dias seguintes, Maílson sentiu o poder do proprietário das Organizações Globo, a pressão vinda de todos os lados. De senadores como Ronan Tito (PMDB-MG), de Jorge Serpa e sua máquina de lobby. Só o Jornal do Brasil passou a defendê-lo. O jornalista Joaquim Campelo, ainda trabalhando com o presidente José Sarney na redação de discursos, avisou a Maílson: "Prepare-se porque Roberto Marinho tem você como centro do alvo, e vai atirar pesado".

Naquele momento, o governo tentava negociar mais um pacto social anti-inflação, com partidos políticos, empresários e sindicatos de trabalhadores. Era parte do Plano Verão. Em uma das reuniões, o senador Ronan Tito perguntou ao presidente da República:

— Presidente, se chegarmos a um acordo sobre o pacto, o senhor muda a equipe econômica? É uma de nossas condições.

Em seu estilo enviesado, Sarney respondeu que seria uma possibilidade. Ronan Tito saiu da reunião e avisou a Jorge Serpa:

— Maílson caiu.

No dia seguinte, o ministro da Fazenda chegou a São Paulo para uma conferência com empresários e foi abordado pela repórter Célia Chaim, da *Folha de S.Paulo*: "Meu jornal tem informações de que o senhor está demitido. O senhor confirma?".

O ministro disse que não era a primeira vez que ouvia o boato, e que não sabia de nada sobre o assunto. Na manhã seguinte, viajou em um avião da FAB para uma reunião com exportadores do Rio de Janeiro e recebeu um recado do chefe do SNI, general Ivan Mendes: "Leia *O Globo*, a manchete diz que o senhor está demitido. Posso lhe garantir que não é verdade, o presidente não confirma e o senhor não deve se pronunciar. A ordem é manter o silêncio".

Os jornalistas Olímpio Campos e Rosa Dalcin, que acompanhavam o ministro da Fazenda, o aconselharam: o general desmentiu a demissão; o presidente não lhe avisou nada. Fique tranquilo e diga que é boato. Maílson atendeu aos repórteres, repetiu que já ouvira o rumor outras vezes e acrescentou: "Mandei até afixar uma placa na porta do meu gabinete e que diz 'não perturbem; homens trabalhando'". E essa foi a manchete do dia seguinte no JB: "Não perturbem; homens trabalhando", redigida por Marcos Sá Corrêa, em uma clara alusão à campanha de *O Globo* pela queda do ministro.

O Globo contra-atacou com editoriais na primeira página, redigidos pelo advogado Jorge Serpa e pelo jornalista J. Carlos de Assis, acusando diariamente o ministro da Fazenda de estar entregando o país ao capital internacional e de trabalhar contra os interesses do Brasil. Durante esse período, a cobertura do JB foi de total apoio ao ministro, no que acabou seguido pelo *Estado de S. Paulo*, pela *Folha* e pela *Veja*.[79]

"O COLLOR JÁ ESTÁ ELEITO"

Etevaldo Dias assumiu a editoria regional do JB em Brasília no dia 1º de setembro de 1987, a convite de Marcos Sá Corrêa, depois de sair da chefia da sucursal da *Veja*. Ricardo Noblat passou a fazer uma coluna chamada Diário da Constituinte, até ser demitido após a eleição de Collor, no fim de 1989.

Mas a equipe da sucursal era, em sua maioria, ligada a Noblat por laços profissionais e de amizade, como Bob Fernandes, Eliane Cantanhêde, André Gustavo Stumpf, Franklin Martins, Rodolfo Fernandes. Etevaldo achou que precisava montar sua própria equipe, para não ser devorado. Mas logo percebeu que Eliane, Franklin e Bob, por exemplo, tinham voo próprio, eram extremamente profissionais e era perfeitamente possível trabalhar com eles.

O único a ser demitido foi André Gustavo. Mas outros saíram atendendo a convites profissionais. Eliane foi para a *Folha*, Bob Fernandes para a *Carta Capital*, Franklin e Rodolfo Fernandes para *O Globo*. Etevaldo trouxe do Rio de Janeiro as repórteres Dora Kramer (que assinava seus textos até então como Dora Tavares de Lima) e Thaís Mendonça, que se haviam destacado na cobertura das eleições estaduais de 1986. Convidou Mário Rosa, Severino Góes, João Bosco Rabelo, Luís Cláudio Cunha e Beth Cataldo, e formou assim sua redação de confiança.

Quando as candidaturas à presidência da República estavam em fase de definição, depois de promulgada a nova Constituição, Nascimento Brito foi procurado pelo velho amigo Renato Archer, um veterano político maranhense, um dos fundadores do PMDB, ministro da Ciência e Tecnologia do governo Sarney e grande amigo do deputado Ulysses Guimarães. Archer pediu a Brito apoio à candidatura de Ulysses. Explicou que, depois da redemocratização e da nova Constituição, o caminho natural era eleger Ulysses, o candidato que mais se identificava com o perfil do JB e um dos baluartes da volta do país à normalidade democrática.

Brito lhe respondeu que não interferia diretamente na linha editorial do JB e lhe recomendou que procurasse Etevaldo Dias, o que Archer efetivamente fez. Convidou Etevaldo à sua casa, ainda em 1988, logo depois de promulgada a Constituição, e lhe fez o pedido:

— Estou conversando com você a pedido do Nascimento Brito. Nós vamos lançar a candidatura de Ulysses à presidência, e gostaríamos do apoio do JB. É um candidato com largas possibilidades, um homem com uma história de serviços à democracia, é o caminho natural que o país deve seguir. Toda vez que esses benefícios da nova Constituição forem lembrados, será também o doutor Ulysses a ser lembrado.

Etevaldo prometeu toda atenção à candidatura Ulysses, disse que o jornal se manteria neutro, mas que ele próprio via com enorme simpatia o nome do

Senhor Diretas. Não foi totalmente sincero, porque já estava enamorado por Collor, com quem mantinha contatos frequentes. Logo, recebeu um convite do então governador de Alagoas para um jantar no restaurante La Belle Cap, na sobreloja da Confederação Nacional do Comércio, no Setor Comercial Sul de Brasília.

— Vou renunciar ao governo de Alagoas e me lançar candidato a presidente. Quero que você participe da minha campanha, preciso de você — Collor parecia determinado, voz firme, olhos brilhando e fixos em Etevaldo.

— Mas você não tem estrutura partidária, Fernando. Pelo menos tem dinheiro para bancar isso?

— Não. Mas temos o suficiente para começar. O João Lyra[80] vai me emprestar um milhão de dólares, minha mãe me deu outros cem mil...

— Mas isso não dá nem para começar, Fernando. Com cem mil dólares eu mal vou ao Chile e volto — Etevaldo brincou, cético. — Obrigado pelo convite, mas eu não sei fazer política, meu negócio é jornalismo. Acho que lhe posso ser mais útil trabalhando no JB. Me abasteça de notícias.

Etevaldo começou a circular pela capital com um adesivo de Collor no vidro traseiro do carro, e um dia foi questionado sobre isso pelo editor de Política, Marcelo Pontes, que estava em Brasília para uma entrevista.

— Uso o adesivo, sim; o carro é particular, sou um cidadão com meus direitos políticos em dia e manifesto meu voto como eu quiser. Vocês lá do Rio são todos petistas, que porra é essa, é um direito meu — irritou-se Etevaldo.

E continuou:

— Vocês têm craques lá, o Marcos (Sá Corrêa), o Roberto Pompeu, o Flávio Pinheiro, nenhum deles vai deixar o JB se bandear para um candidato, ora.

Collor renunciou ao mandato de governador e lançou-se candidato a presidente no começo de 1989 por um partido que criara especialmente para si, o Partido da Reconstrução Nacional (PRN). Etevaldo organizou um jantar na casa da então namorada Ingrid Rocha, com quem logo se casaria, para apresentar seu candidato à imprensa. Com Collor, estavam o assessor de imprensa Cláudio Humberto e o deputado alagoano Renan Calheiros, além de repórteres de todos os jornais, revistas e tevês.

Quando as candidaturas estavam definidas, Nascimento Brito convocou Etevaldo para uma reunião dos editorialistas no Rio de Janeiro. Disse que seguiria uma tradição dos grandes jornais do mundo, que definiam em editorial a quem iriam apoiar na eleição, mas sem permitir que a preferência contaminasse o noticiário. E ele queria ouvir sua equipe sobre a postura que o JB deveria adotar.

Os candidatos eram Ulysses, pelo PMDB; Aureliano Chaves, pelo PFL; Mário Covas, pelo PSDB; Paulo Maluf, pelo PDS; Leonel Brizola, pelo PDT; Fernando Collor de Mello, pelo PRN; Affonso Camargo, pelo PTB; Guilherme Afif Domingos, pelo PL; Roberto Freire, pelo PCB, que se tornaria PPS em 1992; Luiz Inácio Lula da Silva, pelo PT. Havia vários candidatos de partidos nanicos que não pesavam na balança, em um total de 22 nomes.

Com Brito, sentaram-se à mesa de reuniões, no nono andar, o editor-geral Marcos Sá Corrêa; o colunista Villas Bôas-Corrêa, pai de Marcos; o chefe dos editorialistas, Wilson Figueiredo; o editor executivo Roberto Pompeu de Toledo e mais Gilberto Menezes Côrtes e Fernando Pedreira. Depois de apresentar suas razões, Brito abriu a palavra à mesa. Etevaldo, evidentemente, ficou a favor do apoio a Collor, assim como Wilson Figueiredo e Fernando Pedreira. Villas-Bôas, que falou antes de Etevaldo, foi incisivo: "Não importa o que qualquer um faça, nem a quem o JB apoie. O Collor já está eleito".

Não era uma declaração de apoio, mas uma constatação objetiva do experiente analista político. Como o próprio Brito já se inclinava totalmente para Collor, o resultado era de fácil previsão.

Eliane Cantanhêde diz que não hesitou em atender ao convite da *Folha de S.Paulo* porque sabia que seu chefe imediato, Etevaldo Dias, era fascinado por Fernando Collor de Mello e pela sua candidatura desde os tempos da *Veja*. Eliane percebeu ainda que o próprio JB passara a apoiar o governador de Alagoas de forma velada, apesar da aparente neutralidade do comando da redação. Na página de Opinião, por exemplo, o colunista Fernando Pedreira escancarava seu apoio. O subeditor de Política, Rogério Coelho Neto, igualmente, era um collorido de primeira hora.[81]

"FRITURA" E QUEDA DE RICARDO NOBLAT

O que permitiu ao JB manter a qualidade da informação, principalmente com uma primeira página sempre neutra e criativa, foi a equipe montada no

Rio de Janeiro por Marcos Sá Corrêa. Roberto Pompeu de Toledo e Flávio Pinheiro instituíram a *feature*, um quadrado cercado por fios na primeira página, uma espécie de "janela", com um texto caprichado que se esgotava ali mesmo, embora quase sempre houvesse mais material interno sobre o assunto. A capa do JB permanecia um território neutro, de jornalismo de boa qualidade, sem apoio declarado a qualquer das candidaturas, embora a manchete sobre "Indiana" Collor parecesse a muita gente um apoio direto ao alagoano.

A cena do estudante enfrentando um tanque durante os protestos da Praça da Paz Celestial, na China, foi um exemplo. A foto foi publicada com um texto brilhante na capa, cercado por fios, e lá dentro o noticiário completo. Outro quadrado de alta qualidade jornalística, do repórter Alfredo Ribeiro, foi sobre a campanha para governador de Minas Gerais de Hélio Garcia, em 1990. O título era "A volta do boêmio".

Alfredo conta, no texto, que Hélio tinha em Minas Gerais o apelido de Dojão, referência ao automóvel Dodge Dart, que era grande, obsoleto e bebia muito. O repórter foi a Juiz de Fora encontrar-se bem cedo com o candidato e pegar com ele o helicóptero de campanha. Hélio Garcia recebeu o jornalista com uma brincadeira e um desafio, já a bordo: "Dizem que jornalista bebe bem, que é bom de copo. Vamos ver se é verdade".

E levantou uma garrafa de uísque e dois copos, um para si, outro para Alfredo, que não pôde fugir da raia e envergonhar a classe. Fechou os olhos, tomou coragem e deglutiu, às nove da manhã, a primeira dose do dia, à caubói — sem gelo. Hélio Garcia riu, virou-se para os assessores e brincou: "Estão vendo? Todo filho da puta bebe neste país, mas só eu levo a fama". Alfredo, ainda zonzo com a dose matinal, pensou: "Pronto, está feita a matéria".

O JB tinha um Conselho de Economia, de que participavam Mario Henrique Simonsen, Edmar Bacha, Paul Singer (ligado ao PT), Cesar Maia, Dionísio Carneiro, Rogério Werneck e outros convidados. A reunião deles rendia página dupla semanal, com debates sobre a conjuntura do país. A repórter de economia da sucursal de Brasília Maria Luiza Abbott, a gaúcha Cuca, foi certa vez convidada para participar como uma das debatedoras. E ouviu um conselho brincalhão de Simonsen: "Peça café. Eu venho aqui mais pelo café do que por qualquer outra coisa. O Nascimento Brito manda um office boy de jatinho lá em Santos toda semana só para buscar o café que está sendo exportado, que é o melhor que o país produz".[82]

Como poderia prever quem conhecesse bem as duas personalidades, o editor-geral Marcos Sá Corrêa e o chefe da sucursal de Brasília, Ricardo Noblat, começaram a se desentender já em 1986, menos de dois anos depois da chegada de Marcos ao cargo. O material de Brasília já chegava editado ao Rio de Janeiro, e Noblat tinha suas próprias concepções, sua visão da política a partir da capital. Gostava de valorizar a cobertura de bastidores do poder, característica que desenvolvera nos tempos de *Veja*. Achava que era uma obrigação do jornal mostrar ao leitor quem eram os personagens que dirigiam o país, como os acordos eram feitos, porque isso afetaria a vida das pessoas e os caminhos do Brasil. Marcos, por sua vez, sempre achou que os jornais, inclusive o JB, valorizavam demais o noticiário político de Brasília, perdiam tempo com isso e dedicavam espaço excessivo a articulações que nada tinham a ver com o resto do país, com a realidade nacional e com o cidadão comum.

Noblat substituía Carlos Castello Branco às segundas-feiras em sua coluna na página dois. Como Castelinho estava com câncer e viajava com frequência aos Estados Unidos para tratamento, os textos de Noblat passaram a ser mais constantes. A ordem direta de Nascimento Brito era poupar de críticas apenas duas pessoas: Delfim Netto, que ajudara muito o JB nas duas vezes em que teve o controle da economia, e dom Eugênio Salles, o cardeal arcebispo do Rio de Janeiro.

A primeira crise séria começou quando o chefe da sucursal propôs, em agosto de 1986, uma grande reportagem sobre o estilo de fazer campanha de Antonio Carlos Magalhães, que era ministro do governo Sarney, mas queria manter o poder no seu reduto. Impôs então como candidato a governador do Maranhão, pelo PFL, um velho opositor, Josaphat Marinho, que era do antigo PSB, mas mudara de lado. O adversário de Josaphat era o inimigo mortal de ACM, Waldir Pires, do PMDB. É Noblat quem descreve a conversa com Marcos Sá Côrrea:

— Quem fará a reportagem? — perguntou Marcos.

— Olha, pode ser a Eliane Cantanhêde.

— Eliane, não.

— Então posso mandar José Negreiros.

— Negreiros, não sei. Matéria com Antonio Carlos é uma coisa delicada, você sabe disso.

— É, sei. Então mando o André Gustavo Stumpf.

— Não, esse não.

— Porra, Marcos, assim não tenho mais ninguém pra mandar.

— Vai você. Deixa alguém chefiando a redação e vai você.[83]

Ricardo Noblat foi para Salvador e ficou dez dias seguindo Antonio Carlos. O JB publicou a reportagem em duas páginas no dia 7 de setembro de 1986, cerca de dois meses antes da votação. Noblat e ACM falaram-se depois por telefone e o então ministro das Comunicações atacou:

— Você é um filho da puta. Escreveu coisas que eu não lhe disse.

— Não me trate assim, que eu desligo o telefone. Escrevi o que ouvi do senhor e de outras pessoas.

O que irritou ACM foi uma frase que Noblat colheu junto a aliados, que por sua vez ouviram do cacique: "Vou ganhar a eleição com dinheiro em uma mão e o chicote na outra".

Antonio Carlos desmentia. Mas era uma frase típica dele. Em 1982, seu candidato Clériston Andrade, um médico desconhecido, morrera em um acidente aéreo. ACM indicou então o inexpressivo João Durval e venceu o inimigo de toda uma vida, Roberto Santos, do PMDB.

Marcos Sá Corrêa telefonou e disse a Noblat que Antonio Carlos se queixara à direção do jornal, dizendo que ele quebrara acordos e publicara coisas que seriam em off, mencionadas em confiança e com a promessa de não publicação. Houve uma discussão e as relações entre os dois passaram a ser estritamente profissionais. Em dezembro, Marcos propôs a Noblat que saísse de Brasília. O JB iria criar uma grande sucursal do Nordeste, com sede em Recife, e talvez ele quisesse voltar à cidade natal como diretor. Noblat, que fez sua carreira sonhando em chegar exatamente aonde estava, recusou na hora.

Em fevereiro de 1987, um mês antes da instalação da Constituinte, Marcos fez nova proposta a Noblat: seguir como correspondente para Buenos Aires. Noblat respondeu que não, mas que talvez aceitasse Paris. Tinha a sensação de que Marcos queria afastá-lo de Brasília. Livrar-se dele, enfim. E, de fato, no dia 1º de setembro de 1987, Etevaldo Dias, demitido da *Veja*, assumiu a sucursal do JB em Brasília como editor regional a convite de Marcos Sá Corrêa. Ricardo Noblat passou apenas a escrever uma coluna horizontal intitulada Diário da Constituinte, nas páginas internas. O candidato natural a chefe da sucursal seria o editor de Política, Marcelo Pontes, mas Marcos aproveitou que Etevaldo estava livre no mercado e fez o convite.[84]

Segundo Marcos, havia queixas de outros editores do jornal em relação a Noblat, do relacionamento dele com a sede. Mas com Noblat a corda era esticada ao máximo; Marcos achava que ele queria editar o jornal a partir de Brasília, assumir o controle à distância. O próprio Etevaldo, quando assumiu, teve brigas feias com a então editora de Economia, Míriam Leitão. Em uma tarde de sexta-feira de 1989, uma das discussões sobre horários e qualidade das matérias, segundo ele, levou Míriam a xingá-lo com um palavrão. Eram personalidades fortes, concepções diferentes sobre edição e prazos apertados para envio de material. A resposta veio igualmente dura, com outro xingamento pesado. Etevaldo diz que ligou para Marcos Sá Corrêa para se queixar: "Essa mulher está louca". E ouviu de volta:

— A Míriam é assim mesmo, já brigou com o Flávio (Pinheiro), com o Pompeu (Roberto), com o Xico Vargas, não dá para segurar. Mas eu não demito ninguém às sextas-feiras, deixa passar, na semana que vem eu converso com ela — contemporizou, seguindo a velha máxima de Elio Gaspari de que às sextas-feiras não se deve demitir ninguém no Rio de Janeiro.

Etevaldo avisou:

— Com essa mulher eu não despacho mais.

Míriam confirma a briga, mas nega os palavrões. Segundo ela, os desentendimentos eram comuns com Etevaldo e com o chefe da sucursal de São Paulo, Ricardo Setti, por causa dos atrasos no horário de envio de matérias e por não ser atendida em pautas que enviava às sucursais. Como tinha fontes em São Paulo e em Brasília, onde já havia trabalhado, via-se às vezes obrigada ela mesma a telefonar e apurar informações que encomendara aos dois.

Brigas em horário de fechamento eram normais. Era quando a voltagem nos jornais e revistas atingia o ponto máximo pela pressão industrial, da gráfica e dos noticiários, todos escravos de horários — e o estresse aumentava principalmente em um país em crise. Semanas depois, porém, Míriam deixou o jornal. Quanto a Ricardo Noblat, ficou na alça de mira de Marcos Sá Corrêa e do próprio Nascimento Brito, que considerava o pernambucano arrogante e autossuficiente, embora admirasse seu trabalho. Quando o JB passou oficialmente a apoiar a campanha de Fernando Collor de Mello, Noblat escreveu uma coluna sob o título "Cheiro de Lula no ar", no dia 11 de novembro. Portanto, apenas quatro dias antes da votação em primeiro turno. Previa que Lula e Collor iriam defrontar-se no segundo turno.

Nascimento Brito antecipou-se a Marcos Sá Corrêa, e a saída de Noblat deu-se da forma mais deselegante possível. Com Collor já eleito em segundo turno, o jornalista telefonou no dia 20 de dezembro à noite para o estúdio da Rádio JB para gravar um comentário político, o que fazia desde o início de 1989. Gaúcho, o gaiato e brincalhão operador noturno da rádio estava sério e lhe comunicou a demissão: "A ordem é para não gravar mais o seu comentário. E, pelo que ouvi, o senhor vai deixar de escrever no jornal também".

Noblat telefonou para Etevaldo Dias em busca de informações. Etevaldo respondeu que não sabia de nada. Resolveu então ligar para um dos maiores especialistas em bastidores do JB, Hélio Fernandes, da *Tribuna da Imprensa*, que há vinte anos publicava notícias "das internas" do jornal. Hélio disse que iria apurar, e no dia seguinte publicou em sua coluna:

> O jornalista Ricardo Noblat será demitido hoje do JB. Ele já foi chefe da sucursal em Brasília e teve que deixar o lugar a pedido de um presidente da República. Agora, o colunista respeitado deixa a coluna para agradar a um presidente que ainda não tomou posse.

A confirmação oficial só veio dois dias depois, quando o editor de Política Marcelo Pontes lhe telefonou em Recife, onde Noblat passaria as festas de fim de ano. Marcelo foi curto e grosso: "O Marcos reuniu os editores em sua sala e comunicou a todos que você está demitido. Não precisa mais mandar a coluna amanhã".

Ricardo Noblat não obteve mais nenhuma informação ou comunicado do jornal. Como morava em uma casa no Lago Sul alugada e paga pelo JB, recebeu nos dias seguintes uma ordem de despejo. Foi obrigado a se mudar às pressas, em uma operação de emergência em que contou com a ajuda de amigos, como a jornalista Eliane Cantanhêde. Foi mais do que uma demissão, foi um expurgo.[85]

"MEU PREZADO SARNEY"

A década de 1980 terminaria com mais um prêmio Esso para o *Jornal do Brasil*, graças ao trabalho de Teresa Cardoso e Teodomiro Braga, que desvendaram e desmoralizaram a trama dos Três Porquinhos: os senadores do PFL Marcondes Gadelha (PB), Edison Lobão (MA) e Hugo Napoleão (PI), seguindo um roteiro armado pelo presidente José Sarney, articularam o lançamento da candidatura do apresentador e dono do SBT Silvio Santos à presidência.

A manobra começou no dia 5 de outubro de 1989, uma quinta-feira, quando Sarney recebeu Silvio Santos em um almoço no Palácio da Alvorada. Ali, o presidente mostrou a Silvio, com base em uma pesquisa privada do Ibope, que ele seria o único brasileiro capaz de ultrapassar Fernando Collor de Mello na corrida presidencial e na preferência popular — faltando pouco mais de um mês para a eleição, Collor estava à frente de Lula e Brizola. Sarney explicou que o PFL queria livrar-se do candidato Aureliano Chaves, que era um homem sério, mas sem carisma, que não deslanchava.

Silvio Santos já havia sido convidado a disputar a presidência pelo PFL pelos senadores José Agripino Maia (RN), Jorge Bornhausen (SC) e Carlos Chiarelli (RS), mas acabou recusando a tarefa no começo de 1989. Desta vez, no entanto, parecia fascinado com a possibilidade, encantou-se ao ver a pomposa cerimônia de subida e descida da rampa, com todo o ritual dedicado ao presidente da República, as mordomias, os criados, a bajulação. Edison Lobão chegou no finalzinho do almoço e ambos se dedicaram a cuidar dos detalhes legais para o lançamento.

Atenta, a repórter Teresa Cardoso ouviu a história quando garimpava notícias no Senado. Procurou o presidente do Partido Municipalista Brasileiro, Armando Correia, que confirmou a trama, mas não quis dar detalhes. Armando era, ele próprio, candidato a presidente naquele momento. Teresa ligou então para o colega Teodomiro Braga, um paciente repórter investigativo, um mineiro discreto e de enorme experiência, bom em arrancar informações. Teodomiro localizou Armando Correia e marcaram um jantar no restaurante de um hotel cinco estrelas de Brasília.

O jantar era um pretexto, e logo Teodomiro percebeu que o melhor caminho para conseguir o que queria era por meio de uísque 12 anos. Ele próprio era bom de copo e sabia administrar o que bebia. Teresa ficou na água mineral. Depois de várias doses, e envaidecido por, enfim, conseguir a atenção de um grande jornal, Armando deu o serviço. Explicou como o enredo fora urdido, que Silvio iria disputar pelo seu partido, o PMB, com apoio do PFL, e que os articuladores eram Lobão, Napoleão e Gadelha. Em troca, ele próprio receberia uma grande compensação financeira. Aureliano Chaves seria convencido a deixar a disputa.[86]

De fato, logo surgiu no horário eleitoral o vídeo com a candidatura Silvio Santos, com a mesma música-tema de seus programas, o "Silvio Santos vem aí!". A diferença era apenas o verbo: "Silvio Santos já chegou". E o apresentador, com seu imenso sorriso de teclado de piano, aparecia em ação, abraçando pessoas, como se estivesse no auditório do SBT. O texto explicava, didaticamente, que era preciso "votar no número 26", e que era preciso marcar na cédula "Armando Correia", porque Silvio o estava substituindo. Não houvera tempo de refazer as cédulas.

A reportagem de Teresa e Teodomiro tomou toda uma página, e ajudou a implodir a candidatura, escandalosamente ilegítima e ilegal.

Fernando Collor de Mello foi eleito, tomou posse em 15 de março de 1990, e com ele renovaram-se as esperanças de Nascimento Brito e do *Jornal do Brasil* de renegociar a dívida com o Banco do Brasil. Mas todo o rancor que Brito acumulou durante os anos de governo Sarney não se dissipou. Em 1990, com Collor já na presidência, Brito deu uma entrevista à revista *Imprensa* em que atacava o ex-presidente, chamando-o de vacilante, de se ter sempre intimidado diante do velho inimigo político maranhense Vitorino Freire, de não ter demonstrado qualquer consideração com a condessa Pereira Carneiro. E de ter sempre prejudicado intencionalmente o JB em relação à dívida com o Banco do Brasil. A troca de cartas que se seguiu entre Brito e Sarney é mais um documento sobre como eram as relações das empresas jornalísticas com os governos.

José Sarney respondeu à entrevista em uma carta pessoal em 24 de julho de 1990. A carta de Sarney e a resposta de Nascimento Brito reavivaram as mágoas profundas deixadas pelo episódio em que o JB publicou, em 1988, a separação de Roseana Sarney de Jorge Murad e o seu novo casamento, com o engenheiro Carlos Henrique de Abreu Mendes, presidente da Fundação Estadual de Engenharia do Meio Ambiente (Feema).

Meu caro Brito,

Li, com atraso, sua entrevista à Revista *Imprensa*. Fiquei chocado com o tom, pelo contraste de nossas conversas ao longo da vida, sempre de sua parte com palavras afetuosas e amáveis, e muitas vezes exageradas sobre as minhas modestas qualidades.

Mudou o Natal, ou mudei eu, para lembrar o velho Machado?

Mudei eu, sem dúvida, que como dizia Adams, já não sou nada.

Quero fazer algumas observações de ordem factual. Primeiro, você diz que minha ascenção [sic] política deu-se depois da morte do senador Vitorino Freire, a quem nunca enfrentei. [...] Quando o senador Vitorino Freire morreu, em 1977, eu já tinha sido deputado federal por três vezes, governador de Estado e senador da República, depois de uma luta cruel, árdua e difícil.

Em seguida, Sarney diz que não havia ficado traço de rancor entre ele e o velho adversário político, e que inclusive era bom amigo do filho de Vitorino Freire, o ex-deputado e compositor Luís Fernando, conhecido como Lula Freire. E segue a carta de Sarney:

Brito, fui o único governador de estado a não concordar com o AI-5, e a única voz, no Senado, a denunciar a censura à imprensa, num tempo em que a coragem não era moeda em circulação. Não sou de bravatas, mas cheguei a uma conclusão de que, na vida, o medo não faz sentido.

Outro reparo: tinha uma grande estima pela Condessa Pereira Carneiro, filha do velho professor Dunshee de Abranches, glória do Maranhão, e sempre era comigo que ela cumpria o seu roteiro sentimental na cidade de sua infância, quando visitava São Luís. Tanto que me convidou para correspondente do JB, e o fui por oito anos, sem receber um centavo, mas pelo gosto de servir ao velho jornal, ligado à minha terra.

Você afirma que o presidente Castello Branco não me conhecia. Desejo ajudar a sua memória. Conheci o presidente Castello em 1953, quando ele era comandante da 10ª Região Militar. Presidente da República, ele sempre me distinguiu.

Sarney queixou-se das acusações de Brito, de que ele teria sido um presidente indeciso, e menciona como exemplo o fato de não haver deixado o

JB falir durante o seu governo. Sarney continua, e diz que sempre ajudou o *Jornal do Brasil*, que nunca lhe deu sequer um dia de trégua:

> Lembro-me bem das lágrimas do Bernard Campos, diante da iminência da catástrofe. Tranquilizei-o: durante a minha presidência, um jornal como o JB, que vai fazer cem anos, não fechará. Mandei o Banco do Brasil, embora não recomendada em todos os pareceres, proceder a composição de débitos, em 1987, de 8,1 milhões de dólares e, em 1988, mais 2 milhões de dólares, além de determinar nova recomposição dos débitos vencidos. Foi a única vez em que opinei sobre qualquer operação do Banco do Brasil. Fiz essa exceção com a visão da imprensa e do que ela significa. Mas o JB tinha a tranquilidade de redobrar não críticas, mas agressões pessoais a mim e minha família, algumas delas indignas de um jornal de sua categoria, como você mesmo reconheceu em carta que me enviou, pedindo desculpas.

Sarney termina sua carta dizendo que, se a dívida do JB com o Banco do Brasil não foi solucionada, isso deveu-se a questões técnicas, a exigências legais que o jornal não foi capaz de cumprir.

Nascimento Brito não deixou o desafeto sem resposta. Ela veio no dia 13 de agosto, e pesada nos adjetivos. Em sua carta, Brito acusa Sarney de impedir intencionalmente a recomposição da dívida com o Banco do Brasil, e atribui tudo à influência e ao medo que Sarney tinha de Roberto Marinho, sem citar-lhe diretamente o nome:

> Meu prezado Sarney,
>
> Você não se poupou elogios quando no governo, e quer apressadamente um reconhecimento político que não se funda nos resultados. O seu tempo fora do poder, no entanto, ainda é insuficiente para a benevolência dos seus contemporâneos. Só assim posso entender a alegação do contraste entre as palavras que lhe dirigi socialmente, em caráter pessoal, quando governava, a conceitos de valor que fiz agora a seu respeito na revista *Imprensa*.
>
> [...] Não mudamos, você e eu. O Brasil, sim, mudou muito: tem um governo emanado da vontade popular e, portanto, legítimo. Aos fatos, pois, como você propõe: antes, deixo claro que, ao responder-lhe, estou esquecendo uma sábia observação do Otto Lara Resende, que recomenda, nessas situações, o acerto

oral. Cartas têm peso de documento, e sobrevivem aos seus signatários. Aceito, porém, a responsabilidade.

A sua espantosa revelação de amizade por Vitorino Freire não confere com as referências que ele fazia a você. Não as citarei porque ele está morto, e não dizem respeito ao assunto desta carta. Por você ter sido presidente, elas não se alteram.

[...] O afeto e o relacionamento de amizade em relação a mim não se traduziram sequer em atos para cercear a discriminação do Banco do Brasil contra o *Jornal do Brasil*. O tratamento a outros jornais, pela escala dos favores oficiais, dá a medida de uma distância digna de Pilatos: o *Jornal do Brasil*, que pedia apenas para liquidar uma dívida, não conseguiu sequer compor o esquema para o débito. Desculpe-me a franqueza, mas estou a par da sua omissão, *e sei até quem o influenciou para assim proceder em relação a mim e ao* Jornal do Brasil.

Depois de incontáveis idas a Brasília e de ouvir enfáticas declarações, deixei de procurá-lo nos meses finais de governo pela verificação da inutilidade das viagens. Tudo não passava de jogo de empurra oficial.

Nascimento Brito diz que nunca pediu qualquer vantagem à margem da lei, mas sempre sentiu a má vontade de Sarney em atender a seus pleitos. E segue:

Eu não fui, como você também se queixa, apoiar um adversário seu no Maranhão depois que deixou o governo, mas prestigiar um amigo por duas vezes seu ministro. O Renato Archer é um homem público como há poucos neste país, e sobre quem não paira a sombra de qualquer ato menos digno ou ilícito. O adversário a que se refere o lamento foi, antes, seu aliado político. Você muda tanto, por conveniência política, que devia liberar os seus amigos da coerência que exige deles, mas não é capaz de imprimir a seus próprios atos.

A sua autoestima se jacta do currículo que a consciência democrática brasileira conhece pelo avesso. Quem ocupou altos postos e teve as honrarias do regime castrense não pode reescrever a biografia sem um ato de profunda e prévia contrição pública. Você devia começar pelo prefácio.

Alega também com frequência, como um salvo-conduto, a condição de correspondente do *Jornal do Brasil* no Maranhão por oito anos. Vejamos: a reforma do *Jornal do Brasil* começou em 1957 e você passou em 1958 a deputado federal no Rio. Para somar o tempo de casa proclamado, precisava ter o dom da ubiquidade que lhe permitisse estar em dois lugares ao mesmo tempo. Seria impossível exercer o mandato no Rio e ser correspondente no Maranhão. Correspondente, diz você, "sem receber um centavo".

Aos fatos. Uma pesquisa minuciosa nos arquivos e na coleção do *Jornal do Brasil* não conseguiu, infelizmente, localizar qualquer matéria com a sua assinatura. Isso não quer dizer que você não possa ter sido o autor de matérias, mas que optou pelo anonimato — não por modéstia, mas por interesse político. Não lhe convinha deixar a impressão digital. Se não era com um sentido profissional, já que trabalhava sem remuneração, era por interesse que não podia aparecer.

Nascimento Brito, por meio do texto de Wilson Figueiredo, segue respondendo a todas as afirmações da carta inicial de Sarney, e ironiza: "Os cidadãos brasileiros julgaram você durante o seu mandato, e você sabe qual é o conceito". Diz que Sarney deixou de visitar o Rio de Janeiro pelos motivos conhecidos (foi hostilizado em 1987) e absteve-se de aparecer publicamente ao longo do governo e até candidatou-se pelo Amapá, para fugir da rejeição dos maranhenses. E prossegue:

Diz você ter evitado o fechamento do jornal. Não soube que corresse esse risco antes, durante ou depois do seu governo. Mas gostaria de saber o que você fez realmente para esconjurar a ameaça de que só agora sou informado. [...]

Por diversas vezes, insisti com você, pessoalmente, para que o Banco do Brasil saísse da sombra e negociasse com o *Jornal do Brasil* o débito mensalmente aumentado pela inflação que distinguiu o seu governo. Hoje, concordo com os que viam na conduta evasiva do Banco do Brasil uma tática do governo para impedir a liquidação do débito.

Todas as vezes que pedi o seu empenho pessoal, lembro-me de ter ouvido a promessa mas não me lembro de qualquer resultado. O seu governo chegou ao fim como começou: descosido, sem arremate e usando linha podre.

Admito a omissão da sua parte, mas não excluo, de outros que o cercavam, o propósito de atingir a credibilidade do jornal, pelo empenho em tornar do conhecimento público a dívida. Não entendo é como você inclui na sua biografia o mérito de ter impedido o fechamento do *Jornal do Brasil*, sem dizer como conseguiu a proeza nem comprovar o perigo.

[...] Insisto na questão e nas suas palavras: "uma decisão difícil e corajosa eu tomei: não deixar que fechasse em meu governo o JB". Qual a dificuldade, qual a coragem? [...] Nenhuma razão defensável, inclusive a alegada e ambígua pressão militar para derrotar o parlamentarismo e obter os cinco anos de mandato. Eu poderia (e não o fiz) transcrever palavras suas, favoráveis aos quatro anos que Tancredo Neves defendia para o mandato presidencial. Você resistiria ao confronto?

[...] O gênero melodramático com que você apresenta Bernard Campos aos prantos diante de um presidente magnânimo, na "iminência da catástrofe", mostra você tranquilizando-o com a promessa de que um jornal que vai fazer cem anos não fecharia no seu governo. Por essa porta falsa, Sarney, você não entrará na História. Não eram favores o que o *Jornal do Brasil* queria, mas tão somente o direito de quitar uma dívida que o constrangia. O Banco do Brasil, no entanto, fugia à negociação e a presidência da República não tinha poderes para fazer cumprir a sua ordem. A versão final é realmente deplorável.

Não tive conhecimento das lágrimas do Bernard Campos e agora, informado por você, admito, mas quero crer que tenham sido vertidas mais por sua causa do que pelo jornal. Ele percebeu, certamente, que estava diante de um fraco [...].

O *Jornal do Brasil*, diz você, retribuiu com ingratidão, "agressões pessoais a mim e a minha família, algumas delas indignas de um jornal de sua categoria". Sou obrigado, a bem da verdade, a retificar. Sabe você que não se deixa de publicar notícias por amizade. É um dever da liberdade de imprensa a publicação, e direito do leitor. O episódio da separação da sua filha era do domínio público, e foi noticiado sem faltar à verdade. Entretanto, como o JB não costuma publicar fatos da vida particular, mandei encerrar o noticiário, aliás confirmado. E fiz questão de apresentar-lhe pedido de desculpas pelo jornal.[87]

A briga prosseguiu nas páginas do JB e em discursos de Sarney no Senado. No dia 14 de novembro de 1993, uma reportagem garantia que Jorge Murad e Roseana Sarney haviam comprado em 1987 um apartamento duplex de cobertura no número 32 da rua Rita Ludolf, condomínio Marc Chagal, no Leblon, no valor de 600 mil dólares. A matéria cita outros imóveis de luxo em nome de Murad e de Fernando e Zequinha, filhos do ex-presidente. O JB perguntava "de onde veio a fortuna que pagou os imóveis? Ao que se sabe, o ex-presidente José Sarney não ganhou na loteria".

A resposta de Sarney veio em discurso no dia 17 de novembro, em que ele divulga a carta em que Brito, em 1987, havia pedido condições especiais de quitação para os débitos que o jornal tinha com o Banco do Brasil. Em seu discurso, Sarney explicou como haviam sido adquiridos os imóveis pertencentes a seus filhos e ao genro. O JB respondeu com um irado editorial no dia seguinte. Dizia que os imóveis tinham sido comprados durante o governo Sarney, o que era antiético. Acusava Sarney de se ter apropriado indebitamente da presidência da República e de ter sido um usurpador. E encerrava, referindo-se ao programa de rádio que o ex-presidente apresentava às sextas-feiras para prestar contas aos brasileiros, e que seria uma cópia do que fazia o ex-presidente francês Charles De Gaulle: "Esse material continua à espera de um psiquiatra disposto a examinar um caso de paranoia por mediocridade. Sarney continua o mesmo".

Sarney processou o *Jornal do Brasil* e obteve, em 12 de maio de 1995, indenização de 2,5 mil salários mínimos. Depois de todos os recursos, em 5 de junho de 2001, o Superior Tribunal de Justiça estabeleceu a indenização em 1080 salários mínimos, equivalentes na época a 194,4 mil reais.[88]

À beira do abismo

O diretor da sucursal de Brasília Etevaldo Dias conhecia e era amigo do novo presidente da República, Fernando Collor de Mello, desde a campanha. Conhecia também o presidente do Banco do Brasil, Lafayette Coutinho Torres, desde os tempos em que este dirigira o Banco Econômico em Brasília. Tinham um amigo em comum na época, de mais de dez anos, Paulo Affonso, também funcionário do Econômico. Além disso, Etevaldo conseguira empregar a mulher, Ingrid Rocha, como assessora de imprensa de Lafayette desde que ele assumira a presidência da Caixa Econômica Federal, seu primeiro cargo no governo Collor.

Nascimento Brito sabia da proximidade de Etevaldo com Collor e Coutinho, e começou a pressionar para que o diretor da sucursal ajudasse com a questão da dívida com o BB. Àquela altura, esta ultrapassava a casa dos 50 milhões de dólares, absurdamente alta para uma empresa do porte do JB. O dólar, na época, andava na estratosfera para os padrões monetários do Brasil.

Etevaldo organizou um jantar em sua casa, no Lago Sul, bairro nobre de Brasília, com Nascimento Brito e o presidente do Banco do Brasil. Depois do jantar, Brito e Lafayette foram para a varanda conversar, e Etevaldo manteve-se discretamente afastado. Apoiado em um parecer técnico do diretor do jornal Victorio Cabral e de outros economistas, o dono do JB pedia uma auditoria da dívida. Acreditava que os juros eram excessivos, porque aplicados sobre dólar. Apelava por um parcelamento facilitado e um reexame dos juros. Mais do que isso: queria pagar as parcelas não com dinheiro, mas com anúncios. Lafayette disse que pagar com publicidade não seria possível, não havia nos padrões e normas administrativas do BB nada que permitisse tal solução. Mas prometeu um reexame do total da dívida e uma forma de pagamento que não sufocasse a empresa.

Iniciou-se, assim, um longo processo de negociação. Depois de algum tempo, o presidente do BB anunciou a Etevaldo: "Conseguimos uma fórmula que vai tornar possível o pagamento. Mas não posso ir além disso, ou o Roberto Marinho cai em cima de mim. Ele está monitorando a negociação, e a cada vez que o processo muda de mesa recebo um telefonema. Se isso não for feito com muito cuidado, vai virar escândalo no *Jornal Nacional* e no *Globo*".

Lafayette conseguiu reduzir a dívida a pouco mais de 20 milhões de dólares, e o JB pagaria em parcelas mensais de 300 mil dólares. Isso era bem mais do que a folha de pagamento mensal do jornal, mas, pelos cálculos que haviam feito, o presidente do Banco do Brasil jurava que era perfeitamente tolerável às finanças do JB. Nascimento Brito havia explicado a Etevaldo que estava negociando à revelia da filha Maria Regina, que dirigia o jornal desde o afastamento de Jôsa. E que o relacionamento familiar estava tão tenso que ele não podia mais reunir a família sequer para um jantar, porque no fim, sempre, havia discussões e cada um saía furioso para um lado. Por isso, pedira sigilo ao chefe da sucursal.

Quando a negociação estava prestes a ser sacramentada, Etevaldo recebeu um telefonema de Maria Regina. Os dois também não tinham bom relacionamento, e ela avisou que sabia de tudo e que não iria permitir o acordo. "É lesivo ao jornal. Não vou pagar um centavo disso aí".

Etevaldo explicou que ela teria que falar com o pai, que era quem negociava. Ele era apenas um funcionário, um facilitador, e tentara ajudar "a pedido do doutor Brito". E teve a impressão de que ela, Maria Regina, via por trás da renegociação uma tentativa de atirar o JB "nos braços de Collor". Marcaram uma conversa com Lafayette em Brasília, e o resultado não foi bom. O próprio Marcos Sá Corrêa e uma boa parte da redação, quando souberam, passaram a trabalhar contra o acordo com o BB, temendo a perda da liberdade de trabalhar e criticar o governo.

Nos dias seguintes, quem ligou foi o próprio Victorio Cabral. Pedia que Etevaldo falasse com Lafayette Coutinho, que seria preciso reduzir ainda mais o que fora negociado, porque seria impossível pagar. Etevaldo respondeu que iria tentar, mas que o terreno era minado, que a redução conseguida havia sido considerável. Além disso, havia a preocupação com a vigilância de Roberto Marinho e a oposição frontal de Maria Regina. Não foi possível negociar um novo número.

No mesmo ano, 1990, Victorio Cabral deixou o JB, convencido de que era um caso perdido, sem solução. No ano seguinte, explodiram as denúncias de Pedro Collor contra o irmão presidente, o governo entrou em uma crise irremediável e qualquer tipo de negociação tornou-se impossível.

Apesar disso, Nascimento Brito fez uma nova ofensiva junto ao governo em 1991. Fernando Collor de Mello estava sitiado pela crise que iria derrubá-lo, e a saída foi recorrer a quem poderia abrir o cofre. Luiz Quattroni, um homem da alta sociedade carioca, tornara-se amigo de Paulo César Farias, o "tesoureiro" de Collor, e atuava como uma espécie de guia de PC pela aristocracia do Rio de Janeiro. Quattroni chegou a ser nomeado presidente do Instituto de Resseguros do Brasil por indicação de PC, e era figura constante nas colunas de Zózimo Barrozo do Amaral junto com a ex-mulher, Maitê.

Quattroni era também amigo de Nascimento Brito e de José Luís de Magalhães Lins, antigo executivo do Banco Nacional. Segundo uma das versões correntes à época, por intermédio dos dois Brito chegou a Paulo César Farias, e passaram a ter uma relação quase de amizade. Outras versões atribuem a João e Roberto Donato, pai e filho, empresários no Rio de Janeiro, e até a Antonio Carlos Magalhães, a aproximação entre PC e Nascimento Brito.

Wilson Figueiredo e Roberto Pompeu de Toledo ficaram surpresos com a admiração que Nascimento Brito passara a devotar a PC. "É um homem muito culto e inteligente, entende até de física quântica", dizia. PC gabava-se de falar francês fluentemente, de entender de vinhos e uísque e de saber de cor poemas de Baudelaire e Rimbaud, no original. Quando foi aplicar a mordida em PC, apelar por dinheiro, Brito ouviu uma ousada contraproposta: "Não quer me vender o jornal?".

Brito levou um susto e prometeu pensar no assunto. Ao longo das conversas que se seguiram, surgiu um número, 200 milhões de dólares, mas PC assustou-se com o tamanho da dívida que iria herdar. Além do seu próprio poder de fogo, PC teria o apoio de um grupo de empresários e até do presidente da Telerj, o deputado e seu protegido Eduardo Cunha. Mas a dívida acumulada pelo jornal realmente era um problema, e Brito não aceitava abatê-la do preço de venda.

Mesmo assim, chamou seu assessor de imprensa, o jornalista baiano Hildeberto Aleluia, e lhe disse, confiante:

— Aleluia, vou precisar de você. Estou comprando o *Jornal do Brasil* e quero você como diretor. Um jornalista experiente e em quem eu confio.

— PC, nós somos pretos, e sabemos como tudo isso funciona. Essa família tem pretensões aristocráticas, são racistas e elitistas. Jamais venderiam o JB para um alagoano preto como você, mesmo com dinheiro vivo. Não acredito que vão aceitar qualquer proposta. Mas, se acontecer, conte comigo.

Realmente, não aconteceu. Brito enrolou por um tempo, dona Leda não queria nem mesmo ouvir falar no assunto, não gostava de Paulo César Farias, considerava a venda do jornal a ele uma afronta à memória da condessa e, além disso, a dívida tornava qualquer negócio impraticável. E mesmo com a boa vontade do governo Collor com o JB, e vice-versa, nenhuma negociação sobre a dívida ou dinheiro novo foi à frente. Mas o chefe da sucursal de Brasília continuou a encarregar-se do bom relacionamento do JB com o governo.[1]

DO OUTRO LADO DO BALCÃO

Em 1991, Marcos Sá Corrêa e seu grupo deixaram o jornal, convencidos de que o JB estava condenado como empresa. Saíram Flávio Pinheiro, Roberto Pompeu de Toledo, Ancelmo Gois, Alfredo Ribeiro e vários dos editores. Alfredo ainda teria um grave aborrecimento. A diretora Maria Regina lhe propôs, por intermédio de Dácio Malta, que saísse, mas deixasse com o jornal o personagem que criara, Tutty Vasques. Indignado, Alfredo respondeu que, se fosse necessário, iria à Justiça, porque tinha praticamente aberto mão de sua própria persona de jornalista para assumir de vez o Tutty Vasques. E conseguiu levá-lo para a *Vejinha*, a edição carioca da *Veja*.[2]

No momento em que se deu o vazio na redação, Dácio Malta, Rosental Calmon Alves e Kiko Brito estavam de férias com as respectivas mulheres em Buenos Aires, e a expectativa era de que Rosental fosse convidado para o cargo. O próprio Rosental, ansioso, também esperava o convite, e passou a viagem tenso e inseguro. Mas o convite veio finalmente para Dácio Malta, que aceitou.

Fernando Collor de Mello chamou Etevaldo Dias para assumir a condição de porta-voz de seu governo, no fim de julho de 1992, no pior momento da crise da presidência, e lhe disse que era "uma missão". Etevaldo já vinha sendo seduzido pelo amigo Lafayette Coutinho. Antes dele, Collor tentou o publicitário Mauro Salles, sempre ativo nos bastidores da política, e o paraibano José Nêumanne Pinto, que trabalhava como assessor do senador José Eduardo Andrade Vieira, dono do Bamerindus. Ambos recusaram.

Etevaldo já era comentado entre os jornalistas de Brasília como nome provável para porta-voz. Quando algum colega lhe perguntava, ele respondia:

— Eu não!

Um dia, Dácio Malta chamou Etevaldo ao Rio de Janeiro e lhe perguntou diretamente:

— Você vai ser o novo porta-voz de Collor?

Etevaldo negou, disse que eram apenas boatos. Dácio respondeu que, se o convite viesse, Etevaldo deveria aceitar:

— Vai ser bom para o jornal.

Queria, na verdade, livrar-se de Etevaldo, que considerava excessivamente comprometido com o presidente da República. Dácio chegou a proibir Etevaldo de escrever a coluna Coisas da Política às segundas-feiras, no espaço de Carlos Castello Branco, porque não o considerava isento.[3]

No começo de julho de 1992, a proximidade do *Jornal do Brasil* com Collor e seu staff levou à publicação de uma reportagem que comprometeu gravemente a credibilidade do jornal. Era um momento em que até *O Globo* e a TV Globo já estavam empenhados na campanha pelo impeachment. A CPI do PC Farias fora instalada no começo do ano, depois das denúncias de Pedro Collor de que o tesoureiro de campanha do presidente controlava um esquema de propinas.

O JB publicou então que a origem do dinheiro de Collor era um empréstimo de 3,7 milhões de dólares junto a um doleiro uruguaio, Najun Flato Turner, dinheiro que havia sido convertido em 318 quilos de ouro, tudo com intermediação do secretário particular de Collor, Cláudio Vieira. Os empresários brasilienses Paulo Octávio e Luís Estevão haviam tomado o empréstimo para "ajudar" o amigo de infância. Etevaldo conta que recebeu um telefonema de Lafayette Coutinho:

— Prepare-se para viajar, nós vamos te dar o furo do século.

Etevaldo conseguiu autorização de Nascimento Brito para alugar um jatinho e seguiu para o Uruguai com o fotógrafo Luís Antônio. Lá, decepcionou-se com o que encontrou. Najun Turner mostrou-lhe os documentos do empréstimo, com aval do empresário paulista Alcides Diniz, irmão de Abílio Diniz. Mas, em Brasília, o repórter Luis Roberto Marinho já tinha recebido a história completa de sua fonte junto ao governo, o secretário de Collor, Cláudio Vieira. O JB deu em manchete. A história não fazia sentido.[4]

O editor-chefe, Dácio Malta, estava em Londres e, quando chegou ao Rio de Janeiro, encontrou a crise instalada. Até a diretora Maria Regina Nascimento Brito estava furiosa. O subeditor de Política, Merval Pereira, que estava no comando quando o material foi publicado, foi questionado por Dácio:

— Como é que você me publica uma porra dessas?

— O material veio de Brasília, e o chefe da sucursal é meu superior hierárquico, é editor executivo, teve autorização do doutor Brito para alugar jatinho e ir a Montevidéu. O que eu poderia fazer?

A Operação Uruguai começou a ser desmontada na CPI, quando Sandra de Oliveira, secretária de Alcides Diniz, disse que viu os documentos do empréstimo sendo forjados no escritório do patrão, em São Paulo.

O convite de Collor para que Etevaldo Dias se tornasse seu porta-voz chegou, finalmente, por meio de Lafayette Coutinho. Etevaldo balançou e foi ao Rio conversar com Nascimento Brito e José Antônio. Sempre com a esperança de manter uma cunha dentro do governo, e de olho na dívida com o Banco do Brasil, Brito lhe disse:

— Aceite. O JB nunca recusou um porta-voz a nenhum governo.

— Pode ser que você ajude o presidente a virar o jogo, e isso vai ser bom para o jornal — acrescentou Jôsa.

Etevaldo voltou a Brasília no fim da tarde de 1º de agosto e foi direto ao Palácio do Planalto, a convite do embaixador Marcos Coimbra, secretário particular e cunhado de Collor. Durante o encontro, antes mesmo de dizer "sim", interromperam a conversa para assistir ao *Jornal Nacional*. E ouviram o anúncio de que Etevaldo já aceitara o convite. Foram ao gabinete de Collor, que repetiu que o estava convocando para uma "missão", e que sabia que poderia contar com ele. O presidente prometeu que tudo seria esclarecido, que nenhuma denúncia de corrupção ficaria sem a resposta adequada.

No dia seguinte, Etevaldo voltou a falar com Nascimento Brito, que se ofereceu para continuar pagando o seu salário, equivalente a 7,5 mil dólares (desde o final dos anos 1970, o JB pagava aos seus editores e diretores salários indexados em dólar, para fazer frente à inflação). Etevaldo não aceitou, porque temia ser denunciado por outros jornais, e garante que foi ganhar menos da metade como porta-voz de Collor. Pediu que o JB o demitisse com todos os direitos, inclusive o FGTS, o que lhe garantiu cerca de 30 mil dólares e o fechamento definitivo das portas em todos os jornais brasileiros.

Para substituir Etevaldo na chefia da sucursal de Brasília, Nascimento Brito recorreu a um profissional de sua confiança e do editor-geral Dácio Malta. E a conversa foi inteiramente diferente da que mantivera com Etevaldo.

— Rosental, estamos fodidos. Nosso diretor da sucursal de Brasília assumiu a assessoria de imprensa de um presidente acusado de corrupção e que está para cair.

Rosental Calmon Alves balançou, porque nunca projetara trabalhar em Brasília. E Brito prosseguiu:

— Precisamos de um jornalista de categoria e de peso para assumir lá, porque é necessário restituir a credibilidade do jornal, que está abalada.

Posto contra a parede, Rosental aceitou, e pensou que poderia ser uma experiência interessante. Falou com a mulher, e prepararam a mudança. Chegou cheio de ideias e planos, mas descobriria depois que caíra em uma armadilha.[5]

A CRISE QUE LEVOU À SAÍDA DE MILLÔR

O colunista Millôr Fernandes tinha o hábito de estimular as pessoas mais próximas a exigir aumento de salários. O então editor-geral Dácio Malta foi procurado por alguns jornalistas que pediam reajustes incitados pelo humorista. Como o JB vivia em estado de penúria, os aumentos eram inevitavelmente recusados. Um dos jornalistas chegou a entender as razões de Dácio, mas quase lhe implorou: "Entendo a sua posição, Dácio. Mas pelo amor de deus, não fale nada disso com o Millôr, diga que prometeu me aumentar".

Em outubro de 1992, Kiko Nascimento Brito, chefe de reportagem, levou para Dácio Malta a ideia de abrir um espaço para que o leitor comentasse o jornal, mesmo que de forma negativa: erros que vira no texto, colunistas de que não gostava, opiniões com que não concordava. Kiko vira a seção de críticas em jornais norte-americanos e achara interessante, uma forma de interação. E a coluna começou a ser publicada aos sábados nas páginas de Opinião, na metade inferior, com o título Deu no JB. Eram pouquíssimos elogios. Quase sempre as cartas eram de críticas ao jornal e aos colunistas.

Em novembro, o Deu no JB começou a incomodar Millôr Fernandes, porque foram publicadas algumas cartas que tratavam criticamente do espaço dele. Acusavam-no de megalômano, reacionário, odiento, negativo e venenoso. Millôr iniciara uma campanha contra obras da prefeitura em Ipanema. Dácio Malta garante que não havia a intenção de ninguém do jornal de atingir o humorista, porque a ideia era exatamente exibir a visão do leitor. Se as cartas publicadas que se referiam a Millôr eram críticas, não havia porém uma seleção prévia. Millôr queixou-se, e Dácio marcou um jantar com ele, com o chefe de redação Rosental Calmon Alves e com o editor de Opinião, Wilson Figueiredo. A intenção era acalmar o humorista, explicar-lhe que ninguém queria prejudicá-lo. Ao todo, foram dois jantares, todos muito tensos, em que Millôr reclamava: "Leitor não tem que ter opinião. Quem tem opinião é o jornal, nós pensamos pelo leitor e formamos a sua opinião. Dar voz a essa gente é um absurdo".

Dácio, Wilson Figueiredo e Rosental, todos com temperamentos pacíficos e negociadores, não conseguiram mudar a opinião de Millôr. O humorista atribuía os ataques que sofria ao prefeito Marcello Alencar, a quem ele em várias colunas apontara, de forma irônica, como alcoólatra. Millôr chegou a enviar a Dácio cópias da seção Deu no JB com marcação em tinta vermelha das cartas que o atacavam, mostrando uma repetição dos adjetivos. "São todas a mando do Marcello Alencar. É missa encomendada, e o jornal está dando espaço para isso."

Até que resolveu fazer um teste, e foi mais agressivo em uma das piadas contra o prefeito. Justamente essa brincadeira não saiu, e Millôr teve a certeza de que havia sido censurado, o que nunca lhe acontecera no *Jornal do Brasil*, mesmo quando pegava pesado com o então presidente José Sarney e com o senador Fernando Henrique Cardoso, apontando-os de forma debochada como maus escritores.

No dia seguinte, repetiu a brincadeira com Marcello Alencar, mas, em vez de nota, como texto único da coluna, em letras grandes. E o texto foi publicado. No dia 16 de novembro, Millôr enviou carta a Dácio Malta em que pedia demissão:

Rio, 16.11.1992

Meu caro Dácio, por favor, não brigue comigo. Por favor, peça ao pessoal do jornal pra não brigar comigo. Quero, mais uma vez, ver se consigo sair de uma publicação sem brigar. Mas, por favor, devolva o meu boné. Agora, francamente, exageraram. Já na minha campanha a favor de Ipanema — só falei o tempo todo, do que sabia, e só por interesse público — fui atacado por arquitetos, engenheiros, prefeitos e robertos dávilas. Alguma argumentação? Nenhuma. Estou velho. Iam me dar porrada. Isso é direito de resposta? Essas pessoas teriam, no máximo, direito à seção Cartas, se suas respostas fossem: A) Factuais. Nada disso acontecia e todos eram guindados a intelectuais.

Millôr criticou a publicação de uma carta contra ele que era maior do que qualquer uma de suas colunas. A autora "se confessa petista", e "tresanda ódio por todos os poros". Na carta de demissão, o humorista faz carga contra Marcello Alencar:

Tudo o que fez, da parte que eu conheço, é mentira e crime urbanístico. Mas deve ter grandes realizações, lá longe. Quem quiser, que acredite. Imagine você o Arco do Triunfo depredado, o Louvre fechado por causa de teto caído e vazamentos, o Bois com suas árvores arrancadas e a população de Paris aplaudindo o Chirac por obras que ele fez na periferia. Mas em terceiro mundo aplaudem.

Outra vítima da fúria de Millôr foi o linguista Antônio Houaiss, que protestou por carta ao jornal contra as críticas do humorista à sua intenção de realizar uma reforma ortográfica. E Millôr encerrou sua cartas a Dácio Malta com o pedido de demissão:

[...] só vou, e sobretudo só fico, onde me querem. Sugiro três procedimentos: 1) Você me libera imediatamente. 2) Eu faço mais quinze dias de artigos bem maneiros, peço até umas instruções ao Josué, para tirar qualquer suspeição de briga, e saio depois. 3) Tenho direito a 21 dias de férias. Saio de férias e esqueço de voltar.

A próxima carta de Millôr Fernandes foi enviada diretamente a Nascimento Brito, e insistia no pedido de demissão. Junto, remetia cópia da carta que enviara a Dácio Malta:

Rio, 25.11.1992

Meu caro Nascimento Brito, desculpe tomar seu tempo, mas quero evitar qualquer equívoco quanto à minha saída do JB. Sentindo, há já algum tempo, que havia insatisfação comigo no jornal, escrevi para o Dácio Malta, editor, no dia 16, a carta que vai junto, expondo a minha insatisfação. Sexta-feira, 20, tivemos, os dois sozinhos, um jantar de cavalheiros, em que discutimos a questão. Não encontrando conciliação para nossos pontos de vista, mandei minha última colaboração para terça-feira, dia 24.

Das sugestões para minha saída, que apresentei na carta ao Dácio, não havendo decisão por parte dele, optei pelas "férias" (sem volta), a mais tranquila. Repito — tomo o seu tempo apenas para evitar qualquer equívoco. E, aproveitando o momento, tomo também a liberdade de convidá-lo para um jantar na hora e dia em que marcar, de preferência no velho Le Bec Fin. Sem prescindirmos da presença do incansável tercius Miguel Lins.

Com um grande abraço, o Millôr.

Sua última coluna no *Jornal do Brasil*, de fato, foi publicada no dia 24 de novembro de 1992, e depois de debochar dos prefeitos que haviam sido eleitos naquele ano, com frases cínicas, escreveu à mão: "Entro hoje de férias, vou dar um descanso aos leitores".

Nascimento Brito recebeu a carta de Millôr Fernandes e, sem paciência para escrever uma resposta, incumbiu o próprio Dácio Malta da tarefa. Depois de ler o texto de Malta, Brito assinaria a carta:

Rio de Janeiro, 27 de novembro de 1992.

Millôr, para início de conversa, não se desculpe. Sou seu leitor assíduo e admirador, desde os tempos de *O Cruzeiro*. Para mim, é sempre uma satisfação "perder o meu tempo" com os seus escritos, ainda mais quando me são dirigidos pessoalmente.

Tive uma surpresa lamentável com sua decisão de sair do jornal. Sempre achei que o JB e o seu quadrado tinham sido feitos um para o outro. E devo confessar que jamais imaginei que suas diferenças com o jornal não fossem possíveis de ser contornadas.

Sabia que, ultimamente, o Dácio e o Wilson vinham tendo algumas rusgas com você. Mas pensei que eram coisas normais, produto da tensão do jornalismo diário. [...]

Se eu puder fazer algo no sentido de reverter a situação, por favor, me diga. Se não, fique certo de que, de você, o JB sentirá saudades. Quando regressar de suas férias, vamos entrar em contato para marcarmos nosso jantar em companhia do Miguel Lins.

M. F. do Nascimento Brito.

Millôr respondeu a Nascimento Brito no dia 30 de novembro, deixando clara, com fina ironia, sua percepção de que a missiva não fora escrita por Nascimento Brito:

Coisa bem escrita! Elegante, precisa, ordem direta, diplomática no tom conciliatório, e até com o refinamento do parágrafo não começar com cinco batidas depois da margem mas, de acordo com a modernidade gráfico-epistolar, ser indicado por mais um espaço entre os tópicos. Por bonita, estou adotando imediatamente. Ainda mais — o que não é normal nesse tipo de correspondência — a carta tem até um tom carinhoso. Não posso deixar de ficar comovido.

Em seguida, Millôr informa que a relação dele com o jornal não tem mais como ser reatada. Lamenta que, depois de ter pedido demissão, novas cartas tenham sido publicadas contra ele no espaço Deu no JB. "A fonte das cartas é visivelmente uma só", denunciou, e considerou uma deslealdade dos editores publicarem o ataque à sua pessoa depois que já se havia demitido. Pediu que Brito sugerisse à editoria publicar uma nota convencional comunicando ao público que estava demitido. E concluiu: "Sem prejuízo de nossas antigas relações, e a seu dispor para o que determinar, nunca esquecendo o Miguel Lins, desde já personagem de destaque em nosso epistolário".

No dia seguinte, a coluna Swann, de Ricardo Boechat, em *O Globo*, deu a demissão de Millôr: "Pediu demissão do *Jornal do Brasil* semana passada o humorista Millôr Fernandes. Seu gesto resultou de divergências internas relacionadas às críticas que vinha fazendo ao alcaide Marcello Alencar em seu 'quadrado' diário".

Dácio atribuiu a nota de Boechat à companheira do humorista, Cora Rónai, que desde 1991 publicava em *O Globo* a sua página de Informática. Cora Rónai, por sua vez, garante que Millôr recebia dezenas de cartas em seu ateliê da General Osório, cujo endereço era público e notório, e todas eram gentis e elogiosas. Além disso, era sempre abordado na rua por admiradores, o que dava ao humorista a certeza de que as cartas publicadas no JB eram escolhidas a dedo para prejudicá-lo. Millôr chegou mesmo a suspeitar de que algumas eram forjadas na própria redação do jornal.

Wilson Figueiredo, o editor de Opinião e responsável pelo Deu no JB, garante que nunca houve intenção de prejudicar Millôr ou forçar a sua demissão, que nunca houve qualquer censura ao seu espaço e que os jantares em que ele, Dácio e Rosental tentaram acalmá-lo foram difíceis: "O Millôr era vaidoso e muito cioso de seu trabalho, jamais aceitou ou aceitaria qualquer interferência ou censura. E isso nunca aconteceu, nós o conhecíamos bem e respeitávamos seu espaço", disse.

Mais duas cartas carregadas de ironia e mágoa, da parte de Millôr, foram trocadas com Nascimento Brito — as duas de Brito redigidas, desta vez, por Wilson Figueiredo, em tom conciliatório e de lamento pela demissão. Millôr, por sua vez, garantia que não passara a *O Globo* nenhuma informação sobre sua saída do jornal. Dizia que aceitara até um corte de palavra em uma de suas colunas, a pedido de Wilson Figueiredo. Brito, por sua vez, pela pena de Figueiró, reafirmou sua amizade e seu apreço por Millôr, aceitou a demissão consternado e garantiu que não fizera pouco caso da sua saída na primeira resposta que lhe enviou.

O espaço que era ocupado por Millôr na página 11 ficou vazio por alguns dias, até que Dácio viu que a solução estava no próprio JB. Luis Fernando Verissimo, que desde os anos 1970 publicava os quadrinhos *As Cobras* no Caderno B e colaborava com a Revista de Domingo, foi convidado. Dácio foi até Porto Alegre, ofereceu um bom salário (mas inferior ao que Millôr recebia) e convenceu o gaúcho tímido, que já havia recusado três convites de Evandro Carlos de Andrade, de *O Globo*.[6]

UM ESTRANHO NO NINHO

No começo, tudo era empolgação, um autêntico recomeço. Rosental Calmon Alves chegou a Brasília para substituir Etevaldo Dias no começo de setembro de 1992. A crise do governo Collor estava chegando ao ápice. Desde 31 de julho, Etevaldo era o porta-voz do presidente. Com as denúncias contra Collor aumentando, no dia 26 de agosto a CPI do PC Farias aprovou o relatório final do senador Amir Lando (PMDB-RO), que apresentava denúncias de crimes, como corrupção, tráfico de influência e fraudes.

O presidente tinha quebrado o decoro exigido pelo cargo, dizia Amir Lando, e deveria ser afastado e processado. No dia 29 de setembro, por 441 votos contra 38, a Câmara dos Deputados autorizou o Senado a atuar como um tribunal, sob a presidência do presidente do STF, e processar Collor por crime de responsabilidade, cometido no exercício do mandato. No dia 2 de outubro, o presidente recebeu no Palácio do Planalto a ordem de afastamento do primeiro-secretário do Senado, Dirceu Carneiro (PSDB-PR).

Brasília era o local em que todo jornalista gostaria de estar naquele momento. Rosental chegava com ideias e planos para o jornal. Tinha criado em 1991 o primeiro serviço de notícias em tempo real por assinatura do Brasil, em um convênio com a Bolsa de Valores do Rio de Janeiro. Foi para Brasília e passou a defender, junto a Nascimento Brito, a transferência do jornal para a capital, com o JB tornando-se uma espécie de *Washington Post* brasileiro, com edições locais nas outras capitais do país, mas com noticiário centrado nas notícias do Congresso, governo e Judiciário.

Criou um jornal de Brasília encartado no JB e que circulava apenas na capital, uma espécie de jornal de bairro, com noticiário do Distrito Federal, política e economia locais, trânsito e cidade. Certa manhã, viu Carlos Castello Branco redigindo sua coluna do dia seguinte em uma máquina Olivetti Lettera.

— Castello, por que você não usa um computador?

— Porque não me ensinaram — respondeu o colunista.

Rosental dedicou-se nos dias seguintes a ensinar o velho mestre a usar um dos computadores da redação. E percebeu que ninguém tivera, até aquele momento, a coragem de convencê-lo a usar o computador. Nem ele pedira.

Esteve com o presidente em exercício Itamar Franco no Palácio da Alvorada, levado pela setorista do JB no Palácio do Planalto, Márcia Carmo. Foi também recebido por Collor na Casa da Dinda, e ficou surpreso com a atitude do presidente afastado. Collor parecia seguro de que seria absolvido pelo Senado e reassumiria o cargo.

Durante a conversa, Collor procurava matar moscas que apareciam em enxame com um objeto semelhante a uma raquete de badminton. Rosental saiu da conversa convencido de que o presidente afastado não estava sintonizado com a realidade, porque já era considerado carta fora do baralho por todo o país. Logo, percebeu que a sua nova posição, de chefe da sucursal, trazia também atribuições indesejáveis. Começou a ser pressionado por Nascimento Brito para que negociasse a dívida com o Banco do Brasil, que àquela altura já era de quase US$ 80 milhões. Brito também queria que ele negociasse um contrato de publicidade no valor de US$ 1 milhão junto aos Correios. Jornalista desde sempre, Rosental começou a sentir-se encurralado. Maria Regina havia deixado o cargo de diretora-presidente e seu substituto era o economista Luís Octavio Motta Veiga.

Em uma conversa com o diretor, que telefonava para tratar de despesas e da administração da sucursal, Rosental fez um apelo quase desesperado: queria voltar ao Rio de Janeiro para seu cargo anterior, de chefe de redação, ou para qualquer outra função. Não poderia continuar como diretor da sucursal, porque sentia que não era mais considerado um jornalista pela empresa: "Pulei o balcão, estou sendo exigido para tarefas que não quero assumir e que não conheço. Cada vez mais me sinto como um lobista, e não tenho condições de fazer isso", apelou, desesperado, a Motta Veiga.

Acabou atendido, e em 1993 já reassumia o cargo de diretor no Rio de Janeiro. Para o seu lugar em Brasília foi enviado Marcelo Pontes, o editor de Política. No expediente do jornal em janeiro de 1994, Nascimento Brito era o presidente, Wilson Figueiredo o vice-presidente, Luís Octavio Motta Veiga o diretor-presidente, Dácio Malta o editor-geral, Manoel Francisco Brito, o Kiko, o editor executivo, Orivaldo Perin o secretário de redação. Como diretores, Rosental, Sérgio Rego Monteiro e Nelson Baptista Neto.

ZÓZIMO PEDE O BONÉ E VAI PARA *O GLOBO*

Zózimo Barrozo do Amaral pedia constantemente aumentos salariais diretamente a Nascimento Brito, mas esses, quando vinham, nunca eram dentro do padrão esperado pelo colunista, que via ao seu redor, bem perto, os efeitos da crise administrativa do jornal, ali mesmo na redação. Os melhores nomes iam saindo, como Marcos Sá Corrêa e seu grupo. Houve sobre o jornal o impacto negativo das reportagens sobre a Operação Uruguai e, finalmente, em meados de maio de 1993, veio uma oferta financeiramente irrecusável de *O Globo* por intermédio de Evandro Carlos de Andrade.

A diferença salarial era muito grande e suficiente para vencer o receio do rompimento com o amigo Nascimento Brito. Além disso, a decadência do JB era visível, Brito estava afastado da direção imediata do jornal, Evandro Carlos de Andrade era seu amigo e um jornalista de reconhecida competência. Havia sido o grande modernizador de *O Globo*.

Zózimo aceitou o convite, mas, antes que pudesse comunicar ao doutor Brito, o colunista Carlos Castello Branco, depois de uma longa enfermidade, morreu de câncer no dia 1º de junho de 1993. Ficou ainda mais difícil pedir a Brito que o liberasse. Zózimo lembrava-se de como havia sido traumática para a família de Brito a saída de Carlos Lemos, e temia pelo impacto da notícia na saúde frágil do patrão. A ansiedade foi tão grande que o próprio Zózimo adoeceu e baixou no hospital. Na São Vicente, finalmente, decidiu-se e redigiu uma longa carta de demissão:

Rio de Janeiro, 10 de junho de 1993.

Querido doutor Brito,

Internado, no momento, na Casa de Saúde São Vicente, sem possibilidade de alta antes da demorada viagem que sei que o senhor fará ao exterior, vejo-me obrigado a recorrer a esta carta, cuja remessa confio a minha mulher, para cuidar de assunto inadiável, que teria tratamento diferente, em outras circunstâncias.

Depois de examinar cuidadosamente todas as implicações que esta decisão envolve, acabo de aceitar convite para trabalhar em *O Globo*. Estou portanto comunicando ao senhor o meu afastamento do *Jornal do Brasil*, onde não mais será publicada a coluna que leva o meu nome, há quase 25 anos.

A amizade e o carinho com que o senhor me honra e a minha fidelidade inquestionável, além do fato de estar meu nome associado a um quarto da vida do jornal, impõe que eu escreva esta carta do meu leito no hospital, em manifestação de apreço intenso que me liga ao senhor, a Leda e aos seus filhos.

Somos o senhor e eu dois jornalistas experimentados. Sabemos, sem necessidade de invocar exemplos, alguns muito próximos, que a mobilidade é a característica da nossa profissão. Nós nos transferimos de um jornal para o outro, sem razão específica, pela vontade de nos renovar e aperfeiçoar, quando renovamos as nossas experiências. Eis como explico a mim mesmo a decisão tomada, que não se prende a um motivo determinado, não importa o que se pense, se diga ou se publique.

Recebi do *Jornal do Brasil* e seus donos tratamento que correspondi da maneira mais leal. Um rigoroso exame de consciência me tranquiliza na certeza de que, incomparavelmente menor do que o jornal, eu dei de mim contudo o que pude, na tentativa de me elevar à altura das tradições dele, sabiamente preservadas e enriquecidas pelo senhor e por seus múltiplos colaboradores, sempre inspiradas no exemplo de dignidade e dedicação da condessa Pereira Carneiro.

Aceite, meu querido doutor Brito, junto com Leda, o abraço de reconhecimento e do afeto do Zózimo Barrozo do Amaral.[7]

O golpe realmente atingiu duramente Nascimento Brito, que tinha em Zózimo e Carlos Lemos dois de seus mais queridos funcionários, a quem considerava como amigos, quase filhos. A carta nunca foi respondida, Brito nunca mais falou com Zózimo ou mencionou o seu nome, a não ser quando o colunista morreu. Foi, então, lacônico: "Conheci o Zózimo. Foi um bom jornalista".

Quem respondeu à carta de Zózimo foi a mulher de Brito, dona Leda, que também lhe dedicava carinho:

Rio de Janeiro, 11 de junho de 1993.

Meu querido Zózimo,

Foi com grande tristeza que tomei conhecimento da sua decisão de afastar-se do JB. Sempre pensei que morreria vendo a sua coluna no *Jornal do Brasil*.

O motivo ou motivos que o levaram a tomar esta atitude, gostaria que um dia me contasse. Creia, meu amigo, que jamais o julgarei. Sempre guardarei de você a imagem de um grande profissional, que só enriqueceu o JB, e do amigo leal, dedicado e sempre presente nos momentos difíceis.

Nunca esquecerei o "B" que você editou no primeiro aniversário da morte da minha mãe. Só você o poderia ter feito! Pensei que também este ano (décimo aniversário da morte dela) você me ajudaria a escrever algo tão belo como foi o "B" de 5 de dezembro de 84.

Posso imaginar o seu sofrimento nesta hora de difícil decisão. Fique certo que estarei sempre do seu lado, seja qual for o rumo que tomar.

Zózimo, há muitos anos atrás [sic], quando descobri Fernando Pessoa, guardei este verso que muito me ajudou na vida: "Valeu a pena? Sim, tudo vale a pena se a alma não é pequena".

Tome a sua decisão. Vá em frente, pois sua alma não é pequena!

Com a certeza da minha amizade e profundo carinho, um beijo,

Leda Nascimento Brito.[8]

Zózimo começou em O Globo no mês seguinte, julho de 1993, assim que recuperou as condições de trabalhar.

A substituição de Zózimo acabou sendo menos complicada do que parecia inicialmente, embora o simbolismo da perda de uma das estrelas para o jornal inimigo tenha sido muito forte, e mais um dos graves sinais de que as coisas iam muito mal. O então editor-chefe, Dácio Malta, já ouvia havia algum tempo boatos sobre uma iminente saída de Zózimo, e conhecia sua insatisfação com os salários, além dos problemas pessoais que enfrentava com alcoolismo e cocaína.

Mas o nome e a imagem do colunista eram tão positivamente associados ao *Jornal do Brasil* que ele nem ao menos chegou a considerar seriamente a possibilidade — pelo menos não a ponto de pensar em alternativas. No dia 9 de junho, Dácio Malta tinha viagem marcada para Nova York, por razões particulares. Estava cansado e queria aproveitar o feriado do dia seguinte, Corpus Christi, uma quinta-feira, e estender a viagem até a segunda.

Já tinha feito até o check-in no aeroporto do Galeão quando seu celular tocou — o celular era então uma novidade, pouquíssimas pessoas possuíam a traquitana; no *Jornal do Brasil*, só ele próprio e o patrão, Nascimento Brito, tinham o aparelho, por uma gentileza do então presidente da Telerj, Eduardo Cunha, posto no cargo por Paulo César Farias.

Dácio atendeu o telefone quase a contragosto, temendo que algum contratempo o forçasse a cancelar a tão esperada viagem. Foi informado de que Zózimo pedira demissão em caráter irrevogável. Como outros notáveis do jornal, o colunista reportava-se diretamente a Nascimento Brito e, hospitalizado, enviara a carta ao patrão, sem se preocupar em avisar antes ao editor--geral. Dácio pensou no que fazer, cancelar ou não a viagem. Respirou fundo e resolveu viajar assim mesmo. Iria aproveitar o voo para pensar em algum nome para substituir Zózimo. Seriam quatro dias em Nova York, uma viagem longamente planejada.

Durante o voo, um nome explodiu-lhe na cabeça. Um nome que estava mais uma vez na ribalta, Danuza Leão, que tinha experiência na noite como *hostess* das casas noturnas de Ricardo Amaral, era elegante, inteligente, muito bem relacionada em todos os setores da sociedade, na política, na economia; descolada, escrevia bem, publicava artigos na *Folha de S.Paulo*, além de ser uma grife à altura do charme do Caderno B e do espaço ocupado por Zózimo durante mais de vinte anos.

No dia 10, quinta-feira, tinha um almoço marcado com Elio Gaspari e Paulo Francis no restaurante italiano Bravo Gianni, o favorito de Elio e Francis, que eram amigos do proprietário. Quando se encontrou com Gaspari, que já sabia da demissão de Zózimo, Dácio perguntou-lhe o que achava de Danuza. Ele vibrou: melhor nome não havia. E recomendou: "Não conte para ninguém até que ela aceite o convite e a coisa seja sacramentada. Não conte nem para o Francis agora no almoço, porque ele conversa sempre com amigos no Brasil e pode soltar a informação antes que você faça o convite".

Dácio não ia mesmo contar a ninguém, até que Nascimento Brito concordasse com a escolha. Francis também já sabia da saída de Zózimo e, durante o almoço, quis saber o que ele faria na condição de editor-chefe. Dácio desconversou. Chegou ao Brasil na segunda-feira e submeteu o nome de Danuza ao doutor Brito, que o aprovou imediatamente. Danuza era uma grande personagem da vida carioca. Irmã da cantora Nara Leão, fora modelo na juventude, vivera com o cronista e compositor Antônio Maria, casara-se com o jornalista Samuel Weiner, fundador do jornal *Última Hora*, com quem partiu para o exílio. Trabalhara em filmes de Glauber Rocha, como *Terra em transe* e *A idade da Terra*. Quando foi convidada para o lugar de Zózimo, havia acabado de lançar um livro de sucesso, *Na sala com Danuza*, sobre regras de convivência em sociedade.

Danuza assumiu a coluna e sentiu-se insegura, era uma experiência nova e ela considerava uma enorme responsabilidade substituir um colunista que era a cara do *Jornal do Brasil*. Mas teve a ajuda de vários colegas mais experientes, como Zuenir Ventura, e o trabalho deslanchou.

"VOCÊ ESTÁ MALUCA? O JB NÃO VAI DURAR MUITO"

Quando José Antônio, o Jôsa, assumiu novamente o comando do jornal, em agosto de 1995, em lugar de Luís Octavio Motta Veiga, Dácio Malta sentiu que haveria mudanças e que ele próprio estaria na corda bamba. Dias depois da posse de Jôsa, foi convidado, junto com o chefe da sucursal de Brasília, Marcelo Pontes, para um jantar. Marcelo substituíra Rosental Calmon Alves dois anos antes.

Dácio foi ao jantar preparado até para sofrer algum constrangimento. Conhecedor dos códigos e rituais da família Brito, soube que iria cair assim que foi escalado para sentar-se à esquerda de Jôsa, enquanto Marcelo Pontes foi sentado à direita. A conversa confirmou o que Dácio já adivinhara: o filho de Brito lhe disse que pretendia mudar o jornal, e que Marcelo deixaria a sucursal de Brasília para assumir a editoria-geral do JB. Mas Dácio iria "cair para cima", ficaria como uma espécie de supervisor geral da redação. Na prática, um cargo apenas simbólico e esvaziado. Dácio não aceitou. Agradeceu pela oportunidade de dirigir o JB, um sonho de quase todo jornalista, e pediu demissão.

Rosental Calmon Alves estava em uma viagem a trabalho quando soube da queda do amigo. Escaldado, voltou ao Rio de Janeiro e achou também que era o momento de mudança. Preparou um projeto sobre um curso de novas mídias e ofereceu-o à Universidade de Austin, no Texas. O projeto foi aceito e ele iniciou uma nova carreira fora do país.

Com a saída de Marcelo Pontes da sucursal de Brasília para assumir a editoria-geral do JB, Jôsa foi a Brasília especialmente para convidar para o posto uma das mais respeitadas jornalistas de economia da capital, a goiana Cláudia Safatle. Ela sofria com os atrasos salariais, a falta de depósito do FGTS, a desorganização e os desmandos administrativos da agonizante *Gazeta Mercantil*, o jornal para o qual trabalhava havia anos.

Almoçaram, e Jôsa apresentou a Cláudia grandes planos. Que o JB iria se recuperar, que seria de novo pujante economicamente, e que ela não teria os problemas que enfrentava na *Gazeta*. Cláudia ficou seduzida, não só pela crise que enfrentava no velho emprego, mas porque o JB ainda era o jornal mais charmoso e prestigioso do país. Foi ao Rio conhecer a sede e foi apresentada a Wilson Figueiredo, que, com a simpatia e a verve de sempre, mas inteiramente desiludido com o jornal, lhe disse de bate-pronto: "Cláudia, é um grande prazer, que bom que você vai trabalhar com a gente. Mas tenho que lhe contar uma coisa: o dono do JB resolveu destruir o jornal há uns quinze anos. Mas um jornal não morre de um dia para o outro, é uma morte lenta, uma agonia que dura anos, e nós estamos no auge dessa agonia".

Cláudia inquietou-se, mas considerou intimamente que, a quem enfrentara uma crise como a da *Gazeta Mercantil*, um jornal depredado e saqueado pela própria família proprietária, os Levy, nada poderia assustar.

Na época em que aceitou o convite de Jôsa, ela tinha também convites do *Estadão* e da *Folha*. Mas o JB era muito mais atraente como desafio profissional. Os amigos e colegas mais próximos não concordaram: "Você está maluca? O JB não vai durar muito!".

No começo, as preocupações maiores foram com a linguagem. Acostumada a escrever em "economês" sem qualquer pudor ou preocupação de evitar o vocabulário técnico dos economistas, passou a ser obrigada a transformar seus textos em material compreensível inclusive para a velhinha que vai na esquina comprar pão de manhã.

Ela sempre achara que a exigência do jornal pelo texto simplificado era um erro, uma bobagem, porque a velhinha que vai à padaria não é o público-alvo de matérias sobre macroeconomia, balanço de pagamentos, crescimento da indústria etc. Era uma leitora com outro tipo de interesse. Mas aceitou submeter-se a uma experiência nova, parecia um bom exercício profissional, e Cláudia, extremamente disciplinada, adaptou-se às normas do jornal. Quando, por puro condicionamento, preparava um texto com expressões técnicas, tinha as orelhas puxadas pelo editor-chefe.

Por hábito e especialização profissional, Cláudia Safatle não se limitava às tarefas de chefe de sucursal. Circulava preferencialmente pela área econômica do governo Fernando Henrique Cardoso. E começou a estranhar quando suas fontes na Receita Federal, onde sempre passava em busca de notícias, começaram a brincar:

— E aí, quando é que vocês vão pagar o que devem ao Fisco?

Ela respondia, também em tom de brincadeira, mas com um certo incômodo:

— Não sei de nada, isso não é problema meu, é do meu patrão.

O incômodo decorria do fato de que, mesmo brincando, a identificavam com o jornal e suas mazelas financeiras.

Aos poucos, a realidade foi se impondo. Cláudia começou a evitar a entrada principal do JB em Brasília quando o porteiro começou a apresentar a ela a conta atrasada do condomínio.

— Isso é com a administração do jornal, não tenho nada com isso, sou responsável pela redação — explicou a primeira vez.

Na vez seguinte, ouviu do administrador do prédio:

— Mas dona Cláudia, a senhora é a diretora da redação. É da senhora que eu tenho que cobrar, o que eu posso fazer?

Para evitar constrangimentos, passou a usar a porta de serviço. Mas começaram a pingar na mesa dela contas atrasadas de condomínio, IPTU, telefone, luz, água e FGTS.

Cláudia ligava para o Rio de Janeiro, falava com José Antônio e com Marcelo Pontes, mas sabia que o editor do jornal também não podia fazer nada. Do patrão, ouvia sempre que as coisas iam se resolver. Jôsa sempre deixava no ar que ia entrar algum dinheiro, não se sabia ao certo de que fonte. "Trabalhávamos sempre com alguma esperança, havia a sensação, transmitida pelo Jôsa, de que as coisas iam se resolver. E o jornal era tão bom, o entusiasmo era tanto, que a gente acabava acreditando nisso", diz.

Em 1998, no entanto, a realidade da situação se sobrepôs: todos os telefones da redação foram cortados por falta de pagamento. Cláudia teve que procurar pessoalmente o diretor da Telebrasília para negociar a religação dos telefones, mesmo sem mínimas condições de prometer qualquer pagamento. O apelo era meramente profissional, na base do argumento de que "não podemos fazer o jornal sem telefones", de que se tratava de uma emergência.

Foi atendida, de forma relutante, e com um prazo não muito claro. Cláudia finalmente concluiu que o jornal de que tanto gostava era um caso perdido, aceitou um convite para a assessoria de imprensa do Banco Central e largou o JB.

Mas a saga não tinha terminado. Semanas depois de sua demissão, recebeu em casa um oficial de Justiça que lhe cobrava 3 milhões de reais de FGTS atrasado dos funcionários da sucursal e mais o IPTU do governo do Distrito Federal, luz e telefone. E soube que estava na dívida ativa do governo federal e do DF. A confusão lhe custou vários dias de aborrecimentos, gastos com advogado e até dias de trabalho. Quase teve seus bens pessoais penhorados. E ela mesma não tinha seu FGTS depositado! Só quando houve a transição da família Nascimento Brito para o novo proprietário, Nelson Tanure, ela recebeu o FGTS que lhe era devido.

No Rio de Janeiro, em 1998, o editor-executivo (cargo na época imediatamente abaixo do editor-geral) Artur Xexéo e o colunista Alfredo Ribeiro, o Tutty Vasques, que havia retornado ao jornal, chegaram ao limite com a penúria de repórteres, redatores, secretárias e contínuos. Estavam todos com os salários atrasados, com dificuldades para viver e pagar as contas e, sem uma solução, mesmo que provisória, teriam que parar em protesto. Em uma determinada manhã, Alfredo e Xexéo resolveram subir ao nono andar e interpelar José Antônio Nascimento Brito, sem esperar pela chegada de Noenio Spinola, que havia assumido o cargo de editor-geral. Jôsa os recebeu, ouviu o que tinham a dizer e limitou-se a responder: "Quando as coisas começam a dar errado, até urubu caga para a frente".

Alfredo e Xexéo se entreolharam e esperaram alguma explicação adicional, que não veio. Saíram da sala convencidos de que era hora de trocar de emprego. Xexéo mudou-se para *O Globo*, seguindo o roteiro de todos os jornalistas que tinham um bom mercado.

Noenio, que havia assumido em 1998, não demorou também a pedir demissão e partir para outros projetos em São Paulo. Tinha adquirido um câncer, que vinha conseguindo controlar, mas concluiu que a crise do JB iria acabar complicando ainda mais sua saúde. "Eu tinha uma dívida com o JB, que me possibilitou uma carreira e uma experiência fantástica como correspondente em outros países. Mas estava no meu limite físico e psicológico".[9]

A BORDO DO *TITANIC*

Quando resolveu sair para se tratar, Noenio Spinola indicou Fritz Utzeri para substituí-lo. Fritz havia deixado o JB profundamente magoado com a perda do cargo de correspondente em Paris — considerava-se traído pelos colegas Sílvio Ferraz e Rosental Calmon Alves. Trabalhou em grandes empresas e estava em *O Globo*, onde era editor de Opinião, quando recebeu em 1998 o convite de Wilson Figueiredo para voltar para o JB — desta vez, como editorialista. Logo no começo, teve um problema com Nascimento Brito, que continuava comandando as reuniões diárias, apesar de debilitado em seus 76 anos. Quando o ex-ditador chileno Augusto Pinochet foi preso na Inglaterra em outubro, por ordem de um juiz espanhol, Brito determinou: "Temos que fazer um editorial defendendo o Pinochet. É uma sacanagem o que estão fazendo com ele, é um homem idoso, o governo dele já acabou há muito tempo e o Chile vai muito bem na economia graças às reformas que fez. Além do mais, é meu amigo". E olhou para Fritz:

— Você, Fritz, é quem vai escrever.

— Doutor Brito, sinto muito, até hoje eu nunca tinha feito isso em minha vida profissional, mas vou alegar razões de consciência. Não consigo escrever um editorial em defesa do Pinochet.

— Mas eu quero que você faça.

— Então, doutor Brito, o único compromisso que assumo com o senhor é que não vou chamá-lo de ditador e filho da puta. Quanto ao resto, eu me reservo o direito de escrever o que quiser.

E a reunião terminou com um clima péssimo, apesar dos esforços do conciliador Wilson Figueiredo. Estavam presentes também Leo Schlafmann e George Vidor. Fritz desceu do nono andar e escreveu um editorial intitulado "Boca torta". Dizia que o uso do cachimbo faz a boca torta, e que Pinochet, como se considerava o dono do Chile, achava também que poderia ser dono da Inglaterra, porque era amigo de Margaret Thatcher. E carregou na crítica ao velho general chileno, que estava sendo finalmente preso por violações de direitos humanos. Entregou para Wilson Figueiredo, que leu e deu um sorriso: "Esse editorial vai continuar inédito". E subiu para falar com Brito. Vinte minutos depois, Wilson desceu e procurou Fritz, às gargalhadas: "O Brito leu o seu texto, pensou um pouco, autorizou a publicação e comentou: 'Por que será que ninguém gosta do Pinochet?'".[10]

Fritz continuou como editorialista até dezembro de 1999, quando Noenio saiu e indicou três nomes para sua sucessão: Fritz, Cesarion Praxedes e Maurício Dias. Da conversa entre Brito e Noenio, decidiram-se por Fritz, que aceitou e assumiu disposto a sacudir a redação, cada vez mais recheada de novatos e estagiários, porque os mais antigos não resistiam aos atrasos de salários e mudavam o rumo da carreira.

Fritz Utzeri decidiu que era necessário inverter o processo e chamar de volta os veteranos do próprio JB, profissionais altamente qualificados e que conheciam também a história do jornal. Precisava de massa crítica. Vieram Marcos de Castro, em sua sexta passagem pelo jornal, Lutero Mota Soares, Borges Neto e Moacir Andrade. A função deles seria, mais do que qualquer outra, didática, uma ilha de competência no mar de inexperiência em que se transformara o jornal. "Estamos em um *Titanic*, o jornal está naufragando, e preciso de marinheiros experientes e sábios a bordo", disse-lhes Fritz.[11]

Ligou para Brasília e pediu a Luís Orlando Carneiro que, mais uma vez, começasse a fazer suas colunas sobre jazz, que tanto sucesso haviam feito nos anos 1960. A experiente ex-repórter do JB Regina Eleutério, que estava como editora de Cidade em *O Globo*, telefonou para Fritz e pediu para voltar.

— Você está louca, não posso lhe pagar o que você recebe aí.

— Não faz mal, prefiro ganhar menos e ser feliz — respondeu Regina, que foi devidamente reintegrada a bordo do *Titanic* como editora de Cidade.

Borges Neto estava passando dificuldades, trabalhando como vendedor de enciclopédias em uma época em que já havia internet. Ex-padre, já idoso e com família numerosa, o português Borges fora um repórter especialista em cobertura da Igreja católica nos anos 1960 e 1970. Marcos de Castro tinha uma longa história no JB e havia sido demitido no começo dos anos 1990. Moacir de Andrade fora, por mais de vinte anos, um expert em música e cultura popular, e um brilhante redator do Caderno B. O gaúcho Lutero Mota Soares, competentíssimo, fora secretário de redação, chefe de reportagem, pauteiro, redator. Fritz inspirou-se no documentário *Buena Vista Social Club*, sobre veteranos músicos cubanos, para chamar de volta aquele pessoal. Eles eram a própria memória do JB, e não exigiam salários altos.

Fritz reuniu toda a redação no sexto andar e fez um discurso comovente e motivador. Repetiu a frase do *Titanic* e apelou ao chamado "salário satisfação": "O jornal não pode oferecer nada a vocês, nem salário bom, muito menos condições de trabalho como as do *Globo*. O que podemos oferecer é a chance de que cada um de vocês construa a sua própria história como jornalista, que aprenda bastante e trabalhe com satisfação, porque o JB ainda é o melhor jornal do país".

Logo, Fritz começou a ser procurado por outros antigos profissionais do JB, alguns desempregados ou trabalhando em *O Globo* e em assessorias de imprensa. "O JB, hoje, tem mais torcedores do que leitores", era a piada corrente na redação, segundo o próprio Fritz.

O JB, sob a gestão de Fritz, chegou a ganhar dois prêmios Esso, pela primeira página na cobertura do ônibus 147, sequestrado por um assaltante e que resultou na morte de uma passageira, e pela reportagem sobre a Operação Condor, que revelava a existência, durante os anos 1970, de uma aliança entre os organismos repressivos dos países da América do Sul. Fritz chegou a sugerir a João Vicente, filho do ex-presidente João Goulart, que fosse à Justiça pedir a exumação do corpo do pai, o que rendeu boas reportagens.

Jôsa prometia aos editores que o jornal iria receber uma fortuna em precatórios do governo, como indenização pela expropriação da área do Aeroporto Internacional do Galeão, ainda na ditadura de Getúlio Vargas. O terreno pertencia até os anos 1940 a um negociante português. Para construir o Galeão, o então ditador fez a desapropriação; o antigo dono recorreu à Justiça e Jôsa meteu-se mais de cinquenta anos depois como litigante no processo. A reivindicação, absurda, tramitou por tribunais e chegou às mãos do então presidente Fernando Henrique Cardoso, que negou o pagamento.

Em setembro de 2000, Jôsa organizou um evento com todos os editores em um hotel luxuoso de Angra dos Reis e avisou a Fritz: "Vamos fazer um jornal com o mínimo de pessoal, chupar as notícias da internet, de outras fontes, e cortar cerca de 80% dos jornalistas. Não podemos mais pagar essa folha".

Fritz recusou a ideia, pediu demissão do cargo e ficou apenas como colunista. Os salários já atrasavam em média dois meses — recebia-se salário a cada sessenta dias, e os jornalistas fizeram um acampamento de protesto na Cinelândia. À medida que as demissões aconteciam, os jornalistas descobriam que não tinham FGTS a receber, porque não havia sido depositado. A alguns, a direção do jornal chegou a oferecer pedaços da rotativa, a máquina impressora, e outros equipamentos, como computadores usados. Um grupo de jornalistas foi ao diretor de Relações Humanas em busca de informações e até orientações sobre o que fazer. "Estão sem dinheiro? Então, cortem o Danoninho", foi a resposta que ouviram.

Combinaram então de fazer "A revolta do Danoninho". Compraram potinhos do iogurte e fizeram um grande ato público em frente ao jornal, com cartazes e os potinhos erguidos sobre as cabeças. A única vítima imediata foi Marcos de Castro, em sua sexta passagem pelo jornal. Reconhecido no meio dos jornalistas por Nascimento Brito, que chegava em seu Mercedes esporte, foi demitido. A crise se refletia de forma inexorável na qualidade do jornal e no ambiente de trabalho. Os mais experimentados profissionais procuraram um novo rumo.

Em fevereiro de 2001, encurralado e sem condições de fazer frente à dívida que só aumentava, Nascimento Brito e família arrendaram a marca *Jornal do Brasil* a Nelson Tanure. O empresário, no entanto, logo rejeitou as dívidas acumuladas: trabalhistas, bancárias, tributárias, com fornecedores. Tentou reativar o jornal com a contratação do paulista Mario Sergio Conti, que chegou com um grupo de editores de sua confiança, todos com altos salários, para assumir e revitalizar o diário. Demitiu jornalistas, contratou outros, em número muito menor, mas não deu certo, e desistiram da empreitada em menos de um ano. Conti foi substituído por Marcus Barros Pinto, que contratou um grupo de novos profissionais, mas não havia dinheiro suficiente e o resultado, pouco surpreendente, foi o naufrágio do projeto.

Tanure buscou compradores interessados no JB, mas não encontrou. Transferiu então a redação para a avenida Rio Branco, 110, em salas alugadas no edifício Pereira Carneiro. O diário que circulava era uma sombra do velho *Jornal do Brasil*, com apenas o logotipo a lembrar os dias de glória. Em 2002, o outrora luxuoso prédio da avenida Brasil foi confiscado pelo governo pelas dívidas fiscais e tornou-se um edifício fantasma, embora com material de altíssimo valor.

Em 30 de setembro de 2004, uma quinta-feira, o edifício foi invadido durante a noite por mais de cinquenta pessoas de uma comunidade próxima e saqueado em suas esquadrias, portas, janelas, mobiliário, ferro, alumínio, cobre e tudo o mais que pudesse ser vendido clandestinamente. Cinco dias depois, um novo grupo, desta vez com mais de trinta pessoas, inclusive crianças, promoveu nova invasão e saque. Do velho orgulho da condessa e de Nascimento Brito, sobrou o esqueleto. Um grupo remanescente do *Pasquim*, com os cartunistas Ziraldo e Claudius Ceccon, assumiu em 2006 e tentou manter o JB com um formato europeu, maior do que o tabloide tradicional, mas bem menor do que o velho *Jornal do Brasil*. O trabalho era de boa qualidade, mas extemporâneo, sem sintonia com as exigências do leitor mais moderno.

A impressão do jornal e a circulação foram terceirizadas, e passaram a ser feitas pelo jornal *O Dia*, o que descaracterizou ainda mais o JB. A última edição impressa circulou no dia 31 de agosto de 2010. Depois disso, restou apenas uma edição diária online. O acervo fotográfico, está hoje em um galpão na Ilha do Governador.

O JB, no entanto, não era mais o mesmo. Parecia um zumbi.

Agradecimentos

Agradeço a todos os que participaram com depoimentos, informações e imensa paciência e boa vontade (vejam a lista a seguir). Especialmente a Ana Maria Machado, que incentivou desde o início este projeto; a José Sérgio Rocha, que caprichou em duas entrevistas importantíssimas com Luiz Mario Gazzaneo e Ferreira Gullar; a Aline Araújo e Celeste Cintra, pelo trabalho árduo de transcrição de entrevistas; à família de Amilcar de Castro e a Maria Regina Nascimento Brito, pelo acesso a documentos importantes; a Francisco Petersen Barreto, pela pesquisa em cartórios; a Lourenço Cazarré, pelas ótimas dicas na forma final. E principalmente a Nélia Sílvia Marquez, companheira de todas as horas.

Affonso Romano de Sant'Anna, Alberto Dines, Alexandre Campos, Alfredo Ribeiro (Tutty Vasques), Aline Xavier de Araújo, Ana Arruda Callado, Ana Luiza Fleck Saibro, Ana Maria Machado, Anderson Vieira, Anita Baptista de Souza, Antônio Delfim Netto, Arlete Fontoura, Armando Ourique, Armando Strozemberg, Arthur Chagas Diniz, Arthur Aymoré, Beatriz Bomfim, Branca Carneiro, Carlos Augusto Drumond, Carlos Chagas, Carlos Eduardo de Freitas, Carlos Lemos, Celeste Cintra, Cláudia Safatle, Clecy Ribeiro, Cleonice Ramos (IVC), Cleusa Maria, Cora Rónai, Cristina Chacel, Dácio Malta, Deborah Dumar, Déborah Lannes, Dorrit Harazim, Edson Musa, Eduardo Hollanda, Eliane Cantanhêde, Elio Gaspari, Elizabeth Lorenzotti, Emília Silveira, Etevaldo Dias, família de Amilcar de Castro — Ana, Pedro e Rodrigo (filhos), Leonardo de Castro e Dolabella (neto) —, Fernando Magalhães, Ferreira Gullar, Flávio Pinheiro, Francisco Petersen Barreto, Fritz Utzeri, Geovana Martins, Gilberto Menezes Côrtes, Guilherme Berriel, Haroldo Hollanda, Henrique Caban, Hildeberto Aleluia, Humberto Esmeraldo Barreto, Ivanir Yazbeck, Jacyra Sant'Anna, João Batista de Abreu, João Luis Farias Neto, João Theodoro Arthou, Joaquim Campelo, Joé Batista de Souza, José Antônio Nascimento Brito, José Mário Gazzaneo, José Mário Pereira, José Ramos Tinhorão, José Sérgio Rocha, José Silveira, Lea Maria Aarão Reis, Liege Utzeri, Luciane Mano, Luís Carlos Mello, Luís Fernando Pinto Veiga, Luiz Orlando Carneiro, Luís Salles, Luiz Antônio Mello, Luiz Eduardo Rezende, Lywal Salles Jr., Manoel Dias, Marco Antônio Reis, Marcos Aarão Reis, Marcos de Castro, Marcus Augusto Martins, Maria Campbell (Marió), Maria Inês Duque Estrada, Maria Regina Nascimento Brito, Marília Kranz, Marina Colasanti, Marina Nery, Mary Ventura, Maurício Menezes, Mauro Magalhães, Mauro Santayana, Mauro Ventura, Maylson da Nóbrega, Milton Temer, Mônica Rangel, Nélia Marquez, Noenio Spinola, Norma Curi, Oswaldo Maneschy, Paula Mairán, Paulo Camilo Pena, Paulo Fernando de Figueiredo, Paulo Henrique Amorim, Paulo Lima, Paulo Roberto Viegas, Peter Dvorsak, Ricardo Acioly, Roberto Dufrayer, Roberto Pompeu de Toledo, Roberto Quintaes, Rodrigo Nery, Romildo Guerrante, Rosental Calmon Alves, Rubens Biotto, Rubens Vasconcellos, Sebastião Martins (Tim), Sérgio Fleury, Shaun Dowling, Tarcísio Holanda, Teresa Cardoso, Thaís de Mendonça, Toninho Drummond, Vera Perfeito de Berrêdo, Victorio Cabral, Walter Fontoura, Washington Dias Lessa, Wilson Figueiredo, Xico Vargas, Zuenir Ventura.

Notas

O JORNAL DOS SONHOS [pp. 11-5]

1. Programa de Estímulo à Reestruturação e ao Fortalecimento do Sistema Financeiro Nacional, instituído em 1995 com o objetivo de permitir a recuperação das instituições financeiras que estavam com graves problemas de caixa, o que poderia gerar uma crise econômica sistêmica. O programa vigorou até 2001.

2. Alberto Dines apud Marialva Barbosa, *História cultural da imprensa*. Rio de Janeiro: Mauad, 2010, p. 12.

NASCE O *JORNAL DO BRASIL* [pp. 16-36]

1. Verbete "Jornal do Brasil" em Alzira Alves Abreu (Coord.), *Dicionário histórico-biográfico da Primeira República, 1889-1930*. Rio de Janeiro: FGV/CPDOC, 2015.

2. Ibid.

3. Ibid.

4. Citado em Nelson Werneck Sodré. *História da imprensa no Brasil*. 4. ed. Rio de Janeiro: Mauad, 1999. p. 259.

5. Em 1900, "o *Jornal do Brasil* já era expedido para todo o país. Possuía uma tiragem extraordinária para a época, chegando a 62 mil exemplares diários em 1902. Para ilustrar a magnitude desses números, em 1900, quando a tiragem do periódico ainda era de 50 mil

exemplares diários, o *Jornal do Brasil* se gabava por ser superior ao *La Prensa*, de Buenos Aires, que até o ano anterior era o de maior tiragem na América do Sul". In: "História do *Jornal do Brasil*: Concepção e trajetória até a primeira metade do século XX", PUC-Rio, p. 31. Disponível em: <www.maxwell.vrac.puc-rio.br/11855/11855_3.PDF>. Acesso em: 2 jun. 2017.

6. Cf. "Jornal do Brasil", disponível em: <http://cpdoc.fgv.br/sites/default/files/verbetes/primeira-republica/JORNAL%20DO%20BRASIL.pdf>. Acesso em: 2 jun. 2017.

7. Nelson Werneck Sodré, *História da imprensa no Brasil*. Rio de Janeiro: Civilização Brasileira, 1966 e Marialva Barbosa, *História cultural da imprensa no Brasil, 1900-2000*. Rio de Janeiro: Mauad, 2007, p. 37.

8. Fernando Morais, *Chatô: O rei do Brasil*. São Paulo: Companhia das Letras, 1994, p. 99.

9. Ibid., p. 97.

10. Para este parágrafo e o anterior: Ibid., p. 100.

11. Nesse mesmo período, um terreno na Lapa, em São Paulo, custava 200 mil réis. O aluguel de uma casa, 300 mil réis, em média. O aluguel de um piano, 10 mil réis mensais. Ou seja, não era um grande salário, mas era bom se comparado ao de outros jornalistas. Fonte: Jorge Americano, *São Paulo naquele tempo*. Rio de Janeiro: Saraiva, 1954.

12. As opiniões divergentes são de Maria Regina Nascimento Brito (a favor do pai) e Wilson Figueiredo, que atribui muitos exageros à biografia de Brito.

13. Essa é a avaliação de várias pessoas, entre elas Wilson Figueiredo, em depoimento ao autor.

OS ANOS 1950: REFORMA GRÁFICA E REINVENÇÃO [pp. 37-95]

1. Os dados são do IBGE e estão disponíveis em: <http://seculoxx.ibge.gov.br/populacionais-sociais-politicas-e-culturais/busca-por-temas/populacao/3508-1951-a-1960>. Acesso em: 2 jun. 2017.

2. Palácio da Cultura ou Edifício Gustavo Capanema, projetado por uma equipe supervisionada pelo francês Le Corbusier e que contava com nomes como Oscar Niemeyer, Lúcio Costa, Carlos Leão e Affonso Eduardo Reidy.

3. Carlos Chagas, *Política, arte de Minas*. São Paulo: Carthago Editorial, 1994, p. 134.

4. Informação dada por Ferreira Gullar em: Yanet Aguilera (Org.), *Preto no branco: A arte gráfica de Amilcar de Castro* (Minas Gerais: UFMG, 2005, p. 52).

5. Ferreira Gullar em depoimento ao jornalista José Sérgio Rocha.

6. Informações dadas por Ana Arruda Callado em depoimento ao autor.

7. Entrevista de Reynaldo Jardim em: Yanet Aguilera (Org.), *Preto no branco: A arte gráfica de Amilcar de Castro* (Minas Gerais: UFMG, 2005, p. 64).

8. Informação dada por Ferreira Gullar em: Yanet Aguilera (Org.), *Preto no branco: A arte gráfica de Amilcar de Castro*. Minas Gerais: UFMG, 2005, p. 54.

9. Em depoimento a Carla Siqueira e Caio Barreto Briso para o Centro de Cultura e Memória do Jornalismo, do Sindicato dos Jornalistas Profissionais do Município do Rio de Janeiro.

10. Depoimento de Wilson Figueiredo ao autor.

11. Id.

12. Entrevista de Ferreira Gullar em: Yanet Aguilera (Org.), *Preto no branco: A arte gráfica de Amilcar de Castro*. Minas Gerais: UFMG, 2005, p. 52.

13. Informações dadas por Fernando Magalhães, então diretor financeiro do jornal, em depoimento ao autor.

14. Informações dadas por Ana, Pedro e Rodrigo de Castro, filhos de Amilcar, e Rodrigo, neto, em depoimento ao autor. Hoje, Rodrigo é artista plástico em São Paulo; Ana é psicanalista e mora em Belo Horizonte; e Pedro é designer de móveis e mora em Campo Grande, no Mato Grosso do Sul. Ana e o filho Rodrigo mantêm o Museu Amilcar de Castro na casa em que moraram, na cidade de Sete Lagoas, em Minas Gerais.

15. Ferreira Gullar em depoimento ao jornalista José Sérgio Rocha; e Washington Lessa em depoimento ao autor.

16. Entrevista de Ferreira Gullar em: Yanet Aguilera (Org.), *Preto no branco: A arte gráfica de Amilcar de Castro*. Minas Gerais: UFMG, 2005, p. 53.

17. Depoimento de Ferreira Gullar a José Sérgio Rocha. As histórias subsequentes desse item também foram retiradas deste depoimento.

18. Depoimento dos filhos de Amilcar de Castro, Rodrigo, Ana e Pedro, ao autor.

19. Depoimento de Wilson Figueiredo ao autor.

20. Depoimento de Janio de Freitas a Carla Siqueira e Caio Barreto Briso para o Centro de Cultura e Memória do Jornalismo, do Sindicato dos Jornalistas Profissionais do Município do Rio de Janeiro.

21. Id.

22. Elizabeth Lorenzotti, *Tinhorão, o legendário*. São Paulo: Imesp, 2010, p. 88.

23. Todas as outras citações sem referência deste bloco foram retiradas dos depoimentos de Carlos Lemos e Marcos de Castro ao autor.

24. Cláudio Bojunga, *JK, o artista do impossível*. Rio de Janeiro: Objetiva, 2001, p. 512.

25. Ibid., p. 511.

26. Ibid.

27. Marcus Augustus Martins, *O Brasil e a globalização das comunicações na década de 1990*. Brasília: UnB, 1999 (Dissertação de Mestrado em Relações Internacionais) e depoimento de Ana Luiza Fleck Saibro, ex-consultora de Comunicação Social do Senado Federal e ex-conselheira da Empresa Brasileira de Comunicações (EBC), ao autor.

28. Fernando Morais, *Chatô: O rei do Brasil*. São Paulo: Companhia das Letras, 1994, p. 500.

29. "Dá, assim, aquilo que é patrimônio do Estado, e se destinava à difusão da cultura neste país, em cuja capital milhares de crianças, todos os anos, batem inutilmente à porta das escolas, e dá escondido, clandestinamente, certo de que o gesto tem todos os requisitos que exigem a simulação, a sonegação, a obscuridade. Faz um favor com o que não é seu."

30. Depoimento de Washington Dias Lessa ao autor e Washington Dias Lessa, *Dois estudos de comunicação visual*. Rio de Janeiro: Editora da UFRJ, 1995.

31. Um demonstrativo, confeccionado no mesmo formato em que se pretende imprimir o trabalho em questão, o(a) boneco(a) funcionava como um leiaute e orientava o paginador ou o arte-finalista. Seu principal objetivo é exemplificar como ficaria.

32. Essa história está no depoimento de Janio de Freitas a Carla Siqueira e Caio Barreto Briso, para o Centro de Cultura e Memória do Jornalismo do Sindicato dos Jornalistas Profissionais do Município do Rio de Janeiro.

33. Id.

34. Todas as informações deste item foram retiradas do depoimento de Washington Dias Lessa ao autor e do seu livro *Dois estudos de comunicação visual*. Rio de Janeiro: Editora da UFRJ, 1995.

35. Depoimento de Janio de Freitas a Carla Siqueira e Caio Barreto Briso, para o Centro de Cultura e Memória do Jornalismo do Sindicato dos Jornalistas Profissionais do Município do Rio de Janeiro; e depoimentos de Wilson Figueiredo e Joaquim Campelo ao autor.

36. Todas as informações deste item foram retiradas do depoimento de Luiz Orlando Carneiro ao autor.

37. Todas as informações deste item tiveram como fonte os depoimentos de Washington Dias Lessa e Ivanir Yazbeck ao autor; e Washington Dias Lessa, *Dois estudos de comunicação visual*. Rio de Janeiro: Editora da UFRJ, 1995.

38. Todas as informações deste item tiveram como fontes o depoimento de Tinhorão ao autor e o livro de Elizabeth Lorenzotti, op. cit.

39. Até o fim dos anos 1960, a admissão era uma espécie de vestibular para o ingresso no ensino médio.

40. As informações sobre Ana Arruda tiveram como fonte seu depoimento ao autor. Sobre sua chegada ao jornal, o depoimento de Wilson Figueiredo ao autor foi fundamental.

41. As informações sobre Clecy Ribeiro e Maria Inês Duque Estrada tiveram como fonte seus próprios depoimentos ao autor.

OS ANOS 1960: DINES E O JORNAL EMPRESA [pp. 96-193]

1. Sobre a famosa foto de Jânio Quadros, os depoimentos de Erno Schneider e Luiz Orlando Carneiro ao autor foram as principais fontes. Sobre o ultimato do embaixador norte-americano ao Brasil, foi fundamental o depoimento de Maria Inês Duque Estrada ao autor.

2. Alzira Alves de Abreu, Fernando Lattman-Weltman e Dora Rocha, *Eles mudaram a imprensa*. Rio de Janeiro: FGV, 2003, p. 80.

3. No dia 22 de janeiro de 1961, o ex-capitão do Exército português Henrique Galvão tomou o transatlântico *Santa Maria*, que havia partido de Lisboa rumo a Miami, com 612 passageiros, a maioria norte-americanos, e 350 tripulantes. Galvão, que estava exilado na Venezuela, embarcou em Curaçao, nas Antilhas holandesas, e encontrou-se com os vinte aliados que haviam entrado no navio como turistas em Lisboa. Mataram em tiroteio um dos tripulantes que tentou reagir e conseguiram controlar o transatlântico, com a rendição do capitão.

Galvão havia sido expulso do Exército e preso nos anos 1950 por combater a ditadura salazarista no comando de uma organização chamada Direção Revolucionária Ibérica de Libertação, à esquerda do Partido Comunista Português. Em 1959, conseguiu escapar durante um exame médico em um hospital e refugiou-se na embaixada da Argentina em Lisboa, até conseguir asilo político na Venezuela. Da América do Sul, conseguiu comunicar-se com o general Humberto Delgado, outro dissidente da ditadura, e organizaram a chamada Operação Dulcineia, o ousado sequestro do transatlântico, o primeiro de que se tem notícia por razões políticas. O plano previa seguir para Luanda, em Angola, e iniciar ali uma revolução. Mas como havia feridos a bordo e já tinham sido localizados pela aviação dos Estados Unidos, resolveram rumar para o Brasil.No dia 2 de fevereiro, o *Santa Maria* aportou em Recife, Pernambuco, todos foram libertados e o ex-capitão Henrique Galvão conseguiu asilo no Brasil. Os passageiros retornaram a Lisboa.

4. Entrevista de Alberto Dines a Francisco Uchôa, *Jornal da* ABI, n. 376, 2012.

5. Alzira Alves de Abreu, Fernando Lattman-Weltman e Dora Rocha, op. cit.; e entrevista de Alberto Dines a Francisco Uchôa, *Jornal da ABI*, n. 376, 2012.

6. As informações deste item tiveram como principais fontes os depoimentos de Alberto Dines, Ana Arruda, Beatriz Bomfim, José Ramos Tinhorão, Luiz Orlando Carneiro, Maria Inês Duque Estrada e Wilson Figueiredo ao autor.

7. José Ramos Tinhorão apud Elizabeth Lorenzotti, op. cit.

8. Até aquela data, estavam lá apenas Ana Arruda, na reportagem, Clecy Ribeiro e Maria Inês Duque Estrada, na Internacional, além de uma senhora que publicava notas burocráticas.

9. As principais fontes de consulta para este item foram os depoimentos de Beatriz Bomfim e Carlos Lemos ao autor.

10. Era literalmente uma página, mas em formato similar ao de uma grande coluna social, com notas curtas, muitas fotos e crônicas.

11. As principais fontes de consulta deste item foram os depoimentos de Marina Colasanti e Carlos Lemos ao autor.

12. As principais fontes de consulta deste item foram os depoimentos de Carlos Lemos, Luís Carlos Mello e Marcos de Castro ao autor.

13. Como já foi dito, o *Jornal do Brasil* passou a controlar a *Tribuna da Imprensa* em outubro de 1961.

14. As principais fontes de consulta deste item foram os depoimentos de Carlos Chagas e Teresa Cardoso ao autor; e Carlos Chagas e Pedro Jorge de Castro, *Carlos Castello Branco: O jornalista do Brasil*. São Paulo: Senac, 2006.

15. Pedro Bial, *Roberto Marinho*, Rio de Janeiro: Zahar, 2005, p. 199.

16. Depoimentos de Marina Colasanti, Wilson Figueiredo e Roberto Quintaes ao autor.

17. Depoimentos de Carlos Lemos e Luiz Orlando Carneiro ao autor.

18. Depoimento de Beatriz Bomfim ao autor.

19. Depoimento de Alberto Dines ao autor; e Alzira Alves de Abreu; Fernando Lattman-Weltman e Dora Rocha, op. cit.

20. Suzana Blass, *A disseminação da informação na construção da notícia: O caso da editoria de Pesquisa do* Jornal do Brasil, *1964 a 1974*. Rio de Janeiro: ECO-UFRJ, 2004 (Dissertação de Mestrado em Ciência da Informação).

21. Fernando Gabeira, *O que é isso companheiro?*. Rio de Janeiro: Codecri, 1979.

22. Depoimento de Ivanir Yazbeck ao autor.

23. Fernando Gabeira, op. cit.

24. Depoimentos de Walter Fontoura e Antônio Delfim Netto ao autor.

25. Depoimento de Alberto Dines ao autor.

26. JK pedira, em janeiro de 1959, 300 milhões de dólares ao FMI e ao Banco Mundial para o equilíbrio das contas correntes nacionais. Mas o Fundo impôs duras condições: cor-

tes de despesas e medidas fiscais que o presidente brasileiro achou que inviabilizariam sua administração. O Fundo exigiu também câmbio livre para as compras brasileiras no exterior (o governo subsidiava as importações de papel de imprensa, petróleo, trigo e fertilizantes) e o fim dos subsídios ao café exportado. Muitos encargos para o caixa do governo. A inflação fechara 1958 em 22,60%, segundo a Fundação Getúlio Vargas, ameaçava ser maior em 1959, e o FMI não aceitava mais do que 6%.

27. Roberto Campos, *A lanterna na popa*. Rio de Janeiro: Topbooks, 1994, p. 559.

28. Para este item, depoimentos de Alberto Dines, Pedro Luís Rodrigues, Noenio Spinola e Gilberto Menezes Côrtes ao autor.

29. Cf. Pedro Bial, op.cit

30. Informações retiradas de Alzira Alves de Abreu, Fernando Lattman-Weltman e Dora Rocha, op. cit. e das entrevistas de Alberto Dines a Francisco Uchôa no *Jornal da* ABI, n. 374 e 375, e em depoimento ao autor.

31. Pedro Bial, op. cit.

32. Esse episódio tem várias versões, todas coincidentes. Além de Chagas Freitas, também confirmam o encontro entre o presidente e a condessa o jornalista Wilson Figueiredo e a neta da condessa, Maria Regina, mais tarde diretora do jornal.

33. Para este item foram consultados, de Nelson Rodrigues, *O óbvio ululante* (São Paulo: Companhia das Letras, 1993), *O remador de Ben-Hur* (São Paulo: Companhia das Letras, 1996) e sua biografia; de Ruy Castro, *O anjo pornográfico* (São Paulo: Companhia das Letras, 1992). E, por fim, o depoimento de Beatriz Bomfim ao autor.

34. Depoimento de Roberto Quintaes ao autor.

35. Depoimento de Affonso Romano de Sant'Anna ao autor.

36. Antonio Callado, *Vietnã do Norte: Advertência aos agressores/ Esqueleto na Lagoa Verde*. Rio de Janeiro: Paz e Terra, 1977.

37. Depoimentos de Ana Arruda e Alberto Dines ao autor.

38. Na *Tribuna*, trabalhou com Newton Carlos, que reencontrou no JB José Silveira, Arthur Parahyba, Mário Faustino, Paulo Francis. No JB, Juvenal Portela, José Gonçalves Fontes, Jaime Negreiros, Macedo Miranda Filho, Hermano Alves, Bandeira da Costa, Nonato Masson, Aloísio Flores, Eduardo Coutinho.

39. Depoimentos de Beatriz Bomfim, Carlos Lemos e Luiz Orlando ao autor.

40. Os textos de Zózimo foram retirados de: Fernando Barrozo do Amaral, op. cit.

41. Ana Maria Machado, *Tropical sol da liberdade*. Rio de Janeiro: Nova Fronteira, 1988.

42. Depoimentos de Beatriz Bomfim e Affonso Romano de Sant'Anna ao autor.

43. Cf. Fernando Gabeira, op. cit. e Zuenir Ventura, *1968, o ano que não terminou*. Rio de Janeiro: Nova Fronteira, 1989.

44. Zuenir Ventura, op. cit.

45. Informações retiradas de Alzira Alves de Abreu, Fernando Lattman-Weltman e Dora Rocha, op. cit., das entrevistas de Alberto Dines a Francisco Uchôa no *Jornal da* ABI, n. 374 e 375, e em depoimento ao autor.

46. Depoimento de Fernando Magalhães ao autor.

47. Depoimento de Alberto Dines ao autor.

48. Depoimentos de Alberto Dines e Norma Curi ao autor.

49. Depoimento de Alberto Dines ao autor.

50. Entre elas, a Confederação Nacional da Agricutura (cna), a Confederação Nacional da Indústria (cni) e a Federação das Indústrias de São Paulo (Fiesp). Assumiram essas instituições pelegos alinhados com o regime, como Thomás Pompeu de Sousa Brasil Neto, na Confederação Nacional do Comércio, e Theobaldo de Nigris na Fiesp.

51. Elio Gaspari, *As ilusões armadas: A ditadura escancarada*. Rio de Janeiro: Intrínseca, 2014.

52. Depoimentos de Alberto Dines e Carlos Lemos ao autor.

53. As informações sobre o sequestro do embaixador norte-americano estão em Fernando Gabeira, op. cit.

54. Todo o episódio foi narrado por Ivanir Yazbeck, Marcos e Helga de Castro em depoimento ao autor.

55. Depoimento de Joaquim Campelo ao autor.

OS ANOS 1970: CASA NOVA, ABERTURA E O COMEÇO DA CRISE [pp. 194-374]

1. O jb não circulava às segundas-feiras.

2. Pedro Bial, op.cit.

3. As informações deste item foram retiradas dos depoimentos de Evandro Carlos de Andrade, Henrique Caban e Alberto Dines ao autor; e Alzira Alves de Abreu, Fernando Lattman-Weltman e Dora Rocha, op. cit.

4. As informações deste item foram retiradas dos depoimentos de Alberto Dines e Arthur Aymoré ao autor; e J.A. Langguth, *A face oculta do terror* (Rio de Janeiro: Civilização Brasileira, 1979).

5. Depoimento de Armando Strozemberg ao autor.

6. Depoimento de Alberto Dines ao autor.

7. Depoimento de Fritz Utzeri ao autor.

8. Depoimento de Alberto Dines ao autor.

9. Robert Bergé assumiu a direção do Méridien em 1975, e em 1976 introduziu no réveillon de Copacabana a famosa cascata de fogos na fachada do prédio. Foi ele quem trouxe para o Rio chefs franceses como Paul Bocuse e Gaston Lenotre, que abriu o restaurante Pré Catelan, no antigo hotel Rio Palace, no outro extremo da avenida Atlântica.

10. A maior parte das informações deste item foram retiradas do livro de Fernando Barrozo do Amaral, op. cit., e do depoimento de Walter Fontoura ao autor.

11. Desde o dia 15 de agosto de 1971, um ano e meio antes, Nixon também decidira acabar com o padrão-ouro — com isso, o dólar não estava mais lastreado no ouro, rompendo o sistema que vigorava desde o Acordo de Bretton Woods, assinado depois da Segunda Guerra. Aquela seria uma década de crise nos Estados Unidos, que sofria com déficits comerciais crescentes, que se agravariam com o choque do petróleo. O esforço da indústria estava voltado para a Guerra do Vietnã.

12. Carlos Chagas e Pedro Jorge de Castro, op. cit.

13. Depoimento de Walter Fontoura ao autor.

14. Depoimentos de Alberto Dines e Luiz Orlando Carneiro ao autor.

15. Depoimento do arquiteto Edson Musa ao autor.

16. Depoimentos de Sérgio Fleury, Fritz Utzeri e Beatriz Bomfim ao autor.

17. Todo o episódio foi descrito por Fritz Utzeri ao autor.

18. Depoimento do arquiteto Walmir Amaral ao autor.

19. Sobre o encontro de Brito e Mindlin e as negociações para a construção da sede, foram fundamentais os depoimentos dos arquitetos Walmir Amaral e Rubens Biotto, da Henrique Mindlin, Associados, Arquitetura e Planejamento Ltda.

20. Depoimento de Henrique Caban ao autor.

21. Depoimentos dos arquitetos Walmir Amaral e Rubens Biotto, da Henrique Mindlin, Associados, Arquitetura e Planejamento Ltda., e Pedro Bulhões de Carvalho.

22. Depoimentos de Alberto Dines e Luiz Orlando Carneiro ao autor.

23. Depoimentos de Rubens Biotto e Walmir Amaral, e Caderno Especial do JB ("Um edifício concebido para o ano 2000") de 15 de agosto de 1973, editado por Dácio Malta.

24. No subúrbio do Caju, localiza-se um dos principais cemitérios da cidade.

25. Depoimentos de Marina Colasanti e Alberto Dines ao autor.

26. Todas as informações e dados sobre a nova sede estão no Caderno Especial do JB ("Um edifício concebido para o ano 2000") de 15 de agosto de 1973, editado por Dácio Malta.

27. Depoimento de Sérgio Fleury ao autor.

28. Depoimentos de Fritz Utzeri e Sérgio Fleury ao autor.

29. Depoimentos de Oscar Barbosa, Fred Pinheiro e Erialdo Pereira, da Rádio Jornal do Brasil, e Milton Amaral, repórter de polícia, ao autor.

30. A debilidade do cruzeiro e as dificuldades para importação, com taxas e impostos, impediam a compra do escocês legítimo em lojas importadoras.

31. Depoimento do editorialista e publicitário José Luís de Farias Neto ao autor.

32. Pedro Bial, op. cit.

33. Às quartas-feiras à noite tinha a *Discoteca do Chacrinha*, e aos domingos, também à noite, a *Buzina do Chacrinha*.

34. Walter Clark e Gabriel Priolli, *O campeão de audiência*. Rio de Janeiro: Best Seller, 1991, série Memória Brasileira; Thel de Castro, "Em 1972, Chacrinha peitou Boni, quebrou estúdio e saiu da TV Globo", 4 jul. 2014, Disponível em: <http://noticiasdatv.uol.com.br/noticia/televisao/em-1972-chacrinha-peitou-boni-quebrou-estudio-e-saiu-da-globo-4017>. Acesso em: 3 jun. 2017.

35. Depoimentos de Alberto Dines e Wilson Figueiredo ao autor.

36. Depoimentos de João Luís de Farias Neto e Carlos Lemos ao autor. Sobre Robert Anderson, foi fundamental o depoimento de Wilson Figueiredo.

37. Todas as informações sobre os preparativos para a instalação da TV, o contrato com Joanna Spicer e a programação estão disponíveis no acervo do CPDOC da Fundação Getulio Vargas. Os documentos em questão foram doados à instituição por Maria Regina Nascimento Brito.

38. Documento interno do *Jornal do Brasil* preparado por Chagas Diniz (CPDOC/FGV).

39. Carlos Swann, "TV congelada", *O Globo*, 12 jun. 1975.

40. Pedro Bial, op. cit.

41. Depoimento de Arthur Chagas Diniz ao autor.

42. Segundo documentação interna do JB disponível no CPDOC/FGV.

43. Depoimentos de Fernando Moreira Salles e Arthur Chagas Diniz ao autor.

44. Documentação interna do JB disponível no CPDOC/FGV.

45. Id.

46. Id.

47. Dizia que a desistência do JB em relação ao projeto da BBC, que levou dois anos sendo analisado, "salvou o futuro do jornal", que não teria cacife para bancá-lo. Acrescentava o

documento que todas as alternativas analisadas em sequência previam que, de nenhum modo, o jornal tivesse que se atrelar politicamente ao governo por causa da televisão. A proposta de Moreira Salles, de 50% do controle acionário para si próprio, seria lesiva. E calculava que a empresa já tinha gasto, até aquele momento 1,5 milhão de dólares, além de 20 mil dólares para pôr o sinal no ar.

48. Nos parágrafos anteriores, os documentos descritos são documentação interna do JB (CPDOC/FGV). Para este parágrafo as fontes foram os depoimentos de Arthur Chagas Diniz e Fernando Moreira Salles ao autor.

49. Nesta data, Nascimento Brito estava internado, depois de um AVC sofrido na Venezuela.

50. Depoimento de Raphael Baldacci ao autor.

51. "Admite-se que o general Otávio de Medeiros, chefe do SNI, teve particular influência na decisão final, favorecendo a tese considerada mais comum no Palácio do Planalto, de que as redes de televisão, mesmo como concessões do governo e suscetíveis de cassação, não deveriam ser entregues a grupos interessados em jornalismo informativo e político, com a independência permitida em lei (porque poderiam se tornar críticas do governo). Teria então optado pelo otimismo, pelo descompromisso e pela segurança dos amigos supostamente fiéis ao governo" (*O Estado de S. Paulo*, 20 mar. 1981).

52. Por meio do Decreto nº 5996.

53. Depoimento de Edson Musa ao autor.

54. Atualmente, até o oitavo andar, tudo pertence à sapataria paulista Di Santini. O restante foi vendido na voragem das dívidas que o JB acumulou ao longo de anos. O 14º andar está ocupado por José Antônio Nascimento Brito, que trabalha com três secretárias e um motorista, e uma bela vista da baía de Guanabara. As paredes do escritório de Jôsa têm quadros com páginas do caderno de Esportes do JB, com destaque para a conquista do Campeonato Carioca pelo Botafogo (o time da família), em 31 de março de 1997. Lá estão, enormes, perto de pequenas bandeiras do clube, os textos de Paulo César Vasconcellos e Oldemário Touguinhó sobre a vitória do Botafogo sobre o Vasco da Gama por 1 a 0, gol do zagueiro Gonçalves, com público de 88 mil pagantes no Maracanã.

55. Alzira Alves de Abreu, Fernando Lattman-Weltman e Dora Rocha, op. cit.

56. Didi estava sendo demitido do Fluminense por ter trocado a primeira mulher, com quem tinha um filho, por Guiomar, apontada então como amante do compositor Ary Barroso. Magalhães Lins atendeu a um apelo desesperado do jornalista e fanático botafoguense Sandro Moreyra, que saiu de sua sala com uma mala cheia de dinheiro vivo, a quantia exata que o Flu pedia pelo Príncipe Etíope, o apelido de Didi criado por Nelson Rodrigues.

57. Depoimento de Norma Couri ao autor.

58. Sobre músicas de carnaval, filmes e sucessos da época, ver *A canção no tempo: 85 anos de músicas brasileiras de 1958 a 1985*, de Jairo Severiano e Zuza Homem de Mello. São Paulo: Editora 34, 1998.

59. As informações deste item foram retiradas dos depoimentos de Alberto Dines e Walter Fontoura ao autor.

60. Sobre a demissão de Renato Oliveira e a queixa de Alberto Dines, as informações foram retiradas dos depoimentos de Maria Regina Nascimento Brito e Augusto Rodrigues, ex-diretor administrativo e financeiro, ao autor.

61. Para a agonia de Otto Lara Resende e sua ignorância sobre a demissão de Alberto Dines, depoimento de Wilson Figueiredo ao autor.

62. Segundo Walter Fontoura e Elio Gaspari.

63. Depoimento de Walter Fontoura ao autor.

64. Foi o próprio Joaquim Campelo quem forneceu essa definição ao autor.

65. Todas as informações deste item foram retiradas dos depoimentos de Fritz Utzeri e Walter Fontoura ao autor.

66. O diretor de *Novos Rumos* era o mineiro Orlando Bomfim, pai da repórter Beatriz Bomfim, do JB, e o chefe de redação, Luiz Mario Gazzaneo, ambos dirigentes do PCB.

67. *Planejamento estratégico* (1955) e *Geopolítica do poder* (1967).

68. O Memorial ou Manifesto dos Coronéis, assinado por 42 coronéis e 39 tenentes--coronéis, foi dirigido em fevereiro de 1954 à alta hierarquia militar em protesto contra a escassez de recursos destinados ao Exército. O documento teve grande repercussão e contribuiu para a demissão dos então ministros da Guerra, general Ciro do Espírito Santo Cardoso, e do Trabalho, João Goulart (fonte: CPDOC/FGV).

69. Oswaldo Pacheco era do PCB e foi brutalmente espancado. E Golbery nunca assumiu para Elio que teria ajudado o líder sindicalista.

70. Em abril de 1974, o movimento derrubou o regime salazarista em Portugal.

71. Tratava-se de um político de ultradireita, apesar de ter feito carreira no PSD de Getúlio Vargas. Fora ministro da Justiça e chanceler por breve período no governo Juscelino Kubitschek. Mas, depois de 1964, aderiu à Arena, o partido oficial, e tendeu cada vez mais à direita e a um alinhamento com a linha dura militar.

72. A mudança para off-set destruiria várias profissões, como operador de linotipo, paginador etc.

73. Depoimento de Walter Fontoura ao autor.

74. Elizabeth Lorenzotti, op. cit.

75. José Ramos Tinhorão em depoimento ao autor e Elizabeth Lorenzotti, op. cit.

76. Marcos Sá Corrêa em entrevista à *Revista de História da Biblioteca Nacional*, 1 abr. 2008. Disponível em: <www.almanaquedacomunicacao.com.br/entrevista-com-marcos-sa--correia>. Acesso em: 14 jun. 2017.

77. Id.

78. Depoimento de Maria Regina Nascimento Brito ao autor.

79. Composto de catorze emendas, três artigos e seis decretos-leis, o Pacote de Abril determinou ainda, entre outras medidas, eleições indiretas para governador; instituição de sublegendas na eleição dos senadores, permitindo à Arena recompor as suas bases; ampliação das bancadas dos estados menos desenvolvidos, nos quais a Arena costumava obter bons resultados eleitorais; extensão da Lei Falcão às eleições estaduais e federais, restringindo assim a propaganda eleitoral no rádio e na televisão; ampliação do mandato presidencial de cinco para seis anos. Entendido como um retrocesso no processo de abertura, o Pacote de Abril indicou as bases sobre as quais Geisel parecia disposto a fazer caminhar a distensão, que ele mesmo qualificou como "lenta e gradual" (fonte: CPDOC/FGV. Disponível em: <http://cpdoc.fgv.br/producao/dossies/FatosImagens/PacoteAbril>. Acesso em: 27 abr. 2017).

80. Então ministro da Indústria e do Comércio, demitido por Geisel em 8 de fevereiro.

81. Todas as informações sobre Dorrit foram retiradas de seu depoimento e do de Walter Fontoura ao autor.

82. Noenio Spinola, *Dinheiro, deuses & poder*. Rio de Janeiro: Civilização Brasileira, 2010.

83. Todas as informações deste item foram retiradas do depoimento de Noenio Spinola ao autor.

84. Ás do jet-set internacional, figura fácil nas colunas sociais, jogador de polo, corredor de automóveis, Rubirosa era protegido do ditador Rafael Trujillo, da República Dominicana, pois casou-se com a filha dele, Flor de Oro, tornando-se diplomata. Uniu-se depois a outras mulheres milionárias e gostava de vir ao Brasil, onde era mimado pela chamada *high society* tupiniquim e pelas colunas sociais de Zózimo e Ibrahim Sued.

85. Todas as informações foram retiradas do depoimento de Armando Ourique ao autor.

86. Depoimento de Walter Fontoura ao autor.

87. Depoimento de Paulo Henrique Amorim ao autor.

88. Depoimento de Gilberto Menezes Côrtes ao autor.

89. Paulo Rónai dominava amplamente nove idiomas e traduziu mais de cem livros para o português, inclusive os dezessete volumes de *A comédia humana*, de Balzac, trabalho que lhe tomou mais de quinze anos. Organizou também a edição brasileira de *A divina comédia*, de Dante Alighieri. Traduziu para o francês e o húngaro *Memórias de um sargento de milícias*,

de Manuel Antônio de Almeida, e do húngaro para o português a obra-prima de Ferenc Molnár, *Os meninos da rua Paulo*.

90. Depoimentos de Alfredo Ribeiro e Marília Kranz ao autor.

91. Mauro ocupou esse cargo até 1973.

92. O Brasil declarava-se neutro na guerra desde o início. Getúlio Vargas oscilava entre os aliados e o Eixo, formado por Alemanha, Itália e Japão. No entanto, a partir do bombardeio japonês à base norte-americana de Pearl Harbour, em 1941, e que forçou de vez a entrada dos Estados Unidos no conflito, o governo Vargas passou a permitir o uso do território brasileiro pelos Estados Unidos. Em represália e para forçar a entrada do Brasil na guerra, o submarino alemão atacou e afundou cinco navios brasileiros entre Sergipe e Bahia, entre 15 e 17 de agosto de 1942.

93. Depoimentos de Walter Fontoura e Haroldo Hollanda ao autor.

94. Involuntariamente, a professora Cecília tinha provocado a prisão de Rubens Paiva. Ela e Marilena Corona tinham ido ao Chile (antes do golpe militar, que ocorreu em 1973, o Chile era refúgio de muitos brasileiros) visitar os filhos, que estavam exilados. Na volta ao Brasil, as duas mulheres pegaram o primeiro avião que partiu de Santiago para o Rio logo depois da chegada ao Chile de setenta presos trocados pelo embaixador da Suíça, Giovanni Enrico Bucher — o último diplomata sequestrado pela guerrilha de esquerda no Brasil. Cecília Viveiros de Castro e Marilena Corona saíram do Chile com várias cartas endereçadas a Rubens Paiva — uma delas do ex-deputado Almino Affonso, e outra de Helena Bocaiúva, que alugara a casa que servira de cativeiro em 1969 ao embaixador norte-americano Burke Elbrick. Quando Cecília e Marilena desembarcaram no Galeão, todos os passageiros do voo foram revistados, elas foram presas e as cartas apreendidas.

95. Depoimentos de Fritz Utzeri e Walter Fontoura ao autor.

96. Prato típico venezuelano à base de arroz, feijão-preto, carne desfiada e bananas.

97. Sobre o AVC e as providências, os depoimentos de Walter Fontoura e Maria Regina Nascimento Brito ao autor foram fundamentais. Sobre as divergências familiares e a crise que se seguiu no jornal, as informações foram retiradas do depoimento de Walter Fontoura.

98. Carlos Chagas e Pedro Jorge de Castro, op. cit.; e depoimento de Carlos Chagas ao autor.

99. Depoimento de Carlos Chagas ao autor.

100. Depoimentos de Teresa Cardoso e Carlos Chagas ao autor.

101. A carta e as informações sobre o episódio foram gentilmente cedidas ao autor pelo jornalista Toninho Drummond, radicado em Brasília, diretor local das Organizações Globo e amigo de ambos, Castelinho e Carlos Drummond de Andrade.

102. Carlos Chagas e Pedro Jorge de Castro, op. cit., pp. 205-7.

103. Ibid.

104. Liderados pelo primeiro-ministro espanhol Adolfo Suárez, os pactos reuniram sindicatos de trabalhadores, representações patronais e partidos políticos para uma transição do franquismo para a democracia.

105. Depoimentos de Ana Maria Machado e Rosental Calmon Alves ao autor.

106. No dia 19 de outubro de 1979, Brasil, Argentina e Paraguai assinaram o Acordo Tripartite de Itaipu-Corpus, que tratava do aproveitamento de recursos hídricos desde o rio Paraná, no município de Sete Quedas (MS), até a foz do rio da Prata, e parte da tensão entre Argentina e Brasil se dissipou.

107. Depoimento de Maneschy ao autor.

108. Depoimento de Xico Vargas ao autor.

109. Depoimento de João Batista Abreu ao autor.

OS ANOS 1980: A REDEMOCRATIZAÇÃO [pp. 375-482]

1. Ana Maria Machado em depoimento ao autor.

2. Depoimento de Walter Fontoura ao autor em 1979 e a dissertação de mestrado de Suzana Blass, de onde foram tiradas todas as informações sobre a montagem e o desmonte da Pesquisa.

3. Depoimento de Paulo Henrique Amorim ao autor.

4. Depoimento de Antônio Augusto Rodrigues ao autor.

5. Depoimentos de Carlos Lemos e Antônio Augusto Rodrigues ao autor.

6. Depoimentos de Paulo Henrique Amorim e José Silveira ao autor.

7. Ricardo Noblat, *O que é ser jornalista*. Rio de Janeiro: Record, 2004, p. 129.

8. As informações são de Luiz Orlando Carneiro e Teresa Cardoso, em depoimento ao autor.

9. Ricardo Noblat, op. cit.

10. Ibid.; Depoimento de Teresa Cardoso ao autor.

11. Golbery ficara inconformado com a omissão do presidente Figueiredo em apurar e punir os responsáveis pelo atentado do Riocentro, um ano antes. Figueiredo tinha uma tendência de ocupar os cargos disponíveis com nomes do governo Médici, de quem fora chefe do Gabinete Militar.

12. Para todo o item, depoimentos de Paulo Henrique Amorim e Cora Rónai ao autor.

13. O senador italiano Aldo Moro foi assassinado pelo grupo terrorista de ultraesquerda Brigadas Vermelhas no dia 16 de março de 1978, depois de ser mantido em cativeiro por 55 dias. As Brigadas exigiam, entre outras coisas, a libertação de prisioneiros de seu grupo. A Democracia Cristã, partido de Moro, e o primeiro ministro que tomaria posse naquele dia, Giulio Andreotti, e até o papa recusaram-se a negociar com as Brigadas, apesar das cartas enviadas do cativeiro por Aldo Moro. Quando Gazzaneo se referiu à bomba do Riocentro como o "caso Aldo Moro da ditadura", queria dizer que era um episódio traumático, um erro dos terroristas, que poderia modificar os rumos do país naquele momento.

14. As informações sobre Luiz Mario Gazzaneo foram retiradas de depoimento dado ao jornalista José Sérgio Rocha, em 2013, para este livro. Além disso, foram utilizados os depoimentos de Paulo Henrique Amorim e Sérgio Fleury ao autor.

15. Segundo promissórias registradas no cartório do 8° Ofício de Notas do Rio de Janeiro.

16. Sérgio Porto, jornalista, humorista e produtor de shows, era o Stanislaw Ponte Preta, torcedor do Fluminense e amigo de Lemos.

17. Todas as informações deste item foram retiradas dos depoimentos de Carlos Lemos e Maria Eugênia de Oliveira (hoje Maria Campbell) ao autor.

18. Depoimentos de Carlos Eduardo de Freitas e Cláudia Safatle ao autor.

19. Informação do chefe do Gabinete Militar de Figueiredo, general Danilo Venturini, presente à conversa, ao jornalista Rubem Azevedo Lima.

20. As informações deste item foram retiradas dos depoimentos de Armando Ourique e Fritz Utzeri ao autor.

21. Depoimentos de Thaís Mendonça e Etevaldo Dias ao autor.

22. Depoimentos de Paulo Henrique Amorim e Gilberto Menezes Côrtes ao autor.

23. Segundo Manoel Dias, ex-presidente do PDT e ex-ministro do Trabalho no governo Dilma Rousseff.

24. Depósito compulsório é o mecanismo pelo qual o Banco Central "enxuga" a liquidez, o excesso de dinheiro em circulação, ao obrigar os bancos a depositar diariamente um percentual variável do dinheiro dos correntistas em seu caixa.

25. Depoimento de João Theodoro Arthou ao autor.

26. Depoimento de Hildeberto Aleluia ao autor.

27. Depoimento de Peter Dvorsak, então diretor do BNDES, encarregado da operação com a Pisa, ao autor.

28. Todas as informações sobre a empresa e seu financiamento pelo então BNDES estão em um documento interno do banco de setembro de 1986 chamado de "O caso Pisa — Papel de Imprensa S/A".

29. Depoimento de Peter Dvorsak ao autor.

30. Depoimento de Rosental Calmon Alves ao autor.

31. Depoimento de Noenio Spinola ao autor.

32. Depoimento de Cristina Chacel ao autor.

33. Depoimentos de Cora Rónai e Zuenir Ventura ao autor.

34. Um determinado investidor vendia suas ações de uma empresa e, pela praxe, receberia o dinheiro cinco dias depois. Imediatamente, levantava um empréstimo bancário que tinha como garantia o dinheiro da venda daquelas ações. E com a garantia da Bolsa de Valores. Com o dinheiro do empréstimo, comprava mais ações da empresa, de forma a provocar uma alta artificial dos papéis e aumentar seus lucros. O negócio cresceu em volume e levou à intervenção da Comissão de Valores Mobiliários.

35. Fernando Barrozo do Amaral, op. cit.

36. Depoimentos de Beatriz Bomfim e Deborah Dumar ao autor.

37. Depoimento de Xico Vargas ao autor.

38. Depoimentos de Branca Carneiro e Luiz Orlando Carneiro ao autor.

39. No jargão jornalístico, significava destinar um grande espaço ao assunto.

40. Depoimentos de Paulo Henrique Amorim, Xico Vargas e Walter Fontoura ao autor.

41. Depoimento de Thaís Mendonça ao autor.

42. Andreazza iria disputar com Maluf a candidatura na convenção do PDS.

43. Depoimento de Armando Ourique ao autor.

44. Depoimentos de Teresa Cardoso e Eliane Cantanhêde ao autor.

45. Ricardo Noblat, op. cit.

46. Depoimentos de Carlos Marchi e Eliane Cantanhêde ao autor.

47. Ricardo Noblat, op. cit.

48. Villas-Bôas Corrêa, *Conversa com a memória: A história de meio século de jornalismo político*. Rio de Janeiro: Objetiva, 2002.

49. Depoimento de Walter Fontoura ao autor.

50. Depoimento de José Sérgio Rocha ao autor.

51. Depoimentos de Mauro Guimarães, José Antônio Nascimento Brito e Maria Regina Nascimento Brito ao autor.

52. Depoimento de Luiz Orlando Carneiro ao autor.

53. Depoimento de Eliane Cantanhêde ao autor.

54. Depoimentos de Fritz Utzeri e Rosental Calmon Alves ao autor.

55. Depoimento de Wilson Figueiredo ao autor.

56. Depoimento de Luiz Orlando Carneiro ao autor.

57. Id. e Wilson Figueiredo ao autor.

58. Depoimentos de Joaquim Campelo e Luiz Orlando Carneiro ao autor. Campelo confirma a entrega da carta, mas diz desconhecer seu conteúdo.

59. Depoimento ao autor de Luiz Sebastião Sandoval (ex-presidente do Grupo Silvio Santos), que testemunhou o encontro.

60. Depoimento de Luiz Sebastião Sandoval ao autor e documentação interna do JB disponível no acervo do CPDOC/FGV.

61. Manoel Francisco do Nascimento Brito compraria 18 milhões de ações de Guilherme Stoliar por 2 898 000 000 cruzeiros; João Havelange compraria 18,75 milhões de ações de Guilherme Stoliar por 3 018 750 000 cruzeiros; Manoel Francisco do Nascimento Brito compraria de Mário Albino Vieira 750 mil ações, no valor de 120 750 000 cruzeiros.

62. Entrevista feita em 1987 pelo autor com Rubens Ricupero e Ivan de Souza Mendes.

63. Foi o próprio autor, editor-assistente da Veja em 1987, que telefonou para Simonsen para ouvir-lhe a opinião.

64. Depoimento de João Theodoro Arthou ao autor.

65. Todos os documentos citados neste item se encontram no acervo do CPDOC/FGV.

66. Flávio Pinheiro acumulava a editoria do B desde que Zózimo desistira da função.

67. Todas as informações deste item foram retiradas dos depoimentos de Zuenir Ventura e Xico Vargas ao autor.

68. Alfredo Ribeiro em depoimento ao autor.

69. A maior parte das informações deste item foi retirada do depoimento de Roberto Pompeu de Toledo ao autor.

70. Depoimentos de Maria Regina Nascimento Brito e João Theodoro Arthou ao autor.

71. As informações deste item foram retiradas dos depoimentos de Victorio Cabral e Rubens Vasconcellos ao autor.

72. Fernando Barrozo do Amaral, op. cit.

73. Id.

74. João Máximo, João Saldanha. Rio de Janeiro: Relume-Dumará, 2005, p. 133 e depoimento de Alfredo Ribeiro ao autor.

75. Para todas as negociações com os credores e o fechamento da portaria do jornal, foram utilizadas as informações do depoimento de Rubens Vasconcellos ao autor. Já para a não aceitação da redução dos salários, a fonte foi o depoimento de Alfredo Ribeiro.

76. Depoimento de Wilson Figueiredo ao autor.

77. Carta de Nascimento Brito a José Sarney, conforme o livro de Regina Echeverria, *Sarney: A biografia* (Rio de Janeiro: Leya, 2011, p. 500); e discurso de Sarney em 17 de novembro de 1993 no Senado (Anais do Senado Federal, disponíveis em: <www.senado.leg.br/publicacoes/anais/pdf/Anais_Republica/1993/1993%20Livro%2020.pdf>. Acesso em: 5 jun. 2017.).

78. Depoimento de Maílson da Nóbrega ao autor.

79. Para este item, foram utilizados os depoimentos de Maílson da Nóbrega, Etevaldo Dias e Joaquim Campelo ao autor.

80. Empresário e político alagoano, pai de Teresa Collor.

81. Para este item, foram utilizados os depoimentos de Eliane Cantanhêde, Etevaldo Dias e Wilson Figueiredo ao autor.

82. Depoimento de Maria Luiza Abbott ao autor.

83. Ricardo Noblat, op. cit.

84. Ibid., p. 152.

85. Ibid., p. 155.

86. Depoimentos de Teresa Cardoso e Pedro Rogério Moreira, amigo de José Sarney e diretor do SBT em Brasília, ao autor.

87. A carta de Sarney está publicada em Regina Echeverria, op. cit. Já a cópia da carta de Brito a Sarney foi cedida ao autor por Etevaldo Dias.

88. Regina Echeverria, op. cit.

À BEIRA DO ABISMO [pp. 483-509]

1. Para este item, depoimentos de Etevaldo Dias e Maria Regina Nascimento Brito ao autor. Para o processo de negociação com o Banco do Brasil, além dos depoimentos já citados, o de Victorio Cabral. Sobre PC Farias, depoimentos de Wilson Figueiredo e Roberto Pompeu de Toledo. Para a proposta de compra do JB por PC, o de Hildeberto Aleluia.

2. Depoimento de Alfredo Ribeiro ao autor.

3. Depoimento de Dácio Malta ao autor.

4. Depoimentos de Etevaldo Dias e Luís Roberto Marinho ao autor.

5. Depoimento de Rosental Calmon Alves ao autor.

6. Para o item, principalmente o depoimento de Dácio Malta ao autor, além dos de Wilson Figueiredo e Cora Rónai. As cartas citadas ao longo do texto foram cedidas por Malta.

7. Fernando Barrozo do Amaral, op. cit.

8. Acervo pessoal de Maria Regina Nascimento Brito.

9. Para este item, depoimentos de Claudia Safatle, Alfredo Ribeiro e Noenio Spinola ao autor.

10. Depoimentos de Fritz Utzeri e Wilson Figueiredo ao autor.

11. Depoimentos de Fritz Utzeri e Marcos de Castro ao autor.

Fontes e referências bibliográficas

LIVROS E PUBLICAÇÕES

ABREU, Alzira Alves; WELTMAN, Fernando Lattman; ROCHA, Dora. *Eles mudaram a imprensa: Depoimentos ao CPDOC*. Rio de Janeiro: FGV, 2003.

AGUILERA, Yanet (Org.). *Preto no branco: A arte gráfica de Amilcar de Castro*. Belo Horizonte: UFMG, 2005.

AMARAL, Barrozo Fernando. *Zózimo: Diariamente*. Rio de Janeiro: EP&A, 2005.

AMORIM, Paulo Henrique; PASSOS, Maria Helena. *Plim-plim: A peleja de Brizola contra a fraude eleitoral*. São Paulo: Conrad, 2005.

BIAL, Pedro. *Roberto Marinho*. Rio de Janeiro: Zahar, 2004.

BLASS, Suzana. *A disseminação da informação na construção da notícia: O caso da editoria de Pesquisa do JORNAL DO BRASIL – 1964 a 1974*. Rio de Janeiro: ECO-UFRJ, 2004. Dissertação (Mestrado em Ciência da Informação).

BOJUNGA, Cláudio. *JK, o artista do impossível*. Rio de Janeiro: Objetiva, 2001.

BRANCO, Carlos Castello. *Os militares no poder: De 1964 ao AI-5*. Rio de Janeiro: Nova Fronteira, 2010.

BUCCI, Eugênio (Org.). *A TV aos 50: Criticando a televisão brasileira em seu cinquentenário*. São Paulo: Fundação Perseu Abramo, 2000.

BURNETT, Lago. *A língua envergonhada e outros escritos sobre comunicação*. Rio de Janeiro: Nova Fronteira, 1977.

CALLADO, Antônio. *Vietnã do Norte: Advertência aos agressores/ Esqueleto na Lagoa Verde*. Rio de Janeiro: Paz e Terra, 1977.

CAMPOS, Roberto. *Lanterna na popa: Memórias*. Rio de Janeiro: TopBooks, 1994.

CARIELLO, Rafael. "O poderoso Delfim". *Revista Piauí*, São Paulo, n. 96, set. 2014.

CASTRO, Amilcar de. *Repetição e síntese*. Exposição no Centro Cultural Banco do Brasil, 2013.

CASTRO, Ruy. *Estrela solitária: Um brasileiro chamado Garrincha*. São Paulo: Companhia das Letras, 1995.

_____. *O anjo pornográfico: A vida de Nelson Rodrigues*. São Paulo: Companhia das Letras, 1992.

CASTRO, Ruy (Org.). *O reacionário: Memórias e confissões de Nelson Rodrigues*. São Paulo: Companhia das Letras, 1995.

CHAGAS, Carlos; CASTRO, Pedro Jorge. *Carlos Castello Branco: O jornalista do Brasil*. Brasília: Senac, 2006.

CONTI, Mario Sergio. *Notícias do Planalto*. São Paulo: Companhia das Letras, 1999.

CORRÊA, Villas-Bôas. *Conversa com a memória*. Rio de Janeiro: Objetiva, 2002.

COSTA filho, Odylo. *Poesia completa*. Rio de Janeiro: Aeroplano, 2010.

ECHEVERRIA, Regina. *Sarney: A biografia*. São Paulo: Leya, 2011.

GABEIRA, Fernando. *O que é isso, companheiro?* Rio de Janeiro: Codecri, 1980.

GASPARI, Elio. *A ditadura envergonhada*. São Paulo: Companhia das Letras, 2002.

_____. *A ditadura escancarada*. São Paulo: Companhias das Letras, 2002.

GORENDER, Jacob. *Combate nas trevas: A esquerda brasileira das ilusões perdidas à luta armada*. São Paulo: Ática, 1987.

HERKENHOFF, Alfredo. *Jornal do Brasil: Memórias de um secretário — Pautas e fontes*. Rio de Janeiro: Jornal do Brasil, 2010.

JORGE, Thaís de Mendonça. *O jornalismo e a formação de mitos numa democracia: Como a mídia pode ajudar a construir e destruir um "salvador da pátria" antes, durante e depois de eleições*. Brasília: UnB, 1995. Dissertação (Mestrado em Ciência Política).

Jornal da ABI. Entrevista com Alberto Dines, por Francisco Ucha, edições n. 374 e 375.

LANGGUTH, A. J. *A face oculta do terror*. Rio de Janeiro: Civilização Brasileira, 1978.

LESSA, Washington Dias. *Dois estudos de comunicação visual*. Rio de Janeiro: Editora da UFRJ, 1995.

LORENZOTTI, Elizabeth. *Tinhorão: O legendário*. São Paulo: Imesp, 2010.

LYRA, Fernando. *Daquilo que eu sei*. São Paulo: Iluminuras, 2009.

MACHADO, Ana Maria. *Tropical sol da liberdade*. Rio de Janeiro: Nova Fronteira, 1988.

MARKUN, Paulo; HAMILTON, Duda. *1961: Que as armas não falem*. São Paulo: Senac, 2001.

MARTINS, Marcos Augusto. *O Brasil e a globalização das comunicações na década de 1990*. Brasília: UnB, 1999. Dissertação (Mestrado em Ciências Políticas e Relações Internacionais).

MORAIS, Fernando. *Chatô: O rei do Brasil*. São Paulo: Companhia das Letras, 1994.

MOREIRA, Pedro Rogério. *Jornal amoroso*. Brasília: Thesaurus, 2007.

MORRISSON, Walter. Manuscrito sobre o prédio do *Jornal do Brasil*, 1973. Cortesia da Henrique Mindlin e Associados Arquitetura e Planejamento.

NOBLAT, Ricardo. *O que é ser jornalista*. Rio de Janeiro: Record, 2004.

RIBEIRO, Ana Paula Goulart; SACRAMENTO, Igor; ROXO, Marco. *História da televisão no Brasil*. São Paulo: Contexto, 2010.

SANDOVAL, Luiz Sebastião. *Aprendi fazendo: Minha história no Grupo Silvio Santos, do Baú da Felicidade à crise no banco PanAmeriano*. Rio de Janeiro: Geração Editorial, 2010.

SEVERIANO, Jairo; MELLO, Zuza Homem de. *A canção no tempo: 1958-1985*. São Paulo: Editora 34, 1998.

SODRÉ, Nelson Werneck. *História da imprensa no Brasil*. Rio de Janeiro: Civilização Brasileira, 1966.

Suplemento Especial *Jornal do Brasil* sobre a nova sede, 15 ago. 1973.

VENTURA, Zuenir. *1968: O ano que não terminou*. Rio de Janeiro: Nova Fronteira, 1988.

DOCUMENTOS

2º Ofício de Notas. Tabelião Eros Magalhães de Mello Vianna. Hipoteca do terreno da avenida Brasil, 500, à Caixa Econômica Federal em 26 de abril de 1971.

6º Ofício de Distribuição. Hipoteca de vários andares do prédio da avenida Rio Branco, 110, como garantia de empréstimo do Banco do Brasil ao *Jornal do Brasil* para capital de giro, em 12 de agosto de 1981.

6º Ofício de Notas. Escritura de compra de terreno da avenida Brasil, 500, à Companhia Siderúrgica Belgo Mineira, de 11 de setembro de 1969, registrada no 3º Ofício do Registro de Imóveis em 26 de dezembro de 1969.

8º Ofício de Notas. Escritura de promessa de compra e venda do prédio da avenida Brasil, 500, à empresa Administradores Associados Legis Ltda., por Cr$ 2178 280 000,00 em 29 de dezembro de 1981.

8º Ofício de Notas. Nota promissória do JB ao Banco do Estado do Rio de Janeiro (Banerj) por empréstimo de Cr$ 200 milhões.

8º Ofício de Notas. Tabelião Gustavo Bandeira. Escritura de contrato de empréstimo para capital de giro do Banco do Brasil ao *Jornal do Brasil*, 10 de setembro de 1981.

Arquivo da empresa Henrique Mindlin Associados.

Arquivo pessoal de Fernando Magalhães.

Arquivo pessoal de Luiz Orlando Carneiro.

Arquivo pessoal de Teresa Cardoso.

Arquivo pessoal de Walmir Amaral.

Atas e relatórios BNDESPAR — BNDES Participações. O caso Pisa. Papel de Imprensa S.A., set. 1986.

Centro de Cultura e Memória do Jornalismo. Sindicato dos Jornalistas do Rio de Janeiro. Depoimento de Janio de Freitas.

CPDOC da Fundação Getulio Vargas. *Dicionário histórico-biográfico brasileiro* e toda a documentação (cartas, ofícios, notas, recortes de jornais) sobre a TV JB.

Hemeroteca Digital da Biblioteca Nacional — *Jornal do Brasil*. Disponível em: <http://bndigital.bn.gov.br/artigos/jornal-do-brasil/>.

Índice onomástico

1968, o ano que não terminou (Ventura), 444

25499 ocupado, novela de TV, 70

Aarão Reis, Lea Maria, 172-6

Abert (Associação Brasileira das Emissoras de Rádio e Televisão), 252

Abbott, Maria Luíza, 383, 470

ABC Color, jornal, 369

Abravanel, Carmem, 265

Abreu Mendes, Carlos Henrique de, 462, 476

Abreu Saraiva, Eurídices, 348

Abreu, Hugo de, 349, 371-2

Abreu, João Batista de (ministro), 464

Abreu, João Batista de (redator), 371

Abril, Editora, 102, 140, 191-2, 263, 282, 290, 295, 297, 312, 334, 336, 441-2, 451-2

Addario, Paulo, 419

Affonso, Almino, 526

Affonso, Paulo, 292, 483

Afif Domingos, Guilherme, 469

Agosti, Orlando, 366

Aguiar, Álvaro, 71

Aguiar, Amador, 405

Aguilera, Yanet, 45

Aguinaga, Hélio, 358

Albuquerque Melo, Joaquim Lúcio de, 21-2

Aleixo, Pedro, 130, 295

Aleluia, Hildeberto, 406, 486

Alencar, Marcello (prefeito do Rio de Janeiro), 490-1, 494

Alencar, Marcelo (advogado), 330

Alencar, Maurício, 330

Alencar, Miriam, 342

Alfonsín, Raúl, 428

Alkmin, José Maria, 62

Allende, Salvador, 276, 278, 292, 330

Allon, Yigal, 346

Almeida Braga, Antônio Carlos de, 437

Almeida Filho, Antônio (Almeidinha), 287-8

Almeida Filho, Hamilton, 335

Almeida, Carlos Eli de, 342

Almeida, Dácio de, 122-3, 196

Almeida, Guilherme de, 68

Almeida, José Américo de, 124

Almeida, Magdalena, 116

Almeida, Paulo Sérgio de, 199

Almoço com as estrelas, programa de TV, 68

ALN (Aliança Libertadora Nacional), 190, 288

Alvarenga, Roberto, 424

Alves da Silva, Edvaldo, 263

Alves dos Santos, Adauto, 222-3

Alves Pinheiro, 173

Alves, Hermano, 56-7, 127, 180

Alves, Rosental Calmon, 12, 364-7, 369, 428, 486, 489-90, 494-6, 501, 505

Amado, Gilberto, 47

Amado, Jorge, 243, 340

Amaral Peixoto, Celina do, 402

Amaral Peixoto, Ernani, 181, 306

Amaral, Beth, 378

Amaral, João Batista de, 69

Amaral, Milton, 200

Amaral, Ricardo, 500

Amaral, Waldir, 393, 396, 409-10

Amaral, Walmir, 228-9, 231

Amatto, Mário, 437

Americano, Álvaro, 174, 175

Americas, revista da OEA, 420

Amorim, Deolindo, 334

Amorim, Paulo Henrique, 292, 331-5, 343, 373-4, 378-80, 382, 385-6, 388-90, 398, 400, 403-4, 413-5, 418, 421

Amoroso Lima, Alceu, 161

Anastácia (compositora), 270

Anderson, Robert, 244

Andrada e Silva, Antônio Carlos de, 30

Andrada e Silva, José Bonifácio de, 30

Andrada, José Bonifácio de, 292

Andrade Pinto, Carlos Alberto de, 145

Andrade Vieira, José Eduardo, 409, 437, 487

Andrade, Antônio, 63, 64

Andrade, Castor de, 403

Andrade, Clériston, 472

Andrade, Evandro Carlos de, 128, 194-5, 413, 495, 497

Andrade, José Carlos, 303

Andrade, Mário de, 54

Andrade, Moacir, 342, 506

Andreazza, Mário, 418-9, 421

Ansa, agência de notícias, 370

Ansaldo, Hélio, 439

Anselmo, cabo José, 133

Antologia poética (Gullar), 340

Antônio Maria, 44

Anysio, Chico, 69, 70

Apicius, Marcus Gavius, 344

Apicius (colunista) ver Azevedo, Roberto Marinho de

Aquino, Ruth de, 424, 431

Aragão, Cândido, 133, 135

Araújo Neto, 60, 83, 93, 175, 322, 325, 347, 393

Araújo, Eliakim, 215

Archer, Renato, 467, 479

Arena (Aliança Renovadora Nacional), 120, 137, 158, 182, 185, 188, 217, 264, 318, 320, 360, 372, 401, 424

Areosa, João, 191-2, 380

Arraes, Miguel, 131, 185

Arruda, Ana *ver* Callado, Ana Arruda

Arthou, João Theodoro, 405

Assis, J. Carlos de, 466

Associação Brasileira de Imprensa (ABI), 42, 298, 360

Associação Brasileira de Rádio, 155

Associated Press, 94, 370

Assumpção, Célio, 394

Assunção de Salviano (Callado), 168

atentado, O (filme), 270

Athayde, Austregésilo de, 41

Átila, Carlos, 265, 384

Augusto, imperador romano, 344

Auler, Marcelo, 446

Avellar, José Carlos, 98, 277

aventuras do anjo, As, novela de rádio, 71

Aymoré, Arthur, 202, 204-5, 410

Azcárraga Milmo, Emilio, 432-3, 435

Azêdo, Maurício, 108

Azeredo da Silveira, 293, 367

Azeredo, Ely, 98

Azevedo, Agliberto, 222

Azevedo, Marcos, 205

Azevedo, Maria Elisa, 205

Azevedo, Roberto Marinho de (Apicius), 211, 344-5

Azulão da Feira de São Cristóvão (músico), 341

Babo, Lamartine, 271

Bacellar, Ênio, 154, 335, 336

Bacha, Edmar, 470

Baena Soares, Clemente, 420

Bahia, Luís Alberto, 291, 305

Baker, Francisco, 268

Baldacci, Raphael, 264

Bandeira da Costa, José, 46, 163

Bandeira de Mello, Fernando, 41

Bandeira, Manuel, 167

Baptista Neto, Nelson, 496

Bar Don Juan (Callado), 170

Barata, Agildo, 55

Barata, Celso, 367

Barbara, Danusia, 342

Barbosa Lima Sobrinho, 33, 360

Barbosa Lima, Fernando, 70

Barbosa, goleiro, 39

Barbosa, Holmes, 172

Barbosa, Luís, 59, 129, 292, 293

Barbosa, Mário Gibson, 203

Barbosa, Orestes, 111

Barbosa, Oscar, 213, 370

Barbosa, Rubens, 172

Barbosa, Rui, 18, 21, 27, 31

Barcellos, William, 379

Bardi, Lina Bo, 232

Bardi, Pietro Maria, 211

Bardot, Brigitte, 97, 174

Barreto, Humberto, 229, 254, 291, 305, 349, 352

Barreto, João de Almeida, 22

Barreto, Luís, 98

Barreto, Ruy, 333

Barros Nunes, Adalberto de, 252

Barros Pimentel, Sancho de, 19, 20

Barros Pinto, Marcus, 508

Barros, Célio de, 58

Barroso, Ary, 38, 523

Barroso, Juarez, 166, 342

Barrozo do Amaral, Fernando, 209

Barrozo do Amaral, Zózimo, 174-8, 209-12, 216, 304, 395, 413-4, 428, 456-7, 462, 485, 497-8, 500

Barthes, Roland, 376

Batista de Souza, Joé, 365

Batista, Nilo, 354

BBC, 167, 244-5, 250-1, 254-5, 376

Begin, Menachem, 345

Beijo na boca, filme, 199

bela da tarde, A (filme), 138

Belmondo, Jean-Paul, 97, 98

Benevides, Sônia, 378

Benjor, Jorge, 311, 341

Bentivegna, Wilma, 68

Beraba, Marcelo, 418

Berardo, Carlos, 70

Berardo, Murilo, 70

Berardo, Rubens, 70

Bergé, Robert, 211, 521

Bermudes, Sérgio, 455

Berna, Benvenuto, 25

Bernardes, Arthur, 33, 35, 43, 67, 75

Bertolucci, Bernardo, 270

Bevilacqua, Peri, 109

Bezerra, Manoel Aristarcho (Maneco), 119, 166, 183, 186, 277, 289, 302, 371

Bide (compositor), 111

Bigode, jogador de futebol, 39

Billy Paul, 271

Binômio, semanário, 143

Biondi, Aloysio, 330

Bittencourt, Niomar, 40

Bittencourt, Paulo, 40

Blanc, Aldir, 310

Blanco, Billy, 97

Bloch Editores, 105, 341, 438

Bloch, Adolfo, 50, 52, 104, 263, 265

BNDES, 40, 42, 229, 304, 406-9, 440, 456

Bocaiúva Cunha, Baby, 41, 120, 190, 238

Bocaiúva, Helena, 190, 353

Bocaiúva, Vera, 190, 353

Boccanera, Silio, 164, 322-3, 332

Boechat, Ricardo, 494

Boisset, Yves, 270

Bonfim, Beatriz, 108, 114-6, 124, 160, 163, 211, 298, 413

Bonfim, Octávio, 173

Bonfim, Orlando, 114, 124, 294, 298

Bonfim, Sinésia, 99, 114, 298, 357

Bonitinha, mas ordinária (peça teatral), 86

Borges Neto, 506

Borges, Humberto, 323-4, 365

Borges, Jorge Luis, 324

Borges, Mauro, 132

Borghert, Luís Eduardo (Lulu), 395

Borjalo (Mauro Borja Lopes), 70

Bornhausen, Jorge, 475

Bosco, João, 309-10

Bourrier, Annie, 322

Braga, Márcio, 377

Braga, Rubem, 54

Braga, Saturnino, 306

Braga, Teodomiro, 475

Braguinha (Carlos Alberto Ferreira Braga ou João de Barro), 271

Brandão, Darwin, 70

Brant, Vera, 362

Brasil em Jornal, 59

Brasil sonoro (Lira), 111

Brejnev, Leonid, 328

540

Brenner, Edison, 438

Bresser-Pereira, Luiz Carlos, 463-4

Brício Filho, Jânio Pombo, 33

Brigadas Vermelhas, 347, 528

Brilhante Ustra, Carlos Alberto, 288

Brisola, Dirceu, 295

Brito, Bartolomeu, 200

Brito, Guilherme de, 270

Brito, Raimundo de (jornalista), 46, 357

Brito, Raimundo de Moura (ministro), 357

Brizola, Leonel, 100, 110, 143-4, 185, 401-4, 469, 475

Broca, Philippe de, 97-8

Brondi, Lídia, 411

Buarque de Hollanda, Aurélio, 285

Buarque de Macedo, Manuel, 20

Buarque, Chico, 181, 216, 270, 310

Buckley, William, 312

Buena Vista Social Club (filme), 506

Bueno, Olavo, 405

Buffett, Warren, 148

Bulhões de Carvalho, Antônio Fernando, 243, 246-7, 253-61, 408

Bulhões de Carvalho, Celso, 230

Bulhões de Carvalho, Pedro, 230

Bulhões Pedreira, José Luís, 151

Bulhões, Otávio Gouveia de, 148-52, 352

Buñuel, Luís, 138

Burnett, Lago, 46, 112, 119, 163-4, 285

Buzaid, Alfredo, 356

Buzina do Chacrinha, programa de TV, 241

Caballero, Mara, 342

Caban, Henrique, 195, 197, 199, 305

Cabra marcado para morrer (filme), 98

Cabral, George, 284, 285

Cabral, Sérgio, 108, 111, 112, 113

Cabral, Victorio, 453, 454, 455, 456, 458, 459, 483, 485

Cacaso, 167

Caetano, Marcelo, 300

Café Filho, 73, 126

Cahiers du Cinema, revista, 98

Calabar: o elogio da traição (peça teatral), 270, 310

Calabi, Andrea, 452

Calazans Fernandes, Basílio, 64, 82, 93, 105

Calazans, Camilo, 429

Caldas, Álvaro, 418

Caldas, Graça, 410

Calheiros, Renan, 468

Callado, Ana Arruda, 61, 88-93, 98, 108, 336

Callado, Antonio, 40, 89-92, 163, 167-70

Callegari, Luciano, 433-4

Calmon de Sá, Ângelo, 247, 456

Calmon, João, 133, 158, 282, 364

Calmon, Pedro, 294

Calógeras, Pandiá, 31

Câmara, dom Helder, 70, 161, 222

Camargo, Affonso, 469

Camargo, Hebe, 68

Campelo, Joaquim, 163, 166, 193, 233, 284-5, 424, 430, 439, 465

Campos da Paz, Aloísio, 417

Campos Salles, 26

Campos, Anderson, 166

Campos, Milton, 130

Campos, Olímpio, 466

Campos, Roberto, 148-52, 283, 313, 352, 399, 461

Canale, Geraldo, 202

Cândido, João, 28

Canedo, Guillermo, 432

Cantanhêde, Eliane, 219, 383, 421, 427, 467, 469, 471, 474

Canudos, Guerra de, 24, 87

Capanema, Gustavo, 338

Capistrano da Costa, Davi, 222

CapitalTec, 453

Cardim, Elmano, 40

Cardoso, Elizeth, 331

Cardoso, Fernando Henrique, 12, 409, 490, 503, 507

Cardoso, Luís Fernando, 335

Cardoso, Teresa, 12, 383-4, 421, 475-6

Cardozo, Joaquim, 340

Careta, revista, 27

Cariocas, Os, 375

Carlos Swann, *ver* Americano, Álvaro

Carmo, Márcia, 496

Carneiro, Dionísio, 470

Carneiro, Dirceu, 495

Carneiro, Edson, 91, 112

Carneiro, Jorge, 292

Carneiro, Luiz Orlando, 81-3, 100-1, 111, 114, 135, 170, 268, 289, 302, 334, 371, 373, 381, 383, 417, 426, 430, 439, 506

Carneiro, Sérgio, 206

Carneiro, Sônia, 375

Carta Capital, 467

Carta, Mino, 154, 321, 366, 449

Carter, Jimmy, 326, 331-2, 347

Caruso, Chico, 102, 350, 413

Carvalho Neto, 41

Carvalho, Carlos, 198

Carvalho, Eduardo, 439

Carvalho, Hermínio Bello de, 309, 341

Carvalho, Horácio de, 40, 44

Carvalho, J. B. de, 310

Carvalho, Pery de, 245

Carvalho, Quintino de, 46, 65

Carvalho, Ronald, 386

casamento, O (Rodrigues), 163

Casassanta, Mário, 338

Castello Branco, Carlos, 12, 54, 107, 123-33, 184, 187, 194, 217-8, 220, 223, 304, 350, 360-4, 381, 422-3, 465, 471, 487, 495, 497

Castello Branco, Humberto de Alencar, 136, 142, 149-51, 158, 163, 283, 296, 314, 382, 477

Castello Branco, Paulo, 312

Castello Branco, Rodrigo, 361

Castro, Amilcar de, 45-6, 49-53, 55, 59, 61, 79-83, 103, 106

Castro, Fidel, 206

Castro, Glória O., 387

Castro, Marcos de, 59-60, 123, 164, 191, 193, 287-8, 506, 508

Castro, Ruy, 341

Cataldo, Beth, 467

Catete Pinheiro, Edward, 92

Cavalcanti, Amaro, 22

Cavalcanti, Cláudio, 233, 236, 237

Cavalcanti, Flávio, 69, 203

Cavalcanti, Sandra, 402

Cavalcanti, Tenório, 154

cavaleiro da noite, O, novela de rádio, 71

CBF (Confederação Brasileira de Futebol), 432

CBS (Columbia Broadcasting System), 67

Ceccon, Claudius, 393, 509

Celidônio, José Hugo, 211

Celso, Afonso, 27, 31, 33

Cena Muda, revista, 104

Chabrol, Arlete, 215, 322

Chacel, Cristina, 410, 411, 412

Chacrinha (Abelardo Barbosa), 203, 205, 240-1, 271

Chagas Freitas, Antônio de Pádua, 41, 74, 196, 267-8, 306, 317, 402

Chagas Rodrigues, 132

Chagas, Carlos, 82, 159, 363

Chaim, Célia, 466

Champalimaud, Antônio, 305

Chapelin, Sérgio, 215

Chataignier, Gilda, 118

Chateaubriand Bandeira de Mello, Francisco de Assis (Chatô), 29, 31, 66-9, 81, 105, 124, 126, 133, 254

Chateaubriand, Gilberto, 253

Chatô *ver* Chateaubriand Bandeira de Mello, Francisco de Assis

Chaves, Aureliano, 421-3, 427, 469, 475-6

Chaves, Marival, 299

Chavs, Nina, 173

Chiarelli, Carlos, 475

Chico Nelson, 193

China é azul, A (peça teatral), 270

Cholby, Rosemary, 122

CIA, 168, 200-1, 223, 315

Cinema Novo, 98, 188

Cinema Nuovo, revista, 98

Cintra Gordinho, Joaquim, 263

Civilização Brasileira, editora, 87

Civita, Roberto, 321, 452

Clair, Janete, 242, 330

Clarim, O, 100

Clark, Lygia, 46

Clark, Walter, 105, 240, 255, 259, 435

Cláudio Humberto, 468

Cleusa Maria, 337, 341

CNBB (Confederação Nacional dos Bispos do Brasil), 92, 342

Codas, Roberto, 369

Coelho da Graça, Milton, 297

Coelho Neto, Rogério, 292, 403, 424, 469

Coelho, Marco Antônio, 221, 223

Coelho, Moacir, 303

Coelho, Ronaldo Cezar, 457

Coimbra, Marcos, 488

Colasanti, Arduíno, 117, 147

Colasanti, Marina, 116-8, 135, 166, 174, 284

Cole, Nat King, 97, 174

Collor de Mello, Fernando, 102, 450, 466-70, 473, 475-6, 483-8, 495

Collor, Pedro, 485, 487

Comissão Estadual da Verdade, RJ, 356, 388

Companhia Comércio e Navegação (CCN), 25, 29, 34, 119

conformista, O (filme), 270

Coniff, Ray, 97

Conselheiro, Antônio, 24

Contador, Cláudio Roberto, 336

Conti, Mario Sergio, 508

Continental, Rádio, 70, 74

Continental, TV, 70, 263, 431

Conversa com a memória (Corrêa), 423

Corção, Gustavo, 161

Coreia, Guerra da, 37, 39

Corona, Marilena, 526

Coronelismo, enxada e voto (Nunes Leal), 90

Corrêa, Marcos Sá, 292, 311-3, 411, 413, 427, 430, 442-52, 455, 460, 462, 466, 468, 470-3, 484, 486, 497

Corrêa, Villas-Bôas ver Villas-Bôas Corrêa, Luiz Antônio

Correia, Armando, 475

Correio da Manhã, 25, 27, 30, 32, 40, 42, 57, 73, 76, 82, 92, 96, 103, 124, 160, 167, 174, 181, 330

Correio de Minas, 143

Correio do Povo, 129, 229

Correio Rural, 90

Corsetti, Higino, 243

Cortázar, Júlio, 216

Costa Campos, Bernard, 13, 36, 108, 134, 145-6, 212-4, 221, 223, 229, 231, 235, 242, 244, 246-7, 253, 256-8, 274-5, 278-81, 304-7, 317, 352, 358-9, 379, 393, 396, 405-6, 430, 437-9, 478

Costa e Silva, Arthur da, 137, 145, 152-3, 158-9, 169, 171, 176, 180-5, 187, 295-6

Costa e Silva, Iolanda, 170

Costa, Lúcio, 97, 340

Costa, Odylo, filho, 43, 46-8, 50, 52-3, 55, 57-8, 61-2, 64-5, 89, 91, 106, 273, 285, 295

Costa, Pedro, 65

Costa-Gavras, 270

Costallat, Benjamin, 32, 38

Coutinho Torres, Lafayette, 483-4, 487-8

Coutinho, Edilberto, 48

Coutinho, Eduardo, 98, 242

Coutinho, Luís Paulo, 153

Couto e Silva, Golbery do, 229, 247, 254, 264, 282, 290-1, 296, 298-300, 302-4, 318, 349, 352, 384, 391, 401, 421

Covas, Mário, 180, 469

Crisóstomo, Antônio, 213, 365, 376

Crosby, Bing, 97, 174

Cruz, Jairo, 200

Cruz, Oswaldo, 25

Cruzeiro, O, 44, 77, 126-7, 193, 492

Cunha Rodrigues, Paulo Mário, 133

Cunha, Eduardo, 486, 500

Cunha, Euclides da, 25

Cunha, Luís Cláudio, 467

Cunha, Paulo José, 363-4

Cunha, Rubem, 213, 283, 377

Cunto, Walter, 99

Curi, Norma, 186, 248, 336, 337, 338, 339, 340

Curvo, Ney, 277

Curi, Alberto, 134, 164, 182

Dalcin, Rosa, 466

Dale Coutinho, Vicente de Paulo, 316

Dantas, Jaime, 322, 325, 366

Dantas, Manoel, 17

Dantas, Orlando, 40

Dantas, Rodolfo, 10, 17-8, 20

Dantas, San Tiago, 40, 96, 109-10, 132, 314

Dantas, Vera, 410

Das Terras de Benvirá, álbum de Geraldo Vandré, 308

Daudet, Alphonse, 21

Daudt de Oliveira, Armando, 316-7

David, Luiz Carlos, 339

De Gaulle, Charles, 321, 482

Delfim Netto, Antônio, 13, 36, 145-6, 153, 170, 187, 212-8, 239, 242, 279, 281, 299, 316, 330, 398-9, 404-7, 430, 437-8, 454, 471

Delon, Alain, 97, 174

Deneuve, Catherine, 138

Deus e o Diabo na terra do Sol (filme), 137

Dia, O, 40, 73, 84, 267, 402, 509

Diário Carioca, 40, 44-6, 49, 55, 73, 82, 84-6, 88, 90, 92, 94, 96, 112, 125-6, 128, 206

Diário da Noite, 41, 105

Diário de Notícias, 19, 27, 40, 42, 73-4, 153

Diário de S.Paulo, 169, 295

Diário Oficial da União, 20, 72, 262

Diários Associados, 66-7, 105, 133, 158, 253, 262, 265, 320, 364

Dias Gomes, 97, 242

Dias, Etevaldo, 402, 450, 452, 465-9, 472, 474, 483-4, 487-8, 495

Dias, Giocondo, 222

Dias, Heraldo, 353-6, 390-1, 404

Dias, Maurício, 12, 506

Didi, jogador de futebol, 268, 523

Diegues, Cacá, 216, 270

Dines, Alberto, 42, 46, 54, 103-8, 115-20, 128, 136, 139-42, 146-8, 153-7, 159, 162, 164, 166-8, 172-4, 176, 183, 185-6, 189, 192, 195, 203-4, 206-8, 218-20, 223, 232, 235, 242, 268, 272-86, 299, 320, 322, 442, 460

Dines, Rosaly, 281

Diniz, Alcides, 488

Diniz, Arthur Chagas, 199, 245, 246, 255, 256, 261

Diniz, Fernando, 339

Diniz, Leila, 209

direito de nascer, O, novela de TV, 71, 242

DOI-Codi, 192, 298, 355, 390

Domingues, Henrique Foréis ("Almirante"), 111

Dominguinhos (compositor), 270

Donato, Roberto, 485

Donga (compositor), 111

Dops, 181, 192

Dorléac, Françoise, 98

Dourado, Autran, 54, 62, 65, 72, 74

Dourado, Sérgio, 198, 239, 351

Drummond de Andrade, Carlos, 54, 165, 167, 337-40, 362-3, 385

Drummond, Roberto, 165-6, 284

Duarte, Anselmo, 97, 105

Dubček, Alexander, 159, 186

Dufrayer, Roberto, 155, 213

Dulles, John Foster, 63-5, 76, 99

Dulles, John Foster, filho, 312

Dumar, Deborah, 337, 414

Dunshee de Abranches, João, 24, 34

Duque Estrada, Maria Inês, 82, 93-4, 102, 108

Durra, David, 226, 236

Durval, João, 472

Dutra, Eurico Gaspar, 39, 68-9

Dutra, Waltensir, 94-5, 100, 376

Eckstine, Billy, 97

Edo, Jorge, 68

Eid, Calim, 421

Eisenhower, Dwight, 62-4, 312

Elbrick, Charles Burke, 189, 191, 353, 526

Eletrobras, 42, 97, 352

Eleutério, Regina, 506

Elis Regina, 270, 309-10

Elke Maravilha, 271

Elle, revista, 376

Elton John, 271

Embraer, 351

Embratur, 333, 351

Empresa Brasileira de Notícias (EBN), 423

Encontro com a Imprensa, programa de rádio, 233

Época, revista, 223

Ermírio de Moraes, Antônio, 438

Ermírio de Moraes, José, 437

Erundina, Luíza, 457

Escobar, Ruth, 181

Eshkol, Levi, 346

Espínola, Aristides, 18

Espírito Santo Agora, O, 112

Esquenazi, Rose, 287

estadista do Império, Um (Nabuco), 19

Estado de Minas, 124

Estado de S. Paulo, O, 24, 27, 84, 122, 128, 194, 218, 248, 265, 283, 292, 298, 325, 360, 369, 382, 406-9, 440, 456, 466, 502

Estado de sítio (filme), 270

Eudes, José, 427

Eudoro Augusto, 167

Evans, Robert Derwell, 322

Eversong, Lenny, 309

Exame, revista, 334-5

Excelsior, TV, 70, 113, 242, 431

Express, L', 321

Faculdade Cândido Mendes, 22, 202

Fagundes, Eduardo Seabra, 388

Faissal, Roberto, 71

Falcão, Armando, 300-1

Falcão, João Emílio, 129

Falcão, Lorem, 121

Fantástico, programa de TV, 241

Faria, Gustavo de, 187

Farias Neto, João Luís, 15, 120, 199, 244, 306

Farias, Paulo César, 485-7, 495, 500

Fatos e Fotos, revista, 105, 107, 341

Faustino, Mário, 45, 128, 161

Fawcett, Percy Harrisson, 169

Feijó, Ateneia, 383

Felice, Mauro de, 365

Felisberto, Murilo, 140, 206

Fernandes, Bob, 383, 421, 467

Fernandes, Hélio, 128, 249, 253, 474

Fernandes, Millôr, 70, 116, 118, 181, 308, 343, 386, 413, 489-94

Fernandes, Rodolfo, 383, 467

Fernando Horácio, 59, 116

Ferraz, Silvio, 428, 505

Ferreira da Silva, Genésio, 445

Ferreira Gullar, 45-6, 49-50, 52-3, 56, 60, 77, 91-2, 285, 340

Ferreira, Alberto, 119, 238

Ferreira, Argemiro, 165

Ferreira, Durval, 97

Ferreira, Heitor Aquino, 254, 291, 354

Ferreira, Paulo César, 393, 395

Fiel Filho, Manoel, 298, 317, 360

Fifa, 431, 433

fígado de Prometeu, O (Callado), 167

546

Figueiredo, Dulce, 264

Figueiredo, João Baptista, 145, 260-5, 317, 328, 372-3, 381-4, 391, 397-402, 420

Figueiredo, Wilson, 12, 46-8, 54, 61, 65, 77, 81-2, 88-90, 93, 96, 104, 106, 136, 145, 163, 182, 237, 239, 248, 251, 253, 280, 283, 305, 449, 461, 469, 480, 485, 490, 493-4, 496, 502, 505

Financial Times, 319

Fisher, Bud, 36

Flack, Roberta, 271

Fleury, Luís Fernando, 203

Fleury, Sérgio, 224, 236, 289, 390-1

Flores, Aloísio, 163-4, 220, 278, 292

Folha de Minas, 222

Folha de S.Paulo, 84, 126, 143, 294, 299, 418, 420, 445, 466-7, 469, 500, 502

Fome de amor (filme), 117

Fonseca, Deodoro da, 20

Fonseca, Hermes da, 27

Fontes, José Gonçalves, 207, 226, 268

Fontoura, Arlete, 275

Fontoura, Walter, 119, 145-6, 163, 182, 218-9, 246-7, 254, 263, 274-5, 281-91, 297, 300-1, 304, 306, 313, 316, 319-20, 322, 324, 326, 331, 334-5, 337, 343, 349, 352-4, 357, 359, 366, 373-4, 377, 380, 400, 406, 415, 418-20, 424

Forster, Walter, 68

Foudoukas, Marc Demetre, 228

France Presse, 94, 370

Francis, Paulo, 86, 168, 500

Franco, Francisco, 324-5

Franco, Itamar, 496

Franco, Vera, 410

Franklin, Mário Lúcio, 170-2, 323

Franqueira, Mário, 393

Freire d'Aguiar, Rosa, 186

Freire da Fonseca, Aníbal, 32, 34-5, 52, 71, 77, 84

Freire, Paulo, 153

Freire, Roberto, 469

Freire, Vitorino, 476-9

Freitas, Carlos Eduardo de, 397

Freitas, Janio de, 45-6, 49-50, 53, 55, 58, 60-1, 77-8, 80-1, 83, 85-6, 92-3, 98-9, 102-3, 106, 112, 147, 195, 273

Frejat, Antônio, 382

Frejat, Hiram, 382

Frejat, Jofran, 382

Frejat, José, 382

Freud, Sigmund, 208

Frias, Lena, 337, 340-1

Friedan, Betty, 174

Frondizi, Arturo, 100-2

Frota, Sylvio, 316-9, 372

Funaro, Dilson, 439-40, 463

Fundação Pereira Carneiro, 454

Fundo Monetário Internacional (FMI), 62, 121, 149, 151, 398-9, 461

Furtado, Celso, 92, 149, 186

Gabeira, Fernando, 141-4, 159, 163-7, 188-92

Gabriela cravo e canela (Amado), 243

Gabus Mendes, Cássio, 68

Gagarin, Iúri, 91, 100

Gallup, Instituto, 259-60, 403

Galvão, Henrique, 517

Galvêas, Ernâne, 397

Gama e Silva, 181, 183

Garcia, Fernando, 70

Garcia, Hélio, 470

Garcia, Luís, 172, 295

Gardner, Ava, 97, 174

Garrincha, 123, 184

Gaspari, Elio, 211, 247, 254, 281, 286, 290--306, 311-3, 316-22, 344, 347, 349-50, 352, 372-3, 380, 415, 421, 473, 500

Gauguin, Paul, 211

Gazeta da Tarde, 17

Gazeta de Notícias, 19

Gazeta Mercantil, 428, 502

Gazzaneo, Luiz Mario, 12, 278, 287, 290, 294, 335, 386-90

Geesink, Anton, 184

Geisel, Amália Lucy, 291

Geisel, Ernesto, 145, 229, 243-4, 248, 262, 264, 282, 291, 297-8, 301-5, 310, 316-9, 326, 330, 334-6, 349, 354, 360, 371-2, 375-6, 380, 397, 424

Geisel, Orlando, 242

Gerheim, Luís Antônio, 428

Gestido, Oscar Diego, 200

Gigantes do futebol brasileiro (Castro e Máximo), 123

Gil, Gilberto, 270, 311, 341, 447

Giordano, Umberto, 441

Givadinovich, 256, 257

Globo Repórter, programa de TV, 242

Globo, Agência, 396

Globo, Editora, 129

Globo, O, 15, 40-1, 72-5, 84, 133, 143, 146, 156, 160-3, 167, 169, 172-5, 188, 194-9, 208, 235, 239, 249, 252, 274, 279, 292, 294, 303, 325, 336, 382, 390, 392, 396, 402-3, 413-6, 421, 438, 444, 456, 465-7, 484, 487, 494, 497, 499, 504-7

Globo, Rádio, 72-6, 133, 231, 235, 393, 410

Globo, Sistema, 240, 248-9, 395

Globo, TV, 15, 71-2, 156-7, 196-9, 203, 207, 215, 240-1, 245, 248-52, 255-7, 261-3, 280, 330, 375, 395, 403, 430-1, 435-7, 465, 487

Góes, Severino, 467

Góes, Walder de, 349, 371, 373, 381

Gois, Ancelmo, 431, 449, 486

Gomes de Almeida Fernandes, 351

Gomes Leal, 21

Gomes, Eduardo, 39, 197

Gomes, Hilton, 241

Gomes, Mário, 199

Gomes, Pedro, 283

Gomes, Severo, 319

Gomide, Aloísio Dias, 201-5

Gomide, Aparecida, 203, 205

Gonçalves da Costa, Marly, 175-6

Gonçalves, Milton, 168

Gontijo, Ricardo, 418

Gordon, Lincoln, 314

Gota d'água (peça teatral), 270

Goulart, João, 107-9, 127-3, 136, 143, 148-50, 153, 155-6, 164, 185, 203, 268, 293, 296, 314, 353, 507

Goulart, João Vicente, 507

"grande morto, O" (Nabuco), 19

Grisolli, Paulo Affonso, 118, 174, 206, 232

Gropper, Simona, 237

Gros, Francisco, 405, 441

Guanabara, Leo, 169, 295

Guardian, The, 36

Guarnieri, Waldomiro, 294

Gudin, Eugênio, 30

Guedes, Armênio, 222

Guedes, Carlos (membro do PCB), 222

Guedes, Carlos Luís (general), 164

Guerra, Ruy, 98, 270, 310

Guerrante, Romildo, 165

Guignard, Alberto da Veiga, 50

Guilhon, Everardo, 84-5

Guimaraens Neto, Alfonsus de, 167

Guimarães Rosa, João, 203

Guimarães, Honestino, 181

Guimarães, Mauro, 419-20, 425, 427

Guimarães, Ulysses, 137, 295, 360, 421, 423, 429, 440, 463, 467, 469

Gusmão Lobo, 18

Gutemberg, Luís, 48

Guzzo, José Roberto, 321

Haddad, Jamil, 179

Halliday, Johnny, 216

Harrazim, Dorrit, 320-7, 345-6, 365-6, 373

Hathaway, Donny, 271

Havelange, João, 431-7, 442

Hayworth, Rita, 331

Herald Tribune, 139

Herzog, Vladimir, 298, 317, 360

Hilda Furacão (Drumond), 284

História meio ao contrário (Machado), 377

Ho Chi Minh, 169

Hoje é dia de rock (peça teatral), 270

Hollanda, Haroldo, 220, 349

Hollanda, Tarcísio, 383

homem do Rio, O (filme), 97

Horta, Francisco, 377

Horta, Luiz Paulo, 140-1, 165, 272, 413

Houaiss, Antônio, 491

idade da Terra, A (filme), 501

ideais traídos, Os (Frota), 317

Imprensa, revista, 476

Independência ou morte (filme), 270

Indjoudjian, M. D., 254, 256-7, 261

Investigação sobre um cidadão acima de qualquer suspeita (filme), 270

Irmãos Coragem, novela de TV, 330

IstoÉ, 366, 437, 449

Jabor, Arnaldo, 270

Jabour, Carmen (irmã Zoé), 332

Jabour, João, 331-2

Jabour, Jorge, 331

Jaccoud, D'Alembert, 128, 219

Jacintho de Thormes *ver* Muller, Maneco

Jackson, Geoffrey, 205

Jaguar, humorista, 149

Japiassu, Moacyr, 143

Jardel Filho, 188

Jardim, Reynaldo, 44, 46, 52, 55, 81, 83-4, 87, 92, 111-2, 164, 375

Jatobá, Luís, 70

Jereissati, Tasso, 463

Jerônimo, o herói do sertão, novela de rádio, 71

Jesus, Clementina de, 341

Joanna Francesa (filme), 216, 270

João Antônio, 284

João Donato, 485

João do Rio, 90

João Gilberto, 112, 113

João Paulo I, papa, 370

Joaquim Maria, 306, 316, 424

Jobim, Danton, 40, 44, 85, 90

Jobim, Tom, 42, 270, 309-10

Jogos Olímpicos de Moscou, 1980, 329

Jogos Olímpicos de Munique, 1972, 121, 346

Johannpeter, Jorge Gerdau, 254, 263

Johnson, Lyndon, 312

Jornal da Poesia, 167

Jornal da República, 449

Jornal da Tarde, 122, 449

Jornal de Brasília, 253

Jornal do Brasil, Agência de notícias, 102, 376, 386

Jornal do Brasil, Gráfica, 435, 450, 454-6

Jornal do Brasil, Grupo, 15, 246

Jornal do Brasil, Rádio, 15, 33-5, 44, 67, 77, 119, 121, 133-4, 136, 144, 155, 163-4, 182, 207, 213-5, 226, 233, 245, 253, 255, 261, 271, 286, 335, 357, 365-6, 370-1, 375-7, 392, 403-4, 409-10, 448, 474

Jornal do Brasil, TV, 65-77, 155-9, 225, 240-66, 431-42

Jornal do Commercio, 18-9, 25, 27, 30-1, 40, 42, 73, 94, 96, 330

Jornal do Commercio, TV, 69

Jornal dos Sports, 38, 41, 54, 112

Jornal Nacional, programa de TV, 197, 215, 465, 484, 488

Jornal, O, 54, 81, 100, 105-6, 125, 163, 282, 320, 364, 377

José e a mulher de Putifar, tela de Gauguin, 211

Joyce, cantora, 186

Jul, Ana Maria, 399

Julião, Francisco, 167

Jung, Carl, 305

Junqueira, Ivan, 424

Karmal, Babrak, 328

Kennedy, John, 97, 105, 110, 135

Kerr, Yllen, 116-7

Keti, Zé, 108

Khan, Ali, 331

Khomeini, aiatolá, 329, 396

Khruschóv, Nikita, 62, 327

Kierkegaard, Soren, 363

Klabin, empresa, 406

Kolecza, Alberto, 204

Kramer, Dora, 467

Kranz, Marília (Madame K), 344-5

Krivoy, Abraham, 358-9

Kubitschek de Oliveira, Juscelino, 41, 43, 49, 62-5, 71-6, 96, 99, 109-10, 126, 137, 143, 149-50, 185, 294

Kupfer, José Paulo, 336

La Barca, Calderón de, 182

La Bretonne, Restif de, 86

Lacerda, Carlos, 38, 40-6, 65, 90, 98, 107, 109, 124, 127-8, 135, 158, 170, 185, 252, 300, 305, 312, 360, 402

Lacerda, Sérgio, 107, 444

Laet, Carlos de, 27, 31, 33

Lage, Henrique, 117

Lage, Miriam Ferreira, 186, 431

Lage, Nilson, 46, 91

Lago, Mário, 185

Lan, cartunista, 184, 220

Landi, Ofelia e Oswaldo Enrique, 367

Lando, Amir, 495

Lanes, Tadeu, 404

Langoni, Carlos Geraldo, 398, 400

Lara Resende, Fernando, 55

Lara Resende, Otto, 50, 54, 98, 163, 232, 235, 237, 239, 275, 280, 284, 360, 478

Lara Rezende, André, 219

Larquê, Luís Gonzaga, 215, 414

Le Corbusier, 232

Leão XIII, papa, 17

Leão, Danuza, 500

Leão, Ivan, 410

Leão, Múcio, 31

Leão, Nara, 270

Legros, Fernand, 210

Leitão de Abreu, João, 217, 242, 279, 316, 383-4, 421

Leitão, Míriam, 411, 428, 431, 473

Leite de Oliveira, Maria de Lurdes, 199

Leite, Wilcar, 56

Leiva, João Soares, 22

Lemann, Jorge Paulo, 147-8

Lemos, Carlos, 56-9, 61, 93, 107, 115-8, 121, 136, 160, 164, 166, 170, 172, 183, 186, 188, 207, 220, 244, 261, 275, 277, 284, 323, 377, 380, 382, 392-5, 497-8

Lemos, João Batisita (JB), 382-3, 418

Lemos, Tite de, 46, 91, 164, 284

Lengyel, János, 82

Leonam, Carlos, 117-8, 174, 284

Lerer, Davi, 180

Lessa, Washington Dias, 52

Letelier, Orlando, 279

Levy, família, 502

Lewis, Jerry, 206

Light Reflections, grupo musical, 271

Lima Souto, Edson Luís de, 179

Lindemberg, Adolfo, 351

Lins e Silva, Evandro, 340, 377

Lins, Miguel, 218, 235

Lionel Richie, 271

Lira, Marisa, 111

Lisboa, Luís Carlos, 164

Lisístrata (Aristófanes), 181

Lispector, Clarice, 105, 284

Lobão, Edison, 475-6

Lobo Cordeiro (Dunshee de Abranches), 24

Lobo, Alfredo, 164

Lobo, Luís, 164

Lollobrigida, Gina, 172

Lopes, Bob, 383, 421

Lopes, Nei, 341

Lopes, Saint-Clair, 73

Lordello, Élvia, 125, 130, 361

Loucuras de verão (filme), 271

Loyola, Leandro, 223

Lozano, Jesús, 432

Lucas, Artur (Bambino), 22

Lucas, George, 271

Lucena Lopes, Humberto, 221

Luís Estevão, 487

Luiz Melodia, 270, 341

Lula da Silva, Luiz Inácio, 441-2, 469, 474-5

Luta Democrática, jornal, 154

Luz, Carlos, 126

Luz, Celina, 206, 390

Luz, Olavo, 114

Lyra Tavares, Aurélio, 177, 182, 295

Lyra, Carlos, 309
Lyra, Fernando, 423
Lyra, João, 468

Macaco inventor (Nascimento), 44
Macalé, Jards, 311
Macedo Miranda, 164
Macedo Soares, J. C., 63, 305
Machado de Assis, 23
Machado de Carvalho, Paulo, 184, 263, 431, 433, 439
Machado, Aloizio, 322, 366
Machado, Ana Maria, 357, 365-6, 376
Machado, Jansen, 298
Machado, Julião, 22, 24
Machado, Paulo, 69
Machado, Renato, 211, 322, 341, 370, 386
Machado, Wilson Luis Chaves, 388, 390
Maciel, Everardo, 464
Maciel, Lysâneas, 402
Maciel, Marco, 427
Macksen Luiz, 166, 414
Mademoiselle Cinema (Costallat), 32
Mãe Quelé (Frias, Carvalho, Lopes), 341
Magaldi, Sábato, 54, 55
Magalhães Lins, José Luis, 12, 98, 105, 114, 194, 196, 219, 268, 485
Magalhães Pinto, 130, 268, 313, 372, 401
Magalhães, Antonio Carlos, 102, 137, 352, 411, 427, 430, 434, 471, 485
Magalhães, Fernando, 185
Magalhães, Heloísa, 410
Magalhães, Juracy, 141-2
Maia, Cesar, 470
Maia, José Agripino, 475

Maia, Tim, 270
Malan, Catarina (antes Gontijo), 378, 452
Malan, Pedro, 378, 452
Malhães, Paulo, 356
Malho, O, 27
Malina, Salomão, 222
Malta, Dácio, 292, 427, 486-96, 499-501
Maluf, Paulo, 418-27, 438, 469
Malvinas, guerra das, 369
Manchete, revista, 44, 50, 54-5, 104, 341
Manchete, Grupo, 263, 265, 451-2
Manchete, TV, 253, 265, 451
Maneschy, Osvaldo, 370
Mangabeira, Otávio, 130
Manzon, Jean, 63-4
Maradona, Diego, 384
Maranhão, Aloísio, 154
Marçal (compositor), 111
Marchesini, Amílcar, 34
Marchi, Carlos, 383, 421-3
Marcondes Filho, Gentil, 390
Marcondes Gadelha, 475-6
Marighella, Carlos, 288
Marinho, (antes Carvalho), Lily de, 86
Marinho, Djalma, 182
Marinho, Irineu, 41
Marinho, Josaphat, 471
Marinho, Luis Roberto, 488
Marinho, Ricardo, 41, 194, 195
Marinho, Roberto, 13, 41, 72-6, 86, 133, 146, 156-7, 161, 163, 175, 194-8, 208, 231, 239-40, 249, 252, 268, 280, 392-5, 405-6, 413, 430, 434, 437, 460-1, 464-5, 478, 484-5
Marinho, Roberto Irineu, 394

Marinho, Rogério, 41, 173, 195

Mário Filho, 38, 41

Marques Rezende, André, 129

Marques, Cesário, 93

Marra, Antônio Beluco, 141

Martinelli, Giuseppe, 26

Martins Júnior, 21

Martins Pereira, Cipião, 46, 164

Martins, Edilson, 444

Martins, Franklin, 180, 189, 376, 467

Martins, Mário, 169, 335, 376

Martins, Paulo Egídio, 264

Martins, Sebastião (Tim), 365

Marzagão, Augusto, 283

Mas, Daniel, 174

Massaini Netto, Aníbal, 270

Massarani, Renzo, 83

Massera, Emílio Eduardo, 366

Masson, Nonato, 117, 119, 141

Matarazzo, família, 26

Matita Perê, álbum de Tom Jobim, 270

Matta, Nelson da, 406

Mattos Fontes, Geremias de, 120

Mattos, Haroldo de, 261, 264, 265

Mauá, barão de (Irineu Evangelista de Souza), 26

Máximo, João, 123, 140-1

Mayrink Veiga, Rádio, 67, 74, 133

Mayrink, Geraldo, 142-3

Mayrink, José Maria, 171

McCartney, Paul e Linda, 271

MDB (Movimento Democrático Brasileiro), 137, 180, 188, 306, 318, 360, 372, 401-2

Medeiros Silva, Carlos, 163

Medeiros, Otávio Aguiar de, 264-5

Médici, Emílio Garrastazu, 14, 203, 215-8, 220, 242-3, 269, 291, 316, 340, 376, 380, 384

Médici, Roberto, 218

Meir, Golda, 346

Meira Penna, J. O. de, 305

Meira, Tarcísio, 70, 270

Mello de Almeida, Reinaldo, 298, 372

Mello e Cunha, César de, 156

Mello e Souza, Cláudio, 45, 91, 116-7, 137-8, 163

Mello Franco, Afonso Arinos de, 91, 130

Mello Franco, Rodrigo, 338

Mello, Arnon de, 252

Mello, Ednardo d'Ávila, 298, 317, 361

Mello, Luís Carlos, 196, 268

Melo Neto, João Cabral de, 54, 340

Melo, Custódio de, 21-2

Mendes Campos, Paulo, 54, 239

Mendes de Almeida Filho, Cândido, 22, 25-6, 29

Mendes de Almeida, Fernando, 22, 25-6, 29

Mendes, Bete, 427

Mendes, Chico, 444

Mendes, Humberto, 56

Mendonça, Thaís, 402, 419, 467

Menescal, Roberto, 117, 147

Menezes Côrtes, Gilberto, 154-5, 336, 449, 469

Menezes, Glória, 70

Mesquita, Cláudia, 174

Mesquita, Fernando César, 383

Mesquita, Luís, 407

Meyer, Adolfo, 357-8

Meza, Antonio, 432

Michahelles, Kristina, 334

Michalsky, Yan, 163

Migré, Alberto, 70

Miguel Gustavo, 178, 271

Minas Gerais, navio, 28

Mindlin, Henrique, 190, 227-31

Mindlin, José, 228

Mineiro da Silva, Procópio, 365, 403-4

Miranda, Décio Meirelles, 182

Miró, Joan, 211

"Mistérios do Rio" (Costallat), 32

Mitke, Thassilo, 41

Mitre, Fernando, 143

Mitrione, Dan, 201-5

MNR (Movimento Nacionalista Revolucionário), 143

Moneró, Mariucha, 342

Mont'Alegre, Omer, 103, 105, 147

Montaldo, Giuliano, 270

Montanaro, Sabino, 367, 369

Monteiro, Euller Bentes, 372

Monteiro, Isabel, 174

Monteiro, Sérgio Rego, 496

Moraes Filho, Prudente de, 44, 125

Moraes Neto, Prudente de, 40, 298

Moraes, Alice Ferry de, 378

Moraes, José Carlos, 393

Moraes, Luciano (Bode), 386-7

Moraes, Milton, 168

Moraes, Vinicius de, 42, 167

Morais Filho, Evaristo de, 377

Morais, Jomar, 419, 423

Moreau, Jeanne, 216

Moreira Alves, Branca, 181-2

Moreira Alves, Marcio, 57, 180, 182, 184

Moreira do Valle, Epaminondas, 145-6

Moreira Franco, Wellington, 402-3, 453

Moreira Júnior, Otávio Gonçalves, 287

Moreira Salles, Fernando, 255, 261

Moreira Salles, Walter, 156, 254, 259, 261

Moreira, Antônio Carlos, 410

Moreira, Célio, 70

Moreira, Cid, 70, 215

Moreira, Delfim, 31

Moreira, Neiva, 125-6

Moretzsohn, Virgílio, 186

Moreyra, Sandro, 196, 287, 523

Moro, Aldo, 347, 389

Morrison, Walter, 228-31

Moscoso, Tobias, 31

Mossad, serviço secreto israelense, 346

Mossri, Flamarion, 129, 292

Mota Soares, Lutero, 506

Mota, Arquimedes, 124

Mota, Magno Catarino, 388

Mota, Silvio, 132

Motta Veiga, Luís Octavio, 496, 501

Moura Andrade, Auro de, 110

Moura Roulien, Ubirajara, 200, 387, 389

Moura, Paulo, 208

Mourão Filho, Olímpio, 164

Movimento, jornal, 388

MR-8 (Movimento Revolucionário 8 de Outubro), 189, 353

Muller, Gilda, 70

Muller, Maneco, 55, 70, 174

Muniz de Souza, João, 147, 153, 170

Muniz Falcão, Sebastião, 56

Muniz Sodré, Niomar, 42, 330

Murad, Jorge, 462, 476, 481

Murtinho, Joaquim, 27
Mutt e Jeff, 36
Muzzi, Inácio, 383

Na sala com Danuza (Leão), 501
Nabuco de Araújo, 19
Nabuco, Joaquim, 16-21
Nación, La, 27
Nacional, Rádio, 67, 71-6, 111, 231, 364
Nahas, Naji, 413
Napoleão, Hugo, 475-6
Nascimento Brito Filho, Manoel Francisco do (Kiko), 35, 430, 450, 486, 490, 496
Nascimento Brito, José Antônio do (Jôsa), 11, 13, 35, 263, 323, 326-7, 358-9, 366, 379, 405, 408, 425, 427, 429, 432-3, 435-8, 449-53, 484, 488, 501-4, 507
Nascimento Brito, Leda, 34-5, 316, 358, 361, 409, 417, 438, 454-5, 486, 498
Nascimento Brito, Manoel Francisco do, 13-4, 34-6, 43, 52, 58, 61-2, 65, 71, 74, 76-9, 82, 84, 93, 99, 103-7, 114, 120-1, 128, 133, 135, 139, 145-7, 157-62, 165, 168, 183, 185, 187, 190, 196, 198, 206, 208, 210, 217-8, 220, 223-4, 227-31, 235, 238-9, 242, 244, 247, 249-59, 261, 267-8, 272, 274, 276, 278-80, 282, 284, 286, 289, 291, 298, 300, 304-5, 313-25, 332, 349-50, 352, 357-61, 373, 376-83, 392-5, 400, 408-9, 415, 418, 420, 424-39, 442, 445-6, 449-56, 459-64, 467-73, 476-9, 482-6, 488-9, 492-8, 500, 504-9
Nascimento Brito, Maria Regina, 35, 260, 425, 442, 452-5, 460, 484, 486, 488, 496

Nascimento Brito, Maria Teresa, 35, 323-4
Nascimento, Leo Vitor, 44
Nascimento, Milton, 233, 311, 341
Nasser, David, 127
Nasser, Gamal Abdel, 100
Natel, Laudo, 424
NBC (National Broadcasting Corporation), 67
Negrão de Lima, Francisco, 63, 175
Negreiros, Jaime, 108, 114, 203
Negreiros, José, 427, 471
Nelson Cavaquinho, 108, 270
Nery, Murilo, 241
Nêumanne Pinto, José, 369, 419, 487
Neves, Aécio, 388, 426
Neves, Andréa, 388
Neves, Tancredo, 109, 137, 155, 292, 315, 347, 388, 396, 401, 421-9, 434
New York Herald, 27
New York Times, 139, 187, 305, 337
Newsweek, 321
Newton Carlos, 51, 70, 83, 95, 100, 110
Ney Matogrosso, 270
Nguyen Von Giap, 169
Niemeyer, Oscar, 66, 97, 168, 340
Niskier, Arnaldo, 173
Niskier, Ruth, 173
Nixon, Richard, 62, 213-6
Noblat, Ricardo, 382-3, 421, 423, 427, 466, 469, 471-3
Nóbrega, Antônio, 341
Nóbrega, Maílson da, 463, 464
Nogueira, Armando, 46, 55, 85, 98, 107, 122, 207
Noite de gala, programa de TV, 69

555

Noite, A, jornal, 41, 335

Noites cariocas, programa de TV, 69

Noronha, Sérgio, 166, 183, 277, 394

Notícia, A, 27, 41, 74, 267

Notícias Censuradas, jornal, 297

Nova Fronteira, editora, 444

Novaes, Carlos Eduardo, 176

Novitsky, John, 174

Novos Baianos, Os, 270

Novos Rumos, publicação, 41, 294, 298

Nunes Leal, Victor, 63, 90, 182

Nunes, Augusto, 449-50

Nunes, Clara, 270

Nunes, Mário, 32

O'Shaughnessy, Hugh, 319

OAS, empreiteira, 456

Obermüller, Walther, 67, 68

OEA (Organização dos Estados Americanos), 109, 420

Ohana, Cláudia, 199

Ohtake, Ruy, 232

Oliveira Bastos, 45

Oliveira e Silva, José Dirceu de, 129

Oliveira Sobrinho, José Bonifácio (Boni), 240-1

Oliveira, Aloísio de, 71

Oliveira, Carlos Alberto de (Caó), 154, 334

Oliveira, Dante de, 420

Oliveira, Jaice, 226, 234

Oliveira, José Aparecido de, 127, 130

Oliveira, José Carlos (Carlinhos), 84, 94, 172, 226

Oliveira, Maria Eugênia de, 394

Oliveira, Renato, 276

Oliveira, Sandra de, 488

Opinião, jornal, 330, 388

Ordem dos Advogados do Brasil (OAB), 354, 388

Orsini, Beth, 342

Otelo Caçador, 197

Otero, Alejandro, 204, 205

Ottoni, Décio Vieira, 91

Ourique, Armando, 329-33, 398-400, 419

Ouro Preto, Dinho, 27

Ouro Preto, visconde de, 27

Pacheco Areco, Jorge, 200-5

Pacheco, Dora, 42

Pacheco, Félix, 42, 357

Pacheco, Oswaldo, 297

Padilha, Moacir, 194

pagador de promessas, O (filme), 97

País, O, 19, 27

Paiva, Clóvis, 134, 163

Paiva, Eunice, 356

Paiva, Marcelo Rubens, 353

Paiva, Rubens, 353-6

Paixão Cearense, Catulo da, 30

Palanti, Giancarlo, 228

Palcos e Telas, revista, 32

Panfleto, jornal, 143

Pape, Lygia, 46

Paranhos Júnior, José Maria da Silva *ver* Rio Branco, barão do

Pasqualini, Alberto, 109, 132

Pasquim, O, 149, 209, 239, 248, 309, 509

Patativa do Assaré, 341

Patrocínio, José do, 17

Paulinho da Viola, 309

Paulino, Othon, 40-1

Paulista, TV, 69

Paulistano, Luís, 44, 55, 85

Paulo Octávio, 487

PCB (Partido Comunista Brasileiro), 41, 53, 87, 108, 114, 124, 136, 188-9, 195, 220-2, 284, 288, 293, 295, 297, 303, 334, 360, 387, 402, 446, 469

PCdoB (Partido Comunista do Brasil), 428

PDS (Partido Democrático Social), 401, 403, 418, 421, 423, 425-6, 429, 438, 453, 469

PDT (Partido Democrático Trabalhista), 401-2, 453, 469

Peçanha, Nilo, 27, 30, 33

Pederneiras, Raul, 22, 49

Pedreira, Fernando, 218, 449, 469

Pedro Ernesto, 33

Pedro II, imperador, 16-9

Pedro Mico (Callado), 168

Pedrosa, Mário, 46

Pedroso Horta, 127

Pedroso, Bráulio, 242

Peixoto, Floriano, 20-2

Pelé, 122-3, 168, 184

Pellegrino, Hélio, 54

Pena, Afonso, 27

Pena, Dulcídio, 32

Penido, dom Basílio, 81

Pereira Carneiro, Ernesto, 25-6, 29, 32-5, 44

Pereira Carneiro, condessa Maurina, 14, 24, 34-6, 42-5, 49, 52-3, 62, 71, 76-9, 81, 84, 89, 107, 120, 135-6, 145, 157, 159, 180, 185, 218, 230, 235, 306, 332, 349, 361, 381-2, 417, 476-7, 486, 509

Pereira Cristino, Fernando, 222

Pereira dos Santos, Adalberto, 360

Pereira dos Santos, Nelson, 46, 91, 98, 112, 117, 163-4, 166, 270

Pereira Passos, 25

Pereira, Merval, 428, 488

Pereira, Vanderlei, 421

Peres, Shimon, 345-6

Pergunte ao João, programa de rádio, 375

Perin, Orivaldo, 496

Perón, juan Domingo, 222

Perón, Isabelita, 323, 366

Pessek, Kurt, 349

Pessoa, Epitácio, 31

Pessoa, Nelson, 184

Petri, Elio, 270

Petrobras, 40, 42, 63-4, 94, 97, 142, 303, 335

PFL (Partido da Frente Liberal), 426-7, 440, 469, 471, 475-6

Pham Van Dong, 169

Pilar, Osmani, 209

Piltcher, Isaac, 167, 287, 307, 341, 366, 374

Pinheiro, Flávio, 336, 427-8, 447-50, 460, 468, 470, 473, 486

Pinheiro, Israel, 339

Pinochet, Augusto, 279, 505-6

Pinto, Luís Bastian, 204

Pires do Rio, José, 30-3

Pires, Mário, 41

Pires, Waldir, 471

Pires, Walter, 354

Pisa (fábrica de papel), 406-9, 429, 440, 456, 459

Pixinguinha, 111, 269

PL (Partido Liberal), 469

PMB (Partido Municipalista Brasileiro), 475-6

PMDB (Partido do Movimento Democrático Brasileiro), 402, 420, 422-3, 426, 438-40, 462-3, 467, 469, 471

Poesias completas (Machado de Assis), 23

Política e paixão (Sant'Anna), 167

Polito, Hélio, 70

Pólvora, Hélio, 91, 164, 166

Pompeu de Toledo, Roberto, 43-4, 447-50, 468, 470, 473, 485-6

Pompeu, Sérgio, 322

Pontes, Hélio, 99, 118

Pontes, Ipojuca, 168

Pontes, Marcelo, 428, 450, 468, 473-4, 496, 501, 503

Pontes, Mário, 342

Porro, Alessandro, 323, 346

Portela, Juvenal, 207

Portella, Jaime, 159

Portella, Petrônio, 292

Porto da Silveira, A., 38

Porto, Sérgio, 248

PP (Partido Progressista), 401

PPS (Partido Popular Socialista), 469

Prado Kelly, 130

Prado, Renato Maurício, 292

Prado, William, 292

Pratini de Moraes, Marcus Vinicius, 218

Praxedes, Cesarion, 213, 365, 506

preço de uma vida, O, novela de TV, 242

Prêmio Esso de Jornalismo, 57, 101-2, 121-3, 135, 191, 341, 347-8, 391, 404, 415, 445, 475, 507

Prestes, Luís Carlos, 55, 220-1, 328

PRN (Partido da Reconstrução Nacional), 468

Programa Silvio Santos, 263-4

Protásio, Paulo, 333

província e o naturalismo, A (Tinhorão), 87

PSD (Partido Social Democrata), 76, 137

PSDB (Partido da Social Democracia Brasileira), 469

PT (Partido dos Trabalhadores), 401, 427, 438, 441, 469-70

PTB (Partido Trabalhista Brasileiro), 70, 96, 108, 120, 143, 189-90, 236, 353, 401, 438, 469

PUC-RJ, 93, 166, 172-3, 186, 336

PUC-SP, 44

Pupo Neto, Trajano, 151

Quadros, Jânio, 100-2, 108, 126-30, 150, 155, 170, 194, 264, 283, 293

Quandt de Oliveira, Euclides, 248-50, 260

Quarup (Callado), 170

Quattroni, Luiz, 485

Queiroz, Eça de, 18, 21

Quem é Beta? (filme), 270

Quércia, Orestes, 438

Quintaes, Roberto, 154, 163-4, 183, 272

Quintão, Vanderlei Gonçalves, 199

Rabelo, João Bosco, 467

Rademaker, Augusto, 295

Radiobrás, 423

Radiodiffusion Française, 167

Ramalho, Thales, 292, 423

Rangel, Carlos, 323

Rangel, Lúcio, 42, 111

Rangel, Maria Lúcia, 337

Rangel, Milton, 71

RCA (Radio Corporation of America), 67

Reagan, Ronald, 332-3, 399

Realidade, revista, 123, 140, 191, 376

Record, Rádio, 431

Record, TV, 69, 263, 431-9, 442, 450

Rede Capital, 263

Reed, John, 451

Rego Barros, Sebastião do, 165

Rego Barros, Tite, 165

rei da vela, O (peça teatral), 270

Reis, José, 292

Repórter Esso, programa de TV, 262

Resistência, jornal, 189

Reuters, 370

Revista Brazileira, 24

Revolta da Armada, 22

Revolta da Chibata, 28

Revolta da Vacina, 25

Rezende, Severiano de, 27

Rhodes, William, 451

Ribeiro da Luz, Célia, 213

Ribeiro Dantas, Ondina Portella, 40, 42

Ribeiro, Alfredo (Tutty Vasques), 448, 470, 486, 504

Ribeiro, Clecy, 93-4, 277, 322

Ribeiro, Gildávio, 294

Ribeiro, João Ubaldo, 153

Ribeiro, José Hamilton, 242

Ribeiro, Luís França, 213

Ricupero, Rubens, 441

Rio Branco, barão do (José Maria da Silva Paranhos Júnior), 18, 21

Rio Gráfica e Editora, 173, 341

Rio, 40 graus (filme), 98

Rio, TV, 69, 70, 157

Rio, zona norte (filme), 98

Rios de Mello, Maria Clara, 154

riso é o limite, O, programa de TV, 69

Rocha Miranda, Celso da, 70

Rocha, Glauber, 98, 137-8, 153, 188, 501

Rocha, Glauce, 188

Rocha, Ingrid, 468, 483

Rocha, José Sérgio, 424

Rocha, Leonel, 223

Rocha, Sérgio, 390

Rodrigues Alves, 22, 31

Rodrigues Pereira, Raimundo, 296

Rodrigues, Antônio Augusto, 14, 352, 379

Rodrigues, José Carlos, 31, 334, 415-6

Rodrigues, Lolita, 68

Rodrigues, Marcelino, 28

Rodrigues, Nelson, 38, 55, 60, 86, 97, 138, 160, 163, 167, 270, 282, 363, 384

Rodrigues, Pedro Luís, 154-5

Rodríguez, Rafael, 333

Rolón, dom Ismael, 367

Romano, Guilherme, 290

Rónai, Cora, 342-3, 385-6, 411-3, 494

Rónai, Paulo, 342

Roque Santeiro, novela de TV, 248, 436

Roquete Pinto, Rádio, 67, 74, 94

Rosa, Eliézer, 172

Rosa, Mário, 467

Rosa, Noel, 112, 198

Rosário, Guilherme Pereira do, 388, 390

Roteiro da Juventude, jornal, 90

Rubião, Murilo, 54

Rubirosa, Porfirio, 331
Ruschi, Augusto, 365

Sá Leitão, Sérgio, 342
Sá, Frank, 12, 247, 269, 395, 452, 456
Saad, Fued, 222
Sabin, Albert, 92
Sabino, Fernando, 54, 239
Sacco e Vanzetti (filme), 270
Safatle, Cláudia, 12, 502, 504
Said Ali, M., 18
Saldanha da Gama, 21
Saldanha, João, 122, 446, 460
Salinger, Pierre, 340
Salles, Apolônio, 89
Salles, dom Eugênio, 90, 306, 317, 471
Salles, Heráclio, 158
Salles, Lywall, 208, 223, 229, 231, 245, 352
Salles, Mauro, 487
samba, O (Barbosa), 111
Samuel Dirceu, 140
San Francisco Chronicle, 36
Sandoval, Luiz Sebastião, 433
Sandroni, Cícero, 88, 90, 342
Sant'Anna, Affonso Romano de, 165-6, 284
Santana, Job Lorena de, 391
Santana, Telê, 383
Santângelo, Ângela, 336, 403
Santarrita, Marcos, 342
Santayana, Mauro, 347
Santos Filho, Aluísio, 222
Santos, Aloísio, 222
Santos, Paulo Sérgio, 336
Santos, Roberto, 472

Santos, Silvio, 263-5, 271, 431-3, 437-8, 440, 442, 450, 475-6
Santucci, Dulce, 70
Sanz, José, 173
Sarmento, Hélio, 198, 239
Sarmento, Sizeno, 182
Sarney, José, 13, 48, 185, 218, 285, 293, 299, 317, 319-20, 383, 396, 411, 426, 429-30, 434, 438-40, 456, 460-7, 471, 475-82, 490
Sarney, Marly, 462
Sarney, Roseana, 462, 476, 481
Saroldi, José Carlos, 233
Sarraceni, Paulo César, 242
Satânico Dr. No, O (filme), 297
Sayad, João, 440
SBT (Sistema Brasileiro de Televisão), 263, 265, 433, 475-6
Schild, Susana, 337, 342
Schiller, Beatriz, 313, 322
Schlafmann, Leo, 207, 449, 505
Schmidt, Augusto Frederico, 62, 64, 294
Schneider, Erno, 99, 101
Seabra, Gregório de Garcia, 22
Secos & Molhados, 270
Século, O, revista, 27
Seis Dias, guerra dos (1977), 346
Seixas, Raul, 270
Seleções do Reader's Digest, 112
Sendic, Raul, 202
Senhor, revista, 86, 112, 284, 309
Serpa, Jorge, 464-6
Serrano, José Carlos Madeira, 397
sertões, Os (Cunha), 25
Servan-Schreiber, Jean-Jacques, 321

Serviço Nacional de Informações (SNI), 260, 265, 296, 372, 441, 466

Sette Câmara, José, 62, 65, 72, 74, 185

Setti, Ricardo, 449-50, 473

Setubal, Olavo, 405, 422-3, 437

Shatowsky, Alberto, 173

Silva, Abdias, 129, 422

Silva, Arlindo, 264

Silva, Eumano, 223

Silva, Ismael, 111

Silva, Jorge da, 164

Silva, Lyda Monteiro, 388

Silva, Marina, 102

Silva, Nelson, 295

Silva, Victoria e Ramon, 367

Silveira, Emília, 337, 342

Silveira, Ênio, 87

Silveira, Gustavo, 170

Silveira, José, 119, 166, 183, 186, 277, 289, 302, 318, 335, 380, 418

Silveira, Nise da, 339

Silveira, Paulo, 41, 105

Silveira, Roberto, 120

Silvia Helena, 410

Silvio Santos, Grupo, 434

Simas, Carlos Furtado de, 159

Simões, Leo, 403

Simon, William, 330

Simonsen, Mario Henrique, 151, 246, 317-8, 330, 336, 372, 398, 441, 470

Simonsen, Mario Wallace, 70

Sinatra, Frank, 205

Singer, Paul, 470

Sinhô (compositor), 112

Siqueira, Paulo, 424

Sirotsky, Nahum, 104, 283, 322-3, 348

Soares, Airton, 427

Soares, Elizabeth Chalupp, 143

Soares, Ilka, 105

Soares, Jô, 71

Soares, Lutero Mota, 277-8

Soares, Manuel Raimundo, 143

Sobral Pinto, Heráclito Fontoura, 377

Sodré, Nelson Werneck, 87

Somoza, Anastacio, 367

Soucy, Arnauld de, 254-5

Sousa, Pompeu de, 40, 44, 54-5, 85, 125

Soustelle, Jacques de, 257, 261

Souza Dantas, Manuel Pinto de, 20

Souza e Silva, Celso, 62, 366

Souza Ferreira, 18

Souza Mello, Lygia, 392

Souza Melo, Marcio de, 295

Souza Mendes, Ivan, 441

Souza, Irineu Evangelista de ver Mauá, barão de

Souza, Orlando de, 215

Souza, Tárik de, 307

Spanudis, Theon, 46

Speranza, Ezio, 277

Spicer, lady Joanna, 244-5, 250-1, 255

Spiegel, Der, 321

Spinola, Noenio, 153-5, 215, 305-6, 323, 326-34, 352, 410, 504-6

Spinola, Renata, 327-9

Stal, Bella, 427

Stálin, Joseph, 327

Stenzel, Clóvis, 182

Stoliar, Guilherme, 433-4

Stroessner, Alfredo, 176-7, 367-8

Strozemberg, Armando, 176, 206-7

Studart, Heloneida, 457

Studart, Hugo, 421

Stumpf, André Gustavo, 467

Suassuna, Ariano, 341

Sued, Ibrahim, 97, 169-70, 174-5, 178, 294

Suplemento Dominical, programa de rádio, 45

Sutter, Fred, 414

Tabak, Israel, 287

Tanure, Nelson, 11, 504, 508

Tapajós, Maurício, 310

Tápias, Luís, 140

Tavares, Maria da Conceição, 233, 330

Teffé, Álvaro de, 23

Teixeira Bastos, 21

Teixeira Soares, João, 30

Teixeira, Anísio, 285

Teixeira, Miro, 402

Teixeira, Múcio, 23

Teixeira, Ricardo, 432

Televisa, 432, 435-6

Tenório, Carlos Alberto, 78

Terra em transe (filme), 188, 501

Thatcher, Margaret, 505

Thormes, Jacintho de (Maneco Muller), 175, 178

Tibério, imperador romano, 344

Time, 321

Time-Life, grupo, 156, 157, 196, 240

Times, The, 27

Tinhorão, José Ramos, 46, 70, 84-7, 91, 108, 111, 113, 116, 306-11, 341

Tito, Josip Broz, 100

Tito, Ronan, 465

Toda nudez será castigada (filme), 270

Toha, José, 279

Tojal, Altamir, 154-5

Tomás, Américo, 300

Toribio, Alberico, 164

Torquato Neto, 270

Touguinhó, Oldemário, 121-2, 165, 196, 358, 371

"Traços de um roteiro" (Barbosa), 21

Trajano, José, 191-2

Tribuna da Imprensa, 40-3, 46, 54, 56-7, 59, 65, 76, 82, 84, 88, 90, 93-4, 107, 112, 126, 128, 154, 164, 170, 249, 253, 474

Tribuna, A, 27

Trindade, Vidal da, 387

Tristão de Athayde, ver Amoroso Lima, Alceu

Trompowsky, Gilberto, 174

Tuma, Nicolau, 155

Tupi, Rádio, 67, 134, 364

Tupi, TV, 66-9, 105, 157-8, 203, 242, 253-4, 262-5, 381, 431

Tupinambá, Marcelo, 68

Turner, Najun Flato, 487

Tutty Vasques (Alfredo Ribeiro), 448, 470, 486, 504

TV Educativa, 212, 411

U-507, submarino alemão, 347

UDN (União Democrática Nacional), 38-9, 44, 53, 62, 109, 126, 130, 170, 236

Última Hora, 40-1, 73-4, 94, 96, 104, 109, 133, 135, 160, 202, 500

Universidade de Brasília, 181

Universidade de Columbia, 139, 373

Universidade de Heidelberg, 321

Universidade de Iowa, 166

Universidade de Madri, 365

Universidade de São Paulo, 145

Universidade do Brasil, hoje Federal do Rio de Janeiro, 56, 83, 90, 163, 202, 206

Universidade do Estado do Rio de Janeiro, 83

Universidade do Texas, em Austin, 364, 501

Universidade Federal da Bahia, 153

Universidade Federal de Minas Gerais, 165, 181, 341

Universidade Federal do Rio de Janeiro, 376, 294, 315, 329, 365

Universidade Federal Fluminense, 365

Universidade Gama Filho, 365

Universidade Harvard, 148

Universidade Santa Úrsula, 311

Univision, 432, 436

UPI (United Press International), 32, 37, 40, 65, 94, 146, 370

Utzeri, Fritz, 12, 164, 207-8, 226-7, 234, 237, 289, 353-6, 390-1, 400, 428, 505-6

Vaitsman, Heliete, 337, 342

Valadão, Jece, 271

Valadares, Antônio Carlos, 440

Valle Júnior, Hedyl, 335, 379

Van Gogh, Vincent, 211

Vanda Célia, 421

Vandré, Geraldo, 307-8

Varella, Obdúlio, 39

Vargas, Getúlio, 33-5, 39-44, 62, 67, 69, 72, 75, 97, 124, 126, 142, 152, 184, 269, 296, 338, 407, 507

Vargas, Ivete, 401

Vargas, Xico, 289, 370, 414-8, 428, 445-8, 450, 473

VAR-Palmares, 288

Vartan, Sylvie, 216

Vasconcellos, Humberto, 276-8, 310, 337, 339, 341, 344, 365, 385-6, 413

Vasconcellos, Rubens, 453, 456-9

Vasconcelos, Genserico de, 32

Veiga, Almir, 341

Veiga, Jorge, 178

Veja, revista, 154, 281, 292, 295-6, 299, 311, 320-1, 334-5, 366, 369, 373, 376, 382-3, 421, 427, 431, 440, 442, 448-9, 466, 469, 471-2, 486

Veloso Filho, Pedro Leão, 18

Veloso, Caetano, 270, 447

Veloso, José Luís, 213

Ventura, Zuenir, 206, 291, 411, 442-7, 501

Verissimo, Erico, 129

Veríssimo, José, 18, 20

Verissimo, Luis Fernando, 494

Viação Cometa, 433

Viana, Eremildo, 293

Viana, Ulisses, 20

Vianna, Nilson, 41, 56, 116-7

Vianny, Alex, 42

Vidas secas (filme), 98

Videla, Jorge Rafael, 366

Vidor, George, 373, 410, 505

Vieira, Arcádio, 404

Vieira, Cláudio, 487

Villas-Bôas Corrêa, Luiz Antônio, 70, 292, 311, 349, 372, 391, 423-4, 469

Villeneuve, Henrique de, 18, 20

Visão, revista, 104, 442

Viveiros de Castro, Cecília, 356, 526

Volcker, Paul, 396

von Braun, Werner, 216

von Holleben, Ehrenfried, 190

Votorantim, 405

Voz da Unidade, jornal, 387

Voz do Brasil, 183, 215, 423

Voz Operária, 114, 361, 387

Vozes trêmulas (Teixeira), 23

VPR (Vanguarda Popular Revolucionária), 190, 288

Waack, William, 323, 431

Wainer, Samuel, 41, 96, 104, 133

Walters, Vernon, 312

Wandenkolk, Eduardo, 21

Wanderley, Carlos Alberto, 154, 336, 410

Washington Luís (Pereira de Souza), 33

Washington Post, 495

Weiner, Samuel, 500

Weissmann, Franz, 45-6

Weltman, Moisés, 71

Werneck, Anilde, 322

Werneck, José Inácio, 122, 212

Werneck, Rogério, 470

Werneck, Ronaldo, 167

Wolff, Sheldon, 358

Wonder, Stevie, 271

Xexéo, Artur, 442, 444, 448, 450, 504

Yazbeck, Ivanir, 84, 143, 159, 191-2, 277, 380

Yom Kippur, guerra do (1973), 346

Z (filme), 270

Zanatta, Judite Fazolini, 221

Zappa, Regina, 430, 450

Zerlottini, Fernando, 143, 165

Ziller, Armando, 222

Ziraldo, 509

Zobaran, Sergio, 342

Zola, Emílio, 164

ESTA OBRA FOI COMPOSTA PELA ABREU'S SYSTEM EM INES LIGHT
E IMPRESSA EM OFSETE PELA LIS GRÁFICA SOBRE PAPEL PÓLEN SOFT DA SUZANO
PAPEL E CELULOSE PARA A EDITORA SCHWARCZ EM MARÇO DE 2018

A marca FSC® é a garantia de que a madeira utilizada na fabricação do papel deste livro provém de florestas que foram gerenciadas de maneira ambientalmente correta, socialmente justa e economicamente viável, além de outras fontes de origem controlada.